Microsoft®
Press

D1735894

Wissen aus erster Hand

Lorenz Hölscher

Microsoft Access 2013 – Das Handbuch

Lorenz Hölscher: Microsoft Access 2013 – Das Handbuch
Copyright © 2013 O'Reilly Verlag GmbH & Co. KG

Kommentare und Fragen können Sie gerne an uns richten:

Microsoft Press Deutschland
Konrad-Zuse-Straße 1
85716 Unterschleißheim
E-Mail: *mspressde@oreilly.de*

15 14 13 12 11 10 9 8 7 6 5 4 3 2 1
15 14 13

ISBN 978-3-86645-157-5   PDF-ISBN 978-3-8483-3049-2
EPUB-ISBN 978-3-8483-0184-3   MOBI-ISBN 978-3-8483-1185-9

© 2010 O'Reilly Verlag GmbH & Co. KG
Balthasarstr. 81, 50670 Köln
Alle Rechte vorbehalten

Fachlektorat: Walter Saumweber, Thomas Irlbeck
Korrektorat: Dorothee Klein, Siegen
Layout und Satz: Gerhard Alfes, mediaService, Siegen (www.mediaservice.tv)
Umschlaggestaltung: Hommer Design GmbH, Haar (www.HommerDesign.com)
Gesamtherstellung: Kösel, Krugzell (www.KoeselBuch.de)

Lorenz Hölscher

Microsoft
Access 2013 –
Das Handbuch

Übersicht

Inhaltsverzeichnis

Teil C
Access allgemein 149

Einleitung

In dieser Einleitung:

Mit Access 2013 gibt es eine neue Version der erfolgreichen Datenbank von Microsoft. Herausgekommen ist dabei ein Datenbankprogramm, das sowohl leicht zu bedienen ist als auch eine trotzdem erstaunliche Leistungsfähigkeit entfaltet. Microsoft hat es geschafft, dem eher spröden Thema Datenbank eine sehr bedienungsfreundliche Oberfläche zu geben.

HINWEIS   Genau genommen handelt es sich bei Access natürlich nicht um eine Datenbank, denn dieses Wort bezeichnet nur die eigentlichen *.accdb*-Dateien. Das Programm Access ist ein Datenbankmanagement-System, kurz DBMS. Dieses Wortungetüm benutzt aber niemand, daher werde ich auch hier im Buch dem allgemeinen Sprachgebrauch folgen.

An wen richtet sich dieses Buch?

Während Word und Excel auf Grundlagenwissen basieren, welches schon in der Schule vermittelt wird (nämlich Schreiben und Rechnen), gilt das für Access nicht. Der Umgang mit Datenbanken gilt vielfach als Zauberei und Geheimwissenschaft. Das ist aber falsch, es ist vielmehr ein schlichtes Handwerk, welches mit einem geringen Aufwand zu erlernen ist.

Ich möchte Ihnen daher in diesem Buch neben dem Umgang mit Access 2013 auch dieses Grundlagenwissen über Datenbanken vermitteln, so weit es für das Verständnis notwendig ist. Keine Angst, dies wird nur ausnahmsweise ein bisschen theoretisch und ist immer mit praktischen Beispielen garniert.

Dabei müssen Sie keine großartigen Erfahrungen im Umgang mit Datenbanken oder gar Programmierkenntnisse mitbringen, alles Notwendige werden Sie hier in diesem Buch finden. Ich werde mich bemühen, Ihnen sowohl die Theorie immer dann zu erläutern, wenn es notwendig wird, als auch für Fortgeschrittene noch Spezialwissen und Profitipps einzuarbeiten.

Access 2013 schafft diesen Spagat zwischen Anfängern und Profis mühelos. Sie können damit gleichzeitig weite Bereiche der Datenbank automatisiert per Assistent erstellen lassen und trotzdem mit Eigenschaften, Makros und VBA-Programmierung hochprofessionelle Anwendungen erstellen.

Diese neue Access-Version ist übrigens keineswegs an das neu erschienene Betriebssystem Windows 8 gebunden. Da es aber üblicherweise gemeinsam neu installiert wird, werden Sie es auch hier in den Abbildungen so vorfinden. Innerhalb von Access erkennen Sie dabei sowieso keinen Unterschied, lediglich ein paar Systemdialoge (beispielsweise die Dialogfelder zu den Befehlen *Datei/Öffnen* oder *Datei/Datenbank speichern als*) können sich minimal unterscheiden.

Das Buch richtet sich an Frauen ebenso wie an Männer. Wegen der besseren Lesbarkeit habe ich mich aber dafür entschieden, bei der männlichen Form der Anrede zu bleiben.

Welche Beispiele kommen vor?

Damit Sie nicht immer wieder neu damit beginnen müssen, eine Datenbank anzulegen, habe ich mich in diesem Buch für Internet- beziehungsweise Desktopdatenbanken auf je zwei Beispiele beschränkt.

Für die Internet-Datenbanken, also Access Web Apps, beginne ich mit einer einzigen Tabelle für eine *Schulklassen-Adressliste*, die von allen Schülern der Klasse gemeinsam gepflegt werden kann. Etwas größer ist im zweiten Beispiel eine *Ideen-Sammlung für gemeinsame Projekte*, die sowohl Personen als auch Kategorien nachschlagen kann.

Danach wenden wir uns den Desktopdatenbanken zu. Eine sehr simple Datenbank zum Thema *Grundschulbücherei* sowie eine deutlich umfangreichere Datenbank mit einem *Warenbestellsystem für eine Hotelkette* bieten Platz für alle benötigten Techniken.

Sicherlich werden Sie keine dieser Datenbanken direkt für Ihre persönlichen Zwecke gebrauchen können. Sie werden aber im Laufe der Arbeit feststellen, dass es oft nur geringfügiger Änderungen bedarf, um daraus eine *Vereinsverwaltung mit Mannschaften* statt Hotels mit Angestellten oder ein eigenes *Rechnungswesen mit Leistungsbeschreibungen* statt Bestellungen zu machen.

Auch die fertigen Datenbanken, die Sie überall angeboten bekommen oder die Access 2013 als Vorlagen beiliegen hat, »kochen nur mit Wasser«. Wenn Sie diese Beispiele bearbeitet haben, können Sie solche Lösungen verstehen und vor allem eigene realisieren.

Adressliste

In Schulklassen werden immer wieder Adresslisten angefertigt, damit Schüler und Eltern sich bei Bedarf untereinander erreichen können. Während früher Adresse und Festnetz-Telefon ausreichten, sind die Informationen inzwischen mit mehreren Handy-Nummern für Kinder und Eltern sowie diversen E-Mail-Adressen weitaus umfangreicher.

Zudem wechseln die Daten oft so schnell, dass jede kopierte Liste immer hoffnungslos veraltet wäre. Eine schlichte Adressliste mit beliebig vielen Zusatzinformationen im Internet, die nicht nur ohne Access via Browser lesbar, sondern von allen Beteiligten auch sofort editierbar ist, löst diese Probleme.

Ideen-Sammlung

Selbst so kleine Anforderungen für Listen im Internet brauchen sehr bald Nachschlagetabellen. Am Beispiel einer Sammlung von Projektideen möchte ich Ihnen zeigen, wie auch in Access Web Apps solche Verbindungen mit mehreren Tabellen leicht zu erstellen sind.

Zu jeder Projektidee sehen die Benutzer dann direkt, welche Person dafür verantwortlich ist und zu welcher Kategorie das zugeordnet werden kann. Das erlaubt auch die zusammenfassende Darstellung für den Überblick.

Grundschulbücherei

Die Desktopdatenbank für die Grundschulbücherei enthält nur zwei bis drei Tabellen. Dies ist sozusagen die Minimalanforderung an ein relationales (also mit mehreren verbundenen Tabellen arbeitendes) Datenbanksystem.

Sie dient vor allem dem Überblick über die grundlegenden Access-Fähigkeiten und ist immer dann ideal, wenn »nur mal schnell« etwas ausprobiert oder gezeigt werden soll.

Wir werden mit dieser Minidatenbank beginnen, damit Sie sofort schon mal sehen, was alles auch ohne großen Aufwand mit Access möglich ist. Im Laufe der weiteren Beschäftigung mit den Möglichkeiten wird diese Datenbank dann kontinuierlich verbessert.

Hotelbestellsystem

Access kann natürlich viel mehr als nur mit zwei Tabellen umgehen. Echte Desktopdatenbanken werden schnell größer und enthalten selten weniger als zehn Tabellen. Damit Sie sehen, wie Sie auch dann immer noch den Überblick behalten und jeweils die optimale Methode für Darstellung oder Datenzugriff finden, ist diese Datenbank umfangreicher und leistungsfähiger.

Als Idee dahinter dient eine fiktive Hotelkette namens *Kost&Logis* mit einigen Partnerhotels (die natürlich ebenfalls nicht existieren). Diese teilen sich eine gemeinsame Datenbank zur Verwaltung.

Um die Einkaufskosten möglichst gering zu halten, gibt es darin ein gemeinsames Bestellsystem für den Hotelbedarf namens *Kosten&Logistik* (kleines Wortspiel am Rande).

Die Datenbank dient nun sowohl als Informationssystem für die Mitarbeiter (wer arbeitet wo und hat welche Telefonnummer?) wie auch als Bestellsystem für den Hotelbedarf.

Wo finden Sie die Daten?

Die Begleitdateien zu diesem Buch enthalten beide die im Verlauf der Kapitel benutzten Desktopdatenbanken und alle benötigten Grafiken. Dies erspart Ihnen das mühsame Abtippen der Daten oder die Suche nach ähnlichen Bildern. Die Access Web Apps hingegen sind ohnehin so klein, dass sich ein Kopieren wirklich nicht lohnt.

Grundsätzlich empfehle ich Ihnen aber sowieso, alle Schritte selbst nachzuvollziehen und möglichst wenig einfach nur zusammenzukopieren. So werden Sie viel schneller mit Access 2013 vertraut.

Falls Sie dieses Buch als E-Book erworben haben, können Sie die Beispieldateien unter *www.microsoft-press.de/support/9783866451575* oder *msp.oreilly.de/support/2308/785* herunterladen.

Wie ist das Buch aufgebaut?

Im Teil A, »Web Apps«, stelle ich Ihnen die neuen Internet-Datenbanken vor, die als Access Web Apps bezeichnet werden. Mit wenigen Klicks erlauben sie die Veröffentlichung von Datenbanken in Office 365, welche von anderen Benutzern ohne Access nur mit einem Browser bedient werden können.

Im Teil B, »Schnelleinstieg«, sehen Sie anhand der kleinen Beispieldatenbank, wie leicht Sie mit Access 2013 eine komplette neue Desktopdatenbank erstellen können. Sie sehen dabei von jedem wesentlichen Element, wie es eingesetzt wird, ohne dass schon alle Details vorgestellt werden.

Der Teil C, »Access allgemein«, bringt Ihnen das Vorwissen nahe, welches für das Erstellen einer Access 2013-Datenbank wichtig ist. Dies betrifft sowohl die Bedienung der Oberfläche als auch sinnvolle Vorgaben für die Benennung der vielen Objekte sowie allgemeine Einstellungen.

Ab Teil D, »Tabellen«, stelle ich Ihnen dann die Grundlagen vor, die für die Daten in einer Datenbank wichtig sind. Dabei geht es sowohl um die technischen Möglichkeiten von Felddatentypen und -größen sowie anderen Eigenschaften als auch um die richtige Organisation der Daten in Tabellen (die sogenannte Normalisierung). Wir werden uns damit beschäftigen, welche Daten wie, wo und warum gespeichert werden und welche nicht.

Im Teil E, »Abfragen«, geht es um die wichtigsten Analyseinstrumente einer Datenbank. Sie werden sehen, wie leicht sich mit Abfragen die Daten sortieren, filtern, neu berechnen, zusammenfassen oder nur anders darstellen lassen. Abfragen dienen typischerweise als Grundlage für Formulare und Berichte.

Der Teil F, »Formulare«, beschäftigt sich daher mit den nächsten wesentlichen Elementen einer Access-Datenbank. Formulare bilden die Oberfläche, mit der ein Benutzer in der Datenbank arbeitet. Sie bieten nicht nur die ansprechende Darstellung der Daten, sondern unglaublich vielseitige Möglichkeiten der Interaktion. Dadurch lassen sich viele Eingaben vereinfachen, absichern oder übersichtlicher darstellen.

Im Teil G, »Berichte«, lernen Sie die andere Ausgabemöglichkeit von Daten kennen, den Ausdruck via Bericht. Die Bedienung ist weitgehend ähnlich den Formularen, sodass Sie hier auf die in Teil F erworbenen Kenntnisse zurückgreifen können. Berichte haben noch ein paar zusätzliche Möglichkeiten, die ich Ihnen dabei vorstellen möchte.

Der Teil H, »Programmierung«, führt Sie in die Welt der Programmierung ein, sowohl mit deutschsprachigen Makros als auch mit englischsprachigem VBA (Visual Basic für Applikationen). Hier sehen Sie, welche zusätzlichen Fähigkeiten Ihre Datenbank durch ein wenig Programmierung bekommen kann.

Im Teil I, »Oberfläche«, werden schließlich jene Themen behandelt, die außerhalb der bisherigen Teile wichtig sind und Ihre Datenbank verbessern können. Dazu zählt alles, was aus Ihrer Datenbank eine komplette Anwendung macht, und dabei vor allem die Möglichkeit, das Menüband anzupassen.

Im Teil J, »Anhang«, finden Sie wichtige Daten rund um Access 2013, wie die Auflistung der wichtigsten Funktionen oder die Spezifikationen der Datenbank. Dort stehen auch diejenigen Funktionalitäten, welche seit dieser Version nicht mehr in Access enthalten sind.

Ich wünsche Ihnen viel Spaß beim Lesen dieses Buchs und viel Erfolg mit Ihren Access 2013-Datenbanken.

Lorenz Hölscher

Teil A

Web-Apps

Kapitel 1

Datenbank – leicht gemacht

In diesem Kapitel:

Access 2013 stellt Ihre Datenbanken sehr übersichtlich dar und bietet viele Assistenten, die Ihnen lästige oder schwierige Aufgaben abnehmen. Datenbanken gelten zwar manchmal als kompliziert und schwer durchschaubar, aber sie sind mit Access leicht zu erstellen und zu pflegen. Trotzdem haben Sie jederzeit alle Möglichkeiten, die eine wirklich professionelle Datenbank braucht.

Damit Sie sehen, dass es wirklich ganz einfach geht, möchte ich mit Ihnen gemeinsam am Anfang eine lokale Datenbank erstellen. Eine Internet-Datenbank (offiziell als *Access Web App* oder *Benutzerdefinierte Web App* bezeichnet) lässt sich ebenso leicht erstellen wie eine Desktopdatenbank. Sie braucht aber ein paar Vorbereitungen für die Speicherung im Internet, daher beginne ich zuerst mit einer lokalen (Desktop-)Datenbank auf Ihrem PC.

Die Beispiel-Datenbank enthält alles, was normalerweise gebraucht wird: Tabellen, Abfragen, Formulare und Berichte. Abgesehen vom Eintippen der Daten werden Sie nur etwa eine Stunde Zeitaufwand brauchen, bis die komplette Datenbank funktionsfähig ist!

Als Beispiel wähle ich eine Grundschulbücherei, die von der Zettelwirtschaft weg und zu einer zeitgemäßen Verwaltung der Ausleihen via Datenbank wechseln will.

HINWEIS   Wer bereits Erfahrungen im Aufbau von Datenbanken hat, wird bemerken, dass in diesem ersten Beispiel viele Elemente verbessert werden können und müssen. Das werden wir selbstverständlich im Laufe des Buchs besprechen. Hier geht es aber zunächst um ein erfolgreiches Tun und nicht um ausführliche Theorie.

Jede Ausleihe soll in einer Tabelle vermerkt werden, damit jederzeit nachgesehen werden kann, welches Buch von wem ausgeliehen wurde und ob es schon wieder zurückgegeben ist. Damit die Bücher nicht jedes Mal eingetippt werden müssen, gibt es außerdem eine Tabelle mit Buchtiteln und Autoren.

Nach diesen ersten groben Überlegungen kann es schon losgehen!

So starten Sie Access 2013

Wenn Sie schon irgendwo eine Access-Datenbank gespeichert haben, können Sie wie gewohnt einfach auf deren Namen im Windows-Explorer doppelklicken, und Access öffnet sich automatisch mit dieser Datenbank.

Da Sie hier aber vermutlich die erste Datenbank anlegen, beginnen wir stattdessen zuerst mit dem Start des Programms. Es gibt dazu zwei Wege, die annähernd gleich schnell sind:

1. Suchen Sie auf der Startseite von Windows 8 die Kachel mit dem Access-Logo und starten Sie das Programm mit einem Klick darauf.

Abbildg. 1.1   Die Kachel mit dem Access-Logo ist mit einem Kreis gekennzeichnet

2. Alternativ können Sie auf der Startseite von Windows 8 auch einfach lostippen, woraufhin automatisch das Suchfeld erscheint. Schreiben Sie Access (wenn Sie wollen, können Sie auch nur Kleinbuchstaben verwenden und nach access suchen) und klicken Sie dann in der Liste der Apps auf den passenden Eintrag.

Abbildg. 1.2   Auf der Startseite von Windows 8 erscheint das Suchfeld und zeigt links die passenden Apps

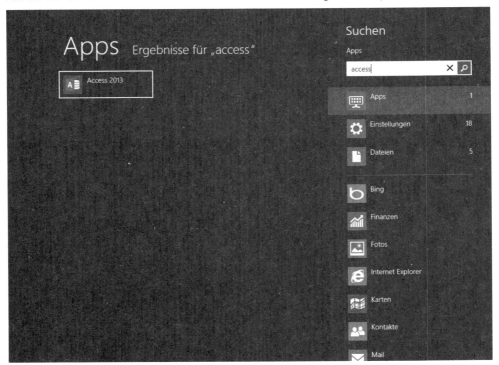

3. Access beginnt direkt mit einem Startbildschirm, auf dem Sie die typischen Anfangsaufgaben erledigen können: vorhandene Datenbanken öffnen (die dann unter *Zuletzt verwendet* angezeigt würden), neue anlegen oder auf der Basis von Beispieldatenbanken arbeiten.

Abbildg. 1.3   So sieht der Startbildschirm von Access 2013 aus

So legen Sie eine neue Datenbank an

Da ich es wichtig finde, dass Sie wirklich alle Elemente Ihrer Datenbank kennen, vermeide ich die auf dem Startbildschirm angebotenen speziellen Vorlagen. Zum einen sind darin eine Menge Makros und Verknüpfungen enthalten, die intensive Einarbeitung erfordern und deswegen nicht unbedingt für Neulinge geeignet sind.

Zum anderen helfen Ihnen die Beispiele nur, wenn Sie auch genau diese Lösung benötigen. Andernfalls fallen so viele nachträgliche Änderungen an, dass man es lieber gleich neu machen sollte.

1. Klicken Sie also bitte oben auf die Vorlage *Leere Desktopdatenbank*.
2. Geben Sie im nun erscheinenden Eingabefeld unter *Dateiname* den Namen *Schulbücherei* an, unter dem die neue Datenbank gespeichert werden soll. Sie wird automatisch die Endung *.accdb* erhalten.
3. Möchten Sie einen bestimmten Pfad vorgeben, können Sie auf die Schaltfläche daneben klicken, die ein gelbes Ordnersymbol zeigt. Wählen Sie im erscheinenden Dialogfenster *Neue Datenbankdatei* den Ordner aus, in dem Sie die Datenbankdatei speichern wollen, und klicken Sie auf *OK*.

Abbildg. 1.4   So beginnen Sie eine neue Datenbank

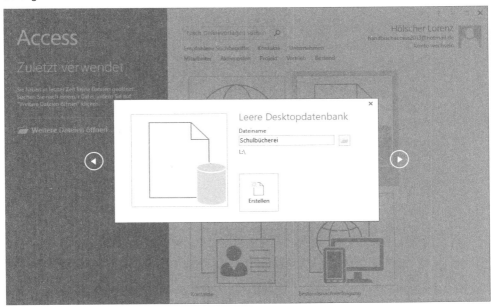

4. Bestätigen Sie abschließend mit einem Klick auf die Schaltfläche *Erstellen*. Nun wird die leere Datenbank erzeugt.

Abbildg. 1.5   So präsentiert sich die neu erzeugte Datenbank

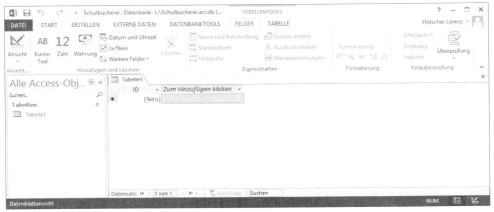

HINWEIS   Die Darstellung des Menübands ist stark abhängig von der Breite des Access-Programmfensters. Wenn das Fenster schmaler wird, werden große Symbole kleiner dargestellt oder ganze Befehlsgruppen komprimiert. Daher kann sich die Ansicht bei Ihnen je nach Bildschirmauflösung teilweise deutlich unterscheiden.

So bedienen Sie die Oberfläche

Anschließend sehen Sie die Oberfläche einer geöffneten Datenbank, auch wenn noch keine eigenen Elemente wie Tabellen oder Abfragen enthalten sind. Damit Sie sich darin zurechtfinden, möchte ich Ihnen wenigstens die wichtigsten Elemente der Oberfläche vorstellen:

Als allgemeine Bedienung aller Microsoft Office 2013-Programme sehen Sie oben das Menüband (in älteren Office-Versionen Multifunktionsleiste oder nach der englischen Originalbezeichnung auch Ribbon genannt). Auf einzelnen Registerkarten sind die jeweils passenden Befehle in Befehlsgruppen zusammengefasst.

PROFITIPP   Wenn Sie einmal viel Platz auf dem Bildschirm brauchen, können Sie das Menüband per Doppelklick auf den aktuellen Reiter (also der »Überschriften« der Register) minimieren, wie es in Abbildung 1.6 zu sehen ist.

Abbildg. 1.6   Das Menüband wurde per Doppelklick auf die Registerlasche minimiert

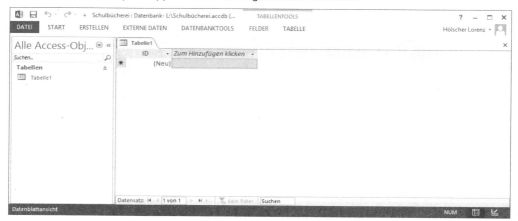

Um die Optionen im Menüband wieder sichtbar zu machen, doppelklicken Sie ebenfalls wieder auf einen Registerreiter. Um Platz zu sparen, werde ich später in den Abbildungen weitgehend auf die ausgeklappte Darstellung des Menübands verzichten.

Je nachdem, welche Aktion Sie gerade durchführen oder welches Objekt aktiv ist, werden die Register im Menüband automatisch umgeschaltet. Dadurch haben Sie fast immer Zugriff auf genau diejenigen Befehle, die im aktuellen Kontext gerade sinnvoll sind.

Der linke Teil des Fensters wird vom Navigationsbereich belegt, der per Maus nicht nur in der Größe flexibel verändert, sondern an seiner rechten oberen Ecke mit dem «-Zeichen auch minimiert werden kann. Ein erneuter Klick auf das dann angezeigte »-Zeichen klappt den Navigationsbereich wieder auf.

Abbildg. 1.7 Die Maus zeigt auf die Schaltfläche zum Verkleinern des Navigationsbereichs

Für die normale Arbeit sollte der Navigationsbereich aber immer sichtbar sein, er ist sozusagen die Zentrale der Datenbankdatei.

Im größten Bereich des Bildschirms wird bereits eine (noch ungespeicherte) Tabelle angeboten, die gleich mit Daten gefüllt werden könnte. Auch wenn es schnell gehen soll, verzichte ich auf diese Art der Dateneingabe, denn dann würde Access anhand Ihrer Eingaben bloß raten, welchen Datentyp Sie eigentlich meinten.

Da wir uns ja schon ein paar Gedanken gemacht hatten, geht das besser als mit dieser Ratetechnik. Schließen Sie diese vorläufige Tabelle durch einen Klick auf das *X*, welches sich am rechten Rand der Tabellentitelleiste befindet. Der wesentliche Teil der Access-Oberfläche ist nun leer und auch der provisorische Eintrag dieser Tabelle im Navigationsbereich ist verschwunden.

Abbildg. 1.8 Die provisorische *Tabelle1* wurde geschlossen

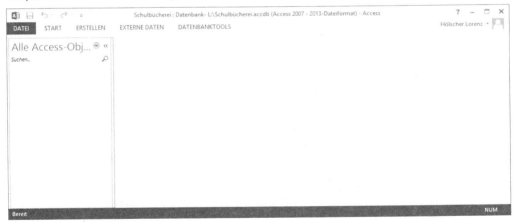

Nun können wir beginnen, eine neue Datenbank von Grund auf anzulegen. Dabei geht es im Wesentlichen in der Reihenfolge Tabellen, Abfragen, Formulare, Berichte voran. Makros oder VBA-Programmierung in Modulen sind erst für fortgeschrittene Datenbanken nötig.

PROFITIPP Wer schon Erfahrung mit den vorherigen Versionen von Access besitzt, wird feststellen, dass in Access 2013 einige Features (beispielsweise die Pivot-Formulare) nicht mehr vorhanden sind. Eine Liste der entfernten Features finden Sie im Anhang.

Zusammenfassung

In diesem Kapitel habe ich Ihnen gezeigt, dass Access 2013 es Ihnen sehr leicht macht, eine neue Datenbank zu erstellen:

- Sie haben hier zunächst gesehen, wie Sie von der Windows 8-Startseite aus *Access aufrufen* (Seite 33)

- Über den *Access-Startbildschirm* (Seite 34) können Sie bereits bestehende Datenbanken öffnen oder eine neue Datenbank anlegen

- Danach haben Sie die wichtigsten *Bedienungselemente* (Seite 36) der Access 2013-Oberfläche kennengelernt

Kapitel 2

Access Web Apps vorbereiten

In diesem Kapitel:

Eine der herausragendsten Neuigkeiten in dieser Version 2013 ist die einfache Erstellung von Datenbanken, die direkt im Internet benutzt werden können. Sie heißen *Access Web Apps* und deren zukünftige Benutzer benötigen nicht einmal Access, sondern lediglich einen Browser. Damit gehen die Access Web Apps weit über das hinaus, was die bisherigen Web-Datenbanken aus Access 2010 bieten konnten (und sind übrigens auch inkompatibel zu deren Format).

Technische Voraussetzungen

Wenn die technischen Voraussetzungen einmal eingerichtet sind, ist alles ganz einfach: Sie klicken auf die Schaltfläche zum Erstellen einer Access Web App, geben Tabellen- und Feldnamen an und sind fertig. Damit das so einfach ist, braucht es allerdings ein paar Vorbereitungen.

Es handelt sich bei den Access Web Apps um ein geschicktes Zusammenspiel zwischen Access 2013 und einem SharePoint 2013, welcher die wesentliche Arbeit übernimmt. Sie müssen nun nicht befürchten, dass Sie einen kompletten SharePoint-Server installieren müssen (das wäre für Access Web Apps alternativ ebenfalls möglich, ist aber eine recht anspruchsvolle Aufgabe).

Vielmehr bietet Microsoft unter dem Namen *Office 365* fertig installierte Serverpakete zum Mieten an, die unter anderem ein solches SharePoint 2013 enthalten. Damit können Sie ohne Aufwand direkt Ihre Access Web Apps zu vertretbaren Kosten erstellen und testen, zudem erleichtert eine 30-tägige kostenlose Testphase den Einstieg.

> **HINWEIS**   Mit den Benennungen in diesem Zusammenhang hat Microsoft niemandem einen Gefallen getan. Mit *Office 365* wird nicht nur das gesamte Paket bezeichnet, sondern oft auch die Sammlung von speziellen Internet-Versionen der MS Office-Programme. Diese heißen eigentlich *Office Web Apps* und dürfen wiederum nicht mit *Access Web Apps* verwechselt werden.

Access mag zwar zum Microsoft Office-Paket gehören, aber diese beiden Sorten *Web Apps* unterscheiden sich auch in technischer Hinsicht völlig: *Office Web Apps* sind komplette Programme, die für Benutzer kurzfristig aus dem Internet nachgeladen werden, um ein (Word-, Excel- o.ä.) Dokument zu lesen oder zu bearbeiten. Eine *Access Web App* hingegen ist gerade nicht das Programm, sondern eher ein Dokument, nämlich einer Datenbankdatei entsprechend. Eine *Office Web App* für Access gibt es gar nicht, lediglich für Word, Excel, Project und OneNote.

So bereiten Sie Ihr Office 365 vor

Damit also Access 2013 seine Web App überhaupt speichern kann, braucht es ein Office 365-Paket mit integriertem SharePoint. Es gibt allerdings nicht ein einziges Office 365, sondern ein sehr modular aufgebautes System mit sogenannten »Plänen«.

> **HINWEIS**   Da nicht in jedem Plan auch SharePoint 2013 enthalten ist, können Sie sich etwa auf *http://www.microsoft.com/de-de/office365/sharepoint-online.aspx* informieren, welcher Plan für Sie geeignet ist. Sinnvoll ist sicherlich ein vorheriger Test, wie er beispielsweise mit dem E3-Plan angeboten wird.

Für den Zugriff auf Office 365 müssen Sie gegebenenfalls zuerst ein sogenanntes Microsoft-Konto anlegen, mit dem Sie sich später dort anmelden können. Bei einem Microsoft-Konto handelt es sich um die frühere Windows Live ID, die auch gemeinhin unter dem Namen Hotmail-Konto bekannt ist. Mit anderen Worten: Ein Microsoft-Konto ist die E-Mail-Adresse, die zusammen mit einem Kennwort bei der Anmeldung an einem Microsoft-Dienst verwendet wird. Wenn Sie noch nicht über ein Microsoft-Konto verfügen, können Sie sich auf der Internetseite *https://login.live.com* für ein solches registrieren.

1. Öffnen Sie im Internet Explorer *http://portal.microsoftonline.com*, woraufhin Sie direkt wie in Abbildung 2.1 zu einer Anmeldung mit den Kontodaten für Ihr Office 365-Paket aufgefordert werden.

Abbildg. 2.1   Anmeldung an Microsoft Office 365

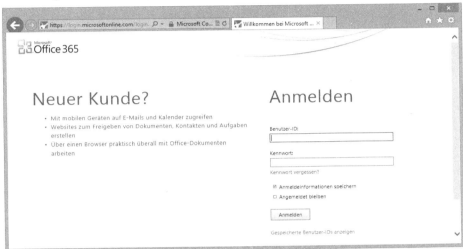

2. Nach der Anmeldung geben Sie die üblichen Informationen zu Namen, Adresse und vor allem Ihrem gewünschten Domänen-Namen ein. Wenn Sie dort **Test** eintippen, wird die tatsächliche Adresse später *Test.onmicrosoft.com* lauten und überall sichtbar sein. Sie sollten den Domänen-Namen also sorgfältig auswählen.

Abbildg. 2.2   Bei der Anmeldung geben Sie den Domänen-Namen vor

3. Die Verfügbarkeit der Domäne müssen Sie mit der Schaltfläche daneben prüfen, damit unzulässige Namen schon jetzt gefunden werden.

4. Nachdem Sie alle erforderlichen Daten eingegeben haben, wird Ihre Office 365-Website erzeugt. Sie sehen als Erstes das *Office 365 admin center*, welches allerdings erst dann wirklich fertiggestellt ist, wenn auch die »provisioning...«-Meldungen zugunsten von »no issues«-Meldungen verschwinden. Dies wird einige Minuten dauern.

Abbildg. 2.3 So sieht die fertiggestellte Office 365-Website aus

Damit sind die Hauptarbeiten für die SharePoint-Einrichtung erledigt. Wie Sie merken werden, bietet Office 365 Ihnen noch erheblich mehr Leistungen, die hier aber gar nicht weiter betrachtet werden sollen.

So nutzen Sie App-Vorlagen

Damit Sie schon einmal einen ersten Eindruck vom Aussehen und der Funktion der neuen Access Web Apps erhalten, können Sie eine der Beispiel-Anwendungen nutzen, die auch direkt Testdaten enthalten.

1. Klicken Sie oben in der Menüleiste auf den Eintrag *Sites*, um in den entsprechenden Bereich Ihrer Domäne zu wechseln.

2. Dort finden Sie wie in Abbildung 2.4 eine blaue Schaltfläche, von welcher aus Sie mit einem Klick zu Ihrer *Team Site* gelangen.

Abbildg. 2.4 Von hier aus erreichen Sie Ihre *Team Site*

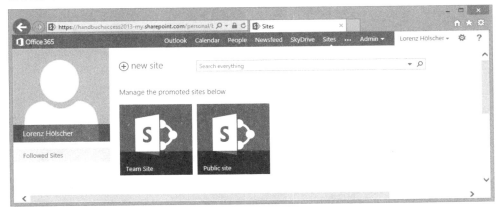

3. Auf der *Team Site* wechseln Sie links über den entsprechenden Link direkt zu den *Site Contents*, die in Abbildung 2.5 zu sehen sind.

Abbildg. 2.5 Hier stehen Ihre (zukünftigen) Access Web Apps

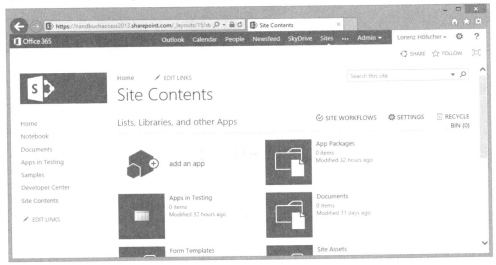

4. Mit einem Klick auf *add an app* sehen Sie wie in Abbildung 2.6 sowohl eine Liste von beachtenswerten (»noteworthy«) Apps als auch darunter viele weitere. Die blauen Symbole stehen dabei für einfache Listen, während nur die rotbraunen Symbole auch Access Web Apps enthalten.

Abbildg. 2.6   Hier lassen sich Beispiel-Apps hinzufügen

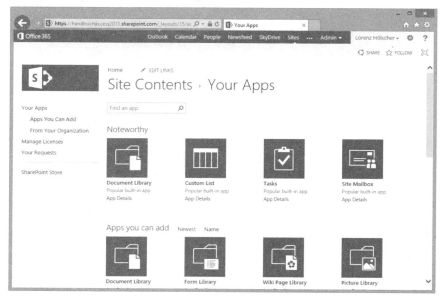

5. Am besten gehen Sie links über den entsprechenden Link in den *SharePoint Store*, welcher auch kostenlose Apps enthält. Dort schränken Sie den Preis auf *Free* und die Kategorie auf *Customer + Contact Management* ein, wie es in Abbildung 2.7 zu sehen ist.

Abbildg. 2.7   Im *SharePoint Store* finden sich auch kostenlose Apps

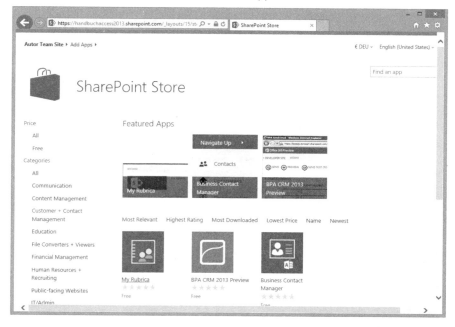

6. Wählen Sie dort unten rechts mit Klick auf dessen Symbol den *Business Contact Manager* aus. Auf der folgenden Seite gibt es dann detaillierte Informationen zu der ausgewählten Access Web App.

Abbildg. 2.8 Informationen zur ausgewählten App

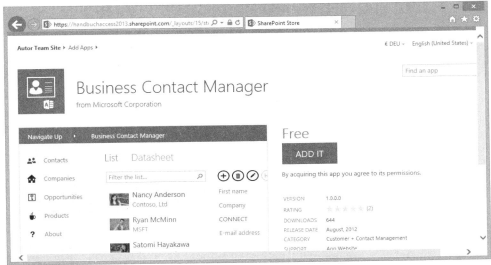

7. Mit Klick auf die Schaltfläche *ADD IT* braucht es noch einige Bestätigungen sowie etwas Wartezeit bis die neue Access Web App in Ihrem Office 365 installiert ist.

Abbildg. 2.9 Neue Apps erhalten einen entsprechenden Hinweis

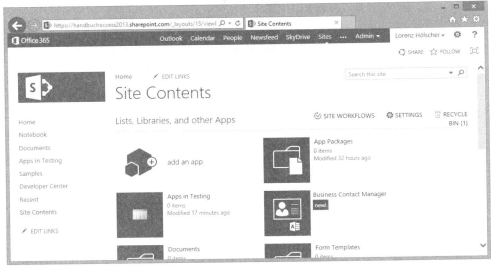

Sie besitzen nun eine komplette Kopie der Vorlage, das heißt, Sie können darin nach Belieben Änderungen vornehmen. Diese Methode eignet sich sehr gut zum Probieren, weil sofort alles funktioniert und auch schon Testdaten enthalten sind.

So funktioniert eine Access Web App

Um die Demo-App *Business Contact Manager* zu testen, können Sie diese mit einem einfachen Klick auf das Symbol starten.

Daten anzeigen

Die App startet automatisch mit einer (hier wegen der Breite verkleinerten) Daten-Anzeige wie in Abbildung 2.10.

Abbildg. 2.10   Die *Contacts*-Liste

Mit dem grau hinterlegten Navigationsbereich am linken Rand können Sie zwischen verschiedenen Datenquellen wechseln. Der blau gefärbte Eintrag zeigt, dass es sich hier um die Tabelle *Contacts* handelt, die rechts im weißen Bereich sichtbar ist.

HINWEIS   In der Access-Terminologie der Desktopdatenbanken heißt so eine grafische Anzeige der Daten auf dem Bildschirm *Formular*. In Access Web Apps nennt Microsoft das nun offiziell *View* beziehungsweise in der deutschen Übersetzung *Ansicht*. Das alleine wäre schon lästig wegen der unterschiedlichen Benennungen für die gleiche Aufgabe.

Aber die Bezeichnungen *View* und *Ansicht* sind längst belegt und zwar für Auswahl-Abfragen im SQL Server. Und nun dürfen Sie drei Mal raten, welche Datenbank eigentlich hinter SharePoint steckt und damit auch die Access Web App speichert? Genau: ein SQL Server.

Also stellt nun ein (Access Web App-)View die Inhalte von einem (SQL Server-)View dar und für Änderungen wechseln Sie dann in die (Entwurfs-)Ansicht einer Ansicht.

Im rechten Bereich sehen Sie in Abbildung 2.10 eine typische Darstellung für Access Web Apps: die *Liste*. Diese entspricht in der Konstruktion einem geteilten Formular, wie Sie es vielleicht schon von Access-Desktopdatenbanken kennen. Dabei wird links eine Liste von Datensätzen angeboten, deren Auswahl rechts die zugehörigen Details anzeigt.

Sie sehen in Abbildung 2.10, dass dort der Datensatz von *Satomi Hayakawa* markiert und ausgewählt ist, dessen Inhalte den größten Teil des Bereichs einnehmen.

Listen-Ansicht

Dort können die Daten editiert, gelöscht und hinzugefügt werden. Dazu gibt es einen standardisierten Satz von kreisförmigen Bedienungselementen, die oben rechts in Abbildung 2.11 zu sehen sind.

Abbildg. 2.11 Hier sind die Standard-Bedienungselemente gut sichtbar

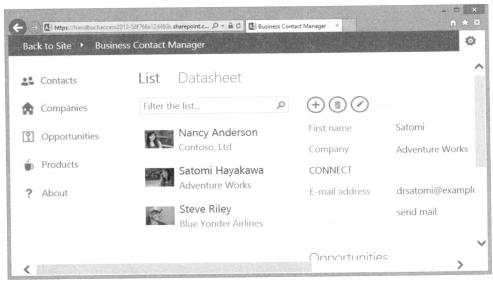

Mit den kreisrunden Bedienungslementen sind alle typischen Aktionen zu erledigen (von links nach rechts):

- Hinzufügen eines neuen Datensatzes (Plus-Zeichen, N-Taste)
- Löschen des markierten Datensatzes (Mülleimer, Entf-Taste)
- Bearbeiten des markierten Datensatzes (Schreibstift, E-Taste)

Die folgenden beiden Bedienungselemente werden erst aktiv, nachdem Sie in den Bearbeitungs-Modus gewechselt haben:

- Speichern des geänderten Datensatzes (Diskette, Strg+S)

- Ungespeichertes Verlassen des geänderten Datensatzes (X, `Esc`-Taste)

Dazu braucht es erfreulicherweise überhaupt keine Programmierung, da dieses Verhalten standardmäßig integriert ist. Sie werden sehen, dass auch Ihre Formulare genau so »out of the box« funktionieren werden.

HINWEIS An dieser Stelle taucht oft die Frage auf, wie sich die grafische Darstellung der Bedienungselemente ändern lässt. Die kurze Antwort ist: gar nicht. Sie können zwar weitere hinzufügen und mit Makro-basierten (nicht jedoch VBA-basierten) Aktionen versehen und auch aus einer Liste weiterer kreisrunder Icons auswählen, aber eigene Bilder können Sie nicht verwenden.

Das erspart Ihnen nicht nur den Entwurf einer einheitlichen grafischen Oberfläche (obwohl ich persönlich das gerne mache, viele andere Kollegen jedoch eher nicht), sondern auch die langen Diskussionen mit Kunden, welche Icons dort nun eingesetzt werden sollen. Die Antwort ist dann einfach: diese.

Detail-Ansicht

Oftmals ist es praktisch, zu einem Wert noch weitere Details nachschlagen zu können. Auch dafür bieten die Access Web App-Views eine Technik, nämlich eine *Detail*-Ansicht, die als PopUp-Fenster, also vor den anderen Fenstern, geöffnet wird.

Sie finden das beispielsweise auch hier schon, wenn Sie in der Listen-Ansicht von *Contacts* im bereits markierten Datensatz *Satomi Hayakawa* auf den Eintrag *Qualification* klicken. Dann öffnet sich im Vordergrund eine detaillierte Angabe zu dem Wert und die ursprüngliche Ansicht wird abgedimmt.

Abbildg. 2.12 Der LookUp liefert detaillierte Informationen zum angeklickten Wert

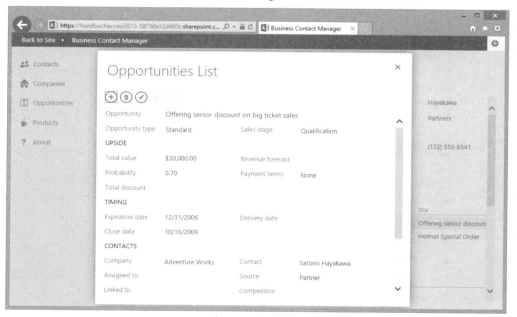

Auch darin versteckt sich ein PopUp-Detail, wenn Sie dort auf *Adventure Works* klicken. Und in deren Anzeige wiederum beim Klick auf den *Business Contact*. So lassen sich Daten gleichzeitig übersichtlich darstellen und bei Bedarf doch detailliert nachschlagen.

Technisch handelt es sich dabei um leere Ansichten, deren Inhalt beliebig gestaltet werden kann. Deren Aufruf findet mit Nachschlage-Feldern statt, wie Sie diese in Kapitel 4 kennenlernen werden.

Datenblattansicht

Die Darstellung der Daten in dieser Platz raubenden Form ist übersichtlich und insbesondere für Fotos unabdingbar. Es geht aber auch kompakter, sozusagen im Gegenstück zur Datenblattansicht einer Access-Desktopdatenbank. Diese Ansicht heißt hier *Datenblatt* und sieht aus wie in Abbildung 2.13.

Abbildg. 2.13 So sehen die entsprechenden Daten in einer *Datenblattansicht* aus

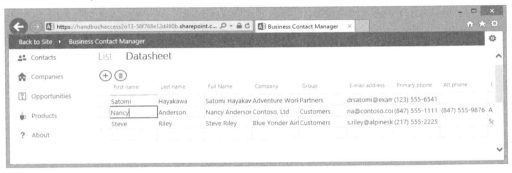

Es gibt nur zwei Standard-Bedienungselemente zum Hinzufügen und Löschen, weil Sie alle Daten direkt in der Tabelle verändern können. Die ⎡Esc⎤-Taste zum Abbrechen einer unerwünschten Änderung vor Verlassen des Datensatzes funktioniert hier aber ebenso, auch wenn das Bedienungselement nicht angezeigt wird. Ansonsten wird Datenbank-typisch mit dem Verlassen des Datensatzes ohne weitere Rückfrage automatisch gespeichert.

Zusammenfassung

In diesem Kapitel habe ich Ihnen gezeigt, wie Sie die Erstellung von Access Web Apps vorbereiten:

- Sie haben zunächst gesehen, welche Möglichkeiten es gibt, um Access Web Apps in Ihrem Office 365 beziehungsweise *SharePoint 2013* zu speichern (Seite 40)

- Mit einer fertigen Beispiel-App konnten Sie sehen, welche *Ansichten* (Seite 46) möglich sind und wie diese funktionieren

- Dabei haben Sie die standardisierten *Bedienungselemente* (Seite 47) der Access Web Apps kennengelernt

Kapitel 3

Eine eigene Access Web App erstellen

In diesem Kapitel:

Nachdem Sie gesehen haben, wie eine Access Web App funktioniert, möchte ich Ihnen selbstverständlich auch zeigen, wie sie diese selber erstellen können. Diese erste Variante wird lediglich eine einzige Datentabelle enthalten, weil es noch nicht um Verknüpfungen zwischen Tabellen, sondern vor allem um die technische Verwirklichung gehen soll.

So verbinden Sie Access mit Ihrem Konto

Damit Access überhaupt Zugriff auf Ihr Office 365 hat und darin Ihre Access Web Apps anlegen kann, müssen Sie sich in Access zuerst einmal mit Ihrem Konto verbinden.

1. Starten Sie Access, dann sehen Sie die sogenannte Backstage-Ansicht mit dem rotbraunen Balken links. Um alle Möglichkeiten darin zu sehen, müssen Sie *Weitere Dateien öffnen* anklicken, auch wenn Sie gar keine anderen Dateien benötigen.

2. Wechseln Sie dort wie in Abbildung 3.1 auf die Kategorie *Konto* und klicken Sie dort auf die Schaltfläche *Anmelden* bzw. auf *Konto wechseln*, wenn Sie bereits mit einem anderen Konto angemeldet sind.

Abbildg. 3.1   Hier können Sie sich mit Ihrem Konto anmelden

3. Mit dem Klick auf *Anmelden* erscheint ein Dialog wie in Abbildung 3.2. Dort wählen Sie bitte *Organisationskonto*, auch wenn Sie gar nicht zu einer Organisation gehören. Derzeit funktioniert die Option *Microsoft-Konto* nicht.

Abbildg. 3.2   Wählen Sie hier das *Organisationskonto* aus

4. Danach geben Sie Ihre Benutzer-ID und Ihr Kennwort ein und bestätigen dies.

Abbildg. 3.3   Hier können Sie sich mit Ihren Konto-Daten anmelden

5. Anschließend zeigt die Backstage-Ansicht wie in Abbildung 3.4 sowohl Ihre Konto-Informationen zur Person (oben) als auch zum SharePoint-Server (unten) an.

Abbildg. 3.4   So wird das verbundene Konto angezeigt

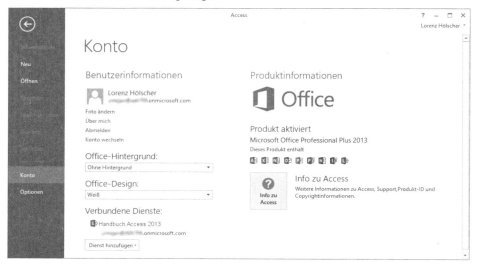

Jetzt ist alles bereit für die Erstellung von Access Web Apps, denn diese Daten stehen nicht nur beim nächsten Access-Start weiterhin zur Verfügung, sondern übrigens auch in den anderen Microsoft Office-Programmen.

So erstellen Sie eine Access Web App

Im Grunde besteht die Access 2013-Oberfläche inzwischen aus zwei relativ getrennten Bereichen, die entweder für Desktopdatenbanken oder für Access Web Apps gedacht sind. Sobald Sie eine neue Datenbank angelegt haben, entscheiden Sie sich für jeweils einen Weg. Entsprechend sehen Sie für Access Web Apps nur sehr wenige Registerkarten im Menüband, weil dort viel weniger Befehle zur Verfügung stehen.

Als Beispiel für eine selbst erstellte Access Web App möchte ich eine Adressliste vorbereiten, wie sie für Schulklassen hilfreich ist, damit die Kinder sich gegenseitig erreichen können. Erfahrungsgemäß ändern sich aber durch Umzug, Handy-Wechsel oder Tippfehler in den E-Mail-Adressen deren Inhalte sehr oft.

Anstatt nun laufend neue Kopien der Adresslisten zu verteilen, ist es viel praktischer, diese in einer Access Web App zu verwalten. So können nicht nur alle auf den aktuellen Stand zugreifen, sondern vor allem auch selber ihre Daten korrigieren.

Eine leere Access Web App vorbereiten

Diese Datenbank wird also lediglich eine einzige Tabelle enthalten, zeigt aber unabhängig davon schon die komplette Technik, um eine Access Web App zu erstellen.

1. Legen Sie eine neue Datenbank an, indem Sie wie in Abbildung 3.5 auf die Vorlage *Benutzerdefinierte Web App* klicken.

Abbildg. 3.5   Wählen Sie hier die *Benutzerdefinierte Web App* aus

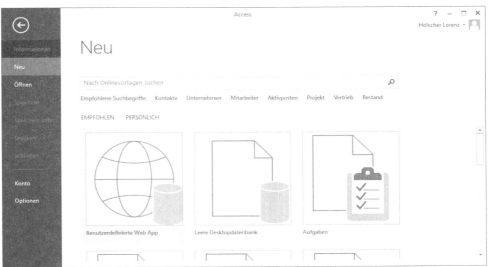

ACHTUNG   Es kann sein, dass die Erstellung der Access Web App direkt scheitert, wenn der folgende Dialog keine Liste gültiger Webspeicherorte anbietet, wie es in Abbildung 3.6 zu sehen ist.

Abbildg. 3.6   Hier fehlt die Liste in *Webspeicherort*

Dann haben Sie sich entweder noch bei gar keinem Konto angemeldet oder (wie hier, weil im Hintergrund oben rechts ja schon ein Konto-Inhaber angezeigt wird) ein ungeeignetes Konto ausgewählt.

Sie müssen dann mit dem Pfeil neben dem Konto-Namen oben rechts das *Konto wechseln* und ein *Konto hinzufügen*. Daraufhin erscheint wieder der in Abbildung 3.2 sichtbare Anmelden-Dialog, bei dem Sie *Organisationskonto* anklicken müssen.

2. Im automatisch erscheinenden Dialog sehen Sie nun eine Liste der verfügbaren Speicherorte. Wählen Sie hier Ihre Teamwebsite und klicken Sie auf *Erstellen*.

Abbildg. 3.7 Die verfügbaren Webspeicherorte werden angezeigt

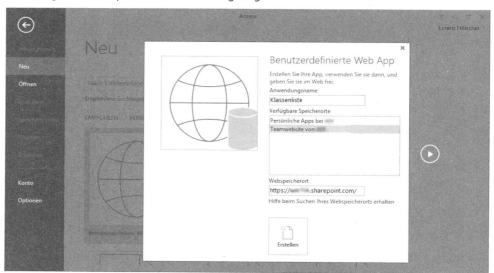

3. Nach einer kurzen Wartezeit sehen Sie nun die neu erstellte (noch leere) Access Web App wie in Abbildung 3.8. Diese entspricht einer Desktop-Datenbankdatei ohne Tabellen.

Abbildg. 3.8 Die Klassenliste ist noch leer

Eine Tabelle importieren

Als Nächstes geht es darum, eine Tabelle hinzuzufügen. Ich möchte hier mit einer beliebigen Excel-Tabelle als Datenquelle beginnen, da dies im Moment am schnellsten geht und meistens eine solche Datei ohnehin schon existiert.

HINWEIS   Die Anforderungen an die hier benutzte Excel-Datei sind denkbar gering: sie enthält nur je eine Spalte für Vorname und Nachname.

Abbildg. 3.9   Das Excel-Beispiel enthält nur zwei Spalten

1. Klicken Sie unten auf das Excel-Symbol und geben Sie im erscheinenden Dialog den Dateinamen der Excel-Datei an. Öffnen Sie die Datei gegebenenfalls über die *Durchsuchen*-Schaltfläche.
2. Der Import-Assistent schlägt im ersten Schritt vor, die Daten aus dem Tabellenblatt *Tabelle1* zu übernehmen, wie die Abbildung 3.10 zeigt.

Abbildg. 3.10   Der Assistent vermutet die Daten im ersten Tabellenblatt

3. Sie können auf die Schaltfläche *Weiter* klicken und im nächsten Schritt *Erste Zeile enthält Spaltenüberschriften* aktivieren, wenn das wie hier der Fall ist.

Abbildg. 3.11   Die erste Zeile enthält im Beispiel die Spaltenüberschriften

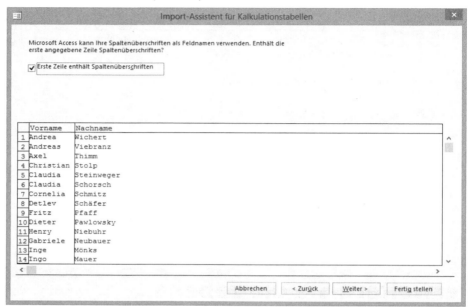

4. Die folgenden Schritte sind nicht mehr relevant, Sie können also direkt auf die Schaltfläche *Fertig stellen* klicken. Danach erscheint eine Abschlussmeldung, dass alle Objekte erfolgreich importiert wurden, und Sie können den Assistenten schließen.

Abbildg. 3.12   Die Tabelle ist fertig importiert

5. Damit ist der Entwurf der Access Web App fertig. Klicken Sie im Menüband auf *START/Ansicht/ App starten*, um das Ergebnis im Internet Explorer anzusehen.

Abbildg. 3.13   So sieht die Access Web App im Internet Explorer aus

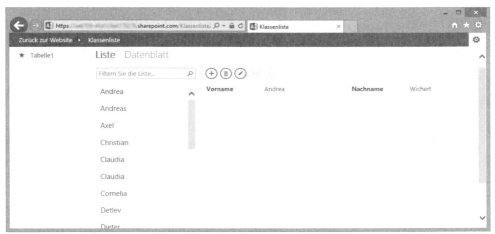

Wenn Sie dieses Ergebnis sehen, haben Sie eine komplette eigene Access Web App erstellt, die nun auch von anderen Rechnern aus via Internet zu erreichen ist. Es braucht für deren Bedienung kein Access, sondern lediglich einen geeigneten Browser wie den Internet Explorer.

So erweitern Sie die Tabelle

Diese Datenbank mag jetzt einigermaßen funktionieren, ist aber doch deutlich verbesserungswürdig, sowohl in der Benennung als auch in den angebotenen Feldern.

1. Die Bezeichnung *Tabelle1* entsteht durch den Import aus Excel und ist reichlich nichtssagend. Wechseln Sie also wieder zu Access und machen Sie dort einen Rechtsklick auf den Namen der *Tabelle1*.

Abbildg. 3.14   Via Rechtsklick lässt sich die Tabelle umbenennen

2. Wählen Sie im erscheinenden PopUp-Menü den Eintrag *Umbenennen* und geben Sie der Tabelle den neuen Namen *Adressen*. Sie können mit *START/Ansicht/App starten* überprüfen, dass diese Bezeichnung nun auch via Internet sichtbar ist.

3. Mit einem erneuten Rechtsklick können Sie im PopUp-Menü *Tabelle bearbeiten* auswählen und gelangen nun in die eigentliche Entwurfsansicht der Tabelle. Diese ist in Abbildung 3.15 zu sehen.

Abbildg. 3.15   So sieht der Tabellenentwurf aus

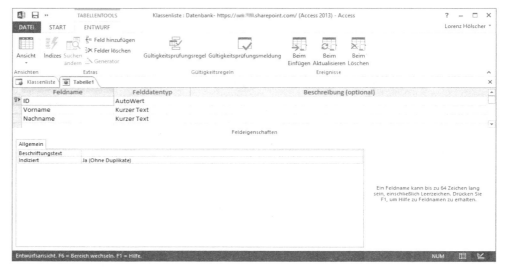

ACHTUNG   Da Access Ihre Änderungen dauernd mit dem SharePoint-Server synchronisiert, müssen Sie relativ zügig klicken. Bleibt beispielsweise das PopUp-Menü zu lange offen, wird diese scheinbare Änderung sofort aktualisiert und das Menü geschlossen.

---

4. Ohne jetzt allzu tief in den Tabellenentwurf einzusteigen (das folgt ausführlicher in Kapitel 5), können wir hier nun noch ein paar fehlende Felder einfügen, beispielsweise für die Adresse. Geben Sie in der Zeile unter *Nachname* den neuen Feldnamen *Adresse* ein und klicken Sie dann ganz oben links auf das Disketten-Symbol zum Speichern.

5. Access hat automatisch auch schon den Felddatentyp *Kurzer Text* ergänzt, sodass Sie jetzt diesen Tabellenentwurf direkt schließen können. Klicken Sie dazu am rechten Rand auf das kleine *x* in Höhe der Tabellen-Register.

Abbildg. 3.16   Das neue Feld *Adresse* ist ergänzt

6. Wie ein schneller Test mit dem Befehl *START/Ansicht/App starten* zeigt, wird das neue Feld bereits im Internet Explorer dargestellt und erlaubt auch schon die Eingabe von Werten. In Abbildung 3.17 ist dies zu sehen.

> **TIPP**   In der Listen-Ansicht steht über der Liste ein Eingabefeld zum Filtern. Geben Sie wie in Abbildung 3.17 *an* als Filter an, so bleiben nach einem Klick auf das Lupensymbol (oder alternativ der ⏎-Taste) nur diejenigen Datensätze übrig, welche diese Zeichenkette enthalten.

Abbildg. 3.17   Hier wurden die Daten bereits gefiltert

Sie mögen anfangs ein wenig irritiert sein, wo der Listeneintrag *Lorenz* denn die Zeichenkette *an* enthalten soll. Daran sehen Sie aber schon, dass tatsächlich alle Felder durchsucht werden, denn in diesem Fall ist der Nachname *Lang* betroffen.

Ansichten verändern

Die automatisierte Übernahme der Felder ist praktisch, aber vielleicht optisch nicht so, wie Sie sich das vorstellen. Daher möchte ich den Entwurf der Ansicht ändern, um Ihnen den grundsätzlichen Umgang mit der Oberfläche der Access Web Apps zu zeigen.

Eine Listen-Ansicht anpassen

Dabei handelt es sich hier um die Listen-Ansicht der Daten, wie an der fetten und blau gefärbten Überschrift (siehe Abbildung 3.17) zu erkennen ist. Diese Ansicht soll nun an die eigenen Wünsche angepasst werden.

1. Markieren Sie in Access den Eintrag *Liste*, wie es in Abbildung 3.18 zu sehen ist.

Abbildg. 3.18 Mit der *Bearbeiten*-Schaltfläche wechseln Sie in den Ansichts-Entwurf

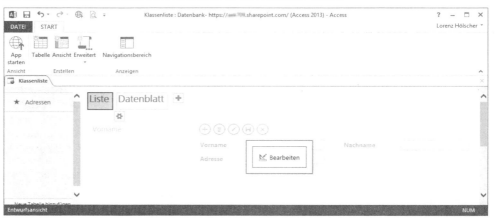

2. Mitten auf dem Datenbereich rechts sehen Sie eine Schaltfläche *Bearbeiten*. Mit Klick darauf wechseln Sie in den Entwurf der Ansicht (nicht der Tabelle!), der in Abbildung 3.19 zu sehen ist.

Abbildg. 3.19 Im Ansichts-Entwurf können Sie die Steuerelemente verändern

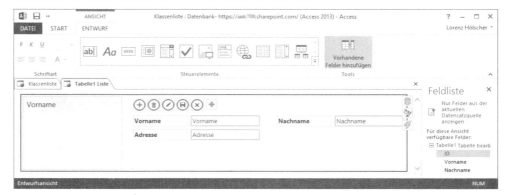

3. Um nun etwas mehr Platz für die Adresse zu schaffen, können Sie das *Adresse*-Textfeld (derzeit das rechte von beiden) mit gedrückter Maustaste nehmen und verschieben. Dabei verändert sich der Mauszeiger zu einem Vierfachpfeil. Sie werden dabei bemerken, dass das Feld praktischerweise immer im Raster bleibt.

4. Außerdem soll es breiter werden, um auch längere Texte besser anzeigen zu können. Dazu gehen Sie mit dem Mauszeiger über den rechten Rand des Textfelds, bis Sie einen waagerechten Doppelpfeil sehen. Jetzt können Sie mit gedrückter Maustaste die Breite ziehen.

Abbildg. 3.20 Die Adresse hat nun mehr Platz

5. Während das Textfeld in der Entwurfsansicht noch markiert ist, können Sie oben im Menüband in der Gruppe *ENTWURF/Schriftart* diverse Formatierungseinstellungen vornehmen. Beispielhaft ist hier das Textfeld rot und fett formatiert, während dessen Bezeichnungsfeld oberhalb nicht fett, aber kursiv angezeigt wird.

6. Auch die Breite der Liste im linken Bereich können Sie ein wenig schmaler gestalten, weil dort derzeit ja ohnehin nur die Vornamen angezeigt werden.

Abbildg. 3.21 Die Ansicht ist nach eigenen Wünschen formatiert

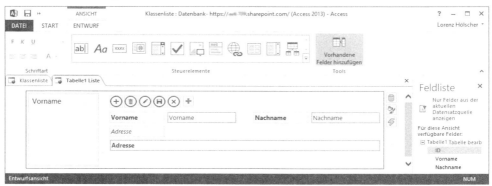

7. Schließen und speichern Sie nun und testen Sie die veränderte Ansicht mit dem Befehl *START/ Ansicht/App starten*. Sie sollte wie in Abbildung 3.22 aussehen und ist nun ausreichend für die Eingabe einer so langen Adresse formatiert.

Abbildg. 3.22 Nun ist ausreichend Platz für die lange Adresse

Die Daten-Liste verändern

Zwar ist die Auswahlliste in dieser Ansicht nun an die kurzen Vornamen angepasst, sinnvoller wären darin aber mehr Informationen. Anstatt also nur die (teilweise doppelten) Vornamen zu sehen, wäre der zusätzliche Nachname wünschenswert.

1. Wechseln Sie wieder in den Entwurf der Listen-Ansicht und markieren Sie das große Feld links mit der Beschriftung *Vorname*.

2. Daneben erscheint nun ein Zylinder-Symbol mit der QuickInfo *Daten*, welches Sie anklicken. Wie in Abbildung 3.23 sehen Sie jetzt die Daten-Eigenschaften der Liste.

Abbildg. 3.23 Mit dem *Daten*-Symbol verändern Sie die Einstellungen der Liste

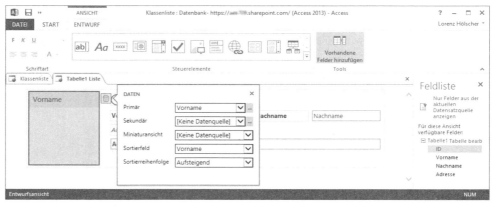

3. Jede Liste kann genau zwei Zeilen mit Feldinhalten anzeigen, in der ersten Zeile soll daher der Vorname erscheinen und darunter der Nachname. Wählen Sie darum für *Sekundär* das Feld *Nachname* aus der Liste aus. Speichern Sie anschließend die Änderung.

4. Im Internet Explorer sehen Sie nun die verbesserte Liste, bei der gleiche Vornamen anhand des Nachnamens unterschieden werden können.

Abbildg. 3.24   So ist die Listenauswahl lesefreundlicher

Eine Datenblattansicht anpassen

Die Datenblattansicht unterscheidet sich nicht so sehr technisch von der Listen-Ansicht, sondern vor allem optisch. Es braucht hier keine Auswahlliste, weil direkt alle Daten tabellarisch vorliegen.

1. Markieren Sie in Access das *Datenblatt* und klicken Sie dann auf die Schaltfläche *Bearbeiten* mitten auf dem Bildschirm, wie diese schon in Abbildung 3.18 zu sehen war.

2. Sie können auch hier die Breiten der Textfelder an den Rändern durch Ziehen verändern, allerdings lassen sich die Feld-Positionen nur waagerecht innerhalb der Zeile verschieben. Damit ausreichend Platz zum Bearbeiten ist, verbreitern Sie bitte wiederum das *Adresse*-Feld.

Abbildg. 3.25   Schaffen Sie mehr Platz für das Feld zum Eintragen der Adresse

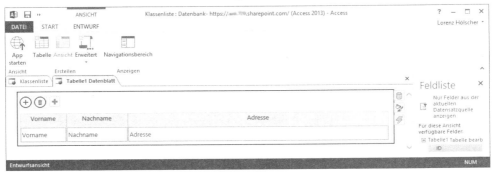

3. Da Sie in diesem Beispiel davon ausgehen können, dass viele Adressen der Klasse in der Umgebung der Schule liegen, soll für neue Eintragungen direkt ein passender Standardwert vorbereitet werden.

4. Wenn Sie das *Adresse*-Feld markieren, erscheinen daneben drei Symbole für *Daten* (Zylinder), *Formatierung* (Farbeimer mit Pinsel) und *Aktionen* (Blitz).

5. Klicken Sie auf *Daten* und ergänzen Sie dort einen beliebigen Standardwert wie in Abbildung 3.26.

Abbildg. 3.26   Hier geben Sie einen Standardwert vor

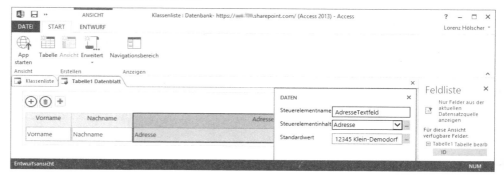

6. Mit dem Befehl *START/Ansicht/App starten* sehen Sie nun in der Datenblattansicht für einen zukünftigen neuen Datensatz den gewünschten Standardwert.

Abbildg. 3.27   Der Standardwert erscheint für einen neuen Datensatz ganz unten

Zusammenfassung

In diesem Kapitel haben Sie gelernt, wie Sie eine eigene Access Web App erstellen:

- Sie haben hier gesehen, wie Sie ein geeignetes *Konto auswählen* (Seite 52)
- Mit diesem Konto haben Sie direkt in Ihrer Office 365-Teamsite eine leere *Access Web App* angelegt (Seite 54)
- Mit einer Excel-Datei als Datengrundlage konnten Sie eine Tabelle anlegen (Seite 57), die ohne weitere Änderungen bereits im Internet funktioniert
- Diese bereits funktionsfähige Tabelle können Sie im Entwurfsmodus (Seite 59) um weitere Felder ergänzen
- Verschiedene Ansichten, wie die *Listen-Ansicht* (Seite 62) oder die *Datenblattansicht* (Seite 65), sind gebrauchsfertig vordefiniert und lassen sich entsprechend Ihren Wünschen anpassen

Kapitel 4

Komplexe Access Web Apps erstellen

In diesem Kapitel:

Nach einem einfachen Beispiel einer Access Web App mit lediglich einer einzigen Tabelle möchte ich Ihnen zeigen, dass es durchaus komplexer geht. Schließlich sind Ihre Daten ja auch nicht immer so einfach strukturiert.

Damit es übersichtlich bleibt und nicht unnötig viel Schreibarbeit anfällt, benötigt auch dieses Beispiel nicht viele Inhalte. Es soll darum gehen, verschiedene Projektideen für ein ehrenamtliches Engagement zu sammeln.

Damit jeder weiß, wer für eine Idee der Ansprechpartner ist, soll diese Person aus einer Liste auswählbar sein. Ebenso werden die Projektideen direkt einer Kategorie zugeordnet, um später entsprechend den verschiedenen Interessen filtern zu können.

Eine eigene Tabelle erstellen

Sinnvollerweise fängt so eine Datenbank immer mit einer kleinen Skizze an, was wo gespeichert werden soll. Hier ist es recht offensichtlich, weil Sie drei Tabellen brauchen werden: eine für die Personen, eine für die Kategorien und schließlich eine für die Ideen mit Bezug zu den beiden übrigen.

Abbildg. 4.1   So könnte Ihre Skizze aussehen

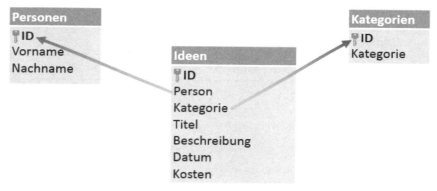

Dabei ist in Abbildung 4.1 jeweils schon ein zusätzliches *ID*-Feld eingefügt, also eine eindeutige Nummerierung aller Datensätze. Es wird beim Neuanlegen einer Tabelle für eine Access Web App ohnehin direkt vorgegeben und ist unvermeidlich (und bestenfalls umbenennbar).

Das kleine Schlüssel-Symbol davor zeigt schon an, dass es ein sogenannter Primärschlüssel wird, also ein Feld, welches für diese Tabelle jeden Datensatz völlig eindeutig identifiziert. Auch im Access-Tabellenentwurf werden Sie dieses Symbol wiederfinden.

1. Beginnen Sie damit, eine neue Access Web App anzulegen, indem Sie mit *DATEI/Neu* in der Backstage-Ansicht auf *Benutzerdefinierte Web Apps* klicken.

2. Anschließend geben Sie wie in Abbildung 4.2 einen Namen für die Anwendung ein und wählen Ihre *Teamwebsite* als Speicherort aus.

Abbildg. 4.2   Erstellen Sie eine neue Access Web App

HINWEIS   Es scheint, dass Access 2013 in der Definition seiner eigenen Menübänder Fehler enthält. Sobald Sie später mal (siehe Kapitel 41) für die Erstellung eigener Menübänder mit *DATEI/Optionen* in der Kategorie *Clienteinstellungen* in der Gruppe *Allgemein* das Kontrollkästchen *Fehler des Benutzeroberflächen-Add-Ins anzeigen* aktiviert haben, erscheinen beim Öffnen und beim Schließen einer Access Web App regelmäßig Fehlermeldungen wie diese aus Abbildung 4.3.

Abbildg. 4.3   Diese Fehlermeldung erscheint bei Access Web Apps

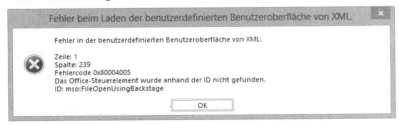

Sie können diese Meldungen einfach ignorieren, der Befehl zum Öffnen der Backstage-Ansicht funktioniert trotzdem.

Anschließend sehen Sie wie in Abbildung 4.4 die Start-Oberfläche für eine neue Access Web App. Während dort sehr prominent die Hinweise auf integrierte Vorlagen oder den Import vorhandener Datenquellen stehen, scheint sich die Möglichkeit zur Erstellung eigener Tabellen merkwürdigerweise ziemlich zu verstecken.

Für die Access Web App fehlt noch eine Tabelle

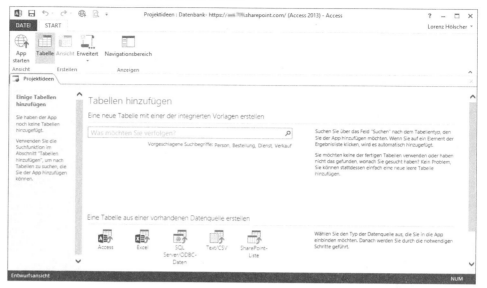

3. Klicken Sie rechts im längeren Text auf den blau gefärbten Link *eine neue leere Tabelle hinzufügen*.

HINWEIS   Erst nachdem Sie in den integrierten Vorlagen beliebige Ergebnisse haben anzeigen lassen, wird tatsächlich darunter auch ein Hinweis *Fügen Sie eine neue leere Tabelle hinzu* angezeigt. Aber eben erst *nach* der Suche.

Unter den gefundenen Vorlagen gibt es dann doch einen Hinweis

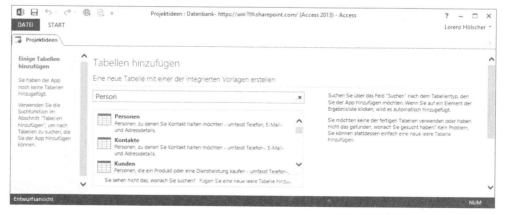

In dieser Abbildung habe ich bereits das Menüband minimiert, wie es an vielen Stellen im Buch dargestellt sein wird, wenn dessen Inhalt nur unnötig Platz wegnimmt. Doppelklicken Sie dazu auf die Registerbeschriftung *START*, um es jeweils ein- oder auszuklappen. Diese Änderung gilt übrigens für alle Office-Programme.

4. Sie sehen nun die Entwurfsansicht einer Tabelle mit dem vorgegebenen Feld *ID*. Es kann weder gelöscht (allerdings umbenannt) noch dessen Felddatentyp *AutoWert* geändert werden. Der *AutoWert*-Felddatentyp sorgt automatisch dafür, dass jeder Datensatz eine eigene eindeutige Nummer erhält.

Abbildg. 4.6 So beginnt der Entwurf einer eigenen Tabelle

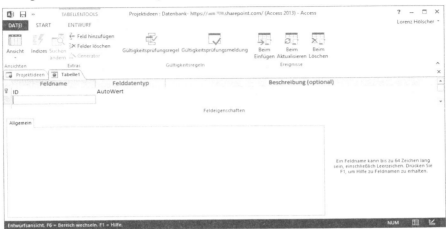

5. Geben Sie in der Zeile unter *ID* den nächsten Feldnamen ein, wie er in der Skizze von Abbildung 4.1 für die zukünftige Tabelle *Personen* vorgesehen war, also *Vorname*. Der zugehörige Felddatentyp wird automatisch *Kurzer Text* und kann so bleiben. Auch die weiteren Feldeigenschaften im unteren Bereich des Fensters können Sie unverändert bestehen lassen.

6. Anschließend geben Sie das dritte Feld *Nachname* ein, sodass der Entwurf nun wie in Abbildung 4.7 aussieht.

Abbildg. 4.7 Der Tabellenentwurf ist fertig

7. Klicken Sie auf das Disketten-Symbol ganz oben links und speichern Sie die Tabelle unter dem Namen *Personen*. Dann können Sie die Entwurfsansicht entweder per Rechtsklick auf das Register wie in Abbildung 4.8 oder durch einfachen Klick auf das *x* am rechten Fensterrand schließen.

Abbildg. 4.8   Schließen einer Ansicht

8. Die Tabelle *Personen* ist jetzt fertig, wobei sie bei einer »richtigen« Anwendung sicherlich noch mehr Felder wie Telefon oder E-Mail enthalten würde. Zum Testen können Sie mit *START/ Ansicht/App starten* in den Internet Explorer wechseln und ein paar Beispieldaten wie in Abbildung 4.9 eingeben.

Abbildg. 4.9   Geben Sie in die *Personen*-Tabelle diese Beispieldaten ein

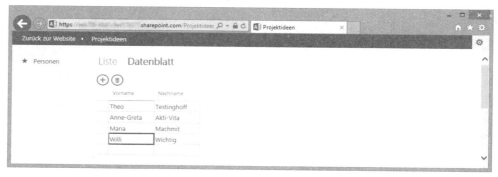

TIPP   Anstatt jedes Mal wieder in den Internet Explorer zu wechseln, um Daten eingeben zu können, gibt es noch zwei andere Möglichkeiten, dies zu erledigen. Sie können die Ansicht direkt in Access aufrufen (wobei dort auch nur intern der Browser genutzt wird), indem Sie mit einem Rechtsklick auf den Namen ein PopUp-Menü aufrufen und darin *Daten anzeigen* auswählen.

Abbildg. 4.10   So lässt sich die Ansicht direkt in Access anzeigen

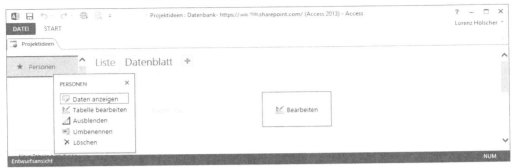

Die zweite Variante greift direkt auf die Tabelle *Personen* zurück. Machen Sie mit dem Befehl *START/Anzeigen/Navigationsbereich* zuerst den Access-eigenen Navigationsbereich sichtbar. Darin können Sie wiederum per Rechtsklick auf den Tabellen-Namen *Personen* ein PopUp-Menü anzeigen lassen, in welchem Sie den Befehl *Öffnen* anklicken.

Abbildg. 4.11   Auch hier können Sie Daten eingeben

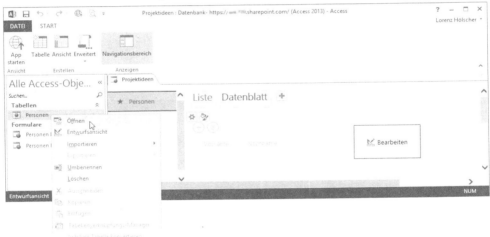

Beide Varianten zeigen übrigens auch die *ID* mit an, welche im Internet standardmäßig ausgeblendet bleibt.

Nachdem Sie nun die *Personen*-Tabelle fertig gestellt haben, braucht es eine zweite Tabelle für die Kategorien. Sie unterscheidet sich technisch überhaupt nicht von der ersten Tabelle.

1. Klicken Sie auf *START/Erstellen/Tabelle* und in der angezeigten Ansicht auf den Link *eine neue leere Tabelle hinzufügen*, um in die Entwurfsansicht einer neuen Tabelle zu gelangen.
2. Fügen Sie das Feld *Kategorie* mit dem Felddatentyp *Kurzer Text* hinzu und speichern diese Tabelle als *Kategorien*. Der Tabellenentwurf sollte jetzt so aussehen wie in Abbildung 4.12

Abbildg. 4.12   So sieht der Entwurf für die *Kategorien*-Tabelle aus

3. Auch hier wechseln Sie in die Datenblattansicht und geben ein paar Beispieldaten wie in Abbildung 4.13 ein. Damit ist die zweite Tabelle ebenfalls fertig.

Abbildg. 4.13   Diese Beispiel-Kategorien können Sie bereits eintragen

Andere Felddatentypen nutzen

Bisher enthielten die Tabellen (außer dem *ID*-Feld vom Felddatentyp *AutoWert*) nur Felder vom Felddatentyp *Kurzer Text*. Selbstverständlich gibt es noch andere Felddatentypen wie Datum, Zahl oder Nachschlagefelder, die ich Ihnen in der dritten Tabelle vorstellen möchte.

Da die Ideen-Tabelle sowohl einen Bezug auf die Personen als auch auf die Kategorien haben muss, braucht es eine Verbindung zwischen diesen Tabellen.

Dabei wird sich der Wert in der Tabelle *Ideen* auf die jeweilige ID der anderen Tabelle beziehen. Das bedeutet unter anderem, dass Sie beispielsweise Vor- oder Nachnamen beliebig ändern können, ohne dass die Verknüpfung davon betroffen ist.

1. Erstellen Sie einen neuen, leeren Tabellenentwurf und tragen Sie dort als zweites Feld den Namen *Person* ein. Als Datentyp wählen Sie allerdings *Nachschlagen* aus.

HINWEIS   Das Verbindungsfeld *Person* in der Tabelle *Ideen* muss keinesfalls so oder so ähnlich heißen wie die Tabelle, mit der es verknüpft wird. Im Gegenteil! Sie werden in Kapitel 10 zum Stichwort *Ungarische Notation* sehen, wie Feldnamen eigentlich vernünftigerweise benannt werden sollten. Hier sollen diese einfachen Namen aber erst einmal ausreichen.

2. Dadurch öffnet sich automatisch ein Dialog, bei dem Sie direkt die Option *Die Werte für das Nachschlagefeld sollen aus einer anderen Tabelle oder Abfrage abgerufen werden* anklicken.

3. Erst dadurch werden die übrigen Einstellungen des Dialogs sichtbar. Wählen Sie als Tabelle *Personen* und ändern als anzuzeigenden Wert das Feld *Nachname*, wie es in Abbildung 4.14 zu sehen ist.

Abbildg. 4.14   Mit diesen Einstellungen wird ein Nachschlagefeld für *Personen* erstellt

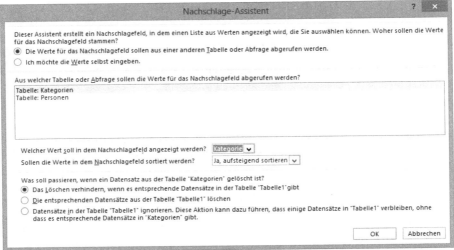

4. Anschließend fügen Sie in der Tabelle das Feld *Kategorie* hinzu und wählen als Felddatentyp dort ebenfalls *Nachschlagen*, allerdings für die Tabelle *Kategorien* entsprechend der Abbildung 4.15.

Abbildg. 4.15   Mit diesen Einstellungen wird ein Nachschlagefeld für *Kategorien* erstellt

5. Die beiden nächsten Tabellenfelder *Titel* (Felddatentyp *Kurzer Text*) und *Beschreibung* (Felddatentyp *Langer Text*) sind beides Textfelder und haben ansonsten keine Besonderheit.

6. Für das sechste Feld *Datum* wählen Sie als Felddatentyp *Datum/Uhrzeit* und stellen im unteren Teil des Fensters das *Anzeigeformat* auf *Datum, kurz*.

7. Um automatisch das jeweilige Tagesdatum beim Eingeben eines neuen Datensatzes zu erhalten, klicken Sie hinter *Standardwert* auf die dann sichtbare Schaltfläche mit den drei Pünktchen. Access zeigt damit den Ausdrucks-Generator an.

8. Wenn Sie darin in der linken Liste *Integrierte Funktionen* sowie anschließend in der mittleren Liste die Ausdruckskategorie *Datum/Uhrzeit* markieren, können Sie rechts per Doppelklick auf *Heute* diese Funktion im oberen Feld anzeigen lassen. Das ist wichtig, denn sonst würde sie nicht übernommen, wenn Sie den Dialog jetzt mit *OK* bestätigen.

Abbildg. 4.16   Der Ausdrucks-Generator bietet oft verwendete Funktionen wie das heutige Datum an

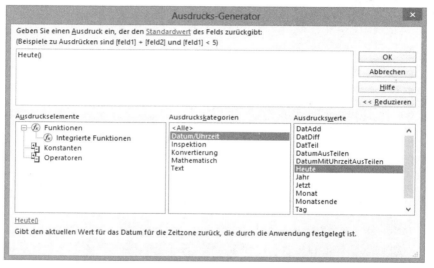

9. Als Letztes fügen Sie das Feld *Kosten* mit dem Felddatentyp *Währung* hinzu.

10. Speichern Sie den Entwurf mit dem Tabellennamen *Ideen*, sodass er nun wie in Abbildung 4.17 aussieht.

Abbildg. 4.17   Der Tabellen-Entwurf für *Ideen* ist fertig

Damit sind alle drei Tabellen komplett fertig. Durch die Nachschlagefelder sind auch die Verknüpfungen zwischen den Tabellen vorhanden und funktionsfähig, wie Sie testen können. Das ist durchaus bequemer und effektiver als in den Access-Desktopdatenbanken, wo Sie nun erst Kombinationsfelder und sortierte Abfragen erstellen müssten.

1. Wechseln Sie mit *START/Ansicht/App starten* in die Listen-Ansicht der Tabelle *Ideen*, die in Abbildung 4.18 zu sehen ist.

Abbildg. 4.18   Die Listenansicht der *Ideen* mit den Nachschlagefeldern

2. Sie werden feststellen, dass unterhalb der Textfelder zu *Person* und *Kategorie* (welche den Hinweis *Suchen…* enthalten) nach Eingabe der ersten Zeichen automatisch eine Liste von möglichen Treffern erscheint.

Abbildg. 4.19 Das Nachschlagefeld für die Person zeigt die mögliche Trefferliste an

3. Geben Sie einen Datensatz wie in Abbildung 4.20 ein und speichern Sie diesen durch Klick auf das kreisförmige Symbol mit der Diskette.

Abbildg. 4.20 So sieht der erste Datensatz aus

4. Als Grundlage für die nächsten Beispiele dienen die folgenden vier Projektideen, wie sie in der etwas angepassten Datenblattansicht zu sehen sind.

Abbildg. 4.21 Diese vier Datensätze reichen als Beispiel aus

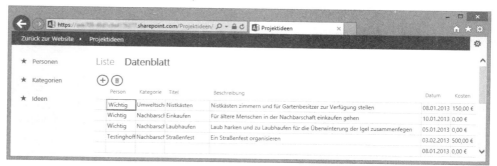

Abfragen erstellen

Auch wenn es im Moment so wirkt, als stünde in der Ideen-Liste eine Person oder eine Kategorie, so ist dort in Wirklichkeit nur eine Verknüpfung auf deren *ID*-Feld enthalten.

Brauchen Sie also tatsächlich einmal Daten aus verschiedenen Tabellen gemeinsam, müssen Sie diese in Abfragen zusammenführen. Das wird nachher bei der Zusammenfassungs-Ansicht notwendig sein, daher möchte ich das jetzt schon vorbereiten.

1. Klicken Sie auf *START/Erstellen/Erweitert/Abfrage*, um eine neue Abfrage anzulegen.
2. Dabei zeigt Access automatisch einen Dialog mit der Liste aller Tabellen wie in Abbildung 4.22 an. Markieren Sie dort nacheinander *Ideen* und *Personen* und klicken Sie jeweils auf die Schaltfläche *Hinzufügen*. Danach können Sie den Dialog schließen.

Abbildg. 4.22   Wählen Sie hier nacheinander *Ideen* und *Personen* aus

3. Sie sehen nun die Entwurfsansicht einer Abfrage wie in Abbildung 4.23, in welcher Sie die Tabellen-Fenster an deren Titelleiste verschieben und am Rand in der Größe verändern können.

Abbildg. 4.23   Die Entwurfsansicht der Abfrage ist noch leer

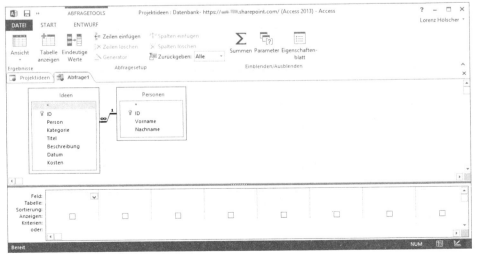

4. Damit im Ergebnis der Abfrage alle Ursprungsfelder sichtbar sind, übernehmen Sie einfach das Sternchen aus jedem Fenster. Dadurch müssen Sie nicht alle Felder namentlich einzeln nennen.

5. Mit einem Doppelklick auf das Sternchen in den Tabellen-Fenstern wird es nach unten in die Auflistung der Zielfelder übernommen. Speichern Sie die Abfrage auf den Namen *IdeenUndPersonen*.

Abbildg. 4.24   Die Abfrage *IdeenUndPersonen* ist fertig

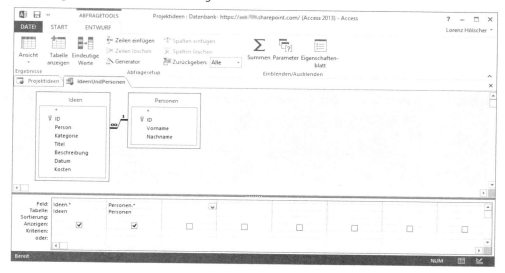

6. Um das Ergebnis der Abfrage zu betrachten, lassen Sie diese mit dem Befehl *ENTWURF/Ergebnisse/Ansicht/Datenblattansicht* ausführen.

Abbildg. 4.25   Die Abfrage zeigt ihre Ergebnisse an

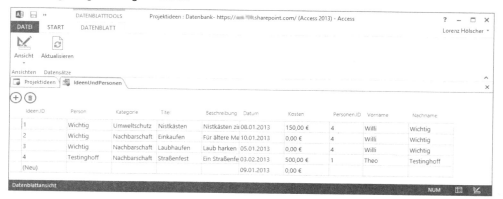

7. Sie haben damit die Informationen aus den beiden Tabellen *Ideen* und *Personen* zusammengefasst. Diese Abfrage können Sie daher schließen.

Wir werden aber gleich entsprechend auch die Daten aus *Ideen* und *Kategorien* gemeinsam benötigen, daher braucht es noch eine zweite Abfrage.

1. Rufen Sie erneut *START/Erstellen/Erweitert/Abfrage* auf und wählen Sie im Dialog dieses Mal *Ideen* und *Kategorien* aus.

2. Übernehmen Sie ebenfalls aus beiden Tabellen-Fenstern die Sternchen per Doppelklick in die Auflistung der Zielfelder und speichern Sie diese Abfrage unter dem Namen *IdeenUndKategorien*. Der Entwurf der Abfrage sieht wie in Abbildung 4.26 aus.

Abbildg. 4.26   So sieht der Entwurf der Abfrage *IdeenUndKategorien* aus

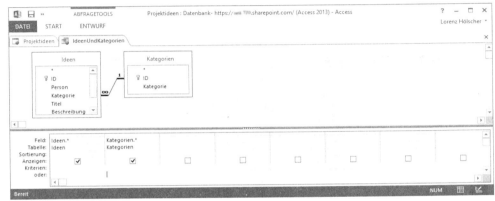

3. Auch hier können Sie mit *ENTWURF/Ergebnisse/Ansicht/Datenblattansicht* einen Blick auf die zusammengeführten Daten wie in Abbildung 4.27 werfen.

Abbildg. 4.27   Die Datenblattansicht zeigt die Inhalte von *Ideen* und *Kategorien* gemeinsam

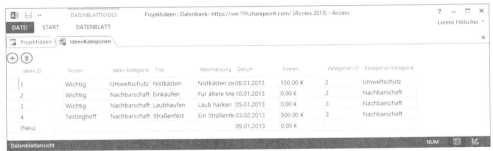

4. Damit ist die zweite Abfrage fertig und Sie können sie schließen.

> **HINWEIS** Woher »weiß« die Abfrage eigentlich, welche Daten aus den verschiedenen Tabellen in einer Zeile gemeinsam dargestellt werden sollen? Das hängt mit dem Nachschlagefeld zusammen: dabei wird im Hintergrund eine Verknüpfung zwischen den beiden Tabellen angelegt. Sie sehen das jeweils im Abfrageentwurf als Verbindungslinie. Die dort angezeigte Kennzeichnung *1* bzw. *¥* entspricht übrigens der Technik, die Sie später als *Referentielle Integrität* kennenlernen werden.
>
> Am Beispiel der Abfrage *IdeenUndKategorien* bedeutet das, dass alle Daten in jeweils einer Zeile gemeinsam erscheinen, deren *Kategorie*-Wert mit dem *ID*-Wert zusammenpasst. Da in *Kategorie* mehrfach der gleiche Wert genannt wurde, werden auch die Inhalte aus der Tabelle *Kategorie* mehrfach angezeigt.

Zusammenfassungs-Ansicht erstellen

Es wäre nun ganz praktisch, wenn sich die einzeln angegebenen Kosten irgendwie summieren ließen. Da es zwei Nachschlagetabellen gibt, existieren auch zwei mögliche Zusammenfassungen: nach Personen oder nach Kategorien. Da das recht schnell geht, können wir ruhig beides ermitteln, nämlich in sogenannten Zusammenfassungs-Ansichten.

1. Markieren Sie die Tabelle *Ideen*, sodass Sie wie in Abbildung 4.28 im rechten Bereich des Bildschirms deren mögliche Ansichten sehen.

Abbildg. 4.28 Neben den Ansichten ist die Schaltfläche zum Hinzufügen einer neuen Ansicht zu sehen

2. Neben den Schaltflächen für die Listen- und Datenblattansichten gibt es eine weitere Schaltfläche mit Plus-Zeichen, die Sie bitte anklicken.

3. Geben Sie dort als Ansichtsnamen *PersonenSummen* ein und wählen als Ansichtstyp *Zusammenfassung* aus. Die Datensatzquelle ändert sich auf *IdeenUndPersonen*. Diese Einstellungen bestätigen Sie mit Klick auf die Schaltfläche *Neue Ansicht hinzufügen*.

Abbildg. 4.29   Hier wird die neue Ansicht hinzugefügt

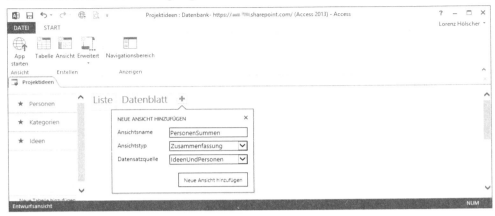

ACHTUNG   Eigentlich sollte diese Ansicht, wie alle anderen auch, im Menüband zu erstellen sein, denn dort finden sich diese Befehle bei *START/Erstellen/Erweitert*. Allerdings fehlt dort die Zusammenfassungs-Ansicht, es bleibt also nur diese Schaltfläche zum Erstellen.

---

4. Sie finden nun eine neue Schaltfläche mit dem Namen der Ansicht sowie eine kleine Schaltfläche mit einem Zahnrad.

Abbildg. 4.30   Die neue Schaltfläche für die Ansicht ist vorhanden

5. Mit einem Klick auf das Zahnrad-Symbol (oder wie sonst per Rechtsklick auf den Namen der Ansicht) erscheint das PopUp-Menü mit verschiedenen Optionen. Klicken Sie hier auf *In Browser öffnen*, damit Sie schon einmal sehen, was diese Zusammenfassungs-Ansicht bietet.

6. Wie in Abbildung 4.31 zu erkennen ist, können Sie in einer Liste eine Person auswählen und finden anschließend deren Ideen detailliert aufgelistet. Allerdings fehlen einige Informationen (z.B. zu den Kosten) und eine echte Zusammenfassung wie etwa eine Summe ist auch nirgends zu sehen. Dazu braucht es noch ein paar Einstellungen.

Abbildg. 4.31   Für *Willi Wichtig* sind alle seine Ideen aufgelistet

7. Mit einem Klick in der Entwurfsansicht auf das Zahnrad-Symbol wählen Sie daher den Eintrag *Bearbeiten* aus. Im Access-Fenster erscheint nun die Zusammenfassungs-Ansicht im Bearbeitungsmodus.

8. Markieren Sie links die mit *Person (0)* beschriftete Liste und klicken auf deren *Daten*-Symbol, welches einen kleinen Zylinder zeigt. Geben Sie wie in Abbildung 4.32 das Berechnungsfeld *Kosten* an. Damit zu erkennen ist, welcher Wert dort berechnet wird, ergänzen Sie den *Berechnungsheader* um einen beliebigen Text.

Abbildg. 4.32   Passen Sie die Einstellungen für die Liste an

TIPP   Die Angabe *(0)* im Entwurf der Zusammenfassungs-Ansicht steht für die Anzahl der jeweils betroffenen Datensätze. Sie können das bei Bedarf mit dem Kontrollkästchen *Anzahl* deaktivieren.

9. Schließen Sie das Datenfenster und denken Sie vor allem daran, diese Ansicht auch zu speichern. Im Browser ist nun zusätzlich die Summe der Kosten für die jeweilige Person zu sehen.

Abbildg. 4.33   Die Zusammenfassungs-Ansicht zeigt die Summe der Kosten

Das ist soweit schon ganz nett, aber es wäre besser, wenn die Kosten-Informationen auch auf der Detailseite sichtbar wären. Die derzeit sichtbaren Felder sind in diesem Zusammenhang ja eher uninteressant.

1. Wechseln Sie wieder in den Entwurf der Zusammenfassungs-Ansicht und markieren Sie dieses Mal den rechten Bereich. Es erscheint auch dort ein Daten-Symbol, welches Sie anklicken.

2. In dessen Daten-Details können Sie maximal vier Felder angeben, die angezeigt werden. Ändern Sie die Angaben bitte wie in Abbildung 4.34.

Abbildg. 4.34   Passen Sie hier die angezeigten Detail-Felder an

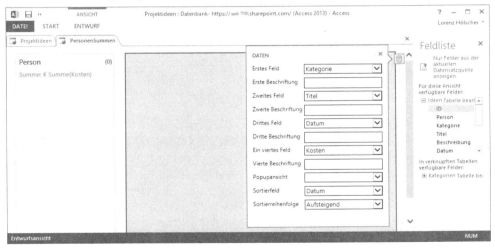

3. So können Sie wie in Abbildung 4.35 sinnvolle Detail-Felder auswählen, die dann auch die Kosten einzeln ausweisen.

Abbildg. 4.35   Jetzt ist die Detail-Liste deutlich informativer

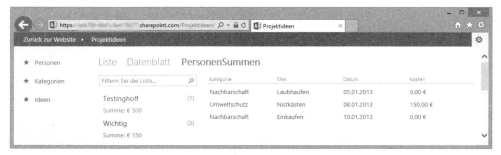

Eine entsprechende Zusammenfassungs-Ansicht, statt nach Personen dieses Mal nach Kategorien zusammengefasst, lässt sich mit der schon vorbereiteten Abfrage schnell erstellen. Damit haben Sie dann diverse Übersichten an einer Stelle.

1. Da es sich um eine Zusammenfassungs-Ansicht handelt, müssen Sie wieder die Plus-Schaltfläche neben den bisherigen Ansichten anklicken. Benennen Sie diese neue Ansicht als *Kategorien-Summen* und wählen Sie als Datensatzquelle *IdeenUndKategorien*.

Abbildg. 4.36   So sind die Einstellungen für die neue Ansicht

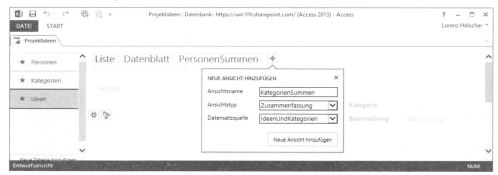

2. Nach einem Rechtsklick auf den anschließend sichtbaren Ansichtsnamen wählen Sie *Bearbeiten* aus.

3. Die Einstellungen unterscheiden sich vor allem darin, dass in der linken Liste als *Gruppieren nach*-Feld *Kategorien.Kategorie* ausgewählt wird und das erste Feld der rechten Liste *Person* ist.

> **PROFITIPP**   Sie werden bemerkt haben, dass manchmal nur der Feldname (*Kosten*) und manchmal zusätzlich der Tabellen-Name (*Kategorien.Kategorie*) erscheint. Das ist zwar irritierend, aber aus Gründen der Eindeutigkeit notwendig, da beispielsweise das Feld *Kategorie* in zwei Tabellen vorkommt. Sie werden später in Kapitel 10 bei der Diskussion geeigneter Feldnamen (und der sogenannten *Ungarischen Notation*) sehen, wie sich dieses Problem besser lösen lässt.

4. Speichern Sie diese Ansicht und prüfen Sie, ob sie wie in Abbildung 4.37 aussieht.

Abbildg. 4.37   Die zweite Zusammenfassungs-Ansicht zeigt die Summen für die Kategorien

Leere Ansicht erstellen

Die bisherigen Ansichten waren recht eingeschränkt, was die Gestaltung anging. Das hat durchaus Vorteile, denn dadurch können Sie sich auf die Daten konzentrieren, aber manchmal darf es eben auch ein wenig freier sein. Dafür gibt es *Leere Ansichten*, die zwar auch ein Raster enthalten, in denen Sie aber die Elemente beliebig anordnen können.

Im nächsten Beispiel soll eine Info-Meldung mit einem Firmen-Logo angezeigt werden. Diese Ansicht ist, anders als die bisherigen, nicht datengebunden und wird nur via Schaltfläche aufrufbar sein.

1. Rufen Sie den Befehl *START/Erstellen/Erweitert/Leere Ansicht* auf. Sie sehen den weitgehend leeren Entwurf der neuen Ansicht wie in Abbildung 4.38.

Abbildg. 4.38   Der noch unveränderte Entwurf der leeren Ansicht

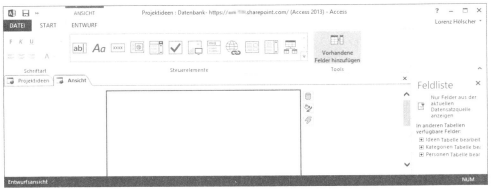

2. Klicken Sie auf *ENTWURF/Steuerelemente/Bild*, sodass ein entsprechendes Rechteck in den Entwurfsbereich eingefügt wird.

3. In dessen Daten-Eigenschaften tragen Sie die *Bild-URL*, also die Internet-Adresse, des gewünschten Bilds ein. Hier ist es beispielhaft das Umschlagbild dieses Handbuchs.

Abbildg. 4.39   In den Eigenschaften lässt sich die Bild-URL eingeben

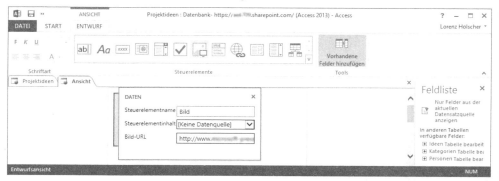

TIPP   Die Bild-URL zu einem Bild finden Sie mit dem Internet Explorer oder jedem beliebigen anderen Browser. Mit einem Rechtsklick auf das Bild erscheint ein PopUp-Menü, in dem typischerweise ein Eintrag wie *Verknüpfung kopieren* oder *Grafikadresse kopieren* enthalten ist. Die Adresse steht anschließend in der Zwischenablage bereit und kann mit ⌨Strg + ⌨V überall eingefügt werden.

---

4. Anhand des *Formatierung*-Symbols mit Farbeimer und Pinsel können Sie für das Bild anschließend dessen Größe und vor allem die Ausrichtung vorgeben, wie es in Abbildung 4.40 zu sehen ist.

Abbildg. 4.40   Passen Sie hier die Formatierung für das Bild an

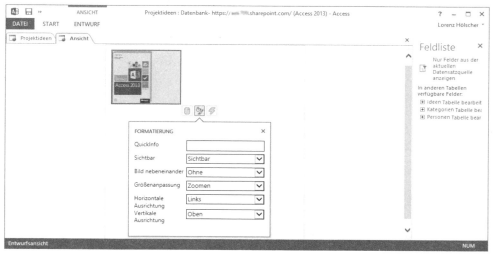

5. Daneben soll ein freier Text stehen, daher klicken Sie auf *ENTWURF/Steuerelemente/Bezeichnung*, sodass ein Bezeichnungsfeld in den Entwurfsbereich eingefügt wird. Sie können dieses frei verschieben und am Rand in der Größe verändern, es wird sich aber immer an einem Raster orientieren.

6. Nach einem weiteren Klick auf das bereits markierte Element schreiben Sie darin einen beliebigen Text. Speichern Sie diese Ansicht als *IdeenBeispiel*.

Abbildg. 4.41 Der Text im Bezeichnungsfeld kann verändert werden

7. Zusätzlich soll noch ein Link zu einer beliebigen Internetadresse integriert werden. Fügen Sie mit *ENTWURF/Steuerelemente/Linksteuerelement* ein solches Element hinzu.

PROFITIPP   Falls Sie diese Datenbank zwischendurch mal schließen, werden Sie feststellen, dass diese neue Ansicht (weil nicht an bestimmte Daten gebunden) nicht in der grau hinterlegten Liste der Tabellen auftaucht. Mit *START/Anzeigen/Navigationsbereich* müssen Sie dann den »richtigen« Navigationsbereich sichtbar machen und können dort per Doppelklick auf den Namen *IdeenBeispiel* wieder in dessen Entwurf wechseln.

8. In dessen Daten-Eigenschaften geben Sie wie in Abbildung 4.42 die gewünschte *Standard-URL* an und ergänzen den *Standardanzeigetext*. Diese Ansicht können Sie nun speichern und schließen.

Abbildg. 4.42 Geben Sie die URL zu dem Link an

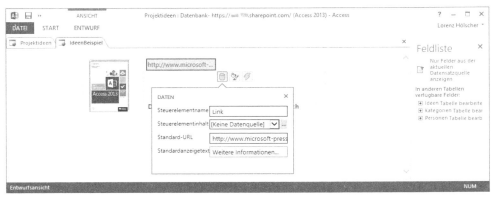

Das wesentliche Problem bei dieser Ansicht ist, dass sie so im Browser nicht zu sehen ist, auch nicht, wenn Sie jetzt die App starten. Dazu braucht es eine Aktion, welche die Ansicht überhaupt anzeigt.

Aktionen erstellen

Aktionen verbinden die kreisförmigen Bedienungselemente mit einer vorgegebenen Auswahl von Makros (eine VBA-Programmierung ist für Access Web Apps grundsätzlich nicht möglich). Es sind oft die typischen »kleinen« Aktionen wie das Öffnen einer Ansicht, das Anzeigen eines zugehörigen Datensatzes oder Ähnliches.

Hier soll es darum gehen, die soeben erstellte Ansicht *IdeenBeispiel* von den anderen Ansichten aus anzeigen zu können. Ich werde das allerdings nur für eine Aktion in einer einzigen Ansicht durchführen, die übrigen Aktionen auf den anderen Ansichten wären reine Wiederholung.

1. Bearbeiten Sie den Entwurf der *Ideen*-Liste. Dort finden Sie neben den Standard-Aktionen eine Plus-Schaltfläche.

2. Klicken Sie diese an, so wird dort eine neue Schaltfläche mit einem Stern hinzugefügt. Deren Daten-Eigenschaften-Symbol erlaubt die Eingabe der zugehörigen Aktion.

Abbildg. 4.43   Die neue Aktion erhält ein Symbol und Texte

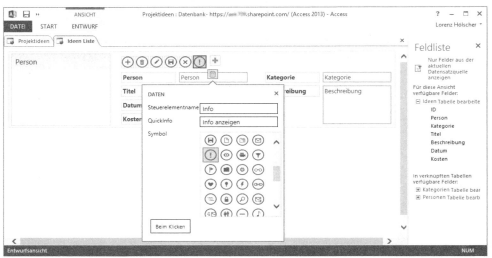

3. Die eigentliche Aktion steckt hinter der Schaltfläche *Beim Klicken*. Sobald Sie diese anklicken, wechseln Sie in den Makro-Generator von Access.

4. Dort wählen Sie im Kombinationsfeld *Neue Aktion hinzufügen* bitte den Eintrag *ÖffnenPopUp* aus. In dessen *Ansicht*-Argument können Sie dann *IdeenBeispiel* wie in der Abbildung 4.44 aus der Liste auswählen.

Web-Apps

Abbildg. 4.44   Die *ÖffnenPopUp*-Aktion hat bereits ein Argument erhalten

5. Speichern Sie die Aktion (es gibt nur vordefinierte Namen und daher keine Rückfrage beim Speichern) und schließen Sie dieses Fenster. Sie sehen nun wieder den Entwurf der Listen-Ansicht *Ideen* und können auch diese speichern und schließen.

6. Lassen Sie nun die App starten und überzeugen Sie sich im Internet Explorer davon, dass der Klick auf die neue Schaltfläche mit dem Ausrufezeichen wie geplant die Ansicht *IdeenBeispiel* anzeigt.

Abbildg. 4.45   Die neue Ansicht wird angezeigt

PROFITIPP   Sie können diese Ansicht auch direkt beim Start der Access Web App anzeigen lassen. Klicken Sie auf *START/Erstellen/Erweitert/Beim Start-Makro* und geben den gleichen Code mit *ÖffnenPopUp* dort ein.

Damit haben Sie einen Überblick über die Möglichkeiten der neuen Access Web Apps erhalten. Sie stellen eine sehr effektive Technik dar, Daten mit anderen Benutzern zu teilen, ohne dass diese überhaupt Access oder gar die aktuellste Version installiert haben müssen.

Die scheinbare Einfachheit täuscht anfangs darüber hinweg, dass die Ansichten bereits alles enthalten, was in einer Access-Desktopdatenbank mehr oder weniger aufwendig hinzuprogrammiert werden müsste.

Zusammenfassung

In diesem Kapitel haben Sie eine komplexere Access Web App bearbeitet, um die erweiterten Möglichkeiten kennenzulernen:

- Sie haben hier zunächst gesehen, wie Sie eine Access Web App auf Ihrer *Teamwebsite speichern* (Seite 68), damit sie dort veröffentlicht wird

- Danach haben Sie darin eine *Tabelle komplett selber definiert* (Seite 71), anstatt die Daten nur zu importieren

- Nach der Erzeugung von zwei Nachschlagetabellen haben Sie eine dritte Tabelle mit *Nachschlagefeldern* (Seite 74) definiert, welche im Browser automatisch eine Suche und einen Verweis auf die andere Tabelle enthalten

- Um Daten aus verschiedenen Tabellen gleichzeitig anzeigen zu können, braucht es eine *Abfrage* (Seite 79), die Sie anschließend für die Zusammenfassungs-Ansicht einsetzen können

- Die *Zusammenfassungs-Ansicht* (Seite 82) erlaubt die Anzeige von Summen und deren Detail-Daten in sehr übersichtlicher Form

- Sie haben außerdem gesehen, wie sich Daten und allgemeine Informationen mit einer *Leeren Ansicht* (Seite 87) frei anordnen lassen, wie es für Info-Meldungen hilfreich ist

- Die Aktionen auf den Ansichten lassen sich um *eigene Aktionen ergänzen* (Seite 90), sodass Sie eigene Ansichten aufrufen oder eine Anzeige direkt beim Start der App durchführen können

Teil B

Schnelleinstieg

Kapitel 5

Tabellen – leicht gemacht

In diesem Kapitel:

Access speichert seine Daten in Tabellen, daher stehen diese typischerweise am Beginn jeder Datenbank. Anders als Sie es vielleicht von Microsoft Excel gewöhnt sein mögen, müssen diese Tabellen nämlich zuerst einmal definiert werden.

Auch wenn es im folgenden Beispiel ja um die Desktopdatenbanken von Access, also die Dateien mit der Endung *.accdb*, gehen wird, werden Sie feststellen, dass vieles davon auch für die Access Web Apps gilt. Insbesondere die Definition von Tabellen und deren Feldern samt Felddatentypen haben sehr große Gemeinsamkeiten.

So legen Sie eine Tabelle an

Fangen wir zuerst an mit der Tabelle für die Bücher, die in der Grundschulbücherei ausgeliehen werden können. Darin soll gespeichert werden, wie das Buch heißt und wer es geschrieben hat. Verlag, Preis oder Ähnliches sind hier uninteressant, aber die Anzahl der vorhandenen Exemplare ist noch wichtig.

Nach diesen Vorüberlegungen können wir mit dem Entwurf der zugehörigen Tabelle beginnen.

1. Klicken Sie in der leeren Datenbank auf *ERSTELLEN/Tabellen/Tabellenentwurf* wie in Abbildung 5.1.

Abbildg. 5.1   So gelangen Sie in den Entwurf einer Tabelle

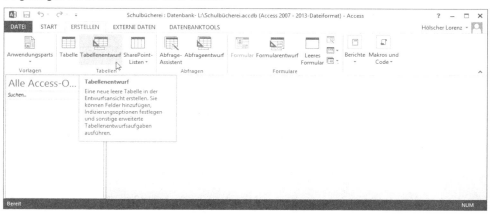

2. Sie sehen nun das Entwurfsfenster für eine Tabelle (siehe Abbildung 5.2).

Abbildg. 5.2   Geben Sie hier die gewünschten Feldnamen in den Tabellenentwurf ein

3. Geben Sie oben links unter *Feldname* den Namen für die erste Tabellenspalte ein, hier also Buchtitel, und drücken Sie die ⇆-Taste. Als Felddatentyp steht dort bereits *Kurzer Text* (siehe Abbildung 5.3), das können Sie so lassen.

Abbildg. 5.3   Geben Sie hier einen Feldnamen und Felddatentyp ein

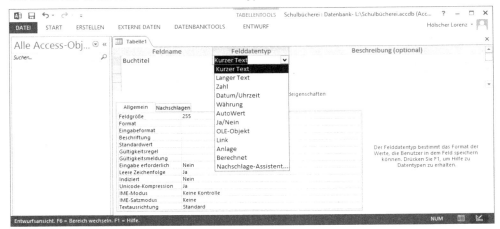

4. Wechseln Sie per Mausklick in die zweite Zeile. Geben Sie in dieser als Feldnamen Autor ein, ebenfalls mit dem Felddatentyp *Kurzer Text*, wie es in Abbildung 5.4 zu sehen ist.

Abbildg. 5.4 Der zweite Feldname steht in der Folgezeile

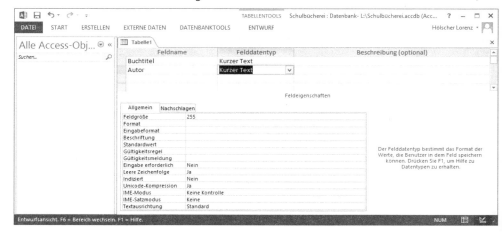

5. In der dritten Zeile heißt der Feldname Exemplare. Wählen Sie als Felddatentyp dieses Mal *Zahl* aus und stellen Sie deren Eigenschaft *Standardwert* (in Abbildung 5.5 unten auf der Registerkarte *Allgemein*) auf *1*.

Abbildg. 5.5 Der dritte Feldname erhält einen anderen Datentyp

6. Damit jedes Buch immer eindeutig zu erkennen und vor allem später leichter zu speichern ist, erhält es noch eine Nummer. Natürlich könnten Sie diese selbst vergeben, aber Access bietet mit dem Felddatentyp *AutoWert* die Fähigkeit, automatisch eine solche eindeutige Zahl zu erzeugen.

7. Tragen Sie also wie in Abbildung 5.6 als nächstes Feld Buchnummer ein und wählen als Felddatentyp *AutoWert*.

Abbildg. 5.6   Der *AutoWert* erzeugt selbstständig eindeutige Nummern

8. Aus optischen Gründen soll diese Buchnummer immer ganz links als erstes Feld des Datensatzes zu sehen sein, daher klicken Sie im Entwurf in dieser Zeile auf den sogenannten Zeilenkopf (das ist das graue Viereck davor). Die Zeile ist nun komplett umrandet, also markiert.

9. Nachdem Sie den Mausknopf kurz losgelassen haben, halten Sie den Zeilenkopf per Mauszeiger gedrückt und schieben ihn ganz nach oben vor die erste Zeile (siehe Abbildung 5.7).

Abbildg. 5.7   Verschieben Sie ein Feld durch Ziehen am Zeilenkopf

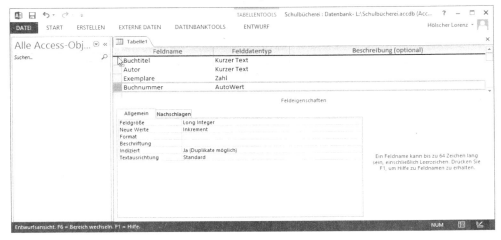

10. Außerdem soll Access »wissen«, dass diese Buchnummer einen Buchdatensatz eindeutig identifiziert. Klicken Sie wie in Abbildung 5.8 bei weiterhin markierter Zeile mit der Buchnummer unter *ENTWURF/Tools* auf das Symbol *Primärschlüssel*.

Abbildg. 5.8 Das *AutoWert*-Feld wird zum Primärschlüssel

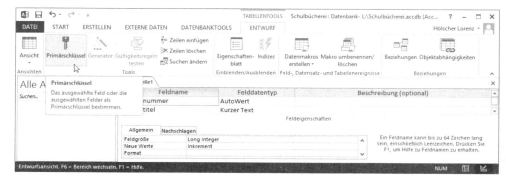

Auch am Anfang der *Buchnummer*-Zeile ist im Entwurf jetzt dieser Schlüssel als Symbol zu sehen.

Damit ist der Entwurf der Tabelle fertig und muss nur noch gespeichert werden. Klicken Sie dazu wie in allen Office 2013-Programmen auf das Disketten-Symbol ganz oben links in der sogenannten *Symbolleiste für den Schnellzugriff* (siehe Mauszeiger in Abbildung 5.9) und weisen Sie der Tabelle die Bezeichnung *Bücher* zu.

Abbildg. 5.9 Speichern Sie den Tabellenentwurf

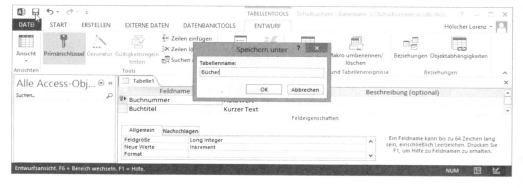

Jetzt können Sie mit *ENTWURF/Ansichten/Datenblattansicht* (siehe Abbildung 5.10) diese Tabelle von der Entwurfsansicht zur Dateneingabe in der Datenblattansicht umschalten. Sie finden die gleiche Auswahl übrigens auch im *START*-Register.

Abbildg. 5.10   Schalten Sie in die Datenblattansicht um

Damit ausreichend Platz für die Dateneingabe zur Verfügung steht, können Sie bei Bedarf den Navigationsbereich an seiner rechten Begrenzungslinie mit der Maus etwas schmaler schieben.

Wenn Sie die Spalten der einzelnen Felder verbreitern wollen, erledigen Sie dies über die Trennlinie im Spaltenkopf. Sie müssen aber die Linie relativ genau treffen und das kleine Dreieck dort vermeiden. Es funktioniert, wenn Sie wie in Abbildung 5.11 den Mauszeiger mit dem waagerechten Doppelpfeil sehen.

Abbildg. 5.11   Verändern Sie die jeweilige Spaltenbreite durch Ziehen des Trennstrichs

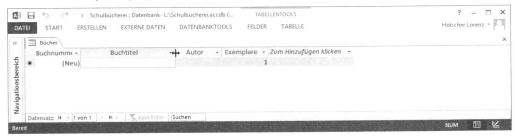

Jetzt können Sie beginnen, die gewünschten Daten einzutippen. Bitte geben Sie die Werte aus der Tabelle 5.1 ein und wechseln Sie dabei nach jedem Wert mit der ⏎-Taste zum nächsten Feld.

TIPP   Einige Werte sind manchmal identisch mit denjenigen in der Zeile darüber, etwa *Astrid Lindgren*. Da Access im Gegensatz zu Excel keine AutoErgänzung für solche Werte kennt, die bereits in der Spalte vorkommen, gibt es ein Tastenkürzel für Wiederholungen. Mit Strg + # übernehmen Sie den Wert aus dem gleichen Feld im Datensatz vorher. Das funktioniert auch dann, wenn der vorherige Datensatz nicht sichtbar ist, beispielsweise später in Formularen in der Einzelansicht.

Abbildg. 5.12 Geben Sie in jeder Spalte die Werte ein

Sie können die Daten einfach untereinander eintippen, aber bitte ohne die *Buchnummer*. Dieses Feld hat den Datentyp *AutoWert*, das heißt, Access vergibt automatisch eine Nummer. Das Feld ist somit nicht beschreibbar.

Tabelle 5.1 Beispieldaten für die Tabelle *Bücher*

Buchtitel	Autor	Exemplare
Die Kinder aus Bullerbü	Astrid Lindgren	8
Die Kinder aus der Krachmacherstraße	Astrid Lindgren	1
Pippi Langstrumpf	Astrid Lindgren	5
Das magische Baumhaus: Im Tal der Dinosaurier	Mary Pope Osborne	2
Das magische Baumhaus: Der geheimnisvolle Ritter	Mary Pope Osborne	1
Was ist was: Dinosaurier	Joachim Oppermann	1
Was ist was: Die sieben Weltwunder	Hans Reichardt	4
Was ist was: Vulkane	Rainer Köthe	3
Tom Sawyer	Mark Twain	1
Die Abenteuer des Huckleberry Finn	Mark Twain	1
Baron Münchhausen	Gottfried August Bürger	1
Die Schatzinsel	Robert Louis Stevenson	2
Winnetou I	Karl May	2
Winnetou II	Karl May	1
Der Schatz im Silbersee	Karl May	2
20.000 Meilen unter dem Meer	Jules Verne	2
In 80 Tagen um die Welt	Jules Verne	3
Die Reise zum Mittelpunkt der Erde	Jules Verne	1
Das magische Baumhaus: Der Ruf der Delfine	Mary Pope Osborne	4
Das magische Baumhaus: Auf der Fährte der Indianer	Mary Pope Osborne	1
Karlsson vom Dach	Astrid Lindgren	1
Der Räuber Hotzenplotz	Otfried Preußler	3

Tabelle 5.1 Beispieldaten für die Tabelle *Bücher* (Fortsetzung)

Buchtitel	Autor	Exemplare
Die kleine Hexe	Otfried Preußler	1
Das kleine Gespenst	Otfried Preußler	1
Was blüht denn da?	Dietmar Aichele, Marianne Golte-Bechtle	1
Was blüht denn da?	Margot Spohn, Roland Spohn, Dietmar Aichele	1
Ferien auf Saltkrokan	Astrid Lindgren	1

Denken Sie vor allem daran, dass Sie auch die letzte Eingabezelle verlassen und in die folgende (oder eine vorherige) Datenzeile wechseln. Access speichert nämlich jede Zeile automatisch, sobald Sie diese verlassen.

Abbildg. 5.13 Verlassen Sie jede Eingabezeile, sodass Sie nicht wie in diesem Bild darin stehen bleiben

Damit haben Sie ausreichend Daten für ein paar erste Aktionen im Zusammenhang mit der Navigation in Tabellen vorbereitet.

So finden Sie bestimmte Inhalte

Auch wenn sich in der Tabelle eher wenige Datensätze befinden, können Sie schon mal die bequeme Schnellsuche ausprobieren:

1. Klicken Sie dazu bitte unter der Tabelle (oberhalb der dunkelroten Statusleiste) in das *Suchen*-Feld und tippen Sie einen Suchtext ein, beispielsweise a (siehe Abbildung 5.14).

Abbildg. 5.14 Suche nach dem ersten Zeichen

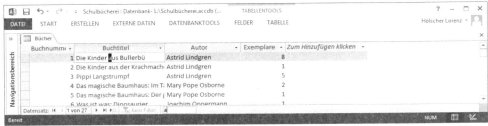

2. Mit jedem Tastendruck für einen weiteren Buchstaben wird der nächste passende Eintrag gefunden. Geben Sie as ein, wechselt die Markierung wie in Abbildung 5.15 zu *Astrid Lindgren*.

Abbildg. 5.15   Suche nach dem zweiten Zeichen

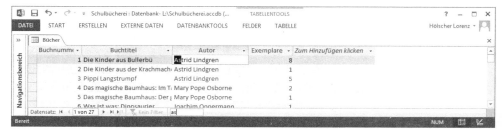

3. Um das zweite oder weitere Vorkommen eines Eintrags zu ermitteln, drücken Sie die ⏎-Taste (siehe Abbildung 5.16).

Abbildg. 5.16   Suche nach dem zweiten Vorkommen der Zeichenfolge

Je mehr Zeichen Sie im Suchfeld eingeben, desto sicherer finden Sie den gesuchten Wert. Für größere Ergebnismengen gibt es natürlich noch andere Suchtechniken, nämlich die Abfragen, die im nächsten Kapitel besprochen werden. Bis dahin ist es aber schon eine sehr schnelle und effektive Suchtechnik, die Ihnen immer zur Verfügung steht.

Sie können jetzt die Tabelle *Bücher* mit dem *X* am rechten Rand schließen und die Abfrage, ob die Änderungen am Layout gespeichert werden sollen, mit einem Klick auf *Ja* bestätigen.

So legen Sie eine zweite Tabelle an

Zu der ersten Liste mit allen vorhandenen Büchern braucht es nun eine zweite mit allen Ausleihvorgängen. Hierfür legen Sie eine eigene Tabelle an, die übrigens wie alle anderen Objekte ebenfalls innerhalb der Datei *Schulbücherei.accdb* gespeichert wird.

Dieses Mal müssen Sie ein paar Felder mehr speichern, zuerst nämlich die eindeutige Angabe, welches Buch ausgeliehen wurde. Da ist es praktisch, dass es in der Tabelle *Bücher* ein Feld *Buchnummer* gibt, welches als *AutoWert* eindeutige Nummern erzeugt.

1. Klicken Sie wiederum auf den Befehl *ERSTELLEN/Tabellen/Tabellenentwurf*, um das Entwurfsfenster für eine neue Tabelle anzuzeigen.

2. Beginnen Sie auch hier mit einem Feld namens Buchnummer. Allerdings darf es nicht den Datentyp *AutoWert* erhalten, denn dann würde Access ebenfalls (und unabhängig von irgendwelchen Werten in der Tabelle *Bücher*) selbstständig hochzählen. Es erhält daher den Felddatentyp *Zahl*.

3. Bitte prüfen Sie im unteren Teil des Fensters, dass die *Feldgröße* wie in Abbildung 5.17 auf *Long Integer* steht.

Abbildg. 5.17   Das erste Feld der zweiten Tabelle ist eingerichtet

4. Das zweite Feld speichert den Namen des Kindes, welches das Buch ausgeliehen hat. Es heißt Ausleiher und hat den Datentyp *Kurzer Text*.

5. In einer Grundschulbücherei wird beim Ausleihen noch die Angabe der Klasse mitgespeichert, damit die Kinder im Bedarfsfall leicht zu erreichen sind. Das Feld Klasse hat ebenfalls den Datentyp *Kurzer Text*, weil dort auch Buchstaben wie *1a* vorkommen (siehe Abbildung 5.18).

Abbildg. 5.18   Die beiden *Kurzer Text*-Felder wurden ebenfalls hinzugefügt

HINWEIS   *Kurzer Text*-Felder (die in vorherigen Versionen einfach *Text*-Feld hießen) sind standardmäßig auf eine *Feldgröße* von *255* eingestellt, also 255 Zeichen, die darin gespeichert werden können. Das mag für die Bezeichnung der Kinder oder der Klassen viel zu viel sein, ist aber bei den geringen Datenmengen hier völlig unerheblich. Später werden wir uns natürlich auch damit beschäftigen.

6. Dann folgt ein Feld `Ausleihdatum`, welches den Datentyp *Datum/Uhrzeit* erhält, wie in Abbildung 5.19 zu sehen ist.

Abbildg. 5.19   Das Ausleihdatum erhält den Datentyp *Datum/Uhrzeit*

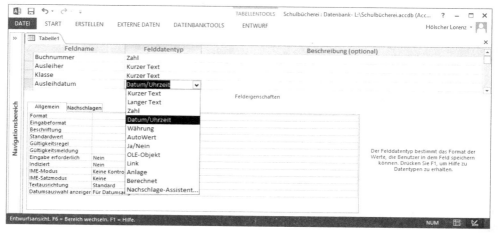

7. Damit Sie wissen, ob das Buch wieder zurückgegeben wurde, legen Sie ein Feld namens zurückgegeben an. Der Datentyp dazu ist *Ja/Nein*. Sie können im unteren Bereich (siehe Abbildung 5.20) als *Standardwert*-Eigenschaft *Nein* angeben, dann gelten frisch eingetragene Bücher erst einmal als nicht zurückgegeben.

Abbildg. 5.20   Das Feld *zurückgegeben* erhält als Standardwert *Nein*

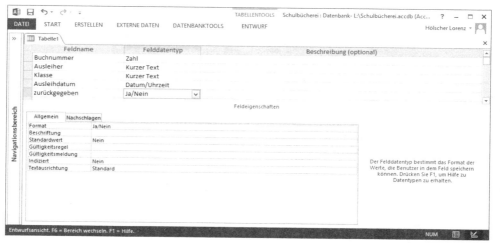

8. Die Tabelle ist jetzt vorläufig fertig, Sie können sie nun unter dem Namen *Ausleihen* speichern. Dabei wird Access Sie wie in Abbildung 5.21 automatisch fragen, ob Sie nicht besser einen Primärschlüssel (also eine eindeutige Kennzeichnung für jeden Datensatz) anlegen wollen. Diese Frage können Sie bejahen, dann fügt Access automatisch noch das *AutoWert*-Feld *ID* hinzu.

Abbildg. 5.21   Access empfiehlt, immer einen Primärschlüssel anzulegen

9. Schalten Sie nun mit *ENTWURF/Ansichten/Datenblattansicht* die Darstellung um, sodass Sie Daten eingeben könnten. Spätestens jetzt für die Dateneingabe ist es sinnvoll, den Navigationsbereich zu minimieren (siehe Abbildung 5.22).

Abbildg. 5.22   Die Tabelle ist bereit zur Eingabe des ersten Datensatzes

Sie können jetzt natürlich jedes Mal in der Tabelle *Bücher* nachsehen, welche Nummer das jeweilige Buch dort hat, um diese hier bei der Ausleihe im Feld *Buchnummer* einzugeben. Das kann aber keine ernsthafte Lösung bleiben, daher sollten wir auch schon für diese Testeingaben den Tabellenentwurf verbessern.

So verbessern Sie die zweite Tabelle

Anstatt selber ständig in anderen Tabellen nachzusehen, lassen Sie diese Arbeit besser von Access erledigen. Aus Sicht der Tabelle *Ausleihen* handelt es sich bei der Tabelle *Bücher* lediglich um eine Hilfstabelle, um Daten nachzuschlagen.

1. Wechseln Sie daher mit *START/Ansicht/Entwurfsansicht* zurück in den Entwurf der Tabelle *Ausleihen* und markieren dort das Feld *Buchnummer*.

2. Ändern Sie den *Datentyp* wie in Abbildung 5.23 auf *Nachschlage-Assistent*, woraufhin dieser mit seinem ersten Dialogfeld angezeigt wird.

Abbildg. 5.23   Starten Sie den Nachschlage-Assistenten für das Feld *Buchnummer*

3. Wählen Sie darin die erste Option *Das Nachschlagefeld soll die Werte aus einer Tabelle oder Abfrage abrufen* (siehe Abbildung 5.24) und klicken Sie auf *Weiter*.

Abbildg. 5.24   Geben Sie im ersten Schritt die Art der Datenauswahl an

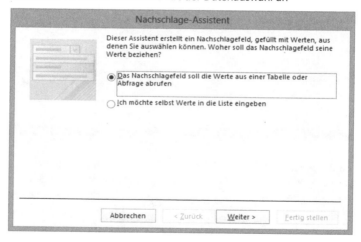

4. Im zweiten Schritt markieren Sie die Tabelle *Bücher* und klicken wieder auf *Weiter*.

Abbildg. 5.25   Wählen Sie eine passende Datenquelle aus

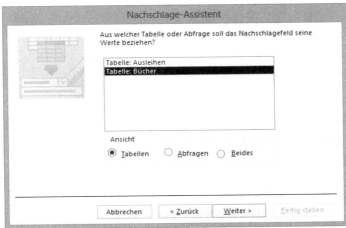

5. Im dritten Schritt bestimmen Sie die Felder, welche in dem später dadurch erzeugten Kombinationsfeld angezeigt werden sollen. Übernehmen Sie wie in Abbildung 5.26 einfach alle Felder mit der >>-Schaltfläche und klicken Sie auf *Weiter*.

Abbildg. 5.26   Übernehmen Sie alle Felder der Tabelle

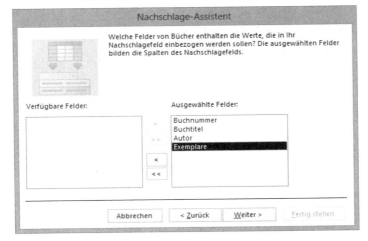

6. Anschließend legen Sie die Sortierung der angezeigten Nachschlagedaten fest. Lassen Sie diese nach *Buchtitel* sortieren, wie es in Abbildung 5.27 zu sehen ist, und klicken Sie auf *Weiter*.

Abbildg. 5.27   Lassen Sie die angezeigten Daten sortieren

7. Der letzte Schritt zeigt Ihnen bereits die Nachschlagedaten in einer Vorschau an (Abbildung 5.28). Sie können hier auch bereits die Spaltenbreiten anpassen. Belassen Sie es bei der Empfehlung, die Schlüsselspalte auszublenden. Das reicht an Informationen, Sie können nun den gesamten Assistenten mit der Schaltfläche *Fertig stellen* beenden.

Abbildg. 5.28   Sie können hier die Datenvorschau bearbeiten

8. Bestätigen Sie die Frage, ob die Tabelle gespeichert werden soll, mit *Ja*.

> **HINWEIS**   Der Assistent hat nun unten im Tabellenentwurfsfenster für das Feld *Buchnummer* auf der bisher nicht benutzten Registerkarte *Nachschlagen* der Feldeigenschaften alle seine Informationen eingetragen. Dies werden wir uns später noch im Detail ansehen.

9. Jetzt wechseln Sie bitte wieder zurück in die Datenblattansicht der Tabelle und vergleichen das Ergebnis (siehe Abbildung 5.29).

Abbildg. 5.29 Die Auswahl des Buchs ist deutlich verbessert worden

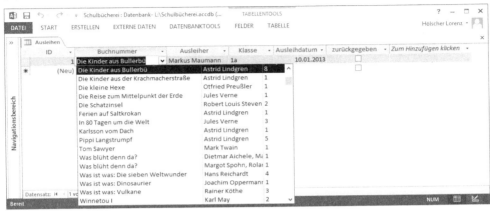

Wenn Sie das Gefühl haben, dass eigentlich gar nichts passiert ist, klicken Sie doch einmal in die Spalte *Buchnummer*. Jetzt wird der Dropdownpfeil sichtbar, mit dem sich das gerade per Assistent erstellte Kombinationsfeld zum Nachschlagen der Bücher ausklappen lässt.

Alle Bücher stehen hier wie gewünscht in alphabetischer Reihenfolge und können einfach per Klick ausgewählt werden. Access kümmert sich im Hintergrund darum, die passende Buchnummer zu ermitteln, ohne dass Sie als Benutzer etwas damit zu tun haben.

ACHTUNG Bitte beachten Sie, dass von der folgenden Tabelle 5.2 die erste Datenzeile bereits eingegeben wurde. Außerdem sehen Sie in der Datenblattansicht nicht mehr die Buchnummer, sondern »nur« noch den Titel. Da dieser hier aus Platzgründen teilweise gekürzt wurde, gibt bei der Serie *Das magische Baumhaus* ein Zusatz in Klammern darüber Auskunft, welcher Band wirklich gemeint ist.

Tragen Sie bitte ein paar Beispieldaten wie die folgenden ein, damit für die nächsten Aufgaben auch Inhalte vorhanden sind. Bestätigen Sie jeden Wert wiederum einfach mit der ⏎-Taste (oder der ⇥-Taste), dann wechselt die Markierung automatisch nicht nur von Zelle zu Zelle, sondern am Ende der Zeile auch an den Anfang der Folgezeile.

TIPP Ein *Ja/Nein*-Feld wie *zurückgegeben* wird von Access in einer Tabelle automatisch als Kontrollkästchen dargestellt. Sie können dieses wahlweise mit der Maus ankreuzen (was durchaus lästig ist beim Tippen) oder mit der Leertaste umschalten, sobald es den Fokus hat.

Tabelle 5.2 Beispieldaten für die Tabelle *Ausleihen*

Titel	Ausleiher	Klasse	Ausleihdatum	zurück-gegeben
Die Kinder aus Bullerbü	Markus Maumann	1a	10.01.2013	Ja
Die Kinder aus Bullerbü	Luis Peters	1a	02.01.2013	Ja

Tabelle 5.2 Beispieldaten für die Tabelle *Ausleihen* (Fortsetzung)

Titel	Ausleiher	Klasse	Ausleihdatum	zurück-gegeben
Die Kinder aus Bullerbü	Marlena Sinderlich	2b	07.01.2013	Ja
Die Kinder aus Bullerbü	Gabriele Schapp	2c	09.01.2013	Ja
Die Kinder aus Bullerbü	Carla Igel	1b	09.01.2013	Nein
Die Kinder aus Bullerbü	Marisa Nejedla	1b	09.01.2013	Ja
Die Kinder aus der Krachmacherstraße	Fabian Sinderlich	2c	03.01.2013	Nein
Pippi Langstrumpf	Antonia Müller	3b	03.01.2013	Ja
Pippi Langstrumpf	Louisa Peters	3b	07.01.2013	Nein
Pippi Langstrumpf	Finn Darius	3b	07.01.2013	Nein
Pippi Langstrumpf	Marla Erdmann	4b	07.01.2013	Nein
Pippi Langstrumpf	Annika Diemhoff	1a	08.01.2013	Ja
Das magische Baumhaus (Dino)	Anna Amerides	4b	02.01.2013	Ja
Das magische Baumhaus (Dino)	Markus Maumann	1a	03.01.2013	Ja
Das magische Baumhaus (Ritter)	Finnja Markwart	3a	11.01.2013	Nein
Was ist was: Die sieben Weltwunder	Markus Maumann	1a	03.01.2013	Ja
Was ist was: Vulkane	Markus Maumann	1a	03.01.2013	Ja
Tom Sawyer	Robert Schmitt	4a	15.01.2013	Ja
Die Abenteuer des Huckleberry Finn	Marla Erdmann	4b	11.01.2013	Ja
Die Schatzinsel	Gabriele Schapp	2c	08.01.2013	Nein
Winnetou I	Fabian Sinderlich	2c	10.01.2013	Nein
Winnetou II	Fabian Sinderlich	2c	10.01.2013	Nein
Der Schatz im Silbersee	Fabian Sinderlich	2c	10.01.2013	Nein
Der Schatz im Silbersee	Oliver Halfmann	2c	08.01.2013	Nein
20.000 Meilen unter dem Meer	Antonia Müller	3b	11.01.2013	Nein
20.000 Meilen unter dem Meer	Joachim Streicher	3b	14.01.2013	Nein
In 80 Tagen um die Welt	Antonia Müller	3b	11.01.2013	Nein
In 80 Tagen um die Welt	Joachim Streicher	3b	14.01.2013	Ja
Die Reise zum Mittelpunkt der Erde	Fabian Sinderlich	2c	15.01.2013	Nein
Die Reise zum Mittelpunkt der Erde	Joachim Streicher	3b	14.01.2013	Ja
Das magische Baumhaus (Delfine)	Gabriele Schapp	2c	08.01.2013	Nein
Karlsson vom Dach	Gabriele Schapp	2c	08.01.2013	Nein
Der Räuber Hotzenplotz	Gabriele Schapp	2c	08.01.2013	Ja
Die kleine Hexe	Oliver Halfmann	2c	08.01.2013	Ja

Tabelle 5.2   Beispieldaten für die Tabelle *Ausleihen* (Fortsetzung)

Titel	Ausleiher	Klasse	Ausleihdatum	zurück-gegeben
Die kleine Hexe	Marisa Nejedla	1b	09.01.2013	Nein
Was blüht denn da?	Marisa Nejedla	1b	09.01.2013	Nein

PROFITIPP   Datumswerte sind immer lästig bei der Eingabe. Wenn es sich um das laufende Jahr handelt, können Sie die Jahreszahl ohnehin weglassen. Anstatt nun aber immer noch für *08.01* (Achtung: kein weiterer Punkt!) den Punkt auf der Tastatur zu suchen, ist in einem Access-Datumsfeld so ziemlich jedes andere Trennzeichen erlaubt. Sie können auf dem numerischen Ziffernblock also beispielsweise viel schneller *8-1* oder *8/1* eingeben (aber *8+1* funktioniert nicht).

Wenn Sie diese Daten eingegeben haben, ist die Datenbank ausreichend mit Informationen versorgt. Der nächste Schritt wird deren Auswertung sein.

ACHTUNG   Wer Excel kennt, hat sicherlich bei der Datenblattansicht der Tabelle in *START/Sortieren und Filtern* schon die Befehle *Aufsteigend* und *Absteigend* zum Sortieren der Daten wiedererkannt. Das funktioniert durchaus, aber hier gehört es aus Sicht einer Datenbank nicht hin, denn zum Sortieren gibt es Abfragen. Wenn Sie diese Befehle anklicken, ändern Sie vor allem unfreiwillig (und dauerhaft!) den Entwurf der jeweiligen Tabelle.

Für die Datenanalyse sind in einer Datenbank die Abfragen zuständig, daher wird sich das folgende Kapitel mit diesem Thema näher beschäftigen.

Zusammenfassung

In diesem Kapitel haben Sie die grundlegende Arbeit mit Tabellen in Access kennengelernt.

- Es ist leicht, den *Entwurf einer Tabelle* zu erstellen (Seite 96) und verschiedene Felder mit passenden Felddatentypen einzugeben

- Schon in Tabellen können Sie ohne viel Aufwand mit der *Schnellsuche* (Seite 103) zu den gewünschten Daten springen

- Beim Anlegen einer zweiten Tabelle wurden Sie mit weiteren *Datentypen* (Seite 105) bekannt gemacht

- Diese zweite Tabelle wurde mit einem *Nachschlage-Assistenten* (Seite 108) noch verbessert und die Datenauswahl für ein Feld deutlich vereinfacht

Kapitel 6

Abfragen – leicht gemacht

In diesem Kapitel:

Der eigentliche Kern einer Datenbank besteht aus Abfragen. Diese analysieren, sortieren, filtern und berechnen die Daten. Das geht in Access 2013 besonders leicht und intuitiv.

CD-ROM Um Ihnen das Nachvollziehen der Schritte in diesem Kapitel zu erleichtern, finden Sie innerhalb der Beispieldateien zu diesem Buch im Ordner *Kap05* eine Datenbank, die bereits die Daten aus Kapitel 5 enthält. Laden Sie einfach die betreffende Datenbank, um mit der Arbeit in diesem Kapitel zu beginnen.

So sortieren Sie Daten

Zunächst soll die Bücherliste sortiert werden, sodass erst nach dem Autor und dann nach dem Buchtitel aufsteigend sortiert wird. Dadurch werden beispielsweise alle Bücher von *Astrid Lindgren* bzw. *Mary Pope Osborne* hintereinander aufgelistet, welche bisher in der zufälligen Reihenfolge der Eingabe stehen.

1. Klicken Sie im Menüband auf den Befehl *ERSTELLEN/Abfragen/Abfrageentwurf* wie in Abbildung 6.1.

Abbildg. 6.1 Der Befehl zur Erstellung einer neuen Abfrage

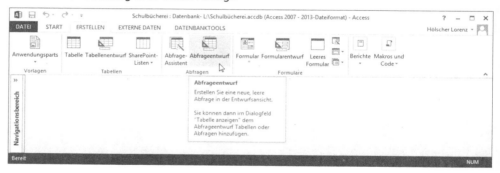

2. Ein Dialogfeld (siehe Abbildung 6.2) bietet nun alle Tabellen der aktuellen Datenbank an.

Abbildg. 6.2 Wählen Sie im Auswahldialogfeld die Tabelle *Bücher* aus

3. Markieren Sie darin die Tabelle *Bücher*, klicken Sie auf *Hinzufügen* und danach auf *Schließen*. Sie sehen nun wie in Abbildung 6.3 das Abfrageentwurfsfenster mit der Tabelle *Bücher* als Datenquelle.

Abbildg. 6.3   Der Abfrageentwurf zeigt die Tabelle *Bücher* als Datenquelle an

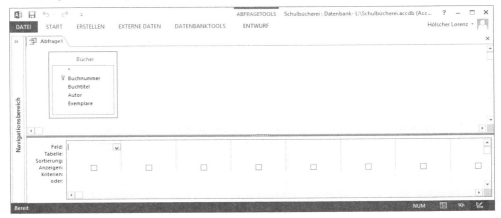

4. Doppelklicken Sie oben im Fenster nacheinander auf die Felder *Autor* und *Buchtitel*, sodass diese wie in Abbildung 6.4 unten in die Ausgabeliste aufgenommen werden.

Abbildg. 6.4   Die beiden Felder wurden in den Anzeigebereich aufgenommen

5. Stellen Sie unten für beide Spalten in der Zeile *Sortierung* die (erst beim Markieren sichtbare) Ausklappliste auf *Aufsteigend*.

6. Speichern Sie diesen Entwurf einer Abfrage nach einem Klick auf die Speichern-Schaltfläche oben in der Symbolleiste für den Schnellzugriff unter dem Namen *Bücher sortiert nach Autor und Titel* (Abbildung 6.5).

Abbildg. 6.5   Die beiden Felder wurden mit Sortierung gespeichert

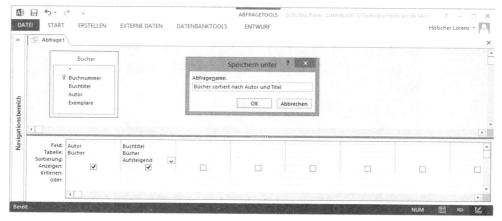

7. Anschließend wechseln Sie über den Befehl *ENTWURF/Ergebnisse/Datenblattansicht* vom Entwurf in die Darstellung der Daten (siehe Abbildung 6.6).

Abbildg. 6.6   Die Abfrage zeigt alle Daten sortiert an

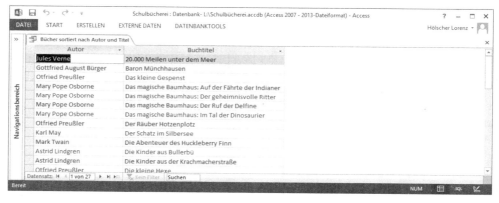

Sie sehen nun alle Autoren und Bücher in der gewünschten Reihenfolge. Sie können die Abfrage danach schließen, indem Sie auf das (kleine) *X* ganz rechts neben dem Abfragetitel klicken.

So greifen Sie auf mehrere Tabellen zu

Häufig werden die Daten in mehreren Tabellen einer Datenbank enthalten sein, daher kann Access selbstverständlich auch diese zusammenführen. Hier im Beispiel ist dies notwendig, wenn Sie herausbekommen wollen, welche Kinder welche Bücher ausgeliehen haben:

1. Nachdem Sie das Fenster der vorigen Abfrage geschlossen haben, erstellen Sie bitte mit *ERSTELLEN/Abfragen/Abfrageentwurf* wiederum eine neue Abfrage. Fügen Sie dabei beide Tabellen hinzu, wie in Abbildung 6.7 bereits gezeigt. Access verbindet die beiden *Buchnummer*-Felder automatisch.

Abbildg. 6.7   Im Entwurf werden gleichnamige Felder automatisch verbunden

> **PROFITIPP**   Die automatische Verknüpfung gleichnamiger Felder ist gar nicht so praktisch, wie es zunächst scheint, wie Sie beim Thema Datenbankdesign noch sehen werden. Sie können sie abschalten, indem Sie mit *DATEI/Optionen* das *Optionen*-Dialogfeld von Access aufrufen und dort in der Kategorie *Objekt-Designer* in der Gruppe *Abfrageentwurf* die Markierung des Kontrollkästchens *AutoVerknüpfung aktivieren* aufheben.

2. Sie können nun nacheinander die Felder *Ausleiher*, *Klasse*, *Autor*, *Buchtitel* und *Ausleihdatum* per Doppelklick in die untere Ausgabeliste (siehe Abbildung 6.8) aufnehmen. Stellen Sie für *Ausleiher* die Sortierung auf *Aufsteigend*.

Abbildg. 6.8   So sieht der fertige Abfrageentwurf aus

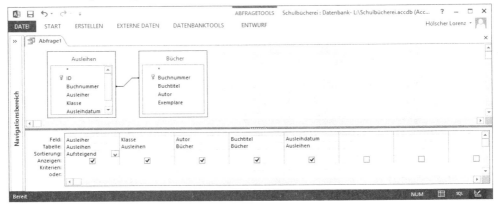

3. Speichern Sie diese Abfrage unter dem Titel *Wer hat welche Bücher wann ausgeliehen?* und wechseln Sie vom Entwurf in die Datenblattansicht, die in Abbildung 6.9 zu sehen ist.

Abbildg. 6.9   Die Namen und Ausleihdaten werden wie gewünscht angezeigt

So filtern Sie Daten

Da in der bisherigen Abfrage jedoch auch jene Bücher angezeigt werden, die bereits zurückgegeben wurden, muss dieses Kriterium noch berücksichtigt werden:

1. Wechseln Sie mit *START/Ansichten/Entwurfsansicht* wieder zurück zum Abfrageentwurf und speichern Sie diese Abfrage mit dem Befehl *DATEI/Speichern unter/Objekt speichern als* und schließlich einem Klick auf die Schaltfläche *Speichern unter* auf den neuen Namen *Wer hat welche Bücher seit wann?* (siehe Abbildung 6.10).

Abbildg. 6.10   Geben Sie im Dialogfeld *Speichern unter* den neuen Namen an

2. Fügen Sie im Entwurf der soeben gespeicherten Abfrage *Wer hat welche Bücher seit wann?* das Feld *zurückgegeben* per Doppelklick hinzu. Um nur die noch ausgeliehenen Bücher zu ermitteln, tragen Sie unterhalb von *zurückgegeben* in die Zeile *Kriterien* die Bedingung *Falsch* ein.

3. Das zugehörige Kontrollkästchen in der Zeile *Anzeigen* können Sie leeren (siehe Abbildung 6.11), sodass die Bedingung zwar berücksichtigt, aber der Feldinhalt nicht angezeigt wird.

Abbildg. 6.11   Das *zurückgegeben*-Feld wirkt als Filter, ist aber nicht sichtbar

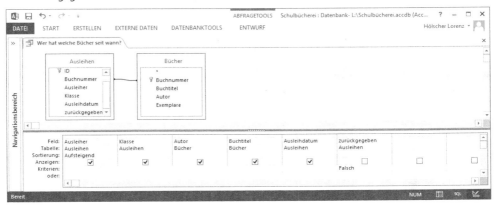

4. In der Datenblattansicht werden jetzt nur noch die Bücher angezeigt, die nicht bereits zurückgegeben wurden, wie in Abbildung 6.12 zu sehen ist.

Abbildg. 6.12   Aufgrund des Filters erscheinen nur noch Datensätze für aktuell ausgeliehene Bücher

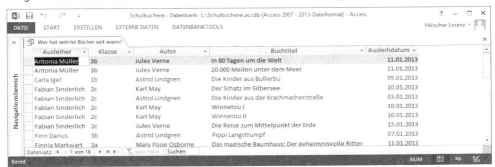

So berechnen Sie Daten

In Abfragen können Sie Daten nicht nur wie bisher sortieren und filtern, sondern diese auch abhängig von vorhandenen Werten neu berechnen. Sie haben vielleicht bemerkt, dass in der Tabelle nirgends das Rückgabedatum gespeichert wurde. Alle Bücher müssen einfach zwei Wochen später zurückgegeben werden, sodass es sich leicht errechnen lässt.

HINWEIS   Um die Tabelle übersichtlich zu lassen, wird das Rückgabedatum immer als 14 Tage später angenommen. Wenn dieses auf ein Wochenende fällt oder gar Schulferien sind, wird dies bei der Rückgabe am nächsten möglichen Tag manuell berücksichtigt, unabhängig vom Eintrag in der Datenbank.

1. Um das Rückgabedatum anzuzeigen, wechseln Sie bitte wieder in die Entwurfsansicht der Abfrage *Wer hat welche Bücher seit wann?*.

Schnelleinstieg

2. Klicken Sie dort mit der Maus in die nächste freie Spalte der tabellarischen Liste, öffnen mit ⇧ + F2 ein *Zoom*-Fenster und geben die folgende Formel ein:

```
Abgabe: Ausleihdatum + 14
```

Abbildg. 6.13   Das *Zoom*-Fenster erleichtert die Eingabe längerer Formeln

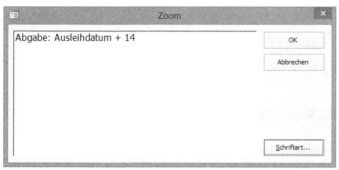

3. Sobald Sie das *Zoom*-Fenster mit *OK* schließen, ergänzt Access die eigentlich noch fehlenden eckigen Klammern um den Feldnamen *Ausleihdatum* und fügt die Formel in die gewählte Spalte ein (siehe Abbildung 6.14)

TIPP   In diesem *Zoom*-Fenster können Sie dauerhaft (bis Access geschlossen wird) dessen Schriftgröße verändern. Klicken Sie dazu auf die *Schriftart*-Schaltfläche unten rechts. Die Eingabe einer Formel ist aber keinesfalls an das *Zoom*-Fenster gebunden, Sie können diese auch direkt in der obersten Zelle der Spalte eingeben. Bei längeren Formeln ist das jedoch schnell unübersichtlich.

Abbildg. 6.14   So errechnen Sie das Abgabedatum

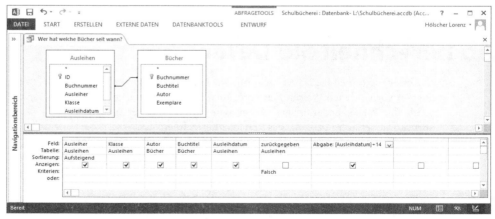

4. Betrachten Sie nun bitte die Abfrage in der Datenblattansicht. Dort ist ganz rechts jetzt eine neue Spalte *Abgabe* mit den passenden Datumswerten zu sehen (Abbildung 6.15).

Am rechten Rand ist die neue Spalte *Abgabe* bereits markiert

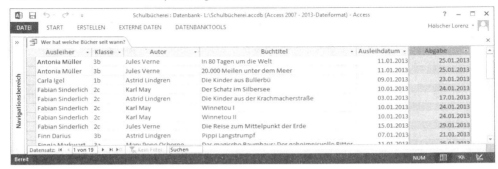

So zählen Sie Datensätze

Viele Informationen in einer Datenbank stecken erst in zusammengefassten Daten und nicht in jedem einzelnen Detaildatensatz. Um beispielsweise herauszufinden, welche Klasse die meisten Bücher ausleiht, müssen alle zugehörigen Ausleihdaten nach Klassen zusammengefasst und diese Datensätze zusammengezählt werden:

1. Bereiten Sie mit *ERSTELLEN/Abfragen/Abfrageentwurf* eine neue Abfrage vor, die nur auf der Tabelle *Ausleihen* basiert. Fügen Sie (in dieser Reihenfolge) die Felder *Klasse* und *Buchnummer* hinzu.

2. Schalten Sie mit *ENTWURF/Einblenden/Ausblenden/Summen* diese einfache Auswahlabfrage auf eine sogenannte Gruppierungsabfrage um. Dabei wird im unteren Bereich eine zusätzliche *Funktion*-Zeile angezeigt (siehe Abbildung 6.16).

Die Gruppierungsabfrage enthält noch doppelt die *Gruppierung*-Funktion

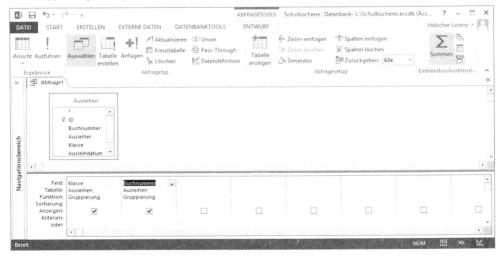

> **HINWEIS** Bei der Registerkarte *ENTWURF* im Menüband handelt es sich um eine soge-
> nannte kontextabhängige Registerkarte: die Bezeichnung *Abfragetools* steht farbig hinterlegt
> ganz oben in der Titelleiste. Im Übrigen ist der Aufruf nicht ganz so verschachtelt, wie es die
> oben genannte Befehlsfolge vermuten lassen könnte, denn *Einblenden/Ausblenden* ist nur die
> Bezeichnung für die Gruppe, in der sich die Befehlsschaltfläche *Summen* befindet.

3. Ändern Sie anschließend entsprechend der Abbildung 6.17 den *Funktion*-Eintrag unterhalb von *Buchnummer* auf *Anzahl*.

Abbildg. 6.17   Wählen Sie die *Anzahl* als Funktion für die *Buchnummer*

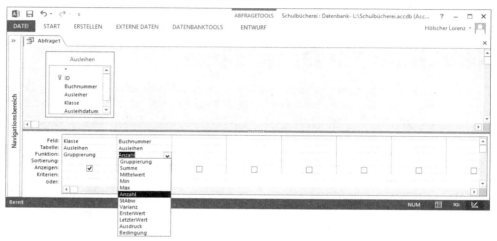

4. Speichern Sie diesen Abfrageentwurf unter der Bezeichnung *Welche Klasse leiht wie viel?* und wechseln Sie in die Datenblattansicht (siehe Abbildung 6.18).

Abbildg. 6.18   Für jede Klasse wird die Anzahl der Datensätze ermittelt

In Gruppierungsabfragen wie dieser gibt es typischerweise eine *Gruppierung* (hier die *Klasse*), für welche in einem zweiten Feld (hier *Buchnummer*) eine Zusammenfassung (hier *Anzahl*) gebildet wird. Dadurch lassen sich Daten verdichten und beispielsweise auch als Summen o.Ä. abbilden.

Dies funktioniert trotz der Bezeichnung »Gruppierungs«-Abfrage sogar ohne Gruppe, wenn Sie etwa die Gesamtanzahl aller Ausleihen herausfinden wollen:

1. Öffnen Sie den Entwurf von *Welche Klasse leiht wie viel?* und speichern diesen mit *DATEI/Speichern unter/Objekt speichern als/Speichern unter* auf den neuen Namen *Wie viele Ausleihen insgesamt?*.

2. Dann markieren Sie die *Klasse*-Spalte, indem Sie den (recht kleinen) Spaltenkopf, oberhalb der ersten Zelle, mit der Maus anklicken, die dort wie in Abbildung 6.19 einen senkrechten Pfeil zeigt.

Abbildg. 6.19   Der Mauszeiger verändert sich auf dem Spaltenkopf zu einem kleinen Pfeil

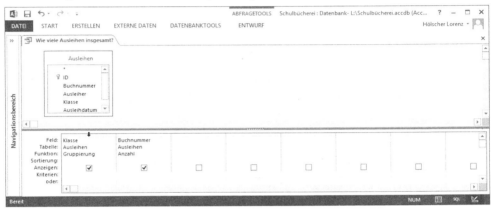

3. Die Spalte wird durch den Klick komplett schwarz markiert. Löschen Sie diese Spalte mit der `Entf`-Taste, sodass alleine das Feld *Buchnummer* mit der Funktion *Anzahl* übrig bleibt.

4. Wechseln Sie wieder in die Datenblattansicht. Es ist wie in Abbildung 6.20 nur noch ein einziges Feld in einer einzigen Zeile zu sehen, welches die Gesamtanzahl der gespeicherten Ausleihen zeigt.

Abbildg. 6.20   Die Gruppierungsabfrage zeigt nur noch ein einziges Feld als Ergebnis

Zusammenfassung

Sie haben in diesem Kapitel gesehen, welche umfangreichen Möglichkeiten Abfragen in Access bieten:

- Zur *Sortierung* (Seite 116) von Daten in Abfragen können Sie im Abfrageentwurf zu jedem beliebigen Feld eine aufsteigende oder absteigende Reihenfolge auswählen

- Die *Verknüpfung von Informationen aus mehreren Tabellen* (Seite 119) geschieht in Access bei gleichnamigen Feldern automatisch

- Abfragen dienen häufig auch dazu, *Daten zu filtern* (Seite 120), wie Sie für die Beschränkung auf nur die ausgeliehenen Bücher gesehen haben

- Damit keine redundanten Daten in Tabellen gespeichert werden müssen, lassen sich solche Werte jederzeit in *Abfragen berechnen* (Seite 122). Das *Zoom*-Fenster erleichtert die Eingabe solcher Formeln erheblich.

- Die *Gruppierungsabfragen* (Seite 123) zeigen, wie Sie Daten zusammenfassen und dadurch Summen, Mittelwerte oder Ähnliches bilden können

Kapitel 7

Formulare – leicht gemacht

In diesem Kapitel:

Formulare bilden in Access 2013 die optimale Grundlage, um Daten darzustellen, Werte einzugeben, Grafiken anzuzeigen oder Steuerelemente interaktiv einzusetzen. Verschiedene Assistenten machen es ganz einfach, aus Tabellen oder Abfragen neue Formulare zu erzeugen.

CD-ROM Um Ihnen das Nachvollziehen der Schritte in diesem Kapitel zu erleichtern, finden Sie innerhalb der Beispieldateien zu diesem Buch im Ordner *Kap06* eine Datenbank, die bereits die Änderungen aus Kapitel 6 enthält. Laden Sie einfach die betreffende Datenbank, um mit der Arbeit in diesem Kapitel zu beginnen.

Sie können also jederzeit ein Kapitel überspringen und trotzdem auf den aktuellen Stand der Datenbank zugreifen.

So erstellen Sie ein Formular

Der einfachste Formulartyp zeigt alle Daten genau so wie die Tabelle beziehungsweise Abfrage an, allerdings ansprechender formatierbar und vor allem mit einem Datensatz je Seite (und nicht je Zeile wie in Tabellen bzw. Abfragen).

1. Markieren Sie im Navigationsbereich die Tabelle *Ausleihen*.
2. Klicken Sie auf *ERSTELLEN/Formulare/Formular*. Damit wird das neue Formular direkt erzeugt und in der Layoutansicht dargestellt (siehe Abbildung 7.1).

Abbildg. 7.1 Das automatisch erstellte Formular in der Layoutansicht

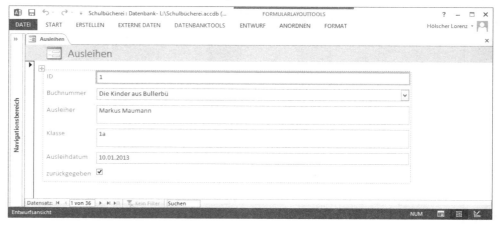

3. Speichern Sie das Formular als *Ausleihen in Einzelansicht* und blenden Sie den Navigationsbereich gegebenenfalls wieder aus. Wechseln Sie dann bitte mit *ENTWURF/Ansichten/Formularansicht* in die für Benutzer übliche Darstellung, bei der das Formular wie in Abbildung 7.2 alle Daten anzeigt.

HINWEIS Falls Sie den Namen eines Objekts nachträglich ändern wollen, können Sie das nur tun, wenn es nicht geöffnet ist. Markieren Sie das Objekt im Navigationsbereich und drücken Sie die [F2]-Taste. Dann ändern Sie den Namen und bestätigen mit der [↵]-Taste.

Abbildg. 7.2   Die Formularansicht ist die endgültige Ansicht für Benutzer

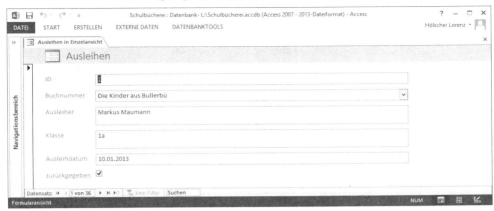

4. Auch in der Formularansicht sehen Sie jeweils die Daten eines einzigen Datensatzes auf dem Bildschirm und der optische Unterschied zur vorherigen Layoutansicht ist ebenfalls gering. Es geht dabei vor allem um die Befehle im Menüband.

> **TIPP**   Zum nächsten Datensatz gelangen Sie mit der Tastenkombination ⟨Strg⟩ + ⟨Bild↓⟩ oder den Pfeil-Schaltflächen der Datensatznavigation ganz unten.

So verbessern Sie ein Formular

Diese Standarddarstellung ist ganz praktisch für einen ersten Eindruck, aber nicht besonders hübsch. Probieren Sie schon einmal aus, was sich daran mit wenig Aufwand ändern lässt:

1. Wechseln Sie mit *START/Ansichten/Layoutansicht* wieder zurück in die vorherige Layoutansicht. Wenn ganz rechts ein Eigenschaftenblatt zu sehen sein sollte, können Sie das mit dem *X* an dessen rechtem Rand schließen.

2. Markieren Sie eines der Datensteuerelemente (also nicht die Bezeichnungen in der linken Spalte), sodass es wie in Abbildung 7.3 einen orangefarbenen Markierungsrahmen erhält (im Bild ist das *ID*-Feld entsprechend markiert). Diesen können Sie nun an seiner rechten Seite mit der Maus verkürzen, alle anderen Rahmen verändern sich automatisch mit.

Abbildg. 7.3   Mit der orangefarbenen Markierung lassen sich Größen leicht anpassen

3. Wählen Sie in *ENTWURF/Designs/Designs* aus der Galerie das AutoFormat *Integral* (siehe Abbildung 7.4 – es handelt sich um das letzte Design in der obersten Reihe). Der Name eines Designs erscheint als QuickInfo, wenn Sie den Mauzeiger über das entsprechende Miniaturbild halten.

Abbildg. 7.4 Mit der Designgalerie passen Sie schnell Formularlayouts an

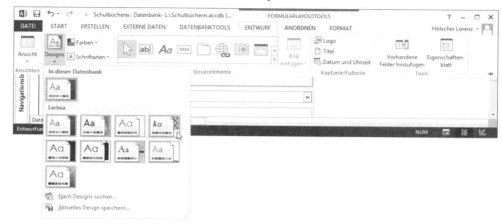

Der Kopfbereich wird nun hellblau dargestellt und die Schriftart geändert. Abbildung 7.5 zeigt das neue Design.

Abbildg. 7.5 Das neue Design wirkt sich auf Hintergrundfarbe und Schriftart aus

4. Wechseln Sie nun mit *ENTWURF/Ansichten/Entwurfsansicht* in den Entwurfsmodus, weil die nächste Änderung nur in dieser Darstellung möglich ist.

5. Lassen Sie in der Entwurfsansicht mit *ENTWURF/Tools/Eigenschaftenblatt* das vorhin eventuell geschlossene Eigenschaftenblatt am rechten Rand anzeigen. Wählen Sie zunächst im oberen Listenfeld für den Auswahltyp den Eintrag *Formular* aus. Danach setzen Sie ebenfalls im Eigenschaftenblatt auf der Registerkarte *Alle* die Eigenschaft *Standardansicht* auf *Endlosformular* um (siehe Abbildung 7.6).

Abbildg. 7.6   Ändern Sie die *Standardansicht* auf *Endlosformular*

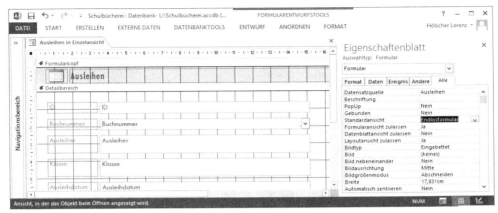

6. Speichern Sie das Formular mit dem Befehl *DATEI/Speichern unter/Objekt speichern als/Speichern unter* unter dem Namen *Ausleihen in Endlosdarstellung*.

7. Jetzt können Sie mit *ENTWURF/Ansicht/Formularansicht* die Daten in der Endlosdarstellung sehen, also mehrere Datensätze auf dem Bildschirm wie in Abbildung 7.7.

Abbildg. 7.7   Mehrere Datensätze nacheinander auf dem Bildschirm

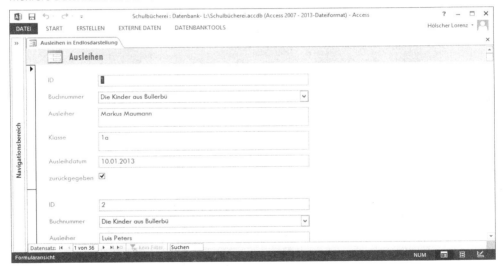

Damit haben Sie schon die beiden typischen Darstellungsformen für Formulare gesehen: als Einzelblatt- oder als Endlosformular.

HINWEIS   Sie können die eigentlichen Daten in einem Formular genauso einfach ändern wie in der Tabelle oder Abfrage selber. Dabei werden die Änderungen mit Verlassen des Datensatzes (nicht erst des Formulars!) ohne weitere Rückfrage in der Tabelle gespeichert.

So zeigen Sie Daten tabellarisch an

Sie haben sicherlich bemerkt, dass es für die paar Daten auf dem Bildschirm eng ist, weil sie noch sehr Platz raubend angeordnet sind. Das werden wir bei Gelegenheit verbessern. Vorübergehend können Sie das Formular aber so darstellen, dass es wie eine Tabelle wirkt und seine Daten entsprechend kompakt präsentiert.

> **HINWEIS** Falls Sie das Gefühl haben, so eine tabellarische Darstellung sei doch mit einer Tabelle viel schneller möglich: ja, bis dahin haben Sie Recht. Sobald Sie aber allgemeine Makros und VBA einsetzen, werden diese nur in Formularen ausgeführt. Eine Tabelle hingegen kann nur spezielle Datenmakros (siehe Kapitel 33) ausführen.

1. Damit das Formular überhaupt in die Datenblattansicht umgeschaltet werden kann, müssen Sie dies explizit erlauben. Wechseln Sie daher in die Entwurfsansicht und stellen im Eigenschaften-blatt (nicht vergessen: darin oben als *Auswahltyp* den Eintrag *Formular* auswählen!) die Eigenschaft *Datenblattansicht zulassen* auf *Ja*.

2. Erst jetzt finden Sie in *ENTWURF/Ansichten/Ansicht* auch den Eintrag *Datenblattansicht* wie in Abbildung 7.8.

Abbildg. 7.8 Der Befehl *Datenblattansicht* wird sichtbar

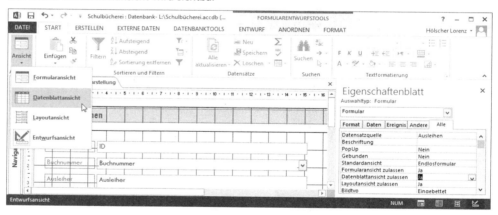

3. Nachdem Sie umgeschaltet haben, erscheint das Formular trotz des optisch offensichtlich abwei-chenden Entwurfs in tabellarischer Darstellung (siehe Abbildung 7.9).

Diese Ansicht eignet sich insbesondere dann, wenn man viele Daten auf einen Blick sehen möchte (bevor wir später auch kompaktere Endlosformulare erstellen). Daher dient sie als Grundlage für die folgende Datensuche.

Abbildg. 7.9   Die tabellarische Datenblattansicht ist sehr kompakt

Um Platz und Übersicht zu gewinnen, können Sie das Eigenschaftenblatt am rechten Rand schließen, indem Sie dessen *X* anklicken.

So finden Sie Daten im Formular

Sie können wie bei Tabellen auch in Formularen bestimmte Daten suchen, indem Sie den Wert unten im *Suchen*-Feld eingeben. Formulare bieten aber noch bessere Möglichkeiten, die Daten zu filtern:

1. Klicken Sie in der Datenblattansicht des Formulars *Ausleihen in Endlosdarstellung* auf *START/ Sortieren und Filtern/Erweiterte Filteroptionen/Formularbasierter Filter* (Abbildung 7.10).

Abbildg. 7.10   Der formularbasierte Filter bietet viele Möglichkeiten

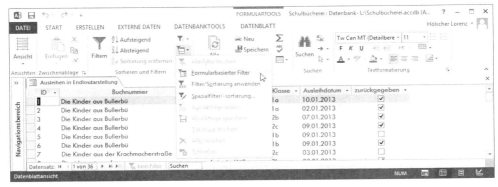

2. Statt der Daten sehen Sie nun leere Eingabefelder und unten zwei Registerreiter *Suchen nach* und *Oder* (Abbildung 7.11). Außerdem erhalten nun auch einfache Datenfelder Dropdownpfeile, sobald Sie in diese hineinklicken. Wählen Sie für *Ausleiher* den in der aufklappenden Liste enthaltenen Eintrag *Gabriele Schapp*.

Abbildg. 7.11   Wählen Sie den gewünschten Eintrag im formularbasierten Filter aus

3. Wenn Sie mit *START/Sortieren und Filtern/Filter anwenden* diese Angaben bestätigen, sehen Sie wieder Ihr Formular mit Ihren Daten. Es ist nun aber so gefiltert, dass nur noch die Ausleihen von *Gabriele Schapp* angezeigt werden.

Dies wird sowohl durch die orangefarbene Anzeige *Gefiltert* neben den Navigationsschaltflächen als auch die entsprechend geringere Anzahl an Datensätzen deutlich gemacht.

> **ACHTUNG**   Hier sind die Navigationsschaltflächen unterhalb des Formulars gemeint, also die *vorwärts-/rückwärts*-Pfeile neben dem Wort *Datensatz*. Das ist leicht zu verwechseln mit dem Navigationsbereich am linken Bildschirmrand, der alle Objekte der Datenbank auflistet.

Abbildg. 7.12   Das Formular zeigt jetzt nur gefilterte Daten an

4. Um den Formularfilter wieder aufzuheben, klicken Sie auf *START/Sortieren und Filtern/Filter entfernen*. Das entspricht dem vorigen Symbol zum Anwenden des Filters, es hat durch das Filtern nur seinen QuickInfo-Text geändert.

> **TIPP**   Sie können den Filter auch aufheben, indem Sie unten den orange markierten Bereich *Gefiltert* anklicken. Dieser ist anschließend wieder als *Ungefiltert* beschriftet.

Zusammenfassung

In diesem Kapitel haben Sie gesehen, dass Formulare Ihre Daten nicht nur ansprechender, sondern oft auch wesentlich effektiver darstellen können als Tabellen oder Abfragen:

- Das Formular lässt sich anhand der markierten Tabelle *automatisch erstellen*, sodass Sie es sofort einsetzen und nutzen konnten (Seite 128)

- Nachträgliche Veränderungen ermöglichen es Ihnen, dieses Formular komplett an Ihre gestalterischen Vorgaben anzupassen. Fertige *Designs* aus einer Galerie (Seite 129) lassen Ihre Formulare immer professionell wirken

- Die Darstellung des Formulars lässt sich jederzeit zwischen einer Einzelansicht und einer *Endlosansicht* umschalten (Seite 131)

- Mit der Freigabe der *Datenblattansicht* (Seite 132) werden die Daten, relativ unabhängig von der Gestaltung des Entwurfs, kompakt und tabellarisch dargestellt

- Während die Suchtechniken, die Sie bereits aus Tabellen und Abfragen kennen, auch in Formularen funktionieren, gibt es dort noch erweiterte *Filtermöglichkeiten* (Seite 133)

Schnelleinstieg

Kapitel 8

Berichte – leicht gemacht

In diesem Kapitel:

Während Formulare vor allem für die Nutzung am Bildschirm gedacht sind, eignen sich Berichte speziell für den Ausdruck auf Papier. Sie kennen zusätzliche Gruppierungen und können sich auch auf bereits »gedruckte« Zeilen beziehen.

CD-ROM Um Ihnen das Nachvollziehen der Schritte in diesem Kapitel zu erleichtern, finden Sie innerhalb der Beispieldateien zu diesem Buch im Ordner *Kap07* eine Datenbank, die bereits die Änderungen aus Kapitel 7 enthält. Laden Sie einfach die betreffende Datenbank, um mit der Arbeit in diesem Kapitel zu beginnen.

Sie können also jederzeit ein Kapitel überspringen und trotzdem auf den aktuellen Stand der Datenbank zugreifen.

So erstellen Sie einen Bericht

Im Grunde funktionieren Berichte genauso wie Formulare, oftmals ist als Hauptunterschied nur noch der weiße statt graue Hintergrund auszumachen. Daher können Sie einen ersten Bericht mit wenigen Mausklicks erstellen:

1. Markieren Sie im Navigationsbereich die Tabelle *Bücher*.

2. Klicken Sie auf *ERSTELLEN/Berichte/Bericht*. Fertig! Sie sehen jetzt den Bericht in der Layout-ansicht.

Abbildg. 8.1 Der gerade erstellte Bericht auf Basis der Tabelle *Bücher*

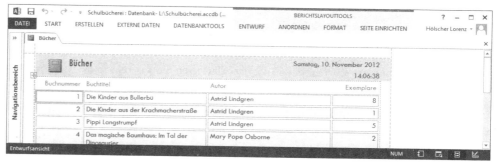

Dieser einfache Bericht unterscheidet sich nicht in der Layout- oder der Berichtsansicht, daher ist ein Umschalten nicht nötig. Anders als im Formular werden hier sogar lange Buchtitel in automatisch vergrößerten Zeilen angezeigt. Sie können diesen Bericht jetzt über *DATEI/Speichern unter/ Objekt speichern als/Speichern unter* unter dem Namen *Bücher einfach* speichern und dann schließen.

So gruppieren Sie im Bericht

Die Stärke der Berichte gegenüber Formularen besteht vor allem im Gruppieren der Daten, auch über mehrere Ebenen hinweg. Das geht selbstverständlich später ohne Assistent, ist hier aber mit dessen Hilfe am Anfang etwas leichter.

1. Klicken Sie auf *ERSTELLEN/Berichte/Berichts-Assistent*, um das erste Dialogfeld des Assistenten anzuzeigen. Dabei ist unerheblich, was im Navigationsbereich markiert ist. Wählen Sie im Berichts-Assistenten im Kombinationsfeld *Tabellen/Abfragen* die *Tabelle: Bücher* aus. Lassen Sie alle Felder dieser Tabelle mit der >>-Schaltfläche entsprechend der Abbildung 8.2 als *Ausgewählte Felder* übernehmen.

Abbildg. 8.2   Wählen Sie im Berichts-Assistenten die Datenfelder aus

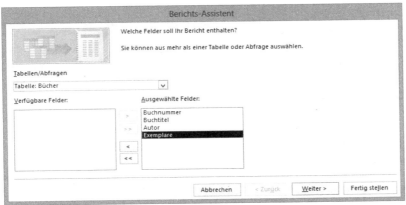

2. Nachdem Sie auf *Weiter* geklickt haben, sehen Sie alle Felder im nächsten Schritt aufgelistet, um Gruppierungsebenen hinzuzufügen. Markieren Sie das Feld *Autor* und übernehmen Sie es mit der >-Schaltfläche. Es wird in der Vorschau rechts blau markiert und abgesetzt dargestellt (siehe Abbildung 8.3).

Abbildg. 8.3   Wählen Sie *Autor* als Gruppierungsebene aus

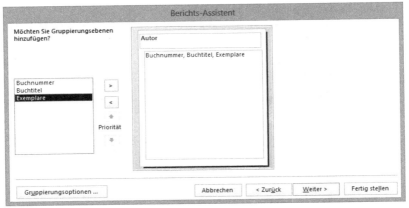

3. Mit erneutem Klick auf *Weiter* können Sie im nächsten Schritt die Sortierung der noch verbliebenen Felder angeben. Wählen Sie hier, wie in Abbildung 8.4 gezeigt, für die erste Ebene das Feld
Buchtitel aus.

Abbildg. 8.4   Geben Sie eine Sortierung für die untergeordneten Felder an

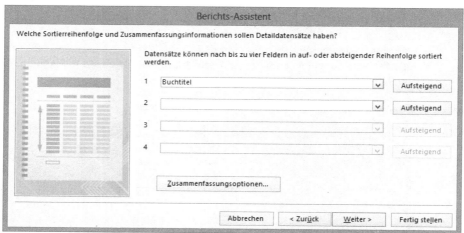

4. Die übrigen Schritte können Sie ignorieren, klicken Sie jetzt einfach auf *Fertig stellen*. Sie sehen
nun die Seitenansicht (auch als Druckvorschau bezeichnet, siehe Abbildung 8.5) des Berichts.
Speichern Sie ihn über *DATEI/Speichern unter/Objekt speichern als/Speichern unter* unter dem
Namen *Bücher gruppiert*.

Abbildg. 8.5   So wird der Bericht automatisch erstellt

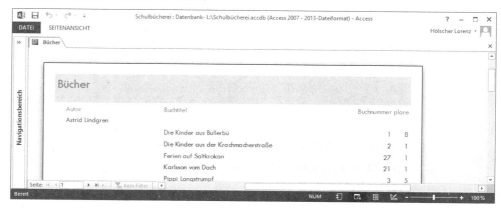

Der Bericht ist voll funktionsfähig und zeigt nun je Autor eine Liste der zugehörigen Bücher in der
Gruppe, soll aber im nächsten Abschnitt optisch noch verschönert werden.

TIPP Obwohl Sie den Bericht unter dem Namen *Bücher gruppiert* gespeichert hatten, werden Sie feststellen, dass auf dem Registerreiter nur der Text *Bücher* angezeigt wird. Anders als beim manuellen Erstellen schreibt der Berichts-Assistent den Namen der Datenquelle in die Berichtseigenschaft *Beschriftung*.

Wenn Sie das ebenfalls korrigieren möchten, schließen Sie bitte die Seitenansicht. Dadurch wechseln Sie in die Entwurfsansicht und zeigen das Eigenschaftenblatt mit *ENTWURF/Tools/Eigenschaftenblatt* an. Sie können darin den Inhalt der Berichtseigenschaft *Beschriftung* löschen oder einen eigenen Text eintragen, der vom gespeicherten Namen unabhängig ist.

Abbildg. 8.6 Hier ändern Sie die Beschriftungseigenschaft des Berichts

So verbessern Sie einen Bericht

Im Bericht sind die Namen der Autoren abgeschnitten und möglicherweise auch die Buchtitel nicht vollständig zu lesen. Das soll verbessert werden.

Falls Sie den Bericht *Bücher gruppiert* bereits geschlossen hatten und ihn wieder in der Entwurfsansicht öffnen möchten, klicken Sie im Navigationsbereich mit der rechten Maustaste auf seinen Namen und wählen im daraufhin geöffneten Kontextmenü den Befehl *Entwurfsansicht* aus.

1. Klicken Sie im Detailbereich (nicht im Seitenkopf!) auf das Steuerelement *Buchtitel* und stellen Sie im Eigenschaftenblatt dessen Eigenschaft *Vergrößerbar* entsprechend der Abbildung 8.7 auf *Ja*.

Abbildg. 8.7 Ändern Sie die *Vergrößerbar*-Eigenschaft des *Buchtitel*-Felds

2. Wenn Sie mit *ENTWURF/Ansichten/Ansicht: Berichtsansicht* in die entsprechende Ansicht umschalten, sehen Sie nun, dass auch lange Buchtitel komplett in einer jeweils größeren Zeile angezeigt werden.

> **HINWEIS** Um den mehrzeiligen Effekt (beispielsweise für den langen Buchtitel "Die Kinder aus der Krachmacherstraße") zu sehen, müssen Sie möglicherweise das *Buchtitel*-Feld in der Entwurfsansicht erst einmal deutlich zu schmal ziehen.

3. Als Nächstes klicken Sie in der Entwurfsansicht auf das Feld *Autor* im *Autor-Kopfbereich*, sodass dort wieder die orangefarbene Markierung zu sehen ist.

4. Ziehen Sie das Autor-Textfeld am rechten mittleren Anfasser deutlich breiter. Wechseln Sie wieder in die Berichtsansicht und sehen nun, dass auch für lange Autorennamen ausreichend Platz ist (Abbildung 8.8).

Abbildg. 8.8   Jetzt ist auch genug Platz für die langen Autorennamen

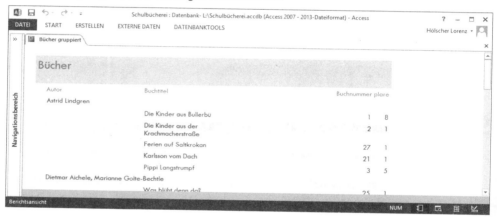

Damit ist auch dieser Bericht fertig, selbst wenn gestalterisch noch vieles zu verbessern wäre. Das werde ich Ihnen später bei der ausführlichen Arbeit mit Berichten zeigen. Sie können diesen Bericht nun schließen.

So erstellen Sie mehrspaltige Berichte

Ein weiterer Unterschied zwischen Berichten und Formularen besteht in der Möglichkeit, mehrspaltige Berichte zu erstellen. Sie können solche Berichte beliebig und mit freier Gestaltung erstellen, am häufigsten tritt es jedoch sicherlich bei Etiketten auf.

Daher gibt es einen eigenen Assistenten, mit dem sich etwa die üblichen *Zweckform*-Etiketten bequem vorbereiten lassen. Hier sollen beispielhaft Aufkleber für die Bücher erstellt werden, auf denen die Angaben einheitlich notiert sind.

1. Starten Sie den Assistenten mit einem Klick auf *ERSTELLEN/Berichte/Etiketten*. Stellen Sie die Einstellung für den Hersteller auf *Zweckform* und wählen dort als Etikettennummer *Zweckform 3414* aus (Abbildung 8.9).

Abbildg. 8.9   Der Etiketten-Assistent hat bereits viele Standards vorbereitet

2. Den nächsten Schritt für die Schriftart und -farbe (siehe Abbildung 8.10) können Sie ohne Änderung übergehen.

Abbildg. 8.10   Die Schriftart bleibt wie voreingestellt

3. Dann folgt der wesentliche Schritt für den Inhalt eines Etiketts. Markieren Sie dort bei *Verfügbare Felder* den Eintrag *Autor* und klicken auf die >-Schaltfläche (siehe Abbildung 8.11).

Abbildg. 8.11 Lassen Sie das Feld *Autor* anzeigen

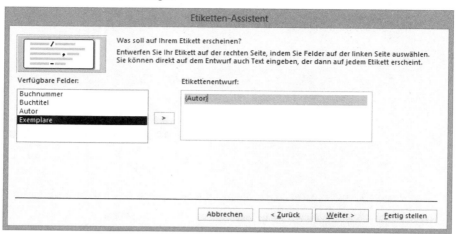

4. Damit der Buchtitel in einer neuen Zeile anfängt, müssen Sie in das *Etikettenentwurf*-Feld klicken und die ⏎-Taste drücken. Fügen Sie danach in der zweiten Zeile (grau markiert) das Feld *Buchtitel* ein. Sie können auch freie Texte eingeben, wie in Abbildung 8.12 für *Buchnummer* zu sehen. Lediglich Feldnamen müssen in geschweiften Klammern erscheinen.

Abbildg. 8.12 Im Feld *Etikettenentwurf* sind auch freie Texteingaben möglich

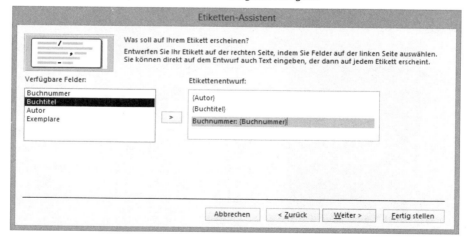

5. Beenden Sie nun den Etiketten-Assistenten mit *Fertig stellen* und lassen Sie sich nicht von der Fehlermeldung (siehe Abbildung 8.13) irritieren, dass eventuell nicht alle Inhalte angezeigt würden. Das lässt sich später korrigieren.

Abbildg. 8.13   Diese Meldung kann ignoriert werden

Anschließend sehen Sie den fertig erstellten Bericht in der Seitenansicht wie in Abbildung 8.14.

Abbildg. 8.14   So sieht der zweispaltige Bericht für die Etiketten aus

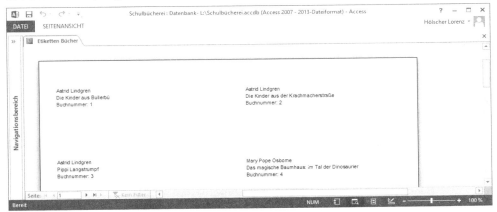

So gestalten Sie einen Bericht anders

Der Bericht sieht noch nicht genau so aus, wie er sein soll, weil das mit dem Etiketten-Assistenten gar nicht möglich ist. Dies betrifft vor allem die getrennte Formatierung der Felder, denn der Assistent kann nur eine Schrift für alles einstellen. Wenn Sie direkt den Entwurf bearbeiten, können Sie hingegen alle Felder nach Belieben hin- und herschieben und in der Größe ändern.

1. Wechseln Sie für den Bericht *Etiketten Bücher* wieder in die Entwurfsansicht. Damit der Buchtitel ausreichend Platz findet, schieben Sie bitte das berechnete Feld mit dem Inhalt =*"Buchnummer: "* & *[Buchnummer]* ganz nach oben, indem Sie die Felder am Rand anpacken, sodass der Mauszeiger als Vierfachpfeil erscheint. Dann schieben Sie die beiden anderen darunter und vergrößern das *Buchtitel*-Feld (siehe Abbildung 8.15).

Abbildg. 8.15   Passen Sie die Felder nach Belieben an

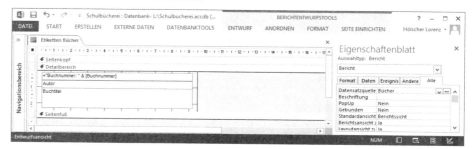

2. Die Buchnummer soll auch nur nachrangig angezeigt werden. Markieren Sie das Feld und wählen Sie mit *FORMAT/Schriftart/Schriftfarbe* einen mittleren Grauton. Das *Autor*-Feld stellen Sie hingegen auf *Fett*, wie es in Abbildung 8.16 zu sehen ist.

Abbildg. 8.16   Die Felder sind ansprechender formatiert

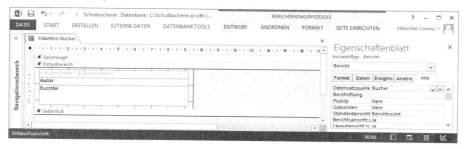

3. Wechseln Sie mit *ENTWURF/Ansichten/Ansicht: Seitenansicht* wieder in die Vorschau des zukünftigen Ausdrucks. Jetzt sehen die Etiketten aus wie geplant.

ACHTUNG   Wenn Sie in einem Bericht mehrspaltige Daten sehen wollen, muss es unbedingt die *Seitenansicht* sein. Die einfache *Berichtsansicht* zeigt das nicht an!

Abbildg. 8.17   Die Etiketten sehen nun wie geplant aus

Damit haben Sie einen kurzen Einblick in die Möglichkeiten der Berichte bei Access 2013 erhalten. Später in diesem Buch werden wir uns noch ausführlicher mit dem Thema Berichte beschäftigen.

Zusammenfassung

In diesem Kapitel ging es vor allem um die erweiterten Möglichkeiten der Berichte gegenüber Formularen:

- Ein *gruppierender Bericht* (Seite 138) lässt sich ganz einfach per Assistent erstellen. Dabei konnten Sie sowohl die Felder als auch die gewünschte Gruppierung auswählen.

- Einige Eigenschaften des Berichts mussten Sie nachträglich verbessern, damit *mehrzeilige oder lange Einträge* (Seite 141) auch korrekt angezeigt werden

- Schließlich hat ein spezieller *Etiketten-Assistent* (Seite 143) dafür gesorgt, dass auch solche mehrspaltigen Berichte bequem zu erstellen sind

- Die damit erstellten Etiketten wurden nach eigenem Geschmack *formatiert* (Seite 146) und in der Seitenansicht überprüft

Schnelleinstieg

Teil C

Access allgemein

Kapitel 9

Die Access-Oberfläche

In diesem Kapitel:

Bevor wir uns nun mit den Details einer Datenbank beschäftigen, sollten Sie zunächst einen intensiven Blick auf die Fähigkeiten der Bedienungsoberfläche von Access 2013 werfen.

Wenn Sie bereits mit Access 2007 oder 2010 gearbeitet haben, dürfte Ihnen vielleicht manch Grundsätzliches schon bekannt sein. Trotzdem stecken gerade in vermeintlich kleinen Änderungen viele Verbesserungen.

WICHTIG Sollte eine bestimmte Einstellung im Menüband in der aktuellen Situation ohne Bedeutung sein, ist diese in den Abbildungen ausgeblendet, sodass deutlich weniger Platz verbraucht wird.

Da viele Funktionen nur mit Beispielinhalten zu erkennen sind, wird hier noch einmal die bereits anfangs erstellte Datenbank der Grundschulbücherei genutzt.

CD-ROM Um Ihnen das Nachvollziehen der Schritte in diesem Kapitel zu erleichtern, finden Sie innerhalb der Beispieldateien zu diesem Buch im Ordner *Kap08* eine Datenbank, die bereits die Änderungen aus Kapitel 8 enthält. Laden Sie einfach die betreffende Datenbank, um mit der Arbeit in diesem Kapitel zu beginnen.

Sie können also jederzeit ein Kapitel überspringen und trotzdem auf den aktuellen Stand der Datenbank zugreifen.

Wo sind Access-Objekte gespeichert?

Grundsätzlich ist alles, was Sie bei der Arbeit an der Access-Datenbank speichern, in einer einzigen *.accdb*-Datei enthalten. Wenn Sie diese Datei auf einen anderen Rechner kopieren, ist Ihre komplette Arbeit darin enthalten.

ACHTUNG Es gibt aber trotzdem Teile, die nicht in der Datei enthalten sind, beispielsweise verknüpfte Bilder, die Sie in späteren Kapiteln kennenlernen werden. Während Access die Datenbank geöffnet hat, gibt es außerdem eine gleichnamige *.laccdb*-Datei, in der die Zugriffe mehrerer Benutzer verwaltet werden. Diese wird in der Regel mit dem Schließen der Datenbank automatisch gelöscht. Trotzdem kann es – beispielsweise bei einem Rechnerabsturz – vorkommen, dass diese Datei erhalten bleibt. In diesem Fall können Sie sie problemlos manuell löschen, wenn Access gerade nicht geöffnet ist.

In einer Access-Datenbank gibt es in Kategorien zusammengefasste Objekte, die Sie auch links im Navigationsbereich sehen können. Sie sind in allen Datenbanken gleich organisiert, daher möchte ich Ihnen einen schnellen Überblick geben, wofür sie gut sind. Ganz kurz lässt es sich so formulieren:

- **Tabellen** und **Abfragen**   Sind für Daten zuständig
- **Formulare** und **Berichte**   Kümmern sich um die Form der Darstellung
- **Makros** und **Module**   Ermöglichen die Programmierung der Datenbank

Etwas ausführlicher liest es sich so:

- **Tabellen**   Enthalten Daten, sonst nichts. Die in Excel übliche Vermischung, dass eine Zelle sowohl Zahlen, Datumswerte, Texte als auch Formeln enthalten kann, gibt es in Datenbanken nicht.

- **Abfragen**   Manipulieren Daten, speichern diese aber nicht:
  - **Auswahlabfragen**   Stellen Daten unterschiedlich dar, sortieren und filtern diese oder berechnen abhängige Werte
  - **Aktionsabfragen**   Verändern gespeicherte Daten in Tabellen, indem sie anfügen, löschen, aktualisieren oder sogar komplette Tabellen neu anlegen
- **Formulare**   Bilden die Oberfläche, mit der ein Benutzer üblicherweise zu tun hat. Typischerweise sieht ein normaler Benutzer in einer fertigen Datenbank nie Tabellen oder Abfragen, sondern nur Formulare (und Berichte).
- **Berichte**   Ähneln Formularen, sind allerdings weniger für die Bildschirmdarstellung, sondern eher für den Ausdruck gedacht
- **Makros**   Enthalten deutschsprachige Befehle für den alltäglichen Einsatz, etwa zum Öffnen eines Formulars, dem Wechsel zu einem bestimmten Datensatz oder dem Ausdruck eines Berichts
- **Module**   Enthalten englischsprachigen Code in der Programmiersprache VBA (Visual Basic für Applikationen) für weitergehende Aufgaben. Access ist auch so sehr vielseitig und effektiv, ohne dass Sie überhaupt eine Zeile in VBA programmieren müssten.

Etwa in dieser Reihenfolge entsteht auch eine neue Datenbank, also zuerst mit Tabellen, dann mit Abfragen, schließlich mit Formularen und Berichten. Erst anschließend, wenn es nötig ist, setzen Sie überhaupt Makros oder gar VBA-Code ein.

Die Access 2013-Oberfläche

Access 2013 hat die neue Bedienungsoberfläche, die bereits mit Access 2007 entwickelt wurde, noch weiter optimiert. Immer noch am auffälligsten ist sicherlich das Menüband. Aber auch in manchen anderen Details stecken gute Ideen für die effektive Arbeit mit einer Datenbank.

Der Startbildschirm

Wenn Sie Access 2013 starten, sehen Sie auf dem Startbildschirm links die zuletzt verwendeten Dateien sowie die Möglichkeit, weitere Dateien zu öffnen. Dort werden standardmäßig bis zu 25 zuletzt verwendete Datenbanken angezeigt.

> **TIPP**   Diese Anzahl der zuletzt verwendeten Datenbanken können Sie ändern, indem Sie in Access auf *DATEI/Optionen* klicken. Im erscheinenden Dialogfeld wählen Sie links die Kategorie *Clienteinstellungen* und geben dann rechts in der Gruppe *Anzeigen* neben *Diese Anzahl von zuletzt verwendeten Datenbanken anzeigen* den gewünschten Wert vor.

Häufig wird es so sein, dass Sie einige wenige Datenbanken besonders häufig benötigen. Dann ist es lästig, dass diese möglicherweise aus der *Zuletzt verwendet*-Liste verschwinden, wenn andere, seltener benutzte Datenbanken diese verdrängen.

Lassen Sie via Rechtsklick das PopUp-Menü wie in Abbildung 9.1 anzeigen und wählen Sie dort *An Liste anheften* aus.

Abbildg. 9.1 Der Startbildschirm mit einer zuletzt verwendeten Datei

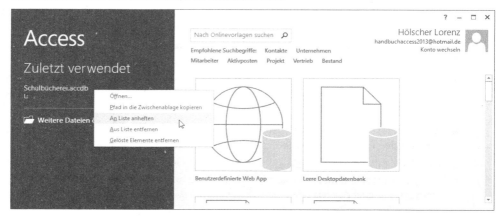

Sie können alternativ auch das Heftzweckensymbol neben dem Datenbank-Namen in dieser Liste anklicken. In beiden Fällen stellt sich das Heftzweckensymbol senkrecht und die entsprechende Datei wird nicht mehr aus der Liste verdrängt.

Abbildg. 9.2 Auf dem Startbildschirm ist die *Schulbücherei.accdb* dauerhaft angeheftet

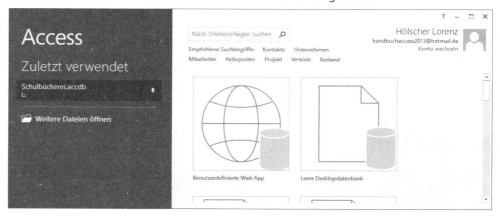

Der Startbildschirm ähnelt zwar der Backstage-Ansicht (die den rotbraunen Balken links enthält, siehe Seite 155), scheint jedoch keinen direkten Wechsel dorthin zu ermöglichen. Wenn Sie aber auf *Weitere Dateien öffnen* klicken, zeigt Access doch direkt die Backstage-Ansicht an.

Wollen Sie hingegen eine neue Datei erstellen, bietet Access im rechten Bereich des Startbildschirms die beiden ganz leeren Datenbanken *Benutzerdefinierte Web App* und *Leere Desktopdatenbank* sowie verschiedene Vorlagen, die teilweise auch online nachgeladen werden.

Erst wenn Sie eine (neue oder bestehende) Datenbank öffnen, zeigt Access seine »normale« Ansicht mit Menüband, Navigationsbereich und Inhalten.

Das Menüband

Das Menüband (manchmal auch mit seinem englischen Namen *Ribbon* bezeichnet) ist eine sehr dynamische Mischung aus Menüs, Symbolleisten und Steuerelementen. Es besteht eigentlich aus vier Bereichen:

- Hinter dem farbigen Registerreiter *DATEI* verbirgt sich die sogenannte *Backstage-Ansicht* mit allen Optionen und Aktionen, die Access allgemein oder die Datenbankdatei insgesamt betreffen. Sie ist am rotbraunen Balken links zu erkennen.

- Den wesentlichen Teil des Menübands machen die Registerkarten *START* bis *DATENBANK-TOOLS* aus, auf denen sich praktisch alle Befehle finden. Die Beschriftungen der Registerkarten stehen in Großbuchstaben, sodass sie auch hier im Handbuch immer gut zu erkennen sind.

- Schließlich tauchen manchmal – vor allem in Entwurfsansichten – noch weitere, oberhalb farbig markierte Registerkarten auf. Diese werden als kontextabhängige Registerkarten bezeichnet.

- Links oberhalb der Registerkarten befindet sich die *Symbolleiste für den Schnellzugriff* mit den zentralen Befehlen *Speichern*, *Rückgängig* und *Wiederholen*.

Wie Sie per XML oder VBA-Programmierung Einfluss auf das Menüband nehmen können, erfahren Sie in Kapitel 41. Bis dahin bieten auch die »normalen« Funktionen viele Möglichkeiten.

Die Backstage-Ansicht

Die zentralen Aufgaben für eine Datenbank (Öffnen, Schließen, etc.) oder das Programm selber (Konto-Einstellungen, Optionen, etc.) sind über die *DATEI*-Registerkarte erreichbar. Bei einem Klick darauf ändert sich nicht einfach der Inhalt des Menübands, vielmehr belegt es als sogenannte Backstage-Ansicht den kompletten Bildschirm.

Abbildg. 9.3   Die Backstage-Ansicht für den Befehl *Neu*

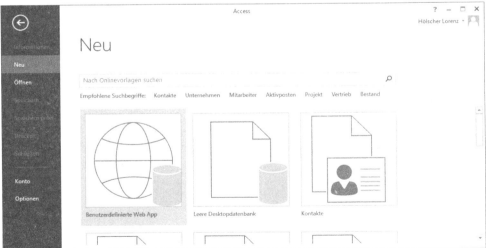

Am linken Rand finden Sie eine Liste, welche die üblichen Befehle zum Umgang mit Dateien enthält: *Neu, Öffnen, Speichern* und *Speichern unter.* Je nachdem, ob eine Datenbank geöffnet ist, sind einige der Befehle aktiv oder nicht.

Welcher Befehl gerade ausgewählt ist, erkennen Sie an der farblichen Markierung (in Abbildung 9.3 ist dies der Eintrag *Neu*). Die eigentlichen Optionen liegen im restlichen, weißen Bildschirmbereich.

Abbildg. 9.4   Die Backstage-Ansicht mit *Informationen* bei geöffneter Datenbank

Die Backstage-Ansicht können Sie verlassen, indem Sie den Pfeil im Kreis ganz oben links anklicken. Dann sehen Sie wieder die vorherige Access-Ansicht.

Access-Optionen

Die meisten Einstellungen für Access oder die aktuelle Datenbank befinden sich im Backstage-Befehl *Optionen*. Hier öffnet sich im Gegensatz zu den übrigen Backstage-Befehlen ein neues Dialogfeld.

Abbildg. 9.5   Das Dialogfeld *Access-Optionen* für allgemeine Einstellungen

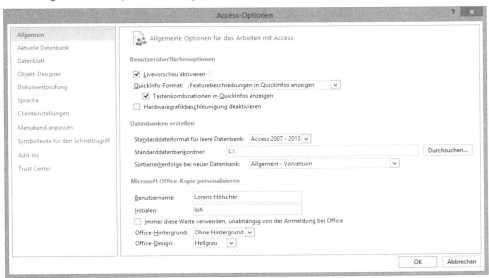

Das Dialogfeld *Access-Optionen* enthält links eine Liste mit Kategorien (beispielsweise *Allgemein* in Abbildung 9.5), deren Auswahl die Anzeige im rechten Teil beeinflusst.

Optionen für die aktuelle Datenbank

Wichtig sind dabei vor allem diejenigen Optionen für die aktuelle Datenbank, die Sie in Tabelle 9.1 erläutert finden.

Tabelle 9.1   Wichtige Optionen der Kategorie *Aktuelle Datenbank*

Befehl	Erläuterung
Anwendungstitel	Statt »Microsoft Access« und dem Namen der Datenbank sowie dem Datenbankformat steht dort nur noch der hier eingegebene Text in der Programmtitelleiste
Anwendungssymbol	Passend zum Anwendungstitel lässt sich hier ein Symbol (*.bmp*-, *.ico*- oder *.cur*-Format) angeben, welches das Access-»A«-Symbol oben links ersetzt
Formular anzeigen	Das hier ausgewählte Formular wird beim Öffnen der Datenbank direkt angezeigt
Statusleiste anzeigen	Durch Deaktivieren dieses Kontrollkästchens lässt sich die Statusleiste (ganz unten im Datenbankfenster in rotbrauner Farbe) ausblenden, um Platz zu gewinnen. Die Datenbank muss geschlossen und wieder geöffnet werden, um diese Option wirksam werden zu lassen.
Dokumentfensteroptionen	Die Fenstertechnik der Access-Versionen vor 2007 entspricht der Auswahl *Überlappende Fenster*. Für die neuen *Dokumente im Registerkartenformat* lassen sich die Dokumentregisterkarten ausblenden. In einem solchen Fall können Sie jedoch nur durch entsprechende Programmierung zwischen den verschiedenen Formularen umschalten.

Tabelle 9.1 Wichtige Optionen der Kategorie *Aktuelle Datenbank* *(Fortsetzung)*

Befehl	Erläuterung
Access-Spezialtasten verwenden	Hiermit wird vor allem die F11-Taste deaktiviert, über die sich sonst jederzeit der Navigationsbereich wieder einblenden lässt. Außerdem werden die Tastenkombinationen Strg + G (Direktfenster im VB-Editor) und Alt + F11 (Start des VBA-Editors) deaktiviert.
Beim Schließen komprimieren	Anstatt regelmäßig *DATEI/Informationen/Datenbank komprimieren und reparieren* aufzurufen, wird dies automatisch beim Schließen ausgeführt
Bildeigenschaft-Speicherformat	Bis einschließlich Version 2003 wurden alle in der Datenbank gespeicherten Bitmaps (auch bereits komprimierte JPEGs) in das unkomprimierte BMP-Format konvertiert, wodurch die Datenbank enorm vergrößert wurde. Hier sollten Sie besser *Quellbildformat beibehalten* aktiviert lassen.

Die Einstellungen zur *Navigation* und zu den *Menüband- und Symbolleistenoptionen* werden jeweils im thematischen Zusammenhang in späteren Kapiteln erläutert.

ACHTUNG Die *Optionen für Objektnamen-Autokorrektur* sind für die nachträgliche Umbenennung von Objekten gedacht. Würden Sie in einer fertigen Datenbank einfach einen Tabellennamen ändern, würden die darauf basierenden Abfragen davon nichts bemerken und später beim Ausführen den vorherigen Namen suchen.

Wenn Sie die entsprechenden Kontrollkästchen aktivieren, sollen automatisch in allen Abfragen, Formularen und Berichten die darin benutzten Namen korrigiert werden. Die Idee ist gut, aber die Ausführung lückenhaft, denn es werden nicht alle Auswahlabfragen (beispielsweise keine Union-Abfragen, siehe Kapitel 23) und keine Makros bzw. VBA-Code korrigiert.

Außerdem wird nicht nur die Datenbank wegen dieser zusätzlichen Verwaltungsinformationen spürbar größer, sondern in der Entwicklung auch merklich zäher, weil im Hintergrund viele Objekte kontrolliert werden.

Um es deutlich zu formulieren: Lassen Sie diese Optionen für Objektnamen-Autokorrektur besser ausgeschaltet! Ein anständiger Datenbankentwurf vorher auf dem Papier erspart Ihnen weitreichendes Umbenennen und es würde ja sowieso nicht komplett alles umbenannt.

Einstellungen für den Objekt-Designer

In der Kategorie *Objekt-Designer* (was also vor allem die Entwurfsansichten betrifft) finden sich auch noch einige Optionen, die einen Blick wert sind.

Tabelle 9.2 Wichtige Optionen für die Entwurfsansichten

Befehl	Erläuterung
Standardtextfeldgröße	Der hier eingetragene Wert von *255* für Textfelder (die als *Standardfeldtyp* eingetragen sind) ist in den meisten Fällen sicherlich zu groß. Viele Textfelder sind mit einem Standardwert von *50* ausreichend groß dimensioniert.
AutoIndex beim Importieren/ Erstellen	Die hier genannten Feldnamen (oder sogar Teile davon) werden erkannt, um das damit importierte Feld zu indizieren. Das ist nur wichtig, wenn Sie oft Tabellen importieren.

Tabelle 9.2 Wichtige Optionen für die Entwurfsansichten *(Fortsetzung)*

Befehl	Erläuterung
AutoVerknüpfung aktivieren	Wenn in einer Abfrage zwei gleichnamige Felder in unterschiedlichen Datenquellen mit dem gleichen Datentyp vorhanden sind (und eines davon der Primärschlüssel ist), werden diese automatisch miteinander verknüpft
Schriftart zum Erstellen von Abfragen	Hier wird nicht die Schriftart für die Datenblattansicht des Ergebnisses festgelegt, sondern nur diejenige in der unteren Hälfte der Entwurfsansicht

Mit Ausnahme der *Schriftart zum Erstellen von Abfragen* können Sie diese Vorgaben auch nach dem Fertigstellen des jeweiligen Entwurfs noch anpassen.

HINWEIS   Das Kontrollkästchen *AutoVerknüpfung aktivieren* können Sie problemlos deaktivieren, denn die in diesem Buch demnächst empfohlene Benennung der Felder lässt sowieso keine gleichnamigen Felder zu. Außerdem ist eine derartige vollautomatische Verknüpfung immer ein unnötiges Risiko. Solche Zusammenhänge legen Sie besser manuell fest, wie Sie in Kapitel 15 über Beziehungen zwischen Tabellen lesen werden.

Clienteinstellungen

In der Kategorie *Clienteinstellungen* gibt es im Abschnitt *Drucken* die Möglichkeit, die Standardwerte für die Ränder eines neuen Berichts festzulegen. Der auf den ersten Blick etwas »krumme« Wert von *0,635 cm* entspricht 1/4 Zoll.

Für den Mehrbenutzerzugriff wichtig sind ebenfalls in der Kategorie *Clienteinstellungen* im Abschnitt *Erweitert* die Einstellungen zum *Standardöffnungsmodus* (*Freigegeben* als sinnvoller Standardwert oder ausnahmsweise *Exklusiv*) und eventuell die Zeiten für die Datenaktualisierung. Grundsätzlich können Sie die Einstellungen hier aber so belassen, wie Sie diese vorfinden.

Vertrauenswürdige Pfade und Dateien

In der Kategorie *Trust Center* ist eigentlich nur eine Schaltfläche *Einstellungen für das Trust Center* wichtig, die wiederum zum Dialogfeld *Trust Center* führt (Abbildung 9.6).

Access allgemein

Abbildg. 9.6 Das Dialogfeld *Trust Center* erlaubt die Angabe sicherer Dateien und Pfade

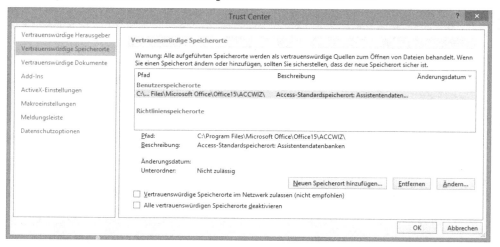

Sie können dort in der Kategorie *Vertrauenswürdige Speicherorte* mit der Schaltfläche *Neuen Speicherort hinzufügen* die (lokalen) Pfade angeben, in denen Sie Ihre eigenen Datenbanken speichern.

Abbildg. 9.7 Im Dialogfeld für vertrauenswürdige Speicherorte lässt sich auch ein Kommentar hinzufügen

Alle Dateien, die an den hier angegebenen Orten gespeichert sind, werden grundsätzlich als unbedenklich eingestuft und zeigen nicht die in Abbildung 9.8 sichtbare Sicherheitswarnung, die bei jedem Öffnen explizit mit *Inhalt aktivieren* entfernt werden muss.

Datenbanken aus nicht vertrauenswürdigen Speicherorten zeigen eine Sicherheitswarnung

> **ACHTUNG** In der Access-Hilfe wird diese gelbe Sicherheitswarnung fälschlich als *Statusleiste* bezeichnet. Die wirkliche Statusleiste befindet sich jedoch ganz unten im Access-Programmfenster und kann mit der bereits in Tabelle 9.1 genannten Option *Statusleiste anzeigen* aktiviert werden.

Es gibt eine feiner abgestufte Möglichkeit, nicht gleich vollständige Pfade, sondern nur einzelne Datenbankdateien freizugeben:

1. Dazu müssen Sie eine solche Datenbank öffnen und die Sicherheitswarnung sehen.
2. Rufen Sie dann *DATEI/Informationen* auf und klicken dort auf die Schaltfläche *Inhalt aktivieren* (siehe Abbildung 9.9).

Abbildg. 9.9 Freigabe der aktuellen Datenbankdatei

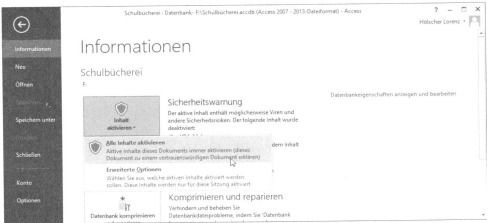

> **ACHTUNG** Der Befehl *DATEI/Informationen/Inhalt aktivieren* ist nur sichtbar, wenn die Sicherheitswarnung erschienen war und dort nicht bereits die Schaltfläche *Inhalt aktivieren* angeklickt wurde.

Danach löst diese Datenbank keine Sicherheitswarnung mehr aus, selbst wenn sie sich nicht an einem vertrauenswürdigen Ort befindet. Sie können jedoch diese einzelne Datei nicht mehr erneut als unsicher einstufen, sondern lediglich alle vertrauenswürdigen Dateien gleichzeitig:

1. Dazu öffnen Sie mit *DATEI/Optionen/Trust Center/Einstellungen für das Trust Center* das in Abbildung 9.10 gezeigte Dialogfeld *Trust Center*.

2. Dort finden Sie in der Kategorie *Vertrauenswürdige Dokumente* die Schaltfläche *Bereinigen*, mit der alle bisher vertrauenswürdigen Dokumente erneut als unsicher eingestuft werden.

Abbildg. 9.10 Alle vertrauenswürdigen Dokumente können hier wieder als unsicher eingestuft werden

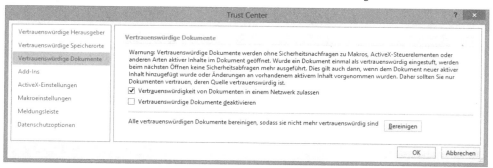

Registerkarten im Menüband

Am auffälligsten in der Access-Bedienungsoberfläche sind wohl die Registerkarten im Menüband. Je nach Auswahl zeigen sie wechselnde Befehlsgruppen mit den darin enthaltenen Befehlen.

> **TIPP** Ganz am Anfang dieses Buchs hatte ich schon darauf hingewiesen, dass sich das Menüband durch Doppelklick auf den aktiven Reiter einer Registerkarte minimieren lässt. In diesem eingeklappten Zustand können Sie es wie ein Menü benutzen. Der einfache Klick auf den Reiter zeigt das Menüband an, und die Auswahl eines Befehls darin blendet es wieder aus. Erst ein erneuter Doppelklick zeigt das Menüband wieder dauerhaft in voller Höhe an. Alternativ geht das mit dem Tastenkürzel [Strg]+[F1] oder einem Klick auf die kleine Winkel-Schaltfläche am rechten Rand (siehe Abbildung 9.11).

Abbildg. 9.11 Hier lässt sich das Menüband minimieren

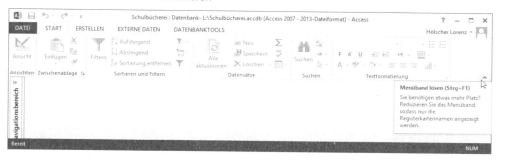

Die Größe der Steuerelemente ist abhängig von der Breite des Bildschirms. Große nebeneinander liegende Schaltflächen werden bei Bedarf kleiner und übereinander gestapelt. Bei manchen verschwindet der Text und es bleibt nur noch das Symbol übrig. Die Beschreibung der entsprechenden Funktion erscheint dann nur noch als Quickinfo, wenn Sie den Mauszeiger über das Symbol halten.

Abbildg. 9.12   Bei ausreichend Platz werden alle Befehlsgruppen komplett angezeigt

Wenn der Bildschirm eine geringere Auflösung hat, werden weitere Elemente ausgeblendet, wie es in Abbildung 9.13 zu sehen ist.

Abbildg. 9.13   Auf schmaleren Bildschirmen werden Elemente ausgeblendet

Wird das Anwendungsfenster noch kleiner, bleiben irgendwann nur noch die Befehlsgruppen ohne einzelne Befehle sichtbar, wie Abbildung 9.14 zeigt.

Abbildg. 9.14   Auf noch kleineren Flächen werden weitere Elemente ausgeblendet

Manche Befehlsgruppen enthalten neben ihrem Namen am unteren Rand noch ein sogenanntes *Startprogramm für ein Dialogfeld*. Dieses zeigt nicht nur einen ausführlichen Tipp an, wenn die Maus darüber ruht, sondern ruft beim Klick ein passendes Dialogfeld auf, welches mehr Möglichkeiten als nur die in der Gruppe enthaltenen Steuerelemente bietet.

Abbildg. 9.15   Der Tooltipp erläutert, was mit dem *Startprogramm für ein Dialogfeld* möglich ist

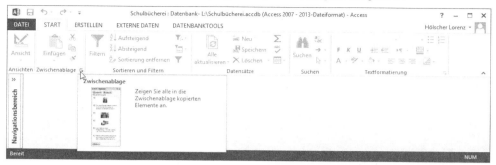

Mit dem Befehl *DATEI/Optionen* können Sie im Dialogfeld *Access-Optionen* (siehe Abbildung 9.16) in der Kategorie *Menüband anpassen* Änderungen am Menüband vornehmen.

Abbildg. 9.16   Im Dialogfeld *Access-Optionen* können Sie das Menüband ändern

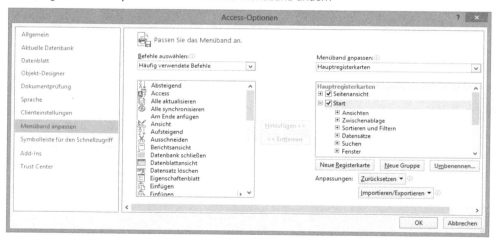

Um eine eigene Registerkarte *Spezial* zu erstellen, welche häufig benutzte Befehle und Befehlsgruppen enthält, gehen Sie so vor:

1. Markieren Sie im Dialogfeld *Access-Optionen* im Kombinationsfeld *Menüband anpassen* den Eintrag *Hauptregisterkarten* und in der Liste darunter den Eintrag *Start*. Klicken Sie dann auf die Schaltfläche *Neue Registerkarte*, sodass in der Liste *Hauptregisterkarten* ein neuer Eintrag *Neue Registerkarte (Benutzerdefiniert)* erscheint.

2. Markieren Sie diese Zeile mit der Registerkarte (Achtung: es ist noch die Gruppe dazu markiert!), klicken auf *Umbenennen* und geben im folgenden Dialogfeld den gewünschten Namen *Spezial* ein.

3. Sie können die abweichende Groß-/Kleinschreibung dazu nutzen, um Ihre persönlichen Registerkarten von den integrierten zu unterscheiden. Bestätigen Sie dies mit *OK*.

4. Markieren Sie anschließend die Zeile *Neue Gruppe (Benutzerdefiniert)* und benennen Sie diese in *Objekte erstellen* um, wie es in Abbildung 9.17 zu sehen ist.

Die neue Registerkarte *Spezial* ist angelegt

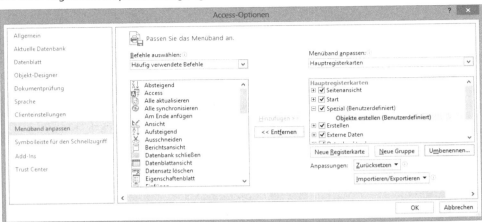

5. Wählen Sie nun im Listenfeld *Befehle auswählen* (links oben) den Eintrag *Hauptregisterkarten* und markieren Sie in der nun angezeigten linken Liste der Hauptregisterkarten *Erstellen/Tabellen/Tabelle*.

6. Klicken Sie auf die Schaltfläche *Hinzufügen* und wiederholen Sie das für *Tabellenentwurf* (siehe Abbildung 9.18).

Abbildg. 9.18 Die neue Registerkarte enthält zwei Befehle in der Befehlsgruppe *Objekte erstellen*

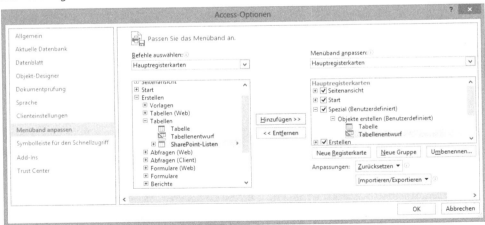

7. Wiederholen Sie dies ebenfalls für *Erstellen/Formulare/Formularentwurf* und *Weitere Formulare* sowie *Erstellen/Abfragen (Client)/Abfrageentwurf*.

8. Zusätzlich soll in dieser selbst zusammengestellten Registerkarte noch die Befehlsgruppe *Zwischenablage* komplett angezeigt werden. Sie finden diese in der linken Liste unter *Start/Zwischenablage* (siehe Abbildung 9.19).

Abbildg. 9.19   Eine zweite Befehlsgruppe für die Zwischenablage wurde eingefügt

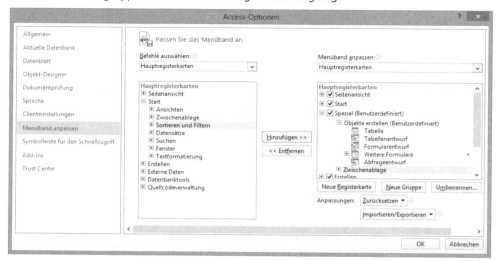

9.   Wenn Sie das Dialogfeld mit *OK* bestätigen, ist in dieser Datenbank zwischen *START* und *ERSTELLEN* Ihre neue Registerkarte *Spezial* mit den gewünschten Inhalten zu sehen, wie Abbildung 9.20 zeigt.

Abbildg. 9.20   So wird Ihre neue Registerkarte angezeigt

Alle Befehle sind sofort komplett funktionsfähig. Wenn Sie möchten, können Sie eine solche eigene Registerkarte auch mit der Schaltfläche *Importieren/Exportieren* des Dialogfelds *Access-Optionen* in einer *.exportedUI*-Datei speichern und auf einem anderen Rechner importieren.

Mit der Schaltfläche *Zurücksetzen* in den Access-Optionen können Sie alle vorgenommenen Änderungen leicht wieder aufheben.

Kontextbezogene Registerkarten

Wenn spezielle Objekte markiert oder bestimmte Ansichten aktiv sind, erscheinen zusätzliche, kontextbezogene Registerkarten. Sie sind mit einer farbig hinterlegten Überschrift versehen.

Abbildg. 9.21   Mehrere kontextbezogene Registerkarten sind sichtbar

In Abbildung 9.21 sehen Sie beispielsweise die kontextbezogenen Registerkarten *ENTWURF*, *ANORDNEN* und *FORMAT*, die von der farbig hinterlegten Bezeichnung *FORMULARENTWURFS-TOOLS* zusammengefasst wird.

Symbolleiste für den Schnellzugriff

Die wichtigsten und überall einsetzbaren Befehle *Speichern*, *Rückgängig* und *Wiederholen* finden sich in einem schmalen Bereich links oberhalb des Menübands, der *Symbolleiste für den Schnellzugriff* heißt. Dadurch müssen Sie für diese häufig verwendeten Befehle nicht ständig in eine Registerkarte wechseln.

Abbildg. 9.22   Die Symbolleiste für den Schnellzugriff mit Menü zum schnellen Anpassen

Auch die Symbolleiste für den Schnellzugriff lässt sich an Ihre Wünsche anpassen, indem Sie direkt aus dem angrenzenden Menü die gewünschten Befehle auswählen. Sie können dort auch *Weitere Befehle* anklicken, um in das eben schon beschriebene Dialogfeld zu gelangen, in dem die Anpassung analog zu den Registerkarten erfolgt.

Access allgemein

Der Navigationsbereich

Am linken Bildschirmrand werden alle Objekte der Datenbank übersichtlich im Navigationsbereich angezeigt. Wie schon weiter vorne erwähnt, können Sie ihn mit der «-Schaltfläche ein- und ausblenden. Normalerweise sind alle Objekte der Datenbank darin nach ihrem Objekttyp gruppiert (Abbildung 9.23).

Abbildg. 9.23 Der Navigationsbereich zeigt die Objekte gruppiert an

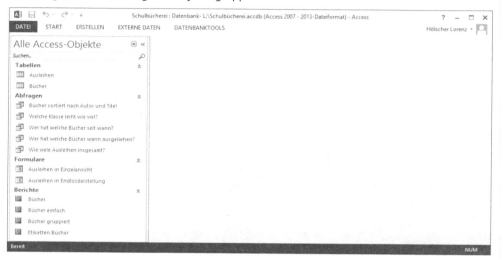

Die Darstellung der Inhalte im Navigationsbereich ändern Sie über das kleine Symbol mit dem Dropdownpfeil, das ein kleines Menü entsprechend der Abbildung 9.24 öffnet.

Abbildg. 9.24 Ändern Sie hier die Darstellung im Navigationsbereich

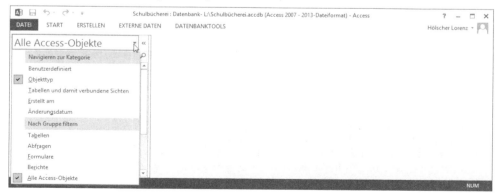

Sie können zusätzlich mit einem Rechtsklick auf den Titel *Alle Access-Objekte* Details anzeigen lassen, indem Sie dort *Anzeigen nach/Details* auswählen. Dadurch wird allerdings relativ viel Platz auf dem Bildschirm belegt.

Abbildg. 9.25 Im Kontextmenü per Rechtsklick finden Sie weitere Optionen

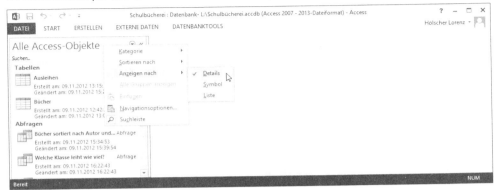

Manchmal ist es hilfreich, die Abhängigkeiten zwischen den Objekten zu erkennen. Wählen Sie dafür im anfangs genannten Dropdownmenü den Eintrag *Tabellen und damit verbundene Sichten* aus. Dann sehen Sie, von der jeweiligen Tabelle ausgehend, alle Abfragen, Formulare oder Berichte, die darauf direkt oder indirekt basieren.

Abbildg. 9.26 So sehen Sie, welche Objekte von diesen Tabellen abhängig sind

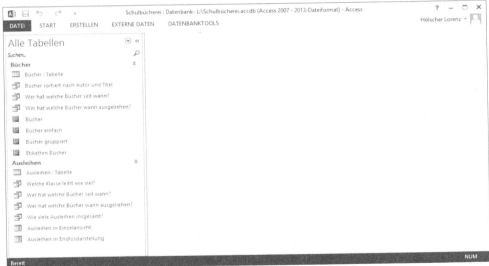

Das führt zwangsläufig dazu, dass manche Objekte mehrfach angezeigt werden, wenn eine Abfrage auf mehrere Tabellen als Datenquelle zugreift. Sie erkennen dies in Abbildung 9.26 bei den beiden Abfragen *Wer hat welche Bücher seit wann?* und *Wer hat welche Bücher wann ausgeliehen?*

Access allgemein

PROFITIPP Sie können diese Objektabhängigkeiten auch gezielt für ein einzelnes Objekt anzeigen lassen und dann sogar nicht nur für Tabellen. Markieren Sie dazu im Navigationsbereich den Namen des gewünschten Objekts und klicken dann auf *DATENBANKTOOLS/Beziehungen/Objektabhängigkeiten*, sodass am rechten Bildschirmrand ein Arbeitsbereichsfenster wie in Abbildung 9.27 sichtbar wird.

Abbildg. 9.27   Im Arbeitsbereich rechts sehen Sie detaillierte Objektabhängigkeiten

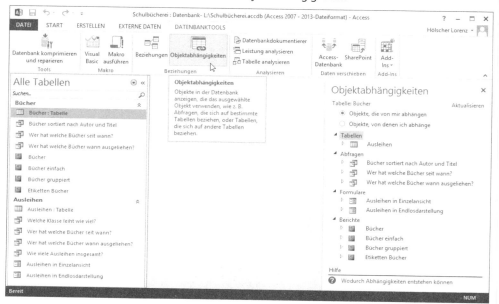

Allerdings werden auch hier, wie bei der *Objektnamen-AutoKorrektur* (siehe Seite 158), bestimmte Objekte wie UNION-Abfragen gar nicht berücksichtigt. Die Analyse ist also oft unvollständig und zeigt dann unten rechts eine kleine Warnung an.

Immerhin lässt sich hier auch noch die Option *Objekte, von denen ich abhänge* wählen, sodass die Vorgänger des markierten Objekts gefunden werden können.

Eigene Navigation erstellen

Praktischerweise können Sie den Navigationsbereich auch nach eigenen Wünschen gestalten. Dadurch brauchen Sie keine aufwendigen Startformulare zu programmieren, sondern können dort nur die gewünschten Objekte darstellen lassen und die übrigen ausblenden. Dazu erstellen Sie eine neue Kategorie, so wie *Tabellen und damit verbundene Sichten* oder *Objekttyp* bereits vordefinierte Kategorien sind:

1. Klicken Sie für eine eigene Kategorie im Kontextmenü des Navigationsbereichs auf *Navigationsoptionen*, sodass Sie das folgende Dialogfeld sehen.

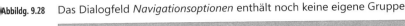

Abbildg. 9.28 Das Dialogfeld *Navigationsoptionen* enthält noch keine eigene Gruppe

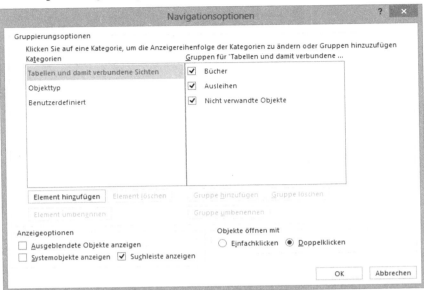

2. Dort erzeugen Sie mit der Schaltfläche *Element hinzufügen* eine neue Kategorie, die Sie beispielsweise als *Spezial* bezeichnen.

HINWEIS Jede Kategorie enthält automatisch in der rechten Liste eine Gruppe *Nicht zugewiesene Objekte*, welche nicht gelöscht werden kann und dafür sorgt, dass keine Objekte unfreiwillig unsichtbar werden. Sie können diese Gruppe jedoch ausblenden, indem Sie das Kontrollkästchen deaktivieren.

3. Dann können Sie dieser markierten Kategorie mit der entsprechenden Schaltfläche eine neue Gruppe hinzufügen, die Sie beispielsweise *Analyse* nennen. Erstellen Sie außerdem noch eine Gruppe *Verwaltung* wie in Abbildung 9.29 und schließen das Dialogfeld dann mit *OK*.

Access allgemein

Abbildg. 9.29 In der Kategorie *Spezial* gibt es zwei neue Gruppen

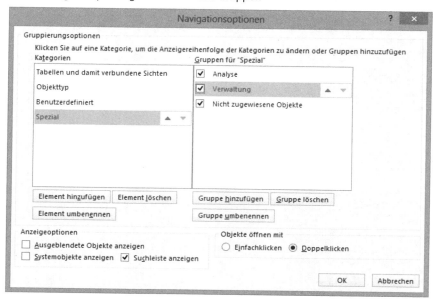

4. Sie finden nun im Dropdownmenü des Navigationsbereichs einen neuen Eintrag für die Kategorie *Spezial*, den Sie wie in Abbildung 9.30 auswählen.

Abbildg. 9.30 Das Dropdownmenü zeigt die neue Kategorie *Spezial* an

5. Anschließend können Sie per Rechtsklick auf eines der Objekte im Kontextmenü den Eintrag *Zur Gruppe hinzufügen* auswählen, um das jeweilige Objekt den eigenen Gruppen zuzuordnen. Dabei kann ein Objekt auch mehreren Gruppen gleichzeitig zugeordnet sein.

Abbildg. 9.31 Per Rechtsklick lassen sich alle Objekte den Gruppen zuweisen

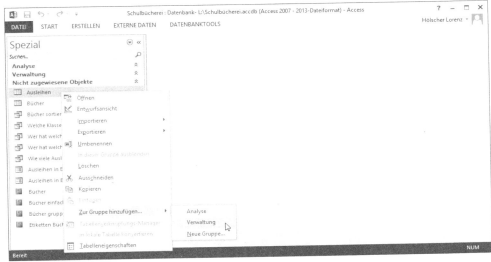

6. Damit die übrigen Objekte unsichtbar bleiben, können Sie die ganze Gruppe *Nicht zugewiesene Objekte* auch von hier aus per Rechtsklick auf ihren Titel im Kontextmenü ausblenden, wie Abbildung 9.32 zeigt.

Abbildg. 9.32 Die letzte Gruppe *Nicht zugewiesene Objekte* wird per Kontextmenü ausgeblendet

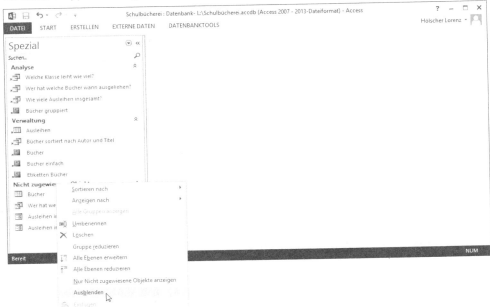

Access allgemein

Objekte verwalten

Wenn der Navigationsbereich sehr viele Objekte enthält, können Sie über das Suchfeld an seinem oberen Rand die Anzeige der Objekte bequem einschränken. Geben Sie dort wie in Abbildung 9.33 einen Teil des gesuchten Namens ein, sodass direkt die sichtbaren Namen gefiltert werden.

Abbildg. 9.33 Dank Suchfeld werden hier nur wenige Objekte im Navigationsbereich dargestellt

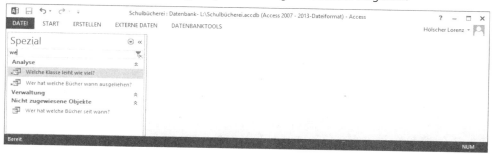

Sie können (ein bisschen als Überbleibsel aus vorherigen Versionen) auch einzelne Objekte vollständig ausblenden:

1. Öffnen Sie per Rechtsklick auf den Namen dessen Kontextmenü und klicken Sie darin *Ansichtseigenschaften* (je nach Objekt auch *Tabelleneigenschaften* oder *Objekteigenschaften* o.Ä.) an.

Abbildg. 9.34 In den Objekteigenschaften lässt sich ein Objekt ausblenden

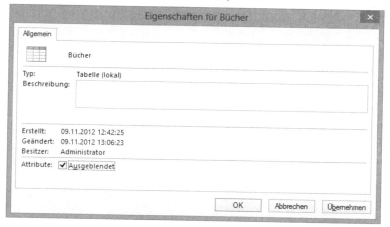

2. Dort markieren Sie wie in Abbildung 9.34 das Kontrollkästchen *Ausgeblendet* und bestätigen mit *OK*. Der Name wird nicht mehr im Navigationsbereich aufgelistet, obwohl er einer sichtbaren Gruppe zugeordnet ist.

3. Damit solche Objekte wieder eingeblendet werden können, müssen Sie zuerst wieder ausgeblendete Objekte anzeigen lassen. Das geschieht in den *Navigationsoptionen*. Diese können Sie aufrufen, indem Sie mit der rechten Maustaste auf die Titelleiste des Navigationsbereichs klicken und im erscheinenden Kontextmenü die entsprechende Option wählen.

4. Aktivieren Sie im Dialogfeld *Navigationsoptionen* im Abschnitt *Anzeigeoptionen* das Kontrollkästchen *Ausgeblendete Objekte anzeigen* und bestätigen Sie mit *OK*. Die ausgeblendeten Objekte erscheinen nun in heller Schrift und Sie können in deren Eigenschaften das Kontrollkästchen *Ausgeblendet* wieder deaktivieren.

PROFITIPP Diese Technik des gezielten Ausblendens einzelner Objekte scheint dank der neuen Kategorien und Gruppen erst einmal überflüssig. Im Dialogfeld *Navigationsoptionen* findet sich jedoch bei den *Anzeigeoptionen* auch das Kontrollkästchen *Systemobjekte anzeigen*. Damit werden derzeit nur zusätzliche Tabellen eingeblendet, die mit *MSys...* anfangen. Sobald Sie aber wie in Kapitel 41 eigene Menübänder mit XML erstellen, ist deren Definition in einer Tabelle namens *USysRibbons* enthalten. Um diese Tabelle dann sichtbar zu machen, müssen Sie solche Systemobjekte anzeigen.

Im Navigationsbereich können Sie selbstverständlich auch Objekte umbenennen und löschen. Das funktioniert wie im Windows-Explorer, indem Sie den jeweiligen Namen markieren und entweder mit der F2-Taste umbenennen oder mit der Entf-Taste löschen.

Vor allem beim Löschen sollten Sie vorher unbedingt eine Kopie der Datenbankdatei anlegen und außerdem mittels Objektabhängigkeiten prüfen, ob dieses Objekt nicht doch mit genau diesem Namen erwartet wird.

TIPP Bevor ich ein Objekt wirklich lösche, benenne ich es (bei vorher deaktivierter Objektnamen-Autokorrektur!) einfach um, etwa von *tblTest* in *X_tblText*. Dann lasse ich es so und lösche es erst dann, wenn nach einigen Tagen keine Fehler aufgetreten sind. Im Fehlerfall wäre es eher mühsam, das passende Objekt aus einer älteren Sicherungskopie der Datenbank wieder herauszusuchen. So müsste ich es nur wieder zurückbenennen.

Die Statusleiste

Am unteren Rand der Anwendung dient die Statusleiste sowohl der Anzeige wechselnder Informationen als auch allgemeinen Einstellungen zur Ansicht.

Ansichten wechseln

Recht unscheinbar, aber sehr praktisch, ist die Möglichkeit, außerhalb des Menübands zwischen verschiedenen Ansichten zu wechseln. Dazu finden Sie in der rechten unteren Ecke die passenden Symbole (siehe Abbildung 9.35 am Beispiel eines Berichts).

Abbildg. 9.35 Über die Symbole ganz rechts in der Statusleiste können Sie die Ansichten wechseln

Die hier gezeigten Symbole entsprechen den Befehlen in *START/Ansichten* und sind entsprechend vom aktuell geöffneten Objekt abhängig. Nur in der Seitenansicht von Berichten ist dort auch ein Zoom-Schieber sichtbar.

Statusleiste anpassen

Sie können verschiedene Optionen für die Statusleiste einstellen, indem Sie mit der rechten Maustaste darauf klicken. Dann erscheint ein Kontextmenü wie in Abbildung 9.36.

Abbildg. 9.36 Mit einem Rechtsklick auf die Statusleiste können Sie deren Optionen einstellen

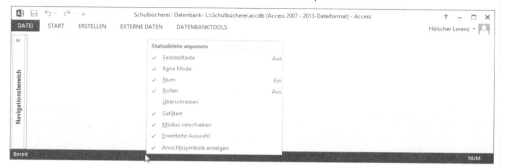

HINWEIS Die Option *Ansichtssymbole anzeigen* bezieht sich auf die Anzeige der Symbole zum Wechsel der Ansichten, die in Abbildung 9.35 zu sehen sind. Die Bezeichnung dieser Funktion ist in Access 2013 nunmehr korrigiert worden, in Access 2010 hieß es noch fälschlicherweise *Tastenkombinationen anzeigen*.

Zusammenfassung

In diesem Kapitel haben wir uns umfassend mit der Bedienoberfläche von Access beschäftigt, die viele praktische Möglichkeiten bietet:

- Zuerst haben Sie einen Überblick bekommen, welche *Datenbankobjekte* (Seite 152) wo gespeichert sind

- Die Elemente des *Menübands* (Seite 154) machen dabei einen wesentlichen Anteil der Bedienung aus

- Seit der Version 2010 gibt es eine neue *Backstage-Ansicht* (Seite 155). Dort finden Sie alle Einstellungen zum Programm und zur Datei allgemein sowie die Access-Optionen.

- Die *Registerkarten* im Menüband (Seite 162) enthalten alle Befehle in den jeweiligen Befehlsgruppen. Darüber hinaus können Sie das Menüband nach Ihren Vorstellungen anpassen.

- Die *Symbolleiste für den Schnellzugriff* (Seite 167) enthält häufig benutzte Befehle wie *Speichern* und *Rückgängig*. Auch diese kann um beliebige Befehle erweitert werden.

- Der *Navigationsbereich* (Seite 168) zeigt alle Objekte der aktuellen Datenbank an. Sie können darin nach verschiedenen Kategorien sortieren und bei Bedarf auch eigene Kategorien und Gruppen vorgeben, um damit bequem eine Steuerung Ihrer eigenen Datenbank ohne Programmieraufwand zu erstellen.

Kapitel 10

Datenbank-Grundlagen

Access allgemein

In diesem Kapitel:

Nach dem ersten oberflächlichen Kontakt mit Access und einer Beispieldatenbank müssen wir uns doch einmal mit ein wenig Theorie beschäftigen. Ich werde es so kurz wie möglich halten, aber diese Kenntnisse werden hoffentlich ein paar Aha-Effekte auslösen, warum dies und jenes anders reagiert als Sie erwartet haben.

Was ist eine relationale Datenbank?

Beginnen wir zuerst mit dem vielleicht schon oft gehörten Zusatz, bei Access handele es sich um eine »relationale« Datenbank. Das bedeutet nichts anderes, als dass die Datenbank mehrere Tabellen enthält, welche miteinander in Beziehung (Relation, von lat. relatio, zurücktragen) stehen. Hätten die Tabellen nichts miteinander zu tun, sollten sie auch besser in getrennten Dateien gespeichert werden.

> **HINWEIS**   Entwickelt hat dieses Konzept relationaler Datenbanken bereits in den 1970er Jahren der britische Mathematiker Edgar F. Codd am IBM Almaden Research Center in San José, die als »Hauptstadt« des Silicon Valley bezeichnet wird. Am gleichen Forschungszentrum wurde, ebenfalls unter Mitarbeit von Codd, die heute als SQL bekannte Datenbankabfragesprache entwickelt, die Sie auch in Access einsetzen.

Die Datenbank verbessern

Möglicherweise haben Sie es schon bemerkt: unser erster Entwurf für die Datenbank der Grundschulbücherei hat gravierende Schwächen. Da die damit zusammenhängenden Probleme durchaus typisch für viele Datenbanken sind, möchte ich diese mit Ihnen im Einzelnen durchgehen.

Warum sollten Sie Felder trennen?

Vorname und Nachname des ausleihenden Kindes sind in einem einzigen Feld *Ausleiher* gespeichert. Das erste Problem, welches dadurch auftaucht, besteht darin, dass so die Sortierung nach Nachnamen nicht möglich ist.

Codd hat Regeln aufgestellt, wie solche relationalen Datenbanken strukturiert sein müssen. Diese Regeln werden als Normalformen bezeichnet und sind durchnummeriert. Es gibt fünf davon, aber es reicht für eine »normale« Datenbank, wenn Sie die ersten drei beachten.

Die erste Normalform fordert die Atomisierung der Daten, also das Aufteilen der kleinsten sinnvollen Information in je ein Datenfeld. Hier bedeutet das beispielsweise je ein Feld für den Vornamen und den Nachnamen.

Abbildg. 10.1   Die Tabelle *Ausleihen* trennt jetzt Vor- und Nachnamen

Die Atomisierung verbietet aber vor allem die mehrfache Speicherung gleichartiger Informationen, wie sie im Feld *Autor* der Tabelle *Bücher* enthalten ist. Das fällt spätestens bei den beiden Büchern *Was blüht denn da?* auf, die von mehreren Autoren geschrieben wurden. Da müssten Sie nicht nur Vor- und Nachnamen trennen, sondern auch noch beliebig viele Personen.

Viel unauffälliger treten diese Konflikte (eines einzigen Felds für mehrere Informationen) aber auch schon bei bestimmten Autoren auf: sind *Mary Pope* nun zwei Vornamen oder ist *Pope Osborne* ein mehrteiliger Nachname? Sobald diese Aufteilung wichtig wäre, müssen die Daten in einzelnen Feldern gespeichert werden.

HINWEIS   Es gibt durchaus Gelegenheiten, zwei Informationen absichtlich gemeinsam zu speichern. In einer Adresse würde ich normalerweise Straße und Hausnummer zusammenfassen, da ich die Nummer nie als einzelnes Kriterium benötige.

Tatsächlich ist die Reihenfolge der Angaben länderspezifisch (*Unter den Linden 1* in Deutschland, aber z.B. *6925 Hollywood Boulevard* in den USA). Folglich müsste ich beim späteren automatischen Zusammensetzen der Adresse die Reihenfolge wissen oder in einer Hilfstabelle ablegen. In einem gemeinsamen Straße/Hausnummer-Feld werden die Angaben stattdessen einfach von Anfang an korrekt eingetragen.

Abbildg. 10.2   Auch die Autoren werden nach ihren Vor- und Nachnamen unterschieden

PROFITIPP   Wir konzipieren hier eine Datenbank auf dem Papier und können alle Überlegungen schriftlich festhalten. Was ist aber mit bereits vorhandenen Datenbanken, die Sie eventuell übernehmen, wenn der Kollege längst nicht mehr in der Firma für Fragen zur Verfügung steht?

Das Konzept einer Datenbank ist dort ebenfalls zu erkennen. Mit *DATENBANKTOOLS/Beziehungen/Beziehungen* sehen Sie ein spezielles Fenster mit allen Tabellen und, soweit angelegt, deren Beziehungen untereinander. Die in diesem Kapitel gezeigten Bilder sind Ausschnitte aus diesem *Beziehungen*-Fenster (siehe dazu Seite 186), weil es dort sehr übersichtlich dargestellt wird.

Access allgemein

Wie können Sie doppelte Daten vermeiden?

Nachdem nun die Namen der ausleihenden Kinder (und der Autoren) getrennt nach Vor- und Nachnamen gespeichert werden, droht neues Ungemach: was ist, wenn Sie beim Eingeben eine falsche Kombination erwischen? Die Schülerin heißt *Diemhoff*, aber statt *Annika* schreiben Sie *Anna*.

Lässt sich das überhaupt verhindern? Ja, denn sobald Sie den Nachnamen angeben, schränkt sich die Auswahl an zugehörigen Vornamen massiv ein, in unseren Beispieldaten sogar immer auf exakt einen. Genauer gesagt ist der Vorname offensichtlich abhängig vom Nachnamen.

Dazu fordert die zweite Normalform, dass ein Wert, der von einem anderen Wert im gleichen Datensatz abhängig ist, in einer Nachschlagetabelle gespeichert werden muss. Das vermeidet nicht nur überflüssige Informationen, sondern vor allem widersprüchliche Angaben.

> **HINWEIS** Der Klassiker für diesen Fehler ist die Speicherung von Postleitzahl und Ort in einer Adresse. Da die Postleitzahl bereits eindeutig ist, lässt sich der zugehörige Ort anhand des offiziellen PLZ-Verzeichnisses immer nachschlagen. Speichern Sie jedoch beides, könnte dort *33689 Aachen* stehen, was definitiv nicht zusammenpasst, denn *33689* ist die Postleitzahl von Sennestadt (einem Stadtteil von Bielefeld).

Für die ausleihenden Kinder bedeutet das konsequent, dass deren Vor- und Nachnamen in eine eigene Tabelle *Nutzer* ausgelagert werden müssen. Darin müssen nicht alle Schüler und Schülerinnen enthalten sein, sondern nur diejenigen, die sich für die Nutzung der Bücherei anmelden. Dort braucht es dann ein Identifikationsmerkmal (zum Beispiel eine per *AutoWert* erzeugte ID) und nur noch dieses wird bei der Ausleihe vermerkt.

Abbildg. 10.3 Die Nutzer werden als eigene Tabelle gespeichert

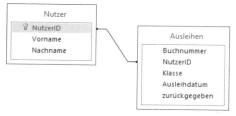

Nicht ganz zufällig funktioniert dies genauso wie zwischen Büchern und Ausleihen: In der Nachschlagetabelle (also *Bücher* beziehungsweise *Nutzer*) gibt es eine eindeutige Kennung, die als »Primärschlüssel« bezeichnet wird. Wenn Sie sich erinnern, wurde das in unseren Tabellenentwürfen bereits mit dem kleinen Schlüsselsymbol gekennzeichnet.

Dazu passend gibt es in einer anderen Tabelle (hier ist es für beide Fälle die Tabelle *Ausleihen*) ein Feld, in dem dieser eindeutige Wert als Referenz notiert wird. Das ist der sogenannte »Fremdschlüssel«, der hier also angibt, welches Buch von welchem Nutzer ausgeliehen wurde.

> **HINWEIS** Diese Technik mit Fremdschlüsseln schützt Sie übrigens nicht nur vor unfreiwilligen Schreibfehlern und der Mühsal des Eintippens, sondern reduziert die Größe der Datenbank deutlich. Anstatt den Vor- und Nachnamen mit einer durchschnittlichen Länge von 15 Zeichen (das entspricht 15 Bytes) zu speichern, benötigen Sie nur eine Zahl mit einem Speicherbedarf von 4 Bytes.

Dadurch benötigen alleine die Nutzernamen nur ein Viertel der Größe, und für lange Buchtitel ist die Speicherplatzeinsparung noch erheblich eindrucksvoller.

Wie können Sie die Historie retten?

Es scheint ganz selbstverständlich, dass die Angabe der Klasse eines Kindes mit ihm im gleichen Datensatz gespeichert wird. Als Faustregel können Sie sich aber merken: die Inhalte eines Datensatzes leben und sterben gemeinsam. Das bedeutet, dass sich ein Datensatz nach seiner Erzeugung inhaltlich nie wieder ändert. Das einzige, was ihm noch widerfahren darf, ist seine komplette Löschung.

Falls Sie also die Klasse beim Nutzer speichern, müssten Sie jährlich diese Angabe ändern. Das klingt harmlos, bis Sie herauskriegen wollen, ob die diesjährigen Zweitklässler mehr ausgeliehen haben als die vom Vorjahr.

Sie vergleichen dann einfach die jetzigen Zweiten mit den Dritten (denn das waren vorher die Zweiten)? Schade, denn die Sitzenbleiber werden dann falsch zugeordnet! Das mögen Sie für eine eher kleinliche Abweichung halten, aber es führt definitiv zu falschen Ergebnissen.

Auch hier gibt es einen Klassiker der fehlerhaften Datenspeicherung: der Preis steht beim Artikel. Dies hat zur Folge, dass der aktuelle Preis dort bei Bedarf angepasst wird und via Artikel-ID jederzeit nachgeschlagen werden kann. Doch was machen Sie Silvester bei der Jahresabrechnung? Womit wollen Sie die Einnahmen vom Januar errechnen, wenn Sie die Januar-Preise der Artikel nirgends mehr gespeichert haben?

> **HINWEIS** Es gibt natürlich Ausnahmen von der Regel, dass Daten nie wieder verändert werden dürfen. Die Adresse ist typischerweise ein solcher Fall. Dort überschreiben Sie einfach immer mit den aktuellen Daten, weil veraltete Adressen uninteressant sind.

Die zugehörige dritte Normalform lässt sich daher auch kurz als Lösung des Historien-Problems beschreiben: die Inhalte des Felds *Klasse* (oder *Preis* im eben zitierten Beispiel) sind von einem noch unsichtbaren Feld *Datum* abhängig. Daher fordert die Regel, dass diese ebenfalls in eine andere Tabelle ausgelagert werden müssen.

Dritte Normalform umsetzen

Die Berücksichtigung dieser dritten Normalform (Historien-Problem) kann in der konkreten Umsetzung recht unangenehm werden, denn das benötigt eher aufwendige Verfahren. Es sind zwei Datenmodelle möglich und bei beiden gibt es zu jedem Nutzer – wegen der vier Grundschulklassen – bis zu vier Einträge in der *NutzerInKlasse*-Tabelle.

Sie können sich erstens bei der Ausleihe auf die *NIKID* beziehen, damit sind Nutzer und aktuelle Klasse festgelegt. Allerdings haben Sie in der Auswahlliste vier Mal so viele Einträge wie Nutzer. Das können Sie immerhin entschärfen, indem Sie einfach nur den jeweiligen Maximalwert filtern, da dies die aktuelle Klasse ist. Problematisch ist dies allerdings mit Kindern, welche die Klasse wechseln und trotzdem im Jahrgang bleiben, also etwa von der *2a* in die *2b*. ▶

Abbildg. 10.4 Eine *NutzerInKlasse*-Tabelle wird für die Ausleihe benutzt

Zweitens können Sie sich weiterhin auf die *NutzerID* beziehen. Es gibt dann eine zusätzliche Nachschlagetabelle *Klassen* mit dem Fremdschlüssel auf die *NutzerID*, der Angabe der *Klasse* und einem *Datum*, ab wann dieser Wert gilt. Für eine Berücksichtigung der konkreten Klasse müssen Sie also zu jedem beliebigen Zeitpunkt erst einmal herausfinden, in welcher Klasse das Kind war.

Leider steht dieses gesuchte Datum meist gerade nicht in der *NutzerInKlasse*-Tabelle. Sie müssen stattdessen ein nächst kleineres Datum erkennen und dazu den zugehörigen *Klasse*-Wert finden.

Abbildg. 10.5 Direkter Zugriff auf Nutzer plus Nachschlagetabelle *NutzerInKlasse*

Das ist nicht nur mühsam zu schreiben, sondern vor allem eine potenziell langsame Angelegenheit. Für zwei- bis dreihundert Kinder in der Grundschulbücherei fällt das nicht auf, aber für ein größeres Warenwirtschaftssystem ist das indiskutabel.

Sie werden daher im Zusammenhang mit dem Datenbankbeispiel *Kosten&Logistik* in Kapitel 12 eine dritte Lösung sehen, die nicht ganz der Datenbanktheorie entspricht, aber praxisnah funktioniert.

Brauchbare Objektnamen wählen

Die bisher benutzten Objektnamen mögen Sie als lesefreundlich empfunden haben, aber tauglich für größere Projekte sind sie nicht.

Das erste Risiko, welches ich aufgrund jahrelanger schlechter Erfahrung nie eingehe, ist die Verwendung deutscher Sonderzeichen, also Umlaute und »ß« in Namen. Tatsächlich haben Sie überall dort, wo Access Namen erwartet, eine enorme Freiheit in der Benennung. Namen dürfen bis zu 64 Zeichen lang sein und alle Zeichen enthalten außer »[] ! . «.

Umgekehrt bedeutet dies, dass beispielsweise Leerzeichen, Bindestriche oder Fragezeichen erlaubt sind. Erlaubt ja, aber nicht zu empfehlen!

Was Sie eventuell für einen Bindestrich halten mögen, ist in Wirklichkeit ein Minuszeichen, also ein Rechenoperator. Auch der Schrägstrich dient als Operator für Divisionen, wie Sie es vielleicht von Excel kennen. Mit Ausnahme des Unterstrichs, der sich zwar optisch unterscheidet, aber wie ein normaler Buchstabe behandelt wird, vermeide ich grundsätzlich alle Sonderzeichen.

Wie hilft Ihnen die Ungarische Notation?

Am besten kennzeichnen Sie auch von Anfang an alle Objekte entsprechend der sogenannten »Ungarischen Notation«. Sie finden eine ähnliche Benennungsmethode manchmal auch unter dem Namen ihrer Autoren Leszynski/Reddick.

> **HINWEIS** Der Entwickler dieser Benennung ist gebürtiger Ungar und hieß Károly Simonyi. Seit er Amerikaner geworden ist, nennt er sich Charles Simonyi. Ihnen sagt der Name nichts? Schade, schon diese Notation hat ihn nicht namentlich berühmt gemacht. Und selbst die Tatsache, dass er bisher als einziger Tourist bereits zwei Mal (2007 und 2009) zur Weltraumstation ISS geflogen ist, hat seinen Bekanntheitsgrad offenbar auch nicht erhöht. Immerhin hat er seit seinen Anfangsjahren als Entwickler bei Microsoft (inzwischen ist er mit einer eigenen Firma selbstständig) so unglaublich viel Geld verdient, dass er sich den Weltraumausflug leisten konnte.

Die Ungarische Notation verlangt im Wesentlichen, dass jeder Name als Präfix den (abgekürzten) Typ seines Objekts vorangestellt bekommt. Für Access-Objekte finden Sie in der Tabelle 10.1 die üblichen Präfixe:

Tabelle 10.1   Präfixe entsprechend der Ungarischen Notation

Access-Objekt	Präfix
Tabelle	*tbl* (engl. *table*)
Abfrage	*qry* (engl. *query*)
Formular	*frm* (engl. *form*)
Bericht	*rpt* (engl. *report*)
Makro	*mac* (engl. *macro*)
Modul	*mod* (engl. *module*)

Access allgemein

Sie werden feststellen, dass es für einige Präfixe in der Literatur unterschiedliche Benennungen gibt, aber das ist letzten Endes unerheblich. Wichtig ist, dass Sie überhaupt ein solches System verwenden.

Nur bei den Feldnamen werde ich von dieser Regel etwas abweichen und sie nicht einfach mit dem Präfix *fld* versehen. Dort ist es wesentlich hilfreicher, zu erkennen, dass sie in einer Tabelle gespeichert (und nicht in einer Abfrage berechnet) wurden und vor allem in welcher. Daher steht vor jedem Feldnamen bei mir immer ein eindeutiges Präfix der zugehörigen Tabelle.

HINWEIS Access verlangt diese völlige Eindeutigkeit übrigens nicht, hier müssen nur alle Feldnamen jeweils innerhalb einer Tabelle eindeutig sein. Aber durch Tabellenpräfixe werden Feldnamen automatisch einzigartig innerhalb der gesamten Datenbank. Das ist durchaus ein erheblicher Vorteil, denn wenn zwei sonst gleichnamige Felder in einer Abfrage gemeinsam benutzt werden, dürfen Sie statt [NutzerInKlasse].[ID] und [Nutzer].[ID] einfach [nikID] und [ntzID] schreiben, ohne die Tabellennamen als Unterscheidungsmerkmal voranstellen zu müssen. Das verkürzt den Code erheblich.

In Abbildung 10.6 sehen Sie das Datenmodell aus Abbildung 10.5 mit den verbesserten Namen für Tabellen und Felder, die vor allem nirgends mehr Umlaute enthalten. Alle Tabellen haben jetzt das Präfix *tbl* erhalten und alle Felder eine dreibuchstabige Kombination, die den Tabellennamen erkennen lässt.

Auch die Tabelle *tblAusleihen* hat einen Primärschlüssel *ausID* als *AutoWert* erhalten, obwohl dieser derzeit nicht gebraucht wird. So ein Primärschlüssel ist aber bei anderen Datenbanken (etwa *Oracle*) Bedingung, damit ein Datensatz überhaupt gelöscht werden könnte, daher ist es sinnvoll, direkt immer einen vorzusehen.

Abbildg. 10.6   Die Namen haben passende Präfixe erhalten

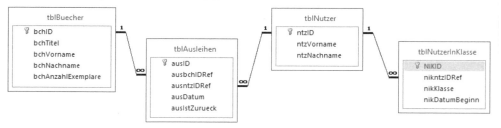

Gleichnamige Felder kann es jetzt nirgends mehr geben, weil das ein Widerspruch zum jeweils passenden Tabellenpräfix wäre. Fremdschlüsselfelder wie *ausntzIDRef* setzen sich hier zusammen aus dem Präfix *aus*, dem Namen des Primärschlüssels *ntzID* und dem Hinweis *Ref*, der besagt, dass dies nur eine Referenz auf einen an anderer Stelle vorhandenen Feldinhalt sein kann.

PROFITIPP Ich unterscheide außerdem noch, ob (Primärschlüssel-)Felder automatisch nummeriert werden oder vorgegebene Werte benutzen. Solange die Bücher *AutoWert*-Zahlen erhalten, heißt ein solches Feld bei mir *bchID*. Wenn es jedoch manuell mit Daten gefüllt wird, etwa anhand der ISBN oder vorheriger Nummern aus dem Zettelkasten, heißt es bei mir *bchNr*. Dann weiß ich später schon anhand des Feldnamens immer, ob in das Feld Daten eingegeben werden müssen beziehungsweise dürfen.

Wie lösen Sie das Autorenproblem?

Das Datenmodell enthält immer noch einen schweren Fehler, denn die Autoren verletzen die erste Normalform (Atomisierung). Zwar sind nun deren Vor- und Nachnamen getrennt, aber kein Buch dürfte mehrere Autoren haben. Das darf nicht sein, denn schon die vorhandenen Daten enthalten ja solche Gemeinschaftswerke.

Die Beziehung zwischen Büchern und ihren Autoren ist in der Datenbanktheorie eine m:n-Beziehung, manchmal auch als *many-to-many* bezeichnet. Das bedeutet, dass viele Bücher viele Autoren haben dürfen.

Leider lässt sich das in Access nicht abbilden, denn dort sind nur 1:n-Beziehungen möglich, also ein Buch mit vielen Autoren oder alternativ ein Autor mit vielen Büchern. Das macht aber nichts, denn Sie können das immer durch eine Konstruktion aus zwei 1:n-Beziehungen ersetzen.

HINWEIS Das Datenmodell enthält übrigens längst zwei 1:n-Beziehungen, die eine ursprüngliche m:n-Beziehung ersetzen, nämlich in *tblAusleihen*. Auch das ist eine Verbindungstabelle zwischen Büchern und Nutzern, zwar mit zusätzlichen Feldern, aber vor allem zwei Fremdschlüsseln. Nur so dürfen nämlich beliebig viele Kinder beliebig viele Bücher ausleihen.

Dazu brauchen Sie eine zusätzliche Verbindungstabelle zwischen Büchern und Autoren, die praktisch nur aus Referenzen besteht. Für jede vorkommende Kombination steht dort ein Eintrag. Ohne die Datenbank-üblichen Nummern sähe das im Klartext so aus wie in Tabelle 10.2.

Tabelle 10.2 Beispieldaten einer Verbindungstabelle zwischen Büchern und Autoren

Buch	Autor
Die Kinder aus Bullerbü	Astrid Lindgren
Pippi Langstrumpf	Astrid Lindgren
Die Schatzinsel	Robert Louis Stevenson
Was blüht denn da?	Margot Spohn
Was blüht denn da?	Roland Spohn
Was blüht denn da?	Dietmar Aichele

Darin gibt es dann mehrere Bücher eines Autors (*Astrid Lindgren*) oder mehrere Autoren für ein Buch (*Was blüht denn da?*) oder eben auch genau einen Autor für ein Buch (*Die Schatzinsel* von *R. L. Stevenson*). Beide »Seiten« der Verbindung dürfen also mehrfach auftauchen, je nachdem, ob es mehrere Bücher oder mehrere Autoren gibt.

HINWEIS In Wirklichkeit wären die Buchtitel oder Autorennamen selbstverständlich nicht im Klartext gespeichert, sondern als Referenz auf deren eindeutige ID. Dann gibt es auch keinen Konflikt mit den beiden Versionen des Buchs *Was blüht denn da?*, die ja von unterschiedlichen Autorengruppen stammen.

Da diese Verbindungstabelle lediglich die technisch unmögliche m:n-Beziehung in zwei 1:n-Beziehungen auflöst, folge ich der im englischen Sprachraum üblichen Methode, dies nach dem Schema *x2y* (englische Aussprache: *x-to-y*, also übersetzt »x-zu-y«) zu benennen. Dadurch wird deutlich, welche beiden Tabellen verbunden werden.

Die Autoren müssen daher zuerst in eine eigene Tabelle *tblAutoren* ausgelagert werden, sodass jeder Autor eine eindeutige Nummer in *autID* erhält. Die Tabelle *tblBuecher* verliert die Felder mit den Autorennamen. Als Verbindung zwischen den beiden gibt es dann eine neue Tabelle *tblAutoren2Buecher*, welche nur aus den Fremdschlüsseln auf *tblAutoren* und *tblBuecher* besteht, wie Abbildung 10.7 zeigt.

Abbildg. 10.7   Das erweiterte Datenbankmodell mit aufgelöster m:n-Beziehung

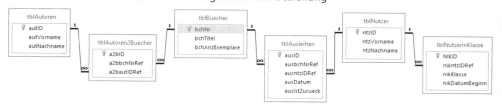

Jetzt ist es zwar zugegebenermaßen etwas mühsamer, die Autoren zu einem Buch erst aus dieser Verknüpfung herauszusuchen (wie das konkret gelingt, lesen Sie im Teil E dieses Buchs über Abfragen), aber nur so sind die Beziehungen datenbanktechnisch korrekt.

HINWEIS   Diese ersten drei Normalformen werden übrigens in Anlehnung an die Eidesformel vor Gericht gerne scherzhaft so zusammengefasst: *The key, the whole key and nothing but the key – so help me Codd* (Der Schlüssel, der ganze Schlüssel und nichts als der Schlüssel – so wahr mir Codd helfe). Das entspricht den ersten drei Normalformen »Atomisierung«, »Redundanz vermeiden« und »Historie retten«.

Es gibt übrigens noch eine dritte Beziehungsart außer 1:n und m:n, nämlich 1:1. Diese werden Sie später im zweiten Datenbank-Beispiel kennenlernen.

CD-ROM   Um Ihnen das Nachvollziehen der weiteren Schritte in diesem Kapitel zu erleichtern, finden Sie innerhalb der Beispieldateien zu diesem Buch im Ordner "Kap10" eine Datenbank, die bereits die Änderungen bis hierhin enthält. Laden Sie einfach die betreffende Datenbank, um mit der Arbeit in diesem Kapitel zu beginnen.

Beziehungen erstellen

Es ist schön und gut, dass alle Daten bereits in den richtigen Tabellen untergebracht sind, aber leider reicht das nicht. Bisher war es noch möglich, beispielsweise in *ausbchNrRef* den Wert *999* einzutragen. Das wäre deswegen fehlerhaft, weil gar nicht so viele Bücher in *tblBuecher* stehen und diese *bchNr* dort nicht vorkommt.

Es gibt noch eine zweite Fehlerquelle: In *a2bautIDRef* steht etwa der Wert *2* und diesen gibt es derzeit auch in *autID*. Anschließend löschen Sie aber den Autoren mit dieser *autID*, der darauf verweisende Fremdschlüssel *a2bautIDRef* ist also nun »verwaist«. Das Feld enthält zwar eine Zahl, zu der es nun aber leider kein Gegenstück in *autID* mehr gibt.

Referentielle Integrität

Access kann das für Sie mit der sogenannten »Referentiellen Integrität« überwachen. Diese stellt vollautomatisch sicher, dass dann die Referenz von einem Fremdschlüssel auf einen Primärschlüssel immer »integer« (im Sinne von »korrekt«) ist. Um dies für eine Datenbank einzustellen, sollten Sie die Tabellenentwürfe bereits fertig erstellt haben.

1. Öffnen Sie in der *Schulbücherei*-Datenbank mit *DATENBANKTOOLS/Beziehungen/Beziehungen* das entsprechende Fenster. Wenn in dieser Datenbank noch nie Beziehungen angelegt wurden, erscheint automatisch das Dialogfeld *Tabelle anzeigen* (Abbildung 10.8). Andernfalls können Sie es jederzeit mit dem Befehl *ENTWURF/Beziehungen/Tabelle anzeigen* wieder aufrufen.

Abbildg. 10.8 Das Dialogfeld ermöglicht die Auswahl der Tabellen im *Beziehungen*-Fenster

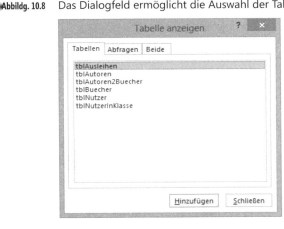

2. Markieren Sie darin alle Tabellen (wie im Windows-Explorer klicken Sie den ersten Eintrag nur mit der Maus und den letzten bei gedrückter ⇧-Taste mit der Maus an) und klicken auf *Hinzufügen*.

3. Dann können Sie das Dialogfeld schließen, alle ausgewählten Tabellen stehen nun im Fenster bereit. Deren Anordnung ist völlig beliebig und dient vor allem Ihrer Übersicht. Sie können diese bei Bedarf über deren Titelleiste verschieben.

4. Am besten ordnen Sie die Tabellen schon so an, dass diese thematisch zusammengehörig liegen wie in Abbildung 10.9.

Tabelle
anzeigen

Access allgemein

Abbildg. 10.9 Ordnen Sie die Tabellen im *Beziehungen*-Fenster übersichtlich an

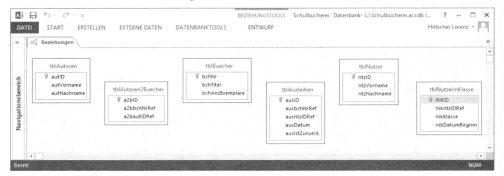

5. Ziehen Sie nun ein Primärschlüsselfeld (in Abbildung 10.10 ist es *autID*) auf das zugehörige Fremdschlüsselfeld (also *a2bautIDRef*) und lassen los, wenn die Spitze des Mauszeigers genau darauf zeigt.

Abbildg. 10.10 Ziehen Sie ein Primärschlüsselfeld auf das Fremdschlüsselfeld

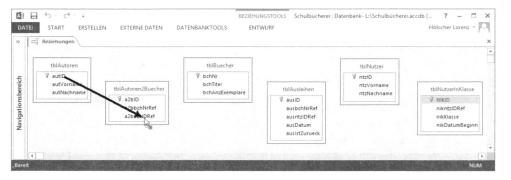

6. Beim Loslassen erscheint automatisch das Dialogfeld aus Abbildung 10.11 mit den beiden bearbeiteten Feldern. Aktivieren Sie darin das Kontrollkästchen *Mit referentieller Integrität*.

Abbildg. 10.11 Das Dialogfeld zum Bearbeiten der jeweiligen Beziehung

7. Wenn Sie das Dialogfeld mit *Erstellen* bestätigen, zeigt das *Beziehungen*-Fenster diese Beziehung mit einer Linie an. Weil außerdem das Kontrollkästchen *Mit referentieller Integrität* eingeschaltet wurde, erscheinen zusätzlich eine *1* und das Unendlich-Zeichen ∞.

Abbildg. 10.12 Die Beziehung zwischen *autID* und *a2bautIDRef* ist erstellt

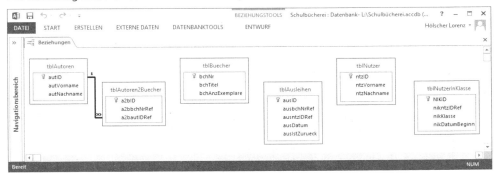

8. Den Vorgang wiederholen Sie nun bitte für alle übrigen Beziehungen, indem Sie jeweils den Namen des Primärschlüssels (der bei dieser Notation immer auf *...ID* oder *...Nr* endet!) exakt auf den zugehörigen Fremdschlüssel (der also immer mit *...Ref* endet) ziehen und loslassen. Stellen Sie für alle Beziehungen auch die referentielle Integrität ein, sodass es wie in Abbildung 10.13 aussieht.

Abbildg. 10.13 Alle Tabellen sind durch Beziehungen mit referentieller Integrität verbunden

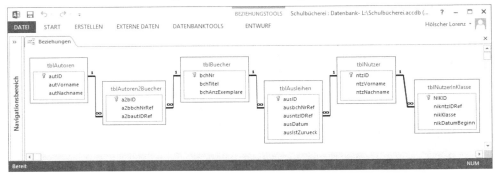

Damit sind die Daten in dieser Datenbank garantiert in Ordnung, denn es ist nicht mehr möglich, fehlerhafte Beziehungen herzustellen.

PROFITIPP Sie haben sich vielleicht schon gewundert, dass die Tabellen hier nicht auf einer Höhe angeordnet sind, obwohl das für Access selbst egal ist. Ich sorge aber immer dafür, dass die Tabelle mit dem Primärschlüssel (die sogenannte Mastertabelle) höher angeordnet ist als diejenige mit dem zugehörigen Fremdschlüssel (die Detailtabelle).

Da sich in den Detailtabellen immer erheblich mehr Datensätze befinden als in deren Mastertabellen, stehen so die Tabellen mit den meisten Datensätzen ganz unten. Und genau dort muss ich auf Speicherplatz und Geschwindigkeit achten.

Das Bild, welches sich durch diese Anordnung jetzt hier ergibt, ist durchaus typisch für viele Datenbanken. Ich bezeichne das als »Kurbelwelle«, weil immer abwechselnd eine Tabelle oben und unten angeordnet ist. Natürlich gibt es auch andere Anordnungen, aber eine Datenbank ist leichter zu verstehen, wenn Sie ein solches Muster wiedererkennen.

Bei der Einrichtung einer neuen Beziehung gibt es zwei mögliche Probleme, die Ihnen Access melden könnte. Zum einen versuchen Sie vielleicht, zwei Felder miteinander zu verbinden, deren Datentyp (die Details dazu sehen Sie in Kapitel 12) nicht passt. Besonders auffällig falsch wäre es, beispielsweise zwischen einem *Datum*-Feld und einem *Kurzer Text*-Feld eine Beziehung herstellen zu wollen. Access zeigt dann die Fehlermeldung entsprechend der Abbildung 10.14 an.

Abbildg. 10.14 Diese Fehlermeldung erscheint bei nicht zueinander passenden Datentypen

Zum anderen sind die Datentypen vielleicht passend, aber die Inhalte nicht. Dies ist vor allem dann der Fall, wenn in den Tabellen bereits Daten enthalten sind. Finden sich dann im Fremdschlüssel (in Abbildung 10.15 war das beispielsweise *a2bautIDRef*) Werte, die im Primärschlüssel (hier dann *autID*) nicht vorhanden sind, stellt Access die Beziehung nicht her.

Abbildg. 10.15 Diese Fehlermeldung erscheint bei ungültigen Daten

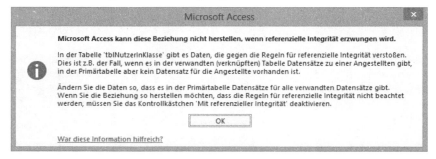

Sie können also mit aktiver Referentieller Integrität weder fehlerhafte Daten speichern noch versehentlich unbrauchbare Daten akzeptieren, die schon vorher enthalten waren.

HINWEIS Mein erster Blick in eine fremde Datenbank gilt immer dem *Beziehungen*-Fenster. Bei den meisten Datenbanken sind dort meist gar keine Beziehungen eingetragen. Und bei den übrigen fehlt oft die referentielle Integrität. Dann kann ich geradezu garantieren, dass dort ungültige Daten enthalten sind und die Datenbank insgesamt ungesehen auf den Müll kann.

Oder wollen Sie sich in unserem Beispiel auf die Anzahl der ausgeliehenen Bücher verlassen, wenn Sie später bemerken, dass dort Buchnummern genannt wurden, die gar nicht existieren? Oder Ausleiher gezählt werden, die in der Nutzertabelle fehlen? Sie werden in Kapitel 23 die entsprechenden (Inner/Outer Join-)Abfragen kennenlernen, mit denen sich solche »Datenleichen« sofort finden lassen.

Weitere Einstellungen für Beziehungen

Im Dialogfeld zum Bearbeiten der Beziehungen (siehe Abbildung 10.11) wurden zwei weitere Kontrollkästchen freigegeben, sobald das Kontrollkästchen *Mit referentieller Integrität* aktiviert war:

- Die *Aktualisierungsweitergabe an verwandte Felder* bedeutet, dass eine Datenänderung im Primärschlüsselfeld automatisch die gleiche Änderung im zugehörigen Fremdschlüsselfeld durchführt.

  Im Beispiel unserer Schülerbücherei kann das nur bei *bchNr* stattfinden, weil alle anderen Primärschlüssel unveränderliche AutoWerte sind. Haben Sie also bereits ein Buch ausgeliehen, dessen *bchNr*-Wert verbessert werden soll, muss diese Option (für beide Beziehungen!) aktiviert sein. Dann dürfen Sie in *tblBuecher* die Nummer ändern und alle *ausbchNrRef*- und *a2bbchNrRef*-Werte dieses Buchs werden korrigiert.

- Die *Löschweitergabe an verwandte Datensätze* funktioniert ähnlich, aber dabei werden nicht Daten von der Mastertabelle zur Detailtabelle weitergereicht, sondern die Angabe, welche Detaildatensätze gelöscht werden müssen.

  Ein bereits ausgeliehenes Buch kann in der Tabelle *tblBuecher* normalerweise nie wieder gelöscht werden, weil dann ja eventuell verwaiste *ausbchNrRef*-Werte übrig blieben. Mit dieser aktivierten Option weist Access Sie beim Löschen des Buchs in *tblBuecher* eher allgemein darauf hin, dass nun auch damit zusammenhängende Datensätze in anderen Tabellen gelöscht werden. Konkret werden alle Datensätze in *tblAusleihen* und *tblAutoren2Buecher* gelöscht, deren Fremdschlüssel diesen Wert besitzt.

Während die Aktualisierungsweitergabe eher unbedenklich ist, empfehle ich, die Löschweitergabe nur während der Entwicklungsphase zu aktivieren und später wieder auszuschalten. Ein normaler Benutzer, der die Datenbank nicht kennt, ahnt gar nicht, welche katastrophalen Folgen ein versehentliches Löschen eines Datensatzes haben kann.

Auf die Schaltfläche *Verknüpfungstyp* werde ich in Kapitel 23 bei der Erläuterung der Verknüpfungseigenschaften in Abfragen noch ausführlich eingehen.

Zusammenfassung

In diesem Kapitel haben wir uns mit den Grundlagen des Datenbankentwurfs beschäftigt. Dies ist ein sehr wichtiges Thema, weil falsch modellierte Daten zu fehlerhaften Auswertungen oder gar Datenverlust führen können:

- Sie haben erfahren, was eine *relationale Datenbank* (Seite 178) eigentlich ist und warum das erste Beispiel mit der Grundschulbücherei nicht deren Regeln entspricht. Diese Regeln werden als Normalformen bezeichnet.

Access allgemein

- Die Trennung der Feldinhalte in möglichst kleine sinnvolle Teile erfüllt die *erste Normalform* (Seite 179), welche damit die »Atomisierung« der Daten fordert

- Voneinander abhängige Daten dürfen nicht im gleichen Datensatz stehen, weil sonst ungültige Kombinationen möglich wären. Die Auslagerung solcher Daten in Nachschlagetabellen mit Fremd- und Primärschlüssel ist die passende Lösung, damit die *zweite Normalform* (»Redundanz vermeiden«, Seite 180) auch erfüllt ist.

- Scheinbar ähnlich klingt die Forderung der *dritten Normalform* (»Historie retten«, Seite 181), dass Felder nicht von einem zusätzlichen Parameter außerhalb des Datensatzes abhängig sein dürfen. Dabei handelt es sich meist um ein Datum, welches nicht genannt wird, sondern stattdessen durch nachträgliche Änderungen am Datensatz abgebildet werden soll. Auch hier benötigen Sie Nachschlagetabellen.

- Die (erweiterte) *Ungarische Notation* (Seite 183) hilft sehr dabei, die vielen Felder in vielen Tabellen übersichtlich und einheitlich zu benennen. Alle Objekte erhalten dabei ein dreibuchstabiges Präfix passend zum Objekttyp, nur die Feldnamen erhalten ein solches passend zu ihrem Tabellennamen.

- Es müssen *m:n-Beziehungen* (Seite 185) immer in zwei 1:n-Beziehungen aufgelöst werden. Ein solches Beispiel ist in der Datenbank sogar schon enthalten.

- Damit Access auch »weiß«, welche Zusammenhänge zwischen den Tabellen bestehen, tragen Sie diese im *Beziehungen-Fenster* (siehe Seite 186) ein

- Dort können Sie auch die *referentielle Integrität* (Seite 188) erzwingen, sodass Access überwacht, dass keine verwaisten Datensätze mit ungültigen Inhalten übrig bleiben

- Zwei weitere Optionen des Dialogfelds zum Bearbeiten der Beziehungen ermöglichen es, das *Löschen oder Ändern* der Masterdatensätze an die abhängigen Detaildatensätze weiterzureichen (Seite 191)

Kapitel 11

Datentypen

In diesem Kapitel:

In den vorigen Kapiteln haben Sie an verschiedenen Stellen schon gelesen, welche speziellen Datentypen für Felder möglich sind, beispielsweise der *AutoWert*. Bevor wir uns also mit der Umsetzung einer Aufgabe in eine konkrete Datenbank beschäftigen, müssen wir uns mit den Tabellenfeld-Datentypen auseinandersetzen, die Access zur Auswahl anbietet.

Datentypen

Für jede Spalte einer Datenbanktabelle muss festgelegt sein, welcher Datentyp darin gespeichert werden kann. Das ist vor allem bei umfangreichen Daten wichtig, weil die Datentypen unterschiedlich viel Platz verbrauchen.

Normalerweise erhält ein neues Feld den Datentyp *Kurzer Text* mit einer Feldgröße von (maximal) 255 Zeichen. Darin könnten Sie zwar alles Mögliche hineinschreiben, aber besonders effektiv ist das nicht. Je exakter Sie den Wertebereich oder den Typ eingrenzen, desto weniger Eingabefehler treten später auf. Die Tabelle 11.1 enthält eine Übersicht über die Datentypen für Felder in Access 2013.

Tabelle 11.1 Felddatentypen und ihre Größen

Felddatentypen	Wertebereich	Speicherbedarf
Ganzzahlige Datentypen		
Ja/Nein (Bit)	0 und −1	1 Byte
Byte	0 bis 255	1 Byte
Integer	−32.768 bis +32.767	2 Bytes
Long (Integer)	−2,1 Milliarden bis +2,1 Milliarden	4 Bytes
Währung	−922 Billionen bis + 922 Billionen	8 Bytes
Nachkomma-Datentypen		
Datum/Uhrzeit	01.01.100 bis 31.12.9999	8 Bytes
Single	Etwa -10^{38} bis $+10^{38}$	4 Bytes
Double	Etwa -10^{308} bis $+10^{308}$	8 Bytes
Dezimal	Etwa -10^{28} bis $+10^{28}$	12 Bytes
Sonstige Datentypen		
Kurzer Text	Maximal 255 Zeichen	2 Bytes je Zeichen
Langer Text	Maximal 65.536 Zeichen (bei manueller Eingabe, 250 Mio. Zeichen bei VBA-Eingabe)	16 Bytes
Rich-Text	Wie Langer Text	Wie Langer Text
Link	Maximal 2.048 Zeichen	2 Bytes je Zeichen
Replikations-ID		16 Bytes
Anlage		Abhängig von Binärdaten
Berechnetes Feld		Abhängig vom Datentyp

Die erste Entscheidung besteht darin, ob Sie eine Zahl oder einen Text speichern wollen. Für Zahlen werden noch ganzzahlige und solche mit Nachkommaanteil unterschieden, wobei Sie sich möglicherweise schon über drei besondere Datentypen gewundert haben mögen: *Ja/Nein*, *Währung* und *Datum/Uhrzeit*. Dazu erfahren Sie in den folgenden detaillierten Erläuterungen gleich mehr.

In Abbildung 11.1 sehen Sie zudem in der Entwurfsansicht einer Tabelle, dass die Liste der möglichen Datentypen in Access scheinbar kürzer ist als die oben gezeigte. Es sind aber einige der Datentypen auf der Registerkarte *Allgemein* als untergeordnete Einstellung *Feldgröße* einsortiert.

Abbildg. 11.1   Die Liste der Felddatentypen im Tabellenentwurf

Die möglichen Zusatzeinstellungen geben Sie nach Auswahl in der Felddatentypliste jeweils unten auf der Registerkarte *Allgemein* an. Die Anzahl der zusätzlichen Einstellungen wechselt je nach Datentyp, wobei die ersten Einstellungen für fast jeden Datentyp gelten.

Allgemeine Einstellungen

Einige der Einstellungen sind für alle Felder identisch und hier daher der Übersichtlichkeit halber zusammengefasst.

Tabelle 11.2   Allgemeine Feldeigenschaften

Eigenschaft	Bedeutung
Beschriftung	Solange diese Eigenschaft leer bleibt, steht der echte Feldname als Titel über den Datenspalten in Tabellen oder Abfragen. Wird die Beschriftung ausgefüllt, erscheint sie als Spaltenüberschrift und wird auch von Formular- und Berichtsassistenten berücksichtigt. Im Gegensatz zu Feldnamen sind alle Zeichen erlaubt.
Standardwert	Jeder neue Datensatz beginnt für das Feld mit dem hier genannten Wert. Er darf (im passenden Datentyp) sowohl konstant als auch per Funktion berechnet sein.
Format	Diese Eigenschaft beschreibt die Darstellung der Daten, sowohl für Zahlen als auch für Texte. Beispiele für Formate finden Sie bei den jeweiligen Datentypen.
Indiziert	Zur Beschleunigung für Suchen und Sortieren können Sie ein Feld mit *Ja (Duplikate möglich)* indizieren lassen. Sollen nur eindeutige Werte darin erlaubt sein, erzwingen Sie dies durch *Ja (Ohne Duplikate)*. Primärschlüsselfelder stehen automatisch auf *Ja (Ohne Duplikate)*.

Tabelle 11.2 Allgemeine Feldeigenschaften *(Fortsetzung)*

Eigenschaft	Bedeutung
Eingabe erforderlich	Diese Einstellung stellt sicher, dass Daten in diesem Feld zwingend eingegeben werden müssen
Gültigkeitsregel	Die Gültigkeitsregel gibt an, welcher Wertebereich innerhalb des Datentyps zugelassen ist
Gültigkeitsmeldung	Dieser Text erscheint als Fehlermeldung, wenn für dieses Feld die Gültigkeitsregel verletzt wurde. Es sind alle Zeichen erlaubt.

Die *Beschriftung* erscheint zunächst durchaus praktisch, um die Anzeige »schön« zu machen, wenn Sie technische Feldnamen einsetzen, wie es die Ungarische Notation verlangt (zur ungarischen Notation siehe Kapitel 10). Allerdings müssen Sie dann immer überlegen, ob der sichtbare Text nun der echte Feldname oder nur die Beschriftung ist, denn gegenüber Access (etwa bei Referenzen in Formularen oder Berichten) müssen Sie immer die eindeutigen Feldnamen angeben.

Der *Standardwert* wird nur beim Anlegen eines neuen Datensatzes berücksichtigt. Das gilt auch dann, wenn eine Formel darin enthalten ist. Anders als in Excel, wo ja jedes Neuberechnen einer Zelle das Formelergebnis immer wieder frisch ermittelt, wird diese Berechnung in Access nur einmalig für einen neuen Datensatz durchgeführt.

Damit Access weiß, ob der angegebene Standardwert ein Text, ein Datum, ein Verweis auf den Inhalt eines anderen Felds oder eine Funktion ist, sind bestimmte Schreibweisen entsprechend der Tabelle 11.3 einzuhalten. Diese gelten nicht nur hier beim Standardwert, sondern überall dort, wo (meistens innerhalb von SQL-Code, siehe Kapitel 20) diese Unterscheidung wichtig ist.

Tabelle 11.3 Datentypabhängige Schreibweisen

Datentyp	Schreibweise
Text	"Lorenz Hölscher"
Datum	#24/12/2013#
Feldinhalt	=[Vorname]
Funktion	=Datum()

ACHTUNG Die grundsätzliche Schreibweise für den Verweis auf einen Feldinhalt steht hier nur der Vollständigkeit halber in der Tabelle. In der *Standardwert*-Eigenschaft eines Tabellenfeldes ist dieser nicht zulässig (und in der weiter unten erläuterten *Gültigkeitsregel* ebenfalls nicht).

Eingabeformate

Vor allem bei Datumswerten ist es sehr beliebt, statt beispielsweise *24.12.2013* nur die Ziffern *24122013* einzugeben. Dies lässt sich über ein Eingabeformat regeln, sodass Access weiß, dass die Ziffern in einer bestimmten Weise interpretiert werden müssen.

Aufgrund der vielfältigen Möglichkeiten empfiehlt es sich, den zugehörigen Eingabeformat-Assistenten zu benutzen:

1. Sie rufen diesen Assistenten auf, indem Sie neben der *Eingabeformat*-Eigenschaft auf die Schaltfläche mit den drei Pünktchen klicken.

2. Darauf wird das Dialogfeld aus Abbildung 11.2 angezeigt, in dem Sie aus einer Liste vordefinierter Eingabeformate auswählen können.

Abbildg. 11.2   Die Auswahl im Eingabeformat-Assistenten für ein vierstelliges Datum

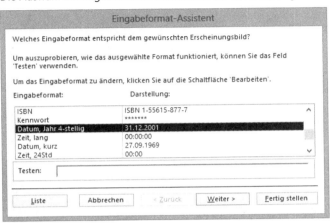

3. Im zweiten Schritt des Assistenten ist die Angabe verschiedener Details zum ausgewählten Eingabeformat möglich (Abbildung 11.3).

Abbildg. 11.3   Geben Sie im zweiten Schritt Details zum Eingabeformat an

4. Danach können Sie die *Fertig stellen*-Schaltfläche benutzen, denn der dritte Schritt bestätigt nur, dass alle Eingaben vollständig sind.

In den meisten Fällen ist das Eingabeformat allerdings eher lästig, denn während die einen Benutzer mit der *24122013*-Eingabe sehr zufrieden sind, ärgern sich die anderen, weil sie ihr Datum lieber als *24/12* eingeben würden und damit eigentlich viel effektiver wären. Allerdings erzwingt das Eingabeformat mit der Fehlermeldung aus Abbildung 11.4, dass überflüssigerweise trotzdem das aktuelle Jahr eingegeben werden muss.

Access allgemein

Diese Fehlermeldung erscheint, wenn das Eingabeformat nicht eingehalten wird

Zahlen-Format

Das *Format* sorgt dafür, dass die Daten in einer bestimmten Art dargestellt werden. Bei Zahlenwerten geht es dabei vor allem um die Anzahl der Nachkommastellen und bei Texten um die Groß- und Kleinschreibung.

> **ACHTUNG** Das *Währung*-Format (nicht der gleichnamige Datentyp) ändert auf einem anderen Rechner für die gleichen Daten nur das Währungssymbol. Der Wert bleibt gleich, sodass damit aus 1,99 € in der Anzeige plötzlich 1,99 $ werden. Daher sollten Sie dieses Format besser völlig vermeiden und stattdessen lieber gleich das *Euro*-Format einsetzen, welches unabhängig von der Systemsteuerung ist.

Vordefinierte Zahlenformate

Zahlen werden mathematisch korrekt gerundet: abgerundet, wenn die folgende Ziffer höchstens 4 ist, und aufgerundet, sobald diese 5 oder höher ist.

Tabelle 11.4 Vordefinierte Zahlenformate

Format	Bedeutung	Wert	Anzeige
Allgemeine Zahl	Die Zahl erscheint wie eingegeben, dies ist der Standardwert	12345,678	12345,678
Währung	Die Zahl wird so dargestellt, wie es in der Systemsteuerung für die Währung festgelegt ist	12345,678	12.345,68 €
Euro	Zeigt die Zahl unabhängig von der Systemsteuerung immer mit Tausenderpunkt und zwei Nachkommastellen sowie dem €-Symbol an	12345,678	12.345,68 €
Festkommazahl	Entspricht den Einstellungen in der Systemsteuerung, allerdings ohne Tausenderpunkt	12345,678	12345,68
Standardzahl	Wie Festkommazahl, allerdings mit Tausenderpunkt	12345,678	12.345,68
Prozentzahl	Multipliziert die Zahl mit 100 und fügt ein Prozentzeichen an	0,123	12,30%
Exponentialzahl	Zeigt die Zahl in der Exponentialschreibweise an	12345,678	1,23E+04

Die Einstellung der *Dezimalstellenanzeige* gibt die Anzahl der Nachkommastellen an und wird nur berücksichtigt, wenn das Zahlenformat nicht *Allgemeine Zahl* oder leer ist. Die Auswahl *Automatisch* bedeutet dort, dass die Angabe aus der Systemsteuerung übernommen wird.

Die Zahlenformate können nicht mehr Daten anzeigen als gespeichert sind. Das betrifft vor allem den beliebten Fehler, ein Zahlenformat mit Nachkomma-Anzeige wie #.##0,00 für einen *Long-* oder *Integer*-Wert einzustellen. Da diese Felddatentypen immer ganzzahlig sind, kann es auch nur Nullen als angezeigte Nachkommastellen geben!

Benutzerdefinierte Zahlenformate

Zusätzlich zu den in Tabelle 11.4 genannten vordefinierten Zahlenformaten können Sie eigene benutzerdefinierte Zahlenformate anlegen. Diese bestehen aus maximal vier Bereichen, die durch ein Semikolon getrennt sind. Die Notierung erfolgt in der Reihenfolge *positiv;negativ;0;Null*, wobei der Bereich für positive Zahlen immer vorhanden sein muss. Die folgenden Bereiche dürfen weggelassen werden, allerdings muss die Reihenfolge erhalten bleiben.

HINWEIS Eine Zahl *0* ist nicht identisch mit einem NULL-Wert in einem Feld, denn dieser bedeutet, dass gar kein Inhalt darin steht, das Feld also leer ist. Achten Sie daher bitte darauf, ob in Beispielen die Ziffer *0* oder der (ausdrücklich großgeschriebene) NULL-Wert verwendet wird. Auch akustisch wird das üblicherweise unterschieden und die englische Aussprache (['nal]) verwendet, um Verwechslungen zu vermeiden.

Um ein Feld wieder auf einen NULL-Wert zu setzen, markieren Sie den vorhandenen Feldinhalt und drücken die ‾Entf‾-Taste.

In Tabelle 11.5 finden Sie eine Übersicht über die benutzerdefinierten Zahlenformate.

Tabelle 11.5   Benutzerdefinierte Zahlenformate

Wert	Zahlenformat	Anzeige
12345,678	#.##0	12.346
12345,678	#.##0,00	12.345,68
−12345,678	#.##0,00;(−#.##0,00)	(−12.345,68)
0	#.##0,00;(−#.##0,00);−	−
NULL	#.##0,00;(−#.##0,00);-;"leer!"	leer!
12345	#.##0" Flaschen"	12.345 Flaschen
12345	#.##0[Grün];(-#.##0[Rot]);[Blau]−	*in grüner Farbe:* 12.345
−12345	#.##0[Grün];(-#.##0[Rot]);[Blau]−	*in roter Farbe:* (−12.345)
12345	;	

Das letzte Beispiel eines Zahlenformats zeigt kein Ergebnis an, weil kein Format für die Zahl angegeben wurde und das Semikolon trotzdem festlegt, dass ein (leeres) Format für positive Zahlen genannt wurde. Es gibt aber einfachere Methoden, um Werte auszublenden, daher wird dies im Normalfall ein Fehler sein.

Text-Datentypen

Es gibt verschiedene Text-Datentypen, nämlich kurze (*Kurzer Text*) und lange (*Langer Text*) Textfelder sowie *Rich Text* und *Nur anfügen* als Sonderfälle des *Langer Text*-Felds. Das *Link*-Feld teilt zudem die eingegebenen Daten intern in mehrere Teile auf und ermöglicht später durch einfachen Klick den Zugriff auf das Internet.

> **HINWEIS** Die Datentypen *Kurzer Text* und *Langer Text* hießen bis zur Access-Version 2010 noch *Text* und *Memo*.

Datentyp *Kurzer Text*

Kurzer Text-Felder können maximal 255 Zeichen enthalten, Sie geben das in der Einstellung *Feldgröße* als Anzahl vor. Wenn Sie diesen Wert kleiner wählen, beispielsweise *20*, kann ein zukünftiger Benutzer nur höchstens 20 Zeichen eingeben und statt einer weiteren Eingabe piept es beim 21. Zeichen. Merken Sie langfristig, dass doch längere Texte nötig sind, können Sie die Feldgröße ohne Bedenken vergrößern. Sie dürften diese auch nachträglich verkleinern, aber dann werden zu lange Texte ohne weitere Rückmeldung gekürzt.

> **TIPP** Bevor Sie ein Textfeld verkürzen, können Sie mit einer Abfrage den längsten darin enthaltenen Text finden. In Kapitel 18 sehen Sie ein Beispiel mit der *Länge()*-Funktion, um die Textlänge zu ermitteln.

Access belegt in der Datenbank für ein Textfeld nur den tatsächlich zum Speichern der Inhalte erforderlichen Platz, es wird nicht mit Leerzeichen aufgefüllt. Die Feldgröße gibt daher den maximalen Platzverbrauch an.

> **PROFITIPP** Sie können die Standardgröße für neue Text-Felder ändern, indem Sie mit *DATEI/ Optionen* in der Kategorie *Objekt-Designer* in der Gruppe *Entwurfsansicht für Tabellen* die *Standardtextfeldgröße* ändern.

Speichern Sie übrigens Ziffern in einem Textfeld, erfolgt die Sortierung nicht wie gewohnt entsprechend der numerischen Größe. Während die Zahl *99* kleiner als die Zahl *100* ist, gilt das für die Texte "99" und "100" nicht. Texte werden immer von links beginnend sortiert, also der jeweils erste »Buchstabe« verglichen. Da bereits das Zeichen "9" in der Sortierreihenfolge nach "1" steht, erübrigt sich ein weiterer Vergleich und der Text "100" wird also vor dem Text "99" einsortiert!

Das ist aber beispielsweise für Postleitzahlen relativ unbedenklich, weil diese in Deutschland gleich lang sind. Damit verhält sich die alphabetische Sortierung von "52066" zu "01067" genauso wie die numerische Sortierung von *52066* zu *1067*. Die führende "0" in der Dresdner Postleitzahl sorgt für die korrekte Reihenfolge.

Textformat

Texte lassen sich ebenfalls in der Anzeige formatieren. Dafür gibt es allerdings keine vordefinierten Textformate, sondern nur die Zeichen für benutzerdefinierte Textformate, wie sie in Tabelle 11.6 enthalten sind.

Tabelle 11.6   Zeichen für benutzerdefinierte Textformate

Format	Bedeutung
@	Ein Textzeichen muss angegeben werden, das kann auch ein Leerzeichen sein
&	Ein Textzeichen kann angegeben werden, muss aber nicht
<	Der Text wird in Kleinbuchstaben angezeigt
>	Der Text wird in Großbuchstaben angezeigt

Für Text-Formate gibt es nur zwei mögliche (und wiederum durch Semikolon unterteilte) Bereiche, nämlich *Text;NULL*. In Tabelle 11.7 finden Sie einige Beispiele für den Einsatz der benutzerdefinierten Textformate.

Tabelle 11.7   Benutzerdefinierte Kurze Textformate

Wert	Textformat	Ergebnis
ABC1234	@@@–@@@@	ABC–1234
D1234	&–&&&&	D–1234
<	Info@Irgendwo.DE	info@irgendwo.de
<"E-Mail: "	Info@Irgendwo.DE	E-Mail: info@irgendwo.de
>	Beispieltext	BEISPIELTEXT
<;"ohne E-Mail"		ohne E-Mail

Datentyp *Langer Text*

Wenn die 255 Zeichen für einen Text zu wenig sind, können Sie den Felddatentyp *Langer Text* einsetzen. Dieser erlaubt die Speicherung von bis zu 63.999 Zeichen in dem Datenfeld. Wegen der sowieso immensen Datenmenge, die hier enthalten sein kann, bietet das *Langer Text*-Feld aber noch zwei zusätzliche Möglichkeiten.

Rich-Text

Kurzer Text- und *Langer Text*-Felder sind typischerweise immer unformatiert, enthalten also nur den reinen Text. Das lässt sich jedoch für ein *Langer Text*-Feld ändern, indem Sie dessen *Textformat*-Eigenschaft von *Nur-Text* auf *Rich-Text* ändern. Obwohl die Bezeichnung ein Datenformat wie in *RTF-(Rich-Text-Format-)*Dateien von Word nahe legt, handelt es sich in Wirklichkeit um HTML-Code.

Access allgemein

Abbildg. 11.5 Rich-Text im *Nur-Text*-Format kann nur komplett formatiert werden

Wie Sie in Abbildung 11.6 sehen, werden in der Datenblattansicht der Tabelle automatisch die Befehle in *START/Textformatierung* aktiviert, sobald Sie in einem so eingestellten Feld schreiben.

Abbildg. 11.6 Rich-Text im *Rich-Text*-Format kann einzeln formatiert werden

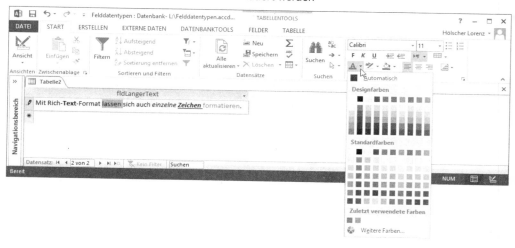

WICHTIG Rufen Sie die Befehle in *START/Textformatierung* hingegen in einem anderen Feld ohne *Rich-Text*-Eigenschaft auf, wird die gesamte Darstellung aller Tabelleninhalte verändert. Das ist dann nicht im Feldinhalt gespeichert, sondern betrifft nur die Optik der Tabelle.

Nur anfügen

Eine weitere Besonderheit des *Langer Text*-Felds ist, dass es Änderungen an seinen Daten automatisch nachverfolgen kann. Sie müssen die etwas am Ende versteckte Eigenschaft *Nur anfügen* auf *Ja* stellen, damit das Protokoll geführt wird.

Alle späteren Änderungen am Textinhalt lassen sich dann in der Datenblattansicht einfach anzeigen, indem Sie per Rechtsklick auf dieses *Langer Text*-Feld den Menüeintrag *Spaltenverlauf anzeigen* wählen.

Abbildg. 11.7 Per Rechtsklick auf das Feld lässt sich der Befehl *Spaltenverlauf anzeigen* aufrufen

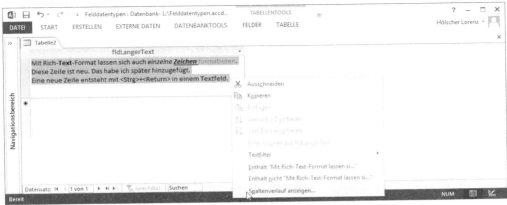

Im Dialogfeld wie in Abbildung 11.8 werden so alle Änderungen sichtbar.

Abbildg. 11.8 Im Dialogfeld *Verlauf für <Feldname>* sind die Änderungen ersichtlich

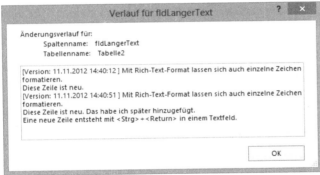

Sobald Sie die *Nur anfügen*-Eigenschaft wieder auf *Nein* stellen, wird auch das bisherige Protokoll der Änderungen wieder gelöscht.

Datentyp *Link*

Der Text-Datentyp *Link* unterscheidet sich insofern von den übrigen, als Sie von hier aus per Klick direkt auf das Internet zugreifen können. Darin lassen sich sowohl URLs (mit dem *http://*-Protokoll) als auch beispielsweise E-Mail-Adressen (mit dem *mailto*-Protokoll) speichern.

Um die Daten eines Link-Felds zu bearbeiten, lässt sich mit einem Klick der rechten Maustaste der Kontextmenübefehl *Link/Hyperlink bearbeiten* aufrufen. Daraufhin erscheint das Dialogfeld *Hyperlink bearbeiten* aus Abbildung 11.9, in dem Sie das Verweisziel gegebenenfalls anpassen (etwa durch Anhängen von Parametern an die URL) oder neu definieren können.

Abbildg. 11.9 Geben Sie hier Informationen zum Link an

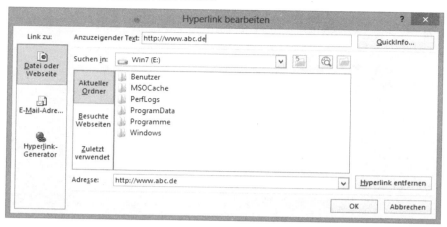

PROFITIPP Die Bearbeitung eines *Link*-Felds immer nur über das zugehörige Dialogfeld kann sehr lästig sein. Wenn Sie stattdessen per ⬆-- oder ⬇-Taste aus einer anderen Zeile heraus das Feld auswählen (weil der Mausklick den Link auslösen würde), können Sie anschließend mit der F2-Taste direkt darin ändern.

Ganzzahlige Datentypen

Mit etwas mathematischer Trickserei lassen sich Zahlen sehr kompakt speichern. Dieser Trick nennt sich »Binärcodierung« und bedeutet, dass nicht die Zahl, sondern nur ihre Zweierpotenzen gespeichert werden. Natürlich haben Sie als Datenbank-Benutzer oder -Entwickler nicht direkt mit dieser Technik zu tun, aber ich finde es schon hilfreich zu wissen, was hinter den Kulissen von Access automatisch passiert um dadurch manches besser zu verstehen.

Anstatt also die Zahl *233* wie ein dreibuchstabiges Wort zu behandeln und in drei Ziffern mit je einem Byte Platzbedarf zu speichern, wird der Wert in seine eindeutigen Zweierpotenzen zerlegt. Die Tabelle 11.8 zeigt, wie die Zahl *233* in eine Summe aus Zweierpotenzen zerlegt werden kann.

Tabelle 11.8 Binärcodierung für den Beispielwert 233

Zweierpotenz	Auswahl	Ergebnis
$2^0 = 1$	Ja	1
$2^1 = 2$	Nein	0
$2^2 = 4$	Nein	0
$2^3 = 8$	Ja	8
$2^4 = 16$	Nein	0
$2^5 = 32$	Ja	32
$2^6 = 64$	Ja	64

Tabelle 11.8 Binärcodierung für den Beispielwert 233 *(Fortsetzung)*

Zweierpotenz	Auswahl	Ergebnis
$2^7 = 128$	Ja	128
	Summe	233

Jede dieser *Ja/Nein*-Auswahlen kann in einem Bit (der kleinsten Speichereinheit eines Computers) gespeichert werden, 8 Bits zusammen werden als ein Byte bezeichnet. Statt drei Bytes für drei Buchstaben/Ziffern braucht es also nur noch ein Byte für eine Zahl.

HINWEIS Wer sich die obige Mathematik einmal ganz genau angesehen hat, wird feststellen, dass darin eine Gesetzmäßigkeit steckt: die Summe aller vorherigen Zweierpotenzen ist immer um 1 kleiner als die nächste. *1+2=3*, die nächste Zweierpotenz ist *4*. Und auch *1+2+4+8=15*, dann folgt *16*. Das klappt immer, deswegen lassen sich alle ganzen Zahlen sowohl lückenlos als auch eindeutig aus Zweierpotenzen summieren.

Da so aber die Größe der speicherbaren Zahl begrenzt ist, gibt es unterschiedliche Datentypen, die jeweils mehr oder weniger Bytes Platz haben.

Datentyp *Ja/Nein*

Ja/Nein ist ein Datentyp für Entscheidungen und umfasst die Werte *0* und *−1*. Wählen Sie in der Felddatentypliste *Ja/Nein* aus. Dieser Datentyp enthält entweder den Wert *Wahr* oder *Falsch*, allerdings als Zahl, sonst wäre das nicht sprachneutral. Für *Falsch* (oder *Nein* oder *Aus*, was ebenso als Schlüsselwort zulässig ist) steht dort eine *0*, für *Wahr* (oder *Ja* oder *Ein*) eine *−1*.

Die erstaunliche Größe (1 Byte = 8 Bit, statt eigentlich nur 1 Bit) dieses Datentyps liegt an der Kompatibilität zu anderen Datenbanken und dem möglichen dritten Zustand. Außer *Ja* und *Nein* kann er nämlich auch NULL enthalten, was etwa einem »Unentschieden« entspricht. Datenfelder mit diesem Datentyp werden automatisch als Kontrollkästchen dargestellt.

Datentyp *Byte*

Byte ist ein Datentyp für kleine positive Ganzzahlen und umfasst den Bereich von *0* bis *255*. Wählen Sie in der Felddatentypliste den Eintrag *Zahl* aus und legen Sie danach unten auf der Registerkarte *Allgemein* die *Feldgröße* auf *Byte* fest.

Datentyp *Integer*

Integer ist ein Datentyp für mittelgroße Ganzzahlen und umfasst den Bereich von *−32768* bis *+32767*. Wählen Sie in der Felddatentypliste den Eintrag *Zahl* aus und legen Sie danach unten auf der Registerkarte *Allgemein* die *Feldgröße* auf *Integer* fest. Er ist ein häufig verwendeter Datentyp.

ACHTUNG Hier sei nochmals der Hinweis erlaubt, dass es bei diesen Datentypen keineswegs um die Anzahl der Ziffern geht. *Integer* ist also für deutsche Postleitzahlen deswegen ungeeignet, weil die meisten größer als *32.767* sind.

Datentyp *Long (Integer)*

Long bezeichnet die übliche Kurzform von *Long Integer*, ist ein Datentyp für große Ganzzahlen und umfasst den Bereich von etwa *+/–2,1 Milliarden*. Wählen Sie in der Felddatentypliste den Eintrag *Zahl* aus und legen Sie danach unten auf der Registerkarte *Allgemein* die *Feldgröße* auf *Long Integer* fest.

AutoWerte in Tabellen haben normalerweise den Datentyp *Long*. Soll ein Feld also eine Referenz (nämlich einen Fremdschlüssel) auf einen Primärschlüssel mit *AutoWert* sein, muss es auf jeden Fall vom Datentyp *Long* sein.

Datentyp *Währung*

Währung ist ein Datentyp speziell für Währungsangaben und umfasst den Bereich von etwa *+/–1 Billiarde*. Wählen Sie in der Felddatentypliste den Eintrag *Währung* aus.

HINWEIS Sie mögen überrascht sein, dass der Datentyp *Währung* bei den Ganzzahlen einsortiert ist, denn er garantiert sogar vier Nachkommastellen. Wegen der Ungenauigkeiten beim Speichern von Dezimalzahlen wird er aber als Ganzzahl gespeichert, indem die vier Dezimalstellen verschoben werden. Die Zahl *3,1415* wird intern ganzzahlig als *31415* gespeichert. Davon merken Sie aber nichts, aus Ihrer Sicht ist es immer die korrekte Zahl mit den Nachkommastellen.

Datentyp *Replikations-ID*

Replikations-ID ist ein Datentyp für extrem große Ganzzahlen und erzeugt ein Datenfeld aus 32 hexadezimalen Zahlen, was einem Wertebereich von etwa $1,2*1024$ entspricht. Wählen Sie in der Felddatentypliste den Eintrag *Zahl* aus und legen Sie dann unten auf der Registerkarte *Allgemein* die *Feldgröße* auf *Replikations-ID* fest.

Dieser Datentyp wird eigentlich nur für *AutoWert*-Felder als Primärschlüssel in Verbindung mit solchen Datenbanken benutzt, die weltweit und unabhängig voneinander eindeutige Schlüssel erzeugen müssen. Abbildung 11.10 zeigt beispielhaft die dabei entstehenden Werte.

Abbildg. 11.10 Beispiele für Replikations-ID-Werte in einem AutoWert

Dezimal-Datentypen

Während die Binärcodierung optimal ist, um auch große Ganzzahlen sehr platzsparend zu speichern, funktioniert sie leider nicht so gut bei Dezimalzahlen. Im Grunde müssen Sie dafür ja nur das Konzept auf Brüche erweitern. Statt $2+4+8=14$ steht dann jedes Bit einfach für einen Zweierpotenzbruch wie $1/2+1/4+1/8=7/8$.

Allerdings gibt es immer irgendeine Zahl, die minimal neben diesem Ergebnis liegt. Um diese darzustellen, können Sie natürlich weitere sehr kleine Zweierpotenz-Brüche wie $1/4096$ oder $1/16384$ addieren. Aber auch dann wird es immer einen Wert daneben geben, der noch viel mehr Summanden benötigt. Anders formuliert: mit einer begrenzten Menge an Bits sind nicht alle Dezimalzahlen im jeweiligen Wertebereich speicherbar.

Daher finden Sie bei den Dezimal-Datentypen die Angabe, wie viele Nachkomma-Stellen garantiert sind. Weitere Stellen dahinter können richtig sein, müssen aber nicht. Das ist jedoch im typischen Alltag einer Datenbank kein wirkliches Problem, dort reichen meistens vier Nachkommastellen aus.

Datentyp *Single*

Single ist ein Datentyp für große Dezimalzahlen und umfasst den Bereich von etwa $+/- 10^{38}$ mit einer Genauigkeit von sieben Nachkommastellen. Wählen Sie in der Liste der Felddatentypen den Eintrag *Zahl* aus und legen Sie danach unten auf der Registerkarte *Allgemein* die *Feldgröße* auf *Single* fest.

Dieser Datentyp ist der kleinste, der überhaupt Nachkommastellen speichern kann. Es ist daher anfangs etwas gewöhnungsbedürftig, dass ein so riesiger Wertebereich nötig sein soll, wenn Sie nur Werte wie *3,1415* speichern wollen. Am häufigsten tritt das auf, um Prozentangaben zu verarbeiten, da ja beispielsweise *33%* in Wirklichkeit die Zahl *0,33* und somit eine Dezimalzahl ist.

TIPP   Damit nicht gigantische Prozentwerte eingegeben werden können, sollten Sie immer den Gültigkeitsbereich einschränken. Geben Sie als *Gültigkeitsregel* beispielsweise Folgendes ein:

```
>=0 Und <1
```

Damit sind nur noch Eingaben wie *50%* (mit Prozentzeichen!) oder *0,5* möglich, die in diesem Wertebereich liegen. Das sollten Sie mit einer solchen *Gültigkeitsmeldung* erläutern:

```
Prozentwerte bitte nur zwischen 0% und 100% angeben!
```

Alle anderen Eingaben werden dann mit der in Abbildung 11.11 sichtbaren Fehlermeldung abgelehnt und lassen es nicht zu, dass der Datensatz gespeichert werden kann.

Abbildg. 11.11   Benutzerdefinierte Fehlermeldung für Werte außerhalb der Gültigkeitsregel

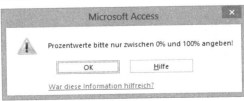

Access allgemein

Wenn Sie das *Format* auf *Prozentzahl* eingestellt haben, ergänzt Access immerhin bei der Eingabe einer Zahl direkt das Prozentzeichen, sodass sich diese frühere Fehlerquelle erheblich reduziert hat.

Datentyp *Double*

Double ist ein Datentyp für sehr große Dezimalzahlen und umfasst den Bereich von etwa $+/-10^{308}$ mit einer Genauigkeit von 15 Nachkommastellen. Wählen Sie in der Felddatentypliste den Eintrag *Zahl* aus und legen Sie danach unten auf der Registerkarte *Allgemein* die *Feldgröße* auf *Double* fest.

Datentyp *Dezimal*

Dezimal ist ein variabler Datentyp für große Dezimalzahlen und umfasst den Bereich von etwa $+/-10^{28}$ mit einer Genauigkeit von 28 Nachkommastellen. Wählen Sie in der Felddatentypliste den Eintrag *Zahl* aus und legen Sie danach unten auf der Registerkarte *Allgemein* die *Feldgröße* auf *Dezimal* fest.

Dieser Datentyp wird vor allem für den Datenzugriff auf Datenbanken wie Microsoft SQL Server oder Oracle benötigt, die erheblich flexiblere Definitionen von Dezimal-Datentypen kennen. Im normalen Datenbankalltag können Sie auf ihn verzichten.

Datentyp *Datum/Uhrzeit*

Datum/Uhrzeit ist ein Datentyp für Datum- und Uhrzeitangaben und umfasst den Bereich vom Jahr *100* bis zum Jahr *9999*. Wählen Sie in der Felddatentypliste den Eintrag *Datum/Uhrzeit* aus.

Auch diesen Datentyp listet Access nicht als Unterdatentyp für Zahlen auf, tatsächlich ist es aber nur eine Dezimalzahl. Sie wird als »serielles Datum« bezeichnet und enthält vor dem Komma die Anzahl der Tage seit Neujahr 1900 und nach dem Komma den Anteil an den laufenden 24 Stunden.

Das Datum *24.12.2013* entspricht dem Wert *41632* und *17:30 Uhr* dem Wert *0,7292* beziehungsweise *72,92%* von 24 Stunden. Da beides in einem Feld gespeichert wird, wäre *17:30 Uhr* am *24.12.2013* der Wert *41632,7292*. Die Eingabe von Datum und Uhrzeit wird durch ein Leerzeichen getrennt und lautet *24.12.2013 17:30*.

Abbildg. 11.12 Anzeige der Datumsauswahl

Für Datumsfelder wird normalerweise eine Datumsauswahl (ein sogenannter »Datums-Picker«) wie in Abbildung 11.12 sichtbar, sobald ein Benutzer in der Datenblattansicht in das jeweilige Feld klickt.

Sie können das im Entwurf mit der Eigenschaft *Datumsauswahl anzeigen* deaktivieren, wenn es Sie stört.

Datum/Uhrzeit-Format

Auch das Datum beziehungsweise die Uhrzeit lassen sich in erheblichem Umfang für die Anzeige formatieren, wahlweise mit vordefinierten Datum/Uhrzeit-Formaten oder mit eigenen.

Tabelle 11.9   Vordefinierte Datum/Uhrzeit-Formate

Format	Bedeutung	Wert	Anzeige
Standarddatum	Enthält der Wert nur ein Datum, so wird keine Uhrzeit angezeigt. Enthält der Wert nur eine Uhrzeit, so wird kein Datum angezeigt.	24.12.2013	24.12.2013
Datum, lang	Entspricht dem langen Datumsformat in den Ländereinstellungen der Systemsteuerung von Windows	24.12.2013	Dienstag, 24. Dezember 2013
Datum, mittel	Zeigt das Datum ohne Werktag mit abgekürztem Monatsnamen und Jahr an	24.12.2013	24. Dez. 13
Datum, kurz	Zeigt das Datum mit jeweils zweistelligem Tag, Monat und Jahr an	24.12.2013	24.12.13
Zeit, lang	Entspricht der Einstellung Zeitformat in den Ländereinstellungen der Systemsteuerung von Windows	17:30	17:30:00
Zeit, 12Std	Zeigt die Uhrzeit im 12-Stunden-Rhythmus an	17:30	05:30
Zeit, 24Std	Zeigt die Uhrzeit im 24-Stunden-Rhythmus an	17:30	17:30

Benutzerdefinierte Datum/Uhrzeit-Formate

Zusätzlich zu den in Tabelle 11.9 genannten vordefinierten Datum/Uhrzeit-Formaten können Sie eigene benutzerdefinierte Formate anlegen.

Tabelle 11.10   Zeichen für benutzerdefinierte Datum/Uhrzeit-Formate

Format	Bedeutung
c	Entspricht dem vordefinierten Format *Standarddatum*
d	Monatstag mit einer oder zwei Ziffern (1 bis 31)
tt	Monatstag mit zwei Ziffern (01 bis 31)
ttt	Die ersten drei Buchstaben des Wochentags (Son bis Sam)
tttt	Vollständiger Name des Wochentags (Sonntag bis Samstag)
ttttt	Entspricht dem vordefinierten Format *Datum, kurz*
tttttt	Entspricht dem vordefinierten Format *Datum, lang*

Access allgemein

Tabelle 11.10   Zeichen für benutzerdefinierte Datum/Uhrzeit-Formate *(Fortsetzung)*

Format	Bedeutung
w	Wochentag (1 bis 7)
ww	Kalenderwoche (1 bis 53)
m	Monat des Jahres mit einer oder zwei Ziffern (1 bis 12)
mm	Monat des Jahres mit zwei Ziffern (01 bis 12)
mmm	Die ersten drei Buchstaben des Monats (Jan bis Dez)
mmmm	Vollständiger Name des Monats (Januar bis Dezember)
q	Datum als Quartal angezeigt (1 bis 4)
y	Kalendertag (1 bis 366)
jj	Die letzten zwei Ziffern der Jahreszahl (01 bis 99)
jjjj	Vollständige Jahreszahl (0100 bis 9999)
h	Stunde mit einer oder zwei Ziffern (0 bis 23)
hh	Stunde mit zwei Ziffern (00 bis 23)
n	Minute mit einer oder zwei Ziffern (0 bis 59)
nn	Minute mit zwei Ziffern (00 bis 59)
s	Sekunde mit einer oder zwei Ziffern (0 bis 59)
ss	Sekunde mit zwei Ziffern (00 bis 59)
zzzzz	Entspricht dem vordefinierten Format *Zeit, lang*
AM/PM	Zwölf-Stunden-Format mit den Großbuchstaben AM oder PM
am/pm	Zwölf-Stunden-Format mit den Kleinbuchstaben am oder pm
A/P	Zwölf-Stunden-Format mit den Großbuchstaben A oder P
a/p	Zwölf-Stunden-Format mit den Kleinbuchstaben a oder p
AMPM	Zwölf-Stunden-Format mit der Kennzeichnung für Vormittag/Nachmittag, wie in den *Eigenschaften von Ländereinstellungen* in der Systemsteuerung von Windows angegeben

ACHTUNG   Die in der Hilfe genannte Angabe *SMS* für eine Sekunde mit zwei Ziffern ist falsch, es muss *ss* lauten. Die Angabe des Monats mit kleinem *m* hingegen ist korrekt, auch wenn es bei Excel anders üblich ist (nämlich ein großes *M*). Deswegen sind die Access-Minuten zur Unterscheidung mit *n* (und nicht wie bei Excel mit kleinem *m*) abgekürzt. Das ist schon seit vielen Versionen von Access so und nach wie vor nicht wirklich zu erklären.

In Tabelle 11.11 finden Sie ein paar Beispiele für benutzerdefinierte Datum/Uhrzeit-Formate, wie sie in der Praxis eingesetzt werden.

Tabelle 11.11   Benutzerdefinierte Datum/Uhrzeit-Formate

Wert	Zahlenformat	Anzeige
24.12.2013	tttt", den "tt.mm.jjjj	Dienstag, den 24.12.2013
24.12.2013	"Monat: "mmmm	Monat: Dezember
24.12.2013	mm-tt-jjjj	12-24-2013
17:30	h" Std. "n" Min. "s" Sek."	17 Std. 30 Min. 0 Sek.

Sonstige Datentypen

Es gibt in der Felddatentypliste noch einige weitere Eintragungen, die nicht zu den bisherigen Text- oder Zahlen-Datentypen gehören. Bei einigen handelt es sich sogar nicht einmal um echte Datentypen, wie Sie gleich sehen werden.

Datentyp *AutoWert*

Schon der nächste »Datentyp« aus der Felddatentypliste ist gar keiner, sondern eigentlich eine Methode, um selbstständig Werte weiterzuzählen. Der tatsächliche Datentyp dazu ist normalerweise *Long*, es sei denn, Sie würden bei *Feldgröße* die *Replikations-ID* auswählen.

Durch die Auswahl von *AutoWert* wird bei jedem neuen Datensatz eine eindeutige Nummer erzeugt, damit dieser immer zu identifizieren ist. Eine eigene Eingabe von Werten ist dann nicht möglich und auch nicht sinnvoll.

HINWEIS   *AutoWert*-Felder sind nicht zwingend, aber fast selbstverständlich geeignet, um als Primärschlüssel für eine Tabelle zu gelten. Ein Primärschlüssel muss immer einen Wert enthalten und eindeutig sein, was *AutoWert*-Felder in idealer Weise erfüllen.

Solange die *Neue Werte*-Eigenschaft auf *Inkrement* steht, erhält ein neuer Datensatz die auf den bisherigen Maximalwert folgende Nummer. Gelöschte Nummern werden nie wieder vergeben, sodass in einem solchen Feld auch lückenhaft nummeriert sein kann, was aber nur ein optisches Problem darstellt.

PROFITIPP   Da nach der Testphase in *AutoWert*-Feldern der Maximalwert sehr hoch steht, fängt die Datenbank nach der Auslieferung dort nicht mit der Nummer *1* an. Das irritiert manche Benutzer. Wenn Sie das beheben wollen, müssen Sie die Datenbank komprimieren, dabei werden auch diese Maximalwerte wieder zurückgesetzt auf den höchsten in der Tabelle noch vorhandenen Wert. Das Komprimieren finden Sie in der Backstage-Ansicht mit *DATEI/Informationen/ Datenbank komprimieren und reparieren*.

Die neue Nummer für ein AutoWert-Feld wird bereits beim Versuch erzeugt, einen neuen Datensatz anzulegen. Selbst wenn Sie diesen nicht mit Speichern verlassen, sondern vorher mit der [Esc]-Taste abbrechen, ist die Nummer verfallen.

> **PROFITIPP**   Wenn Sie die Tabellen später mal mit einer anderen Datenbank verknüpfen, wie beispielsweise dem Microsoft SQL Server, müssen Sie damit rechnen, dass dort ein ganz anderes Verhalten üblich ist: dort wird die AutoWert-Nummer nämlich erst beim Speichern erzeugt! Das ist vor allem wichtig, wenn Sie per VBA frühzeitig auf diesen Wert zugreifen wollen.

Datentyp *OLE-Objekt*

Der Datentyp *OLE-Objekt* ist gedacht für all das, was nicht in die herkömmlichen Datenstrukturen passt. Aus Sicht der Datenbank ist das eine Art »Black Box«, in die der Benutzer Daten speichert, von denen Access nichts versteht.

Ursprünglich waren das vor allem binäre Dateien wie Bilder, Word-Dokumente, PowerPoint-Folien oder Ähnliches. Für solche Dateien ist inzwischen der *Anlage*-Datentyp besser geeignet.

> **HINWEIS**   OLE ist eine Abkürzung und steht für *Object Linking and Embedding*, also das Verknüpfen und Einbetten von Objekten.

Da diese Daten unstrukturiert sind und enorm Platz verbrauchen, ist dieser Datentyp nicht mehr zu empfehlen und nur noch aus historischen Gründen enthalten. Falls Sie tatsächlich pro Datensatz ein Bild oder eine sonstige Datei zuordnen müssen, sollten Sie das besser extern speichern, da die Datenbank sonst locker die 100 Megabyte-Grenze überspringt und entsprechend langsam im Zugriff wird, obwohl nur wenige Datensätze enthalten sind.

In Abbildung 11.13 sehen Sie zudem, dass das eigentliche Objekt in einer Tabelle gar nicht angezeigt werden kann.

Abbildg. 11.13 Verschiedene Inhalte in einem *OLE-Objekt*-Feld

Das ist zwar in Formularen besser, weil dort von vielen Objekten eine Vorschau sichtbar ist, aber wirklich (per Doppelklick) öffnen und bearbeiten können Sie die enthaltenen Daten selbst dann nur, wenn auch das zugehörige Programm auf dem gleichen Rechner installiert ist.

Datentyp *Anlage*

Felder mit dem Datentyp *Anlage* enthalten ebenfalls Dateien, aber nicht unstrukturiert wie im *OLE-Objekt*-Datentyp, sondern ein bisschen wie in einem Mini-Explorer. Wie Sie in Abbildung 11.14 sehen, zeigen diese Felder statt ihres Feldnamens eine Büroklammer als Titel an, um auf die besondere Bedienung hinzuweisen.

Abbildg. 11.14 So fügen Sie eine neue Anlage in das entsprechende Feld ein

> **TIPP** Wenn Sie möchten, dass auch ein *Anlage*-Feld einen eigenen Titel anzeigt, müssen Sie lediglich dessen *Beschriftung*-Eigenschaft entsprechend ändern.

Per Rechtsklick auf das Feld sehen Sie das Kontextmenü, mit dessen Eintrag *Anlagen verwalten* Sie das in Abbildung 11.15 sichtbare Dialogfeld anzeigen.

Abbildg. 11.15 Mit diesem Dialogfeld verwalten Sie die Anlagen im Feld

Darin ist auch die Möglichkeit vorgesehen, die im *Anlagen*-Feld enthaltenen Dateien zu speichern, weil diese ja zwischenzeitlich auf der Festplatte gelöscht sein könnten. Die Dateien werden beim Import kopiert, haben also keine dynamische Verknüpfung mehr zu ihrem Ursprung auf der Festplatte.

Abbildg. 11.16 Von den gespeicherten Dateien ist nur deren Anzahl zu sehen

Datentyp *Berechnet*

Der *Berechnet*-Datentyp ist bereits in Tabellen in der Lage, aus einer Formel einen Wert dynamisch zu berechnen.

ACHTUNG Berechnete Felder sind eigentlich völliger Unfug in einer relationalen Datenbank, denn sie widersprechen der zweiten Normalform (Redundanz vermeiden). Die Aufgabe, neue Werte aus vorhandenen Daten zu berechnen, gehört unzweifelhaft in eine Abfrage. Der Grund für die Bereitstellung eines solchen Datentyps ist die Kompatibilität zu Microsoft SharePoint, welches sehr eng mit Access verzahnt wird. Daher muss Access dessen Datentypen nachbilden können, zu denen eben auch ein berechnetes Feld gehört.

Ein typischer Fall für ein berechnetes Feld ist die Zusammenführung von getrennt gespeicherten Vor- und Nachnamen in einem einzigen Feld. Sobald Sie den Datentyp *Berechnet* wählen, öffnet sich direkt der Ausdrucks-Generator wie in Abbildung 11.17.

Abbildg. 11.17 Der Ausdrucks-Generator ermöglicht die einfache Eingabe einer Formel

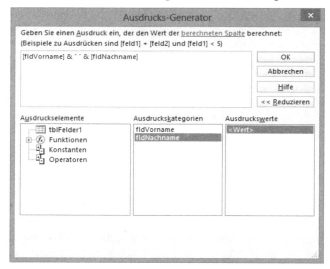

Sie können darin in der Liste *Ausdruckselemente* die aktuelle Tabelle auswählen und sehen dann in *Ausdruckskategorien* die bereits gespeicherten Feldnamen. Diese lassen sich per Doppelklick nach oben zur Formel hinzufügen.

ACHTUNG Um ein berechnetes Feld im Entwurf speichern zu können, muss es eine Formel enthalten. Bezieht sich diese Formel jedoch auf andere Felder dieser Tabelle, werden diese im Ausdrucks-Generator noch nicht angeboten. Daher sollten Sie einen Tabellenentwurf bereits teilweise gespeichert haben, bevor Sie darin ein berechnetes Feld neu anlegen.

Trotz der vorhandenen *OK*-Schaltfläche erzeugt die ⏎-Taste nur eine neue Zeile. Sie müssen das Dialogfeld mit der Maus per Klick auf *OK* schließen. Danach finden Sie die Formel in der *Ausdruck-*

Eigenschaft und können sie wahlweise dort oder über den Ausdrucks-Generator mit `Strg`+`F2` ändern.

Abbildg. 11.18   Der entstehende Datentyp kann für ein berechnetes Feld nachträglich angegeben werden

Die möglichen Formeln für ein berechnetes Feld entsprechen denen in Abfragen und werden daher in Kapitel 18 detailliert behandelt.

Abbildg. 11.19   Berechnete Felder zeigen dynamisch ihre Werte an

Datentyp *Nachschlage-Assistent*

Auch der »Datentyp« *Nachschlage-Assistent* ist gar keiner, sondern ruft ein Dialogfeld auf, das Ihnen die Auswahl sinnvoller Werte für Nachschlagetabellen erleichtert. Sie haben diesen im Zusammenhang mit der Erstellung einer Access Web App in Kapitel 4 bereits kennengelernt.

Mehrwertige Felder

Seit der Version 2007 gibt es eine Besonderheit unter den Felddatentypen, nämlich mehrwertige Felder. Diese Einstellung erlaubt es, in einem Feld mehrere Inhalte zu speichern und in einer speziellen Auswahl gezielt auszuwählen.

> **HINWEIS** Selbstverständlich wäre die Speicherung mehrerer Inhalte in einem einzigen Feld ein klarer Verstoß gegen die erste Normalform (Atomisierung). In Wirklichkeit verwaltet Access die Daten in versteckten m:n-Beziehungen, sodass es datenbanktechnisch korrekt ist.

1. Um ein mehrwertiges Feld einzurichten, wählen Sie in der Felddatentypliste den Datentyp *Kurzer Text* oder *Zahl* aus.

2. Dann wechseln Sie unten auf die Registerkarte *Nachschlagen* und stellen die *Steuerelement anzeigen*-Eigenschaft auf *Kombinationsfeld*.

3. Da derzeit keine Nachschlagetabelle zur Verfügung steht, werden die angezeigten Daten einer Wertliste entnommen. Stellen Sie den *Herkunftstyp* auf *Wertliste* und tragen bei *Datensatzherkunft* den Text *rot;gelb;grün;blau* ein.

4. Damit es ein mehrwertiges Feld wird, wählen Sie für die *Mehrere Werte zulassen*-Eigenschaft den Eintrag *Ja*. Sie erhalten daraufhin direkt die Warnung wie in Abbildung 11.20.

Abbildg. 11.20 Die Warnung weist darauf hin, dass diese Einstellung nicht rückgängig gemacht werden kann

5. Die Eigenschaften für dieses Feld sollten jetzt so eingerichtet sein wie in Abbildung 11.21.

Abbildg. 11.21 Die Eigenschaften auf der Registerkarte *Nachschlagen* für ein mehrwertiges Feld

6. Nachdem Sie den Tabellenentwurf gespeichert haben, können Sie in der Datenblattansicht diese Liste über den Dropdown-Pfeil neben dem Tabellenfeld ausklappen.

Abbildg. 11.22   So präsentiert sich das mehrwertige Feld

7. Solange die *Wertlistenbearbeitung zulassen*-Eigenschaft auf *Ja* steht, erscheint das kleine Symbol (siehe unterhalb der *OK*-Schaltfläche in Abbildung 11.22). Ein Klick darauf öffnet das integrierte Dialogfeld aus Abbildung 11.23, mit dem die Liste nachträglich auch von Benutzern verändert werden kann.

Abbildg. 11.23   Dieses integrierte Dialogfeld erlaubt die einfache Bearbeitung der Liste

Wenn Sie nicht dieses einfache Bearbeitungsdialogfeld, sondern ein eigenes Formular nutzen wollen, können Sie dieses in der *Bearbeitungsformular für Listenelemente*-Eigenschaft auswählen.

Zusammenfassung

In diesem Kapitel haben Sie die verschiedenen Felddatentypen kennengelernt, die später bei der Planung und Erstellung einer Datenbank wichtig sind.

- Die unterschiedlichen *Datentypen* (Seite 194) verbrauchen mehr oder weniger Platz. Daher schränkt ein bestimmter Datentyp nicht nur den zulässigen Wertebereich ein, sondern beeinflusst auch die Größe der gesamten Datenbank sehr deutlich.

- Es wurden Ihnen einige *allgemeine Einstellungen* (Seite 195) vorgestellt, die für alle Felder identisch sind

  - Die gezeigten *Zahlenformate* (Seite 198) ermöglichen die einheitliche Darstellung der in den Feldern enthaltenen Daten. Sie können dafür eigene, benutzerdefinierte Formate erstellen.

- *Eingabeformate* (Seite 196) können die Eingabe vereinfachen, weil beispielsweise die Trennzeichen für ein Datum entfallen können

- Die einfachsten Felddatentypen sind die *Text-Felder*, weil dort jeder beliebige Inhalt als Mischung aus Buchstaben und Ziffern möglich ist

  - Der einfache *Kurzer Text*-Datentyp erlaubt bis zu 255 Zeichen ohne weitere Einschränkungen (Seite 200)

  - Der *Langer Text*-Datentyp (Seite 200) kann mit bis zu 63.999 Zeichen nicht nur erheblich mehr Inhalt speichern, sondern kann in zwei Unterdatentypen formatierten Text als *Rich-Text* enthalten beziehungsweise dank der *Nur anfügen*-Eigenschaft auch Änderungen protokollieren

  - Der *Link*-Datentyp (Seite 203) ermöglicht den direkten Zugriff auf Internet- oder E-Mail-Adressen

- Die *ganzzahligen Datentypen* dienen der Speicherung von Zahlen ohne Nachkommastellen (Seite 204)

  - Der kleinste dieser Datentypen ist *Ja/Nein* (Seite 205), welcher nur die Entscheidungen *Ja* und *Nein* beziehungsweise deren Zahlenwerte *–1* und *0* speichert

  - Kleine ganzzahlige Werte werden in *Integer* (Seite 205) gespeichert, dessen Wertebereich etwa *+/–32.000* abdeckt

  - Größere ganzzahlige Werte benötigen den *Long*-Datentyp mit einem Wertebereich von *+/– 2,1 Milliarden* (Seite 206). Dieser Datentyp wird oft für Fremdschlüssel eingesetzt, deren zugehöriger Primärschlüssel ein *AutoWert* ist.

  - Der Datentyp *Währung* (Seite 206) hat einen Wertebereich von etwa *+/–1 Billiarde* und speichert trotz der Auflistung innerhalb der ganzzahligen Zahl-Datentypen vier Nachkommastellen

  - Ein selten benutzter Datentyp ist die *Replikations-ID* (Seite 206), die eigentlich nur für spezielle Anwendungen im Zusammenhang mit *AutoWert*-Feldern eingesetzt wird

- Für Dezimalzahlen habe ich Ihnen die verschiedenen *Dezimal-Datentypen* (Seite 207) vorgestellt. Diese sind systembedingt manchmal in den Nachkommastellen ungenau und geben daher an, wie viele davon garantiert richtig sind:

  - Der *Single*-Datentyp (Seite 207) hat einen Wertebereich von etwa *+/– 10^{38}* und eine Genauigkeit von 7 Nachkommastellen

  - Für noch größere Dezimalzahlen benötigen Sie den *Double*-Datentyp (Seite 208) mit einem Wertebereich von etwa *+/– 10^{308}* mit einer Genauigkeit von 15 Nachkommastellen.

  - Der *Dezimal*-Datentyp (Seite 208) ist ein Datentyp für große Dezimalzahlen und umfasst den Bereich von etwa *+/– 10^{28}* mit einer Genauigkeit von 28 Nachkommastellen. Er ist nur aus Gründen der Kompatibilität zu anderen Datenbanken vorhanden.

  - Auch *Datum/Uhrzeit* (Seite 208) ist ein ganzzahliger Datentyp. Er umfasst den Bereich vom Jahr *100* bis zum Jahr *9999*, wobei er vor dem Komma die Anzahl der Tage seit Neujahr 1900 und nach dem Komma den Anteil an den laufenden 24 Stunden enthält.

  - Dazu passend habe ich Ihnen die vordefinierten und die *benutzerdefinierten Datum/Zeit-Formate* (Seite 209) vorgestellt

- *Weitere Datentypen* (Seite 211) sind ebenfalls für die Erstellung von Tabellen wichtig:

  - Der *AutoWert* (Seite 211) ist eigentlich gar kein Datentyp, sondern meist ein *Long*-Wert, der vor allem für jeden neuen Datensatz automatisch hochgezählt wird. Daher eignet er sich ideal als Primärschlüssel.

  - Der *OLE-Objekt*-Datentyp (Seite 212) ermöglicht es, beliebige Daten wie Dateien oder Bilder in Access zu speichern. Inzwischen ist der *Anlage*-Datentyp geeigneter.

  - Der *Anlage*-Datentyp (Seite 212) ermöglicht es, übersichtlich Dateien in einem Datensatz zu speichern

  - Ein ungewöhnlicher Datentyp *Berechnet* (Seite 214) ist nur aus Kompatibilitätsgründen zu SharePoint vorhanden

  - Der *Nachschlage-Assistent* (Seite 215) ist ebenfalls kein echter Datentyp und wurde bereits in Kapitel 2 vorgestellt

- Eine Besonderheit der meisten Text- und Zahl-Datentypen ist die Möglichkeit, dort *mehrwertige Felder* (Seite 215) einzurichten. So lassen sich mehrere Inhalte strukturiert in einem Feld speichern.

Access allgemein

Kapitel 12

Datenbank entwerfen

In diesem Kapitel:

Die Versuchung mag groß sein, direkt am Computer schon mal ein paar Tabellen einzutippen und ein paar Formulare zu gestalten. Das erhöht den Arbeitsaufwand aber beträchtlich, denn jede Änderung zieht immer gleich mehrere Anpassungen an anderen Stellen nach sich. Machen Sie es lieber ein Mal ordentlich als drei Mal gepfuscht.

Entwurf einer Datenbank

Nachdem Sie bei der Grundschulbücherei gesehen haben, wie viele Fehler sich in eine Datenbank einschleichen können, sollten wir die nächste Datenbank etwas sorgfältiger planen. Die notwendigen Schritte heißen im Englischen sehr plakativ *Storming, Norming, Performing*:

- **Storming** Meint das freie Sammeln der Bestandteile der Datenbank, sowohl als zu speichernde Inhalte als auch für die Benutzerführung, die Gestaltung der Berichte oder Ähnliches. Sie kennen diese Technik sicherlich als Brainstorming.

- **Norming** Bezeichnet die Gliederung und Zusammenfassung der gesammelten Ideen. Felder werden zu Tabellen gruppiert, Auswertungen sinnvoll zusammengefasst und Formulare bzw. Berichte einheitlich gestaltet.

- **Performing** Findet erst statt, wenn die Datenbank funktioniert. Dann können Sie versuchen, sie noch schneller und besser zu machen, sodass auch sehr große Datenmengen kein Problem mehr darstellen.

Diese drei Schritte sind für alle Datenbanken gleich und sollten unbedingt vorher auf Papier erledigt werden. Dort können Sie nach Herzenslust kritzeln, durchstreichen, skizzieren, umkringeln und wegwerfen. Am Rechner hingegen legen Sie sich nicht nur allzu früh auf unnötige Exaktheit fest, sondern scheuen wegen des Aufwands auch spätere Korrekturen.

Storming

Beginnen wir also mit einer Ideensammlung, was die Beispieldatenbank für das Hotel-Bestellsystem leisten soll:

- Alle eingetragenen Personen können über die Datenbank Geräte und Verbrauchsmaterial bestellen, jede Bestellung ist dabei immer an konkrete Personen gebunden

- Alle bestellten Artikel werden monatlich gegenüber dem Hotel des Mitarbeiters abgerechnet

- Es gibt eine Liste aller Nutzer mit Angabe des Hotels, für das sie tätig sind. Dieser Teil der Datenbank dient gleichzeitig als Telefonliste, ist also für alle öffentlich. Zu jeder Person wird außerdem gespeichert, was und für welche Summe sie monatlich bestellen darf, was jedoch nicht für jeden einsehbar ist.

- Analysen der meistbestellten, der umsatzstärksten und aller nicht verkauften Artikel helfen, das Warenangebot zu optimieren

Dies mag als eine erste Auflistung der Funktionen dieser Datenbank reichen, auch wenn so etwas in Wirklichkeit natürlich viel umfangreicher ist.

Darauf aufbauend sammeln wir schon mal in loser Reihenfolge alle Informationen, die dafür gespeichert werden müssen:

- Name des Mitarbeiters
- Zugehörigkeit zum Hotel

- Maximaler Bestellwert je Monat für den Mitarbeiter
- Telefonnummer des Mitarbeiters, Durchwahl
- Name des Hotels
- Anschrift des Hotels
- Artikel-Nummer
- Hotel-Logo
- Telefonnummer des Hotels, zentrale Rufnummer
- Bestelldatum
- Bestellmenge
- Artikelpreis
- Wann die Bestellung geliefert wurde
- Artikelkategorie
- Foto des Artikels
- Fotos des Mitarbeiters (optional)
- Mitarbeiter, der den Artikel bestellt
- Angabe, ob der Mitarbeiter Möbel bestellen darf
- Angabe, ob der Mitarbeiter Küchengeräte bestellen darf

Auch diese Liste wird im wirklichen Leben bedeutend länger sein, hier soll es aber vor allem übersichtlich bleiben.

So bereiten Sie die Datenbank vor

Auch wenn das eigentliche *Norming*, also die Aufteilung der Ideen in konkrete Datenbankobjekte, noch nicht stattgefunden hat, können Sie die zugehörige Datenbank jetzt ruhig schon einmal vorbereiten:

1. Starten Sie Access, klicken Sie auf *Leere Desktopdatenbank* und geben Sie den Namen *K_und_L* für unsere *Kosten&Logistik*-Datenbank ein (Abbildung 12.1). Die Dateiendung wird automatisch ergänzt.

Abbildg. 12.1   Geben Sie im Startbildschirm den neuen Dateinamen an

Access allgemein

2. Nachdem Sie auf *Erstellen* geklickt haben, wird die neue Datenbank direkt mit einer leeren Tabelle in der Datenblattansicht wie in Abbildung 12.2 angezeigt.

Abbildg. 12.2 Löschen Sie diese erste Tabelle

3. Diese Tabelle können Sie durch Klick auf deren *X* am rechten Bildschirmrand schließen, denn sie wird nicht benötigt.

4. Außerdem sollten Sie sicherstellen, dass der Navigationsbereich alle demnächst erstellten Objekte brauchbar anzeigt. In dessen Dropdown-Menü sollte *Objekttyp* und *Alle Access-Objekte* ausgewählt sein.

Die bisher leere Datenbank ist damit vorbereitet für die jetzt noch zu erstellenden Tabellen.

Norming

Damit kommen wir zum *Norming*, der Strukturierung dieser Ideen. Sie müssen jetzt jede Ihrer vorhin erstellten Notizen daraufhin untersuchen, ob sie eine Eigenschaft eines Objekts darstellen und wenn ja, von welchem Objekt.

Manche sind sehr einfach zu erkennen, etwa die *Artikel-Nummer* als *Nummer*-Eigenschaft des *Artikel*-Objekts. Andere sind nicht so offensichtlich, denn beispielsweise die *Zugehörigkeit zum Hotel* ist gerade keine Eigenschaft eines *Hotel*-Objekts, sondern eines *Mitarbeiter*-Objekts.

Aus den Eigenschaften eines Objekts werden in einer Datenbank anschließend die Felder einer Tabelle. Die Tabelle bildet das Objekt ab und die Felder deren Eigenschaften. Dabei müssen Sie immer auch darauf achten, ob Sie wirklich genau *eine* Eigenschaft notiert haben, sonst würden Sie die erste Normalform (»Atomisierung«) verletzen.

Am einfachsten ist es, wenn Sie sich ein zweites Blatt Papier nehmen und alle Informationen gruppenweise notieren, das heißt, Felder einer Tabelle benennen.

So entwerfen Sie die Hotel-Tabelle

Am sichersten als gemeinsam zu erkennen sind alle Begriffe, in denen das gleiche Wort vorkommt, beispielsweise *Hotel*:

Hotel-Tabelle
Eindeutige ID

Hotel-Tabelle
Name des Hotels
Anschrift des Hotels (Straße, PLZ, Ort)
Hotel-Logo
Telefonnummer des Hotels

Die bisher nur insgesamt als *Anschrift des Hotels* bezeichnete Information sollte allerdings atomisiert (erste Normalform!) werden, damit danach sortiert und gefiltert werden kann. Daher sind in Klammern bereits die Detailinformationen benannt. Beispielsweise könnte es mal mehrere Hotels in Berlin geben, die gemeinsam gruppiert werden sollen, dann ist der getrennte Zugriff auf den Ort wichtig.

HINWEIS Dass die Postleitzahl und der Ort zusammen ein Verstoß gegen die zweite Normalform (Redundanz) sind, ist Ihnen sicherlich aufgefallen. Da hier derzeit aber nur vier Hotel-Adressen enthalten sein werden, sollte es trotzdem möglich sein, diese fehlerfrei einzutragen. Das erspart die Nachschlagetabelle für so wenige Daten.

Damit können Sie aus dieser provisorischen Feldliste eine solche mit vernünftiger Ungarischer Notation machen:

Tabelle 12.1 Tabelle *tblHotels* mit Feldliste

tblHotels	
htlID	AutoWert 🔑
htlName	Kurzer Text 255
htlPLZ	Kurzer Text 10
htlOrt	Kurzer Text 50
htlStrasse	Kurzer Text 50
htlTelefon	Kurzer Text 50
htlLogo	OLE-Objekt

Zu der Benennung der Felder kommt jetzt die Entscheidung über die Felddatentypen. Für die *htlID* lassen Sie Access einfach per *AutoWert* eine eindeutige Nummer erzeugen und daraus wird auch gleich der Primärschlüssel.

Der Name des Hotels wird in einem *Kurzer Text*-Feld gespeichert, dessen Länge Sie ohne Bedenken auf dem Standard von 255 Zeichen stehen lassen können. In dieser Tabelle stehen bescheidene vier Datensätze, da kommt es auf den Platzbedarf wirklich nicht an!

HINWEIS Tatsächlich belegt Access für ein Textfeld nur die wirklich eingetragenen Zeichen und füllt den Rest nicht mit Leerzeichen auf. Bei der Größenangabe für Textfelder geht es also nur um den maximalen Platzbedarf. Zahlenfelder hingegen verbrauchen den dort angegebenen Platz auch für kleine Zahlen.

Die Postleitzahl wird ebenfalls ein *Kurzer Text*-Feld. Ein Textfeld für eine Postleitzahl? Ja, denn nur in Deutschland handelt es sich wirklich um eine Zahl. Sobald das erste Hotel in den Niederlanden oder Großbritannien hinzukommt, haben Sie es plötzlich mit Angaben wie *SL41NJ* (*Windsor Castle*) oder *1012 RJ Amsterdam* (*Koninklijk Paleis*) zu tun. Wegen der möglichen Buchstaben darin muss es also ein Textfeld sein, was der Sortierung deutscher Postleitzahlen übrigens keinen Abbruch tut.

Der Ort ist erwartungsgemäß auch ein *Kurzer Text*-Feld, dessen tatsächliche Länge wegen der geringen Anzahl der Datensätze ebenfalls ziemlich egal ist. Die hier vorgenommene Beschränkung auf 50 Zeichen sorgt eher dafür, dass der Ortsname später überhaupt noch in das Fenster eines Briefkuverts passt.

Für das Logo, also die Speicherung von Bildern, gibt es verschiedene Lösungen. Sie können es in der Tabelle speichern, per Link darauf verweisen oder dieses per VBA einbinden. Sie werden in dieser Datenbank alle Varianten kennenlernen.

Hier wird das Hotel-Logo direkt in der Tabelle enthalten sein. Diese Speicherung eines Bilds in der Datenbank ist gleichzeitig am bequemsten und doch am wenigsten zu empfehlen. Zwar sind Sie auf diese Weise sicher, dass es im Gegensatz zu externen Bildern immer vorhanden ist und mit der Datenbank kopiert wird. Aber gleichzeitig vergrößert diese Technik Ihre Datenbank enorm und erschwert es außerdem, die Bilder mit einem Grafikprogramm noch zu bearbeiten.

Im Falle der Hotel-Logos lässt sich die Größenzunahme der Datenbank noch verschmerzen, weil es die kleinste Tabelle mit dementsprechend wenigen Bildern ist. Im Übrigen werden sich diese Logos auch nicht so oft ändern, sodass sie regelmäßig nachbearbeitet werden müssten.

Daher wird das Logo wegen der geringen Datenmenge ausnahmsweise den Felddatentyp *OLE-Objekt* erhalten. Darin können Sie alles speichern, was nicht in die übrigen Typen wie Texte und Zahlen passt.

HINWEIS   Aus Access-Sicht ist das ein unbekanntes Objekt, bei dem vermerkt ist, wer dafür zuständig ist. Access selber kann die Inhalte nicht verarbeiten. Sie können darin daher bei Bedarf auch ganze Excel-, Word- oder PowerPoint-Dateien speichern. Ein »Öffnen« des Feldinhalts führt dazu, dass Access das Programm sucht, welches darin als sogenannter Server für die Bearbeitung eingetragen ist. Für eine so gespeicherte Word-Datei muss deshalb auf dem Rechner auch Word installiert sein, damit deren Inhalt angezeigt werden kann.

Auch wenn Pixelbilder wie das Logo kein Zusatzprogramm zur Darstellung benötigen, weil Windows das mit Paint bereits integriert hat, sehen Sie in einer Tabelle nichts von deren Inhalt. In einem Formular jedoch ist die Grafik schon als Vorschau zu sehen.

So erstellen Sie die Tabelle *tblHotels*

Eigentlich sollte das komplette Datenbankdesign zuerst auf Papier fertig sein, bevor Sie anfangen, einzelne Tabellen einzutragen. Damit Sie aber nicht so lange warten müssen, können Sie dies schon parallel zu unseren Überlegungen vornehmen:

1. Um den Entwurf der Tabelle *tblHotels* nun tatsächlich in der Datenbank anzulegen, erzeugen Sie mit *ERSTELLEN/Tabellen/Tabellenentwurf* bitte den Entwurf einer leeren Tabelle.

2. Tragen Sie dort die Feldnamen und Felddatentypen entsprechend der Tabelle 12.1 auf Seite 225 ein. Klicken Sie für das Feld *htlID* auf *ENTWURF/Tools/Primärschlüssel*, sodass vor dessen Name ein kleiner Schlüssel sichtbar wird.

Abbildg. 12.3 Entwurf der Tabelle *tblHotels*

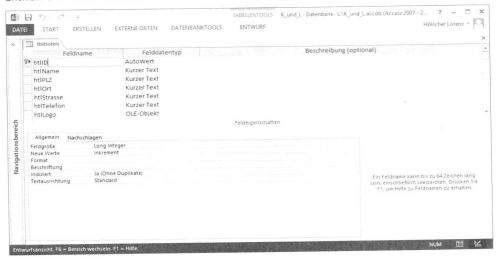

3. Speichern Sie die Tabelle nun unter dem Namen *tblHotels* und wechseln Sie mit *START/Ansichten/Datenblattansicht* in die Datenblattansicht.

TIPP Ich benenne alle Tabellen im Plural (also *tblHotels* statt *tblHotel*), weil dort viele Daten enthalten sind. Feldnamen hingegen belasse ich im Singular, weil dort nur jeweils ein Inhalt hineingehört. Dadurch gibt es kein Durcheinander mit den Namen, wie ich es in vielen anderen Datenbanken finde, deren Felder in einer Tabelle *Bemerkung* oder in einer anderen Tabelle *Bemerkungen* heißen.

4. Geben Sie die in Tabelle 12.2 genannten Daten in der Tabelle ein.

Die Angaben für die Hotels sind natürlich fiktiv und dienen nur als Testdaten.

Tabelle 12.2 Daten für die Tabelle *tblHotels*

htlID	htlName	htlPLZ	htlOrt	htlStrasse	htlTelefon
1	Hotel Domblick	52999	Aachen	Kaiserallee 100	0241/11223344
2	Zum Goldenen Hornochsen	80111	München	Sackgasse 25	089/9876543
3	Hotel Elbpanorama	22678	Hamburg	Hafenchaussee 1	040/1234567
4	Bettenpalast	10111	Berlin	Unter den Pappeln 18a	030/8070605

So fügen Sie Daten zu OLE-Objekt-Feldern hinzu

In den Beispieldaten für die Hotel-Tabelle fehlt noch das Logo. Das Feld ist zwar bereits vorhanden, hat aber noch keinen Inhalt. Zuerst müssen Sie die passenden Bilddateien vorbereiten. Die hier benutzten Hotel-Logos sehen Sie in Abbildung 12.4.

Access allgemein

Abbildg. 12.4 Überblick über die verschiedenen Hotel-Logos

Um Ihnen das Nachvollziehen der Schritte in diesem Kapitel zu erleichtern, finden Sie innerhalb der Beispieldateien zu diesem Buch im Ordner *Kap12* die fiktiven Hotel-Logos als *.jpg*-Dateien.

Um das Bild in das Feld einfügen zu können, brauchen Sie jetzt ein beliebiges Bildbearbeitungsprogramm.

1. Öffnen Sie das gewünschte Logo im Bildbearbeitungsprogramm. In Abbildung 12.5 wird dies beispielhaft in Microsoft Paint gezeigt. Dort wählen Sie *START/Bild/Auswählen/Alle auswählen* (oder ⌴Strg⌴+⌴A⌴), um das gesamte Bild zu markieren. Mit dem Befehl *START/Zwischenablage/ Kopieren* (oder ⌴Strg⌴+⌴C⌴) steht es anschließend in der Zwischenablage für Access zur Verfügung.

Abbildg. 12.5 Das Bild wird in Paint geöffnet, markiert und in die Zwischenablage kopiert

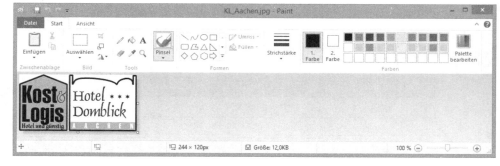

2. In der Tabelle *tblHotels* klicken Sie dann mit der rechten Maustaste in der passenden Zeile auf das Feld *htlLogo* und wählen den Eintrag *Einfügen* (Abbildung 12.6).

Abbildg. 12.6   Fügen Sie das Bild aus der Zwischenablage ein

Das jeweilige Bild selber ist jetzt zwar vorhanden, wird aber in Tabellen nicht angezeigt (siehe Abbildung 12.7), da es sich um binäre Daten handelt.

Abbildg. 12.7   Bilder erhalten in der Tabelle nur einen Hinweistext als Anzeige

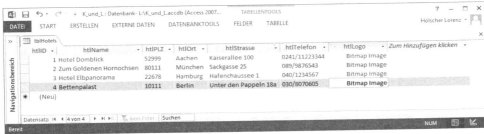

3. Fügen Sie nun auch die Logos der anderen Hotels in den entsprechenden Zeilen in das Feld *htLogo* ein.

So entwerfen Sie die Mitarbeiter-Tabelle

In einer weiteren Tabelle sind die Informationen zu den jeweiligen Mitarbeitern gespeichert. Aus der ursprünglichen Liste sind diese Felder relevant:

Mitarbeiter-Tabelle
Eindeutige ID
Zugehörigkeit zum Hotel
Name
Telefonnummer
Foto
Maximaler Bestellwert
Darf Küchengeräte bestellen
Darf Möbel bestellen

Access allgemein

Allerdings soll ein Teil dieser Angaben vertraulich (*maximaler Bestellwert*) oder nicht jeder Person zugeordnet (*darf ... bestellen*) sein. Dazu trennen Sie die Tabelle in zwei Teile auf, die dann unterschiedlich behandelt werden können.

Der öffentliche Teil wird die Felder bis einschließlich dem Foto beinhalten. Unter Berücksichtigung der Ungarischen Notation schlage ich die folgenden Feldnamen vor:

Tabelle 12.3   Tabelle *tblMitarbeiter* mit Feldliste

tblMitarbeiter	
mitID	AutoWert 🔑
mithtlIDRef	Zahl Long
mitVorname	Kurzer Text 20
mitNachname	Kurzer Text 30
mitTelefon	Kurzer Text 50
mitFoto	Link

Auch hier ist jeder Datensatz über einen Primärschlüssel mit eindeutiger ID zu identifizieren, die von Access als AutoWert erzeugt wird. Das Fremdschlüsselfeld *mithtlIDRef* gibt an, in welchem Hotel diese Person arbeitet und bezieht sich damit auf den Primärschlüssel der Tabelle *tblHotels*.

Diese Festlegung im Datendesign hat zwei Konsequenzen:

- Eine Historie ist nicht möglich. Sollte ein Mitarbeiter mal zu einem anderen Hotel wechseln, werden zwangsläufig auch vorherige Bestellungen ab jetzt diesem Hotel zugerechnet.

- Eine Mehrfachbeschäftigung als »Springer« ist auch ausgeschlossen, denn jeder Mitarbeiter kann so nur genau einem Hotel zugeordnet werden. Andernfalls müsste eine m:n-Beziehung wie in der Schulbücherei zwischen Autoren und Büchern eingerichtet werden.

Beide Einschränkungen nehme ich bewusst im Sinne eines einfacheren Datenbankdesigns hin, ich möchte dabei nur deutlich auf die Auswirkungen hinweisen. Hier versteckt sich sonst eine häufige Quelle für dauerhafte Fehler im Datenbankdesign, die gerne übersehen wird.

HINWEIS   Der vorgeschlagene Feldname *mithtlIDRef* ist funktional, aber bestimmt nicht schön. In vielen Büchern werden Fremd- und Primärschlüssel einfach gleich benannt. Das wäre aber ein Verstoß gegen die erweiterte Ungarische Notation, dass nämlich jedes Tabellenfeld das Tabellenkürzel als Präfix erhält.

Außerdem habe ich oft bemerkt, dass sogar vielen Entwicklern unklar ist, was in welchem Feld eingetragen werden kann. Hier lässt es sich so formulieren: die ID erfindet Nummern, die Referenz darf sie benutzen.

Eine *htlID* gibt also die möglichen Nummern vor, sie ist der Primärschlüssel. In der *Mitarbeiter*-Tabelle existiert auf diese *htlID* eine *Referenz* (nämlich das Feld *mithtlIDRef*), welche nur Nummern enthalten darf, die in *htlID* auch schon vorhanden sind. Das ist der Fremdschlüssel.

Der Name des Mitarbeiters ist in Vor- und Nachnamen getrennt gespeichert, weil es immer einfacher ist, Daten zu verbinden, als sie später an der richtigen Stelle zu trennen. Das wurde bereits oben zum Thema erste Normalform (Atomisierung) diskutiert.

Das Foto wird hier die angekündigte zweite Möglichkeit zeigen, ein Bild in einer Access-Datenbank zu »speichern«. In Wirklichkeit ist es nicht in der Datenbank enthalten, sondern liegt als normale Datei im Dateisystem. Im *Link*-Feld sind lediglich Pfad und Dateiname gespeichert. Bei einem Klick darauf wird dann von Access die passende Datei geöffnet.

Da es bedeutend mehr Mitarbeiter als Hotels gibt, ist die geringere Größe der Datenbankdatei schon ein wichtiges Argument für diese Auslagerung. Aber auch die leichtere Möglichkeit, einzelne Bilder jederzeit austauschen zu können, spricht für diese Version.

PROFITIPP Wenn ein Foto fehlt, ist der Link dazu normalerweise noch nicht eingetragen. Aber falls eine Bilddatei später mal entfernt würde, führt der Link zu einem Laufzeitfehler. Das lässt sich nur mit Programmierung beheben, indem der Code vorher das Vorhandensein der Datei überprüft.

Mit solchem Code können Sie auf die Angabe von Pfad und Datei im Link sogar ganz verzichten, wenn die Dateinamen in einem sinnvollen Zusammenhang mit dem Inhalt des jeweiligen Datensatzes stehen.

Beispielsweise könnten alle Bilder die Namen der Mitarbeiter verwenden und jeweils als *<VornameNachname>.jpg* (also beispielsweise *AndreaWichert.jpg*) gespeichert werden. Dann würde der Makrocode die Anzeige der Fotos übernehmen. Sie finden ein entsprechendes Beispiel für die Artikelfotos in Kapitel 39.

Die Telefonnummer ist entgegen der üblichen Erwartung kein Zahlenfeld, sondern ein Textfeld. Das hat inhaltliche Gründe, denn viele Firmen haben keine einheitlichen Festnetznummern mehr, sondern nennen für die mobilen Mitarbeiter direkt deren Handynummer. Deren Schreibweisen sind aber so unterschiedlich, dass nur noch ein Textfeld ohne Eingabeformat möglich ist, vor allem wegen des Schrägstrichs nach der mehr oder weniger langen Vorwahl.

So erstellen Sie die Tabelle *tblMitarbeiter*

Für diese zweite Tabelle mit den Mitarbeiterdaten beginnen Sie wie vorher mit dem Anlegen eines neuen Tabellenentwurfs durch *ERSTELLEN/Tabellen/Tabellenentwurf*. Geben Sie die Feldnamen und Felddatentypen entsprechend der Tabelle 12.3 auf Seite 230 in diesem Tabellenentwurf ein.

Da die Hotel-Mitarbeiter über die *mithtlIDRef* direkt einem Hotel zugeordnet werden, wäre es lästig, wenn Sie nun dessen Nummer im Kopf haben müssten. Das geht eleganter, indem Sie ein Nachschlagefeld daraus machen:

1. Markieren Sie im Tabellenentwurf oben das Feld *mithtlIDRef* und wechseln Sie unten auf die Registerkarte *Nachschlagen*.
2. Diese ist anfangs noch ziemlich leer. Dies ändert sich erst, wenn Sie dort für die *Steuerelement anzeigen*-Eigenschaft den Wert *Kombinationsfeld* auswählen.
3. Für die *Datensatzherkunft*-Eigenschaft wählen Sie aus der Dropdownliste (deren Pfeil erst erscheint, wenn Sie in das Feld hineinklicken) die Tabelle *tblHotels* aus.

Abbildg. 12.8   Der Entwurf der Tabelle *tblMitarbeiter*

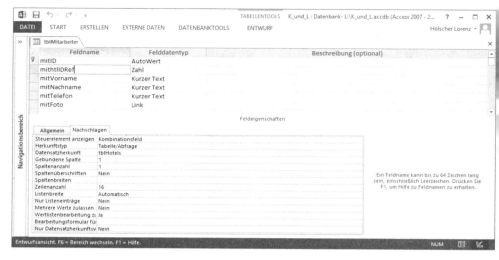

4. Nachdem Sie den Tabellenentwurf gespeichert haben, können Sie in der Datenblattansicht zwischendurch immer mal wieder nachprüfen, ob alles wie geplant aussieht.

5. Wie Sie in Abbildung 12.9 sehen können, lässt sich im Feld *mithtlIDRef* zwar schon eine Liste ausklappen, die auch korrekt alle Hotel-IDs anzeigt. Aber schön und benutzerfreundlich ist das nicht!

Abbildg. 12.9   Der Fremdschlüssel zeigt bereits eine Liste der Hotel-IDs an

6. Wechseln Sie daher bitte mit *START/Ansichten/Entwurfsansicht* wieder zurück in den Tabellenentwurf und ergänzen weitere Eigenschaften auf der Registerkarte *Nachschlagen*.

7. Um die Namen der Hotels sehen zu können, muss das Kombinationsfeld wenigstens zwei Spalten anzeigen. Für eventuell gleichnamige Hotels in unterschiedlichen Städten soll aber außerdem noch der Ortsname aus der vierten Hotelspalte sichtbar sein. Stellen Sie daher bitte die *Spaltenanzahl*-Eigenschaft auf den Wert *4*.

Abbildg. 12.10   Die Liste ist schon mehrspaltig

8. Ein Blick auf das fertige Kombinationsfeld wie in Abbildung 12.10 macht deutlich, dass da noch optischer Verbesserungsbedarf besteht: die Spalten sind zu schmal und die Postleitzahl sollte eigentlich gar nicht erscheinen. Geben Sie daher in der *Spaltenbreiten*-Eigenschaft alle gewünschten Spaltenbreiten durch Semikolon getrennt ein: *0,6cm;4cm;0cm;2cm*.

> **HINWEIS**   Sie können die Spaltenbreiten ohne *cm* als Einheit eingeben, dies wird beim Verlassen des Felds ergänzt. Falls Sie statt *0,6* den Wert *0,5* benutzen, werden Sie einen Rundungsfehler von Access sehen, der daraus dann *0,501* macht.

Unabhängig davon haben Sie sicherlich bemerkt, wie Spalten ausgeblendet werden können, indem Sie deren Spaltenbreite einfach auf *0cm* stellen.

Abbildg. 12.11   Die Spaltenbreiten sind besser, aber noch nicht optimal

9. Damit Sie diese Liste mit den schon angepassten Spaltenbreiten besser lesen können, gäbe es natürlich die Möglichkeit, die *mithtlIDRef*-Spalte insgesamt breiter zu ziehen. Da der eigentliche Wert jedoch nur aus einer Zahl besteht, sollte nicht die Spalte, sondern das ganze Kombinationsfeld breiter werden.

10. Ändern Sie dazu im Entwurf die *Listenbreite*-Eigenschaft von *Automatisch* auf einen konkreten Wert. Dieser ergibt sich sinnvollerweise aus der Summe der einzelnen Spaltenbreiten, hier also ($0,6+4+0+2 = 6,6$) aufgerundet *7cm*. Jetzt ist die Liste wesentlich benutzerfreundlicher, wie die Abbildung 12.12 zeigt.

Abbildg. 12.12 So passt die Listenbreite zu den Spalten

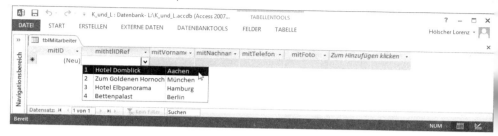

Sie können nun Testdaten eingeben, wie sie in Tabelle 12.4 zu sehen sind. Denken Sie bitte daran, dass *mitID* ein *AutoWert*-Feld ist, dessen Inhalt automatisch erzeugt wird.

CD-ROM Um Ihnen das Nachvollziehen der weiteren Schritte in diesem Kapitel zu erleichtern, finden Sie innerhalb der Beispieldateien zu diesem Buch im Ordner *Kap12* eine Datenbank, die bereits die Änderungen bis hierhin enthält. Laden Sie einfach die betreffende Datenbank, um mit der Arbeit in diesem Kapitel zu beginnen.

Tabelle 12.4 Daten für die Tabelle *tblMitarbeiter*

mitID	mithtlIDRef	mitVorname	mitNachname	mitTelefon
1	1	Andrea	Wichert	2199
2	1	Andreas	Viebranz	2458
3	4	Axel	Thimm	3369
4	4	Christian	Stolp	4567
5	4	Claudia	Steinweger	3469
6	3	Claudia	Schorsch	4568
7	1	Cornelia	Schmitz	7412
8	2	Detlev	Schäfer	1129
9	2	Fritz	Pfaff	3458
10	2	Dieter	Pawlowsky	4658
11	3	Henry	Niebuhr	4456
12	2	Gabriele	Neubauer	3444
13	2	Inge	Mönks	1198
14	4	Ingo	Mauer	6840
15	2	Joachim	Maier-Schwendlein	1358
16	3	Klaus	Mahnke	2440
17	2	Lorenz	Lang	3496
18	3	Marina	Landhuis	6613
19	3	Marion	Lackner	1354

Tabelle 12.4   Daten für die Tabelle *tblMitarbeiter* (Fortsetzung)

mitID	mithtllDRef	mitVorname	mitNachname	mitTelefon
20	2	Mathias	Krebs	4671
21	3	Michael	Koch	1120
22	4	Michael	Karcher	4055
23	1	Olgo	Horrich	3800
24	1	Ralf	Horrich	3801
25	3	Ralf	Heyden	4656
26	2	Rebecca	Hertlein	4459
27	2	Renate	Hedler	3477
28	4	Renate	Götzki	1004
29	4	Rüdiger	Geissler	1348
30	4	Sigmar	Fritsch	4335
31	4	Udo	Förster	4685
32	2	Ulrike	Breustedt	4357
33	3	Ute	Badberg	6604
34	1	Wolf-Michael	Angerhausen	3012

HINWEIS   Selbstverständlich handelt es sich sowohl bei den Namen als auch den Fotos um fiktive Personen. Die *mitID* geben Sie nicht ein, sie wird ja automatisch erzeugt.

So legen Sie den Link zum Foto an

Auch in dieser Tabelle fehlen noch die Bilder. Es gibt deutlich mehr Datensätze als bei den Hotels und möglicherweise auch häufigere Änderungen an den Fotos, daher ist es sinnvoll, die Bilder extern zu speichern.

Wenn Sie VBA-Programmierung vermeiden wollen, können Sie die Bilder wie hier als Link hinterlegen, dann wird beim Anklicken die Datei samt passendem Programm geladen:

1. Nach einem Klick mit der rechten Maustaste in das Feld *mitFoto* rufen Sie im Kontextmenü den Befehl *Link/Hyperlink bearbeiten* auf und sehen dann das Dialogfeld aus Abbildung 12.13.

Access allgemein

Abbildg. 12.13   In diesem Dialogfeld wählen Sie die Datei für den Link aus

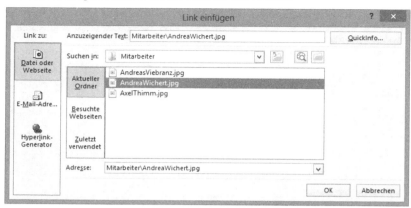

2. Wählen Sie die gewünschte Datei (im Unterverzeichnis *Mitarbeiter* der Beispieldateien) aus und bestätigen Sie das Dialogfeld mit *OK*.

3. Sie finden nun den Dateinamen inklusive Pfad im *Link*-Feld *mitFoto* gespeichert. Wenn die Datei sich wie hier in einem Unterverzeichnis der Datenbank befindet, steht darin ein relativer Pfad, sodass die Datenbank samt Bildern auch woanders hinkopiert werden könnte.

Abbildg. 12.14   Die Dateien sind samt Pfad im Link-Feld gespeichert

Um später ein Foto zu sehen, müssen Sie lediglich mit der Maus auf den Link klicken. Da Links, also letztlich das Öffnen einer unbekannten Datei, ein Sicherheitsrisiko darstellen, erfolgt dabei von Access eine Warnung ähnlich der in Abbildung 12.15. Sie müssen diese mit *Ja* bestätigen, damit das Bild angezeigt wird.

Abbildg. 12.15   Beim Öffnen eines Links erfolgt ein Warnhinweis

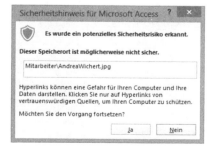

Danach startet das Programm, welches in Windows für die angegebene Dateiendung eingetragen ist. In diesem Fall ist es für *.jpg*-Dateien der Internet Explorer.

Der Internet Explorer zeigt das Bild an

So fügen Sie mehrere Fotos ein

Mit diesem *Link*-Feld können Sie der Person maximal ein Foto zuordnen. Was aber tun Sie, wenn mehrere Bilder vorliegen und diese auch verfügbar sein sollen? Dann richten Sie ein Feld mit dem *Anlage*-Datentyp ein.

ACHTUNG Felder mit dem Datentyp *Anlage* können nachträglich nicht mehr im Entwurf geändert werden, um daraus einen anderen Datentyp zu machen.

1. Ergänzen Sie den Tabellenentwurf von *tblMitarbeiter* um ein neues Feld *mitWeitereFotos* und wählen Sie den Felddatentyp *Anlage* aus.

2. Tragen Sie als *Beschriftung*-Eigenschaft *mitWeitereFotos* ein, weil ein *Anlage*-Feld ja sonst nur die Büroklammer als Titel hat. Damit sind überall noch die echten Feldnamen zu sehen.

3. Wechseln Sie in die Datenblattansicht und ergänzen Sie nach Belieben für wenigstens einen Datensatz mehrere Fotos, indem Sie via Rechtsklick in dessen Kontextmenü *Anlagen verwalten* anklicken, wie es in Abbildung 12.17 zu sehen ist.

Im Feld *mitWeitereFotos* werden zusätzliche Bilder gespeichert

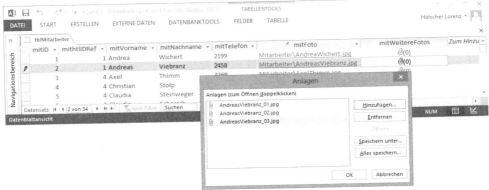

Access allgemein

Sie werden später bei den Formularen sehen, dass dieses Feld dort schon alle Fähigkeiten des »Weiterblätterns« zum nächsten Foto besitzt.

HINWEIS Sie können selbstverständlich alle Arten von Dateien speichern. Es liegt zufällig an den hier benutzten Fotos, dass es alles *.jpg*-Dateien sind.

Auch Dateien, die in einem *Anlage*-Feld enthalten sind, lassen sich mit dem Originalprogramm weiterverarbeiten:

1. Öffnen Sie dazu für dieses Feld das Dialogfeld zum Kontextmenübefehl *Anlagen verwalten* (das geht übrigens auch per Doppelklick auf das Feld).

2. Markieren Sie die gewünschte Datei in der Liste und klicken Sie auf die Schaltfläche *Öffnen*.

ACHTUNG In Windows 8 werden Fotos normalerweise von der *Fotos*-App angezeigt, die keine weitere Bearbeitung zulässt. Damit Sie *.jpg*-Dateien bearbeiten können, müssen Sie vorher im Windows-Explorer mit einem Rechtsklick auf eine solche Datei angeben, welches Standardprogramm dafür zuständig sein soll. Dies geschieht im PopUp-Menü mit den Befehlen *Öffnen mit/Standardprogramm auswählen*.

Abbildg. 12.18 Ein anderes Bildbearbeitungsprogramm als Standard auswählen

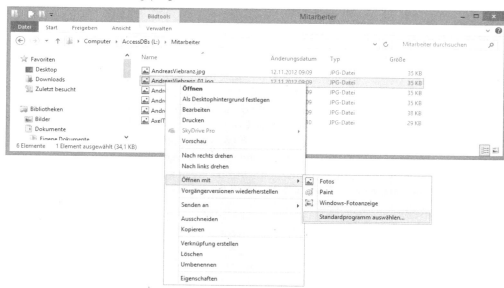

Danach wählen Sie im folgenden Dialogfeld beispielsweise *Paint* als Standardprogramm für die Bildbearbeitung aus:

bbildg. 12.19   Wählen Sie hier das Standardprogramm für die Bildbearbeitung aus

3. Vorausgesetzt, Sie haben das Zeichenprogramm *Paint* als Standardprogramm für *.jpg*-Dateien festgelegt, wird das Bild nun in diesem Programm zum Bearbeiten geöffnet. Hier können Sie wie in Abbildung 12.20 alle Änderungen vornehmen und die Datei wie gewohnt speichern.

Abbildg. 12.20   Bearbeiten Sie das Bild wie gewohnt in Paint

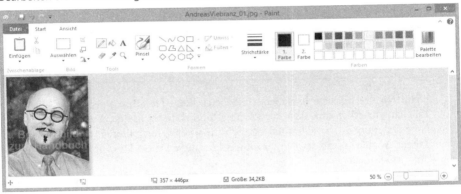

4. Erst wenn Sie sowohl Paint als auch das Dialogfeld zur Verwaltung der Anlagen geschlossen haben, erscheint eine Rückfrage von Access, ob diese so geänderte Datei nun auch in der Datenbank gespeichert werden soll.

Abbildg. 12.21   Diese Rückfrage erscheint, wenn Sie eine Datei des *Anlage*-Felds geändert haben

Damit ist das geänderte Bild in der Datenbank enthalten.

Access allgemein

So entwerfen Sie die Extra-Tabelle

Ein Teil der Informationen zu den Mitarbeitern soll nicht für jeden erreichbar sein und existiert vor allem nicht für jeden Mitarbeiter. Stünden diese Daten nun in der gleichen Tabelle, wären differenzierte Zugriffsrechte nicht möglich.

ACHTUNG Anders als in früheren Versionen von Access gibt es keine Verwaltung der Zugriffsrechte mehr. Wer eine ernsthafte Rechteverwaltung benötigt, muss die Tabellen als Back-End im Microsoft SQL Server bzw. als SharePoint-Listen speichern, diesen Zugriffsschutz nutzen und dann mit einem Access-Front-End verknüpfen.

Daher gibt es hier eine eigene Tabelle, welche nur die verbliebenen Informationen enthält, zum maximalen Bestellwert und der Erlaubnis, auch Möbel beziehungsweise Küchengeräte zu bestellen. So gesehen ist sie auch nur eine Tabelle mit Fremdschlüssel auf den Primärschlüssel *mitID*, aber sie wird etwas anders funktionieren.

Tabelle 12.5   Tabelle *tblExtras* mit Feldliste

tblExtras	
xtrmitIDRef	Zahl Long 🔑
xtrMaxBestellwert	Währung
xtrMoebel	Ja/Nein
xtrKuechengeraete	Ja/Nein

Wenn Sie die Feldliste in Tabelle 12.5 betrachten, fällt Ihnen als Unterschied zu den bisherigen Tabellen sicherlich auf, dass der Primärschlüssel dieses Mal kein *AutoWert*, sondern ein einfacher *Long*-Datentyp ist. Sie könnten es auch umgekehrt formulieren: der Fremdschlüssel zur anderen Tabelle ist gleichzeitig der Primärschlüssel für diese Daten. Das wird später wichtig werden, wenn es um Beziehungen geht.

Eigentlich müssten Sie jetzt auch in dieser Tabelle Daten eintragen, indem Sie passend zur *mitID* des Mitarbeiters Werte eintragen. Das geht aber (in Kapitel 21) viel eleganter, wenn die richtige Beziehung angelegt ist, deswegen verzichten wir erst einmal darauf.

So entwerfen Sie die Kategorie-Tabelle

Bevor Sie nun für das eigentliche Bestellsystem eine Liste der zur Auswahl stehenden Artikel anlegen, sollten Sie vorbereiten, dass diese in Kategorien zusammengefasst werden.

Das erleichtert nicht nur dem Benutzer später die Vorauswahl, sondern Ihnen auch die Angabe, ob der betreffende Artikel eventuell als Küchengerät oder Möbelstück bestimmten Bestelleinschränkungen unterliegt. Diese Angabe wird nicht an den einzelnen Artikel, sondern an die Kategorie gebunden und muss daher viel seltener angegeben werden.

HINWEIS   Natürlich arbeitet eine echte Artikel-Datenbank nicht mit einer einzigen Kategorie, sondern mit mehrstufigen Unterkategorien wie »Gläser, Geschirr, Besteck«, »Geschirr«, »Teller«, »Teller flach«, »Herstellername« und darin erst dem eigentlichen Artikel »Teller 28cm«. Außerdem ist es dort oft möglich, Artikel (dank m:n-Beziehungen) verschiedenen Kategorien zuzuordnen, also sowohl als »Teller« wie auch als »Restaurantbedarf« oder als »Sonderaktion«.

Das hätte aber nur den Schreibaufwand erheblich erhöht und keine neuen Erkenntnisse gebracht, daher bleibt die Kategorien-Hierarchie hier so flach.

Die Kategorie muss, abgesehen von einer eindeutigen ID, eigentlich nur einen Namen haben und zwei Felder, in denen festgehalten wird, ob diese Kategorie von der Bestelleinschränkung für manche Mitarbeiter betroffen ist.

Kategorie-Tabelle
Eindeutige ID
Name der Kategorie
Relevanz für Möbelbestellung
Relevanz für Küchengerätebestellung

Daher lässt sich diese Liste praktisch sofort umsetzen in die Feldnamen der Tabelle.

Inzwischen können Sie den Tabellenentwurf so gut erstellen, dass ich auf die detaillierten Angaben verzichten kann und Sie einfach den Vorgaben der Tabelle 12.6 folgen.

Tabelle 12.6   Tabelle *tblKategorien* mit Feldliste

tblKategorien	
katID	AutoWert 🔑
katName	Kurzer Text 30
katIstMoebel	Ja/Nein
katIstKuechengeraet	Ja/Nein

Wie Sie sehen werden, ist der Standardwert der beiden *Ja/Nein*-Felder mit *Nein* vorbesetzt, sodass dieser für die meisten Kategorien bereits richtig ist.

Access allgemein

Abbildg. 12.22 So sieht der Tabellenentwurf für *tblKategorien* aus

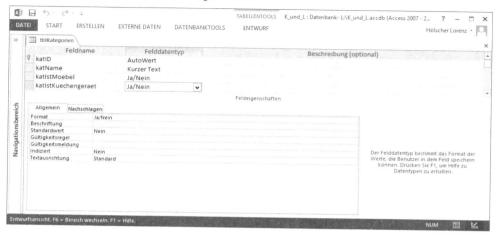

Wenn Sie fertig sind, sollte Ihr Tabellenentwurf der Abbildung 12.22 entsprechen, den Sie unter *tblKategorien* speichern. Geben Sie in der Datenblattansicht anschließend die in Tabelle 12.7 enthaltenen Werte ein.

Tabelle 12.7 Daten für die Tabelle *tblKategorien*

katID	katName	katIstMoebel	katIstKuechengeraet
1	Gläser, Geschirr, Besteck	Nein	Nein
2	Pizza-Zubehör	Nein	Ja
3	Zubehör, Kleinteile	Nein	Nein
4	Möbel	Ja	Nein
5	Bad-Accessoires	Nein	Nein
6	Bad-Möbel	Ja	Nein
7	Sonstiges	Nein	Nein
8	Küchengeräte	Nein	Ja

Die Sortierung der Kategorienamen ist derzeit in der Tabelle uninteressant, das ist später eine Aufgabe für eine Abfrage.

So entwerfen Sie die Farben-Tabelle

Im Vorgriff auf die gleich noch zu erstellende Artikel-Tabelle wird dort eine Liste der möglichen Farben gebraucht. Anstatt ein solches mehrwertiges Feld wie in Kapitel 11 nur mit einer Wertliste zu füllen, soll hier eine »ordentliche« Tabelle die Daten liefern.

Das ist eine typische Nachschlagetabelle, wie sie im Laufe eines Datenbankentwurfs immer wieder benötigt wird. Solche Tabellen bestehen wie auch hier meistens nur aus einer ID und einer Bezeichnung. Daher können Sie direkt die Feldliste wie in Tabelle 12.8 vorgeben.

Tabelle 12.8 Tabelle *tblFarben* mit Feldliste

tblFarben	
frbID	AutoWert 🗝
frbName	Kurzer Text 30

In Abbildung 12.23 sehen Sie die dort enthaltenen Daten.

Abbildg. 12.23 Die Tabelle *tblFarben* enthält nur wenige Werte

Nachdem die Kategorien und die Farben zur Verfügung stehen, können Sie sich mit der Artikel-Tabelle beschäftigen. Auch diese wird stark vereinfacht sein. So können beispielsweise zu allen Artikeln die gleichen Farbvarianten ausgewählt werden, obwohl in Wirklichkeit manche Artikel nur silbern oder golden und andere vielleicht nur buntfarbig angeboten werden.

Zu den Artikeln sollen diese Informationen gespeichert werden:

Artikel-Tabelle
Eindeutige ID
Artikel-Name
Gehört zur Kategorie ...
Preis
Farbe

ACHTUNG   Dass die Speicherung des Artikelpreises in dieser Tabelle ein zwar häufiger, aber dennoch krasser Verstoß gegen die dritte Normalform (Historie) ist, ist Ihnen hoffentlich aufgefallen. Der Preis bleibt trotzdem hier im Datensatz, weil ich ja in Kapitel 10 versprochen hatte, dafür eine praxisnahe Lösung zu zeigen. In dieser Datenbank sollen also gleichzeitig aktuelle Preise geändert werden dürfen und trotzdem die alten Verkaufspreise ermittelbar sein.

Access allgemein

Die obigen Überlegungen führen zu den entsprechenden Feldern in Tabelle 12.9, wobei ich immer die Reihenfolge *Primärschlüssel-Fremdschlüssel-Sonstige* einhalte, weshalb die Zuordnung zur Kategorie eine Position nach oben wandert.

Tabelle 12.9 Tabelle *tblArtikel* mit Feldliste

tblArtikel	
artID	AutoWert 🔑
artkatIDRef	Zahl Long
artName	Kurzer Text 30
artPreis	Währung
artFarbe	Zahl Long, mehrwertig

Der Tabellenentwurf bis hin zum *artPreis*-Feld sollte inzwischen ohne Probleme erfolgen. Denken Sie bitte daran, auf der Registerkarte *Nachschlagen* für *artkatIDRef* ein Kombinationsfeld anzulegen, was die Auswahl der Kategorie später erleichtert. Die weiteren Einstellungen zu *artkatIDRef* entnehmen Sie bitte der Abbildung 12.24.

Abbildg. 12.24 Der Tabellenentwurf für *tblArtikel* ist fast fertig

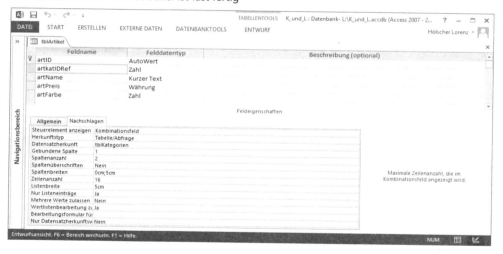

Für das *artFarbe*-Feld ist bereits ein Feld mit *Long*-Datentyp angelegt, weil die Farben in *tblFarben* mit einem *AutoWert*-Primärschlüssel gespeichert wurden, der ja intern auch ein *Long*-Datentyp ist. Damit es ein mehrwertiges Feld wird, braucht es noch ein paar Einstellungen:

1. Wechseln Sie für das Feld bitte auf die Registerkarte *Nachschlagen* und wählen Sie dort als *Steuerelement anzeigen*-Eigenschaft den Eintrag *Kombinationsfeld* aus.

2. In der *Datensatzherkunft* wählen Sie aus der Liste die Tabelle *tblFarben*.

3. Damit der Farbname zu sehen ist, benötigen Sie als *Spaltenanzahl* den Wert *2*, verstecken aber die erste Spalte in *Spaltenbreiten* mit *0cm;3cm*. Die gesamte *Listenbreite* sollte noch passend auf *3cm* eingestellt werden.

PROFITIPP   Falls eine importierte oder verknüpfte Tabelle mal ihren Primärschlüssel nicht in der ersten Spalte hat, ändern Sie die *Gebundene Spalte*-Eigenschaft. Diese gibt an, welche Spalte aus der Liste tatsächlich an die zugrunde liegende Tabelle zurückgegeben wird. Ich organisiere meine Tabellen aber immer so, dass der Primärschlüssel in der ersten Spalte steht.

4. Die Eingabe eigener Farbnamen ist so nicht möglich, weil zu dem Namen ein neuer *frbID*-Auto-Wert erzeugt werden müsste. Daher können Sie die Eigenschaft *Nur Listeneinträge* auf *Ja* einstellen. Dadurch erscheint bei manuellen Eingaben, die nicht in der Liste stehen, die Meldung aus Abbildung 12.25.

Abbildg. 12.25   Diese Fehlermeldung erscheint wegen der *Nur Listeneinträge*-Eigenschaft

5. Bis dahin entsprechen die Einstellungen weitgehend einem »normalen« Kombinationsfeld. Setzen Sie nun bitte die Eigenschaft *Mehrere Werte zulassen* auf *Ja* um.

6. Nachdem Sie die Tabelle gespeichert haben, sollte in der Datenblattansicht eine Auswahl wie in Abbildung 12.26 möglich sein.

Abbildg. 12.26   Es lassen sich mehrere Farben gleichzeitig auswählen

Sie können anschließend die Daten aus Tabelle 12.10 eingeben, wobei die Kategoriebezeichnungen in *artkatIDRef* aus Platzgründen gekürzt wurden.

CD-ROM   Um Ihnen das Nachvollziehen der weiteren Schritte in diesem Kapitel zu erleichtern, finden Sie innerhalb der Beispieldateien zu diesem Buch im Ordner *Kap12* eine Datenbank, die bereits die Änderungen bis hierhin enthält. Laden Sie einfach die betreffende Datenbank, um mit der Arbeit in diesem Kapitel fortzufahren.

Tabelle 12.10 Daten für die Tabelle *tblArtikel*

artID	artkatIDRef	artName	artPreis	artFarbe
1	Gläser, ...	Kinderlöffel	0,98 €	silbern/messing
2	Gläser, ...	Kindergabel	1,03 €	silbern/messing
3	Gläser, ...	Kindermesser	1,03 €	silbern/messing
4	Gläser, ...	Fischmesser	2,30 €	silbern/messing
5	Gläser, ...	Tafelmesser	1,87 €	silbern/messing
6	Gläser, ...	Menümesser	1,68 €	silbern/messing
7	Gläser, ...	Menügabel	1,68 €	silbern/messing
8	Gläser, ...	Menülöffel	1,24 €	silbern/messing
9	Gläser, ...	Kuchengabel	0,76 €	silbern/messing
10	Gläser, ...	Rotweinglas	3,20 €	
11	Gläser, ...	Weißweinglas	3,20 €	
12	Gläser, ...	Blumenvase klein	6,90 €	
13	Gläser, ...	Blumenvase mittel	8,10 €	
14	Gläser, ...	Blumenvase groß	13,24 €	
15	Zubehör, ...	Rezeptionsglocke Ganzmetall	5,46 €	
16	Zubehör, ...	Rezeptionsglocke mit Holzfuß	4,99 €	
17	Zubehör, ...	Klemmbrett	1,22 €	
18	Zubehör, ...	Stift-Box	0,88 €	
19	Zubehör, ...	Besen	4,80 €	
20	Zubehör, ...	Grabegabel	7,20 €	
21	Zubehör, ...	Schaufel	6,20 €	
22	Zubehör, ...	Rechen	4,99 €	
23	Küchengeräte	Aufschnittmaschine	328,00 €	
24	Küchengeräte	Fleischwolf	294,00 €	
25	Küchengeräte	Kartoffelschälmaschine	183,50 €	
26	Pizza-Zub...	Pizzablechstapler	82,15 €	
27	Pizza-Zub...	Pizzaofen	792,36 €	
28	Möbel	Stehtisch Bistro	48,13 €	
29	Möbel	Stapelsessel Toskana	73,56 €	
30	Möbel	Hochlehnersessel Toskana	102,77 €	
31	Möbel	Tisch Toskana	288,00 €	
32	Möbel	Klapptisch Toskana	78,44 €	
33	Bad-Acc...	Halterung für Seifenspender	2,78 €	
34	Bad-Acc...	Kosmetiktücher	0,38 €	
35	Bad-Acc...	Papierhandtücher	14,03 €	

Tabelle 12.10 Daten für die Tabelle *tblArtikel* (Fortsetzung)

artID	artkatIDRef	artName	artPreis	artFarbe
36	Bad-Acc...	Spender für Papierhandtücher	28,40 €	
37	Bad-Möbel	Badezimmer-Hocker	25,19 €	
38	Bad-Möbel	Badezimmer-Stuhl	41,90 €	
39	Sonstiges	Gepäckkarre	456,00 €	
40	Küchengeräte	Gläserspülmaschine	792,30 €	
41	Küchengeräte	Spültisch	485,21 €	
42	Küchengeräte	Eiswürfelbereiter	849,50 €	

Ihnen ist vielleicht schon aufgefallen, dass ein Foto des Artikels gar nicht gespeichert wird, weder als *Anlage*-Feld noch als *Link*. Das fehlt absichtlich, denn bei dieser Tabelle möchte ich Ihnen zeigen, wie externe Bilder automatisch hinzugeladen werden können. Dies benötigt allerdings außer einem Formular auch noch ein wenig VBA-Programmierung und wird daher erst später in Kapitel 39 erneut aufgegriffen.

So entwerfen Sie die Bestellungen-Tabelle

Als letzte Tabelle bleibt noch die eigentliche Bestellung übrig. Die folgende Liste zeigt alle Informationen, die in der Tabelle gespeichert werden sollen.

Bestellungen-Tabelle
Eindeutige ID
Mitarbeiter, der den Artikel bestellt
bestellter Artikel
Bestelldatum
Bestellmenge
Ob und wann die Bestellung geliefert wurde

Die eindeutige ID als Primärschlüssel wird zwar nirgends von einem Fremdschlüssel benötigt, trotzdem sollte auch hier jeder Datensatz eindeutig identifizierbar sein.

Die Angabe, ob ein Artikel geliefert wurde, lässt sich am einfachsten darüber klären, ob ein Lieferdatum gespeichert wird. Weitergehende Feinheiten, ob das Lieferdatum eingehalten oder die Lieferung angenommen oder zurückgesendet und erneut ausgeliefert wurde, lassen sich mit so einer einfachen Struktur nicht ermitteln. Es soll ja auch noch übersichtlich bleiben.

Damit können wir eigentlich auch schon die Felder und deren Datentypen wie in Tabelle 12.11 festlegen.

tblBestellungen	
bstID	AutoWert
bstmitIDRef	Zahl Long
bstartIDRef	Zahl Long
bstBestelldatum	Datum/Uhrzeit
bstMenge	Zahl Integer
bstLieferdatum	Datum/Uhrzeit
bstPreis	Währung

Die Entscheidung, den Datentyp von *bstMenge* auf *Integer* festzulegen, ist fast beliebig. Die »Einschränkung« besteht darin, dass ein Mitarbeiter maximal rund 32.000 Messer oder Pizzaöfen pro Datensatz bestellen kann. Wenn Sie Platz sparen wollen, können Sie das mit *Byte* auf 255 beschränken, das dürfte wohl auch noch reichen.

Haben Sie bemerkt, dass sich ein *bstPreis* in die Feldliste geschlichen hat, der in der ursprünglichen Planung gar nicht vorkam? Das ist die Lösung zum Historien-Problem, weil der Artikelpreis ja unerlaubterweise beim Artikel steht und damit die dritte Normalform verletzt.

Bei jeder Bestellung wird später einfach der aktuelle Artikelpreis von *artPreis* in das *bstPreis*-Feld kopiert, entweder mit einer Aktualisierungsabfrage (Kapitel 24) oder per Datenmakro (Kapitel 33). Damit kann auch bei zukünftigen Preisänderungen in *artPreis* jederzeit der damalige Verkaufspreis, nämlich in *bstPreis*, ermittelt werden.

Mit dieser Lösung wird in der größten Tabelle durch ein zusätzliches Feld Platz verbraucht. Allerdings sind Festplatten inzwischen so preiswert und schnell, dass der Platzverbrauch kein wirkliches Gegenargument ist.

Dafür wird das Datenbankdesign viel übersichtlicher, weil es keine zusätzliche Tabelle für die datumsabhängigen Preise gibt. Der Zugriff wird außerdem schneller, weil nicht zu einem Datum erst der nächstkleinere Wert mit dem Preis gefunden werden muss, sondern die Daten im gleichen Datensatz stehen.

HINWEIS   Wenn Sie diese Lösung ganz genau betrachten, werden Sie feststellen, dass damit die damaligen Preise nur von Artikeln ermittelt werden können, die auch verkauft wurden. Die Preise damals nicht verkaufter Artikel sind so nicht rekonstruierbar. Das sollte aber normalerweise kein Problem sein.

Für die beiden Fremdschlüssel *bstmitIDRef* und *bstartIDRef* stellen Sie auf der Registerkarte *Nachschlagen* bitte noch die passenden Kombinationsfelder ein, sodass die Daten aus den Tabellen *tblMitarbeiter* beziehungsweise *tblArtikel* sinnvoll angezeigt werden.

TIPP   Die Einstellungen für die Fremdschlüssel-Felder *bstmitIDRef* und *bstartIDRef* enthalten jeweils eine SQL-Anweisung. Das ist zwar ein Vorgriff auf Kapitel 20, aber hier durch reines Abtippen zu erledigen. Ansonsten hätten Sie die Mitarbeiter nicht sortiert und müssten unnötig suchen.

Wenn Sie sich doch schon ein wenig mit Abfragen auskennen, können Sie natürlich in den *Datensatzherkunft*-Eigenschaften auf die Schaltfläche mit den drei Pünktchen dahinter klicken und die SQL-Anweisung im grafischen Abfrage-Generator erstellen.

Sie sehen in Abbildung 12.27 die Einstellungen für das *bstmitIDRef*-Feld zum Nachschlagen der Mitarbeiter. Aus Platzgründen ist dort die Datensatzherkunft manuell ein wenig gekürzt, damit Sie den kompletten Inhalt sehen können. Statt *tblMitarbeiter.mitID* ist dort nur das Feld *mitID* genannt, was funktionsgleich ist.

Abbildg. 12.27   Die Einstellungen für das *bstmitIDRef*-Feld

Die Einstellungen für das *bstartIDRef*-Feld sind sehr ähnlich, wie Sie in Abbildung 12.28 sehen können.

Abbildg. 12.28   Die Einstellungen für das *bstartIDRef*-Feld

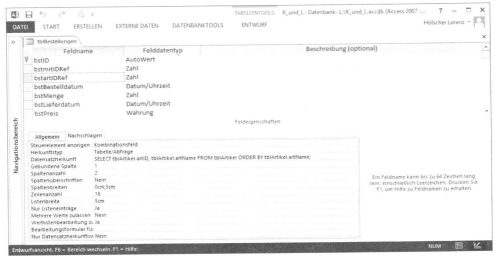

Sie können übrigens auch bei der Datensatzherkunft für das *bstartIDRef*-Feld die Bezeichnung *tblArtikel.* (einschließlich Punkt) vor den Feldnamen weglassen, da diese ja eindeutig sind.

Performing

Für ein wirkliches Performing ist es noch ein wenig früh, aber einiges ist schon berücksichtigt worden. Beispielsweise beschleunigt der Trick mit dem *bstPreis* den Zugriff in großen Tabellen ebenso wie die Auslagerung vieler Mitarbeiter-Fotos in externe Dateien. Dadurch wird die Datenbank kleiner und kann entsprechend schneller gelesen werden.

PROFITIPP Um ein Gefühl für die ungefähre Größe der Datenbank zu bekommen, sollten Sie wenigstens die umfangreichen Tabellen kurz nachrechnen. Für die Tabelle *tblBestellungen* wären das 38 Bytes je Datensatz (*AutoWert + Long + Long + Datum/Uhrzeit + Integer + Datum/Uhrzeit + Währung*, also 4 + 4 + 4 + 8 + 2+ 8 + 8) . Bestellt jedes Hotel (beziehungsweise deren Mitarbeiter) wöchentlich im Durchschnitt 30 Artikel etwa als Verbrauchsmaterial, dann ergibt das 6.240 Datensätze pro Jahr (30 Artikel * 4 Hotels * 52 Wochen). Das entspricht einem Speicherplatzbedarf von etwa 237 KB (0,038 KB * 6.240) plus noch ein paar internen Verwaltungsbytes für diese Tabelle.

Im Moment wird die tatsächliche Größe der Datenbank mit etwa 1.200 kB vor allem von den anderen Tabellen und den darin enthaltenen Hotel-Logos bestimmt. Wenn Sie diese Tabelle *tblBestellungen* einzeln in einer Datenbank anlegen, ist die Datei 420 kB groß. Nachdem dort 6.240 Bestellungen hinzugefügt wurden, ist die Datenbank 700 kB groß. Die Differenz von 280 kB entspricht recht gut der vorausberechneten Größe der Tabelle.

Das Beschleunigen einer Datenbank wird oftmals in »gefühlter Zeit« gemessen. Sehr beliebt ist es beispielsweise, auf jedem Formular und Bericht das Firmen-Logo abzubilden.

Wenn das aber nicht vorher in einem Bildbearbeitungsprogramm vernünftig verkleinert worden ist, sondern etwa frisch aus dem Scanner als riesige TIFF-Datei eingefügt wurde, macht das nicht nur jedes Formular und jeden Bericht um einige Megabyte größer, sondern erzeugt schmerzhaft lange Ladezeiten. Da ist keineswegs der Datenzugriff das Problem, sondern das optische Überfrachten von Formularen oder Berichten.

Mindestens so langsam und vor allem überflüssig ist das oft gesehene Zwischenspeichern von berechneten Daten in Hilfstabellen, anstatt diese direkt aus Abfragen zu liefern. Das macht nicht nur mit jedem Löschen/Neuspeichern die Datenbank erheblich größer, sondern das physische Schreiben auf eine Festplatte ist auch mit Abstand die langsamste Aktion in Access.

Damit ist auch der nächste Punkt schon erwähnt: das Komprimieren. Falls in der Datenbank regelmäßig viele Daten gelöscht werden, muss ebenso regelmäßig komprimiert werden. Wie schon in Kapitel 11 erwähnt, finden Sie diese Funktion in der Backstage-Ansicht als Befehl *DATEI/Informationen/Datenbank komprimieren und reparieren*.

Das übrige Beschleunigungspotenzial steckt in der konkreten Organisation von Formular-/Bericht-Steuerelementen oder den aufgerufenen Makros/VBA-Prozeduren und wird daher in den zugehörigen Kapiteln besprochen.

Zusammenfassung

In diesem Kapitel haben wir uns den Entwurf einer konkreten Datenbank angesehen, um deren Datenbankdesign zu diskutieren:

- Die Entwicklung einer Datenbank erfolgt in den drei Schritten *Storming*, *Norming* und *Performing* (Seite 222)

- Für die Sammlung der benötigten Informationen, also dem *Storming* (Seite 222), werden alle Ideen relativ unsortiert aufgeschrieben

- Erst mit dem *Norming* (Seite 224) werden diese strukturiert und als konkrete Felder in Tabellen zusammengefasst

- Die *Hotel-Tabelle* (Seite 224) ist eine Tabelle, welche zu den Stammdaten des Hotels vor allem eine eindeutige ID liefert, auf die sich die Mitarbeiter-Tabelle beziehen kann

- Das *Hotel-Logo* (Seite 227) kann in dieser Tabelle wegen der geringen Menge an Datensätzen ausnahmsweise mal direkt als OLE-Objekt gespeichert werden

- Die *Mitarbeiter-Daten* (Seite 229) werden tatsächlich auf zwei Tabellen verteilt, damit ein Teil davon vertraulich behandelt werden kann:

  - Die »öffentlichen« Daten stehen in *tblMitarbeiter* (Seite 229), wobei das zugehörige Foto als Link erreichbar und außerhalb der Datenbank gespeichert ist. Weitere Fotos sind in einem *Anlage*-Feld gespeichert.

  - Die Tabelle *tblExtras* (Seite 240) enthält die vertraulichen Informationen zum Mitarbeiter

- Die aufgelisteten Artikel sollen in *Kategorien* (Seite 240) zusammengefasst werden, welche in einer Tabelle beschrieben sind. Das ist zwar gegenüber einer echten Artikel-Datenbank stark vereinfacht, reicht aber für unsere Zwecke.

- Ebenfalls als Vorbereitung für die Artikel-Tabelle sollen deren mögliche Farben nicht aus einer Wertliste stammen, sondern aus der erstellten Tabelle *tblFarben* (Seite 242)

- Die *Artikel-Tabelle* (Seite 242) enthält sowohl eine Referenz auf die Kategorien als auch die Farben. Ein Feld für ein Artikelfoto ist nicht enthalten, da dies später per VBA programmiert wird.

- Insgesamt die größte Tabelle wird *tblBestellungen* (Seite 247) sein. Dort ist der Artikelpreis ein zweites Mal enthalten, damit das Problem der Artikelpreis-Historie gelöst werden kann. Das tatsächliche Kopieren des korrekten Preises aus der Artikel-Tabelle ist noch nicht gelöst.

- Der dritte Schritt des Datenbankdesigns, das *Performing* (Seite 250), ist teilweise schon geschehen. Andere Möglichkeiten der Beschleunigung hängen von Details in Formularen/Berichten oder der Programmierung ab und werden dort besprochen.

Access allgemein

Teil D

Tabellen

Kapitel 13

Tabellen entwerfen

Tabellen

Nachdem wir im vorherigen Kapitel schon die Tabellen einer Beispieldatenbank angelegt haben, gibt es doch noch ein paar Möglichkeiten mehr, die in Tabellen beziehungsweise deren Feldern stecken und bisher nicht erwähnt wurden. Damit wird sich dieses Kapitel ausführlich beschäftigen.

Tabelle ändern

Selbst wenn Sie den Tabellenentwurf sorgfältig vorher geplant haben, ändert sich während der Erstellung einer Datenbank doch schon mal etwas. Daher können Sie auch nachträglich Änderungen an Tabellen vornehmen.

Tabelle löschen

Eine Tabelle löschen Sie so, wie es zu erwarten ist: Sie markieren den Namen im Navigationsbereich und drücken die ⌨Entf-Taste. Alternativ können Sie per Rechtsklick das Kontextmenü anzeigen lassen und dort *Löschen* anklicken. Im Menüband ist der Befehl etwas eigenwillig unter *START/Datensätze/Löschen* einsortiert.

Nach dem Löschen großer Tabellen sollten Sie über das Komprimieren der Datenbank (*DATEI/ Informationen/Datenbank komprimieren und reparieren*) nachdenken, denn oft wird die Datei danach erheblich kleiner und damit schneller.

Tabelle umbenennen

Damit Sie eine Tabelle umbenennen dürfen, muss sie sowohl selber geschlossen sein (Entwurf ebenso wie Datenblattansicht) als auch alle abhängigen Objekte wie Abfragen, Formulare oder Berichte, die auf ihre Daten zugreifen.

Sie können auf den Tabellennamen im Navigationsbereich einen Rechtsklick ausführen und im Kontextmenü *Umbenennen* auswählen. Alternativ funktioniert für markierte Tabellen (und alle anderen Objekte im Navigationsbereich) auch die ⌨F2-Taste.

Tabelle kopieren

Eigentlich ist das Kopieren von Tabellen unnötig. Grundsätzlich sollte es in einem Datenbankdesign nämlich keine ähnlichen Tabellen geben, denn dann wären die Daten besser in einer gemeinsamen Tabelle mit Unterscheidungsspalte enthalten.

Technisch funktioniert das Kopieren ganzer Tabellen aber so wie auch mit Dateien: Sie können bei gedrückt gehaltener ⌨Strg-Taste mit der ebenfalls gedrückt gehaltenen Maus den Namen über einen anderen Tabellennamen ziehen (nicht in den weißen Bereich unterhalb). Dann entsteht aus *tblBeispiele* automatisch eine Tabelle mit dem Namen *Kopie von tblBeispiele* mit allen Daten.

Tabelle ausblenden

Tabellen lassen sich per Rechtsklick im Kontextmenü über den Befehl *In dieser Gruppe ausblenden* temporär aus dem Navigationsbereich entfernen und werden dann nicht mehr angezeigt.

Um sie wieder einzublenden, müssen allerdings die ausgeblendeten Objekte sichtbar gemacht werden. Dies geschieht über das Kontextmenü des Navigationsbereichs (rechter Mausklick auf den Fenstertitel *Alle Access-Objekte*) und dort über den Eintrag *Navigationsoptionen*. Aktivieren Sie im Dialogfeld das Kontrollkästchen *Ausgeblendete Objekte anzeigen*.

Dann erst wird eine ausgeblendete Tabelle hellgrau angezeigt und Sie können wiederum per Rechtsklick im Kontextmenü den Befehl *In dieser Gruppe einblenden* anklicken.

Tabellenentwurf öffnen

Um den Entwurf einer bereits vorhandenen Tabelle wieder zu öffnen, gibt es die in Abbildung 13.1 gezeigte Möglichkeit, per Rechtsklick auf den Namen ein Kontextmenü zu öffnen und dort auf *Entwurfsansicht* zu klicken.

Abbildg. 13.1 Wechseln Sie per Kontextmenü in die Entwurfsansicht

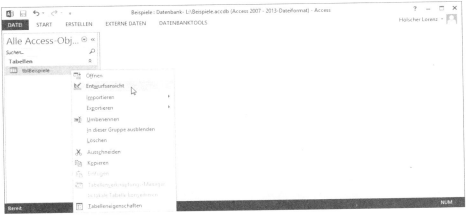

Ist der Tabellenname im Navigationsbereich markiert, können Sie die Entwurfsansicht auch mit ⌃Strg+↵ öffnen. Die einfache ↵-Taste hingegen öffnet immer die Datenblattansicht.

Ist die Tabelle bereits in der Datenblattansicht geöffnet, führt der offizielle Weg über den Befehl *START/Ansichten/Entwurfsansicht*. Schneller, vor allem bei ausgeblendetem Menüband, ist ein Rechtsklick auf den Reiter des Dokumentregisters wie in Abbildung 13.2. Dort wählen Sie im Kontextmenü dann die *Entwurfsansicht*.

Abbildg. 13.2 Nutzen Sie das Kontextmenü auf dem Dokumentregister

Tabellen

PROFITIPP Zum schnellen Wechsel von der Tabellenansicht in die Entwurfsansicht kann auch die Tastenkombination ⎡Strg⎤ + ⎡.⎤ genutzt werden.

Bei Tabellen (wie später ebenfalls bei allen anderen Objekten) können Sie auch mit den Symbolen am rechten Rand der Statuszeile umschalten, wie Abbildung 13.3 zeigt.

Abbildg. 13.3 Auch am rechten Rand der Statuszeile lässt sich die Ansicht umschalten

Ob diese Symbole sichtbar sind, ist abhängig von der Einstellung *Ansichtssymbole anzeigen* der Statuszeile, die Sie dort mit Rechtsklick im Kontextmenü ändern können.

Felder ändern

Wie Sie Felder anlegen, haben Sie im vorigen Kapitel schon ausführlich gesehen. In diesem Abschnitt wird gezeigt, wie Sie bestehende Felder nachträglich bearbeiten können.

Felder löschen

Selbstverständlich können Sie Felder auch wieder löschen, wenn Sie deren Inhalt nicht mehr benötigen:

1. Öffnen Sie den Tabellenentwurf der jeweiligen Tabelle. Achten Sie darauf, dass keine anderen Fenster beziehungsweise Dokumentregister offen sind. Während diese auf die Tabelle zugreifen, können Änderungen nicht gespeichert werden.

2. Klicken Sie auf den Zeilenkopf links vom Feldnamen. Der Mauszeiger erscheint dort als ein nach rechts zeigender, schwarzer Pfeil.

3. Nachdem die Zeile mit dem Feldnamen orange markiert ist, können Sie das Feld einfach mit der ⎡Entf⎤-Taste oder dem Befehl *ENTWURF/Tools/Zeilen löschen* entfernen.

Access prüft dabei, ob in der Tabelle bereits Daten enthalten sind, denn alle Inhalte der jeweiligen Spalte werden durch das Löschen des Felds ebenfalls entfernt. Sie müssen dann die Warnmeldung aus Abbildung 13.4 bestätigen.

Beim Löschen von Feldern erscheint diese Warnmeldung

Felder verschieben

Auch die Reihenfolge der Felder lässt sich anpassen, indem Sie diese einfach verschieben:

1. Markieren Sie im Tabellenentwurf das Feld wie eben durch Klick auf seinen Zeilenkopf links. Lassen Sie die Maus wieder los.
2. Halten Sie danach auf dem Zeilenkopf die Maus gedrückt und verschieben Sie das Feld an die neue Position. Während des Verschiebens sehen Sie einen dicken schwarzen Strich für die zukünftige Einfügeposition und einen speziellen Mauszeiger wie in Abbildung 13.5.

Abbildg. 13.5 Ein spezieller Mauszeiger zeigt das Verschieben an

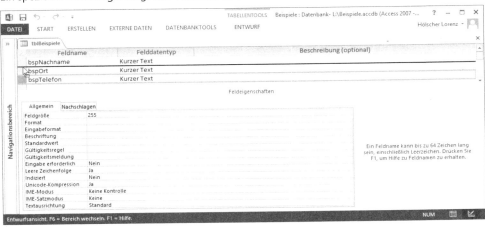

Felder umbenennen

Haben Sie sich bei einem Feldnamen vertippt, können Sie den Namen einfach anklicken und direkt in der Entwurfsansicht ändern. Das Tastenkürzel F2 wechselt ebenfalls in den Änderungsmodus für Feldnamen.

ACHTUNG Wenn Sie Feldnamen ändern, aber bereits Abfragen, Formulare oder Berichte auf dieser Tabelle basieren, müssen Sie diese ebenfalls anpassen. Zumindest dann, wenn Sie in den Datenbankoptionen das Kontrollkästchen *Objektnamenautokorrektur ausführen*, wie in Kapitel 9 empfohlen, deaktiviert haben.

Felder kopieren

Manchmal gibt es Felder, die sich in ihren Eigenschaften sehr ähnlich sind. Dann ist es am praktischsten, diese einfach zu kopieren:

1. Klicken Sie im Entwurf auf den Zeilenkopf, öffnen per Rechtsklick das Kontextmenü und wählen dort *Kopieren* (siehe Abbildung 13.6).

Abbildg. 13.6 Kopieren Sie Felder über das Kontextmenü

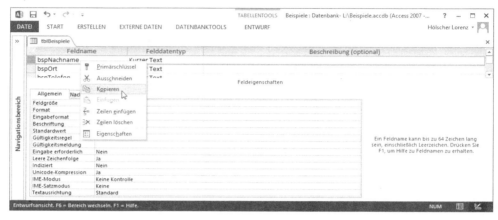

2. Anschließend markieren Sie den Zeilenkopf eines (leeren!) Felds und wählen dort im Kontextmenü den Befehl *Einfügen*.

Sie können statt der Kontextmenüs auch jeweils die Tastenkürzel `Strg`+`C` zum Kopieren und `Strg`+`V` zum Einfügen nutzen. Das Windows-übliche Verschieben mit gedrückter `Strg`-Taste funktioniert leider nicht.

Denken Sie anschließend immer daran, dass ein kopiertes Feld auch umbenannt werden muss, damit keine gleichnamigen Felder in einer Tabelle enthalten sind.

Felder nachträglich hinzufügen

Ein neues Feld fügen Sie dem Entwurf einfach hinzu, indem Sie den Namen in der nächsten freien Entwurfszeile eintippen. Danach lässt es sich verschieben. Alternativ können Sie mit dem Befehl *ENTWURF/Tools/Zeilen einfügen* vor der markierten Zeile eine leere Zeile einfügen.

HINWEIS Fügen Sie ein Feld nachträglich in einer Tabelle ein, die bereits Daten enthält, wird für die schon vorhandenen Datensätze kein Standardwert dieses neuen Felds erzeugt. Standardwerte gelten immer nur für neue Datensätze. Um auch alte Datensätze mit dem Standardwert zu füllen, brauchen Sie eine Aktualisierungsabfrage, wie Sie sie in Kapitel 24 kennenlernen werden.

Felddatentyp ändern

Das Ändern des Felddatentyps kann ähnlich katastrophale Folgen haben wie die Verringerung der Feldgröße. Daher sollten Sie vorher immer eine Kopie der Datenbankdatei anlegen.

Access akzeptiert für die meisten Felddatentypen eine Änderung (aber nicht für *Anlage-* und mehrwertige Felder), bei einer Verkleinerung werden Sie jedoch möglicherweise Daten verlieren. Daher weist Sie Access mit der Warnmeldung aus Abbildung 13.7 darauf hin. Allerdings erst beim Speichern des Entwurfs.

Abbildg. 13.7   Diese Warnmeldung erscheint bei Änderung der Feldgröße oder des Felddatentyps

> **HINWEIS**   Stellen Sie ein *Long*-Feld beispielsweise auf *Integer* um, werden alle Daten, die größer als 32.767 oder kleiner als −32.768 sind, durch NULL-Werte ersetzt. Sie sollten also vor einer solchen Änderung am besten mittels einer sortierten Abfrage herausfinden, ob solche problematischen Daten in der Tabelle enthalten sind. Ein Beispiel, wie sich die Länge enthaltener Texte feststellen lässt, finden Sie in Kapitel 18.

Benutzerdefinierte Felder

Manche Felder werden in vielen Datenbanken immer wieder gebraucht, etwa für Adressen, die eine typische Kombination aus Vor-, Nachname, Postleitzahl, Ort und Straße enthalten. Solche Felder können Sie vorbereiten und bei Bedarf in Tabellen einfügen lassen.

> **ACHTUNG**   Obwohl es sich dabei ganz klar um Änderungen am Tabellenentwurf handelt, sind die Befehle eigenartigerweise nur in der Datenblattansicht in der Registerkarte *FELDER* zu sehen. Damit der Befehl aktiv wird, müssen Sie in den Access-Optionen in der Kategorie *Aktuelle Datenbank* in der Gruppe *Anwendungsoptionen* das Kontrollkästchen *Entwurfsänderungen für Tabellen in der Datenblattansicht aktivieren* angekreuzt haben.

1. Öffnen Sie dazu eine Tabelle mit den gewünschten Feldern in der Datenblattansicht. Hier benutze ich eine fiktive *Kunden*-Tabelle wie in Abbildung 13.8.

Tabellen

Eine fiktive *Kunden*-Tabelle mit Beispieldaten

2. Markieren Sie dort die Spalten *kndVorname* bis *kndStrasse*, indem Sie mit der Maus gedrückt von der Mitte des ersten Spaltenkopfs bis zum letzten ziehen (alternativ können Sie auch die erste Spalte anklicken und dann mit gedrückter ⌂-Taste die letzte zu markierende Spalte anklicken).

3. Klicken Sie dann in *FELDER/Hinzufügen und Löschen* auf die Dropdown-schaltfläche *Weitere Felder*. Im dort erscheinenden Menü wählen Sie den Befehl *Auswahl als neuen Datentyp speichern*.

4. Geben Sie im anschließend geöffneten Dialogfeld wie in Abbildung 13.9 den Namen und die Beschreibung für diesen Satz von Feldern an.

Abbildg. 13.9 Beschreiben Sie mit diesem Dialogfeld die neuen Felder

5. Nach der Bestätigung mit *OK* nennt Access Ihnen noch wie in Abbildung 13.10 den Ort, an dem diese gespeichert werden.

Abbildg. 13.10 Die neuen Felder werden als *.accft*-Datei gespeichert

6. Um diese später in einer anderen Tabelle einzufügen, öffnen Sie die neue Tabelle wiederum in der Datenblattansicht und finden die Felder bei *FELDER/Hinzufügen und Löschen/Weitere Felder*

im Menü ganz unten im Abschnitt *Benutzerdefinierte Typen* wie in Abbildung 13.11. Dieses Menü ist so lang, dass es einen Scrollbalken enthält.

Diese Felder stehen bei *Benutzerdefinierte Typen* im (hier gekürzten) Menü

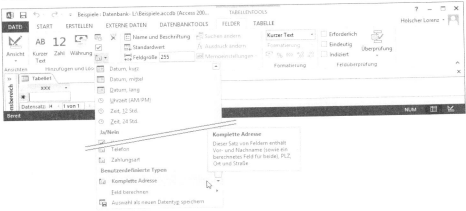

7. Klicken Sie darin *Komplette Adresse* an, werden die Felder in den Entwurf der aktuellen Tabelle eingefügt.

ACHTUNG Entgegen Windows-üblicher Gepflogenheit sind die so in der Tabelle eingefügten Felder bereits gespeichert, es gibt also beim Schließen des Fensters keine erneute Rückfrage.

Denken Sie bitte daran, dass solchermaßen eingefügte Felder im Hinblick auf die Ungarische Notation ziemlich sicher das falsche Präfix mitbringen, da dieses ja sinnvollerweise von der Tabelle abhängig sein sollte.

Index

Ein Index für ein Datenbankfeld ist eine (interne) Liste, bei der die Inhalte dieses Felds vorsortiert sind. Dadurch ist ein erheblich schnellerer Zugriff auf den richtigen Datensatz möglich, wenn dieser gesucht, sortiert oder gefiltert werden soll.

PROFITIPP Die Größenordnung für die mögliche Beschleunigung zwischen indiziertem und nicht indiziertem Feld ist locker das Hundertfache. Sie können diese Beschleunigung bei Ihren Datenbanken nicht nachvollziehen? Das liegt daran, dass diese zu klein sind.

Bei heute üblichen Speichergrößen passen die meisten privat erstellten Datenbanken problemlos in den Hauptspeicher und dann ist der Unterschied kaum zu bemerken. Werden die Tabellen aber so groß, dass sie von der Festplatte oder gar aus dem Netzwerk nachgeladen werden müssen, bricht die Performance ohne Index spürbar ein.

Sie können in Access grundsätzlich (fast) jedes Feld indizieren, indem Sie die *Indiziert*-Eigenschaft von *Nein* auf *Ja (Duplikate möglich)* oder *Ja (Ohne Duplikate)* ändern. Die Einstellung *Ja (Duplikate möglich)* sorgt für das schnellere Auffinden von Datensätzen.

Tabellen

Stellen Sie den Index auf *Ja (Ohne Duplikate)*, kann in diesem Feld kein Wert mehrfach gespeichert werden. Das erste Auftreten eines doppelten Werts verhindert die Speicherung des neuen Datensatzes. Natürlich gibt es auch Gelegenheiten, wo Sie das Speichern von Duplikaten zulassen müssen, etwa bei Adressen, wo mehrmals der gleiche Nachname oder die Straße einschließlich Hausnummer auftreten kann.

HINWEIS   Grundsätzlich nicht indizierbare Felder sind *OLE-Objekt, Anlage* und der *Berechnet*-Felddatentyp. Sobald Sie ein mehrwertiges Feld einrichten, ist es ebenfalls nicht mehr indizierbar.

Um einen Index einzurichten, markieren Sie im Tabellenentwurf einen Feldnamen und stellen unten auf der Registerkarte *Allgemein* die *Indiziert*-Eigenschaft auf den gewünschten Wert.

Einen Index bemerken Sie weder an der irgendwie zunehmenden Größe der Datenbank noch können Sie ihn irgendwo als eigenes Objekt sehen. Er ist nur als Eigenschaft eines oder mehrerer Felder zu erkennen.

PROFITIPP   So sinnvoll Indizes (der Plural von Index) sein mögen, gibt es doch eventuell ein Problem beim Einfügen von neuen Datensätzen. Schließlich müssen für jeden neuen Datensatz alle Indizes der Tabelle aktualisiert werden.

Richtig problematisch wird es dabei vor allem, wenn schnell viele neue Daten eingefügt werden, wie es beim Import geschieht. Dort ist es manchmal sinnvoll, den Index vorher auszuschalten, alles zu importieren und danach den Index genau ein Mal wieder zu aktualisieren, wenn er wieder auf *Ja* (mit und ohne Duplikate) gestellt wird.

Primärschlüssel

Der Primärschlüssel ist ein besonders gekennzeichneter, eindeutiger Index. Access »weiß« dann, dass dieses Feld jeden Datensatz der Tabelle immer identifizieren kann. Ein Primärschlüssel ist zwingend mit der *Indiziert*-Eigenschaft auf *Ja (Ohne Duplikate)* eingestellt und ändert das auch selbstständig:

1. Um einen Primärschlüssel zu erstellen, markieren Sie im Tabellenentwurf das Feld und rufen den Befehl *ENTWURF/Tools/Primärschlüssel* auf.
2. Alternativ können Sie mit einem Rechtsklick auf das Feld im Kontextmenü den Befehl *Primärschlüssel* anklicken.

Beim erstmaligen Speichern eines Tabellenentwurfs prüft Access, ob diese Tabelle bereits einen Primärschlüssel besitzt. Ist das nicht der Fall, erscheint die Rückfrage wie in Abbildung 13.12.

Abbildg. 13.12 Access prüft beim erstmaligen Speichern, ob ein Primärschlüssel vorhanden ist

Wenn Sie das Dialogfeld mit *Ja* bestätigen, sucht Access ein eventuell vorhandenes *AutoWert*-Feld (es kann pro Tabelle sowieso nur eines geben) und legt dieses als Primärschlüssel fest. Fehlt ein solcher Felddatentyp, legt Access ein neues Feld namens *ID* als *AutoWert* mit Primärschlüssel an.

> **TIPP**   Sie erkennen den Primärschlüssel später im *Beziehungen*-Fenster (siehe Kapitel 12) daran, dass davor ebenfalls das Schlüsselsymbol sichtbar ist.

Mehrfach-Index

Bisher war es leicht, einen Datensatz zu identifizieren, weil dieser dank eines *AutoWert*-Felds einen idealen Primärschlüssel hatte. Was ist aber, wenn Sie vorhandene Daten ohne solch ein Feld nicht verändern dürfen und trotzdem eindeutig zuordnen müssen?

Sie finden in *ENTWURF/Einblenden/Ausblenden* den Befehl *Indizes*, der Ihnen alle notwendigen Einstellungen bietet. Auch ein Primärschlüssel ist ja nur ein Indexeintrag in der Liste, wie das Indizes-Fenster in Abbildung 13.13 zeigt.

Abbildg. 13.13 Ein Primärschlüssel erscheint ebenfalls in der Liste der Indizes

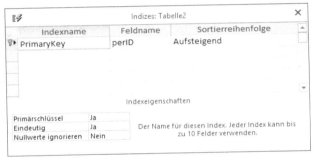

Für den Fall einer Tabelle mit einem Index, dessen Eindeutigkeit sich erst aus mehreren Feldern ergibt, nutze ich einen fiktiven Tabellenentwurf, wie Sie ihn in Abbildung 13.14 sehen:

1. Um einen Index aus mehreren Feldern zu erstellen, rufen Sie das *Indizes*-Fenster mit dem Befehl *ENTWURF/Einblenden/Ausblenden/Indizes* auf.

2. Geben Sie in der Spalte *Indexname* ein beliebiges Wort (aber nicht *PrimaryKey*) ein, hier im Beispiel NichtsDoppelt.

3. Wählen Sie in der mittleren Spalte *Feldname* die gewünschten Felder untereinander in den Zeilen aus. In Abbildung 13.14 umfasst der Index die vier Felder *kndVorname* bis *kndStrasse*.

4. Anschließend müssen Sie die erste Zeile (die hier *NichtsDoppelt* enthält) markieren, denn nur dort lassen sich die Indexeigenschaften im unteren Teil des Fensters einstellen. Sie gelten für diesen kompletten Vierfelderindex.

5. Stellen Sie dort die *Eindeutig*-Eigenschaft auf *Ja*, damit keine Kombination dieser vier Feldinhalte doppelt vorkommen kann. Danach können Sie das Fenster einfach schließen, denn es gibt keine *OK*-Schaltfläche.

Abbildg. 13.14 Ein Mehrfachindex für die Beispiel-Tabelle *tblKunden*

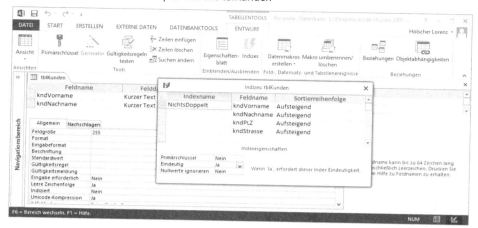

ACHTUNG Als Beispiel ist ein Mehrfachindex aus Vorname, Nachname, Ort und Straße durchaus sinnvoll, weil häufig so benutzt. Inhaltlich ist ein eindeutiger Index aus diesen vier Feldern aber höchst riskant. Mit einem häufigen Namen wie »Michael Müller« in einer großen Stadt wie Berlin oder Hamburg können Sie nicht sicher sein, dass nicht doch zwei unterschiedliche Personen in der gleichen Straße wohnen. Mal abgesehen davon, dass ein Index auf Nachnamen ohnehin nicht empfehlenswert ist, weil Nachnamen sich gelegentlich durch Heirat oder Scheidung ändern.

Brauchen Sie noch einen zweiten Index in der gleichen Tabelle, können Sie ihn für einzelne Felder wie gewohnt als *Indiziert*-Eigenschaft einstellen. Dann erscheint unterhalb Ihres Vierfelderindex eine neue Zeile mit einem neuen Namen (normalerweise dem Feldnamen selber) in der *Indexname*-Spalte, wie Sie es auch manuell dort hätten eintragen können.

Jeder Index umfasst immer alle Felder von seinem Namen an und allen folgenden Zeilen bis zum nächsten *Indexname*-Eintrag.

Zusammenfassung

In diesem Kapitel haben Sie alle Möglichkeiten bei der Bearbeitung von Tabellen und Feldern kennengelernt, die in anderen Kapiteln noch nicht erwähnt wurden:

- Sie können *Tabellen* (Seite 256) löschen, umbenennen, kopieren und ein-/ausblenden. Dazu stehen Ihnen sowohl Tastenkürzel als auch Befehle im Menüband oder im Kontextmenü zur Verfügung.

- Für *Felder* (Seite 258) stehen Ihnen ähnliche Änderungsmöglichkeiten zur Verfügung, auch diese lassen sich löschen, umbenennen oder kopieren. Zusätzlich können Sie noch deren Reihenfolge ändern und den Datentyp anpassen.

- Sie können *benutzerdefinierte Felder* (Seite 261) als Standard speichern und in anderen Tabellen einfügen.

- Um den Datenzugriff für Suchen, Sortieren und Filtern zu beschleunigen, lassen sich einzelne oder mehrere Felder indizieren. Außerdem haben Sie als speziellen *Index* (Seite 264) den Primärschlüssel kennengelernt.

Kapitel 14

Umgang mit Datensätzen

In diesem Kapitel:

Nachdem nun der Tabellenentwurf fertig ist, geben Sie typischerweise Daten ein. Auch hier bei der Dateneingabe beziehungsweise bei der Navigation durch die Datensätze gibt es noch einige Hinweise, die bisher nicht genannt wurden.

Datensätze bearbeiten

Jede Zeile in einer Datenblattansicht wird als Datensatz bezeichnet. Ein wesentlicher Teil der Arbeit in einer Datenbank besteht auch darin, Datensätze zu bearbeiten. Neben den offensichtlichen Bedienungselementen möchte ich Ihnen hier die zusätzlichen Möglichkeiten zeigen, effektiv mit Datensätzen umzugehen.

Neuen Datensatz anlegen

In der Datenblattansicht enthält die unterste Zeile immer ein Sternchen als Kennzeichnung, dass es sich hierbei um eine Eingabezeile und nicht schon um einen echten Datensatz handelt.

Abbildg. 14.1   Hier können Sie einen neuen Datensatz anlegen

Innerhalb der Navigationsschaltflächen existiert zudem eine Schaltfläche wie in Abbildung 14.1, mit der ebenfalls ein neuer Datensatz angelegt werden kann. Diese ist vor allem hilfreich in umfangreichen Tabellen, bei denen die Eingabezeile mit dem Sternchen nicht zu sehen ist. Alternativ können Sie das Tastenkürzel ⌜Strg⌝+⌜+⌝ nutzen.

Datensätze eingeben

Die Eingabe von Datensätzen ist so intuitiv, dass Sie das bereits gemacht haben, ohne dass Sie auf zusätzliche Hinweise angewiesen waren. Sie klicken in der Datenblattansicht in eine Zelle und tippen los.

Anstatt anschließend aber wiederum mit der Maus in die nächste Zelle zu klicken, geht es auch mit der Tastatur weiter. Wechseln Sie nach Belieben mit der ⌜⇄⌝-Taste oder mit der ⌜↵⌝-Taste in die jeweils folgende Zelle. Von der letzten Zelle aus gelangen Sie automatisch in die erste Zelle der nächsten Zeile.

Datensatz speichern

Access unterscheidet sich von praktisch allen anderen Programmen darin, dass Daten automatisch gespeichert werden. Sobald Sie einen Datensatz verlassen, wird er gespeichert, falls das möglich ist.

Access verhindert dies allerdings, sobald eine Gültigkeitsregel oder ein eindeutiger Index dem widerspricht. In diesem Fall erhalten Sie eine Fehlermeldung wie beispielsweise in Abbildung 14.2 angezeigt.

Abbildg. 14.2 Diese Fehlermeldungen weisen darauf hin, dass der Datensatz nicht gespeichert werden kann

Das Verlassen eines Datensatzes kann übrigens auch anders erfolgen als nur durch den Wechsel zu einem anderen Datensatz. Das Schließen des Fensters und auch das Beenden von Access führt vorher immer ein Speichern des Datensatzes aus. Da auch die folgende Aktion (Schließen oder Beenden) damit verhindert wird, bietet Access wie in Abbildung 14.3 inzwischen an, die Änderungen an diesem Datensatz zu verwerfen, damit Sie wenigstens das Programm beenden können.

Abbildg. 14.3 Beim Beenden des Programms bietet Access an, die unzulässigen Änderungen zu verwerfen

Wollen Sie einen Datensatz ohne Speichern verlassen, müssen Sie die ⌈Esc⌉-Taste drücken, manchmal zwei Mal (zuerst für die letzte Feldänderung, dann für die Datensatzänderung).

HINWEIS Viele Benutzer haben sich angewöhnt, einen Datensatz zu »speichern«, indem sie auf das Diskettensymbol oben links in der Symbolleiste für den Schnellzugriff (siehe auch Abbildung 14.5) klicken. Dabei wird allerdings nur der Tabellenentwurf gespeichert, nicht der Datensatz. Dieser wird erst beim Verlassen automatisch gespeichert, daher fällt den meisten der Fehler gar nicht auf.

Wollen Sie tatsächlich mal zwischendurch den Datensatz speichern, nutzen Sie die Tastenkombination ⌈⇧⌉+⌈↵⌉ oder *START/Datensätze/Speichern*. Das ist weniger jetzt in Tabellen interessant als zukünftig in Formularen.

Tabellen

Datensätze löschen

Um einen Datensatz komplett zu löschen, klicken Sie auf seinen Zeilenkopf, sodass er komplett orange umrandet ist. Drücken Sie dann die `Entf`-Taste. Alternativ können Sie das Tastenkürzel `Strg`+`-` nutzen. Nach Bestätigung der Rückfrage wie in Abbildung 14.4 ist der Datensatz endgültig gelöscht.

Abbildg. 14.4 Access fragt beim Löschen von Datensätzen sicherheitshalber noch einmal nach

> **ACHTUNG** Den *Rückgängig*-Befehl (der sich ganz oben in der Symbolleiste für den Schnellzugriff befindet, siehe Abbildung 14.5) gibt es in Access für Daten nicht ernsthaft, denn Datenänderungen sind oft so umfangreich, dass sie beim besten Willen nicht zwischengespeichert werden könnten. Bevor Sie also Daten löschen, machen Sie besser eine Kopie der Datenbank.

Abbildg. 14.5 Der *Rückgängig*-Befehl ist nur sehr selten aktiviert

Navigation in Datensätzen

Bisher haben wir es mit recht wenigen Datensätzen in einer Tabelle zu tun gehabt. Bei umfangreichen Tabellen ist es aber manchmal hilfreich, mit den entsprechenden Tastenkombinationen zu arbeiten. Sie finden diese in Tabelle 14.1.

Tabelle 14.1 Tastenkombinationen für die Navigation in Datensätzen

Tastenkombination	Aktion
`⇆` oder `→`	Wechseln zum nächsten Feld
`Ende`	Wechseln zum letzten Feld im aktuellen Datensatz
`⇧`+`⇆` oder `←`	Wechseln zum vorherigen Feld
`Pos1`	Wechseln zum ersten Feld im aktuellen Datensatz
`↓`	Wechseln zum aktuellen Feld im nächsten Datensatz

Tabelle 14.1   Tastenkombinationen für die Navigation in Datensätzen *(Fortsetzung)*

Tastenkombination	Aktion
Strg + ↓	Wechseln zum aktuellen Feld im letzten Datensatz im Navigationsmodus
Strg + Ende	Wechseln zum letzten Feld im letzten Datensatz
Pfeil ↑	Wechseln zum aktuellen Feld im vorherigen Datensatz
Strg + ↑	Wechseln zum aktuellen Feld im ersten Datensatz im Navigationsmodus
Strg + Pos1	Wechseln zum ersten Feld im ersten Datensatz

Ansicht verändern

Die Darstellung der Datenblattansicht lässt sich Ihren Wünschen anpassen, sowohl generell als Voreinstellung als auch für einzelne Tabellen.

Voreinstellungen anpassen

Die grundsätzliche Darstellung einer Datenblattansicht können Sie über den Befehl *DATEI/Optionen* mit dem Dialogfeld *Access-Optionen* und dort in der Kategorie *Datenblatt* vorgeben (siehe Abbildung 14.6).

Abbildg. 14.6   In den Access-Optionen lassen sich Voreinstellungen für die Datenblattansicht einstellen

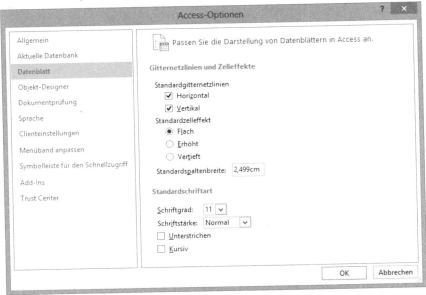

Bereits geöffnete Datenblattansichten müssen geschlossen werden, um die neue Darstellung anzuzeigen.

Spalten ein- und ausblenden

Etwas lästig bei der Dateneingabe sind vor allem Spalten wie ein *AutoWert*-Primärschlüssel, der eigentlich jedes Mal übersprungen werden müsste. Sie können daher in der Datenblattansicht einen Rechtsklick auf den jeweiligen Spaltenkopf (der den Feldnamen anzeigt) machen und im Kontextmenü *Felder ausblenden* wählen.

PROFITIPP   Bei einer Tabelle werden Felder eigentlich nicht aus der Datenblattansicht heraus mal nebenbei hinzugefügt, sondern entstehen immer mit ausdrücklicher Angabe des Datentyps und aller Eigenschaften im Tabellenentwurf. Daher ist die letzte Spalte *Zum Hinzufügen klicken* für eine »richtige« Datenbank überflüssig. Sie können diese wie hier beschrieben ausblenden.

ACHTUNG   Soll die Spalte *Zum Hinzufügen klicken* in einer Datenbank dauerhaft ausgeblendet bleiben, entfernen Sie in den Access-Optionen in der Kategorie *Aktuelle Datenbank* in der Gruppe *Anwendungsoptionen* das Häkchen im Kontrollkästchen *Entwurfsänderungen für Tabellen in der Datenblattansicht aktivieren*. Dies verhindert aber gleichzeitig, dass benutzerdefinierte Felddatentypen (siehe Kapitel 13) gespeichert werden können!

Diese Option wird erst wirksam, nachdem die Datenbank geschlossen und erneut geöffnet wurde.

Um die ausgeblendeten Spalten wieder sichtbar zu machen, finden Sie in *START/Datensätze/Weitere Optionen* ein Menü mit dem Befehl *Felder wieder einblenden* wie in Abbildung 14.7. Alternativ können Sie das Dialogfeld auch mit einem Rechtsklick auf einen Spaltentitel und der Auswahl des Befehls *Felder wieder einblenden* öffnen.

Abbildg. 14.7   Das Dialogfeld *Spalten einblenden* ermöglicht das erneute Einblenden von Spalten

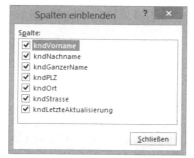

Spalten fixieren

Bei Tabellen mit sehr vielen oder sehr breiten Feldern stehen oft am linken Rand die wichtigen Felder, anhand deren Inhalts sich ein Datensatz identifizieren lässt, etwa eine Projektbezeichnung oder ein Artikelname. Daher ist es praktisch, diese Felder immer sichtbar zu lassen.

1. Markieren Sie dazu eine oder mehrere Spalten und klicken Sie mit der rechten Maustaste auf einen der Spaltenköpfe, um das Kontextmenü anzuzeigen.

2. Klicken Sie dort auf den Eintrag *Felder fixieren*. Jetzt können Sie die Anzeige mit der horizontalen Bildlaufleiste bis an das rechte Ende des Datensatzes bewegen, ohne die so fixierten Felder aus den Augen zu verlieren.

> **ACHTUNG** Die fixierten Felder liegen zwingend immer am linken Rand. Fixieren Sie also beispielsweise nur das dritte Feld, wird dieses anschließend ganz links als Erstes angezeigt.

3. Wollen Sie die Spalten wieder freigeben, finden Sie dort im Kontextmenü den entsprechenden Befehl *Fixierung aller Felder aufheben*.

Spaltenbreite und Spaltenhöhe anpassen

Wer Excel kennt, findet sich in der Bedienung der Access-Tabellen eigentlich sofort zurecht, da vieles genauso gelöst ist:

1. Um die Spaltenbreite zu ändern, fahren Sie mit der Maus auf die Grenzlinie zwischen zwei Spaltenköpfen. Dort verändert sich der Mauszeiger zu einem horizontalen Doppelpfeil.
2. Sie können nun mit gedrückter Maustaste die Breite der links davon liegenden Spalte verändern.
3. Ein Doppelklick an dieser Stelle setzt die Spalte auf die optimale Breite. Dabei werden nicht nur die Daten, sondern auch die Breite der Überschrift berücksichtigt.

> **HINWEIS** Anders als in Excel werden nicht alle Zeilen berücksichtigt, um die optimale Breite zu finden, denn das könnten fast unbegrenzt viele sein, die zudem eventuell erst über ein Netzwerk nachgeladen werden müssten. Daher werden nur diejenigen Datensätze als Maßstab für die optimale Breite genutzt, die im Fenster tatsächlich zu sehen sind.

Die Zeilenhöhe passen Sie entsprechend an, indem Sie an der Grenzlinie zwischen zwei Zeilenköpfen das Umschalten zum Mauszeiger mit vertikalem Doppelpfeil abwarten und dann mit gedrückter Maustaste zum Vergrößern nach unten ziehen.

> **ACHTUNG** Wer Excel kennt, ist jetzt etwas überrascht, denn es wird anders als dort nicht nur diese eine Zeile in der Höhe verändert, sondern immer alle gleichzeitig. Auch gibt es keine optimale Zeilenhöhe, der Doppelklick hier hat also keine Auswirkung.
>
> Es gibt dafür übrigens auch keine Rückgängig-Funktion! Will man wieder zur Standardhöhe zurück, muss man per Klick mit der rechten Maustaste auf den Zeilenkopf den Kontextmenübefehl *Zeilenhöhe* wählen und im zugehörigen Dialogfeld das Kontrollkästchen *Standardhöhe* aktivieren

Schriftart ändern

Sie haben möglicherweise bei den Voreinstellungen für die Datenblattansicht (siehe Seite 271) vermisst, dass auch die Schriftart geändert werden kann. Diese wird über die Befehle in *START/Textformatierung* gewählt.

> **ACHTUNG** Ebenso wie die Zeilenhöhe gelten diese (auch anders als bei Excel) immer für die komplette Datenblattansicht. Eine Formatierung einzelner Felder ist nur in Formularen und Berichten möglich, eine Formatierung einzelner Zeichen nur in Rich-Text-Feldern.

Daten finden

Obwohl es technisch möglich ist, Daten in Tabellen zu sortieren und zu filtern, ist dies die eigentliche Aufgabe von Abfragen. Ich zeige Ihnen hier trotzdem die Möglichkeiten, weil sie in Abfragen entsprechend zu nutzen sind.

> **ACHTUNG** Bedenklich finde ich beim Sortieren und Filtern in Tabellen vor allem, dass Sie damit (meist unbewusst) den Entwurf der Tabelle verändern. Sie merken das daran, dass Sie beim Verlassen wie in Abbildung 14.8 bestätigen müssen, dass Sie Änderungen am Entwurf speichern wollen.

Abbildg. 14.8 Sortieren und Filtern führt zu Entwurfsänderungen

Sie finden alle zugehörigen Befehle im Menüband auf der Registerkarte *START* in den Gruppen *Sortieren und Filtern* beziehungsweise *Suchen*.

Datensätze sortieren

Zum Sortieren klicken Sie in der betreffenden Spalte im Kontextmenü wahlweise auf *Von A bis Z sortieren* oder umgekehrt auf *Von Z bis A sortieren.*

> **HINWEIS** *Link-, Anlage-* und mehrwertige Felder lassen sich nicht sortieren.

Datensätze filtern

Ohne dass Sie jetzt schon eine Abfrage erstellen müssten, lassen sich die Daten in Tabellen sehr vielseitig filtern:

1. Klicken Sie auf den kleinen Dropdownpfeil, der an jedem Spaltenkopf rechts zu sehen ist, öffnet sich ein Filterfenster entsprechend der Abbildung 14.9.

Im Dropdownpfeil am Spaltenkopf steckt eine Filterauswahl

2. Entfernen Sie darin die Häkchen aus allen Kontrollkästchen, deren Datensätze Sie nicht sehen wollen, und bestätigen Sie mit *OK*.

3. Sie sehen nun nicht nur die entsprechend gefilterten Datensätze, sondern unten in den Navigationsschaltflächen die geringere Gesamtmenge (hier *1 von 5* statt *1 von 42*), daneben die orange gefärbte Schaltfläche *Gefiltert* und im Spaltenkopf das Symbol für den aktiven Filter.

Abbildg. 14.10   Die Tabellendaten sind gefiltert

4. Wenn Sie die Maus über dem Filtersymbol im Spaltenkopf ruhen lassen, zeigt die QuickInfo den Filter an, wie in Abbildung 14.10 zu sehen ist.

5. Um den Filter auszuschalten, klicken Sie entweder unten auf die *Gefiltert*-Schaltfläche oder wählen im Filtersymbol neben dem Spaltenkopf aus dem Menü den Eintrag *Filter löschen aus (Feldname)*.

> **HINWEIS**   *Anlage-* und mehrwertige Felder lassen sich nicht filtern.

Zusätzlich zum Filterfenster des Dropdownpfeils enthält jede Spalte in einem beliebigen Datensatz ein Kontextmenü wie in Abbildung 14.11, welches in Abhängigkeit sowohl vom Datentyp als auch vom konkreten Dateninhalt passende Filtereinstellungen anbietet.

Tabellen

Abbildg. 14.11 Das Kontextmenü passt sich an Spalte und Dateninhalt an

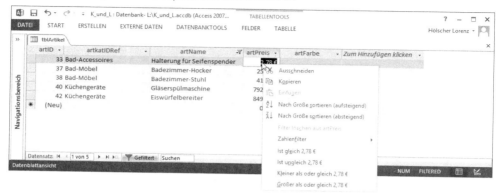

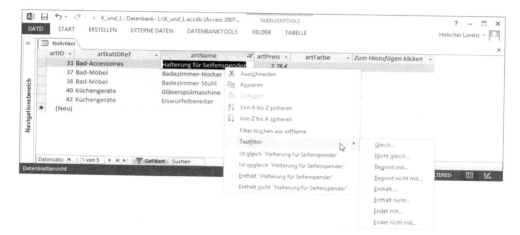

Wählen Sie darin *Textfilter/Beginnt mit*, fordert Access Sie auf, den Filter im Dialogfeld aus Abbildung 14.12 zu vervollständigen.

Abbildg. 14.12 Geben Sie hier den Anfang des Filters an

Auch diese Filter werden aufgehoben wie oben beschrieben. Der Eintrag *Filter löschen aus (Feldname)* ist ebenfalls im Kontextmenü enthalten und dort wohl am schnellsten zu erreichen.

> **HINWEIS** Im Kontextmenü finden sich immer auch die auswahlbasierten Filter *Ist gleich (Feldinhalt)* und *Ist ungleich (Feldinhalt)*. Diese ermöglichen es, beispielsweise nur die Artikel einer Kategorie schnell zu filtern.

Datensätze suchen

In Kapitel 5 haben Sie bereits gesehen, wie einfach die Suche in Datenblättern in Access funktioniert: Sie geben unten neben den Navigationsschaltflächen im *Suchen*-Feld einen Teil des gesuchten Dateninhalts ein und mit jeder Eingabe eines Zeichens springt Access zum ersten passenden Eintrag.

Wollen Sie den folgenden passenden Eintrag sehen, drücken Sie die ⏎-Taste. Um die Suche zu beenden, löschen Sie den Inhalt des *Suchen*-Felds.

Suchen

Mehr aus historischen Gründen gibt es auch noch ein Dialogfeld (siehe Abbildung 14.13) zum Suchen, das Sie mit dem Befehl *START/Suchen/Suchen* oder dem Tastenkürzel Strg + F aufrufen.

Abbildg. 14.13 Achten Sie im Dialogfeld *Suchen und Ersetzen* vor allem auf die *Suchen in*-Auswahl

ACHTUNG   Wenn Sie darin für *Suchen in* den Eintrag *Aktuelles Feld* auswählen, müssen Sie beachten, dass Sie vorher(!) das Dialogfeld vom richtigen Feld aus aufgerufen hatten. Im Dialogfeld selber ist leider immer noch nicht zu sehen, welches Feld aktiv war, daher ist das ein sehr beliebter Fehler.

Jeder Klick auf die *Weitersuchen*-Schaltfläche macht den nächsten Treffer zum aktuellen Datensatz. Das ist in Tabellen noch einigermaßen gut zu sehen, hinterlässt später in Formularen aber oftmals das Gefühl, das gar nichts passiert sei. Insgesamt ist daher die Suche über das *Suchen*-Feld unten neben den Navigationsschaltflächen deutlich effektiver.

Dateninhalte ersetzen

Das Gegenstück zum *Suchen*-Dialogfeld ist das Ersetzen von Dateninhalten, aufgerufen entweder über den Befehl *START/Suchen/Ersetzen* oder das Tastenkürzel Strg + H (siehe Abbildung 14.14).

Abbildg. 14.14 Der Ersetzen-Dialog enthält ein zusätzliches Feld *Ersetzen durch*, entspricht aber ansonsten dem Suchen-Dialog

PROFITIPP   Umfangreiche oder komplexere Datenänderungen werden natürlich nicht mit diesem Dialogfeld durchgeführt, sondern über eine Aktualisierungsabfrage, die Sie in Kapitel 24 näher kennenlernen werden.

Da auch hier kein *Rückgängig* möglich ist, müssen Sie das Ersetzen von Daten in einer Rückfrage von Access (siehe Abbildung 14.15) ausdrücklich bestätigen.

Abbildg. 14.15 Das Ersetzen muss ausdrücklich bestätigt werden

Tastenkombinationen für Datensätze

Einige weitere Tastenkombinationen im Umgang mit Datensätzen wurden noch nicht genannt, sie sollen hier zusammengefasst werden. Sie finden in Tabelle 14.2 eine Übersicht.

Tabelle 14.2   Weitere Tastenkombinationen für die Bearbeitung von Datensätzen

Tastenkombination	Aktion
Strg + ;	Einfügen des aktuellen Datums
Strg + :	Einfügen der aktuellen Uhrzeit
Strg + Alt + Leertaste	Einfügen des Standardwerts für ein Feld
Strg + #	Einfügen des Werts aus demselben Feld im vorherigen Datensatz
Strg + +	Hinzufügen eines neuen Datensatzes
Strg + -	Löschen des aktuellen Datensatzes
⇧ + ↵	Speichern der Änderungen am aktuellen Datensatz

> **HINWEIS** Die Tastenkombination $\boxed{\text{Strg}}$ + $\boxed{\#}$ für die Übernahme eines Werts aus demselben Feld des vorherigen Datensatzes wird gelegentlich auch als $\boxed{\text{Strg}}$ + $\boxed{'}$ angegeben. Das ist auf der gleichen Taste das Hochkomma (kein Akzentzeichen!) und liegt neben dem $\boxed{\text{☰}}$ auf der Tastatur.

Zusammenfassung

In diesem Kapitel haben Sie die verschiedenen Möglichkeiten kennengelernt, mit Daten in Tabellen zu arbeiten:

- Es wurden verschiedene Möglichkeiten beschrieben, neue *Datensätze* anzulegen, Daten einzugeben und zu speichern sowie Datensätze zu löschen (Seite 268)

- Für die *Navigation* (Seite 270) in größeren Tabellen wurden die wichtigsten Tastenkombinationen zusammengefasst

- Die *Darstellung der Datenblattansicht* lässt sich Ihren Wünschen entsprechend anpassen (Seite 271), sowohl als Voreinstellung in den Access-Optionen als auch für einzelne Tabellen. Sie können Spalten ein- und ausblenden oder fixieren, deren Breite und Höhe anpassen und die Schriftart ändern.

- Zum *Sortieren und Filtern* (Seite 274) stellt Access leistungsfähige Hilfsmittel bereit

- Zusätzlich ermöglicht eine einfache und schnelle *Suche* (Seite 277) das Auffinden der gewünschten Daten

Tabellen

Kapitel 15

Beziehungen zwischen Tabellen

Tabellen

Die Tabellen für die *Kosten&Logistik*-Datenbank in Kapitel 12 sind in sich stimmig erstellt, haben jedoch – abgesehen von einigen Kombinationsfeldern – keinen festgelegten Zusammenhang miteinander. Das aber macht eine relationale Datenbank ja gerade aus: die Tabellen haben miteinander Beziehungen.

In diesem Kapitel finden Sie daher einen wesentlichen Teil für eine Access-Datenbank beschrieben: wie Sie und vor allem warum Sie welche Beziehungen festlegen.

CD-ROM   Um Ihnen das Nachvollziehen der Schritte in diesem Kapitel zu erleichtern, finden Sie innerhalb der Beispieldateien zu diesem Buch im Ordner *Kap14* eine Datenbank, die bereits die Änderungen aus Kapitel 14 enthält. Laden Sie einfach die betreffende Datenbank, um mit der Arbeit in diesem Kapitel zu beginnen.

Sie können also jederzeit ein Kapitel überspringen und trotzdem auf den aktuellen Stand der Datenbank zugreifen.

Beziehungen

Der Zusammenhang zwischen einem Fremdschlüssel und seinem Primärschlüssel wird in relationalen Datenbanken wie Access als Beziehung bezeichnet. Die bisher in allen Fremdschlüsselfeldern (beispielsweise für *artkatIDRef* in *tblArtikel*) ausgewählte Darstellung als Kombinationsfeld mit Nennung einer anderen Tabelle (*tblKategorien*) als Datenquelle ist nett, aber völlig unverbindlich.

Das muss grundlegender und verbindlicher angegeben werden. Für relationale Datenbanken gibt es drei mögliche Arten von Beziehungen:

- **1:n-Beziehung**   Ist die mit Abstand häufigste Beziehung zwischen zwei Tabellen
- **1:1-Beziehung**   Ist sehr selten und dient vor allem der Trennung einer Tabelle in zwei Tabellen mit unterschiedlichem Zugriff
- **m:n-Beziehung**   Kann in Access nicht direkt abgebildet werden, sondern wird immer aus zwei 1:n-Beziehungen erzeugt

Es ist insgesamt sehr unwahrscheinlich, dass eine der Tabellen aus einer Datenbank gar keine Beziehung zu irgendeiner anderen Tabelle hat. In einem solchen Fall besteht eher der dringende Verdacht, dass sie gar nicht in die Datenbank hineingehört.

1:n-Beziehung

Tabellen mit einer 1:n-Beziehung sind im Grunde hierarchisch miteinander verbunden, weil es zu einem Datensatz der Mastertabelle (diejenige auf der 1er-Seite) eventuell mehrere Datensätze in der Detailtabelle (diejenige auf der n-Seite) gibt. Genau formuliert müsste man feststellen, dass zu einem Masterdatensatz entweder gar keine, genau einer oder mehrere Detaildatensätze existieren.

Damit bildet die Mastertabelle so etwas wie eine übergeordnete Gruppierung für die Detailtabelle. Typische 1:n-Zusammenhänge in Datenbanken bestehen zwischen Kunden und deren Rechnungen, Mitarbeitern und deren E-Mail-Adressen, Konten und deren Zahlungsbewegungen, Rechnungen und deren Artikeln.

TIPP   Sie erkennen eine 1:n-Beziehung daran, dass Sie sich bei der Zuordnung der Felder zu den Tabellen in der *Norming*-Phase immer fragen: Gibt es mehr als einen möglichen Inhalt in diesem Feld? Sobald Sie die Frage mit »Ja« beantworten müssen, verletzen Sie die erste Normalform (Atomisierung) und müssen aus diesem Feld eine untergeordnete Tabelle mit 1:n-Beziehung machen.

Fast sicher können Sie in einer Datenbank auch eine Kaskade von 1:n-Beziehungen erwarten, etwa von Firmen zu Mitarbeitern zu Projekten zu Rechnungen zu Rechnungsdetails.

Zu jeder der 10 Firmen kann es dann also beispielsweise 10 Mitarbeiter geben, zu jedem dieser Mitarbeiter 10 Projekte, deren jedes wiederum mit 10 Rechnungen belastet wurde, die durchschnittlich 10 Details aufweisen. Wer mitgerechnet hat, kommt am unteren Ende der Kaskade, nämlich in der Tabelle mit den Rechnungsdetails, bereits auf 100.000 Datensätze.

TIPP   Für 1:n-Beziehungen können Sie sich die einfache Regel merken: nur das Kind kennt sein Elternteil. Nur der (Detail-)Fremdschlüssel enthält den Hinweis auf den (Master-)Primärschlüssel.

Bei der *Kosten&Logistik*-Beispieldatenbank ist das vergleichsweise einfach organisiert, dort gibt es nur eine »kleine Kaskade« von Hotels zu Mitarbeitern zu Bestellungen.

1:1-Beziehung

Die 1:1-Beziehung ist sozusagen ein Sonderfall der 1:n-Beziehung, denn zu einem Datensatz in der Mastertabelle gibt es gar keinen oder maximal einen Datensatz in der Detailtabelle. Mehrere Detaildatensätze zu einem Masterdatensatz kann und darf es nicht geben.

Diese Beziehung wird zu drei möglichen Anlässen gebraucht:

- Ein Teil der Daten der ursprünglichen Tabelle soll mit abweichendem Zugriffsschutz versehen werden, daher müssen diese getrennt werden
- Einige Spalten der ursprünglichen Tabelle sind nur für ganz wenige Zeilen überhaupt mit Daten zu befüllen, daher spart diese Trennung Speicherplatz
- Sie benötigen mehr als die zulässigen 255 Spalten in einer Tabelle

Bei der Beispieldatenbank werden Sie eine solche 1:1-Beziehung zwischen Mitarbeitern (in *tblMitarbeiter*) und der Tabelle *tblExtras* sehen.

m:n-Beziehung

Eine m:n-Beziehung (auch als »many-to-many« bezeichnet) beschreibt, dass viele Datensätze in einer Tabelle zu vielen Datensätzen in einer anderen Tabelle gehören. Das tritt beispielsweise auf, wenn Sie für einen Sportverein Mitglieder und Sportarten verbinden wollen: jeder Sportler kann mehrere Sportarten machen und jede Sportart hat mehrere Mitglieder.

Im Beispiel der *Kosten&Logistik*-Datenbank haben Mitarbeiter und Artikel eine m:n-Beziehung zueinander. Jeder Mitarbeiter darf viele Artikel bestellen und jeder Artikel darf von vielen Mitarbeitern bestellt werden.

Tabellen

Jeder Datensatz in der einen Tabelle hat keinen, einen oder viele zugehörige Datensätze in der anderen Tabelle. Aber in der entgegengesetzten Richtung gilt ebenfalls, dass jeder Datensatz der anderen Tabelle keinen, einen oder viele zugehörige Datensätze in der einen Tabelle hat.

Da eine m:n-Beziehung nie direkt abgebildet werden kann, ist eine zusätzliche Verbindungstabelle zwischen beiden notwendig, welche daraus zwei 1:n-Beziehungen macht.

> **HINWEIS** Manchmal hat eine solche Verbindungstabelle einen sinnvollen Namen wie »Bestellungen« für Artikel zu Mitarbeiter oder wie »Teilnahme« für Mitglieder zu Sportarten, aber oft fehlt in der Wirklichkeit auch eine passende Bezeichnung.
>
> Bei einer m:n-Beziehung zwischen Kunden und Konten (jeder Kunde hat mehrere Konten, aber auch ein Konto darf mehreren Kunden zugeordnet werden) etwa gibt es keinen üblichen Namen für das, was die Zwischentabelle beschreibt. Dann wird oft eine technische Bezeichnung wie *tblKnd2Knt* (lies *Kunden-zu-Konten* wegen des im Englischen lautmalerischen »to« für die *2*) gewählt.

Bei einfachen m:n-Beziehungen können Sie mehrwertige Felder einsetzen, denn diese bilden das scheinbare Speichern mehrerer Inhalte in einem Feld tatsächlich über zwei interne 1:n-Beziehungen in versteckten Systemtabellen ab. Diese sind allerdings immer etwas mühsam mit Abfragen zu bearbeiten. Daher können Sie auch direkt eine »ehrliche«, weil sichtbare m:n-Beziehung, mit eigenen Tabellen anlegen.

Beziehungen anlegen

Sie haben im ersten Beispiel mit der Grundschulbücherei schon einmal Beziehungen in einer Access-Datenbank angelegt, daher können wir die konkrete Umsetzung für die zweite Datenbank kurz fassen:

1. Schließen Sie alle eventuell geöffneten Tabellen und klicken Sie auf *DATENBANKTOOLS/Beziehungen/Beziehungen*.

> **HINWEIS** Sollten Sie im Beziehungen-Fenster bereits ein paar Tabellen mit Namen wie *MSysNavPane…* finden, können Sie diese bedenkenlos durch Anklicken markieren und mit der ⌈Entf⌋-Taste löschen. Dabei wird nie die Tabelle selber gelöscht, sondern lediglich deren Anzeige im Beziehungen-Fenster.

2. Beim ersten Mal sehen Sie direkt das Dialogfeld *Tabelle anzeigen* wie in Abbildung 15.1, ansonsten können Sie es später auch mit *ENTWURF/Beziehungen/Tabelle anzeigen* erneut aufrufen.

Fügen Sie alle fehlenden Tabellen mit diesem Dialogfeld ein

3. Markieren Sie alle darin angezeigten Tabellen (Mausklick auf den ersten Namen und bei gedrückter ⏎-Taste Mausklick auf den letzten Namen) und lassen diese mit der *Hinzufügen*-Schaltfläche übernehmen. Dann schließen Sie das Dialogfeld.

Die Tabellen sind komplett, aber unübersichtlich eingefügt

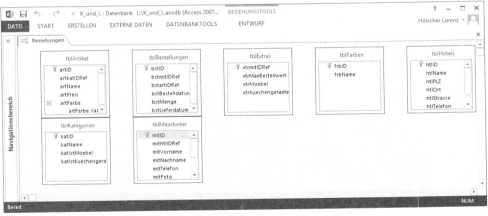

4. Da alle Tabellen nun zwar komplett, aber ziemlich unübersichtlich im *Beziehungen*-Fenster enthalten sind, sollten Sie diese sinnvoll anordnen (siehe Abbildung 15.2). Sie können die einzelnen Tabellen jeweils an der Titelleiste des Tabellenfensters mit gedrückter Maustaste verschieben und deren Größe wie üblich am Rand verändern.

Tabellen

Abbildg. 15.3 So sind die Tabellen übersichtlicher angeordnet

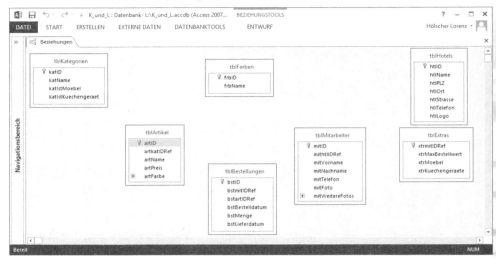

5. Anschließend ziehen Sie von allen Primärschlüsselfeldern deren Namen mit gedrückter Maustaste auf das zugehörige Fremdschlüsselfeld. In Abbildung 15.4 wurde gerade der Primärschlüssel *htlID* auf den Fremdschlüssel *mithtlID* gezogen.

Abbildg. 15.4 Beim Loslassen der Maustaste erscheint automatisch das Dialogfeld *Beziehungen bearbeiten*

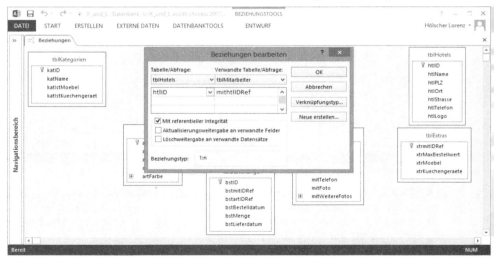

HINWEIS Für 1:n-Beziehungen nehmen Sie immer das Primärschlüsselfeld (dessen Name hier auf *...ID* endet) und ziehen es mit der Maus auf den Namen des Fremdschlüsselfelds (der hier mit *...IDRef* benannt ist).

6. In dem automatisch erscheinenden Dialogfeld *Beziehungen bearbeiten* aktivieren Sie das Kontrollkästchen *Mit referentieller Integrität* und bestätigen mit der *Erstellen*-Schaltfläche.

7. Der *Beziehungstyp* für fast alle diese Beziehungen steht dabei auf *1:n*, weil es sich um typische Masterdetailtabellen handelt. Nur für die Verbindung zwischen *mitID* zu *xtrmitIDRef* wird dort direkt *1:1* angezeigt, weil auch *xtrmitIDRef* ein Primärschlüssel ist.

Alle Beziehungen sollten sich wie in Abbildung 15.5 ohne Fehlermeldung erstellen lassen, weil weder falsche Datentypen gewählt noch ungültige Daten enthalten sind.

Abbildg. 15.5 So sehen die Beziehungen derzeit aus

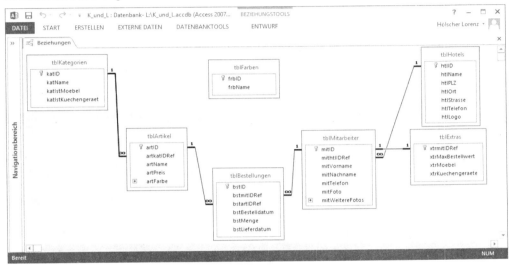

HINWEIS Auch das *Beziehungen*-Fenster können Sie mit dem üblichen Befehl ganz oben links in der Symbolleiste für den Schnellzugriff speichern. Da aber die Beziehungen schon mit der *Erstellen*-Schaltfläche des Dialogfelds längst gespeichert waren, gilt das »nur« noch für die optische Anordnung der Tabellen auf dem Bildschirm.

Verknüpfungstyp ändern

Die Beziehung zwischen den Tabellen *tblMitarbeiter* und *tblExtras* ist aber nicht nur wegen der 1:1-Beziehung besonders, sondern damit zusammenhängend auch wegen ihres Verknüpfungstyps:

1. Um eine vorhandene Beziehung nachträglich zu verändern, klicken Sie bitte doppelt auf die Verbindungslinie zwischen den Tabellen.

ACHTUNG Der Doppelklick auf die Verbindungslinie muss auf den mittleren Teil erfolgen, nicht auf eines der Endstücke, die mit *1* oder ∞ gekennzeichnet sind. Zwar wird dann wenigstens das Dialogfeld *Beziehungen bearbeiten* angezeigt, aber das ist in diesem Fall leer und enthält keineswegs die Eigenschaften der angeklickten Beziehung.

---

2. Klicken Sie im Dialogfeld auf die *Verknüpfungstyp*-Schaltfläche, um das zusätzliche Dialogfeld aus Abbildung 15.6 anzuzeigen.

Abbildg. 15.6   Im Dialogfeld *Verknüpfungseigenschaften* ändern Sie den Typ der Beziehung

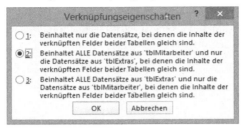

3. Wenn Sie nichts ändern, ist dort immer die erste Option ausgewählt. Diese entspricht dem *INNER JOIN*, wie Sie ihn in Kapitel 23 für Abfragen detailliert sehen werden. Hier wollen Sie aber auch dann Datensätze der Tabelle *tblMitarbeiter* sehen, wenn es gar keine zugehörigen Datensätze in *tblExtras* gibt. Dazu müssen Sie die zweite Option wählen, bei der alle Mitarbeiter, aber nur passende Extras angezeigt werden.

ACHTUNG   Lesen Sie die Texte in diesem Dialogfeld immer gut durch! Je nach Richtung der verknüpften Felder kann die Reihenfolge für die zweite und dritte Option nämlich durchaus einmal wechseln.

4. Bestätigen Sie beide Dialogfelder mit *OK*. Anschließend sehen Sie, dass statt der einfachen Verbindungslinie ein Pfeil die Richtung der Beziehung angibt.

Abbildg. 15.7   Diese Beziehung hat eine Richtung

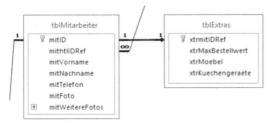

Damit haben Sie alle Beziehungen für diese Datenbank eingerichtet. Eine davon ist durch einen Pfeil als *Outer Join* (das Gegenstück zum *Inner Join*, siehe Kapitel 23) gekennzeichnet. Für eine andere, nämlich die Farbe, ist die Beziehung hier nicht zu sehen, weil sie nur indirekt über die *Mehrere Werte zulassen*-Eigenschaft im Tabellenentwurf erzeugt wird.

PROFITIPP   Sie könnten natürlich die Tabelle *tblFarbe* einfach im *Beziehungen*-Fenster weglassen, aber ich finde es wichtig, dass jede Tabelle hier zu sehen ist. Nur dann ist klar, dass nicht versehentlich eine Beziehung vergessen wurde. Nur sehen Sie die internen Beziehungen von mehrwertigen Feldern leider nicht im *Beziehungen*-Fenster.

Reflexiv-Verknüpfung

Es gibt noch einen Sonderfall für eine Verknüpfung, die zwar auch eine 1:n-Beziehung ist, aber nicht zwischen Tabellen. Genauer gesagt, nicht zwischen unterschiedlichen Tabellen.

Stellen Sie sich vor, Sie wollen zu jedem Mitarbeiter notieren, wer sein Vorgesetzter ist. Würden Sie also eine Tabelle *tblVorgesetzte* erstellen und in *tblMitarbeiter* einen Fremdschlüssel auf deren Primärschlüssel eintragen? Und was ist mit den Vorgesetzten der Vorgesetzten?

Es ist mehrfach unpraktisch, wenn Sie Vorgesetzte und Mitarbeiter trennen. Zum einen hätten Sie dann zwei praktisch identische Feldlisten für Mitarbeiter und Vorgesetzte. Zum anderen müssten Sie sich auf eine Hierarchietiefe festlegen, denn für zweistufige Hierarchien bräuchten Sie *tblChefs-Hoch*, *tblChefsNiedrig* und *tblMitarbeiter*. Bei dreistufigen Hierarchien käme noch die Tabelle *tbl-ChefsMittel* dazwischen. Vollends scheitern würde das Konzept, wenn in unserem Beispiel kleine Hotels eine flache Hierarchie und andere eine mehrstufige Hierarchie hätten, die in der gleichen Datenbank abgebildet werden sollen.

Es muss also anders gehen. Die Lösung dazu heißt Reflexiv-Verknüpfung, das ist eine Tabelle, die mit sich selbst verknüpft ist. Auch hier gilt die oben schon erwähnte Regel in Abwandlung: Jeder Mitarbeiter kennt seinen Chef, da er nur einem davon untergeordnet sein kann.

1. Um diese Reflexiv-Verknüpfung aufzunehmen, müssen Sie in der schon vorhandenen Tabelle *tblMitarbeiter* ein neues Feld *mitmitIDRef* einrichten. Der Feldname ist sicherlich gewöhnungsbedürftig, aber er zeigt deutlich, dass es ein Feld für eine Reflexiv-Verknüpfung ist. Daher muss es auch den Datentyp *Long* haben, denn es verweist wie gewohnt auf ein *AutoWert*-Feld als Primärschlüssel.

2. Ändern Sie seinen Standardwert von *0* auf NULL, indem Sie die *0* löschen. So hat ein neuer Mitarbeiter zuerst einmal gar keinen Vorgesetzten, während die *0* fehlerhaft wäre, weil es bei AutoWert-Feldern niemanden mit dieser *mitID* geben kann.

3. Damit es gut zu benutzen ist, sollten Sie auf der *Nachschlagen*-Registerkarte auch die passenden Einstellungen für das Kombinationsfeld vornehmen, die Sie in Abbildung 15.8 finden.

Abbildg. 15.8 Fügen Sie ein neues Feld *mitmitIDRef* hinzu

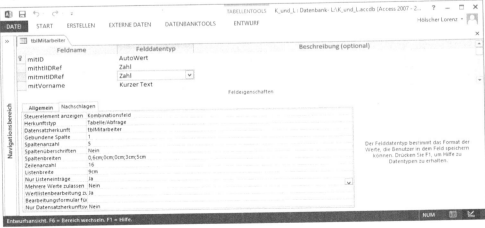

4. Achten Sie vor allem darauf, dass sich durch dieses neue Feld die Reihenfolge der vorhandenen Felder auch verschiebt. Daher muss die *Spaltenanzahl* auf 5 gesetzt und die Spaltenbreiten der zweiten und dritten Spalte auf *0* gesetzt werden, sodass der Vor- und Nachname im Kombinationsfeld zu lesen ist.

5. Sie können in der Datenblattansicht in dieser Spalte wie in Abbildung 15.9 jeweils den direkten Vorgesetzten zu einem Mitarbeiter auswählen. Wegen der besseren Übersicht sind die Daten dort auf das Hotel mit der *mithtlIDRef* mit dem Wert *1* beschränkt.

> **ACHTUNG**   Da es sich derzeit um fiktive Daten handelt, müssen Sie selbst aufpassen, dass kein Chef eines Mitarbeiters gleichzeitig sein Untergebener wird, auch nicht über andere Personen hinweg.

Abbildg. 15.9   Tragen Sie in dem neuen Feld den direkten Vorgesetzten des Mitarbeiters ein

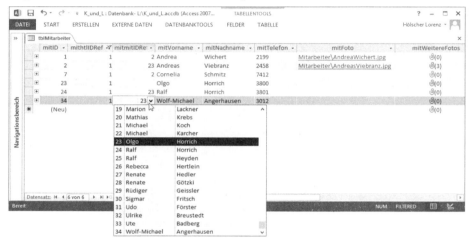

6. Wenn ein Mitarbeiter keinen Vorgesetzten hat, bleibt die *mitmitIDRef*-Spalte mit einem NULL-Wert leer. In einer typischen Hierarchie gibt es genau einen Chef oben an der Spitze, der als einziger keinen Vorgesetzten hat. Das ist in Abbildung 15.9 der Mitarbeiter *Olgo Horrich*.

Als einzigen Chef kann man in der Tabelle denjenigen erkennen, der keinen mehr über sich hat und daher einen NULL-Wert in der *mitmitIDRef* (wenn er allerdings einziger Mitarbeiter ist und niemanden unter sich hat, träfe das auch zu).

Für alle anderen müssen Sie (per Abfrage, wie Sie später sehen werden) herausfinden, ob seine ID irgendwo als *mitmitIDRef* eingetragen ist. Dann hat er Untergebene und ist also Chef.

Manuell übertragen in ein PowerPoint-Organigramm würde sich die Organisationsstruktur für diese Daten so wie in Abbildung 15.10 präsentieren.

> **ACHTUNG**   Da die Tabelle *tblMitarbeiter* nachträglich am Anfang eine Spalte mehr erhalten hat, sind alle Kombinationsfelder in deren Fremdschlüsseln betroffen. Dank der Beziehungen (siehe Abbildung 15.5) können Sie schnell feststellen, dass das nur in *tblBestellungen* vorkommt. Dort hatten Sie am Ende von Kapitel 12 für *bstmitIDRef* eine SQL-Anweisung mit vorgegebenen Feldnamen eingesetzt, daher ist darin keine Änderung nötig.

Abbildg. 15.10 Die Organisationsstruktur dieser Mitarbeiter

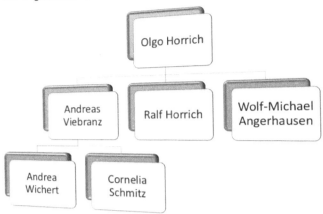

Wegen der reflexiven Verknüpfung ist die Hierarchietiefe nun egal. Wann immer jemand einen Chef hat, tragen Sie dessen *mitID* in *mitmitIDRef* ein. Damit ist das Datenbankmodell flexibel genug, auch in unterschiedlichen Organisationen zu funktionieren.

> **PROFITIPP**   Natürlich können Sie referentielle Integrität auch für Reflexiv-Verknüpfungen ein-
> fordern. Wechseln Sie dazu in das *Beziehungen*-Fenster und fügen mit *ENTWURF/Beziehungen/*
> *Tabelle anzeigen* die Tabelle *tblMitarbeiter* ein zweites Mal hinzu. Sie erhält dabei automatisch
> den Namen *tblMitarbeiter_1*.

Verbinden Sie *tblMitarbeiter_1.mitID* durch Ziehen mit *tblMitarbeiter.mitmitIDRef* und aktivieren Sie im Dialogfeld *Beziehungen bearbeiten* wie gewohnt die referentielle Integrität.

Abbildg. 15.11 Die Reflexiv-Verknüpfung berücksichtigt Referentielle Integrität

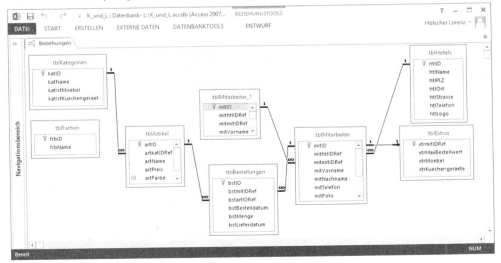

Unterdatenblätter

Mit der Einrichtung einer 1:n-Beziehung zwischen zwei Tabellen hat Access ganz unauffällig auch etwas in der Datenblattansicht der Tabelle geändert. Das betrifft alle Mastertabellen, die nun ihre Detailtabelle als sogenanntes Unterdatenblatt anzeigen:

1. Öffnen Sie beispielhaft die Tabelle *tblHotels* in der Datenblattansicht.
2. Vor allen Zeilen steht ein kleines Plus, welches durch Anklicken eine weitere Tabelle mit den Details zu genau diesem Masterdatensatz anzeigt, wie Sie in Abbildung 15.12 sehen können.

Abbildg. 15.12 Die Tabelle enthält ein Unterdatenblatt

PROFITIPP Falls Sie zu einer Mastertabelle mal mehrere Detailtabellen mit 1:n-Beziehung haben (etwa zwischen Kunden und deren Rechnungen oder deren Konten oder deren Adressen), können Sie diese besser selbst auswählen, anstatt Access das automatisch machen zu lassen. Wechseln Sie in die Entwurfsansicht der Mastertabelle und zeigen Sie mit *ENTWURF/Einblenden/ Ausblenden/Eigenschaftsblatt* die Eigenschaften der ganzen Tabelle an. Dort können Sie die *Unterdatenblattname*-Eigenschaft von *[Automatisch]* auf den Namen der Detailtabelle umsetzen.

Abbildg. 15.13 Wählen Sie den Unterdatenblattnamen im Eigenschaftenfenster aus

Zusammenfassung

In diesem Kapitel haben wir uns mit den Beziehungen zwischen Tabellen befasst. Diese sind gerade in einer relationalen Datenbank wichtig, weil sonst fehlerhafte Inhalte möglich sind.

- Es gibt drei verschiedene Arten von *Beziehungen* zwischen zwei Tabellen:
    - *1:n-Beziehungen* (Seite 282) mit einem hierarchischen Zusammenhang zwischen den Daten. Zu jedem Datensatz in der Mastertabelle gibt es keinen, einen oder viele Datensätze in der Detailtabelle.
    - *1:1-Beziehungen* (Seite 283), die vor allem der Trennung von Daten eines ursprünglich einzigen Datensatzes dienen. Zu jedem Datensatz in der Mastertabelle gibt es keinen oder maximal einen Datensatz in der Detailtabelle.
    - *m:n-Beziehungen* (Seite 283), die sich in Access gar nicht direkt abbilden lassen, sondern in zwei 1:n-Beziehungen zerlegt werden. Zu jedem Datensatz in der einen Tabelle gibt es keinen, einen oder viele Datensätze in der anderen Tabelle und umgekehrt.
- Außerdem wurde Ihnen gezeigt, wie Sie *Beziehungen* (Seite 284) in Access anlegen und eventuell auch deren Verknüpfungstyp ändern
- Eine besondere Beziehung ist die *Reflexiv-Verknüpfung* (Seite 289), bei der ein Feld einer Tabelle eine Beziehung mit einem anderen Feld der gleichen Tabelle einrichtet
- Nach der Einrichtung einer 1:n-Beziehung zeigt Access in der Mastertabelle automatisch *Unterdatenblätter* (Seite 292) für die Detailtabelle an

Tabellen

Kapitel 16

Umgang mit Datenquellen

Tabellen

Bisher war es ganz selbstverständlich, dass sich die Tabellen in der gleichen Datenbank befinden, in der später auch die Auswertung mit Abfragen, Formularen und Berichten steht. Das wird aber nicht so bleiben, denn Access ist eine offene Datenbank, die auf viele fremde Daten zugreifen kann.

> **CD-ROM** Um Ihnen das Nachvollziehen der Schritte in diesem Kapitel zu erleichtern, finden Sie innerhalb der Beispieldateien zu diesem Buch im Ordner *Kap15* eine Datenbank, die bereits die Änderungen aus Kapitel 15 enthält. Laden Sie einfach die betreffende Datenbank, um mit der Arbeit in diesem Kapitel zu beginnen.
>
> Sie können also jederzeit ein Kapitel überspringen und trotzdem auf den aktuellen Stand der Datenbank zugreifen.

Externe Access-Tabellen

Es scheint erst einmal sehr praktisch, alle Objekte in der einzigen Access-Datenbankdatei zu speichern. Sie nehmen genau diese eine Datei mit zum Kunden, kopieren die dort auf ein Netzlaufwerk und sind fertig. Da Access ja automatisch netzwerkfähig ist, kann jeder Mitarbeiter dort einfach die *.accdb*-Datei starten und parallel mit anderen arbeiten.

Das böse Erwachen kommt, sobald Sie beispielsweise nachträglich Abfragen verändern oder Formulare/Berichte hinzufügen sollen. Sie haben dann folgende Möglichkeiten:

- Sie fahren zum Kunden und arbeiten dort live an der Datenbank, am besten während der Nachtstunden, damit diese nicht in Benutzung ist und für Ihre Änderungen gesperrt wäre.

- Sie lassen sich die Datenbankdatei mit den aktuellen Kundendaten zuschicken und ändern alles in Ruhe. Allerdings darf während dieser Zeit beim Kunden niemand damit arbeiten, weil Sie ja die aktuellen Daten besitzen.

Beides ist im Grunde indiskutabel, vor allem dürfen Sie bei Kunden oft nicht einmal deren spätere Echtdaten sehen, nachdem Ihre Entwicklungsphase mit den Testdaten vorbei ist.

Die Lösung besteht darin, dass Sie die Daten von allem anderen trennen. Selbst bei kleinen Datenbanken (die Beispieldatei *Kosten&Logistik* gilt noch als sehr klein) ist eine solche Trennung selbstverständlich.

Automatische Datenbankaufteilung

Access stellt einen Assistenten für die Datenbankaufteilung zur Verfügung, der das vollautomatisch für Sie macht. Sie werden anschließend zwei Datenbankdateien besitzen:

- das Front-End mit allem, was für die Bedienung nötig ist. Hier ist alles außer den Tabellen enthalten.

- das Back-End mit nur den Tabellen, die vorher in der Datenbank enthalten waren.

> **HINWEIS** Da es zu diesem frühen Zeitpunkt, nämlich bevor Abfragen, Formulare und Berichte enthalten sind, eher lästig ist, immer mit zwei Datenbanken zu arbeiten, werde ich das mit einer Kopie der Datenbank durchführen. Diese Kopie habe ich im Windows-Explorer als *K_und_L_FrontEnd.accdb* umbenannt.

1. Rufen Sie den Assistenten mit dem Befehl *DATENBANKTOOLS/Daten verschieben/ Access-Datenbank* auf. Er beginnt mit einer ausführlichen Erläuterung wie in Abbildung 16.1.

Access-
Datenbank

Abbildg. 16.1   Der erste Schritt des Assistenten enthält Erläuterungen

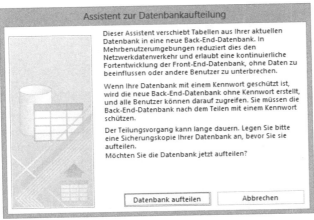

2. Sobald Sie auf *Datenbank aufteilen* klicken, erscheint das Dialogfeld *Back-End-Datenbank erstellen*, um den Dateinamen für die Back-End-Datei anzugeben. Access hängt an den aktuellen Datenbanknamen einfach _be an, Sie sollten das hier besser in *K_und_L_BackEnd.accdb* umbenennen. Klicken Sie dann auf die *Aufteilen*-Schaltfläche.

3. Im letzten Schritt bestätigt der Assistent, dass die Aufteilung der Datenbank erfolgreich war (Abbildung 16.2).

Abbildg. 16.2   Der Assistent bestätigt die erfolgreiche Aufteilung

Auf den ersten Blick scheint nichts passiert zu sein, aber wenn Sie den Navigationsbereich mit den Tabellennamen öffnen, sehen Sie vor allen Symbolen einen kleinen Pfeil.

Dieser Pfeil weist darauf hin, dass es sich hier um eine Verknüpfung mit einer externen Tabelle handelt. Lassen Sie die Maus wie in Abbildung 16.3 über einem solchen Tabellennamen ruhen, zeigt die QuickInfo auch an, aus welcher Datei die Daten kommen.

Tabellen

Abbildg. 16.3 Alle Tabellen sind mit externen Datenquellen verknüpft

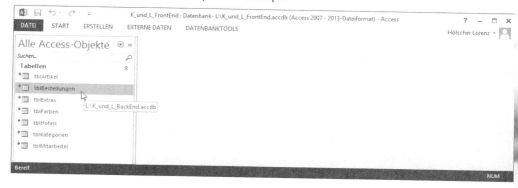

Es existiert nun eine zweite Datei *K_und_L_BackEnd.accdb*, in der ausschließlich die Tabellen mit allen Daten enthalten sind. Sie können die Tabellen im Front-End aber immer noch so behandeln, als seien sie in der Datei enthalten und ganz normal darauf zugreifen.

HINWEIS Einen wesentlichen Unterschied gibt es beim Umgang mit derart verknüpften Tabellen, denn deren Entwurfsansicht ist zu großen Teilen gegen Änderungen gesperrt. Beim Versuch, diese zu öffnen, erscheint die Meldung aus Abbildung 16.4 und fast alle Eigenschaften enthalten den Hinweis »Diese Eigenschaft kann in verknüpften Tabellen nicht geändert werden«.

Abbildg. 16.4 Verknüpfte Tabellen können im Entwurf nicht geändert werden

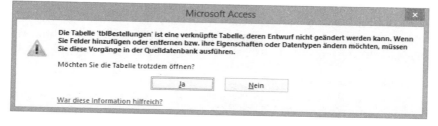

Falls Sie eine solche Eigenschaft doch verändert haben, zeigt Access erst beim Speichern der Tabelle den Hinweis »Operation wird für diesen Objekttyp nicht unterstützt« und verhindert die Speicherung. Um die Eigenschaften einer verknüpften Tabelle zu bearbeiten, müssen Sie stattdessen einfach nur die Back-End-Datei öffnen, dort funktioniert alles wie gewohnt.

Verknüpfte Daten korrigieren

Der Pfad zur Back-End-Datei ist in den verknüpften Tabellen allerdings komplett gespeichert. Kopieren Sie also ein solches Front-End-/Back-End-Paar auf einen anderen Pfad, kann das Front-End nicht mehr auf die Back-End-Tabellen zugreifen. Um das bequem zu korrigieren, stellt Access einen eigenen Tabellenverknüpfungs-Manager bereit:

1. Klicken Sie im Front-End auf den Befehl *EXTERNE DATEN/Importieren und Verknüpfen/Tabellenverknüpfungs-Manager*, sodass ein Dialogfeld entsprechend der Abbildung 16.5 erscheint.

Abbildg. 16.5   Der Tabellenverknüpfungs-Manager ändert bei Bedarf automatisch die Pfade

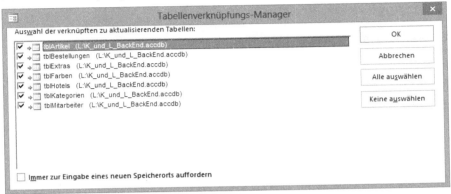

2. Mit der Schaltfläche *Alle auswählen* können Sie alle verknüpften Tabellen gleichzeitig markieren. Dies ist sinnvoll, wenn die Tabellen alle aus der gleichen Datenbankdatei stammen.

3. Sicherheitshalber sollten Sie auch das Kontrollkästchen *Immer zur Eingabe eines neuen Speicherorts auffordern* aktivieren. Wirklich wichtig ist das aber nur, falls der alte Pfad zufällig weiterhin gültig ist, denn sonst würde Access in diesem Fall ohne Rückfrage keine Angaben ändern.

4. Nach dem Klick auf *OK* erscheint das Dialogfeld *Auswahl der neuen Position von <Tabelle>*, in dem Sie die *K_und_L_BackEnd.accdb*-Datei an ihrem neuen Pfad auswählen.

5. Abhängig von der Menge der verknüpften Tabellen zeigt der Assistent anschließend nach einiger Zeit die Meldung aus Abbildung 16.6 an, dass alle Tabellen aus der neuen Back-End-Datei wieder verknüpft werden konnten. Danach können Sie den Assistenten schließen.

Abbildg. 16.6   Die Verknüpfung mit der neuen Datei war erfolgreich

PROFITIPP   Natürlich müssen nicht alle Tabellen aus einer einzigen externen Datenquelle kommen. Bei größeren Datenbanken ist es durchaus üblich, dass beispielsweise die Mitarbeiterinformationen von vorhandenen SQL-Server-Tabellen- bzw. SharePoint-Listen geliefert werden, während hingegen die Bestellungen in einer zentralen Access-Datenbank nur für diese Anwendung gespeichert sind.

Tabellen

> **HINWEIS** Die weiteren Beispiele erfolgen wieder mit der ursprünglichen Datenbank ohne Back-End und Front-End, da so nachträgliche Änderungen leichter vorzunehmen sind. Außerdem ist die zwischenzeitliche Sicherung mit einer einzigen Datenbankdatei einfacher, weil sonst das Back-End gerne vergessen wird.

Externe Datenquellen

Daten aus externen Datenquellen lassen sich bequem benutzen, weil Access sehr viele andere Dateiformate öffnen kann.

Excel-Tabellen

Da Excel-Dateien in vielen Firmen ohnehin das beliebteste Datenaustauschformat darstellen, ist es keine Überraschung, dass Access auch diese Daten lesen kann. Hier soll beispielhaft eine Excel-Liste eingebunden werden, die von einem Lieferanten regelmäßig als Hinweis auf seine Dekorationsideen verschickt wird.

> **ACHTUNG** Sie können für solche externen Datenquellen natürlich keine referentielle Integrität sicherstellen, falls dort beispielsweise Fremdschlüssel enthalten wären, die sich auf Primärschlüssel in Ihren Access-Tabellen beziehen. Schließlich kann Access solche externen Daten nicht zuverlässig überwachen, um ein unzulässiges Löschen oder Anfügen der Schlüsselwerte zu verhindern.

Da die Liste immer den gleichen Dateinamen hat und nach dem Zusenden nur in das gleiche Verzeichnis kopiert werden muss, gibt es keine weiteren Vorbereitungen:

1. Starten Sie Excel und erstellen Sie eine Liste (die Sie auch als Beispieldatei finden) wie in Abbildung 16.7 mit einem fast beliebigen Inhalt.

Abbildg. 16.7 So sieht die Excel-Beispieltabelle aus

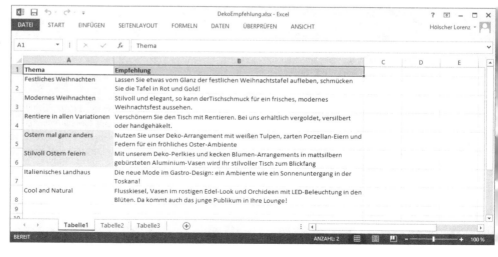

Excel

2. Speichern Sie die Datei als *DekoEmpfehlung.xlsx* und schließen Sie Excel.

3. Klicken Sie in Access auf *EXTERNE DATEN/Importieren und Verknüpfen/Excel*, sodass der Assistent zum Einbinden einer Excel-Tabelle wie in Abbildung 16.8 erscheint.

Abbildg. 16.8   Wählen Sie im Assistenten den Dateinamen und die Einbindungsart aus

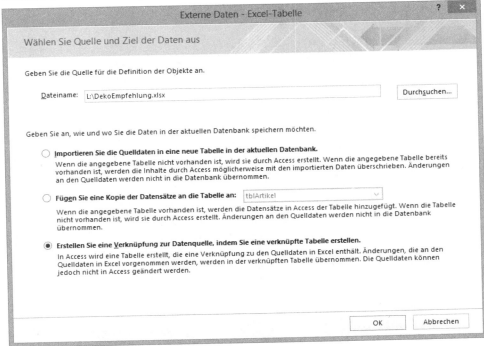

4. Geben Sie über die *Durchsuchen*-Schaltfläche an, wo die Excel-Datei liegt und wie sie heißt. Damit später die Excel-Datei nur ausgetauscht werden muss, wählen Sie die dritte Option mit der Verknüpfung.

5. Nach Bestätigung der *OK*-Schaltfläche sehen Sie im zweiten Schritt schon eine korrekte Vorschau der Daten wie in Abbildung 16.9.

Tabellen

Abbildg. 16.9 Die Vorschau der Daten ist in Ordnung

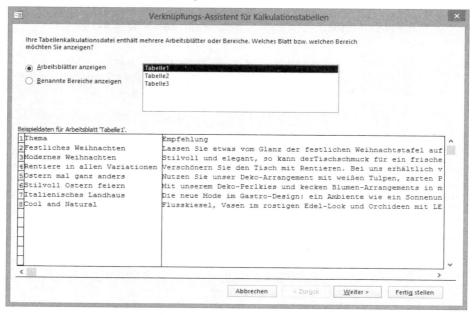

6. Wechseln Sie mit *Weiter* zum nächsten Schritt des Assistenten wie in Abbildung 16.10, um die erste Zeile mit Spaltenüberschriften zu berücksichtigen.

Abbildg. 16.10 Die Daten enthalten Spaltenüberschriften

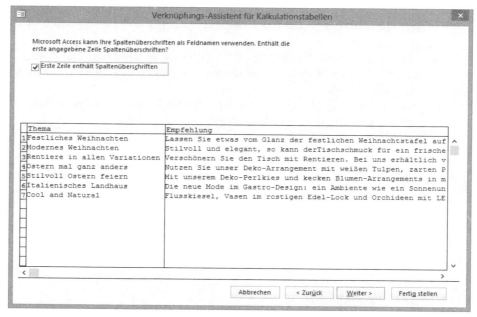

7. Wechseln Sie mit *Weiter* zum letzten Schritt des Assistenten wie in Abbildung 16.11, um den Namen der verknüpften Tabelle anzugeben.

Geben Sie hier den Tabellennamen an

8. Mit *Fertig stellen* beenden Sie den Assistenten, der wie in Abbildung 16.12 mit einer Meldung bestätigt, dass alles geklappt hat.

Am Ende bestätigt der Assistent, dass die Verknüpfung funktioniert

9. Sie finden nun im Navigationsbereich eine neue Tabelle mit Excel-Symbol und Pfeil davor, die auf eine verknüpfte Excel-Tabelle hinweist. Sie können diese wie in Abbildung 16.13 ganz normal per Doppelklick öffnen und deren Daten lesen.

Tabellen

Abbildg. 16.13   In Access lassen sich die Excel-Daten jetzt lesen

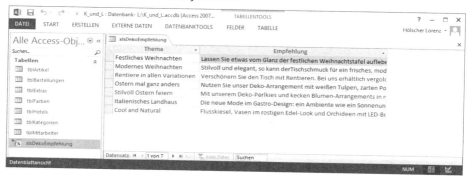

Sie haben sicherlich bemerkt, dass die in Excel absichtlich mit Hintergrundfarben unterschiedlich formatierte Spalte *A* hier nur als Text angekommen ist. Das ist so in Ordnung, denn Access liest ja immer nur die Daten und nie die Formate, daher diente das hier nur der Verdeutlichung.

Access-Tabellen

Viel häufiger dürfte die Einbindung von externen Access-Tabellen vorkommen. Dies schon allein deswegen, weil das bereits gezeigte Front-End-/Back-End-Zusammenspiel genau das beinhaltet. So gesehen hat der Assistent die Verknüpfung zu einer externen Access-Tabelle bereits für Sie angelegt. Bei wenigen Tabellen geht das aber auch »zu Fuß«, wie Sie im Folgenden erfahren werden:

1. Erstellen Sie in einer anderen Datenbank, die hier *Tipps_und_Tricks.accdb* heißt (und als Beispieldatenbank vorliegt), eine beliebige Tabelle.

2. Für dieses Beispiel brauchen Sie eine Tabelle *tblTastenkuerzel* wie in Abbildung 16.14, welche eine Auflistung der beliebtesten Tastenkürzel enthält. Weil diese Informationen in vielen Datenbanken angezeigt werden könnten, sind sie in einer gemeinsamen Datenbank gespeichert und werden von allen anderen mitgenutzt.

Abbildg. 16.14   Diese Tabelle soll in vielen Access-Datenbanken zur Verfügung stehen

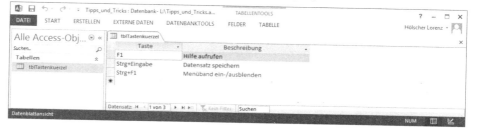

3. Schließen Sie die Datenbank *Tipps_und_Tricks.accdb* und öffnen Sie unsere Datenbank für *Kosten&Logistik*.

4. Starten Sie den Assistenten mit dem Befehl *EXTERNE DATEN/Importieren und Verknüpfen/ Access*, sodass der erste Schritt zur Auswahl der Datenquelle wie in Abbildung 16.15 angezeigt wird.

Abbildg. 16.15   Wählen Sie die andere Datenbank als Verknüpfung aus

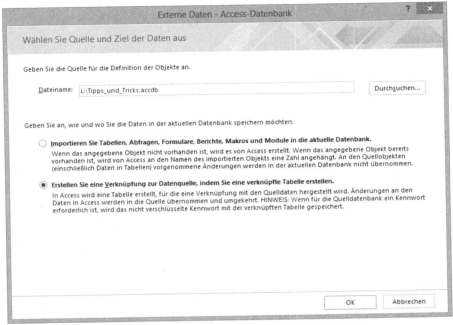

5. Markieren Sie nach Bestätigung durch *OK* im nächsten Schritt die angezeigte Tabelle (oder auch mehrere, wenn vorhanden) wie in Abbildung 16.16 und klicken Sie auch hier auf *OK*.

Abbildg. 16.16   Übernehmen Sie die gewünschte(n) Tabelle(n)

6. Sie finden anschließend im Navigationsbereich die neue Tabelle mit dem Access-Tabellensymbol wie die übrigen auch. Sie ist aber durch den zusätzlichen Pfeil als extern verknüpfte Tabelle gekennzeichnet.

Abbildg. 16.17 Verknüpfte Access-Tabellen werden durch einen Pfeil kenntlich gemacht

Auch diese manuell verknüpfte Tabelle können Sie ohne Probleme mit dem Tabellenverknüpfungs-Assistenten bearbeiten.

Outlook-Kontakte

Einige der Informationen zu den Mitarbeitern haben Sie als Benutzer vielleicht schon in Ihren Outlook-Kontakten gespeichert. Da wäre es doch praktisch, direkt von Access aus darauf zugreifen zu können, oder?

1. Öffnen Sie Outlook und erstellen Sie dort ein paar Kontakte wie in Abbildung 16.18. Die Namen müssen nicht denjenigen aus der Datenbank entsprechen, aber für spätere Aufgaben wäre es hilfreich, wenn einige davon namensgleich sind.

Abbildg. 16.18 Outlook enthält nun ein paar Beispielkontakte

2. Wechseln Sie zur Access-Datenbank und klicken Sie dort in *EXTERNE DATEN/Importieren und Verknüpfen* auf die Dropdownschaltfläche *Weitere Optionen*. Wählen Sie dort im Menü wie in Abbildung 16.19 den Eintrag *Outlook-Ordner* aus.

Hier findet sich die Verknüpfung mit Outlook-Kontakten

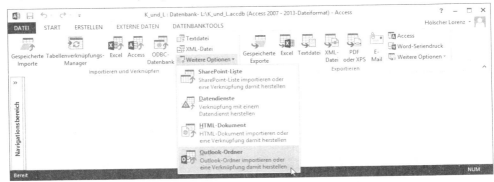

3. Auch hier startet wieder ein Assistent, in dessen erstem Schritt Sie die Verknüpfung als Verbindungstyp wählen wie in Abbildung 16.20.

Abbildg. 16.20   Erstellen Sie eine Verknüpfung zu den Outlook-Kontakten

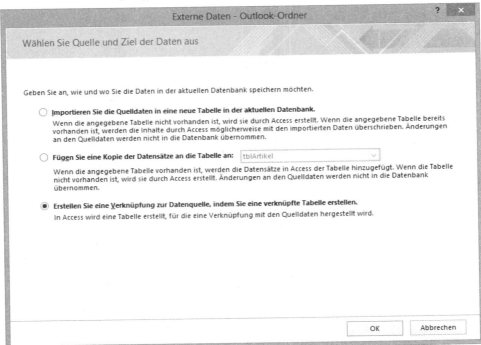

4. Nach Bestätigung durch *OK* bietet Ihnen der Assistent entsprechend der Abbildung 16.21 eine Übersicht der Daten an, auf die Sie in Outlook zugreifen können.

Tabellen

Auswahl der Daten aus Outlook

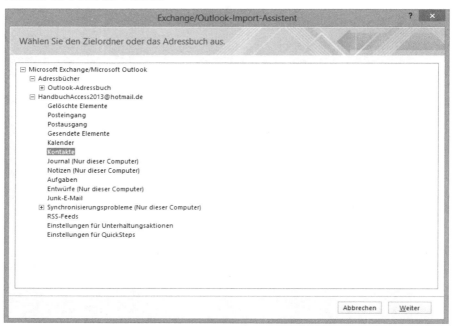

5. Öffnen Sie den Knoten mit Ihrem E-Mail-Konto, markieren Sie darin den *Kontakte*-Ordner (siehe Abbildung 16.21) und gehen Sie mit *Weiter* zum letzten Schritt.

6. Hier ist wie immer nur die Angabe des Namens für die verknüpfte Tabelle nötig. Tragen Sie hier beispielsweise Outlook-Kontakte ein und schließen Sie den Assistenten mit der Schaltfläche *Fertig stellen*.

7. Nach der Bestätigungsmeldung, dass alles geklappt hat, können Sie anschließend im Navigationsbereich die Tabelle *Outlook-Kontakte* öffnen und deren Daten wie in Abbildung 16.22 sehen.

Sie können jetzt via Access auf die Outlook-Kontakte zugreifen

CD-ROM   Da die Outlook-Verknüpfung nur funktioniert, wenn auch wirklich Outlook mit dem Zugriff auf dieses Konto vorhanden ist, wurde diese Tabelle in den Beispiel-Datenbanken schon in eine lokale Access-Tabelle konvertiert. Die Verknüpfung mit einer Excel-Tabelle hingegen ist auch ohne installiertes Excel möglich.

SharePoint

Da wir im Moment noch keine geeigneten Tabellen für den Microsoft SharePoint-Server zur Verfügung haben, werde ich den Umgang mit diesen Daten in Kapitel 32 zeigen.

Die Access Web Apps werden zwar intern in Office 365 eigentlich auch im SharePoint-Server gespeichert, aber nicht als einfache Listen, wie sie hier gemeint sind. Eine SharePoint-Liste speichert nur eine einzelne Tabelle, während eine Access Web App einer ganzen Datenbank entspricht.

Importieren statt verknüpfen

Wenn Sie wie bisher Daten verknüpfen, greifen Sie weiterhin auf die Originaldaten zu. Das klappt nur, wenn diese auch erreichbar sind.

Im ersten Schritt des jeweiligen Import-Assistenten (siehe Abbildung 16.23) können Sie daher statt der dritten Option für die Verknüpfung auch die erste Option zum Importieren auswählen. Die folgenden Schritte unterscheiden sich nicht.

Abbildg. 16.23 Der erste Schritt des Assistenten entscheidet über Import oder Verknüpfung

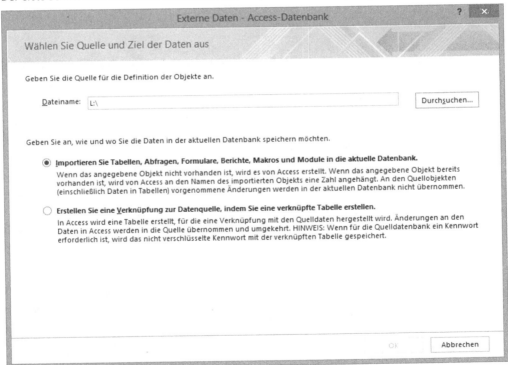

Damit legt Access eine Kopie der importieren Daten als echte Access-Tabelle an. Anschließend können Sie diese (auch im Entwurf) ändern, ohne dass die Originaldaten betroffen sind.

Tabellen

Analyse

Access stellt einige Werkzeuge zur Verfügung, mit denen Sie Ihre Datenbank auf Probleme untersuchen oder einfach nur den aktuellen Stand dokumentieren können.

Datenbankdokumentierer

Mit dem Befehl *DATENBANKTOOLS/Analysieren/Datenbankdokumentierer* können Sie einen speziellen Bericht erzeugen. In einem Dialogfeld geben Sie an, welche Objekte dokumentiert werden sollen. In Abbildung 16.24 ist dabei auch bereits das zugehörige Dialogfeld mit den Einstellungen für die Tabellendefinitionen zu sehen.

Abbildg. 16.24 Wählen Sie hier Objekte und Optionen für den Datenbankdokumentierer aus

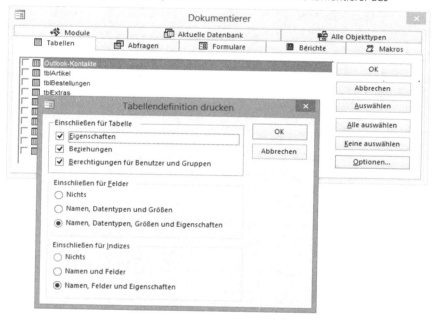

Je nach Menge der ausgewählten Objekte dauert die Erstellung dieses speziellen Berichts mehr als 10 Minuten. Wie Sie in Abbildung 16.25 sehen können, entsteht dabei vor allem sehr viel Text: Diese Datenbank-Dokumentation füllt schon über 70 Seiten, obwohl nur ein paar Tabellen enthalten sind!

HINWEIS Wirklich hilfreich kann ich diesen Bericht nicht finden. Natürlich stehen dort schön sämtliche Eigenschaften aller Objekte aufgelistet, aber das ist durch einen Blick in die Datenbank viel effektiver herauszufinden.

Abbildg. 16.25 So sieht der Bericht zur Datenbankdokumentation aus

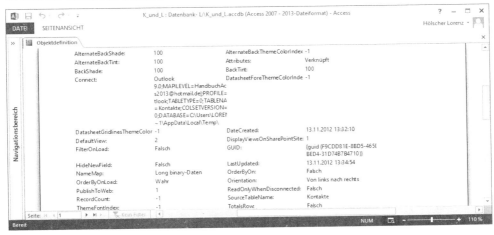

Beziehungen-Fenster dokumentieren

Der »Geist« einer Datenbank wird eigentlich von den Beziehungen zwischen den Tabellen beschrieben. Daher ist es wichtig, diese gut dokumentieren zu können:

1. Wechseln Sie mit dem Befehl *DATENBANKTOOLS/Beziehungen/Beziehungen* in das entsprechende Fenster zur Anzeige der Beziehungen.

Abbildg. 16.26 Der Beziehungsbericht entspricht weitgehend der Darstellung des Fensters

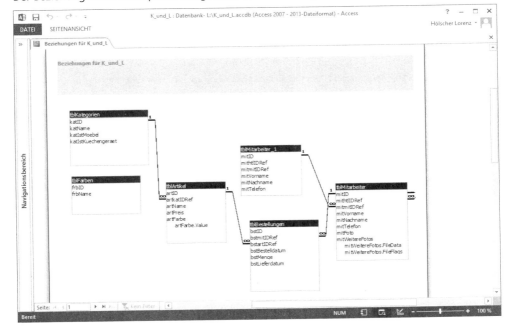

Tabellen

2. Dort finden Sie mit dem Befehl *ENTWURF/Tools/Beziehungsbericht* die Möglichkeit, das grafisch gestaltete *Beziehungen*-Fenster in einem Bericht (siehe Abbildung 16.26) abzubilden.

Dieser Bericht ist zwar praktischer als die Dokumentation der Beziehungen mit Screenshots, weil er größere Beziehungsgeflechte auch außerhalb des sichtbaren Teils im Bildschirmfenster übernimmt. Allerdings erzeugt er oft einige Leerseiten vorneweg und hat Probleme mit dem Hintergrundgrau. Da Sie aber (im Gegensatz zum Datenbankdokumentierer!) am Entwurf ändern können, ist es wenigstens eine Chance auf Dokumentation.

Leistung analysieren

Ein weiterer Assistent untersucht die Datenbankobjekte auf mögliche Leistungsverbesserungen. Das betrifft in Tabellen beispielsweise sinnvolle Datentypen mit möglichst wenig Platzverbrauch oder in VBA-Modulen die Aktivierung von Option Explicit (siehe Kapitel 33).

Mit dem Befehl *DATENBANKTOOLS/Analysieren/Leistung wird analysiert* zeigen Sie das Dialogfeld aus Abbildung 16.27 zur Auswahl der untersuchten Objekte an.

Abbildg. 16.27 Wählen Sie hier die zu untersuchenden Objekte aus

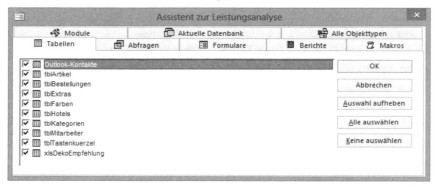

Je nach Menge der gewählten Objekte kann es auch hier einige Zeit dauern, bis die Meldung entsprechend Abbildung 16.28 erscheint.

HINWEIS   Es schadet nichts, diese Leistungsanalyse mal für eine Datenbank laufen zu lassen, um vielleicht Fehler zu finden. Allzu viel sollten Sie aber auch nicht erwarten. Für Makros beispielsweise empfiehlt der Assistent immer, diese in VBA-Module zu konvertieren.

Abbildg. 16.28   Die Leistungsanalyse ist ziemlich zufrieden mit den Tabellen

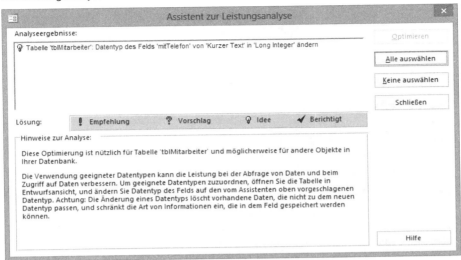

Wenn es keine Verbesserungsvorschläge gab, erscheint die Meldung wie in Abbildung 16.29.

Abbildg. 16.29   Die ausgewählten Datenbankobjekte sind in Ordnung

Tabellen analysieren

Der Tabellenanalyse-Assistent prüft eine angegebene Tabelle auf die Einhaltung der Normalformen. Da die *Kosten&Logistik*-Datenbank vollständig normalisiert ist, gibt es dort nichts zu sehen. Daher muss die Analyse das erste Beispiel mit der Schulbücherei betreffen:

1. Öffnen Sie die Datenbank *Schulbücherei.accdb* und starten Sie mit dem Befehl *DATENBANK-TOOLS/Analysieren/Tabelle analysieren* den Assistenten.

HINWEIS   Dieser Assistent zeigt anfangs noch zwei zusätzliche Schritte mit Erläuterungen und Beispielen. Diese können Sie mit dem Kontrollkästchen *Einführungsseiten anzeigen?* (siehe Abbildung 16.30) ausschalten.

2. Geben Sie wie in Abbildung 16.30 im ersten Schritt die Tabelle *Bücher* zur Analyse an und klicken Sie auf *Weiter*.

Tabellen

Abbildg. 16.30   Wählen Sie die Tabelle *Bücher*

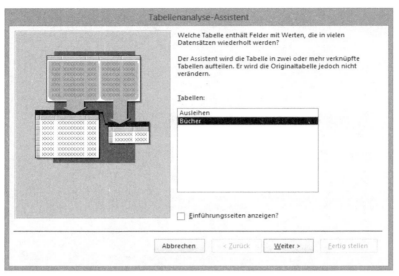

3. Belassen Sie im zweiten Schritt des Assistenten die Auswahl auf *Dem Assistenten die Entscheidung überlassen* (siehe Abbildung 16.31) und klicken erneut auf *Weiter*.

Abbildg. 16.31   Überlassen Sie dem Assistenten die Entscheidung

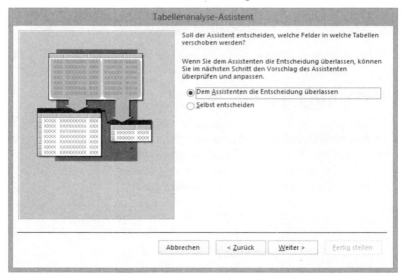

4. Im nächsten Schritt wie in Abbildung 16.32 schlägt der Assistent vor, wie diese Tabelle besser aufgeteilt werden kann. Da hier die Namen der Autoren mehrfach vorkommen, ist es tatsächlich sinnvoller, diese in eine Nachschlagetabelle auszulagern.

Abbildg. 16.32   So könnte die Tabelle *Bücher* aufgeteilt werden

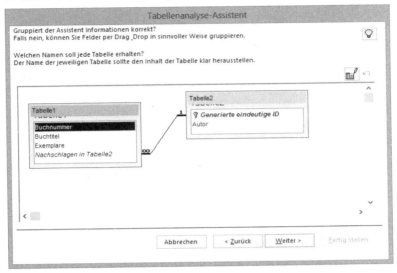

5. Markieren Sie im Assistenten jeweils eine der Tabellen durch Anklicken und ändern Sie über das Schreibsymbol oben rechts die Namen auf *BücherNeu* und *Autoren*. Klicken Sie wieder auf *Weiter*, um zum nächsten Schritt zu gelangen.

Abbildg. 16.33   Ändern Sie die Namen der zukünftigen Tabellen

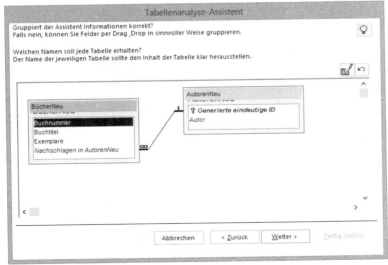

6. Im folgenden Schritt wie in Abbildung 16.34 hat sich nichts geändert (außer dem Text oben im Dialog), weil der Assistent bereits vorher einen *AutoWert* als ID eingerichtet hatte. Sie können das so belassen und mit *Weiter* zum nächsten Schritt weitergehen.

Tabellen

Abbildg. 16.34 Die Nachschlagetabelle *Autoren* enthält bereits eine ID

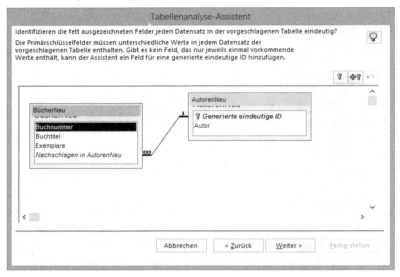

HINWEIS Der Feldname wird nachher nicht *Generierte eindeutige ID* heißen, sondern einfach nur *ID*.

---

7. Im vorletzten Schritt (siehe Abbildung 16.35) lassen Sie noch Zuordnungsfehler korrigieren, was hier aber nicht nötig ist. Bei den ursprünglichen Daten hätten ja Schreibfehler auftauchen können wie *Robert Schmidt* statt *Robert Schmitt*, das könnten Sie hier sonst bereinigen.

Abbildg. 16.35 Hier lassen sich Schreibfehler korrigieren

8. Mit einem Klick auf *Weiter* sind Sie endlich im letzten Schritt (siehe Abbildung 16.36) angekommen. Nach der Aufteilung der einen Tabelle in zwei bietet der Assistent direkt an, mit einer verbindenden Abfrage diese Daten zusammenzufassen. Dies ist sinnvoll, weil dann die Datenbank sofort wieder funktionsfähig ist.

Abbildg. 16.36   Aus den getrennten Daten wird wieder eine zusammenfassende Abfrage gemacht

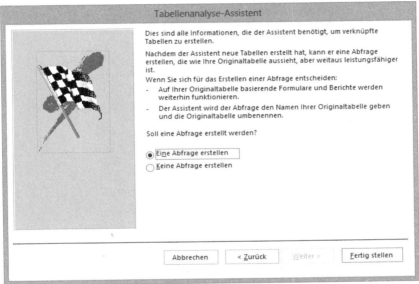

Der Assistent ist zwar recht umfangreich zu klicken, liefert aber eine saubere Lösung für nicht normalisierte Tabellen. Sie werden bemerkt haben, dass es trotzdem deutlich weniger Aufwand ist, gleich ein ordentliches Datenbankdesign zu entwerfen. Für Datenbanken, die Sie übernehmen und weiterpflegen sollen, ist das hingegen eine praktische Sache.

ACHTUNG   Der Assistent kopiert *Ja/Nein*-Felder immer noch fehlerhaft: Diese haben zwar weiterhin den *Ja/Nein*-Datentyp, in der Anzeige erscheinen aber die Werte *–1* und *0*. Wechseln Sie daher in den Entwurf der kopierten Tabelle, markieren dort das *Ja/Nein*-Feld und geben unten auf der *Nachschlagen*-Registerkarte für *Steuerelement anzeigen* statt *Textfeld* wieder *Kontrollkästchen* an.

Zusammenfassung

In diesem Kapitel haben wir uns damit befasst, wie Access externe Datenquellen nutzen kann, wahlweise importiert oder verknüpft.

- Durch die *Aufteilung in Back-End und Front-End* (Seite 296) sind in ziemlich jeder Datenbank sogar die eigenen Tabellen in eine externe Datei ausgelagert. Das ist unbedingt notwendig, damit im Mehrbenutzerzugriff später noch Änderungen an der Oberfläche möglich sind.

Tabellen

- *Excel-Dateien* (Seite 300) sind die beliebtesten Austauschformate für Daten und helfen Benutzern ohne Datenbankkenntnisse, trotzdem einen Teil der Daten pflegen zu können

- Der dynamische Zugriff auf *Outlook-Kontaktordner* (Seite 306) ist sehr einfach machbar, um Personendaten nicht doppelt pflegen zu müssen

- Die Verknüpfung mit *SharePoint-Listen* (Seite 309) ist ebenfalls möglich und wird ausführlich in Kapitel 32 besprochen

- Verschiedene Analyse- und Dokumentationswerkzeuge (Seite 310) helfen Ihnen, Ihre Datenbank zu verbessern

Teil E

Abfragen

Kapitel 17

Abfragen sortieren

In diesem Kapitel:

Abfragen

Nachdem Sie ausführlich alles gesehen haben, was Sie über Tabellen wissen müssen, kommen wir zum eigentlichen Kern einer Datenbank: zu den Abfragen. Diese liefern Ihnen die Daten strukturiert und übersichtlich, lassen Unwichtiges weg oder fassen Gleiches zusammen.

CD-ROM Um Ihnen das Nachvollziehen der Schritte in diesem Kapitel zu erleichtern, finden Sie innerhalb der Beispieldateien zu diesem Buch im Ordner *Kap16* eine Datenbank, die bereits die Änderungen aus Kapitel 16 enthält. Laden Sie einfach die betreffende Datenbank, um mit der Arbeit in diesem Kapitel zu beginnen.

Sie können also jederzeit ein Kapitel überspringen und trotzdem auf den aktuellen Stand der Datenbank zugreifen.

Abfragen werden in Access in zwei große Gruppen unterteilt:

- **Auswahlabfragen** Zeigen nur die Daten an. Dazu gehören auch Gruppierungsabfragen und Kreuztabellenabfragen, die Sie in Kapitel 22 noch kennenlernen werden.

- **Aktionsabfragen** Verändern die Daten. Diese werden wir in Kapitel 24 betrachten.

Da die Auswahlabfragen die »ungefährlicheren« sind, stelle ich Ihnen diese zuerst vor. Um damit überhaupt eine Auswertung vornehmen zu können, benötigen wir in der Tabelle *tblBestellungen* zunächst einige Beispieldaten. Diese wird langfristig ohnehin die meisten Daten enthalten, daher lassen sich damit Abfragen am besten zeigen.

CD-ROM Um Ihnen das Eintippen der Daten für die Tabelle *tblBestellungen* zu ersparen, finden Sie innerhalb der Beispieldateien zu diesem Buch im Ordner *Kap17* eine Datenbank, die bereits die gefüllte Tabelle *tblBestellungen* enthält.

Bitte tragen Sie dort die Werte aus Tabelle 17.1 ein, die so gewählt sind, dass später für alle Abfragetypen ausreichend Beispiele vorhanden sind.

HINWEIS Da die Spalte mit den Preisen derzeit ohnehin noch leer ist, habe ich sie in der Tabelle 17.1 weggelassen. Die *bstID* wird automatisch erzeugt, diese dürfen und können Sie also nicht eingeben.

Tabelle 17.1 Beispieldaten für die Tabelle *tblBestellungen*

bstID	bstmitIDRef	bstartIDRef	bstBestell-datum	bst-Menge	bstLiefer-datum
1	Detlev Schäfer	Blumenvase klein	05.05.2013	3	15.05.2013
2	Fritz Pfaff	Kindermesser	08.03.2013	20	
3	Fritz Pfaff	Kinderlöffel	08.03.2013	20	
4	Fritz Pfaff	Kindergabel	08.03.2013	20	
5	Rüdiger Geissler	Blumenvase klein	12.05.2013	2	15.05.2012
6	Joachim Maier-Schwendlein	Papierhandtücher	08.05.2013	50	10.05.2013
7	Ulrike Breustedt	Gepäckkarre	01.06.2013	1	02.06.2013
8	Ulrike Breustedt	Rotweinglas	05.03.2013	120	10.03.2013
9	Ulrike Breustedt	Weißweinglas	05.03.2013	70	12.03.2012

Tabelle 17.1 Beispieldaten für die Tabelle *tblBestellungen* (Fortsetzung)

bstID	bstmitIDRef	bstartIDRef	bstBestell-datum	bst-Menge	bstLiefer-datum
10	Marion Lackner	Weißweinglas	30.12.2012	50	02.01.2013
11	Rüdiger Geissler	Badezimmer-Stuhl	24.12.2012	3	28.12.2012
12	Sigmar Fritsch	Fischmesser	01.11.2011	250	24.11.2011
13	Renate Hedler	Rezeptionsglocke Ganzmetall	02.06.2011	1	15.08.2011
14	Renate Hedler	Rezeptionsglocke mit Holzfuß	02.06.2011	1	15.06.2011
15	Joachim Maier-Schwendlein	Besen	05.03.2011	2	
16	Joachim Maier-Schwendlein	Grabegabel	05.03.2011	2	
17	Joachim Maier-Schwendlein	Schaufel	05.03.2011	2	
18	Joachim Maier-Schwendlein	Rechen	05.03.2011	2	
19	Rebecca Hertlein	Pizzaofen	02.03.2013	1	14.04.2013
20	Rebecca Hertlein	Pizzablechstapler	02.03.2013	3	14.04.2013
21	Axel Thimm	Aufschnittmaschine	05.03.2012	1	06.03.2012
22	Axel Thimm	Fleischwolf	05.03.2012	2	12.03.2012
23	Axel Thimm	Kartoffelschäl-maschine	06.03.2012	1	10.03.2012
24	Andrea Wichert	Stapelsessel Toskana	15.04.2013	25	22.04.2013
25	Andrea Wichert	Klapptisch Toskana	17.04.2013	5	22.04.2013
26	Andrea Wichert	Tisch Toskana	15.04.2013	5	22.04.2013
27	Andrea Wichert	Badezimmer-Hocker	26.06.2013	35	24.07.2013
28	Andrea Wichert	Badezimmer-Stuhl	26.06.2013	35	24.07.2013
29	Andreas Viebranz	Papierhandtücher	31.12.2012	200	07.01.2013
30	Andreas Viebranz	Kosmetiktücher	31.12.2012	200	07.01.2013
31	Andreas Viebranz	Halterung für Seifenspender	31.12.2012	3	12.02.2013
32	Wolf-Michael Angerhausen	Eiswürfelbereiter	26.11.2010	1	23.12.2010
33	Ute Badberg	Spültisch	26.11.2010	3	13.12.2010
34	Ingo Mauer	Kosmetiktücher	01.05.2011	10	28.05.2011
35	Ingo Mauer	Kosmetiktücher	01.06.2011	15	23.06.2011
36	Ingo Mauer	Kosmetiktücher	01.07.2011	10	22.07.2011
37	Ingo Mauer	Kosmetiktücher	01.08.2011	20	13.08.2011
38	Ingo Mauer	Kosmetiktücher	01.09.2011	10	25.09.2011
39	Ingo Mauer	Kosmetiktücher	02.10.2011	10	23.10.2011

Tabelle 17.1 Beispieldaten für die Tabelle *tblBestellungen* (Fortsetzung)

bstID	bstmitIDRef	bstartIDRef	bstBestell-datum	bst-Menge	bstLiefer-datum
40	Ingo Mauer	Kosmetiktücher	01.11.2011	12	24.11.2011
41	Ingo Mauer	Kosmetiktücher	05.12.2011	10	24.12.2011
42	Lorenz Lang	Kosmetiktücher	23.10.2012	120	03.12.2012
43	Ralf Heyden	Klemmbrett	01.08.2013	3	02.08.2013
44	Ralf Heyden	Stift-Box	01.08.2013	5	05.08.2013
45	Sigmar Fritsch	Fischmesser	31.10.2011	120	28.11.2011
46	Sigmar Fritsch	Menümesser	31.10.2011	120	28.11.2011
47	Sigmar Fritsch	Menügabel	31.10.2011	120	28.11.2011
48	Sigmar Fritsch	Menülöffel	31.10.2011	120	28.11.2011
49	Sigmar Fritsch	Rotweinglas	31.10.2011	120	03.12.2011
50	Sigmar Fritsch	Weißweinglas	31.10.2011	120	05.12.2011
51	Dieter Pawlowsky	Blumenvase mittel	14.04.2010	12	29.05.2010
52	Dieter Pawlowsky	Blumenvase klein	14.04.2010	20	29.05.2010
53	Dieter Pawlowsky	Blumenvase groß	14.04.2010	5	07.06.2010
54	Klaus Mahnke	Pizzaofen	12.10.2013	1	
55	Klaus Mahnke	Pizzablechstapler	15.10.2013	7	
56	Klaus Mahnke	Fleischwolf	15.10.2013	1	22.10.2013
57	Detlev Schäfer	Besen	28.03.2010	3	12.04.2010
58	Fritz Pfaff	Besen	28.03.2010	2	12.04.2010
59	Rüdiger Geissler	Besen	30.05.2011	1	15.06.2011
60	Detlev Schäfer	Kosmetiktücher	22.11.2013	200	
61	Renate Götzki	Hochlehnersessel Toskana	03.08.2012	3	12.09.2012
62	Detlev Schäfer	Blumenvase klein	05.05.2013	3	15.05.2013

ACHTUNG Gerade zu Testzwecken werden gerne langweilige Daten benutzt, die bequem einzugeben sind, etwa *4711* als Nummer, *Test* als Bezeichnung oder *01.01.2013* als Datum. Das ist schlecht, weil Sie bestimmte Fehler gar nicht finden. Prüfen Sie besser die Grenzen des jeweiligen Datentyps und nehmen Beispiele aus dem Grenzbereich, also für *Integer*-Werte mal *32.767*, für einen Text ganz lange und ganz kurze Worte, für ein Datum den *29.02.2013* (den es ja mangels Schaltjahr nicht gibt) sowie gültige Datumswerte aus anderen Jahren.

Sorgen Sie auch dafür, dass manche Datenzeilen mehrfach vorkommen, wenn Ihr Index das zulässt. Dann können Sie später überprüfen, ob Ihre Abfragen auch korrekt mit Duplikaten umgehen.

Einfache Auswahlabfragen

Sie haben in Kapitel 4 bereits einen ersten Einblick in Abfragen erhalten, daher können wir direkt mit der Arbeit beginnen. Eine Auswahlabfrage dient dazu, Daten in irgendeiner Form aufzubereiten.

Im einfachsten Fall beschränken Sie in einer Abfrage die angezeigten Spalten auf diejenigen, welche für Sie interessant sind, und lassen die übrigen weg.

1. Klicken Sie auf *ERSTELLEN/Abfragen/Abfrageentwurf*, um eine neue Abfrage vorzubereiten.

2. Dabei erscheint automatisch das Dialogfeld *Tabelle anzeigen*, in dem Sie *tblMitarbeiter* markieren und mit *Hinzufügen* übernehmen. Dann können Sie das Dialogfeld schließen.

3. Doppelklicken Sie auf das Feld *mitNachname* in der Feldliste (das kleine Fenster im oberen Bereich), sodass es unten im Zielbereich aufgenommen wird.

4. Wenn Sie jedoch ein neues Feld nicht einfach ganz hinten anfügen wollen, wie jetzt den Vornamen, nehmen Sie in der Feldliste den Feldnamen *mitVorname* und ziehen ihn mit gedrückter Maustaste unten mitten auf die erste Spalte, in der sich schon das Zielfeld *mitNachname* befindet. Dieses wird dadurch nach hinten verdrängt.

5. Sie können den Platzbedarf für die Feldliste oder die Zielfelder wie in Abbildung 17.1 durch Ziehen mit der Maus an der waagerechten Trennlinie anpassen.

Abbildg. 17.1 Die Trennlinie zwischen Feldliste und Zielfeldern lässt sich hier mit der Maus verschieben

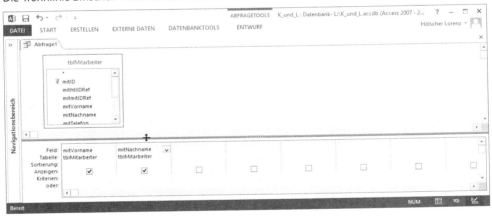

HINWEIS Die Höhe der Aufteilung im Abfrageentwurf zwischen Feldliste oben und Zielfeldern unten lässt sich leider nicht als Standard für eine neue Abfrage festlegen.

6. Abfragen lassen sich (im Gegensatz zu Tabellen) auch schon ungespeichert in der Datenblattansicht ansehen, klicken Sie dazu bitte auf *START/Ansichten/Datenblattansicht*. Sie sehen jetzt die Vor- und Nachnamen in der gleichen Reihenfolge und Anzahl wie schon in der Tabelle (siehe Abbildung 17.2).

Abbildg. 17.2   Ein Ausschnitt der Datenblattansicht

Sie haben mit dieser Abfrage im Grunde auch schon gefiltert, aber nicht so, wie es meistens verstanden wird, nämlich nicht zeilenweise, sondern spaltenweise. Wie Sie zwischen den Navigationsschaltflächen sehen können, sind es aber immer noch 34 Datensätze, so wie in der Tabelle auch.

Sortieren

Bei den Tabellen hatte ich bereits darauf hingewiesen, dass es keineswegs sinnvoll ist, diese zu sortieren, weil das die ureigene Aufgabe von Abfragen ist. Lassen Sie uns also diese Abfrage sortieren, und zwar, wie es üblich ist, nach Nachnamen.

1. Wechseln Sie zurück in den Abfrageentwurf und speichern diesen schon mal als *qryMitarbeiterSortiert*.

> **HINWEIS**   Zur Erinnerung: Das im Sinne der Ungarischen Notation benutzte Präfix *qry* ist die Kurzform des englischen Worts *query*, also Abfrage.

2. Klicken Sie unterhalb des Zielfelds *mitNachname* in die Zeile, die links mit *Sortierung* bezeichnet ist. Dort erscheint ein Dropdownpfeil mit einer Liste, aus der Sie wie in Abbildung 17.3 *Aufsteigend* auswählen.

Abbildg. 17.3   Die Abfrage wird anhand der Nachnamen sortiert

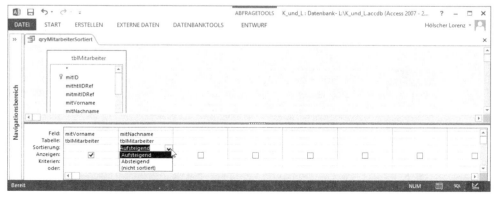

3. Lassen Sie wieder die Datenblattansicht anzeigen, in der nun alle Datensätze wie in Abbildung 17.4 anhand der Nachnamen sortiert sind.

TIPP   Anstatt jedes Mal den Befehl aus dem Menü zu wählen, um zwischen Datenblattansicht und Entwurfsansicht zu wechseln, können Sie auch das Symbol in *START/Ansichten* direkt anklicken. Es ändert sich automatisch, sodass es in beiden Richtungen immer richtig steht.

Abbildg. 17.4   Die Sortierreihenfolge basiert auf den Nachnamen

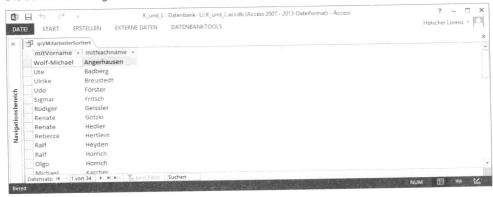

Mehrfache Sortierung

Natürlich können Sie in einer Abfrage auch nach mehr als einem Feld sortieren lassen. Hier gibt es etwa den Nachnamen *Horrich* doppelt und die zugehörigen Vornamen sind nicht alphabetisch sortiert, wie Sie in Abbildung 17.4 sehen können.

1. Wechseln Sie in der Abfrage *qryMitarbeiterSortiert* wieder in die Entwurfsansicht und stellen Sie auch für *mitVorname* die *Sortierung* auf *Aufsteigend*.

2. Betrachten Sie nun die Datenblattansicht, die wie in Abbildung 17.5 aussieht.

Abbildg. 17.5   Diese Abfrage soll erst Nachnamen und dann Vornamen sortieren

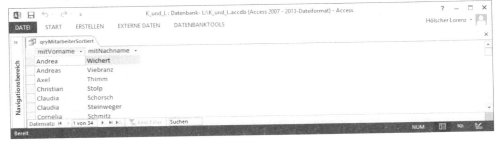

Haben Sie es bemerkt? Das ist falsch! Eigentlich sollte zuerst nach Nachnamen und anschließend, nämlich nur bei gleichen Nachnamen, nach Vornamen sortiert werden. Was aber tatsächlich sortiert wurde, sind zuerst die Vornamen und dann die Nachnamen, wie Sie schon beim ersten Datensatz sehen können.

WICHTIG Abfragen werden nicht in der zeitlichen Reihenfolge der eingefügten Sortierung sortiert, sondern immer von links nach rechts!

Damit diese Abfrage so wie gewünscht sortiert wird, müssen Sie von links die Sortierungen zuerst für Nachnamen und dann für Vornamen anordnen.

Eine der Möglichkeiten, die Reihenfolge der Sortierung zu beeinflussen, besteht darin, die Reihenfolge der Zielfelder zu ändern:

1. Um ein Zielfeld zu verschieben, muss dessen Spalte markiert sein. Das geschieht über einen (ziemlich klein geratenen) Spaltenkopf, der oberhalb des Feldnamens als grauer Bereich sichtbar ist. Sie müssen die Maus so halten, dass dort wie in Abbildung 17.6 ein kleiner schwarzer, nach unten gerichteter Pfeil zu sehen ist.

Abbildg. 17.6 Die Maus ändert sich auf dem Spaltenkopf in einen schwarzen Pfeil

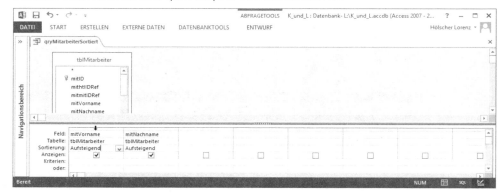

2. Klicken Sie mit dem schwarzen Pfeil einmal auf den Spaltenkopf und lassen Sie dann die Maus wieder los. Das ist wichtig, sonst erweitern Sie nur die Markierung, statt eine Spalte zu verschieben!

Abbildg. 17.7 Schieben Sie die Spalte *mitVorname* ganz nach rechts

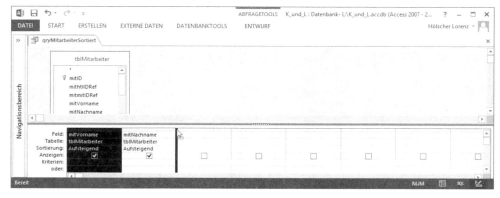

3. Die nun schwarz markierte Spalte *mitVorname* können Sie mit gedrückter Maus am Spaltenkopf aufnehmen und weiter nach rechts schieben, in diesem Fall hinter die Spalte *mitNachname*. Beim Verschieben läuft ein dicker schwarzer Strich für die zukünftige Position mit, wie es in Abbildung 17.7 zu sehen ist.

4. Wenn die Zielfelder in umgekehrter Reihenfolge stehen, sehen Sie in der Datenblattansicht (siehe Abbildung 17.8), dass so tatsächlich zuerst nach Nachname und anschließend nach Vorname sortiert wird, wie es geplant war.

Abbildg. 17.8   Die Sortierreihenfolge ist nun korrekt

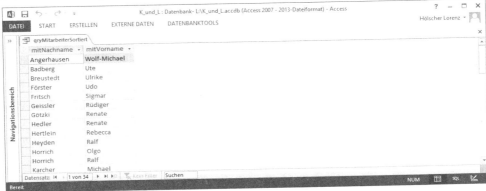

Sortierung und Anzeige trennen

Die sortierte Anzeige ist jetzt zwar korrekt, aber nicht sonderlich ansprechend. Schließlich sollte ja der Vorname vor dem Nachnamen stehen, doch die Abfragesortierung hat diese umgekehrte Reihenfolge erzwungen. Also müssen Sie die Sortierung von der Anzeige trennen:

1. Wechseln Sie wieder in die Entwurfsansicht und fügen (zum Beispiel per Doppelklick auf *mitNachname* in der Feldliste) das Feld *mitNachname* ein zweites Mal am Ende hinzu.

ACHTUNG   Mehrere gleichnamige Felder sind in Abfragen nicht erlaubt. Wenn Sie eine solche Abfrage in der Datenblattansicht ansehen, stellen Sie wie in Abbildung 17.9 fest, dass solche Felder mit automatischen Feldnamen wie *Expr1000* versehen werden.

Abbildg. 17.9   Doppelte Feldnamen erzeugen merkwürdige Überschriften

Abfragen

2. Damit das Feld *mitNachname* nicht doppelt angezeigt wird, entfernen Sie für die erste Spalte den Haken im Kontrollkästchen der Zeile *Anzeigen*.

Abbildg. 17.10   Anzeige und Sortierung sind nun getrennt

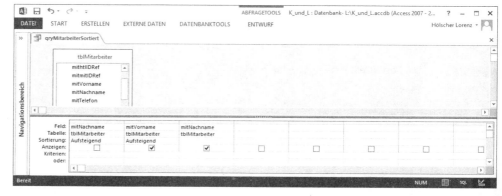

3. Dadurch wird zwar nach diesem Feld sortiert, aber es wird nicht mehrfach angezeigt, wie Sie in Abbildung 17.11 sehen können.

Abbildg. 17.11   Jetzt sind Sortierung und Feldreihenfolge korrekt

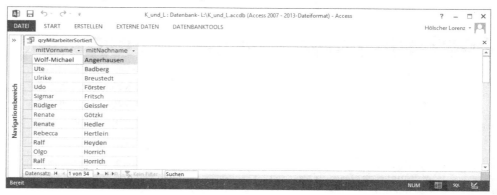

Andere Datentypen sortieren

Beim Erstellen der Tabelle *tblHotels* hatte ich zum Feld *htlPLZ* bereits darauf hingewiesen, dass es für deren Sortierung unerheblich ist, ob es den Datentyp *Zahl* oder *Kurzer Text* hat, solange die Textinhalte gleich lang sind.

1. Bereiten Sie mit *ERSTELLEN/Abfragen/Abfrageentwurf* eine neue Abfrage vor, für die Sie die Tabelle *tblHotels* als Quelle übernehmen.

2. Wählen Sie die Felder *htlName*, *htlPLZ* und *htlOrt* aus (beispielsweise per Doppelklick auf deren Namen in der Feldliste) und stellen Sie die *Sortierung* von *htlPLZ* auf *Aufsteigend*.

Abbildg. 17.12   So sieht der Entwurf der Abfrage aus

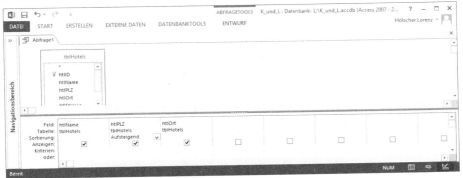

3. Speichern Sie diese Abfrage als *qryHotelsNachPLZSortiert* und lassen Sie sich die Datenblattansicht wie in Abbildung 17.13 anzeigen.

Abbildg. 17.13   Auch die Postleitzahl wird korrekt sortiert

Wie Sie sehen, ist die Sortierung auch für die Postleitzahlen als Text korrekt. Das funktioniert ebenso für Datumswerte, wie Sie bei den Bestellungen überprüfen können:

1. Erstellen Sie eine neue Abfrage, die auf der Tabelle *tblBestellungen* basiert, und wählen Sie als Zielfelder *bstmitIDRef*, *bstartIDRef* und *bstBestelldatum*. Lassen Sie das Bestelldatum aufsteigend sortieren. Der Abfrageentwurf sieht dann aus wie in Abbildung 17.14.

Abbildg. 17.14   Das Datum soll sortiert werden

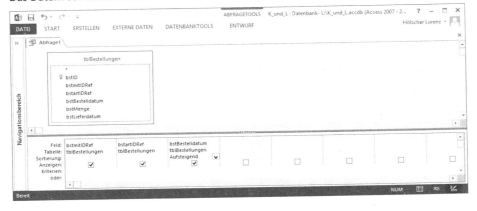

Abfragen

2. Speichern Sie diese als *qryBestellungenNachBestelldatumSortiert* und wechseln Sie in die Datenblattansicht.

3. In Abbildung 17.15 sehen Sie einen mittleren Ausschnitt der Datensätze, der zeigt, dass korrekt zuerst das Jahr, dann der Monat und zuletzt der Tag für die Datumssortierung berücksichtigt wird.

Abbildg. 17.15   Auch das Datum funktioniert als Sortierkriterium

> **HINWEIS**   Sie erinnern sich an die Anmerkung in Kapitel 11 zum Datentyp *Datum*, dass dahinter ein »serielles Datum« steht? Genau genommen steht in dem Feld ja gar kein Datum, sondern vor dem Komma die Anzahl der Tage seit dem 01.01.1900. Das ist eine schlichte Zahl, die ganz einfach sortierbar ist und Ihnen lediglich als Datum angezeigt wird.

Feldnamen austauschen

Um zu sehen, dass die Sortierung auch noch für den dritten wesentlichen Felddatentyp funktioniert (nach *Kurzer Text* und *Datum* also noch *Zahl*), sollen die Bestellungen nach deren Menge sortiert werden:

1. Wechseln Sie wieder in die Entwurfsansicht der Abfrage *qryBestellungenNachBestelldatumSortiert* und speichern Sie diese als *qryBestellungenNachMengeSortiert*.

> **ACHTUNG**   Um eine bereits benannte Abfrage auf einen neuen Namen zu speichern, dürfen Sie nicht das Diskettensymbol ganz oben benutzen, sondern müssen den Befehl *DATEI/Speichern unter/Objekt speichern als/Speichern unter* aufrufen. Dann erscheint das Dialogfeld *Speichern unter* entsprechend der Abbildung 17.16.

Abbildg. 17.16   In diesem Dialogfeld können Sie einen neuen Namen zum Speichern eingeben

2. Wechseln Sie für diese neue Abfrage in die Entwurfsansicht. Klicken Sie dort im Zielfeld in den Feldnamen *bstBestelldatum*, sodass der Dropdownpfeil wie in Abbildung 17.17 erscheint.

Abbildg. 17.17 So tauschen Sie den Feldnamen einer Entwurfsspalte aus

3. An diesem lässt sich eine Liste der Feldnamen ausklappen, für den Sie jetzt auf *bstMenge* wechseln. Die Sortierung bleibt dabei aktiviert.

4. Nachdem Sie die Abfrage wegen dieser Änderung nochmals gespeichert haben, sehen Sie in deren Datenblattansicht wie in Abbildung 17.18, dass auch die Sortierung nach einem *Zahl*-Datentyp ohne Probleme funktioniert.

Abbildg. 17.18 Auch die Sortierung für Zahlen funktioniert

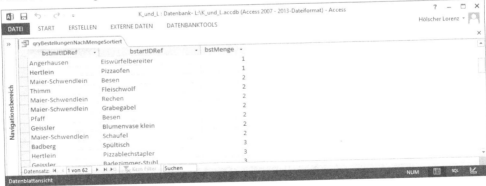

Spitzenwerte

Sie müssen für eine Abfrage gar nicht immer alle Ergebnisse sehen. Wenn Sie mal Wettkampfzeiten auswerten, brauchen Sie möglicherweise nur die drei ersten Plätze, und wenn Sie die Länge der Texte einer Spalte wissen wollen, interessiert eigentlich auch nur der längste Inhalt auf dem ersten Platz.

1. Hier sollen die zehn Bestellungen mit den größten Mengen ermittelt werden, aber die weiteren kleineren Bestellungen sind uninteressant. Speichern Sie daher die Abfrage *qryBestellungen-NachMengeSortiert* unter dem neuen Namen *qryBestellungen10GroessteMengen*.

> **TIPP** Anstatt vom Abfrageentwurf aus den Befehl *DATEI/Speichern unter* zu nutzen, können Sie auch direkt im Navigationsbereich kopieren. Markieren Sie dort den Namen der Abfrage und kopieren diese mit ⌨Strg⌨+⌨C⌨ in die Zwischenablage. Dann drücken Sie ⌨Strg⌨+⌨V⌨ und sehen das Dialogfeld aus Abbildung 17.19, in das Sie den neuen Namen der Kopie eingeben können.

Abbildg. 17.19 Geben Sie hier den neuen Namen der Kopie ein

2. Ändern Sie dann in deren Entwurf die Sortierung für das Feld *bstMenge* auf *Absteigend*, damit die größten Mengen oben am Anfang des Datenblatts stehen.

3. Jetzt benötigen Sie die Eigenschaften der Abfrage, für die Sie mit *ENTWURF/Einblenden/Ausblenden/Eigenschaftenblatt* oder dem Tastenkürzel ⌨Alt⌨+⌨↵⌨ das Eigenschaftenblatt wie in Abbildung 17.20 anzeigen lassen.

Abbildg. 17.20 Geben Sie im Eigenschaftenblatt *10* für die *Spitzenwerte* ein

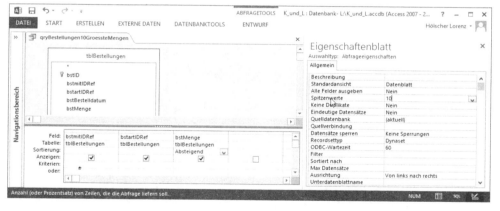

4. Achten Sie vor allem darauf, dass Sie kein Zielfeld markiert haben, sondern irgendwo im oberen hellgrauen Bereich neben der Feldliste klicken. Nur dann sehen Sie im Eigenschaftenblatt auch *Auswahltyp: Abfrageeigenschaften*.

5. Stellen Sie darin die Eigenschaft *Spitzenwerte* auf den Wert *10*, um nur die ersten zehn Datensätze angezeigt zu bekommen.

Abbildg. 17.21   Dies sind die ersten »10« Datensätze

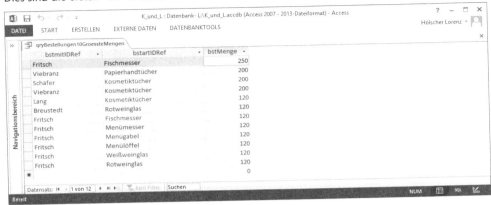

6. In der Datenblattansicht wie in Abbildung 17.21 werden Sie übrigens feststellen, dass die »10«
    Spitzendatensätze tatsächlich 12 Zeilen füllen. Das ist aber konsequent, denn die Menge *120* gilt
    für alle ab der fünften Zeile, sodass keiner der folgenden acht Datensätze ausgeschlossen werden
    darf.

> **HINWEIS**   Es ist übrigens keineswegs sicher, dass die Beschränkung auf ein paar Spitzenwert-
> Datensätze die Ausführung der Abfrage beschleunigt. Das gilt nur, wenn das sortierte Feld auch
> indiziert ist. Ansonsten muss ja erst die komplette Abfrage sortiert werden, bevor die Spitzen-
> werte ermittelt werden können.

Sie können als Angabe für *Spitzenwerte* auch einen Prozentsatz angeben, um beispielsweise mit *50%*
die erste Hälfte der Datensätze zu sehen.

Abfragen umbenennen und löschen

Der Unterschied im Namen der Abfrage und deren tatsächlichem Inhalt könnte ein Anlass sein,
diese anders zu benennen:

1. Schließen Sie die Abfrage (egal, ob in der Entwurfsansicht oder der Datenblattansicht), da sie
    sich sonst nicht umbenennen lässt.

2. Markieren Sie den Namen im Navigationsbereich und wählen per Rechtsklick darauf im Kon-
    textmenü den Befehl *Umbenennen* oder benutzen Sie das Tastenkürzel F2 , damit Sie anschlie-
    ßend den Abfragenamen ändern können.

Abfragen

Schreiben Sie hier den geänderten Abfragenamen hinein

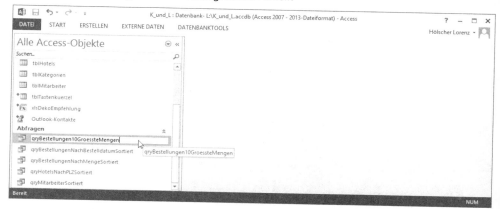

3. Bestätigen Sie die Änderung mit der ⏎-Taste oder per Mausklick auf einen anderen Namen.

Sie können Abfragen entsprechend löschen, indem Sie in deren Kontextmenü den Befehl *Löschen* auswählen oder für einen markierten Abfragenamen die Entf-Taste drücken.

Zusammenfassung

In diesem Kapitel wurde Ihnen der Umgang mit einfachen Abfragen zur Sortierung erläutert:

■ Sie haben verschiedene Techniken kennengelernt, um die Felder von der Feldliste in den *Zielbereich* aufzunehmen (Seite 325)

■ Daten werden typischerweise durch Abfragen *sortiert* (Seite 326)

■ Dabei wird die Sortierung immer von links nach rechts durchgeführt, sodass Sie manchmal die *Anzeige und die Sortierung der Felder trennen* (Seite 329) müssen

■ Die Anzeige der Ergebnisse lässt sich auf eine bestimmte Anzahl *Spitzenwerte* (Seite 333) begrenzen

Kapitel 18

Abfragefelder berechnen

Abfragen

Wenn Sie Daten sortieren (und später filtern) wollen, muss es sich gar nicht um die Originaldaten handeln, wie sie in den Tabellen gespeichert sind. Abfragen sind auch das geeignete Werkzeug, um aus den vorhandenen Daten neue Inhalte zu berechnen.

CD-ROM Um Ihnen das Nachvollziehen der Schritte in diesem Kapitel zu erleichtern, finden Sie innerhalb der Beispieldateien zu diesem Buch im Ordner *Kap17* eine Datenbank, die bereits die Änderungen aus Kapitel 17 enthält. Laden Sie einfach die betreffende Datenbank, um mit der Arbeit in diesem Kapitel zu beginnen.

Sie können also jederzeit ein Kapitel überspringen und trotzdem auf den aktuellen Stand der Datenbank zugreifen.

Formeln eingeben

In der Tabelle *tblBestellungen* gibt es ein Kombinationsfeld, durch das die *mitID* des bestellenden Mitarbeiters ausgewählt wird. Dort stehen in mehreren Spalten die ID, der Vorname und der Nachname des Mitarbeiters. Das ist ziemlich sperrig zu benutzen, besser wäre es, den Vor- und Nachnamen in einer Spalte zu finden. Obwohl es sich dabei um Text handelt, lässt sich dieser komplette Name »berechnen«:

1. Erstellen Sie einen neuen Abfrageentwurf auf Basis der Tabelle *tblMitarbeiter* und übernehmen Sie dort die *mitID* als erstes Feld in den Zielbereich.

2. Klicken Sie dann in die erste Zeile der nächsten Spalte, wo normalerweise der folgende Feldname aufgenommen würde. Sie können wahlweise direkt darin schreiben oder bequemer mit ⇧+F2 das Zoom-Fenster aufrufen, um diesen Bereich vergrößert zu bearbeiten.

3. Tragen Sie dort die Formel GanzerName: mitVorname & " " & mitNachname ein, wie in Abbildung 18.1 gezeigt.

HINWEIS Eine Berechnung in Abfragefeldern hat die Syntax NeuerFeldname: Formel, wobei Formel auch Funktionen enthalten kann. Ein neuer Feldname ist einer, der in dieser Abfrage weder links des berechneten Felds noch oben in der Feldliste vorkommt.

Abbildg. 18.1 Geben Sie die Formel im Zoom-Fenster ein

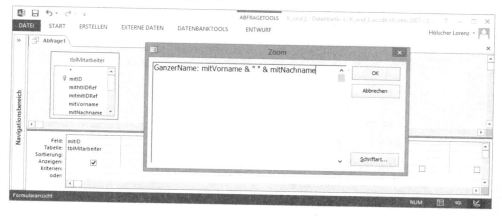

4. Bestätigen Sie das Zoom-Fenster mit *OK*, sodass die Formel im Abfrageentwurf angezeigt wird.

5. Nehmen Sie zusätzlich die Felder *mitNachname* und *mitVorname* auf und lassen Sie sie in dieser Reihenfolge aufsteigend sortieren, wie es in Abbildung 18.2 zu erkennen ist. Bei beiden wird das Kontrollkästchen in der Zeile *Anzeigen* deaktiviert.

Abbildg. 18.2   Fügen Sie zwei Sortierfelder hinzu

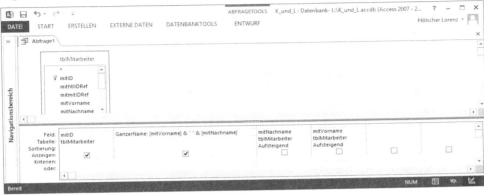

6. Speichern Sie diese Abfrage als *qryMitarbeiterNamenSortiert* und wechseln Sie in die Datenblattansicht.

7. Sie sehen nun die kompletten Namen in üblicher Schreibweise und korrekter Sortierung als zweite Spalte neben den *mitID*-Werten wie in Abbildung 18.3.

Abbildg. 18.3   So sehen jetzt die sortierten Mitarbeiterdaten aus

Eine solche Standardsortierung werden Sie in Datenbanken praktisch für alle Tabellen brauchen. Es lohnt sich also, diese direkt für jede Tabelle vorzubereiten.

Die eben erstellte Abfrage sollte überall dort eingesetzt werden, wo Sie die *mitID* auswählen wollen, also in allen Fremdschlüsseln, in diesem Fall nur in der Tabelle *tblBestellungen*. Daher war schon die *mitID* als erste Spalte enthalten.

1. Öffnen Sie die Entwurfsansicht von *tblBestellungen*, markieren Sie dort das Feld *bstmitIDRef* und wechseln unten auf die Registerkarte *Nachschlagen*.

2. Die *Datensatzherkunft* ändern Sie von der bisherigen Tabelle *tblMitarbeiter* auf die neue Abfrage *qryMitarbeiterNamenSortiert*.

3. Deren *Spaltenanzahl* besteht nur noch aus übersichtlichen *2* Spalten. Daher passen Sie die *Spaltenbreiten* auf *0cm;6cm* wie in Abbildung 18.4 an.

Abbildg. 18.4 Die Eigenschaften für *bstmitIDRef* sehen nun so aus

> **HINWEIS** Das dabei erscheinende »Smarttag«, ein kleines Symbol mit Blitz daran wie in Abbildung 18.4, ermöglicht es, diese Änderung an allen entsprechenden Stellen vorzunehmen. Das wären vor allem Formulare, die auf dieser Tabelle basieren, das lohnt sich also derzeit mangels Formularen nicht.

4. Die Datenblattansicht hat sich nun für die Auswahl der Mitarbeiter bedeutend verbessert, wie in Abbildung 18.5 zu sehen ist. Da Vor- und Nachname in einem einzigen Feld enthalten sind, bleiben sie auch für die übrigen Datensätze immer lesbar.

Abbildg. 18.5 Die Auswahl der Mitarbeiter ist übersichtlicher

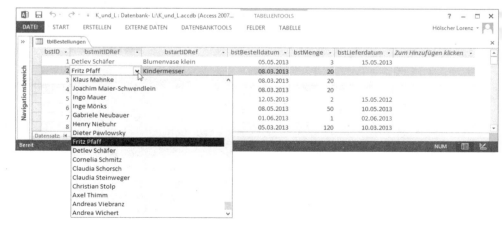

Berechnungen mit Funktionen

In der Tabelle *tblBestellungen* gibt es eine zweite Fremdschlüsselspalte mit Kombinationsfeld, die ebenfalls verbessert werden könnte. Dort sollen außer dem Artikelnamen auch der Preis und die Kategorie erkennbar sein:

1. Bereiten Sie mit *ERSTELLEN/Abfragen/Abfrageentwurf* eine Abfrage vor, deren Datenquellen *tblKategorien* und *tblArtikel* sind. Wegen der bereits angelegten zentralen Beziehungen wird die Verbindungslinie zwischen beiden automatisch angezeigt.

2. Als erstes Feld übernehmen Sie *artID*, weil das als Schlüssel benötigt wird.

3. In der zweiten Spalte geben Sie eine Formel ein, die alle gewünschten Daten enthält:

```
Artikel: [artName] & " (" & [artPreis] & ", " & [katName] & ")"
```

> **PROFITIPP**   Bei der manuellen Eingabe dieser Formel können Sie die eckigen Klammern weglassen, weil die Feldnamen eindeutig und ohne problematische Sonderzeichen sind. Daher habe ich anfangs empfohlen, auf Minuszeichen, Schrägstriche oder Leerzeichen in Feldnamen unbedingt zu verzichten, weil Sie sonst hier immer Probleme hätten. So kann Access beim Bestätigen die eckigen Klammern selbstständig (und vor allem richtig!) hinzufügen.

4. Die Artikel sollen nach ihrer Bezeichnung sortiert sein, also fügen Sie noch das Feld *artName* mit aufsteigender Sortierung ein, welches aber nicht angezeigt wird.

Abbildg. 18.6   Geben Sie diese Formel ein

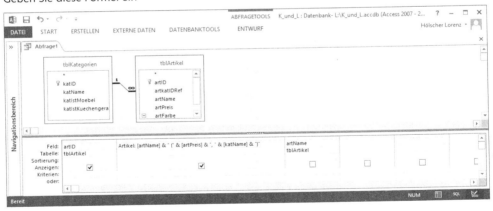

5. Speichern Sie diese Abfrage als *qryArtikelMitInfoSortiert* und wechseln Sie in die Datenblattansicht. Wie Sie in Abbildung 18.7 sehen können, sind in der Ergebnisspalte zwar alle Daten zu sehen, aber nicht besonders übersichtlich. Der Preis ist unformatiert und die Kategoriebezeichnung viel zu lang.

Abfragen

Abbildg. 18.7 Das Ergebnis der Berechnung ist richtig, aber unansehnlich

Es gibt eine Menge integrierter Funktionen, um das zu verbessern. Eine davon (nämlich *Format()*) kann eine Zahl formatieren, eine andere (*Links()*) von einem Text nur den Anfang ermitteln.

Ich werde Ihnen die etwa 25 wichtigsten Funktionen hier im Kapitel ausführlich vorstellen. An diesem Beispiel können Sie schon einmal sehen, wie solche Funktionen eingesetzt werden:

1. Wechseln Sie zur Entwurfsansicht und verändern Sie dort die Formel wie folgt, indem Sie dort die *Format()*-Funktion mit Parametern ergänzen:

```
Artikel: [artName] & " (" & Format([artPreis];"0,00  ") & ", " & Links([katName];10) &
"...)"
```

Abbildg. 18.8 Der geänderte Entwurf berücksichtigt Zahlenformat und Textlänge

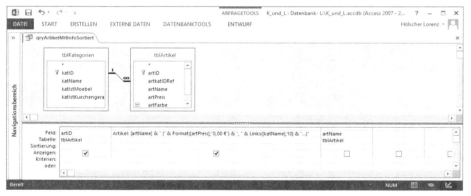

2. Achten Sie dabei vor allem auf das richtige Setzen der Klammern und auf das Semikolon als Trennzeichen zwischen zwei Argumenten einer Funktion.

> **PROFITIPP** Auch hier können Sie bei der Eingabe die eckigen Klammern weglassen. Dank der erweiterten Ungarischen Notation müssen Sie die Tabellennamen nicht nennen, weil beide Namensfelder eindeutig sind. Sonst müssten Sie nämlich immer ausführlich `[tblArtikel].[Name]` und `[tblKategorien].[Name]` schreiben.

3. In der Datenblattansicht finden Sie in dem berechneten Feld nun wie geplant den Preis mit zwei Nachkommastellen und der abgekürzten, aber noch eindeutig zu erkennenden Kategorie.

So sieht das Feld besser aus

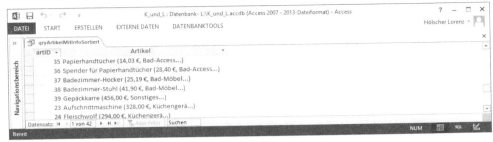

Auch diese sortierte Abfrage für die Artikel eignet sich für ein Kombinationsfeld zur Auswahl und kann direkt in der Tabelle *tblBestellungen* für die *bstartIDRef* genutzt werden, wie die Abbildung 18.10 zeigt.

Nutzen Sie die sortierte Abfrage für die Tabelle *tblBestellungen*

Funktionen nutzen

Sie haben eben schon beispielhaft zwei Funktionen gesehen, die Access für berechnete Felder zur Verfügung stellt. Davon gibt es eine Menge mehr, welche die Berechnungen erheblich erleichtern. Keine Angst, Sie müssen sich nicht besonders viele merken, denn mit knapp 25 Funktionen können Sie eigentlich alle Aufgaben lösen, die typischerweise so anfallen.

> **HINWEIS**   Die in Abfragen benutzten Funktionen sind identisch mit denjenigen, die Sie auch später bei der Programmierung mit VBA nutzen können. In Abfragen sind die Namen deutsch und das Trennzeichen zwischen Argumenten ein Semikolon, in VBA müssen Sie deren englische Namen und ein Komma als Trennzeichen benutzen.
>
> Daher werde ich bei allen Übersichten zusätzlich die englischen Namen mit angeben. Sie können übrigens in Abfragen auch die englischen Funktionsnamen im deutschen Access eintippen, sie werden sofort »zurückübersetzt«.

Abfragen

Damit Sie auch konkret sehen, wie und wofür die Funktionen benutzt werden, erstellen Sie sich am besten in einer eigenen Datenbank (die Sie als *Funktionen.accdb* im Unterordner *Kap18* der Beispiele finden) eine Tabelle *tblBeispiele* wie in Tabelle 18.1 mit den dort genannten Beispieldaten.

Tabelle 18.1 Diese Daten werden für die Beispiele benutzt

bspName	bspGeburtstag
Theo Testinghoff	24.11.1960
Mechthild Meier	24.10.1975
Bernhard Victor Christoph Carl von Bülow	12.11.1923
Loriot	12.11.1923
Herbert von Karajan	05.04.1908
Joannes Chrysostomus Wolfgangus Theophilus Mozart	27.01.1756
Karl-Heinz Rummenigge	25.09.1955

Text-Funktionen

Auch wenn Texte »gefühlt« nicht berechnet werden können, gibt es doch viele Funktionen, die Texte umwandeln oder bestimmte Informationen daraus ermitteln können. In Tabelle 18.2 finden Sie eine Auswahl der wichtigsten Funktionen für Texte.

Tabelle 18.2 Die wichtigsten Funktionen für Text

Funktion	Englischer Name	Beschreibung
Links(*Text*; *n*)	Left(...)	Gibt die ersten *n* Zeichen des Texts zurück
Rechts(*Text*; *n*)	Right(...)	Gibt die letzten *n* Zeichen des Texts zurück
Teil(*Text*; *n*; *m*)	Mid(...)	Gibt ab Position *n* die *m* Zeichen des Texts zurück. Fehlt *m*, dann gilt es bis zum Ende des Texts.
Länge(*Text*)	Len(...)	Gibt die Anzahl Zeichen des Texts zurück
InStr(*Text*; *Suchtext*)	InStr(...)	Gibt die Position des ersten Zeichens von *Suchtext* zurück oder 0, wenn Suchtext nicht enthalten ist
InStrRev(*Text*; *Suchtext*)	InStrRev(...)	Gibt die Position des letzten Zeichens von *Suchtext* zurück oder 0, wenn Suchtext nicht enthalten ist
Glätten(*Text*)	Trim(...)	Gibt den *Text* ohne führende und endende Leerzeichen zurück
Kleinbst(*Text*)	LCase(...)	Gibt den *Text* in Kleinbuchstaben zurück
Grossbst(*Text*)	UCase(...)	Gibt den *Text* in Großbuchstaben zurück
Ersetzen(*Text*; *Suchtext*; *Ersatztext*; ...)	Replace(...)	Gibt den *Text* zurück, in dem alle *Suchtext*-Elemente durch *Ersatztext* ausgetauscht wurden

HINWEIS Wegen der Übersichtlichkeit habe ich die optionalen Argumente weggelassen. Bitte lesen Sie bei Bedarf die Hilfe zur jeweiligen Funktion. Dort finden Sie auch weitere Bedingungen und Besonderheiten, die eventuell berücksichtigt werden müssen. Diese Liste dient vor allem als Anregung, was möglich ist und wie die passende Funktion heißt.

Leider wird es mit jeder Access-Version immer schwieriger, in der Hilfe die einzelnen Funktionen tatsächlich auch zu finden. Sie müssen dort zuerst oben in der Access-Titelleiste auf das Fragezeichen klicken. Dann erscheint ein eigenes Hilfe-Fenster wie in Abbildung 18.11, in dem Sie die gesuchten Begriffe eingeben können. Probieren Sie es am besten mit *Liste Funktionen* und bestätigen Sie das mit der ⏎-Taste.

Abbildg. 18.11 Geben Sie in der Hilfe die gesuchten Begriffe ein

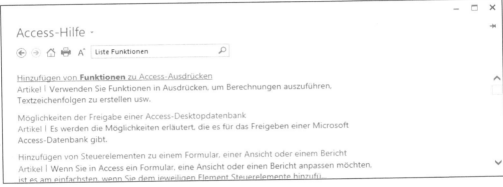

Dann klicken Sie in den Ergebnissen den ersten Link zum Thema *Hinzufügen von Funktionen zu Access-Ausdrücken* an. In dessen zweitem Absatz wird endlich der Link zur *Liste aller verfügbaren Access-Funktionen* angeboten, wie Abbildung 18.12 zeigt.

Abbildg. 18.12 Erst in diesem Thema wird die Liste aller Funktionen angeboten.

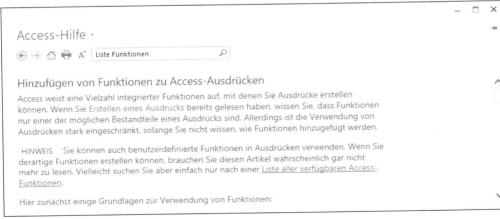

Nach dem Klick auf diesen Link öffnet sich schließlich der Internet Explorer mit der Online-Hilfe von MSDN und der gesuchten Liste der Access-Funktionen wie in Abbildung 18.13.

Abfragen

Abbildg. 18.13 Hier steht endlich die gesuchte Liste

Sie werden feststellen, dass viele der Funktionen oft gemeinsam genutzt werden. Wenn Sie wie in den Beispieldaten den Vor- und Nachnamen zusammen in einem Feld vorfinden, müssen Sie ihn irgendwie trennen.

Grundsätzlich können Sie festhalten, dass das erste Wort der Vorname ist und alles Folgende der Nachname. Damit müssen Sie nur noch das Leerzeichen finden und wissen dann, wo der Inhalt getrennt werden muss:

1. Erstellen Sie eine neue Abfrage auf Basis der Tabelle *tblBeispiele*. Nur zum Vergleich mit den Originaldaten wird auch das Feld *bspName* angezeigt.

2. In einem zweiten Feld soll die Position des Leerzeichens ermittelt werden, daher der (möglichst kurze) Feldname *WoLeer*. Die Formel dazu heißt:

```
WoLeer: InStr([bspName]; " ")
```

3. Nachdem Sie diese Abfrage als *qryNamenTrennen* gespeichert haben, sehen Sie eine Datenblattansicht wie in Abbildung 18.14.

Abbildg. 18.14 Die Position des Leerzeichens ist ermittelt

Die Zahl in *WoLeer* gibt an, an welcher Position innerhalb von *bspName* das Leerzeichen gefunden wurde. War gar kein Leerzeichen vorhanden, wie bei Loriot, gibt die *InStr()*-Funktion allerdings den Wert *0* zurück.

1. Im nächsten Schritt soll alles vor dem Leerzeichen als Vorname angezeigt werden. Dazu brauchen Sie die *Links()*-Funktion in der folgenden Spalte mit dieser Formel:

```
Vorname: Links([bspName];[WoLeer]-1)
```

Abbildg. 18.15   Der Entwurf enthält nun zwei berechnete Felder

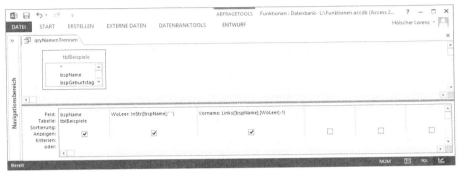

> **HINWEIS**   Im Hinweis auf Seite 338 hatte ich bereits erwähnt, dass ein neuer Feldname einer ist, der weder links von meiner Formel noch oberhalb vorkommt. Hier sehen Sie den umgekehrten Fall: Sie können auf alle vorhandenen Feldnamen zugreifen, auch auf bereits berechnete. Diese berechneten Felder müssen allerdings links von der Formel stehen, damit sie zuerst berechnet werden, und deren Spalte muss sichtbar sein.

2. Die *Links()*-Funktion erhält als zweites Argument die Anzahl der anzuzeigenden Buchstaben. Da das Leerzeichen selber nicht mehr dazugehört, können Sie von diesem Wert die Zahl *1* abziehen. Das sieht insgesamt richtig aus, aber für *Loriot* gibt es eine Fehlermeldung, wie Sie in Abbildung 18.16 sehen.

Abbildg. 18.16   Fast alles ist richtig, nur für *Loriot* klappt es nicht

3. Dort versucht die *Links()*-Funktion nämlich, –1 Zeichen darzustellen, weil ohne Leerzeichen dessen Position schon *0* ist. Da hilft ein kleiner Trick, indem an jeden untersuchten Text immer ein Leerzeichen angehängt wird. Ist schon eines im Text vorhanden, findet *InStr()* das erste, ansonsten wenigstens dieses angehängte Leerzeichen. Inhalte mit nur einem Wort (und ohne Leerzeichen) werden also damit als Vorname betrachtet.

Abfragen

4. Ändern Sie die Formel für *WoLeer* so (zwischen beiden Anführungszeichen steht jeweils ein Leerzeichen!):

```
WoLeer: InStr([bspName] & " "; " ")
```

Damit ist das Problem behoben, wie Sie in Abbildung 18.17 erkennen.

Abbildg. 18.17   Jetzt ist auch *Loriot* korrekt

Die Nachnamen wiederum sind relativ einfach als restlicher Text zu ermitteln, weil die dabei benutzte *Teil()*-Funktion auch Zeichenketten der Länge *0* akzeptiert.

HINWEIS   Warum nehme ich für den rechten Teil des Texts nicht die *Rechts()*-Funktion? Weil sie »falsch« arbeitet. Diese Funktion zählt von rechts, die Position der *InStr()*-Funktion wird aber von links ermittelt. Daher passt die *Teil()*-Funktion besser, weil auch sie von links aus zählt.

Die *Rechts()*-Funktion ist geeignet, um beispielsweise von einer Datei die Endung zu ermitteln, wenn Sie sicher sind, dass es sich dabei genau um die letzten drei Zeichen handelt. In Kapitel 38 finden Sie passenden VBA-Code, um jede Dateiendung korrekt zu ermitteln.

1. Erweitern Sie den Entwurf von *qryNamenTrennen* um ein weiteres Feld für den Nachnamen wie in Abbildung 18.18 mit der folgenden Formel:

```
Nachname: Teil([bspName];[WoLeer]+1)
```

Abbildg. 18.18   Fügen Sie das berechnete *Nachname*-Feld hinzu

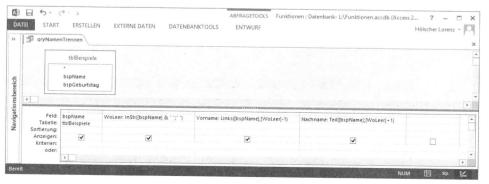

2. Auch hier soll das Leerzeichen selbst unberücksichtigt bleiben, daher muss auf die *WoLeer*-Position noch *1* addiert werden. Für *Loriot* beginnt dadurch der Nachname hinter dem Ende des ursprünglichen Texts, aber das zeigt die *Teil()*-Funktion praktischerweise nicht als Fehler an.

Abbildg. 18.19

Die Nachnamen sind der restliche Text nach dem ersten Leerzeichen

3. In Abbildung 18.19 können Sie sehen, dass alle Nachnamen so wie geplant ermittelt werden können.

HINWEIS Sind die Nachnamen wirklich so in Ordnung? Ja und nein. Technisch erfüllen sie zweifellos unsere Vorgabe, dass alles ab dem ersten Leerzeichen als Nachname behandelt wird. Inhaltlich werden Sie aber mit dem Ergebnis unzufrieden sein, denn mehrere Vornamen wie bei *Mozart* (der übrigens offiziell wirklich so hieß, sich allerdings *Wolfgang Amadé Mozart* nannte) werden damit automatisch dem Nachnamen zugeschlagen.

Für *Karajan* (dessen Familien-Adelstitel seit der Abschaffung des Adels in Österreich von ihm als Künstlername geführt wurde) wird zwar korrekt *von Karajan* ermittelt, für eine Sortierung würde er aber eher unter *K* wie *Karajan, von* erwartet.

Das ließe sich noch verbessern, allerdings muss man ehrlich einräumen, dass der Aufwand der fehlerfreien Trennung von Vor- und Nachnamen gigantisch ist. Dafür kann Access nichts, es liegt einfach an den vielen Möglichkeiten: Titel, die wie bei *Graf Alexander Faber-Castell* oder *Wernher Freiherr von Braun* mal davor und mal dazwischen stehen, oder Namenszusätze wie bei *Lothar de Maizière* und *Leonardo da Vinci* oder die spanische Konstruktion mit den Nachnamen der Eltern wie bei *María Picasso y López*. Da bietet jedes Land noch ein paar Besonderheiten, die Sie alle irgendwie abfangen müssten.

Kurz gesagt: Für die »normale« Version mit einem Vornamen, der wie gesehen auch ein Doppelname mit Bindestrich sein darf, und einem Nachnamen ist die gezeigte Abfrage in Ordnung. Der Rest ist viel manuelle Nacharbeit.

In Kapitel 11 hatte ich bereits darauf hingewiesen, dass Sie vor dem Verkürzen eines Textfelds besser mal prüfen, wie lang der längste Eintrag darin ist. Das geht mit der *Länge()*-Funktion optimal:

4. Erstellen Sie eine neue Abfrage basierend auf der Tabelle *tblBeispiele* und tragen als erstes Feld im Zielbereich nur eine Formel ein:

```
Namenslaenge: Länge([bspName])
```

5. Stellen Sie die *Sortierung* dafür auf *Absteigend*, speichern die Abfrage als *qryLaengsterName* und wechseln in die Datenblattansicht.

Abbildg. 18.20 Diese Abfrage ermittelt den längsten Namenseintrag

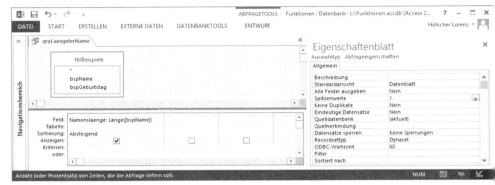

6. Dort müssen Sie nur noch den ersten Datensatz ansehen, der eine Länge des Artikelnamens von 49 Zeichen anzeigt. Damit wissen Sie, dass die Größe dieses Felds mindestens 49 Zeichen betragen muss.

Wenn Sie nicht so viele Werte sehen wollen, können Sie die *Spitzenwerte*-Eigenschaft im Eigenschaftenblatt der Abfrage auf *1* stellen. Das Eigenschaftenblatt können Sie übrigens ganz schnell über die Tastenkombination Alt + ↵ ein- und wieder ausblenden.

ACHTUNG Die *Spitzenwerte*-Eigenschaft bietet eine Vorschlagsliste mit einigen Werten. Wenn Sie eine *1* eingeben, ergänzt Access das sofort als *100*. Sie müssen also die beiden überflüssigen Nullen dahinter ausdrücklich löschen.

Datum-Funktionen

Für die Berechnung oder meist eher Zerteilung eines Datums stehen einige spezielle Funktionen zur Verfügung, die Sie in der Tabelle 18.3 finden.

Tabelle 18.3 Die wichtigsten Funktionen für Datumswerte

Funktion	Englischer Name	Beschreibung
Tag(*Datum*)	Day(...)	Gibt von *Datum* den Tag als Zahl zurück
Monat(*Datum*)	Month(...)	Gibt von *Datum* den Monat als Zahl zurück
Jahr(*Datum*)	Year(...)	Gibt von *Datum* das Jahr als Zahl zurück
DatAdd(*Intervall; Zahl; Datum*)	DateAdd(...)	Gibt einen *Long*-Wert zurück, der die Anzahl der Intervalle zwischen *Datum1* und *Datum2* angibt
DatDiff(*Intervall; Datum1; Datum2; ...*)	DateDiff(...)	Ermittelt die Differenz zwischen zwei Datumswerten
DatWert(*Datumstext*)	DateValue(...)	Wandelt eine Zeichenkette in den zugehörigen Datumswert um

Tabelle 18.3 Die wichtigsten Funktionen für Datumswerte *(Fortsetzung)*

Funktion	Englischer Name	Beschreibung
Jetzt()	Now()	Gibt Datum einschließlich Uhrzeit anhand der Systemuhr zurück
Datum()	Date()	Gibt das Systemdatum zurück
Zeit()	Time()	Gibt die Systemzeit zurück

ACHTUNG In der Hilfe werden als Argumente für das *Intervall* der *DatDiff()*-Funktion und ähnlicher Funktionen die englischen Formatangaben wie *yyyy* (Jahr) genannt. In Access-Abfragen müssen Sie aber die deutschen Formatangaben wie *jjjj* benutzen, denn die Hilfe bezieht sich auf (englisches) VBA.

Das Trennzeichen zwischen Argumenten unterscheidet sich ebenfalls je nach Aufruf. Es ist in Abfragen ein Semikolon, in VBA jedoch ein Komma. Auch da nennt die Hilfe ohne weiteren Hinweis nur die englische VBA-Version.

Es gibt noch einige weitere spezielle Funktionen wie etwa *Wochentagsname()*, die aber durch die sehr vielseitige *Format()*-Funktion gut zu ersetzen sind.

TIPP Wenn Sie eine spezielle Funktion suchen, können Sie diese in einer Alternative zum Zoom-Fenster (Tastenkürzel ⇧ + F2) besser finden. Rufen Sie mit dem Tastenkürzel Strg + F2 den Ausdrucks-Generator wie in Abbildung 18.21 auf.

Abbildg. 18.21 Der Ausdrucks-Generator liefert übersichtlich Funktionen und Inhalte der Datenbank

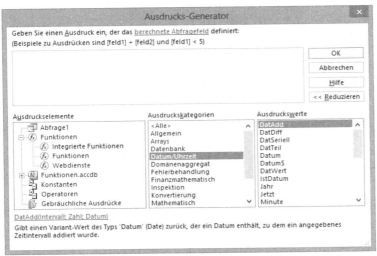

Dieser enthält nicht nur alle integrierten Funktionen, wie sie hier besprochen werden, nach Ausdruckskategorien gruppiert, sondern kann auch Felder und Steuerelemente von allen Objekten der aktuellen Datenbank anzeigen.

Abfragen

Da die Geburtstage in der Beispieltabelle als Tagesdaten in einem gemeinsamen Datum/Uhrzeit-Feld gespeichert sind, müssen diese früher oder später in Tag, Monat und Jahr zerlegt werden.

1. Erstellen Sie eine neue Abfrage auf Basis von *tblBeispiele*, in die Sie schon einmal das Vergleichsfeld *bspGeburtstag* aufnehmen können. Speichern Sie diese Abfrage als *qryGeburtstage*.

2. Fügen Sie wie in Abbildung 18.22 drei weitere berechnete Felder hinzu, mit denen das Datum in seine Bestandteile zerlegt werden kann. Die Formeln lauten:

```
GebTag: Tag([bspGeburtstag])
GebMonat: Monat([bspGeburtstag])
GebJahr: Jahr([bspGeburtstag])
```

Abbildg. 18.22   Tag, Monat und Jahr werden mit diesen Funktionen aus dem Datum extrahiert

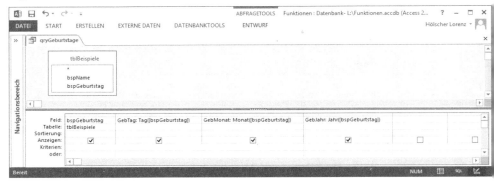

3. Wenn Sie die Datenblattansicht (siehe Abbildung 18.23) dazu betrachten, können Sie sehen, dass alle Datumswerte korrekt zerlegt worden sind.

Abbildg. 18.23   Das Tagesdatum ist in seine Einzelteile zerlegt worden

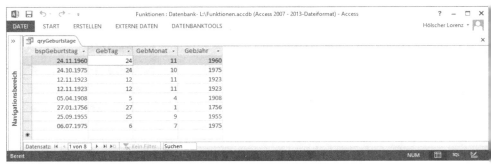

Diese Aufteilung eines Tagesdatums in seine Bestandteile werden Sie beim Filtern noch benötigen. Der Vollständigkeit halber möchte ich diese Datumswerte noch so sortieren, wie es für die beliebte Geburtstagsliste benötigt wird. Dort müssen die Daten ohne Berücksichtigung des Jahrs sortiert werden.

1. Wechseln Sie in den Entwurf der Abfrage und löschen Sie die Spalte mit dem berechneten Feld *GebJahr*.

2. Ziehen Sie dann das Feld *GebMonat* vor das Feld *GebTag*, sodass es anschließend also links davon liegt.

Abbildg. 18.24   Im Entwurf sind die berechneten Felder zu sehen

3. Lassen Sie beide Felder *GebMonat* und *GebTag* aufsteigend sortieren. Wie in Abbildung 18.25 sehen Sie in der Datenblattansicht nun die fertige Geburtstagsliste.

Abbildg. 18.25   Das ist die fertige Geburtstagsliste

Damit Sie auch sehen, wie die übrigen Datumsfunktionen eingesetzt werden, können wir mit einer zweiten Abfrage das theoretische Alter aller Beispielpersonen ausrechnen.

1. Erstellen Sie einen neuen Abfrageentwurf mit den beiden Feldern *bspName* und *bspGeburtstag* und speichern Sie diesen als *qryAlterHeute*.

2. Fügen Sie in der nächsten freien Spalte die Formel hinzu, um das heutige Alter in Jahren zu ermitteln:

```
AlterJahre: DatDiff("jjjj";[bspGeburtstag];Datum())
```

3. Abgesehen davon, dass einige der Personen gar nicht mehr leben, finden Sie in der Spalte *Alter-Jahre* das Alter im Jahre 2013 (siehe Abbildung 18.26).

Abbildg. 18.26 So alt sind/wären die Personen im Jahre 2013

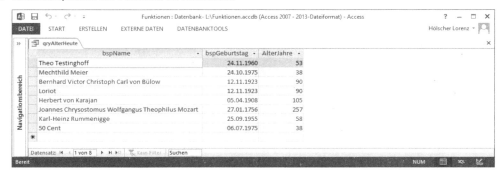

ACHTUNG Die *DatDiff()*-Funktion rechnet relativ ungenau. Es werden einfach nur die Kalenderjahre gezählt, unabhängig davon, ob der tatsächliche Geburtstag vor oder hinter dem aktuellen Datum liegt.

Zahl-Funktionen

Auch für den Umgang mit Zahlen gibt es ein paar Funktionen. Die meisten davon sind eher in der VBA-Programmierung (siehe Kapitel 37) einsetzbar, die wichtigsten für Abfragen finden Sie in Tabelle 18.4.

Tabelle 18.4 Die wichtigsten Funktionen für Zahlen

Funktion	Englischer Name	Beschreibung
Format(*Zahl, Format*)	Format(...)	Verwandelt die *Zahl* anhand von *Format* in einen Text
Wert(*Text*)	Val(...)	Verwandelt den *Text* bestmöglich in eine Zahl
Runden(*Zahl, Anzahl*)	Round(...)	Gibt eine Zahl zurück, die auf die entsprechende *Anzahl* an Dezimalstellen gerundet wurde

Am vielseitigsten ist dabei die *Format()*-Funktion, die eine Zahl in einen formatierten Text umwandelt. Dabei kann die Zahl auch ein Datum sein, wie das folgende Beispiel zeigt.

1. Erstellen Sie eine neue Abfrage basierend auf *tblBeispiele*, übernehmen Sie das Feld *bspGeburtstag* und speichern Sie alles als *qryGeburtstagFormat*.

2. Fügen Sie als zweites Feld die folgende Formel ein:

```
GebFormat: Format([bspGeburtstag];"tttt""", der """tt. mmmm jj")
```

3. Mit den Möglichkeiten der Datumszahlenformate können Sie das Datum bedeutend vielseitiger anzeigen lassen (siehe Abbildung 18.27) als nur mit den Datumsfunktionen.

Abbildg. 18.27   Das Datum kann vielseitig formatiert werden

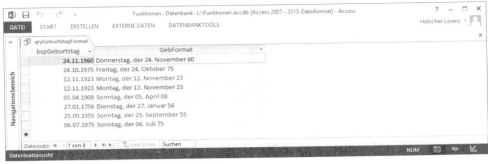

Die *Wert()*-Funktion ist wichtig, wenn Sie Texte und Zahlen gemischt vorfinden, wie das bei Datenimporten gelegentlich vorkommt. Dabei versucht diese Funktion, vom Anfang des Texts aus so viele Zahlen wie möglich zu erkennen, gibt aber keinen Fehler zurück, sondern wenigstens immer eine *0* als Wert.

1. Ergänzen Sie die Tabelle um einen neuen Eintrag für den Rapper *50 Cent*, der am *6.7.1975* geboren wurde.

2. Erstellen Sie dann eine neue Abfrage mit dem Feld *bspName* als Zielfeld und speichern Sie diese als *qryNamenswerte*. Zu Testzwecken sollen die Namen in Zahlen umgewandelt werden, soweit das möglich ist.

3. Ergänzen Sie als zweites Feld diese Formel:

```
Namenswert: Wert([bspName])
```

4. Die Abbildung 18.28 zeigt, dass die *Wert()*-Funktion natürlich nicht die Texte umwandeln, aber immerhin die Zahl *50* im Namen des Rappers *50 Cent* extrahieren konnte.

Abbildg. 18.28   Wenigstens in einem Namen steckte eine Zahl

Selbstverständlich ist dieses Beispiel etwas mühsam konstruiert, im »wirklichen Leben« wird diese Funktion beispielsweise benötigt, um Benutzereingaben wie *50 kg* oder *3 m* von ihren Einheiten zu trennen.

Abfragen

Sonstige Funktionen

Schließlich bleiben noch ein paar Funktionen übrig, die keiner Gruppe zuzuordnen sind, wie in Tabelle 18.5.

Die wichtigsten sonstigen Funktionen

Funktion	Englischer Name	Beschreibung
Wenn(*Ausdruck; Wahrwert; Sonstwert*)	IIf(...)	Gibt *Wahrwert* oder *Sonstwert* zurück, abhängig von der Auswertung von *Ausdruck*
Nz(*Wert; Ersatzwert*)	Nz(...)	Gibt *Wert* zurück oder *Ersatzwert*, falls *Wert* NULL ist

Die *Wenn()*-Funktion entspricht derjenigen, die Sie vielleicht schon aus Excel kennen, und könnte hier eingesetzt werden, um das Alter der Beispielpersonen einzuschätzen.

1. Erstellen Sie eine neue Abfrage namens *qryAlterEinschaetzen* mit den Feldern *bspName* und *bsp-Geburtstag*.
2. Fügen Sie als drittes Feld die folgende Formel hinzu:

```
Einschaetzung: Wenn([bspGeburtstag]<#01.01.1950#;"alt";"jung")
```

3. In Abbildung 18.29 sehen Sie das Ergebnis dieser Abfrage.

Abbildg. 18.29 Das ist das Ergebnis der ersten Einschätzung

Alle Funktionen können Sie schachteln, also das Ergebnis der einen Funktion als Argument für eine andere nutzen. Das bietet sich hier an, um eine dritte Entscheidung aufnehmen zu können:

1. Erweitern Sie die Berechnung in der Abfrage *qryAlterEinschaetzen* wie in der folgenden Formel:

```
Einschaetzung: Wenn([bspGeburtstag]<#01.01.1950#;Wenn([bspGeburtstag]<#01.01.1900#;
"steinalt";"alt");"jung")
```

2. Der ursprüngliche *Wahrwert* der äußeren *Wenn()*-Funktion wurde dabei ersetzt durch eine komplette eigene *Wenn()*-Funktion, die im obigen Listing fett markiert ist.
3. Wie Sie in Abbildung 18.30 sehen, gibt es nun drei mögliche Ergebnisse, nämlich »jung«, »alt« und »steinalt«.

bbildg. 18.30

Das ist das Ergebnis der erweiterten Einschätzung

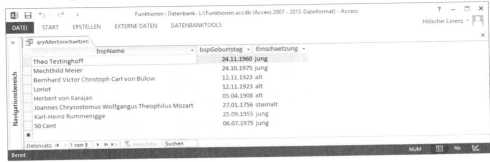

Fehlerträchtige Feldnamen

Ich habe immer wieder darauf hingewiesen, dass innerhalb von Feldnamen die durchaus erlaubten Zeichen wie Minuszeichen, Schrägstriche oder Leerzeichen vermieden werden sollen. Schauen Sie zum Abschluss dieses Kapitels mal an einem Beispiel in der *Kosten&Logistik*-Datenbank, wann das schief läuft und wie:

1. Schließen Sie die aktuelle Datenbank und öffnen *K_und_L.accdb*.

2. Erstellen Sie eine neue Abfrage auf Basis von *tblMitarbeiter*, die dazu dienen soll, die deutschen Feldnamen für den internationalen Gebrauch zu übersetzen.

3. Fügen Sie im Zielbereich zwei neue Formeln wie in Abbildung 18.31 ein, welche die ID und den kompletten Namen beispielhaft als englische Feldnamen umbenennen:

```
Staff-No: mitID
Staff-Name: [mitNachname] & ", " & [mitVorname]
```

Abbildg. 18.31

Diese Abfrage benennt die Feldnamen um

4. Speichern Sie diese Abfrage als *qryStaff* und prüfen Sie die Funktionsfähigkeit der Formeln in der Datenblattansicht. So weit ist alles in Ordnung und Sie können diese Abfrage schließen.

Abbildg. 18.32   Diese Abfrage ist offensichtlich in Ordnung

5. Jetzt erstellen Sie bitte eine weitere Abfrage, die auf dieser basiert (dazu müssen Sie im Auswahldialog für die Datenquelle die mittlere Registerkarte für die Abfragen auswählen) und ein Feld berechnet. Die Formel dazu ist:

```
Info: Staff-Name & "(" & Staff-No & ")"
```

6. Wenn Sie wie bisher die Feldnamen ohne Klammern schreiben, versucht Access zu erraten, was ein Feldname ist, und das kommt dabei heraus:

```
Info: [Staff]-[Name] & " (" & [Staff]-Nein & ")"
```

HINWEIS   Natürlich ist das Ganze so nicht lauffähig. Sie erhalten beim Versuch, die Datenblattansicht anzusehen, eine Fehlermeldung wie in Abbildung 18.33, der Sie in Kapitel 22 als Parameterabfrage wieder begegnen werden. Hier weist sie nur auf falsch geschriebene Feldnamen hin.

Abbildg. 18.33   Diese Fehlermeldung erscheint bei unbekannten Feldnamen

7. Der klassische Fehler besteht darin, dass die Sonderzeichen als Rechenzeichen betrachtet werden und daher aus dem eigentlich gemeinten *[Staff-Name]* die Formel *[Staff]-[Name]* entsteht.

8. Mein persönlicher Lieblingsfehler ist aber die doppelte Umwandlung von *[Staff-No]* (mit *No* als der ja völlig üblichen amerikanischen Abkürzung für »Nummer«) in zwei Felder plus der allzu eifrigen Übersetzung von *No* in *Nein*.

Natürlich können Sie diese Fehler manuell korrigieren oder gleich die passenden eckigen Klammern eingeben. Gerade diese sind aber mühsam über die Tastatur zu erreichen und insgesamt erhöht das den Arbeitsaufwand erheblich. Daher plädiere ich dringend dafür, keine so fehleranfälligen Feldnamen zu nutzen.

Zusammenfassung

In diesem Kapitel haben wir uns damit beschäftigt, wie neue Felder in Abfragen berechnet werden können:

- Die Eingabe folgt der Syntax `NeuerName: Formel`, wobei als Formel sowohl vorhandene Felder als auch *Funktionen* (Seite 338) möglich sind

- Oftmals brauchen Sie in Abfragen *sortierte Tabellen-Daten* (Seite 339). Sie haben gesehen, wie Sie sich eine solche Datenquelle vor allem für Kombinationsfelder von Fremdschlüsseln bereitstellen.

- Mit etwa 25 *Funktionen* (Seite 343) lassen sich eigentlich alle anfallenden Aufgaben in einer Abfrage lösen:

  - Am umfangreichsten sind dabei die *Textfunktionen* (Seite 344), die Teile von Texten, darin enthaltene Zeichenketten oder deren Länge ermitteln können

  - Die *Datumsfunktionen* (Seite 350) ermöglichen es vor allem, Tagesdatumswerte in Tag, Monat oder Jahr zu zerlegen oder die Differenz von zwei Datumswerten zu errechnen

  - Die *Zahlfunktionen* (Seite 354) bieten Umwandlungen und Formatierungen von Zahlen

  - Schließlich bleiben noch ein paar *sonstige Funktionen* (Seite 356), mit denen Prüfungen durchgeführt oder NULL-Werte abgefangen werden können

Abfragen

Kapitel 19

Abfragen filtern

In diesem Kapitel:

Abfragen

Abfragen dienen nicht nur dem Sortieren, sondern sollen oft auch überflüssige Daten filtern. Das geschieht durch Angabe eines Filterkriteriums oder eventuell eine logische Verknüpfung zwischen mehreren Kriterien.

CD-ROM Um Ihnen das Nachvollziehen der Schritte in diesem Kapitel zu erleichtern, finden Sie innerhalb der Beispieldateien zu diesem Buch im Ordner *Kap18* eine Datenbank, die bereits die Änderungen aus Kapitel 18 enthält. Laden Sie einfach die betreffende Datenbank, um mit der Arbeit in diesem Kapitel zu beginnen.

Sie können also jederzeit ein Kapitel überspringen und trotzdem auf den aktuellen Stand der Datenbank zugreifen.

Filterkriterien

Für die Beispiele in diesem Kapitel können Sie wieder die Datenbank *K_und_L.accdb* öffnen, da dort ausreichend Daten mit unterschiedlichen Datentypen zur Verfügung stehen.

Einfache Filter

Zuerst möchten wir herausfinden, welche Mitarbeiter im Aachener *Hotel Domblick* arbeiten. Ein Blick in die Tabelle *tblHotels* hat uns schon verraten, dass dieses Hotel die *htlID 1* hat. Das wird gleich besser gelöst, aber bis dahin reicht ein solches manuelles Nachschlagen.

1. Erstellen Sie bitte eine neue Abfrage, die auf der Tabelle *tblMitarbeiter* basiert.
2. Anstatt nun alle Felder einzeln als Zielfelder aufzunehmen, können Sie viel einfacher das Sternchen aus der Feldliste per Doppelklick wählen. Es sorgt dafür, dass alle gerade vorhandenen Felder der Datenquelle in der Datenblattansicht angezeigt werden.

HINWEIS Das Sternchen (welches offiziell eigentlich »Asterisk« heißt) zeigt die zum Zeitpunkt der Ausführung vorhandenen Felder der Datenquelle an. Das ist vor allem dann wichtig, wenn zwischenzeitlich darin Felder umbenannt, gelöscht oder hinzugefügt wurden. Auch diese nachträglichen Änderungen sind immer berücksichtigt. Daher sollten Sie es bevorzugt einsetzen.

3. Da ein Sternchen nie gefiltert werden kann, weil unklar ist, für welches echte Feld das gelten soll, müssen Sie zusätzlich das Feld *mithtlIDRef* anfügen.
4. Entfernen Sie bitte das Häkchen in der *Anzeigen*-Zeile von *mithtlIDRef*, damit dieses Feld in der Datenblattansicht nicht doppelt erscheint. Sie hätten dort sonst so merkwürdige Feldbezeichnungen wie *Expr1000* oder *Feld0*.
5. Tragen Sie unterhalb des Felds *mithtlIDRef* die *1* in der Zeile ein, die vorne mit *Kriterien* beschriftet ist (siehe Abbildung 19.1) und speichern Sie die Abfrage als *qryMitarbeiterAachen*.

Abbildg. 19.1   Geben Sie das Kriterium unterhalb des zugehörigen Felds ein

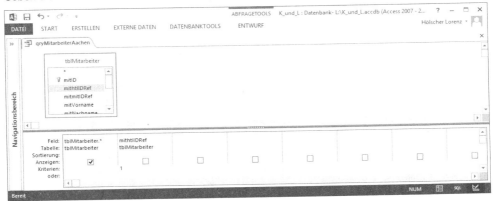

6. Wenn Sie nun in die Datenblattansicht wechseln, sehen Sie nicht mehr alle ursprünglichen 34 Mitarbeiter, sondern wie in Abbildung 19.2 nur noch die sechs Mitarbeiter, welche im Aachener Hotel beschäftigt sind.

Abbildg. 19.2   Die Abfrage zeigt nur noch die Aachener Mitarbeiter an

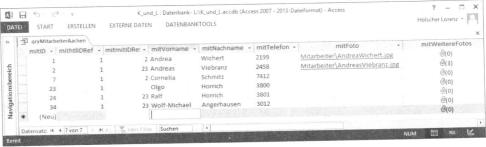

ACHTUNG   In Abbildung 19.2 sehen Sie eine Merkwürdigkeit in der Datensatzzählung von Access, denn es ist dort die Eingabezeile unterhalb der sechs echten Datensätze markiert. Dann steht unten zwischen den Navigationsschaltflächen nicht so etwas wie »7 von 6«, sondern ein wenig voreilig schon »7 von 7« Datensätzen, obwohl der siebte noch gar nicht existiert.

Filtern mit mehreren Tabellen

Ein bisschen unschön war bei dieser Abfrage die Tatsache, dass ich vorher in einer anderen Tabelle die passende ID des Aachener Hotels nachschlagen musste. Das kann Access natürlich besser.

1. Kopieren Sie diese Abfrage auf den Namen *qryMitarbeiterAachenBesser* und wechseln Sie in deren Entwurfsansicht.

2. Damit Sie den Namen des Hotels statt seiner ID nennen können, muss noch die zugehörige Tabelle aufgenommen werden. Mit dem Befehl *ENTWURF/Abfragesetup/Tabelle anzeigen* zeigt Access Ihnen wieder das Dialogfeld zum Hinzufügen neuer Tabellen oder Abfragen an.

3. Wählen Sie dort die Tabelle *tblHotels*, klicken auf *Hinzufügen* und schließen das Dialogfeld wieder. Da es zwischen *tblMitarbeiter* und *tblHotels* bereits eine zentrale Beziehung (sogar mit referentieller Integrität) gibt, zeigt die Abfrage das sofort mit der Verbindungslinie an.

4. Löschen Sie nun unten die Spalte *mithtlIDRef* und fügen stattdessen das Feld *htlName* hinzu. Ob Sie dessen *Anzeigen*-Kontrollkästchen ausschalten oder nicht, ist egal, da dieses Feld bisher im Zielbereich noch nicht vorkam.

5. Tragen Sie unterhalb von *htlName* das Kriterium Hotel Domblick ein und bestätigen Sie die Eingabe mit der ⏎-Taste. Access ergänzt dann sofort die fehlenden Anführungszeichen wie in Abbildung 19.3.

Abbildg. 19.3 Filtern Sie so direkt den Hotelnamen

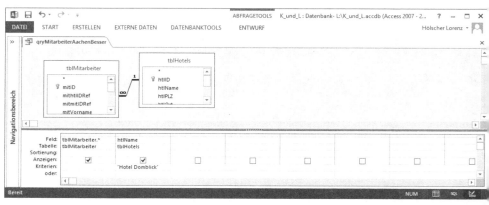

Das Ergebnis ist selbstverständlich identisch mit demjenigen aus Abbildung 19.2, aber die Formulierung der Filterkriterien ist einfacher, weil Sie direkt das Hotel im Klartext angeben können.

Operatoren

Bisher hat die Abfrage über das Filterkriterium auf Gleichheit geprüft, auch wenn Sie das Gleichheitszeichen nicht explizit gesehen haben. Daher möchte ich Ihnen nun die übrigen Filter-Operatoren vorstellen.

Arithmetische Operatoren

Selbstverständlich kennt Access alle üblichen Vergleichsoperatoren, wie Sie in Tabelle 19.1 sehen.

Tabelle 19.1 Arithmetische Vergleichsoperatoren für Filterkriterien

Operator	Bedeutung
=	Gleich
<	Kleiner als
<=	Kleiner als oder gleich

Tabelle 19.1 Arithmetische Vergleichsoperatoren für Filterkriterien *(Fortsetzung)*

Operator	Bedeutung
>	Größer als
>=	Größer als oder gleich
<>	Ungleich

Zahlen vergleichen

Nehmen wir als Beispiel mal die Bestellmenge, weil das eine der wenigen Zahlen in unserem Datenmodell ist, die kein Fremdschlüssel ist:

1. Erstellen Sie eine Abfrage basierend auf *tblBestellungen*, lassen Sie mit dem Sternchen alle Felder anzeigen und speichern Sie diese als *qryGrosseBestellungen*.

2. Übernehmen Sie außerdem das Feld *bstMenge*, machen es aber unsichtbar, damit der Feldname nicht doppelt erscheint.

3. Geben Sie als Kriterium dafür >=50 ein, um alle Bestellungen zu sehen, deren Menge größer oder gleich 50 ist.

Abbildg. 19.4 Diese Abfrage filtert alle Bestellmengen über 50

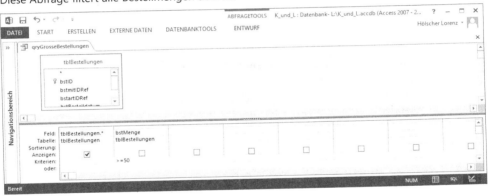

Das funktioniert einwandfrei (siehe Abbildung 19.5), auch wenn mir natürlich bewusst ist, dass wir hier Äpfel mit Birnen beziehungsweise Fischmesser mit Kosmetiktüchern vergleichen.

Abbildg. 19.5 Sie sehen nur noch große Bestellmengen

Texte vergleichen

Access prüft schon beim Entwurf den Datentyp des gefilterten Felds. Sie merken dies daran, dass Ihre Eingabe möglicherweise direkt angepasst wird.

1. Erstellen Sie dazu eine neue Abfrage mit *tblArtikel* als Datenquelle, doppelklicken erneut auf das Sternchen und speichern sie als *qryNurFischmesser*.

2. Fügen Sie außerdem das Feld *artName* hinzu, lassen es nicht anzeigen und geben dort als Kriterium Fischmesser ein.

Abbildg. 19.6   Access ergänzt beim Kriterium Anführungszeichen

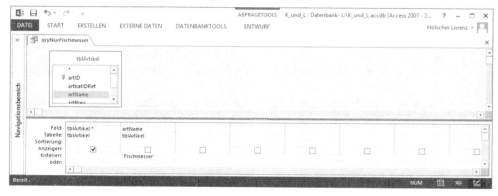

3. Wie Sie in Abbildung 19.6 sehen, ergänzt Access beim Verlassen des Felds sofort die Anführungszeichen, weil *artName* ein Textfeld ist.

4. Als Ergebnis finden Sie einen einzigen Datensatz mit der *artID 4*, auf den dieses Kriterium zutrifft.

HINWEIS   Hier ist die Unterscheidung der Schreibweisen für die verschiedenen Datentypen wichtig, wie ich sie bereits in Kapitel 11 genannt habe.

Etwas überraschend mag sein, dass auch für Texte ein Größer/Kleiner-Vergleich möglich ist. Hinter jedem Buchstaben steht ja eine Zahl, nämlich seine Position innerhalb des verwendeten Zeichensatzes (früher ASCII/ANSI, heute Unicode), daher können auch Buchstaben sortiert und verglichen werden:

1. Um alle Artikel aufzulisten, die mit dem Buchstaben *M* oder höher beginnen, erstellen Sie eine neue Abfrage, die von *tblArtikel* bereits das Sternchen übernimmt und als *qryArtikelAbM* gespeichert wird.

2. Fügen Sie das Feld *artName* hinzu, lassen es aber nicht anzeigen und tragen als Kriterium dort >"M" ein.

Wenn Sie >M ohne Anführungszeichen eingeben, vermutet Access, dass Sie eine mit *M* beginnende Funktion benötigen, und zeigt wie in Abbildung 19.7 eine Liste an.

Abbildg. 19.7 Access bietet bei der Eingabe passende Funktionen an

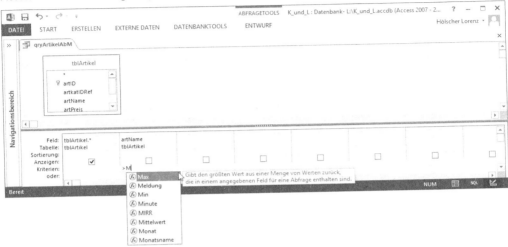

Es ist hier deutlich bequemer, direkt >"M" mit den Anführungszeichen einzugeben, weil Access sonst ungefragt immer den ersten Listeneintrag übernimmt.

3. Für dieses Filterkriterium sehen Sie in der Datenblattansicht alle 19 Artikel, deren Name mit *M* oder einem im Alphabet später einsortierten Buchstaben beginnt.

Wenn Sie die Anzahl der Datensätze einfach halbieren wollen, ist dieses Kriterium nicht geeignet, auch wenn der Buchstabe *M* ungefähr in der Mitte des Alphabets liegen mag. Schließlich kann es überproportional viele Artikel geben, die beispielsweise mit *P* (Pizzaofen, Pizzablech, Pizzablechstapler, Pizzamesser, Pizzateller ...) beginnen.

Die tatsächliche Hälfte der Datensätze erhalten Sie mit der *Spitzenwerte*-Eigenschaft, wenn Sie diese im Eigenschaftenblatt (Alt + ↵) auf *50 %* stellen, wie es in Kapitel 17 erläutert wurde.

Weitere Operatoren

Access bietet noch weitere Operatoren, die für nicht-arithmetische Vergleiche notwendig sind. Sie finden einen Überblick in Tabelle 19.2

Tabelle 19.2 Weitere Vergleichsoperatoren für Filterkriterien

Operator	Bedeutung
Wie	Ähnlichkeit von Texten mit Platzhaltern
Ist Null	NULL-Wert erkennen
Nicht	gegenteilige Bedingung erzeugen

Abfragen

Ähnlichkeitsvergleich

Wir haben vorhin in einer Abfrage alle Datensätze ermittelt, die in *artName* den Wert *Fischmesser* stehen haben. Das war bestenfalls von akademischem Interesse, im wirklichen Leben brauchen Sie eher eine Liste aller Messer:

1. Erstellen Sie dazu wieder eine neue Abfrage, die auf *tblArtikel* basiert sowie deren Sternchen übernimmt und als *qryArtikelNurMesser* gespeichert wird.
2. Fügen Sie wiederum das Feld *artName* hinzu und tragen dort als Kriterium *Messer* ein.
3. Sobald Sie die Eingabezelle verlassen, ergänzt Access das zu *Wie "*Messer*"* (siehe Abbildung 19.8), weil die Sternchen den *Wie*-Operator verlangen, damit sie als Platzhalter funktionieren.

Abbildg. 19.8   Access hat den *Wie*-Operator und die Anführungszeichen ergänzt

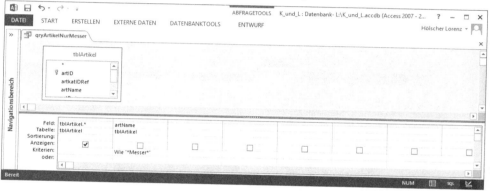

4. Die Datenblattansicht, die Sie in Abbildung 19.9 sehen, zeigt nun wie gewünscht alle vier Messer. Dabei ist es egal, ob der Text am Anfang, am Ende oder in der Mitte im Namen enthalten ist.

Abbildg. 19.9   So werden alle Messer gefiltert

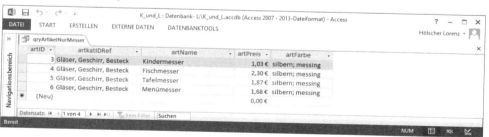

Sie haben für die Platzhalterzeichen mehrere Varianten zur Verfügung, wie Sie in Tabelle 19.3 sehen können.

Tabelle 19.3   Mögliche Platzhalterzeichen

Platzhalter	Bedeutung	
*	Dieses Zeichen entspricht einer beliebigen Anzahl an Zeichen	`Wie "M*er"` findet *Müller, Meier, Mer* oder *Miltenberger*
?	Dieses Zeichen entspricht einem einzelnen alphabetischen Zeichen	`Wie "M?ller"` findet *Müller* oder *Möller*
#	Dieses Zeichen entspricht einer einzelnen Ziffer	`Wie "#ung"` findet *8ung*, aber nicht *Achtung*
[ ]	Jedes Zeichen innerhalb der Klammern darf an dieser Stelle vorkommen	`Wie "M[ae][iy]er"` findet *Maier, Meyer, Meier* oder *Mayer*
!	Das folgende Zeichen wird ausgeschlossen	`Wie "Me[!iy]er"` findet *Meter*, aber nicht *Meier* oder *Meyer*
-	Gibt einen Suchbereich in aufsteigender Reihenfolge an	`Wie "M[a-d]?er"` findet *Mayer* und *Maier*, aber nicht *Meier*

ACHTUNG   Während beim Sternchen und beim Fragezeichen mit dem Verlassen des Eingabe-felds automatisch der *Wie*-Operator ergänzt wird, müssen Sie das für die anderen Platzhalter selber schreiben. Andernfalls finden Sie keine Datensätze, weil die Platzhalter ohne *Wie* als Literal (das ist der Buchstabe selber) behandelt werden. Sie werden aber vermutlich keinen Namen mit der exakten Schreibweise *M[ae][iy]er* in Ihrer Datenbank haben, der ja dann gesucht würde.

Die Platzhalterzeichen dürfen auch kombiniert werden, sodass Sie etwa alle Namen suchen können, deren vorletzter Buchstabe ein *e* ist: `Wie "*e?"` wäre das geeignete Kriterium.

NULL-Werte erkennen

In einer Datenbank ist ein leeres Feld immer anders als andere Inhalte zu behandeln, es enthält nämlich gerade keinen Wert. Daher dürfen Sie auch nicht einfach mit einem Wert vergleichen, son-dern müssen ausdrücklich nach leeren Inhalten suchen.

Den zugehörigen Begriff haben Sie schon ein paar Mal gelesen: NULL meint, dass in diesem Feld kein Wert steht. Dabei ist es egal, ob dort keine Zahl oder kein Text enthalten ist.

HINWEIS   Weil es keinen Inhalt gibt, dürfen Sie auch keinen arithmetischen Operator anwenden, der nur vorhandene Daten vergleicht. Das Kriterium für die NULL-Suche heißt immer ausdrücklich *Ist Null*, es vergleicht also einen Zustand und keinen Wert.

In der *Kosten&Logistik*-Datenbank ist diese Suche notwendig, um bei den Bestellungen herauszufin-den, welche noch nicht geliefert wurden. Diese haben dann in *bstLieferdatum* keinen Eintrag:

1. Erstellen Sie eine neue Abfrage auf der Basis von *tblBestellungen* mit dem Sternchen und spei-chern Sie diese als *qryBestellungenNichtGeliefert*.

2. Fügen Sie das Feld *bstLieferdatum* hinzu und geben als Kriterium dafür `Null` an. Mit dem Verlas-sen des Felds korrigiert Access das sofort in *Ist Null*.

Mit NULL filtern Sie leere Datenfelder heraus

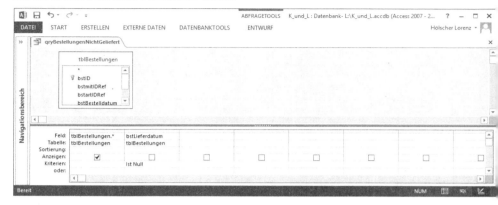

3. Die Datenblattansicht zeigt wie in Abbildung 19.11 anschließend alle 10 Datensätze, deren Lieferdatum noch leer ist.

Alle Datensätze ohne Lieferdatum

Der Nicht-Operator

Während bei den arithmetischen Operatoren einfach der <>-Operator für die Verneinung gilt (um alle Datensätze zu finden, die einem Wert gerade nicht entsprechen), gibt es hier einen *Nicht*-Operator, der zusätzlich genannt wird:

1. Kopieren Sie dazu die Abfrage *qryBestellungenNichtGeliefert* auf den neuen Namen *qryBestellungenSchonGeliefert*.

2. Ändern Sie das Kriterium auf Ist Nicht Null und wechseln in die Datenblattansicht.

3. Sie sehen nun wie in Abbildung 19.12 alle übrigen Datensätze, bei denen ein Lieferdatum eingetragen war.

Abbildg. 19.12   Alle übrigen Datensätze mit Lieferdatum

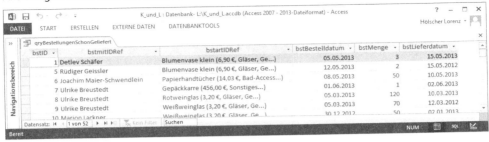

Mehrere Filterkriterien

Bisher wurde immer genau ein Kriterium für ein Feld benutzt. Das wird aber nicht reichen, wenn Ihre Bedingungen komplizierter werden. Die Zeile mit der Beschriftung *oder* weist schon darauf hin, dass Access mehr kann.

Kriterien in verschiedenen Feldern

Wie Sie gleich sehen, ist es dabei wichtig, ob die Kriterien neben- oder untereinander geschrieben werden. Durch die tabellarische Schreibweise bleibt es aber immer sehr übersichtlich.

Und-Verknüpfung zwischen Kriterien

Um beispielsweise in den Bestellungen alle Messer zu finden, die noch nicht geliefert wurden, müssen Sie zwei Kriterien nennen:

1. Erstellen Sie eine neue Abfrage mit den beiden Tabellen *tblBestellungen* und *tblArtikel* als Datenquelle und übernehmen Sie nur das Sternchen von *tblBestellungen* in den Zielbereich.

2. Speichern Sie die Abfrage als *qryBestellungenNichtGelieferteMesser*.

HINWEIS   Die Tabelle *tblArtikel* wird als Datenquelle benötigt, damit die Artikelnamen im Klartext gefiltert werden können.

3. Fügen Sie die beiden Felder *artName* und *bstLieferdatum* hinzu, blenden Sie diese in der Anzeige aus und geben Sie jeweils als Kriterium Wie *messer* beziehungsweise Ist Null an (siehe Abbildung 19.13).

HINWEIS   Access unterscheidet bei den Kriterien nicht zwischen Groß- und Kleinschreibung.

4. Wenn Sie anschließend in die Datenblattansicht wechseln, sehen Sie, dass lediglich ein Satz Messer mit der Bestell-ID 2 noch nicht ausgeliefert wurde.

Abfragen

Abbildg. 19.13 So sehen die Kriterien für noch nicht gelieferte Messer aus

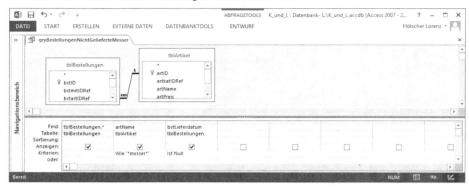

Da die Bedingungen im Abfrageentwurf in der gleichen Zeile genannt sind, werden sie durch ein (hier nicht sichtbares) logisches UND verbunden. Die Bedingungen müssen also alle gleichzeitig erfüllt sein.

Oder-Verknüpfung zwischen Kriterien

In einer anderen Abfrage soll ermittelt werden, welche Messer, Gabel, Löffel überhaupt bestellt wurden. Die Kategorie fasst diese Artikel eigentlich recht schön zusammen, umfasst aber leider auch noch die Gläser und Vasen, die hier uninteressant sind:

1. Erstellen Sie wieder eine neue Abfrage mit den Tabellen *tblBestellungen* und *tblArtikel* und übernehmen das Sternchen von *tblBestellungen*. Speichern Sie die Abfrage als *qryBestellungenBesteck.*

2. Fügen Sie das Feld *artName* hinzu und tragen als Kriterium Wie "*messer*" ein.

3. Geben Sie eine Zeile tiefer (diejenige, die vorne mit *oder* beschriftet ist) als zweites Kriterium Wie "*gabel*" ein und darunter Wie "*löffel*", wie es in Abbildung 19.14 zu sehen ist.

Abbildg. 19.14 So sehen mehrere mit *Oder* verknüpfte Kriterien aus

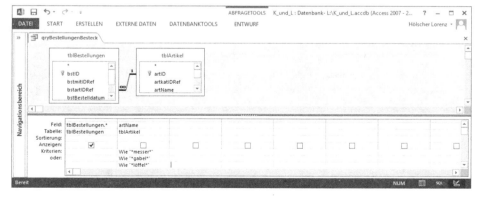

4. Die Datenblattansicht zeigt wie in Abbildung 19.15 alle neun Datensätze, die diesen Suchkriterien entsprechen. Die *Grabegabel* mag da etwas exotisch wirken, ist aber im Sinne der Suche korrekt.

Abbildg. 19.15 Das ist das Besteck, wie es derzeit aufgelistet wird

Und- und Oder-Verknüpfung kombiniert

Um in der vorigen Abfrage die *Grabegabel* aus dem Besteck herauszufiltern, müssen die Suchkriterien noch etwas exakter gefasst werden:

1. Kopieren Sie die Abfrage *qryBestellungenBesteck* auf den neuen Namen *qryBestellungenBesteck-Besser* und wechseln Sie in deren Entwurfsansicht.

2. Fügen Sie mit *ENTWURF/Abfragesetup/Tabelle anzeigen* noch die Tabelle *tblKategorien* hinzu.

3. Übernehmen Sie deren Feld *katName* und schalten Sie dessen Anzeige aus.

4. Damit die Gabeln nur aus der richtigen Kategorie stammen, tragen Sie wie in Abbildung 19.16 neben dem Kriterium für Gabeln Wie "*besteck*" ein. Da diese beiden Suchkriterien nebeneinander stehen, werden sie durch ein logisches *Und* verbunden.

Abbildg. 19.16 Diese Kriterien berücksichtigen nur »richtige« Gabeln

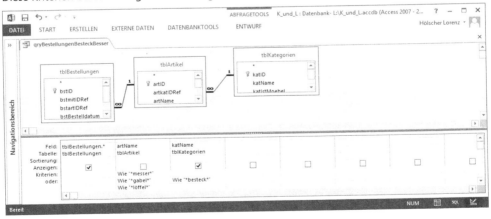

ACHTUNG   In Abbildung 19.16 bezieht sich der *Besteck*-Filter ausschließlich auf die Gabeln! Alle anderen Suchkriterien wie Messer oder Löffel gelten noch für beliebige Kategorien. Sollen auch diese eingeschränkt werden, müssen Sie den *Besteck*-Filter insgesamt drei Mal eintragen.

5. Damit sehen Sie in der Datenblattansicht wie in Abbildung 19.17 jetzt auch nur noch echte Essbesteck-Teile ohne die *Grabegabel.*

Abbildg. 19.17 Jetzt ist die *Grabegabel* weggefiltert

Bereiche

Bisher haben Sie die Filterkriterien einzeln genannt, aber Access kann auch mit verschiedenen Methoden größere Bereiche filtern.

In-Operator

Es ist technisch kein Problem, die *Oder*-Verknüpfung wie im vorletzten Beispiel mit noch viel mehr Kriterien zu schreiben, aber es wird furchtbar lang und unübersichtlich. Daher können Sie in Abfragen noch einen *In*-Operator einsetzen, dem eine Liste von Begriffen folgt:

1. Erstellen Sie dazu bitte eine neue Abfrage mit *tblBestellungen* und *tblArtikel* als Datenquellen, übernehmen Sie das Sternchen von *tblBestellungen* und speichern Sie die Abfrage als *qryBestellungenBesteckInListe.*

Abbildg. 19.18 So geben Sie eine Auswahl von Suchkriterien an

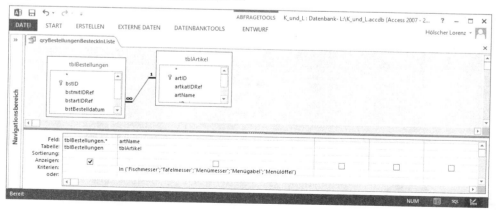

2. Fügen Sie das Feld *artName* hinzu und tragen das Suchkriterium entsprechend der Abbildung 19.18 ein:

```
In ("Fischmesser";"Tafelmesser";"Menümesser";"Menügabel";"Menülöffel")
```

3. Da es sich um Texte handelt, müssen sie grundsätzlich in Anführungszeichen gesetzt werden (das macht Access in diesem Fall automatisch, sodass sie die Texte hier auch ohne Anführungszeichen schreiben können). Die verschiedenen Argumente der Liste werden durch Semikolon getrennt.

4. In Abbildung 19.19 sehen Sie, dass damit alle bestellten Artikel aus dieser Liste gefunden werden.

Abbildg. 19.19   Damit finden Sie eine flexible Liste von Artikeln

In Kapitel 22 werden Sie dem *In*-Operator beim Thema »Unterabfragen« erneut begegnen, wo er seine Leistungsfähigkeit noch besser zeigen kann.

Zwischen-Operator

Der *Zwischen*-Operator bietet eine Alternative, um Bereiche für Filterkriterien einzugrenzen. So gesehen könnte man ihn auch zu den arithmetischen Operatoren zählen. Mit ihm lassen sich beispielsweise alle Bestellungen zwischen 20 und 50 Teilen herausfiltern:

1. Erstellen Sie eine neue Abfrage auf Basis von *tblBestellungen*, fügen Sie dem Zielbereich das Sternchen hinzu und speichern Sie die Abfrage als *qryBestellungenVon20Bis50*.

2. Nehmen Sie außerdem das Feld *bstMenge* auf, blenden es aus und geben als Kriterium ein:

```
Zwischen 20 und 50
```

3. Sie erhalten dann erwartungsgemäß die Artikel wie in Abbildung 19.20 angezeigt.

Abbildg. 19.20   Diese Artikel haben eine Bestellmenge zwischen 20 und 50

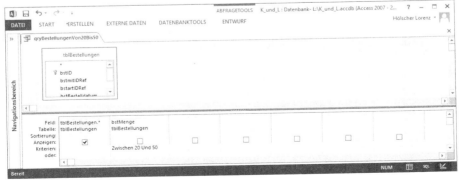

Abfragen

ACHTUNG   Ehrlich, haben Sie diese Bestellungen erwartet? Der *Zwischen*-Operator und mein Sprachgebrauch unterscheiden sich hier ganz deutlich. Wenn Sie ein Wurstbrot betrachten, was befindet sich dann zwischen der Wurst und dem Brot? Butter!

Der *Zwischen*-Operator allerdings meint, dazwischen befänden sich das Brot, die Butter und die Wurst. Sein »zwischen« schließt nämlich die beiden Grenzwerte mit ein.

Auf den ersten Blick wirkt der *Zwischen*-Operator ganz attraktiv, gerade für Datumswerte. Damit könnten Sie alle Bestellungen des Jahrs 2010 wie im folgenden Beispiel finden.

1. Erstellen Sie eine neue Abfrage auf Basis von *tblBestellungen* mit dem Sternchen und speichern Sie diese als *qryBestellungen2010*.

2. Fügen Sie *bstBestelldatum* hinzu, blenden es aus und tragen dort als Kriterium ein:

```
Zwischen #01.01.2010# Und #31.12.2010#
```

Sie können das Datum auch ohne Doppelkreuze und führende Nullen eingeben, Access korrigiert das in diese vorgegebene Schreibweise.

3. Die Datenblattansicht zeigt Ihnen alle 7 Datensätze aus dem Jahr 2010.

Warum der *Zwischen*-Operator doch nicht so praktisch ist, fragen Sie sich jetzt? Dann filtern Sie doch bitte mal alle Bestellungen vom Februar 2010 heraus! Falls 2010 ein Schaltjahr war, heißt es:

```
Zwischen #01.02.2010# Und #29.02.2010#
```

War es kein Schaltjahr, dann müssen Sie es so schreiben:

```
Zwischen #01.02.2010# Und #28.02.2010#
```

HINWEIS   2010 war kein Schaltjahr, die erste Bedingung ist also richtig.

Sie brauchen zusätzliches Wissen, um die Bedingung richtig formulieren zu können. Für das Gesamtjahr konnten Sie sich noch darauf verlassen, dass Silvester immer am 31. Dezember stattfindet. Für einen beliebigen Monat müssen Sie schon herausbekommen, ob er am 30. oder am 31. endet, aber für den Februar ist außerdem noch das Schaltjahr wichtig.

Ganz ehrlich, da ist die arithmetische Schreibweise viel sinnvoller, weil sie nämlich die begrenzenden Werte bei Bedarf ausschließen kann. Jedem Jahres- oder Monatsletzten folgt immer ein Erster, egal, wie lang der Monat war. Anstatt also mühsam den Monatsletzten zu ermitteln, filtern Sie alles bis *vor* den folgenden Ersten, hier für den Februar:

```
>=#01.02.2010# Und <#01.03.2010#
```

Für das ganze Jahr heißt es entsprechend:

```
>=#01.01.2010# Und <#01.01.2009#
```

Beachten Sie bitte, dass der beginnende Monatserste des Bereichs eingeschlossen ist (daher >=), der beendende Monatserste aber nicht (daher nur <). Das ginge mit dem *Zwischen*-Operator gar nicht.

HINWEIS   Bei der manuellen Eingabe der Datumsgrenzen mag es nur lästig sein, den jeweiligen Letzten herauszufinden. Wenn Sie solche Bedingungen jedoch mit VBA formulieren, müssten Sie alle möglichen Sonderfälle berücksichtigen. Auch da ist es mit dem folgenden Monatsersten viel einfacher, denn der einzige Sonderfall ist der Dezember.

Zusammenfassung

In diesem Kapitel haben Sie die verschiedenen Möglichkeiten kennengelernt, wie sich Abfragen filtern lassen. Meistens ist es dabei am praktischsten, alle Felder der Datenquelle durch Übernahme des Sternchens anzeigen zu lassen und das Filterfeld zusätzlich ohne Anzeigen auszuwählen.

- Für einfache *Filter* (Seite 362) tragen Sie den gesuchten Wert unterhalb der passenden Spalte im Zielbereich ein

- Manchmal ist es dabei hilfreich, eine *Nachschlagetabelle* (Seite 363) zusätzlich aufzunehmen, damit Sie Filterkriterien im Klartext eingeben können und nicht erst deren Primärschlüssel heraussuchen müssen

- *Arithmetische Operatoren* (Seite 364) werden meistens für Zahlenvergleiche eingesetzt. Da Buchstaben sortierbar sind, lassen sich damit aber auch Texte filtern.

- *Verschiedene Platzhalter* (Seite 368) sind im Zusammenhang mit dem Wie-Operator geeignet, »unscharfe« Kriterien zu formulieren

- Der Vergleich mit dem *NULL-Wert* (Seite 369) erfordert einen eigenen Operator, weil sich ein leeres Feld von anderen unterscheidet

- Der *Nicht*-Operator (Seite 370) schließlich kann eine beliebige Bedingung in ihr Gegenteil verkehren, was vor allem für die Suche nach gefüllten Feldern wichtig ist

- Selbstverständlich können Sie in Access auch mehrere Kriterien gleichzeitig einsetzen. Diese werden entweder durch ein logisches *Und* verknüpft (Seite 371), weil sie in der gleichen Kriterienzeile stehen, oder durch ein logisches *Oder* (Seite 372) in unterschiedlichen Zeilen.

- Sie können *Und*- und *Oder*-Kriterien auch mischen (Seite 373), müssen dann aber besonders auf die richtige Formulierung achten

- Der *In*-Operator (Seite 374) ermöglicht es, eine beliebige Liste von Filterkriterien zu übergeben. Das ist oft übersichtlicher als viele *Oder*-Bedingungen.

- Der Vollständigkeit halber habe ich den *Zwischen*-Operator (Seite 375) vorgestellt, der allerdings meist besser durch arithmetische Operatoren ersetzt werden kann

Kapitel 20

Abfragesprache SQL

In diesem Kapitel:

Abfragen

Sie haben sich möglicherweise schon Gedanken gemacht, ob diese vielen Abfragen, die wir die ganze Zeit erstellt haben, nicht zu viel Platz verbrauchen. Daher sollten wir uns mal damit beschäftigen, was da eigentlich gespeichert wird.

Öffnen Sie einfach eine beliebige Abfrage (hier ist es *qryArtikelAbM*) und lassen sich eine andere Entwurfsansicht als die übliche anzeigen, nämlich die soge-nannte SQL-Ansicht, die Sie mit *START/Ansichten/SQL-Ansicht* erreichen.

```
SELECT tblArtikel.*
FROM tblArtikel
WHERE (((tblArtikel.artName)>"M"));
```

Abbildg. 20.1   So sieht der Abfrageentwurf in der SQL-Ansicht aus

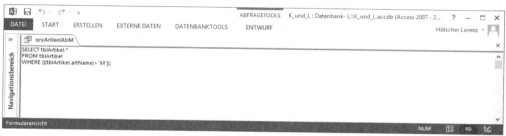

Auch wenn es bisher so schien, ist nicht die (grafische) Entwurfsansicht die entscheidende Version einer Abfrage, sondern dieser SQL-Entwurf. Daher wird es Zeit, sich mal mit der Sprache zu beschäftigen, die dahinter steckt.

SQL, die Sprache für Datenbanken

Der Name *SQL* ist eine Abkürzung für *Structured Query Language* (strukturierte Abfragesprache) und eigentlich die Kurzform von SEQUEL, einer von IBM in den 1970ern entworfenen Datenbank-sprache.

Diese Sprache besteht grundsätzlich aus drei Teilen:

- **DDL** (*Data Definition Language*)   Beschreibt, verändert und erzeugt die Struktur der Daten-bank selber, also etwa das Erstellen von Tabellen mit Feldern

- **DML** (*Data Manipulation Language*)   Enthält die Befehle zum Verändern, Hinzufügen oder Löschen von Daten

- **DCL** (*Data Control Language*)   Regelt die Rechteverwaltung für die Objekte einer Datenbank

Für uns ist nur der DML-Bereich von SQL interessant, denn die Struktur der Datenbank können Sie viel übersichtlicher aus der Access-Oberfläche heraus bearbeiten. Auch die Rechteverwaltung wird nicht mehr von Access übernommen, sondern wie erwähnt von einer BackEnd-Datenbank wie dem Microsoft SQL Server oder SharePoint.

> **HINWEIS** Der Name *SQL Server* weist schon darauf hin, dass Access nicht die einzige Datenbank ist, die SQL interpretiert. Genau das ist ein wesentlicher Vorteil. Wenn Access später mal wegen der Anzahl der Daten oder der Nutzer nicht mehr leistungsfähig genug sein sollte, können Sie die Daten einfach in eine andere SQL-fähige Datenbank als Back-End auslagern, ohne wesentliche Änderungen vornehmen zu müssen.

Alles, was Sie bisher im Abfrageentwurf erstellt haben, ist als SQL-Befehl enthalten. Damit ist auch in doppelter Hinsicht klar, was bei Abfragen eigentlich gespeichert wird:

- Gespeichert wird ein Text, keine aufwendige Grafik
- Gespeichert wird die Frage, nicht die Antwort

Daraus können Sie zwei Schlussfolgerungen ziehen:

- Der gespeicherte Text ist so klein, dass Sie für einzelne Abfragen kaum eine Größenänderung in der Datenbank wahrnehmen können. Im obigen Beispiel für die Abfrage *qryArtikelAbM* waren es gerade mal 71 Zeichen, also 71 Bytes (nicht kiloBytes oder gar Megabytes!). Das bedeutet, Sie können massenhaft Abfragen speichern, ohne dass diese merklich Speicherplatz belegen.
- Die Frage ist nicht nur kürzer als die Antwort (ein paar Bytes gegen möglicherweise mehrere Millionen Datensätze), sondern wird auch mit jedem Aufruf der Abfrage immer aktuell beantwortet

> **ACHTUNG** Access benutzt kein Standard-SQL, sondern einen Dialekt, der sich zwar nicht wesentlich, aber doch an zwei entscheidenden Stellen unterscheidet: den Platzhaltern. Während es bei Access-SQL * und ? sind, benutzt das Standard-SQL an deren Stelle % und _. Daher darf in einer Bedingung übrigens auch kein Prozentzeichen vorkommen, denn das gäbe einen Konflikt mit den beiden SQL-Versionen.

Das Hauptproblem bei vielen Abfragen ist nicht der Platzbedarf, wie Sie eben gesehen haben, sondern der Überblick. Daher wähle ich durchaus lange Namen, damit ich in der Menge der Abfragen noch weiß, wozu die gut sind.

SQL-Schlüsselwörter

SQL ist eine grundsätzlich wunderbar einfache Sprache, die leicht zu erlernen ist. Auch wenn Sie jetzt einwenden, dass doch alles in der grafischen Oberfläche zu machen sei: Erstens ist das leider nicht richtig, denn wichtige Fähigkeiten müssen Sie tatsächlich selbst in SQL schreiben, und zweitens sehen Sie sowieso an vielen Stellen SQL-Code. Daher lohnt es sich, die Sprache wenigstens lesen zu können.

Auswählen

Die Minimalanforderungen an einen SQL-Befehl für Abfragen lauten:

```
SELECT Feldname(n)
FROM Tabellenname(n);
```

Abfragen

> **HINWEIS** Die Großschreibung von SQL-Befehlen ist keineswegs zwingend, erhöht aber die Lesbarkeit der Anweisung. Auch der Zeilenumbruch und die Anzahl der Leerzeichen sind beliebig und dienen vor allem der übersichtlichen Darstellung.

Hinter dem *SELECT*-Befehl werden entweder ein oder mehrere Feldnamen oder das Sternchen angegeben. Auch wenn die Feldnamen normalerweise in der Schreibweise *Tabellenname.Feldname* notiert sind, müssen trotzdem hinter *FROM* alle beteiligten Tabellen genannt werden. Ganz am Ende steht offiziell immer ein Semikolon, aber Access ist bei dessen Fehlen recht kulant.

Eine typische Abfrage haben Sie oben bereits gesehen:

```
SELECT tblArtikel.*
FROM tblArtikel;
```

Diese kürzere Fassung ist auch erlaubt:

```
SELECT *
FROM tblArtikel;
```

Dieser SQL-Code zeigt die Daten ungefiltert und unsortiert, so als ob Sie die Tabelle *tblArtikel* direkt geöffnet hätten. Um bestimmte Felder herauszugreifen, nennen Sie diese statt des Sternchens:

```
SELECT artID, artFarbe, artName, artPreis
FROM tblArtikel;
```

Die Reihenfolge der Nennung gibt an, wie die Felder anschließend in der Datenblattansicht angezeigt werden.

Filtern

Wie bereits in den letzten Kapiteln mit der grafischen Oberfläche gezeigt, lassen sich Abfragen filtern, was dem SQL-Schlüsselwort *WHERE* entspricht. Die *WHERE*-Klausel muss immer an dritter Stelle stehen, die allgemeine Syntax heißt daher:

```
SELECT Feldname(n)
FROM Tabellenname(n)
WHERE Bedingung(en);
```

Der im anfänglichen Beispiel gesehene exzessive Gebrauch von runden Klammern, wie er vom automatischen SQL-Statement durch den grafischen Abfrageentwurf erzeugt wird, ist nicht nötig. Ein konkretes Beispiel für alle Artikel, deren Preis über 50 Cent liegt, sieht so aus:

```
SELECT *
FROM tblArtikel
WHERE artPreis > 0.5;
```

ACHTUNG Selbst wenn der grafische Abfrageentwurf Ihnen sowohl Funktionsnamen als auch Zahlen und Datumswerte in deutscher Schreibweise präsentiert, ist der SQL-Befehl doch immer in Englisch. Achten Sie daher auf den Dezimalpunkt statt des deutschen Kommas für Dezimalzahlen!

Mehrere Bedingungen werden durch die Schlüsselwörter *AND* beziehungsweise *OR* verknüpft, die im grafischen Entwurf ja durch die Anordnung in den Zeilen nebeneinander und untereinander abgebildet werden.

Erweitern Sie die obige Abfrage so, dass alle Messer mit einem Preis über 50 Cent gefunden werden sollen, dann heißt es:

```
SELECT *
FROM tblArtikel
WHERE artPreis > 0.5 AND artName LIKE "*messer*";
```

Wie Sie richtig vermuten, ist *LIKE* der entsprechende Operator, der im deutschen Entwurf *Wie* heißt. Das geht oft auch mit einer *Oder*-Verknüpfung, wenn Sie beispielsweise nur die *Menümesser* oder *Menülöffel* herausfiltern wollen.

```
SELECT *
FROM tblArtikel
WHERE artName = "Menümesser" OR artName = "Menülöffel";
```

Dieses Schlüsselwort *Oder* dürfen Sie im grafischen Abfrageentwurf übrigens auch direkt in einer Zelle der Suchkriterien eintragen, wie die Abbildung 20.2 zeigt.

Abbildg. 20.2 Der grafische Abfrageentwurf erlaubt auch ein *Oder* im Eingabefeld

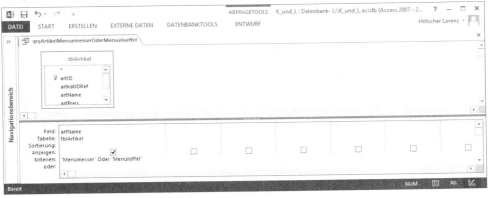

Dies ist oft bedeutend übersichtlicher, als alle Wörter untereinander in einzelne Zellen zu schreiben, vor allem, wenn weitere Bedingungen hinzukommen.

Abfragen

Sortieren

Die vierte mögliche »Vokabel« von SQL betrifft die Sortierung. Sie heißt *ORDER BY* und ihr folgen ein oder mehrere Feldnamen:

```
SELECT Feldname(n)
FROM Tabellenname(n)
ORDER BY Feldname(n);
```

Für das Beispiel mit der Tabelle *tblArtikel* sähe die (aufsteigende) Sortierung nach den Artikelnamen also so aus:

```
SELECT *
FROM tblArtikel
ORDER BY artName;
```

Sie könnten den Zusatz *ASC* (*ascending*, engl.: aufsteigend) hinzufügen, aber es handelt sich dabei sowieso um die Standardsortierung. Für eine absteigende (*DESC*, engl. *descending*) Sortierung heißt der SQL-Code:

```
SELECT *
FROM tblArtikel
ORDER BY artName DESC;
```

Sortieren und Filtern

Natürlich können Sie auch gleichzeitig sortieren und filtern. Dabei muss die *WHERE*-Klausel vor dem *ORDER BY* stehen:

```
SELECT *
FROM tblArtikel
WHERE artPreis > 0.5
ORDER BY artName DESC;
```

Hier werden alle Artikelnamen absteigend sortiert, deren Preise über 50 Cent liegen (siehe Abbildung 20.3).

Abbildg. 20.3 Artikelnamen absteigend sortiert für Preise über 50 Cent

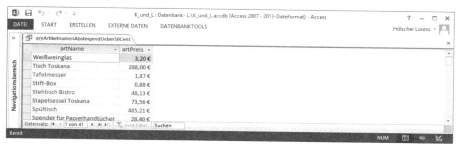

Weitere Schlüsselwörter

Damit haben Sie SQL verstanden, jedenfalls den Teil, dem Sie in den hier bisher behandelten Auswahlabfragen begegnen werden! Das war doch einfach, oder? Es gibt natürlich noch ein paar Schlüsselwörter mehr, aber die Struktur des SQL-Codes wird sich nicht mehr ändern.

Sie erinnern sich vielleicht noch an die *Spitzenwerte*-Eigenschaft, um nur die erste Hälfte der gefundenen Datensätze anzuzeigen. Diese entspricht dem SQL-Schlüsselwort *TOP* wie im folgenden Beispiel

```
SELECT TOP 50 PERCENT *
FROM tblArtikel;
```

Anstatt die Datensätze auf die oberen 50 % zu beschränken, können Sie auch die ersten drei Treffer anzeigen lassen:

```
SELECT TOP 3 *
FROM tblArtikel;
```

In beiden Fällen wäre es allerdings ratsam, die Ergebnisse ausdrücklich mit einer *ORDER BY*-Klausel sortieren zu lassen, weil die übrig bleibenden Datensätze sonst eher zufällig (nämlich in der Reihenfolge der *artID*) sortiert sind.

Außerdem werden Sie in Kapitel 22 noch Gruppierungsabfragen kennenlernen, deren Schlüsselwort *GROUP BY* heißen wird. Dieses wird zwischen den jeweils optionalen *WHERE*- und *ORDER BY*-Klauseln einsortiert. Damit lautet die allgemeine Syntax des *SELECT*-Befehls wie folgt:

```
SELECT [ALL|DISTINCT] [TOP Zahl [PERCENT]] [Alias.]Feld1[, [Alias.]Feld2[, ...]]|*]
FROM Tabelle1 [AS Alias1][INNER|LEFT|RIGHT JOIN Tabelle2 [AS Alias2][, ...] ON Feld1
[=|<|<=|>|>=|<>|LIKE] Feld2]
[WHERE Bedingung1 [AND|OR Bedingung2 [...]]]
[GROUP BY Feld1[, Feld2, ...]]]
[HAVING Bedingung1 [AND|OR Bedingung2 [...]]]
[ORDER BY Feld1 [ASC|DESC][, Feld2 [ASC|DESC][, ...]]];
```

Alles, was in eckigen Klammern genannt ist, gilt als optional und kann also weggelassen werden. Der senkrechte Strich dazwischen gibt eine Alternative an, also beispielsweise entweder *AND* oder *OR*. Die *DISTINCT*-Anweisung schließt doppelte Datensätze aus und wird Ihnen in Kapitel 22 ausführlicher begegnen.

Nur im Zusammenhang mit Gruppierungsabfragen gibt es auch eine zweite Version einer Filterbedingung, wie Sie in der Syntax sehen. Sie heißt dann nicht *WHERE*, sondern *HAVING* und wird nachträglich auf bereits zusammengefasste Daten angewandt. Details dazu erfahren Sie, wenn wir in Kapitel 22 die Gruppierungsabfragen besprechen.

Alias-Namen

Ein Tabellen-*Alias* ist eine lokale Umbenennung einer Tabelle innerhalb der Abfrage. Dies dient nicht nur der Verkürzung langer Tabellennamen, sondern ist vor allem dann notwendig, wenn Sie die gleiche Datenquelle mehrfach einbinden.

Die gleiche Datenquelle mehrfach? Warum sollten Sie das tun? Ganz einfach: um beispielsweise die Vorgesetzten zu einem Mitarbeiter zu finden, denn dort war ja eine Reflexiv-Verknüpfung von *mitmitIDRef* auf *mitID* gespeichert.

1. Erstellen Sie eine neue Abfrage, in die Sie zwei Mal die Tabelle *tblMitarbeiter* aufnehmen. Eine davon wird automatisch als *tblMitarbeiter_1* bezeichnet.

2. Übernehmen Sie aus beiden Datenquellen die Felder *mitNachname* und *mitVorname* und speichern Sie die Abfrage als *qryMitarbeiterMitVorgesetzten*.

3. Verbinden Sie außerdem das (rechte) Feld *tblMitarbeiter_1.mitID* mit dem (linken) Feld *tblMitarbeiter.mitmitIDRef*, wie es in Abbildung 20.4 zu sehen ist.

Abbildg. 20.4   Die Tabelle *tblMitarbeiter* ist doppelt enthalten

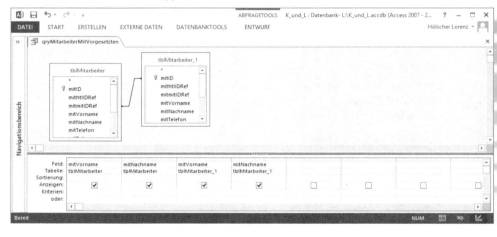

4. In Abbildung 20.5 zeigt die Datenblattansicht dann alle Mitarbeiter mit Vorgesetzten. Das sind wegen der INNER JOIN-Verknüpfung (siehe Kapitel 23) allerdings wirklich nur Mitarbeiter, die auch Vorgesetzte haben, weshalb deren *mitmitIDRef*-Feld also nicht NULL ist.

Abbildg. 20.5   Die Datenblattansicht zeigt alle Mitarbeiter mit Vorgesetzten

5. Der zugehörige SQL-Befehl wird von Access automatisch so erzeugt, wie Sie in der SQL-Ansicht sehen können:

```
SELECT tblMitarbeiter.mitNachname, tblMitarbeiter.mitVorname,
tblMitarbeiter_1.mitNachname, tblMitarbeiter_1.mitVorname
FROM tblMitarbeiter AS tblMitarbeiter_1 INNER JOIN tblMitarbeiter ON
tblMitarbeiter_1.mitID = tblMitarbeiter.mitmitIDRef;
```

6. Dort können Sie den Tabellen-Alias manuell durch eine prägnantere Version ersetzen und statt *tblMitarbeiter_1* etwa *tblChef* schreiben:

```
SELECT tblMitarbeiter.mitNachname, tblMitarbeiter.mitVorname,
tblChef.mitNachname, tblChef.mitVorname
FROM tblMitarbeiter AS tblChef INNER JOIN tblMitarbeiter ON
tblChef.mitID = tblMitarbeiter.mitmitIDRef;
```

PROFITIPP In der SQL-Ansicht von Access gibt es bedauerlicherweise immer noch keinen Bearbeiten/Ersetzen-Befehl. Für längere SQL-Codes ist es daher durchaus sinnvoll, deren Inhalt in einen Texteditor oder ein leeres Word-Dokument zu kopieren, dort eventuell erforderliche Ersetzungen automatisiert vorzunehmen und das Ergebnis anschließend wieder zurückzukopieren.

Ansonsten können Sie fast sicher sein, dass Sie etwas übersehen und der Abfrage-Entwurf beim nächsten Öffnen meistens mit einer Flut von Fehlermeldungen startet und Access dann sofort die Verknüpfungen entfernt, die noch falsche Namen benutzen. Das ist sehr mühsam zu restaurieren.

---

7. Damit sind Chefs und einfache Mitarbeiter besser zu unterscheiden, wie die Abbildung 20.6 zeigt.

Abbildg. 20.6 Mit dem neuen Alias sind Chef und Untergebene besser zu unterscheiden

Natürlich könnten Sie stattdessen mit lediglich umbenannten Feldern (beispielsweise als tblMitarbeiter_1.mitVorname AS ChefVorname im SQL-Code) auch für mehr Klarheit sorgen. Diese Alias-Namen für Tabellen machen aber deutlich weniger Arbeit und verbessern auch die Benennungen im grafischen Entwurf, wie Abbildung 20.7 zeigt.

Abfragen

Abbildg. 20.7 Der Alias-Name ist auch in der grafischen Entwurfsansicht hilfreich

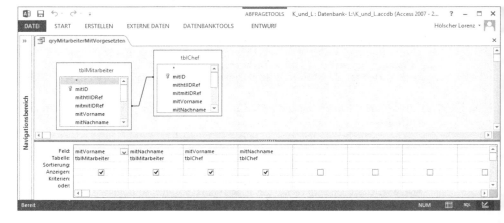

JOIN

Bei diesem Beispiel bietet es sich an, bereits kurz auf den *JOIN*-Befehl einzugehen, der die Verknüpfung von Tabellen beschreibt. Sie sehen nämlich nur diejenigen Mitarbeiter, die auch tatsächlich einen Vorgesetzten eingetragen haben. Alle anderen sind ausgeblendet.

Wir werden uns damit ausführlich in Kapitel 23 befassen, aber bis dahin können Sie die »führungslosen« Mitarbeiter schon einmal sichtbar machen:

1. Klicken Sie in der Entwurfsansicht doppelt auf die Verbindungslinie zwischen den beiden Feldern. Wählen Sie im daraufhin geöffneten Dialogfeld die Option *3* aus, bei der alle Mitarbeiter angezeigt werden, und bestätigen Sie mit *OK*. Die bisher einfache Linie wird dann durch einen Pfeil ersetzt (dieser ist in Abbildung 20.8 schon sichtbar).

Abbildg. 20.8 Lassen Sie durch die Verknüpfungseigenschaften alle Mitarbeiter anzeigen

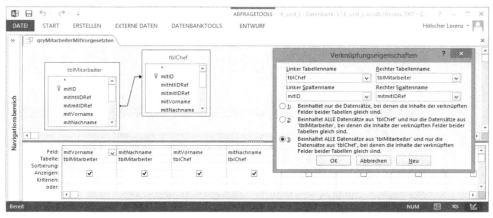

2. Die Datenblattansicht wie in Abbildung 20.9 zeigt nun auch solche Mitarbeiter an, die keinen Vorgesetzten eingetragen haben.

Abbildg. 20.9
Die geänderten Verknüpfungseigenschaften zeigen nun auch Mitarbeiter ohne Chef an

3. Der SQL-Code enthält statt der bisher immer vorhandenen *INNER JOIN*-Anweisung ein *RIGHT JOIN* wie im folgenden Code:

```
SELECT tblMitarbeiter.mitNachname, tblMitarbeiter.mitVorname,
tblChef.mitNachname, tblChef.mitVorname
FROM tblMitarbeiter AS tblChef RIGHT JOIN tblMitarbeiter ON
tblChef.mitID = tblMitarbeiter.mitmitIDRef;
```

Weitere Details zu diesen asymmetrischen Verknüpfungen mit *RIGHT JOIN* oder *LEFT JOIN* sehen wir uns in Kapitel 23 an.

Aktionsabfragen

Schließlich werden wir uns in Kapitel 24 noch ausführlich mit Aktionsabfragen beschäftigen, die im Gegensatz zu den bisherigen Auswahlabfragen auch Daten verändern werden. Immerhin heißt »unser« Bereich der SQL-Sprache ja *DML*, also Datenmanipulationssprache, aber *SELECT* verändert gar keine Daten.

Dafür wird das *SELECT* am Anfang des SQL-Codes dann ausgetauscht werden gegen vier verschiedene andere Schlüsselwörter:

- **INSERT**   für Anfügeabfragen, die neue Datensätze an vorhandene anfügen,
- **UPDATE**   für Aktualisierungsabfragen, die bestehende Daten verändern,
- **DELETE**   für Löschabfragen, die Datensätze löschen, und
- **SELECT ... INTO**   für Tabellenerstellungsabfragen, die Datensätze in neue Tabellen schreiben.

Sie werden sehen, dass es dabei zwar ein paar neue Schlüsselwörter, aber keine grundsätzlich neuen Erkenntnisse zur Sprache SQL gibt.

SQL-Befehle einsetzen

Ich hatte Ihnen bereits versprochen, dass Sie an manchen Stellen mehr oder weniger unfreiwillig SQL-Code sehen werden. Das gilt etwa für die Kombinationsfelder in den Tabellen, die für einen Fremdschlüssel die möglichen Primärschlüssel und Klartextfelder der Nachschlagetabelle anzeigen.

> **HINWEIS** Ich betrachte nur die Kombinationsfelder in Tabellen, weil mehr in der Datenbank noch nicht vorhanden ist. Das gilt aber ebenso für Listenfelder. Und es gilt nicht nur in Tabellen, sondern auch in Formularen und Berichten, dort zum Beispiel auch für Unterformulare und Unterberichte.

1. Betrachten Sie dazu die Tabelle *tblMitarbeiter* in der Entwurfsansicht und markieren Sie dort das Feld *mithtlIDRef*, welches ja ein Fremdschlüssel ist, der das Hotel nennt, zu dem dieser Mitarbeiter gehört.

2. Wechseln Sie unten auf die Registerkarte *Nachschlagen*, wo in der Eigenschaft *Datensatzherkunft* noch die Tabelle *tblHotels* eingetragen ist. Wie Sie in Abbildung 20.10 sehen, werden deswegen die Hotels in der Datenblattansicht unsortiert angezeigt.

Abbildg. 20.10 Die Hotels im Kombinationsfeld sind in der Datenblattansicht noch unsortiert

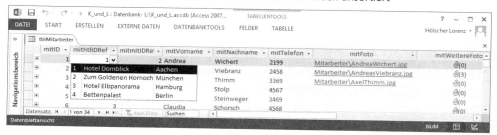

3. Nun ist der Überblick bei vier Hotels auch unsortiert durchaus ausreichend, aber es geht hier ja darum, wie Sie das auch bei größeren Listen lösen können. Daher soll die *Datensatzherkunft*-Eigenschaft verbessert werden.

4. Dort erscheinen am Ende des Eingabefelds ein Dropdownpfeil und eine Schaltfläche mit drei Pünktchen. Diese Schaltfläche klicken Sie bitte an, um den Inhalt der Eigenschaft zu ändern. Daraufhin erscheint sofort eine Rückfrage, ob Sie wirklich eine (neue) Abfrage statt der vorhandenen Tabelle nutzen wollen, wie in Abbildung 20.11 zu sehen ist.

Abbildg. 20.11 Eine Warnmeldung weist Sie darauf hin, dass Sie die Datenquelle wechseln

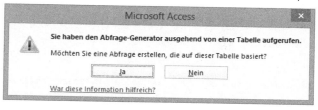

5. Bestätigen Sie das mit *Ja*, sodass anschließend die Entwurfsansicht einer neuen Abfrage sichtbar wird. Fügen Sie als erstes Feld die *htlID* hinzu.

Dieses Fenster sieht nur aus wie ein normaler Abfrageentwurf. Anders als bei anderen Abfragen ist dieses Fenster aber modal, was bedeutet, dass Sie zwischendurch nicht woandershin wechseln können. Sie sehen das daran, dass die Dokumentregisterkarten der anderen Fenster hellgrau abgeblendet sind. Das ist kein wirkliches Problem, da ein Wechsel normalerweise nicht nötig ist, irritiert aber manchmal.

---

6. Hier können Sie die Abfrage optimiert erstellen, also alle bisher ausgeblendeten Spalten einfach weglassen und andere Felder berechnen. Damit es übersichtlicher wird, fassen Sie Hotelname und Ort am besten in einem neuen Feld zusammen:

   ```
   Hotelbezeichnung: htlName & " in " & htlOrt
   ```

7. Außerdem soll die Abfrage nach den Hotelnamen aufsteigend sortiert werden, wie Abbildung 20.12 zeigt.

Abbildg. 20.12   Die sortierte und berechnete Hotelabfrage im Entwurf

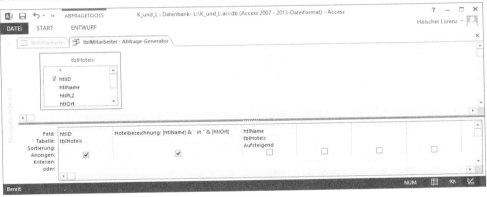

PROFITIPP   Die Sortierung basiert ausdrücklich auf dem Tabellenfeld *htlName* und nicht auf dem berechneten Feld. Dadurch könnte Access auf einen Index zurückgreifen (auch wenn dieser im konkreten Fall in der Tabelle gar nicht aktiviert ist) und damit um ein Vielfaches schneller sortieren.

Berechnete Felder müssen stattdessen vorher für jeden Datensatz einzeln errechnet werden und erlauben erst anschließend die Sortierung oder Filterung. Natürlich ist der Unterschied für die vier Datensätze in diesem Beispiel völlig nebensächlich, aber für große Tabellen sollten Sie das immer bedenken.

---

8. Anders als »normale« Abfragen wird diese Abfrage nicht extra gespeichert, da sie nur an einer einzigen Stelle in der Datenbank benötigt wird. Sie können also einfach dieses Fenster schließen (wahlweise mit dem *X* am rechten Rand oder mit dem Befehl *ENTWURF/Schließen/Schließen*).

9. Access fragt Sie wie in Abbildung 20.13, ob Sie die Eigenschaft tatsächlich ändern wollen, also den vorher enthaltenen Tabellennamen durch diese Abfrage ersetzen wollen.

Abfragen

Abbildg. 20.13   Rückfrage, ob Sie die Eigenschaftsänderung durchführen wollen

10. Das sollten Sie mit *Ja* bestätigen und sehen anschließend wieder den Entwurf der Tabelle *tblMitarbeiter* mit der geänderten Eigenschaft *Datensatzherkunft*.

11. Da die Anzahl der Felder im Kombinationsfeld angepasst wurde, müssen Sie jetzt ebenfalls die *Spaltenanzahl* auf 2 reduzieren und die *Spaltenbreiten* auf zwei Werte wie in Abbildung 20.14 ändern.

Abbildg. 20.14   Diese Eigenschaften passen zum neuen Kombinationsfeld

Sie können überall dort, wo Access den Namen einer Tabelle oder Abfrage erwartet, immer auch wie in diesem Beispiel direkt einen SQL-Befehl schreiben. Dabei ist es egal, ob Sie diesen direkt dort eintippen oder wie eben gezeigt mit dem Abfrage-Generator erzeugen.

Nachträgliche Änderungen nehmen Sie am besten mit einem erneuten Klick auf die Schaltfläche mit den drei Pünktchen vor, dann befinden Sie sich wieder im grafischen Abfrageentwurf für den in der Eigenschaft angegebenen SQL-Befehl.

Es gibt noch mehr Möglichkeiten von SQL, die Sie auch in den weiteren Kapiteln kennenlernen werden. Dort werde ich dann jeweils zum Thema nicht nur den grafischen Entwurf zeigen, sondern auch den passenden SQL-Befehl nennen. Einige Themen lassen sich allerdings gar nicht im grafischen Entwurf lösen, sondern ausschließlich durch die manuelle Eingabe der SQL-Befehle.

Zusammenfassung

In diesem Kapitel haben Sie einen ersten Einblick in die Sprache SQL erhalten, die hinter allen Abfragen von Access steht:

- SQL besteht aus den drei Bereichen *Daten-Definition*, *Daten-Manipulation* und *Daten-Rechteverwaltung* (Seite 380), von denen für uns nur die Befehle zur Daten-Manipulation wichtig sind

- SQL kann entweder indirekt über den grafischen Abfrageentwurf erstellt werden oder indem Sie den Code direkt im SQL-Entwurf angeben:

    - Ein gültiges SQL-Statement muss mindestens die beiden SQL-Schlüsselwörter *SELECT* und *FROM* (Seite 381) enthalten

    - Dazu kommt eventuell die *WHERE*-Klausel (Seite 382) zum Filtern der Daten mit einer folgenden Bedingung

    - Ebenfalls optional ist *ORDER BY* zum Sortieren (Seite 384). Der Zusatz *ASC* oder *DESC* sortiert aufsteigend oder absteigend.

- Ein paar weitere Schlüsselwörter wie *TOP*, *GROUP BY* und *HAVING* (Seite 385) werden Sie im Laufe der nächsten Kapitel noch detaillierter sehen

- Außer den bisher eingesetzten Auswahlabfragen werden Sie später noch Aktionsabfragen kennenlernen, für die sich das *SELECT*-Schlüsselwort zu *INSERT*, *UPDATE*, *DELETE* oder *SELECT ... INTO* (Seite 386) ändern wird

- Auch wenn Sie SQL nicht manuell schreiben oder in der SQL-Ansicht explizit betrachten, wird Ihnen *SQL-Code* überall in Access (Seite 389) begegnen

Abfragen

Kapitel 21

Umgang mit Abfragen

In diesem Kapitel:

Abfragen

In größeren Datenbanken geht es oft nicht nur darum, überhaupt Abfragen zu erstellen, sondern vor allem darum, diese auch brauchbar zu organisieren. Sie werden in diesem Kapitel daher über den Tellerrand der SQL-Befehle hinausschauen, welche Arbeitserleichterungen mit Abfragen außerdem noch möglich sind.

CD-ROM Um Ihnen das Nachvollziehen der Schritte in diesem Kapitel zu erleichtern, finden Sie innerhalb der Beispieldateien zu diesem Buch im Ordner *Kap20* eine Datenbank, die bereits die Änderungen aus Kapitel 20 enthält. Laden Sie einfach die betreffende Datenbank, um mit der Arbeit in diesem Kapitel zu beginnen.

Sie können also jederzeit ein Kapitel überspringen und trotzdem auf den aktuellen Stand der Datenbank zugreifen.

Abfragen von Abfragen

Wir werden im weiteren Verlauf immer wieder die gleichen Daten analysieren: Es geht um die Bestellungen, die beteiligten Mitarbeiter, deren Hotels und die Artikel mit ihren Kategorien. Dazu werden noch einige berechnete Felder wie der Gesamtpreis, der Monat und ähnliche kommen, die ebenfalls immer wieder benötigt werden.

Anstatt nun also jedes Mal die Felder aus den beteiligten Tabellen zusammenzutragen und auch noch mehrfach zu berechnen, legen wir am besten eine zentrale Abfrage an, die das alles einmalig erledigt:

1. Erstellen Sie eine neue Abfrage in der Entwurfsansicht und nehmen Sie darin die Tabellen *tblHotels*, *tblMitarbeiter*, *tblBestellungen*, *tblArtikel* und *tblKategorien* auf.

2. Übernehmen Sie von jeder der Tabellen das Sternchen per Doppelklick in den Zielbereich und speichern dies als *qryALLE_BESTELLUNGEN_MIT_INFO* wie in Abbildung 21.1.

Abbildg. 21.1   Der Entwurf der zentralen Abfrage *qryALLE_BESTELLUNGEN_MIT_INFO*

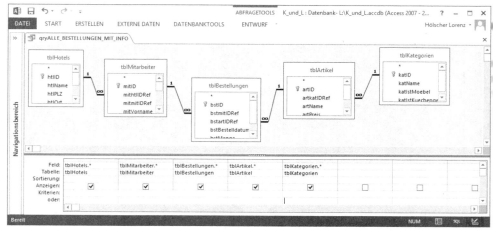

TIPP Diese Abfrage nimmt eine zentrale Stellung ein, wird aber in allen Auswahllisten wie jede andere eingereiht. Daher ist die einzige Chance auf Hervorhebung die Schreibweise mit den Großbuchstaben. Da so die sonst benutzte »Kamel-Schreibweise« (Großbuchstaben zwischendurch und wahlweise am Wortbeginn, die »Höcker«) nicht mehr funktioniert, enthält dieser Name auch mal Unterstriche, um ihn lesbar zu machen.

3. Außerdem wird diese Abfrage später Grundlage weiterer Abfragen, daher können Sie sie direkt um ein paar berechnete Felder ergänzen:

```
Gesamtpreis: [bstMenge] * [artPreis]
BestellMonat: Monat([bstBestelldatum])
BestellJahr: Jahr([bstBestelldatum])
```

4. Speichern Sie den Abfrageentwurf erneut und schließen Sie die Entwurfsansicht.

Die Datenblattansicht enthält nun 34 Spalten und ist ziemlich unhandlich. Sie soll aber gar nicht zur Bearbeitung dienen, sondern lediglich als Datenquelle für weitere Abfragen.

ACHTUNG Da das Feld *bstPreis* noch keine Daten enthält, muss sich die Berechnung bis dahin auf das Feld *artPreis* beziehen. Das ist aber langfristig fehlerhaft, weil dort eben nur die aktuellen und nicht die bei der Bestellung tatsächlich gültigen Preise stehen. Sobald (ab Kapitel 24) in *bstPreis* die passenden Inhalte gespeichert sind, müssen wir diese Berechnung korrigieren. Genau da liegt auch ein Vorteil einer solch zentralen Abfrage, weil anschließend alle darauf basierenden Abfragen automatisch wieder korrekt sind.

Abfrage mit 1:1-Beziehung

Im Datenbankkonzept gibt es zwei Tabellen, die durch eine 1:1-Beziehung miteinander verbunden sind: *tblMitarbeiter* und *tblExtras*. Diese habe ich inhaltlich bisher eher ignoriert, weil sie mit einer Abfrage besser auszufüllen sind als direkt in der Tabelle.

HINWEIS Abfragen zeigen Daten immer nur, sie können diese aber nie speichern! Deren englische Bezeichnung *view* in anderen Datenbanken sagt das ein wenig deutlicher. Trotzdem werden Sie nachher das Gefühl haben, Sie könnten doch darin speichern ...

1. Erstellen Sie eine neue Abfrage mit den beiden Tabellen *tblMitarbeiter* und *tblExtras* als Datenquelle. Da für diese bereits eine Beziehung definiert war, sehen Sie automatisch einen Pfeil mit je einer *1* an beiden Enden.

2. Damit es übersichtlicher wird, möchte ich wie in Abbildung 21.2 nur die Felder *mitVorname*, *mitNachname*, *xtrMaxBestellwert*, *xtrMoebel* und *xtrKuechengeraete* hinzufügen. Speichern Sie diese Abfrage dann als *qryMitarbeiterMitExtras*.

Der Entwurf der Abfrage *qryMitarbeiterMitExtras*

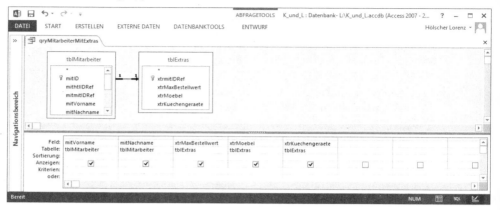

3. An diesem Abfrageentwurf ist nichts Neues, sodass Sie direkt in die Datenblattansicht wechseln können.

4. In der Datenblattansicht werden zu jedem Mitarbeiter wie in Abbildung 21.3 scheinbar Daten aus der Tabelle *tblExtras* angezeigt. Es sind jedoch leere Eingabezellen und keine vorhandenen Datensätze.

Die Datenblattansicht zeigt zu jedem Mitarbeiter scheinbar Extra-Daten

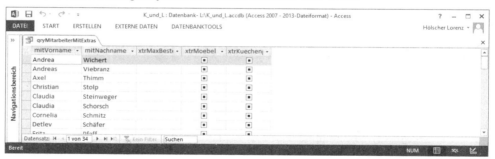

HINWEIS   Angesichts der Tatsache, dass wir in der Tabelle *tblExtras* bisher definitiv keine Daten eingetragen haben, mögen Sie überrascht sein, dass hier die letzten drei Spalten aus jener Tabelle Kontrollkästchen anzeigen. Tatsächlich existieren dort auch gar keine Inhalte und die Kontrollkästchen enthalten noch NULL-Werte, was an deren schwarzem Quadrat in der Mitte zu sehen ist.

Das war der Grund, warum in der zentralen Beziehung zwischen den beiden Tabellen kein *Inner Join*, sondern ein *Left Join* eingesetzt wurde. Sonst würde kein Datensatz angezeigt, weil in der Tabelle *tblExtras* eben nur NULL-Werte enthalten sind.

5. Sie können dort nun die Daten eingeben, wie sie in Tabelle 21.1 genannt sind, und anschließend die Abfrage schließen.

Tabelle 21.1 Beispielwerte für die Tabelle *tblExtras*

mitVorname	mitNachname	xtrMaxBestellwert	xtrMoebel	xtrKuechengeraete
Andrea	Wichert	100,00 €	Ja	Nein
Axel	Thimm	500,00 €	Ja	Nein
Klaus	Mahnke	500,00 €	Nein	Ja
Rebecca	Hertlein	200,00 €	Nein	Ja
Renate	Götzki	100,00 €	Ja	Nein
Rüdiger	Geissler	100,00 €	Ja	Nein
Ute	Badberg	350,00 €	Nein	Ja
Wolf-Michael	Angerhausen	100,00 €	Nein	Ja

6. Öffnen Sie als Nächstes die Tabelle *tblExtras*, so werden Sie feststellen, dass dort wie in Abbildung 21.4 die entsprechenden Eintragungen jetzt enthalten sind, allerdings nur für die Datensätze, in denen Sie auch wirklich etwas eingetragen haben.

Abbildg. 21.4 Die Daten sind jetzt in der Tabelle *tblExtras* enthalten

> **HINWEIS** Spätestens jetzt möchte ich nochmals daran erinnern, dass Abfragen selbst niemals Daten speichern. Sie können höchstens Daten an die passende Tabelle weiterreichen, in welcher sie dann tatsächlich gespeichert werden. Genau das ist eben passiert, und zwar unabhängig davon, dass es sich hier gerade um eine eher seltene 1:1-Beziehung handelt.

Abbildg. 21.5 Die Daten werden nun ebenfalls in der Abfrage *qryMitarbeiterMitExtras* angezeigt

Abfragen

Für Tabellen mit 1:n-Beziehung müssen Sie typischerweise ein Kombinationsfeld für den Fremdschlüssel vorbereiten, der die Liste der möglichen Primärschlüssel anbietet. Das ist dort praktisch.

Da es bei einer 1:1-Beziehung nur maximal einen Eintrag geben kann, ist hier stattdessen diese Technik mit den verknüpften Tabellen viel praktischer bei der Eingabe. Damit überhaupt Daten angezeigt werden, darf allerdings kein *Inner Join* benutzt werden, weil in einer Tabelle ja noch gar keine Daten enthalten sind.

Abfragen ausdrucken

Eigentlich sind in Access für den Ausdruck die Berichte vorgesehen, aber wenn es mal schnell gehen soll, können Sie auch eine Abfrage ausdrucken. Sie haben dort nur viel weniger Gestaltungsmöglichkeiten als im Bericht.

> **HINWEIS**   Alles, was hier für Abfragen gezeigt wird, funktioniert ohne Einschränkung auch bei Tabellen, die Sie ebenso ausdrucken können.

Sowohl der Druck als auch die Seitenansicht (die früher ja auch Druckvorschau hieß) stehen konsequenterweise auf der *DATEI*-Registerkarte zur Verfügung. Da der Weg dorthin aber eher umständlich ist, können Sie beispielsweise den *Seitenansicht*-Befehl direkt in die Symbolleiste für den Schnellzugriff legen.

> **TIPP**   Sie können die Symbolleiste für den Schnellzugriff auch per XML-Code ändern, wie in Kapitel 41 ausführlich erläutert wird.

1. Klicken Sie auf den Dropdownpfeil rechts neben der Symbolleiste für den Schnellzugriff, sodass wie in Abbildung 21.6 ein Menü erscheint.

Abbildg. 21.6   Passen Sie hier die Symbolleiste für den Schnellzugriff an

2. Wählen Sie darin den Befehl *Seitenansicht* aus.
3. Anschließend steht Ihnen das neue Symbol in der Symbolleiste für den Schnellzugriff zur Verfügung, wie Abbildung 21.7 zeigt.

Abbildg. 21.7   Die Seitenansicht lässt sich nun direkt aufrufen

Der »offizielle« Aufruf erfolgt über den Befehl *DATEI/Drucken/Seitenansicht*, wie es in Abbildung 21.8 zu sehen ist.

Abbildg. 21.8   Die Seitenansicht finden Sie unter *DATEI/Drucken*

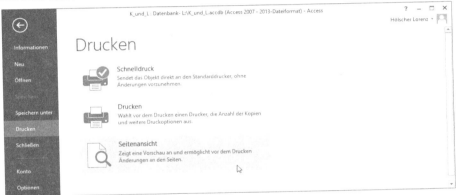

Für das markierte Objekt (hier ist es *qryArtikelAbM*) sehen Sie anschließend, wie es ausgedruckt würde. In der Seitenansicht steht Ihnen auch der aus anderen Office 2013-Anwendungen bereits bekannte Zoom-Schieber am rechten unteren Rand zur Verfügung (siehe Abbildung 21.9).

Abbildg. 21.9   Die Ansicht lässt sich mit dem Zoom-Schieber vergrößern

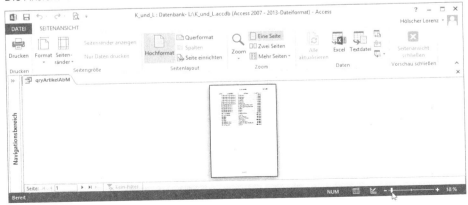

Abfragen

Die Seitenansicht zeigt wie in Abbildung 21.9 eine eigene Registerkarte *SEITENANSICHT* im Menüband an, welche sonst nie zu sehen ist. Dort können Sie alle notwendigen Einstellungen für die Seitenansicht beziehungsweise den Ausdruck vornehmen.

ACHTUNG Anders als später beim Bericht werden die hier gewählten Einstellungen nicht mit der Abfrage gespeichert! Sie bleiben nur so lange erhalten, wie die jeweilige Abfrage noch geöffnet ist.

Das umfassendste Dialogfeld für alle Einstellungen ist über den Befehl *SEITENANSICHT/Seitenlayout/Seite einrichten* zu erreichen. Abbildung 21.10 zeigt dieses Dialogfeld.

Abbildg. 21.10 Die meisten Einstellungen sind im Dialogfeld *Seite einrichten* möglich

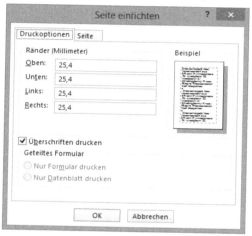

Dort können Sie mit dem Kontrollkästchen *Überschriften drucken* die in Abbildung 21.9 sichtbare Kopfzeile ausschalten. Eine weitergehende inhaltliche Beeinflussung dieser Zeile ist nicht möglich.

ACHTUNG In Kapitel 9 hatte ich bereits darauf hingewiesen, dass in *DATEI/Optionen* in der Kategorie *Clienteinstellungen* in der Gruppe *Drucken* die Standardwerte für die Ränder auf *0,635 cm* stehen. Leider gelten diese nur für Formulare und Berichte. Die Ränder für Tabellen und Abfragen stehen immer noch auf ziemlich breite *25,4 mm*.

Die übrigen Einstellungen dieses Dialogfelds können Sie schneller (und manchmal auch besser) direkt über das Menüband erreichen. Mit dem Befehl *SEITENANSICHT/Seitengröße/Seitenränder* steht Ihnen beispielsweise eine Auswahl an verschiedenen Seitenrändern zur Verfügung. In Abbildung 21.11 ist dort außerdem der Eintrag *Benutzerdefinierte Seitenränder* sichtbar, weil keine der ersten drei Varianten in den aktuellen Seitenrändern eingetragen ist.

In der Befehlsgruppe *SEITENANSICHT/Seitenlayout* können Sie die Papierausrichtung auf Querformat stellen. Das ist oft sinnvoll, weil sonst die Spalten nicht alle auf eine Seite passen.

Abbildg. 21.11   Wählen Sie hier unter verschiedenen vorgegebenen Seitenrändern

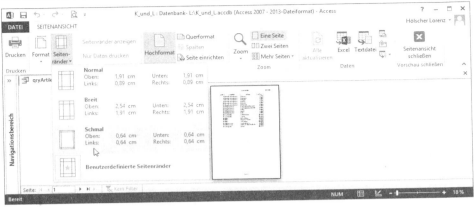

| HINWEIS | Die Spaltenbreite selbst sowie die Schriftart und -größe stellen Sie nicht in der Sei-
tenansicht ein, sondern in der Datenblattansicht innerhalb der Befehlsgruppe *START/Textforma-
tierung*.

Sie schließen die Seitenansicht entweder über den Befehl *SEITENANSICHT/Vorschau schließen/Sei-
tenansicht schließen* oder mit der ⌈Esc⌉-Taste.

Daten exportieren

Sie haben wahrscheinlich auf der Registerkarte *SEITENANSICHT* gesehen, dass dort in der Befehlsgruppe *Daten* die Möglichkeit des Exports bestand. Leider ist die Auswahl hier unvollständig. Es
gibt nämlich viel mehr Dateitypen, die Sie sehen, wenn Sie direkt von der Datenblattansicht statt
von der Seitenansicht aus exportieren.

Abbildg. 21.12   Hier können Sie verschiedene Exporttypen auswählen

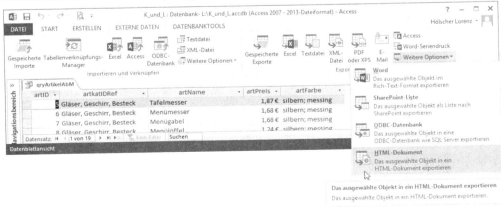

Schließen Sie die Seitenansicht und klicken Sie auf die Registerkarte *EXTERNE DATEN*, um in der Gruppe *Exportieren* einen Überblick über alle Exporttypen zu erhalten (siehe Abbildung 21.12).

Auch der Export lässt sich für Berichte detaillierter als für Abfragen gestalten. Ich möchte Ihnen aber hier für den durchaus häufigen und sinnvollen Export der Daten in ein Excel-Arbeitsblatt schon mal zeigen, wie es funktioniert:

1. Öffnen Sie eine beliebige Tabelle oder Abfrage, hier ist es die Abfrage *qryGrosseBestellungen*.
2. Klicken Sie auf *EXTERNE DATEN/Exportieren/Excel*, um den Assistenten aus Abbildung 21.13 zu starten.

Abbildg. 21.13   Der erste Schritt des Export-Assistenten für Excel-Tabellen

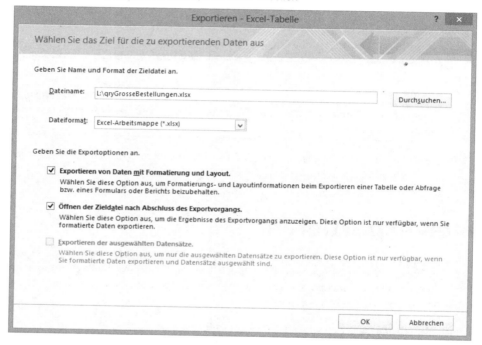

3. Geben Sie dort mit der *Durchsuchen*-Schaltfläche einen Pfad und Dateinamen für die Excel-Arbeitsmappe an. Als Standard ist für die Datei der Name der Datenquelle plus Excel-Endung vorgegeben.
4. Wenn Sie Formatierungen wie in diesem Fall das *Euro*-Format übernehmen wollen, aktivieren Sie das Kontrollkästchen *Exportieren von Daten mit Formatierung und Layout*.
5. Um das Ergebnis direkt begutachten zu können, ist hier auch das Kontrollkästchen *Öffnen der Zieldatei nach Abschluss des Exportvorgangs* ausgewählt. Sie können die Excel-Arbeitsmappe natürlich auch später wie jede andere Datei öffnen.
6. Nach Bestätigung mit *OK* öffnet sich Excel wie in Abbildung 21.14 mit der exportierten Datei.

Abbildg. 21.14   So sieht die exportierte Datei in Excel aus

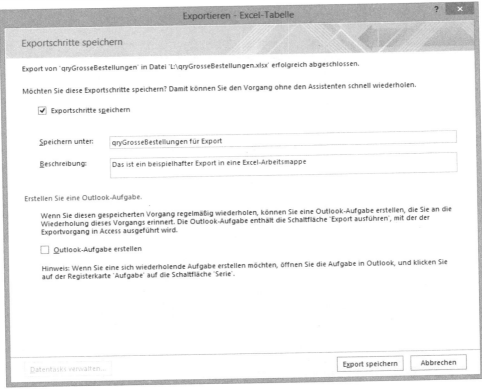

7. Alle Export-Assistenten melden sich anschließend noch mit einem letzten Schritt wie in Abbildung 21.15, um die Einstellungen dieses Exports zu speichern. Das ist sinnvoll, wenn Sie diese Daten regelmäßig exportieren müssen. Die zusätzlichen Angaben im Dialog erscheinen dabei übrigens erst, wenn Sie die Option *Exportschritte speichern* aktivieren.

Abbildg. 21.15   Jeder Assistent bietet an, seine Schritte dauerhaft zu speichern

Wenn Sie einen Export speichern, wie das in Abbildung 21.15 vorbereitet wurde, sehen Sie diesen später mit dem Befehl *EXTERNE DATEN/Exportieren/Gespeicherte Exporte* im Dialogfeld wie in Abbildung 21.16 zur erneuten Ausführung.

Abbildg. 21.16 Das Dialogfeld *Datentasks verwalten* zeigt alle gespeicherten Exporte (und Importe) an

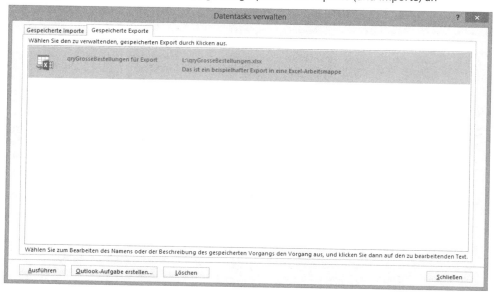

In Kapitel 32 werden wir uns ausführlicher mit dem Export von Daten befassen.

Zusammenfassung

In diesem Kapitel haben Sie verschiedene Techniken für den verbesserten Umgang mit Abfragen kennengelernt:

- Anstatt alle Tabellen immer wieder gemeinsam zu nennen und die benötigten Daten erneut zu berechnen, ist es sinnvoll, eine *zentrale Abfrage* (Seite 396) zu erstellen, in welcher das alles bereitgestellt wird. Auf diese Abfrage greifen möglichst viele andere Abfragen dann zu und nutzen deren Berechnungen.

- *Tabellen mit 1:1-Beziehung* (Seite 397) sind am einfachsten auszufüllen, wenn Sie diese beiden in einer Abfrage zusammenfassen und als Verknüpfungstyp einen *Right Join* oder *Left Join* wählen. Sie haben gesehen, dass dann die passenden Datensätze beim Ausfüllen automatisch erzeugt werden.

- Obwohl für den Ausdruck in Access eigentlich die Berichte vorgesehen sind, gab es schon einen ersten Einblick in die Möglichkeiten der *Seitenansicht* (Seite 400). Alles, was Sie dort einstellen, gilt dann auch für den Druck.

- Abfragedaten lassen sich mit einem Assistenten *exportieren* (Seite 403). Das heißt, Sie können dessen Schritte speichern und später wieder aufrufen.

Kapitel 22

Spezielle Auswahlabfragen

Abfragen

Einige Aufgaben sind mit den bisherigen Techniken noch nicht lösbar, darunter vor allem die Zusammenfassung von Daten oder flexiblere Filterkriterien. Dieses Kapitel beschäftigt sich daher mit solchen speziellen Auswahlabfragen.

> **CD-ROM** Um Ihnen das Nachvollziehen der Schritte in diesem Kapitel zu erleichtern, finden Sie innerhalb der Beispieldateien zu diesem Buch im Ordner *Kap21* eine Datenbank, die bereits die Änderungen aus Kapitel 21 enthält. Laden Sie einfach die betreffende Datenbank, um mit der Arbeit in diesem Kapitel zu beginnen.
>
> Sie können also jederzeit ein Kapitel überspringen und trotzdem auf den aktuellen Stand der Datenbank zugreifen.

Gruppierungsabfragen

Können Sie herausfinden, wie viel Umsatz Sie in der *Kosten&Logistik*-Datenbank im Jahre 2012 gespeichert haben? Nicht mit den bisherigen Methoden. Denn dort konnten Sie für berechnete Felder (wie eben beim *Gesamtpreis*) zwar zeilenweise Daten zusammenfassen, aber nicht spaltenweise für eine Summe.

Standard-Gruppierungsabfragen

Für diesen Zweck gibt es Gruppierungsabfragen, die nicht nur Summen bilden können, sondern auch mit anderen Aggregatfunktionen wie Mittelwert, Minimum, Maximum oder ähnlichen arbeiten:

1. Erstellen Sie eine neue Abfrage, die aber nicht auf einer Tabelle, sondern auf der vorhin erstellten Abfrage *qryALLE_BESTELLUNGEN_MIT_INFO* basiert. Dazu müssen Sie wie in Abbildung 22.1 die zweite Registerkarte *Abfragen* im Dialogfeld *Tabelle anzeigen* aktivieren.

Abbildg. 22.1 Auch Abfragen können als Datenquelle für Abfragen dienen

2. Wie Sie nach dem *Hinzufügen* dieser Abfrage sehen, gibt es keinen Unterschied zwischen Tabellen oder Abfragen als Datenquelle. Die Feldliste stellt berechnete Felder so dar wie gespeicherte Tabellenfelder und Sie können ebenso darauf zugreifen.

3. Da der Jahresumsatz einfach die Summe der Gesamtpreise pro Jahr ist, übernehmen Sie nur die beiden berechneten Felder *BestellJahr* und *Gesamtpreis* in den Zielbereich.

4. Damit diese »normale« Auswahlabfrage zu einer Gruppierungsabfrage wird, müssen Sie den Befehl *ENTWURF/Einblenden/Ausblenden/Summen* anklicken, wie es in Abbildung 22.2 bereits geschehen ist.

Abbildg. 22.2 Der *Summen*-Befehl dient als Umschalter zu einer Auswahlabfrage

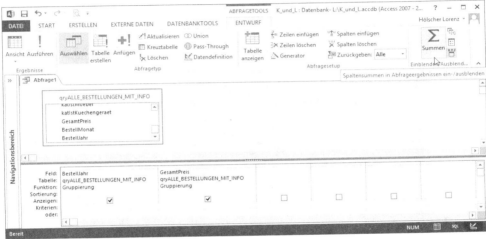

5. Obwohl der Befehl mit *Summen* beschriftet ist, wird tatsächlich nur im Zielbereich eine neue Zeile *Funktion* sichtbar, die zudem als Standardeinstellung gar nicht *Summe*, sondern *Gruppierung* enthält.

6. Eine typische Gruppierungsabfrage enthält eine Summe, die innerhalb einer Gruppierung gebildet wird. Hier ist die Gruppierung das *Bestelljahr*, daher klicken Sie bitte auf den Eintrag *Gruppierung* unterhalb von *Gesamtpreis* und ändern diesen auf *Summe*.

PROFITIPP Sie können in solchen Auswahllisten einfach durch Doppelklick weiterschalten. Um also von *Gruppierung* zum nächsten Eintrag *Summe* zu kommen, machen Sie einen Doppelklick auf *Gruppierung*. Nach dem letzten Eintrag wird automatisch wieder zum ersten umgeschaltet. Das ist bedeutend schneller und effektiver, als jedes Mal die Liste auszuklappen und darin zu klicken.

---

7. Speichern Sie diese Abfrage als *qryJaehrlicheSummenVonGesamtpreis* und wechseln Sie in die Datenblattansicht. Entsprechend der Abbildung 22.3 sehen Sie zu jedem Jahr die Summe der Gesamtpreise.

Abbildg. 22.3 Die Datenblattansicht zeigt die jährliche Summe der Gesamtpreise

> **HINWEIS**   Wie Sie vielleicht bemerkt haben, erzeugt Access dabei automatisch ein neues Feld *SummevonGesamtpreis*. Das geschieht für alle Felder, die nicht gruppiert sind. Sie können das verhindern, indem Sie dafür eigene Namen vergeben (siehe Seite 410).

Der zugehörige SQL-Code dieser Abfrage enthält das bereits angesprochene *GROUP BY*-Schlüsselwort, wie Sie sehen können:

```
SELECT qryALLE_BESTELLUNGEN_MIT_INFO.BestellJahr,
Sum(qryALLE_BESTELLUNGEN_MIT_INFO.Gesamtpreis) AS SummevonGesamtpreis
FROM qryALLE_BESTELLUNGEN_MIT_INFO
GROUP BY qryALLE_BESTELLUNGEN_MIT_INFO.BestellJahr;
```

Allerdings ist es übersichtlicher, wenn Sie den Namen der Datenquelle entfernen, was dank unserer datenbankweit eindeutigen Namen hier immer erlaubt ist:

```
SELECT BestellJahr, Sum(Gesamtpreis) AS SummevonGesamtpreis
FROM qryALLE_BESTELLUNGEN_MIT_INFO
GROUP BY BestellJahr;
```

Hier ist außerdem zu sehen, dass die »deutsche« Schreibweise des grafischen Abfrageentwurfs für eine Berechnung im englischen Original umgekehrt notiert wird und ein *AS* vorangestellt bekommt. Ändern Sie einfach mal den Namen *SummevonGesamtpreis* in einen beliebigen anderen wie *JahresSumme*:

```
SELECT BestellJahr,
Sum(Gesamtpreis) AS JahresSumme
FROM qryALLE_BESTELLUNGEN_MIT_INFO
GROUP BY BestellJahr;
```

Wenn Sie anschließend in den grafischen Abfrageentwurf wechseln, sehen Sie die übliche Schreibweise *NeuerName: Formel* für berechnete Felder wie in Abbildung 22.4.

Diese Technik können Sie einsetzen, wenn Ihnen der automatisch erzeugte Name eines berechneten Felds in einer Gruppierungsabfrage nicht gefällt. Vor allem würde dieser bei der nächsten Gruppierungsabfrage, die auf dieser basiert, noch einmal verlängert zu *SummevonSummevonGesamtpreis*.

Abbildg. 22.4   So lassen sich auch Felder in Gruppierungsabfragen umbenennen

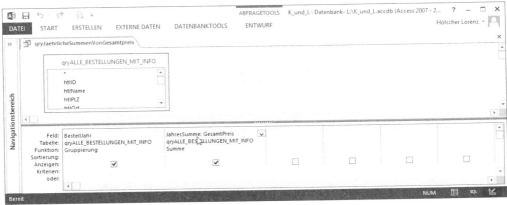

Aggregat-Funktionen

Gruppierungsabfragen enthalten eine vorgegebene Menge an Funktionen, die als sogenannte Aggregate (zusammenfassende Berechnungen) eingesetzt werden können. Sie finden einen Überblick in Tabelle 22.1.

Tabelle 22.1   Überblick über die Aggregatfunktionen

Name (deutsch)	Name (englisch)	Bedeutung
Summe	Sum(...)	Alle Werte werden addiert ohne Berücksichtigung von NULL-Werten
Mittelwert	Avg(...)	Berechnet wird der arithmetische Durchschnitt (die Summe der Werte dividiert durch die Anzahl der Werte) ohne Berücksichtigung von NULL-Werten
Min	Min(...)	Der kleinste Wert für *Feld* wird ermittelt
Max	Max(...)	Der größte Wert für *Feld* wird ermittelt
Anzahl	Count(...)	Die Anzahl aller Datensätze wird ermittelt ohne Berücksichtigung von NULL-Werten. Nur *Count(*)* zählt auch Datensätze mit NULL-Werten mit
StAbw	StDev(...)	Gibt geschätzte Werte für die Standardabweichung in *Feld* zurück, bei weniger als zwei Datensätzen einen NULL-Wert
Varianz	Var(...)	Gibt geschätzte Werte für die Varianz in *Feld* zurück, bei weniger als zwei Datensätzen einen NULL-Wert
ErsterWert	First(...)	Gibt den ersten Wert der zugrunde liegenden Tabelle zurück
LetzterWert	Last(...)	Gibt den letzten Wert der zugrunde liegenden Tabelle zurück

ACHTUNG   Die Aggregatfunktionen *ErsterWert()* und *LetzterWert()* funktionieren nicht wie erwartet oder wie in der Hilfe beschrieben! Sie geben immer den ersten oder letzten Eintrag des zugrunde liegenden Tabellenfelds zurück. Sie können soviel sortieren, wie Sie wollen, das wird einfach ignoriert. Die Behauptung der Hilfe, diese gäbe »den ersten oder letzten Datensatz des Resultsets einer Abfrage zurück« ist seit Jahren falsch.

Abfragen

Sie werden den Aggregatfunktionen wieder im Zusammenhang mit berechneten Feldern in Formularen in Kapitel 29 oder Berichten in Kapitel 30 begegnen.

Mehr Gruppierungen

Auch wenn die oben gezeigte *Gruppierung/Summe*-Kombination durchaus typisch für Gruppierungsabfragen ist, ist es keineswegs Bedingung. Wenn Sie beispielsweise die monatlichen Summen sehen wollen, darf das nicht ohne Berücksichtigung des Jahrs geschehen, weil Sie sonst März 2012 und März 2013 addieren. Daher brauchen Sie zwei Gruppierungen für eine Summe:

1. Kopieren Sie diese Abfrage auf *qryMonatlicheSummenVonGesamtpreis* als neuen Namen.

2. Ziehen Sie das Feld *BestellMonat* aus der Feldliste auf *Gesamtpreis* im Zielbereich, sodass es anschließend die mittlere Spalte bildet.

3. Deren Funktion steht bereits auf *Gruppierung*, sodass Sie nach erneutem Speichern schon fertig sind und in die Datenblattansicht wechseln können.

4. Wie in Abbildung 22.5 sehen Sie dort die Summen der Gesamtpreise diesmal nach Jahr und Monat addiert.

Abbildg. 22.5   Monatliche Summen unter Berücksichtigung der Jahre

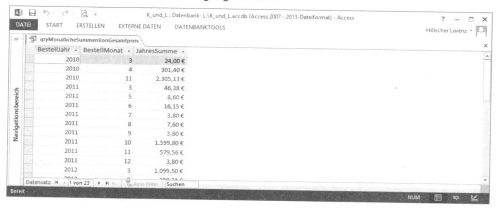

HINWEIS   Vielleicht haben Sie schon bemerkt, dass hier keine Sortierung notwendig ist. Damit Access die Daten überhaupt innerhalb ihrer Gruppierung addieren kann, müssen sie intern bereits sortiert werden. Gruppierte Felder sind also immer automatisch aufsteigend sortiert. Eine eigene Sortierung ist daher erst dann nötig, wenn Sie davon abweichen wollen.

Wenn Sie mehr Gruppierungen nutzen, haben Sie praktisch immer zusätzliche Ergebniszeilen im Datenblatt. Das gilt nur dann nicht, wenn mehrere Gruppierungen parallele Inhalte haben, etwa bei *artID* und *artName* (solange *artName* eindeutig ist).

Mehr Aggregate

Sie können es auch andersherum organisieren, dass nicht mehr Gruppierungen, sondern mehr Aggregatfelder (Summe, Mittelwert etc.) enthalten sind. So können Sie in der gleichen Abfrage anzeigen lassen, wie viele Bestellungen zu diesem Umsatz geführt haben.

1. Kopieren Sie die eben erstellte Abfrage auf den neuen Namen *qryJaehrlicheSummenUndAnzahl-VonGesamtpreis* und wechseln Sie in die Entwurfsansicht.

2. Entfernen Sie *BestellMonat*, lassen Sie als einzige Zielfelder *BestellJahr* auf *Gruppierung* und *Gesamtpreis* auf *Summe* stehen und fügen Sie das Feld *bstID* dem Zielbereich hinzu. Stellen Sie dessen *Funktion* auf *Anzahl*.

> **PROFITIPP**   Für die *Anzahl* von Datensätzen ist es als einzige Aggregatfunktion egal, welches Feld Sie dafür nehmen. Schließlich wird dabei nur das Auftreten des Datensatzes gezählt und nicht das Feld berechnet.

3. Die Datenblattansicht wie in Abbildung 22.6 zeigt alle fünf Datensätze, sowohl mit ihrem addierten Gesamtpreis als auch der Anzahl der zugehörigen Datensätze.

Abbildg. 22.6   Auch mehrere Aggregatfelder sind möglich

> **ACHTUNG**   Eigentlich ist es für die *Anzahl*-Funktion ja egal, welches Feld Sie benutzen. So ganz egal aber auch nicht, denn diese Funktion berücksichtigt nur Datensätze, in denen dieses Feld nicht NULL ist (es sei denn, Sie schreiben Count(*))! Daher nehme ich immer ein *AutoWert*-Feld wie *bstID*, welches garantiert Werte enthält. Sie können den Unterschied in Abbildung 22.7 sehen, wenn Sie für die Abfrage *qryJaehrlicheSummenUndAnzahlVonGesamtpreis* mal *bstLieferdatum* zusätzlich zu *bstID* benutzen.

Abbildg. 22.7   Die *Anzahl* unterscheidet sich bei Feldern mit NULL-Werten

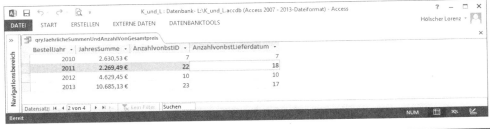

Bei zusätzlichen Aggregatfunktionen in einer Gruppierungsabfrage werden nie mehr Datenzeilen in der Datenblattansicht erscheinen, denn nur die Gruppierung gibt die Anzahl der Ergebnisse vor. Bei zusätzlichen Gruppierungsspalten hingegen werden Sie typischerweise mehr Zeilen im Ergebnis finden.

Ohne Gruppierung

Es gibt übrigens auch Gruppierungsabfragen ohne Gruppierung. Das klingt erst einmal merkwürdig und ist auch nicht ganz korrekt, denn tatsächlich bildet die einzige Ergebniszeile eine eigene Gruppe.

1. Erstellen Sie auf Basis von *qryALLE_BESTELLUNGEN_MIT_INFO* eine neue Abfrage und übernehmen Sie nur das Feld *Gesamtpreis*.
2. Stellen Sie auf Gruppierungsabfrage um, indem Sie den Befehl *ENTWURF/Einblenden/Ausblenden/Summen* anklicken.
3. Stellen Sie die *Funktion* für den *Gesamtpreis* auf *Summe* und speichern Sie diese Abfrage als *qrySummeGesamtpreis* wie in Abbildung 22.8.

Abbildg. 22.8 Der Abfrageentwurf für den Gesamtumsatz

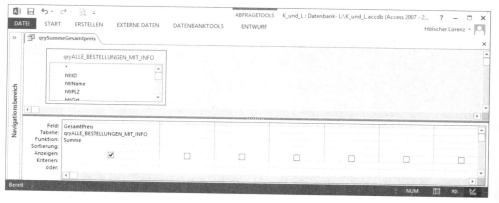

4. Wechseln Sie dann in die Datenblattansicht wie in Abbildung 22.9, so wird immer nur eine einzige Ergebniszelle angezeigt, da es ja mangels Gruppierung insgesamt nur eine Gruppe gibt.

Abbildg. 22.9 Eine Gruppierungsabfrage ohne Gruppierung zeigt nur eine einzige Zelle als Ergebnis an

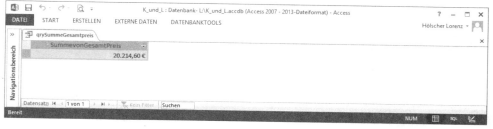

Ohne Aggregat-Funktion

Auch das Gegenteil zu einer Gruppierungsabfrage ohne Gruppe gibt es, nämlich die Gruppierungsabfrage ganz ohne Aggregat-Funktionen:

1. Erstellen Sie auf Basis von *qryALLE_BESTELLUNGEN_MIT_INFO* eine neue Abfrage und übernehmen nur das Feld *BestellJahr*.

2. Ändern Sie diese auch in eine Gruppierungsabfrage, indem Sie den Befehl *ENTWURF/Einblenden/Ausblenden/Summen* anklicken.

3. Belassen Sie die *Funktion* für das *BestellJahr* als *Gruppierung* und speichern Sie die Abfrage als *qryBestellJahre* wie in Abbildung 22.10.

Abbildg. 22.10 Der Entwurf enthält nur eine *Gruppierung*-Funktion

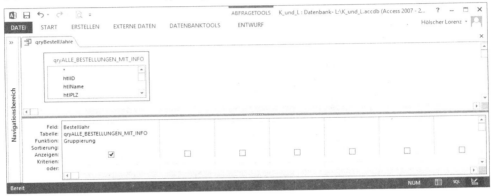

4. Wie in Abbildung 22.11 erhalten Sie in der Datenblattansicht dazu eine Liste aller vorkommenden Jahre, von denen jedes genau einmal genannt wird.

Abbildg. 22.11 Die Gruppierung liefert eine eindeutige Liste vorkommender Inhalte

Alternative mit DISTINCT

Sie erhalten so tatsächlich jeden enthaltenen Dateninhalt genau einmal in einer eindeutigen Liste. Allerdings ist das aus datenbanktechnischer Sicht eher aufwendig, denn es gibt einen eigenen SQL-Befehl DISTINCT dazu:

1. Kopieren Sie die Abfrage *qryBestellJahre* auf den Namen *qryBestellJahreBesser* und wechseln Sie in die Entwurfsansicht.

2. Machen Sie dort durch einen erneuten Klick auf den Befehl *ENTWURF/Einblenden/Ausblenden/ Summen* aus der Gruppierungsabfrage wieder eine normale Abfrage.

3. Klicken Sie in den grauen Hintergrundbereich neben der Feldliste, damit kein Zielfeld, sondern die Abfrage insgesamt markiert ist.

4. Zeigen Sie mit *ENTWURF/Einblenden/Ausblenden/Eigenschaftenblatt* (oder dem Tastenkürzel ‾Alt‾ + ‾↵‾) die Eigenschaften der Abfrage an wie in Abbildung 22.12. Stellen Sie darin die Eigenschaft *Keine Duplikate* auf *Ja*.

Abbildg. 22.12 So sehen Sie nur eindeutige Dateninhalte

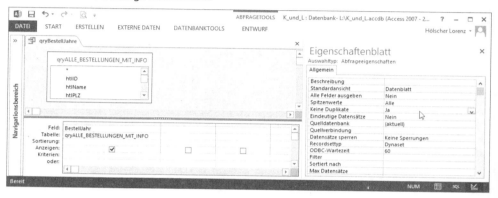

Auch diese Abfrage zeigt in der zugehörigen Datenblattansicht die vorkommenden Dateninhalte genau wie schon in Abbildung 22.11 eindeutig an.

Kreuztabellenabfragen

Eine Gruppierungsabfrage ist optimal geeignet, um Daten zusammenzufassen. Allerdings wird es mit mehreren Gruppierungen schon mal unübersichtlich, vor allem, wenn diese keine Untergruppen bilden wie Jahre und Monate. Sehen Sie sich mal an, wie das aussieht, wenn Sie nach Jahren, Monaten und Artikeln die Gesamtpreise addieren wollen:

1. Kopieren Sie die Abfrage *qryMonatlicheSummenVonGesamtpreis* auf den neuen Namen *qryMonatlicheMitarbeiterSummenVonGesamtpreis* und wechseln Sie in deren Entwurfsansicht.

2. Ziehen Sie aus der Feldliste den Feldnamen *mitID* auf das Feld *Gesamtpreis*, sodass es anschließend wie in Abbildung 22.13 an dritter Stelle im Zielbereich steht.

Abbildg. 22.13   Die Gruppierungsabfrage enthält drei Gruppierungen

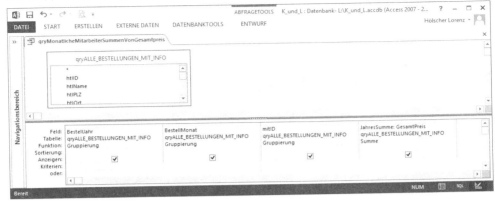

ACHTUNG   Natürlich ist der Inhalt des Feldnamens *mitID* noch nicht besonders lesefreundlich. Aber weder der Vorname noch der Nachname des Mitarbeiters wären hier wirklich eindeutig, es würden dann also unfreiwillig die Bestellungen zweier Mitarbeiter addiert.

3. In der Datenblattansicht wie in Abbildung 22.14 sehen Sie, dass aus den ursprünglich 62 Bestellungen immer noch 36 Zeilen verblieben sind.

Abbildg. 22.14   So ist die Gruppierungsabfrage nicht sehr übersichtlich

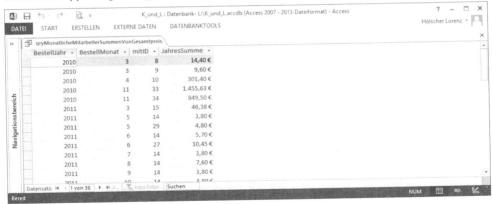

HINWEIS   Diese Darstellung ähnelt einer Pivot-Tabelle in Excel, allerdings wären dort die umfassenden Gruppierungen (wie in Abbildung 22.14 beim Jahr *2010* für die ersten fünf Zeilen) in einer verbundenen Zelle leichter erkennbar. Das kann Access so nicht darstellen.

Eine Kreuztabelle löst dieses Problem, indem eine der Gruppierungen von den Zeilen links in Spalten nach oben verlagert wird. Dadurch »kreuzen« Sie links eine (oder mehrere) Gruppierungen mit einer Gruppierung oben und finden an deren Schnittpunkt die Aggregatfunktion.

1. Klicken Sie in der Entwurfsansicht auf *ENTWURF/Abfragetyp/Kreuztabelle*, sodass eine zusätzliche Zeile *Kreuztabelle* im Zielbereich sichtbar wird.

2. Wählen Sie in dieser Zeile für die Spalten *BestellJahr* und *BestellMonat* den Wert *Zeilenüberschrift*, für *mitID* die *Spaltenüberschrift* und für *Gesamtpreis* den *Wert* aus, wie es in Abbildung 22.15 zu sehen ist. Mehr ist für eine Kreuztabelle nicht nötig.

Abbildg. 22.15 Der Entwurf der Kreuztabelle enthält alle notwendigen Angaben

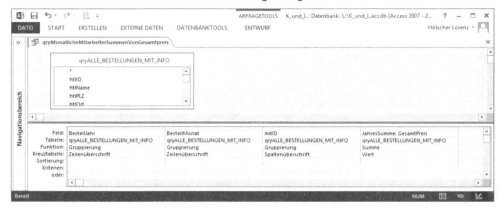

3. Wechseln Sie anschließend in die Datenblattansicht wie in Abbildung 22.16, sehen Sie die gleichen Daten anders organisiert (die Schriftgröße ist dort reduziert, damit mehr Spalten zu sehen sind).

Abbildg. 22.16 Die Kreuztabelle ist fertig

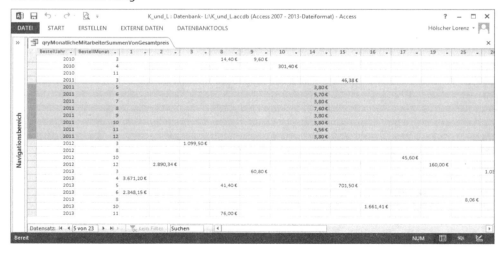

Wie Sie schon auf Anhieb (im markierten Bereich der Abbildung 22.16) sehen, hat der Mitarbeiter mit der ID *14* offenbar sehr häufig im Jahr 2011 bestellt. Das wird so viel offensichtlicher als bei der vorherigen Darstellung.

> **HINWEIS**   Auf dem Bildschirm ist es kein Problem, mit der horizontalen Bildlaufleiste nach rechts zu fahren, um die übrigen Spalten zu sehen, aber als Ausdruck im Buch ist es unpraktisch. Daher werde ich die Monate jetzt wieder weglassen, damit alle Ergebnisse auf einen Blick sichtbar sind.

Kreuztabellenabfragen verbessern

Ich möchte jetzt die Daten noch ein wenig lesbarer machen und insbesondere die *mitID* durch den Namen des Mitarbeiters ersetzen. Wegen der Trennung des Namens in Vor- und Nachnamen wären das jedoch zwei Spaltenüberschriften, die in Kreuztabellenabfragen nicht möglich sind.

Da die Spalten wegen der langen Inhalte zudem sehr breit würden, tauschen wir besser Spalten und Zeilen aus. Dann sind diese langen Namen in den Zeilenüberschriften und die kurzen Jahreszahlen in den Spaltenüberschriften enthalten.

Trotzdem sollten die Namen in einem Feld zusammengefasst werden, weil das übersichtlicher ist. Da Sie das auch später in anderen Abfragen, Formularen oder Berichten gebrauchen können, findet die Änderung direkt in der zentralen Abfrage *qryALLE_BESTELLUNGEN_MIT_INFO* statt:

1. Schließen Sie alle Abfragen, wechseln Sie dann in die Entwurfsansicht von *qryALLE_BESTELLUNGEN_MIT_INFO* und fügen Sie hinter der letzten Spalte ein neues berechnetes Feld hinzu.

2. Darin soll der zusammengesetzte, komplette Name mit dem vorangestellten Nachnamen enthalten sein anhand der folgenden Formel:

```
GanzerName: [mitNachname] & ", " & [mitVorname]
```

3. Prüfen Sie das Ergebnis in der Datenblattansicht, speichern Sie diese Abfrage und schließen sie.

Damit ist die zentrale Abfrage verbessert und steht bei Bedarf für alle anderen Abfragen wieder zur Verfügung.

1. Kopieren Sie *qryMonatlicheMitarbeiterSummenVonGesamtpreis* auf den neuen Namen *qryJaehrlicheMitarbeiterSummenVonGesamtpreis* und wechseln Sie in deren Entwurfsansicht.

2. Löschen Sie darin im Zielbereich die Spalte *BestellMonat* und ändern daneben den Feldnamen *mitID* auf *GanzerName*.

Abbildg. 22.17   So wechseln Sie Spalten und Zeilen in der Kreuztabelle

3. Damit die langen Namen in der Zeile erscheinen, stellen Sie das Feld *GanzerName* auf *Zeilenüberschrift* und *BestellJahr* auf *Spaltenüberschrift* wie in Abbildung 22.17.

4. Nachdem Sie die Abfrage gespeichert haben, können Sie wie in Abbildung 22.18 die Datenblattansicht mit den jährlichen Summen je Mitarbeiter anzeigen.

Abbildg. 22.18   Die Kreuztabelle zeigt jährliche Summen der Mitarbeiter übersichtlich an

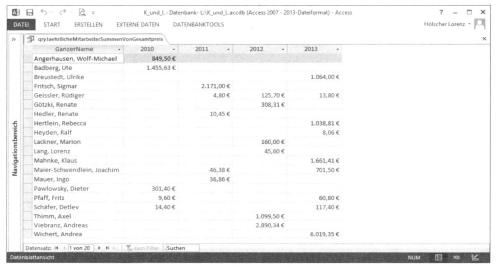

HINWEIS   Die Spaltenbreiten sind Ihnen vielleicht zu großzügig für die inzwischen eher kurzen Zahlen darin. Sie können mehrere Spalten gleichzeitig markieren, indem Sie mit dem Mauszeiger in die erste Spalte fahren, sodass dort ein nach unten gerichteter schwarzer Pfeil erscheint. Halten Sie dann die Maus gedrückt und fahren Sie weiter nach rechts über die übrigen Spalten, die dabei hellblau hinterlegt und markiert werden.

Nachdem Sie die Maus losgelassen haben, können Sie am Trennstrich im Spaltenkopf einer beliebigen markierten Spalte deren Breite einstellen. Alle markierten Spalten erhalten anschließend die gleiche Breite.

Ähnlich wie bei Pivot-Tabellen in Excel können Sie auch Summen anzeigen lassen. Allerdings bietet Access nur eine Spalte mit Zeilensummen, nicht jedoch wie Excel noch eine Zeile mit Spaltensummen oder gar eine Gesamtsumme über alles.

1. Wechseln Sie wieder in die Entwurfsansicht, fügen Sie den *Gesamtpreis* ein zweites Mal ein und stellen ihn wie in Abbildung 22.19 auf *Summe* und *Zeilenüberschrift*.

bbildg. 22.19

Fügen Sie ein zweites Mal den *Gesamtpreis* ein

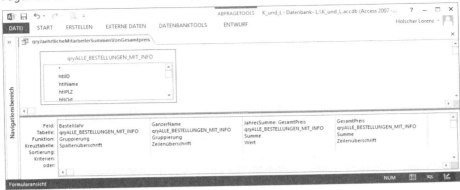

2. Damit wird die Summe für die jeweilige Zeile gebildet, wie Sie in Abbildung 22.20 als Markierung sehen können.

Abbildg. 22.20

Die Kreuztabelle enthält nun die Zeilensummen

HINWEIS   Die Position der Zeilensumme können Sie in einer Kreuztabellenabfrage nicht beeinflussen, sie steht immer zwischen den echten Zeilenüberschriften und den Daten. In Abfragen, Formularen oder Berichten, die auf dieser basieren, können Sie dann jedoch die Reihenfolge nach Belieben wieder ändern.

Bei dieser Gelegenheit sind übrigens zwei noch nicht erwähnte Schlüsselwörter TRANSFORM und PIVOT benutzt worden, wie Sie im SQL-Code sehen können:

```
TRANSFORM Sum(Gesamtpreis) AS SummevonGesamtpreis
SELECT GanzerName, Sum(Gesamtpreis) AS SummevonGesamtpreis1
FROM qryALLE_BESTELLUNGEN_MIT_INFO
GROUP BY GanzerName
PIVOT BestellJahr;
```

ACHTUNG   Die TRANSFORM-Anweisung gehört nicht zu Standard-SQL. Das ist aber erst problematisch, wenn Sie aus dieser Abfrage beispielsweise eine *view* in älteren Oracle-Datenbanken machen wollen. Innerhalb von Access funktioniert sie immer.

Abfragen

Kreuztabellenabfrage-Assistenten nutzen

Kreuztabellenabfragen werden Sie vermutlich nie direkt in SQL schreiben, weil dies in der grafischen Oberfläche viel einfacher ist. Im Gegenteil, es gibt dafür einen Assistenten, der Sie durch diese Aufgabenstellung führt.

1. Klicken Sie auf *ERSTELLEN/Abfragen/Abfrage-Assistent*, um den Assistenten wie in Abbildung 22.21 zu starten. Wählen Sie darin *Kreuztabellenabfrage-Assistent* und bestätigen Sie mit *OK*.

Abbildg. 22.21   Der erste Schritt des Abfrage-Assistenten

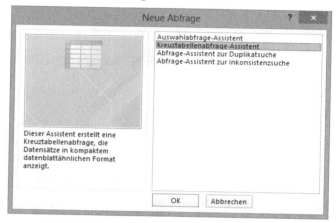

2. Im zweiten Schritt des Assistenten ändern Sie die *Ansicht* auf *Abfragen* und wählen dort die zentrale Abfrage *qryALLE_BESTELLUNGEN_MIT_INFO* wie in Abbildung 22.22 aus.

Abbildg. 22.22   Wählen Sie hier die zentrale Abfrage als Datenquelle aus

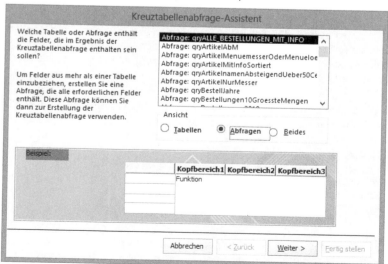

3. Nach einem Klick auf *Weiter* wählen Sie im dritten Schritt des Assistenten die gewünschten Zeilenüberschriften aus, indem Sie diese markieren und auf die >-Schaltfläche klicken oder diese direkt doppelklicken.

4. Übernehmen Sie in dieser Reihenfolge die Felder *mitNachname* und *mitVorname*, wie es in Abbildung 22.23 zu sehen ist, da das berechnete Feld *GanzerName* nicht angeboten wird.

Abbildg. 22.23 Diese beiden Felder sind als Zeilenüberschriften ausgewählt

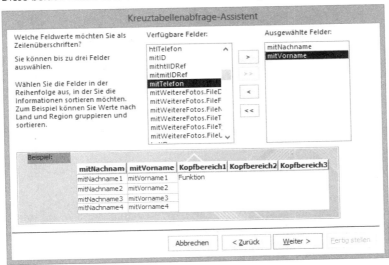

ACHTUNG Ein Fehler im Kreuztabellenabfrage-Assistenten sorgt dafür, dass nur 36 verfügbare Felder angezeigt werden, obwohl Access selbst 255 Felder in Tabellen erlaubt. Daher müssten Sie die Reihenfolge der Felder in der zentralen Abfrage verändern oder auf den Assistenten verzichten. Der Fehler lässt sich aber anschließend manuell im fertig gestellten Entwurf der Abfrage ausbessern.

5. Klicken Sie auf *Weiter*, um im nächsten Schritt die Spaltenüberschriften auszuwählen. Da das *BestellJahr* im Assistenten nicht verfügbar ist, können Sie hier den *BestellMonat* markieren wie in Abbildung 22.24.

Der *BestellMonat* wird die Spaltenüberschrift

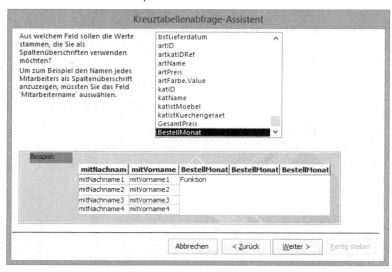

6. Nach einem erneuten Klick auf *Weiter* können Sie im vorletzten Schritt des Assistenten das Feld und seine Funktion auswählen, welches als Wert berechnet werden soll. Markieren Sie hier *Gesamtpreis* und *Summe* wie in Abbildung 22.25 zu sehen.

Das Feld *Gesamtpreis* wird so als *Summe* berechnet

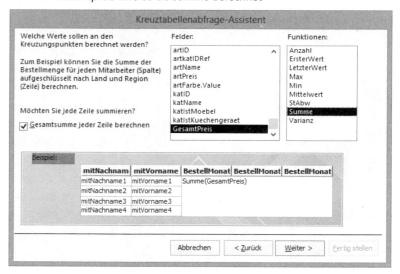

7. Die Gesamtsumme ist bereits als *Gesamtsumme jeder Zeile berechnen* aktiviert, sodass Sie mit einem erneuten Klick auf *Weiter* im letzten Schritt des Assistenten noch den Namen der zukünftigen Abfrage eingeben können.

8. Tragen Sie als Namen *qryMitarbeiterMonatsSummeGesamtpreis* ein wie in Abbildung 22.26 und schließen Sie den Assistenten mit Klick auf *Fertig stellen* ab.

Abbildg. 22.26   Schließen Sie den Assistenten nach Eingabe eines Namens ab

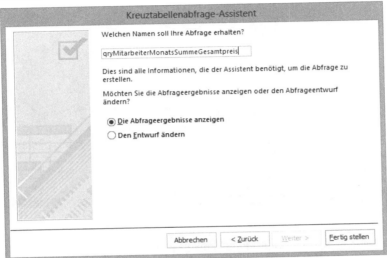

9. Damit erhalten Sie die Datenblattansicht der Kreuztabellenabfrage wie in Abbildung 22.27.

Abbildg. 22.27   So sieht die automatisch erzeugte Kreuztabellenabfrage aus

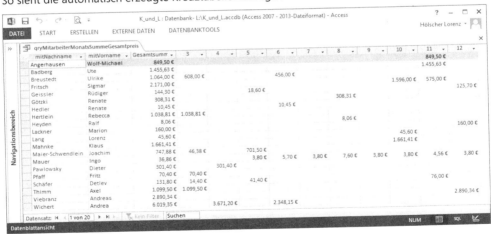

Assistenten-Ergebnis nachbessern

Das sieht alles schon ganz nett aus, was der Assistent da erstellt hat, lässt sich aber manuell noch deutlich verbessern, etwa indem ohne *Euro*-Format weniger Platz verbraucht wird.

1. Wechseln Sie in die Entwurfsansicht (siehe Abbildung 22.28) dieser Abfrage, so sehen Sie inhaltlich erst einmal nichts Neues gegenüber der manuell erstellten Version vorher.

Abbildg. 22.28 Der vom Assistenten erstellte Entwurf der Kreuztabellenabfrage

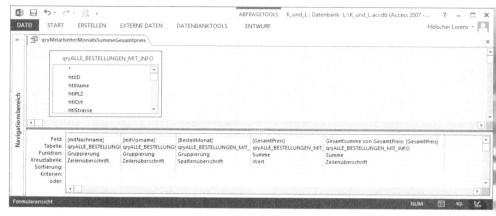

2. Abgesehen von der unschönen Länge des automatischen neuen Feldnamens *Gesamtsumme von Gesamtpreis* sprechen auch die darin enthaltenen Leerzeichen dagegen. Sie sind zwar im Namen erlaubt, aber immer wieder lästig. Verbessern Sie das also in *MonatsSumme*.

3. Außerdem können Sie hier endlich die im Assistenten nicht mehr sichtbaren, hinteren Felder benutzen. Statt Nachname und Vorname getrennt in zwei Spalten zu zeigen, reduzieren Sie das bitte auf ein einziges *Zeilenüberschrift*-Feld *GanzerName*.

4. Auch die eckigen Klammern um die Feldnamen herum dürfen Sie hier entfernen, weil unsere Bezeichnungen für Felder auf die ganzen problematischen Sonderzeichen verzichtet haben.

5. Schließlich verbraucht das *Euro*-Format für die Werte viel zu viel Platz. Markieren Sie daher das Feld *Gesamtpreis* wie in Abbildung 22.29, lassen das Eigenschaftenblatt anzeigen und ändern dort das *Format* auf *Standardzahl* und die *Dezimalstellenanzeige* auf 0.

Abbildg. 22.29 So lässt sich der Entwurf des Assistenten verbessern

6. Die *MonatsSumme*-Spalte können Sie ruhig weiterhin in Euro anzeigen lassen, weil sie nur einmalig vorkommt, wie es in Abbildung 22.30 zu sehen ist.

Abbildg. 22.30   Die Kreuztabellenabfrage ist nun viel kompakter

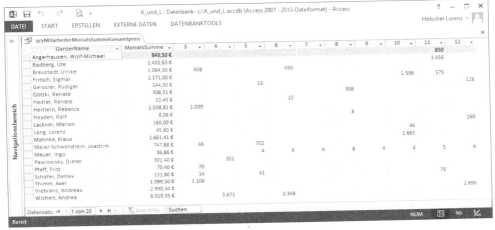

Jetzt passen alle Daten etwas übersichtlicher auf den Bildschirm.

Spalten fixieren

Wenn Sie die Kreuztabellenabfrage in Abbildung 22.30 genau betrachten, werden Sie feststellen, dass die Monate *1* und *2* gar nicht vorkommen. Es werden nämlich nur genau die Spaltentitel erzeugt, die auch in den Daten enthalten sind.

Das mag in den meisten Fällen kein Problem sein, lässt sich aber beheben. Das dient einerseits der üblichen Darstellung eines Jahrs mit allen Monaten, andererseits ist es zwingend notwendig, wenn später ein Formular oder Bericht auf dieser Abfrage basiert und je nach Filter sonst namentlich erwartete Spalten fehlen würden.

1. Wechseln Sie wieder in die Entwurfsansicht und zeigen Sie das Eigenschaftenblatt der Abfrage an. Dort gibt es eine (noch leere) Eigenschaft namens *Fixierte Spaltenüberschriften*.

2. Tragen Sie darin mit "1";"2";"3";"4";"5";"6";"7";"8";"9";"10";"11";"12" alle gewünschten Spaltenüberschriften durch Semikolon getrennt ein.

ACHTUNG   Die Monatsnummern mögen sich wie Zahlen »anfühlen«, aber natürlich bestehen Feldnamen immer aus Zeichenketten. Daher sollten Sie diese Spaltenüberschriften immer in Anführungszeichen setzen, auch wenn es hier zufällig anders funktionieren würde.

---

3. In der Datenblattansicht (siehe Abbildung 22.31) werden nun alle Monate als Spalten angezeigt, auch wenn gar keine Daten dafür vorhanden sind.

Abfragen

Abbildg. 22.31   So werden auch fehlende Monate angezeigt

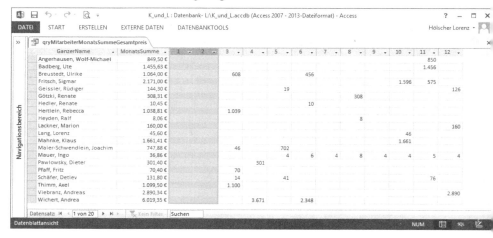

Diese Technik können Sie übrigens auch umgekehrt nutzen, wenn Sie eine der vorkommenden Spaltenüberschriften explizit nicht in dieser Eigenschaft nennen. Die entsprechende Spalte wird dann in der Datenblattansicht nicht angezeigt.

Parameterabfragen

Es gibt immer wieder furchtbare Sachen, die ich in fertigen Datenbanken finde. Einer der beliebtesten Fehler ist eine Gruppe von Abfragen, die *AbfrageJanuar, AbfrageFebruar, AbfrageMärz* usw. heißt. Zwölf Abfragen, die sich lediglich in einem einzigen Filterkriterium unterscheiden!

Ganz sicher finden Sie in einer solchen Datenbank auch Abfragen wie *UmsatzMüller, UmsatzMeier, UmsatzSchmitz* usw. Das ist nicht einmal beschränkt auf zwölf Monate, sondern erzeugt mit einem größeren Kundenstamm locker einige hundert überflüssige Abfragen. Ich hatte zwar schon darauf hingewiesen, dass eine Abfrage nicht viel Platz kostet, aber so war es wirklich nicht gemeint!

Stellen Sie sich vor, in *AbfrageJanuar* entdecken Sie einen kleinen Fehler. Dann dürfen Sie diesen anschließend noch elf Mal in den übrigen Abfragen beheben. Ganz zu schweigen von einer Änderung in *UmsatzMeier* und den weiteren hundert Umsatzabfragen ...

Für solche Abfragen, die sich nur in einem Kriterium unterscheiden, gibt es Parameterabfragen. Diesen sind Sie sicherlich schon einmal unfreiwillig begegnet, denn ein Schreibfehler in einem Feldnamen verhält sich genauso wie ein solcher Parameter.

1. Erstellen Sie eine Abfrage, die auf *qryALLE_BESTELLUNGEN_MIT_INFO* basiert, damit wir dort auf den berechneten Monat zurückgreifen können.

2. Der Einfachheit halber können Sie das Sternchen übernehmen sowie zum Filtern zusätzlich das Feld *BestellMonat*. Damit der *BestellMonat* nicht doppelt angezeigt wird, entfernen Sie das Häkchen aus dem *Anzeigen*-Kontrollkästchen.

3. Als Kriterium unterhalb von *BestellMonat* schreiben Sie folgenden Text inklusive der eckigen Klammern wie in Abbildung 22.32:

```
[Bitte Monatsziffer eingeben]
```

Abbildg. 22.32   Das Kriterium enthält dieses Mal eckige Klammern

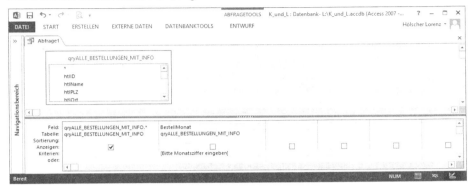

4. Speichern Sie die Abfrage als *qryBestellungenVonMonat*. Sobald Sie in die Datenblattansicht umschalten wollen, erscheint automatisch das Dialogfeld aus Abbildung 22.33, mit dem der Inhalt des Parameters erfragt wird.

Abbildg. 22.33   Diese Meldung erfragt die Parameter

Parameterwert eingeben

Bitte Monatsziffer eingeben

12

OK   Abbrechen

HINWEIS   Wie Sie sehen, erscheint der zwischen den eckigen Klammern geschriebene Text im Dialog als Meldungstext, daher ist er eher sprachlich schön formuliert. Eigentlich handelt es sich dabei nämlich um einen Feldnamen, der zwar nirgends existiert, aber alle Regeln für Feldnamen einhalten muss.

Da er nie als Feldname in einer darauf basierenden Abfrage benutzt werden könnte, müssen Sie hierfür die ganzen problematischen Sonderzeichen nicht mehr vermeiden. Dafür darf er ein wenig lesefreundlicher geschrieben werden.

5. Wenn Sie eine Zahl für den Parameter eingeben, zeigt die Datenblattansicht wie in Abbildung 22.34 nur noch die so gefilterten Daten an.

Abbildg. 22.34   Die Datenblattansicht berücksichtigt den Parameter

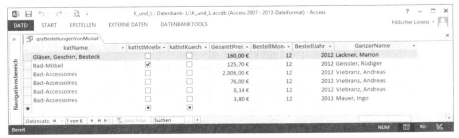

Abfragen

Parameterabfragen sind also im Grunde alle Abfragen, bei denen ein Feldname absichtlich oder versehentlich falsch geschrieben wurde. Jedes Mal, wenn die Abfrage aufgerufen wird, fragt Access erneut nach dem Inhalt des Parameters.

Deswegen sind die schon erwähnten Abfragen à la *AbfrageJanuar* und *AbfrageFebruar* überflüssig, weil Sie stattdessen eine einzige Abfrage mit Parameter für den Monat erstellen können.

> **PROFITIPP**   In Kapitel 29 werden Sie sehen, dass sich diese Technik noch deutlich verbessern lässt. Dann wird der Benutzer nicht immer wieder den gleichen Parameter befüllen müssen, sondern kann seine Daten bequem via Formular auswählen.

Datentypen für Parameter

Wenn ein Benutzer im vorigen Beispiel statt einer Zahl einen Text eingibt, akzeptiert Access das ohne Bedenken und zeigt dementsprechend keine Ergebnisse an. Das können Sie verbessern, indem Sie der Abfrage mitteilen, welchen Datentyp Sie für einen Parameter erwarten.

1. Wechseln Sie in die Entwurfsansicht der Abfrage *qryBestellungenVonMonat* und klicken Sie dort auf den Befehl *ENTWURF/Einblenden/Ausblenden/Abfrageparameter*.

2. Im dann erscheinenden Dialogfeld *Abfrageparameter* tragen Sie den Namen des Parameters (ohne die eckigen Klammern!) ein und wählen in der zweiten Spalte einen Datentyp wie in Abbildung 22.35.

Abbildg. 22.35   Geben Sie hier den Datentyp der Parameter an

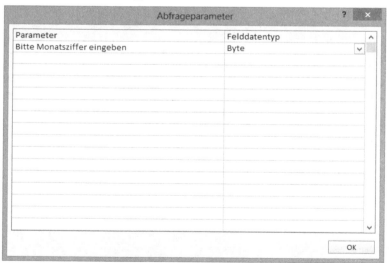

3. Nachdem Sie das Dialogfeld mit *OK* bestätigt haben, ist die Parameterabfrage fertig.

4. Wenn Sie wie hier den Datentyp explizit festlegen, wäre es übrigens bequemer gewesen, erst danach den Eintrag bei den Kriterien vorzunehmen, da dieser exakt gleich geschrieben sein muss. Wie Sie in Abbildung 22.36 sehen, wird ein im Dialogfeld vereinbarter Parameter mit Datentyp bei den Kriterien automatisch angeboten.

Der Kriterienbereich erkennt explizite Parameter, wie sie im Dialogfeld vereinbart wurden

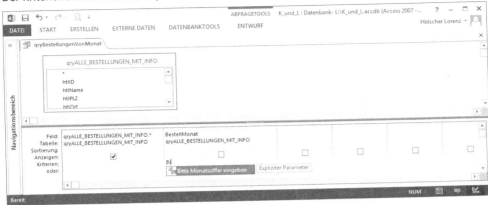

5. Im Unterschied zur Ausführung ohne Datentypprüfung meldet Access nun bei dem Versuch, als Parameter einen Text einzugeben, einen Fehler wie in Abbildung 22.37.

Diese Fehlermeldung erscheint bei einem unpassenden Parametertyp

Eine weitergehende Prüfung, hier etwa eingeschränkt auf die möglichen Zahlen für Monate von *1* bis *12*, ist so nicht machbar. Das lässt sich aber über die bereits erwähnte Auswahl mittels Kombinationsfeld in einem Popup-Formular organisieren, wie Sie diese in Kapitel 29 kennenlernen werden.

Flexiblere Parameter

Ein bisschen mehr Flexibilität ist aber machbar, vor allem beim Umgang mit Texten. Schließlich möchten Ihre Benutzer für einen Filter etwa zum Mitarbeiternamen nicht jedes Mal den kompletten Namen eingeben müssen.

1. Erstellen Sie eine neue Abfrage basierend auf der zentralen Abfrage *qryALLE_BESTEL-LUNGEN_MIT_INFO* und übernehmen Sie der Einfachheit halber wieder mit dem Sternchen alle Felder.

2. Speichern Sie die Abfrage als *qryBestellungenVonMitarbeiter* und fügen Sie außerdem noch das Feld *GanzerName* hinzu, aber lassen es nicht anzeigen.

3. Geben Sie als Kriterium *[Name oder Namensteil?]* ein, wie es in Abbildung 22.38 zu sehen ist.

Abbildg. 22.38   Die Parameterabfrage für ein Text-Kriterium

Es funktioniert perfekt, wenn Sie beim Wechsel in die Datenblattansicht einen vollständigen Namen wie **Pfaff, Fritz** eingeben (Groß-/Kleinschreibung ist dabei egal). Es funktioniert erstaunlicherweise aber überhaupt nicht, wenn Sie als Benutzer stattdessen ***Pfaff*** eingeben. Dann sehen Sie keine Datensätze als Ergebnis.

> **ACHTUNG**   Ist es wirklich so erstaunlich, dass **Pfaff** nicht funktioniert? Wenn Sie sich an den Hinweis in Kapitel 19 erinnern, dass Platzhalter ohne *Wie* als Literal behandelt werden, sollte klar sein, warum es scheitert. Da das Sternchen zu spät (nämlich erst bei der Ausführung statt schon im Entwurf) kommt, kann Access nicht rechtzeitig das *Wie* einbauen.
>
> Dort steht also eigentlich *=[Name oder Namensteil?]* und wenn der Parameter später durch den Inhalt ersetzt wird, ergibt das *= "*Pfaff*"*. Da ist weit und breit kein *Wie* enthalten, Sie müssen es also rechtzeitig selber schreiben.

1. Um den »Fehler« zu beheben, schreiben Sie bitte im Entwurf der Abfrage vor die erste eckige Klammer ein `Wie`.
2. Da dort schlecht mit der Maus hinzuklicken ist, empfehle ich einen Klick mit der Maus irgendwohin mitten in diese Zelle. Dann springt der Cursor mit der ⌷Pos1⌷-Taste an den Anfang.
3. Jetzt dürfen Platzhalter innerhalb der Parameter benutzt werden.

> **HINWEIS**   Es ist übrigens völlig unproblematisch, den Parameter trotzdem ohne Platzhalter zu benutzen. Das ergibt beispielsweise *Wie "Pfaff, Fritz"* und funktioniert ebenso gut wie mit vorangestelltem Gleichheitszeichen.

Sie können das weiter verbessern, indem Sie das Sternchen direkt in die Kriterien einbauen, sodass der Benutzer auch ohne Platzhalter nur Teile des Namens eingeben kann. Schreiben Sie folgendes Kriterium, wie es auch in Abbildung 22.39 zu sehen ist:

```
Wie "*" & [Name oder Namensteil?] & "*"
```

Abbildg. 22.39 So ist die Parameterabfrage flexibler

Dadurch wird in jeden vom Benutzer eingegebenen Parametertext direkt vorher und nachher ein Platzhalter eingefügt.

PROFITIPP Diese »Verbesserung« hingegen kann auch nachteilig sein. Gibt Ihr Benutzer beispielsweise **Müller** als Parameter ein, erscheinen dann ebenso die Datensätze für *Müller-Lüdenscheid*, ohne dass er das verhindern kann. Das ist aber meistens weniger problematisch als das Fehlen von erwarteten Datensätzen.

Unterabfragen

In Kapitel 19 haben Sie bereits den *In*-Operator kennengelernt, der in Klammern eine Liste von Filter-Kriterien übergeben bekommt. Das war ganz nett, zeigt aber noch nicht die Leistungsfähigkeit dieses Operators. Sie können statt einer Liste nämlich auch eine SELECT-Anweisung benutzen, deren Ergebnis als Filter dient.

Bisher war der Aufwand nicht nötig, weil wir die mit Abfragen ermittelten Daten nur angesehen und nicht verändert haben. Sie werden aber sehr schnell feststellen, dass Daten in manchen Abfragen schreibgeschützt sind. Bei Gruppierungsabfragen ist das selbstverständlich, denn dabei handelt es sich um zusammengefasste Daten, die keinem einzelnen Datensatz mehr zuzuordnen sind.

Doppelte Datensätze finden

Aber auch in scheinbar harmlosen Abfragen setzt Access plötzlich einen Schreibschutz, wie Sie im folgenden Beispiel sehen werden. Es gibt beispielsweise in der Tabelle *tblBestellungen* eine doppelte Bestellung. Da liegt es nahe, sich alle solchen Duplikate anzeigen zu lassen und eventuell direkt zu korrigieren, wenn es wirklich ein Versehen war.

1. Um doppelte Bestellungen zu finden, brauchen Sie eine Gruppierungsabfrage sowie die Definition, was eigentlich als »doppelt« gilt. Hier soll es ausreichen, wenn derselbe Mitarbeiter denselben Artikel am selben Datum mehrfach bestellt hat.

2. Erstellen Sie eine neue Abfrage mit der Tabelle *tblBestellungen* als Basis und übernehmen Sie die Felder *bstmitIDRef* (derselbe Mitarbeiter), *bstartIDRef* (derselbe Artikel) und *bstBestelldatum* (dasselbe Datum).

3. Ändern Sie mit *ENTWURF/Einblenden/Ausblenden/Summen* den Typ der Abfrage auf *Gruppierungsabfrage*. Alle Felder können die *Funktion* auf *Gruppierung* belassen.

4. Fügen Sie außerdem das Feld *bstID* hinzu, dessen *Funktion* Sie auf *Anzahl* stellen und für dessen *Kriterium* Sie >1 eintragen. Speichern Sie diese Abfrage (siehe Abbildung 22.40) als *qryBestellungenDoppelt*.

Abbildg. 22.40 Mit diesem Abfrageentwurf finden Sie doppelte Bestellungen

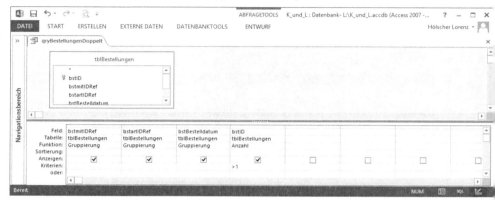

5. Die Datenblattansicht dazu zeigt einen (gruppierten) Datensatz wie in Abbildung 22.41, dessen Daten innerhalb der Bestellungen doppelt vorkommen.

Abbildg. 22.41 Diese Daten sind doppelt enthalten

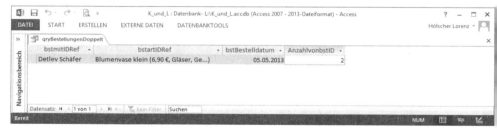

Das war aber nur die Vorbereitung, denn jetzt wissen Sie erst, dass und welche Daten doppelt vorkommen. Wenn Sie diese bearbeiten wollen, müssen Sie auf nicht gruppierte Daten zugreifen, am besten direkt auf die Tabelle:

1. Erstellen Sie eine neue Abfrage mit der Tabelle *tblBestellungen* und der eben erstellten Abfrage *qryBestellungenDoppelt* als Datenquellen.

2. Verbinden Sie in beiden Tabellen die drei Felder *bstmitIDRef*, *bstartIDRef* und *bstBestelldatum* miteinander, weil von der Tabelle *tblBestellungen* ja nur diejenigen angezeigt werden sollen, die in *qryBestellungenDoppelt* vorkommen.

3. Fügen Sie dem Zielbereich das Sternchen der Tabelle *tblBestellungen* hinzu, damit alle Felder davon angezeigt werden, und speichern Sie die Abfrage (siehe Abbildung 22.42) als *qryBestellungenDoppeltAendernVerboten*.

Abbildg. 22.42 Dieser Abfrageentwurf ermittelt die Datensätze zu doppelten Bestellungen

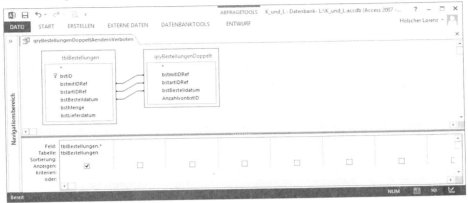

4. Wenn Sie jetzt die Datenblattansicht wie in Abbildung 22.43 ansehen, finden Sie dort korrekt die beiden betroffenen Datensätze angezeigt. Allerdings können Sie diese nicht ändern (daher der von mir gewählte Abfragename), weil Access diese gegen Änderungen gesperrt hat, wie Sie unten in der Statusleiste (siehe Abbildung 22.43) lesen können.

Abbildg. 22.43 Die korrekten Datensätze sind zu sehen, lassen sich aber nicht bearbeiten

Das wird Ihnen öfters passieren, wenn Sie zwei Tabellen verknüpfen, von denen eine gruppiert und damit schreibgeschützt ist. Wir brauchen also eine Lösung, die ohne Verknüpfung trotzdem die passenden Daten berücksichtigt. Und genau da helfen der *In*-Operator und eine SELECT-Anweisung.

Manuell erstellte Unterabfrage

Damit Sie genau sehen, welche Daten wohin weitergereicht werden, ist der folgende Weg ein wenig umständlicher, als es nötig wäre. Sie werden nachher sehen, dass ein spezieller Assistent dies viel eleganter formulieren und vor allem in einer einzigen Abfrage erstellen kann. Mir geht es hier aber darum, dass Sie sehen, wie solche Unterabfragen genau funktionieren.

1. Zuerst brauchen wir eine Liste aller *mitID*-Werte, die als Duplikat betroffen sind. Die bisherige Abfrage *qryBestellungenDoppelt* liefert zwar die doppelten Daten, aber keineswegs deren IDs.

2. Kopieren Sie einfach die Abfrage *qryBestellungenDoppeltAendernVerboten* auf den neuen Namen *qryBestellungenDoppelteIDs* und tauschen Sie im Zielbereich das allgemeine Sternchen gegen das konkrete Feld *bstID* aus.

3. Als Ergebnis erhalten Sie wie in Abbildung 22.44 die beiden *mitID*-Werte *1* und *62*, dieses Mal allerdings ohne die übrigen Spalten. Auch diese Abfrage ist fertig, Sie können sie speichern und schließen.

Abbildg. 22.44 Die neue Abfrage liefert ausschließlich die IDs

Diese Abfrage wird gleich an den *In-Operator* eine Liste der zu berücksichtigenden IDs liefern.

1. Erstellen Sie eine neue Abfrage mit der Tabelle *tblBestellungen* als Basis und übernehmen Sie das Sternchen in den Zielbereich. Speichern Sie die Abfrage auf den Namen *qryBestellungenDoppelt-AendernErlaubt*.

2. Fügen Sie dann das Feld *bstID* hinzu, lassen es aber nicht anzeigen.

3. Die wesentliche Änderung besteht nun im Kriterium, welches wie folgt formuliert wird:

```
In (SELECT [bstID] FROM [qryBestellungenDoppelteIDs])
```

HINWEIS Sie werden beim Tippen feststellen, dass Access 2013 Ihnen bei der Eingabe von Kriterien enorm hilft. Wie die Abbildung 22.45 zeigt, wird Ihnen schon bei teilweiser Eingabe eine Liste der möglichen Werte angeboten. Das reduziert mögliche Fehlerquellen durch Schreibfehler enorm.

Abbildg. 22.45 Access bietet in einer Liste mögliche Werte an

Sie können hier übrigens sowohl beim Feld- als auch beim Tabellennamen wieder die eckigen Klammern weglassen.

4. Der Abfrageentwurf enthält nun wie in Abbildung 22.46 eine einzige Tabelle sowie ein Kriterium, welches selbst aus einer SELECT-Anweisung besteht.

Abbildg. 22.46   Der Filter ist nicht als Verknüpfung, sondern als Kriterium realisiert

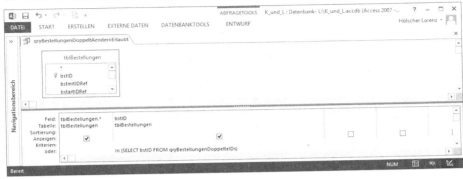

Wie Sie in der Datenblattansicht prüfen können, erlaubt diese Konstruktion mit einer Unterabfrage nun auch das Editieren der Datensätze.

Unterabfrage mit Assistenten

Ich hatte bereits darauf hingewiesen, dass diese mehrstufige Konstruktion aus Gruppierungsabfragen natürlich »einfacher« zu lösen ist. Ehrlicherweise muss ich dazu erwähnen, dass es zwar im Aufwand einfacher ist, aber nicht unbedingt im Verständnis. Es gibt nämlich einen Assistenten, der Ihnen die Arbeit abnimmt und die komplizierten SQL-Codes erstellt.

1. Starten Sie den Assistenten mit *ERSTELLEN/Abfragen/Abfrage-Assistent*, sodass Sie dessen ersten Schritt wie in Abbildung 22.47 sehen. Wählen Sie dort den Eintrag *Abfrage-Assistent zur Duplikatsuche* aus.

Abbildg. 22.47   Der erste Schritt des Assistenten zur Duplikatsuche

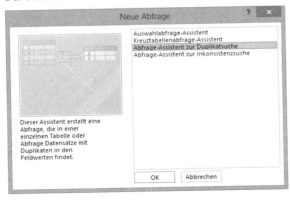

2. Nach Bestätigung mit *OK* geben Sie im zweiten Schritt (siehe Abbildung 22.48) die gewünschte Tabelle *tblBestellungen* an und klicken auf *Weiter*.

Abbildg. 22.48 Wählen Sie hier die Tabelle mit den möglichen Duplikaten aus

3. Um ein vergleichbares Ergebnis zu erhalten, wählen Sie im nächsten Schritt wie in Abbildung 22.49 per Doppelklick die Felder *bstmitIDRef*, *bstartIDRef* und *bstBestelldatum* aus, deren gleiche Inhalte auf Duplikate hinweisen sollen. Bestätigen Sie auch dies mit Klick auf *Weiter*.

Abbildg. 22.49 Diese drei Felder weisen auf mögliche Duplikate hin

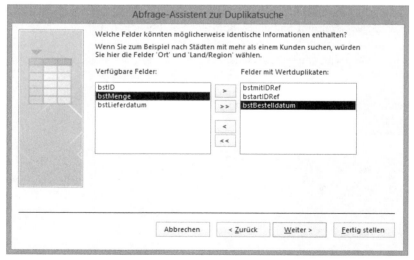

4. Im folgenden, sehr ähnlich aussehenden Schritt (siehe Abbildung 22.50) können Sie durch Klick auf die >>-Schaltfläche alle übrigen Felder der Tabelle aufnehmen, damit bei Bedarf alle änderbar sind.

Abbildg. 22.50   Übernehmen Sie alle übrigen Felder

5. Im letzten Schritt geben Sie wie in Abbildung 22.51 noch einen Namen (hier *qryBestellungenDoppeltMitAssistent*) ein und klicken auf die *Fertig stellen*-Schaltfläche.

Abbildg. 22.51   Geben Sie einen Namen für die Abfrage ein

Auch die beiden Datensätze dieser Abfrage sind wunschgemäß editierbar, wie Sie probieren können. Die Unterabfrage ist gegenüber der manuellen Version allerdings so lang geworden, dass sie auf dem Bildschirm nicht mehr ordentlich darstellbar ist. Sie lautet vereinfacht:

```
In (SELECT [bstmitIDRef] FROM [tblBestellungen] As Tmp
GROUP BY [bstmitIDRef], [bstartIDRef], [bstBestelldatum]
HAVING Count(*)>1  And
[bstartIDRef] = [tblBestellungen].[bstartIDRef] And
[bstBestelldatum] = [tblBestellungen].[bstBestelldatum])
```

Sie können immerhin die vielen einzeln genannten Felder der »normalen« Abfrage im Entwurf durch das Sternchen ersetzen und das Bedingungsfeld *bstmitIDRef* nicht anzeigen lassen, wie es in Abbildung 22.52 zu sehen ist.

Abbildg. 22.52 So ist der Abfrageentwurf kürzer

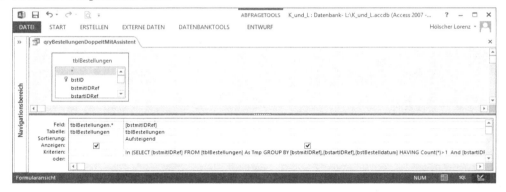

Der unbestreitbare Vorteil ist allerdings, dass die Erstellung dieser Abfrage dank Assistenten deutlich schneller ist und ohne zwischengeschaltete Gruppierungsabfragen läuft.

Datensätze nummerieren

Eine solche Unterabfrage ist auch unverzichtbar, um Datensätze in Abfragen zu nummerieren. Die *AutoWert*-Felder mögen den Eindruck vermitteln, die Datensätze seien doch bereits nummeriert, aber das gilt nur, weil es bisher noch keine Lücken in den Datensätzen gab. Sobald ein Datensatz gelöscht oder nicht beendet wurde, fehlt seine fortlaufende Nummer im *AutoWert*-Feld. Das ist technisch so gewollt, aber nicht geeignet für eine durchlaufende Nummerierung.

PROFITIPP In Berichten können Sie das mit der *LaufendeSumme*-Eigenschaft einfacher und schneller lösen, wie Sie in Kapitel 31 sehen werden.

Für die Nummerierung steht die Unterabfrage nicht im Kriterienbereich als Filter, sondern dort, wo neue Felder berechnet werden.

1. Erstellen Sie eine neue Abfrage, dieses Mal auf Basis der verknüpften Tabelle *tblTastenkuerzel*, weil diese keinen *AutoWert* enthält und trotzdem nummeriert werden soll.

2. Schreiben Sie in das erste Feld des Zielbereichs die folgende Formel:

```
Nr: (SELECT Count(*) FROM tblTastenkuerzel AS tblTK
WHERE tblTK.Taste < tblTastenkuerzel.Taste)+1
```

3. Übernehmen Sie außerdem die beiden Felder *Taste* und *Beschreibung*, lassen nach *Taste* sortieren und speichern die Abfrage wie in Abbildung 22.53 als *qryTastenkuerzelNummeriert*.

Abbildg. 22.53   Die Unterabfrage steht hier im berechneten Feld

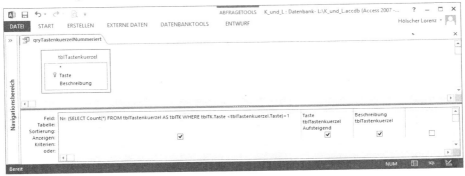

4. In der Datenblattansicht wie in Abbildung 22.54 sehen Sie, dass die Datensätze nun korrekt nummeriert sind.

Abbildg. 22.54   So lassen sich Datensätze nummerieren

Es ist wichtig, dass die Sortierung und das berechnete Feld auf das gleiche eindeutige Feld (hier *Taste*) zurückgreifen, denn die Unterabfrage zählt einfach, wie viele Datensätze bis zu dessen erstem Auftreten zu finden sind.

PROFITIPP   Diese Methode ist die einzige, die auch wirklich funktioniert. Alternative Tricks mit VBA-Funktionen sind zum Scheitern verurteilt, weil sie beim Hin- und Herblättern im Datenblatt-fenster mehrfach weiterzählen. Die SQL-Lösung hat zudem den Vorteil, dass sie auch in anderen (großen) Datenbanken wie Microsoft SQL Server läuft.

Allerdings hat sie einen nicht zu unterschätzenden Nachteil: Sie ist langsam! Für drei Datensätze ist das egal, für zwanzig auch noch, aber die Unterabfrage muss für jeden Datensatz einzeln aus-geführt werden. Daher vervielfacht sich die Laufzeit mit der Anzahl der Datensätze und das wird bald merklich langsam.

Weitere Operatoren

Für Unterabfragen gibt es noch einige weitere Operatoren, die Sie in Tabelle 22.1 finden. Sie lassen sich immer dann einsetzen, wenn ein Vergleich durchgeführt wird.

Tabelle 22.2 Zusätzliche Operatoren für Unterabfragen

Operator	Erläuterung
ALL	Alle Werte im Feld der Unterabfrage müssen die Bedingung erfüllen, dann ist der Vergleich `Wahr`, sonst `Falsch`. Ist keiner der Vergleiche `Wahr` und einer der Werte NULL, wird auch das Ergebnis NULL.
ANY	Wenigstens ein Wert im Feld der Unterabfrage muss die Bedingung erfüllen, dann ist der Vergleich `Wahr`, sonst `Falsch`. Ist keiner der Vergleiche `Wahr` und einer der Werte NULL, wird auch das Ergebnis NULL.
EXISTS	Die Unterabfrage muss ein Ergebnis liefern, dann ist der Vergleich `Wahr`, sonst `Falsch`

Diese Operatoren werden eher selten eingesetzt und sind hier auch nur der Vollständigkeit halber genannt.

Domänenfunktionen

Es gibt eine spezielle Gruppe von Funktionen, die ähnlich wie Gruppierungsabfragen Werte zusammenfassen kann. Sie können mit diesen aber auch Daten aus Tabellen ermitteln, die in dieser Abfrage als Datenquelle gar nicht vorkommen.

1. Erstellen Sie eine neue Abfrage auf Basis der Tabelle *tblHotels* und übernehmen Sie das Feld *htlName* in den Zielbereich.

2. Schreiben Sie die folgende Formel in die nächste Spalte als berechnetes Feld:

```
AnzahlMitarbeiter: DomAnzahl("mitID";"tblMitarbeiter";"mithtlIDRef=" & [htlID])
```

3. Speichern Sie die Abfrage auf den Namen *qryHotelsMitAnzahlMitarbeiter* (siehe Abbildung 22.55).

Abbildg. 22.55 So lautet die Formel für das berechnete Feld

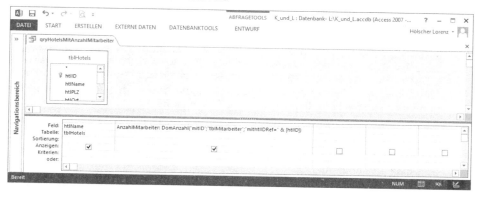

4. Beachten Sie bitte, dass beim dritten Argument der erste Teil aus einer Zeichenkette besteht und diese mit dem Feldnamen *htlID* (sprich: seinem Inhalt) verknüpft ist.

5. Anhand dieser Formel ermittelt Access aus der Tabelle *tblMitarbeiter* die Anzahl des Felds *mitID* mit der Bedingung, dass der Fremdschlüssel der jeweils pro Zeile wechselnden *htlID* entspricht. In Abbildung 22.56 sehen Sie die Datenblattansicht der Abfrage.

Abbildg. 22.56   Die Berechnung liefert Teilsummen

TIPP	Wie bei der SQL-Aggregatfunktion *Count()* können Sie auch bei der Domänenfunktion *DomAnzahl()* statt eines konkreten Feldnamens ein Sternchen einsetzen. Das ist schneller, was allerdings bei unseren wenigen Datensätzen sowieso nicht auffällt.

Oft können Sie die Domänenfunktionen auch durch Gruppierungsabfragen ersetzen, aber manchmal ist es damit einfacher. In Tabelle 22.3 finden Sie die Übersicht über die Domänenfunktionen.

Tabelle 22.3   Überblick über die Domänenfunktionen

Name	Bedeutung
DomSumme(*Feld*)	Alle Werte werden addiert ohne Berücksichtigung von NULL-Werten
DomMittelwert(*Feld*)	Berechnet wird der arithmetische Durchschnitt (die Summe der Werte dividiert durch die Anzahl der Werte) ohne Berücksichtigung von NULL-Werten
DomMin(*Feld*)	Der kleinste Wert für *Feld* wird ermittelt
DomMax(*Feld*)	Der größte Wert für *Feld* wird ermittelt
DomAnzahl(*Feld*)	Die Anzahl aller Datensätze wird ermittelt ohne Berücksichtigung von NULL-Werten. Nur *DomAnzahl(*)* zählt auch Datensätze mit NULL-Werten mit.
DomStAbw(*Feld*)	Gibt geschätzte Werte für die Standardabweichung in *Feld* zurück, bei weniger als zwei Datensätzen einen NULL-Wert
DomVarianz(*Feld*)	Gibt geschätzte Werte für die Varianz in *Feld* zurück, bei weniger als zwei Datensätzen einen NULL-Wert
DomErsterWert(*Feld*)	Gibt den ersten Wert der zugrunde liegenden Tabelle zurück
DomLetzterWert(*Feld*)	Gibt den letzten Wert der zugrunde liegenden Tabelle zurück

Sie werden feststellen, dass es zu allen Aggregatfunktionen aus Gruppierungsabfragen eine entsprechende Domänenfunktion gibt. Domänenfunktionen haben immer die Parameter *Feldname*, *Tabellenname* (die sogenannte Domäne) und optional eine *Bedingung*. Eine SELECT-Klausel als Tabellenname ist hier ausnahmsweise nicht möglich.

Abfragen

> **ACHTUNG** Domänenfunktionen sind langsamer als verknüpfte Abfragen. Sie sollten also bei großen Datenmengen besser Gruppierungsabfragen einsetzen und deren Ergebnisse als Datenquelle für eine Abfrage benutzen.

Zusammenfassung

In diesem Kapitel wurden Ihnen verschiedene spezielle Auswahlabfragen vorgestellt, mit denen besondere Probleme gelöst werden können:

- Die *Gruppierungsabfrage* (Seite 408) kann spaltenweise zusammenfassen und dabei vorgegebene Aggregatfunktionen einsetzen:
    - Der »Normalfall« dabei ist eine Gruppierungsabfrage mit *einer Gruppierung und einer Summe* (Seite 408), wie sie häufig verwendet wird
    - Ich haben Ihnen einen Überblick über die *Aggregatfunktionen* (Seite 411) gegeben und wofür sie eingesetzt werden
    - Die Anzahl der Datensätze im Ergebnis nimmt typischerweise zu, wenn Sie *mehr Gruppierungen* (Seite 412) anlegen
    - Bei *mehreren parallel eingesetzten Aggregatfunktionen* (Seite 413) werden es hingegen nicht mehr Datensätze im Ergebnis
    - Es gibt sogar *Gruppierungsabfragen ganz ohne Gruppierung* (Seite 414), bei denen nur ein einziger Gesamtwert ermittelt werden soll
    - *Gruppierungsabfragen ohne Aggregatfunktionen* (Seite 415) dienen oft der Ermittlung eindeutiger Datensätze, was jedoch auch mit dem DISTINCT-Schlüsselwort möglich ist
- Mit *Kreuztabellenabfragen* (Seite 416) entstehen aus Dateninhalten neue Spalten. Dadurch lassen sich komplizierte Gruppierungsabfragen oft lesefreundlicher darstellen:
    - Zur Erstellung der Kreuztabellenabfragen gibt es einen *Assistenten* (Seite 425), der allerdings ein paar Einschränkungen hat
    - Wenn in Kreuztabellenabfragen einige Spalten mangels Daten fehlen, können Sie diese als *fixierte Spalten* erzwingen (Seite 427)
- Flexiblere Kriterien für Abfragen sind mit *Parameterabfragen* (Seite 428) möglich, bei denen der Filter bei jedem Aufruf erneut gesetzt wird
- Schließlich wurde Ihnen mit *Unterabfragen* (Seite 433) eine Möglichkeit vorgestellt, zu filtern, ohne Tabellen verknüpfen zu müssen. Dadurch werden die Ergebnisdatensätze wieder editierbar, was sonst nicht immer der Fall ist.
- Für die *fortlaufende Nummerierung von Datensätzen* (Seite 440) haben Sie gesehen, wie sich das mit einer Unterabfrage durchführen lässt
- Spezielle *Domänenfunktionen* (Seite 442) ermöglichen die Ermittlung zusammengefasster Werte, auch wenn die Datenquelle nicht die passende Tabelle enthält

Kapitel 23

Abfragen mit besonderen Verknüpfungen

Abfragen

Auch wenn Sie jetzt (hoffentlich) schon einen Eindruck davon haben, wie unglaublich leistungsfähig Access-Abfragen sind, gibt es noch weitere Techniken, die Sie in Ihren Datenbanken früher oder später benötigen werden.

Stellen Sie sich vor, die Betreiber der *Kosten&Logistik*-Datenbank wollen ein paar Weihnachtsgrüße versenden. Da liegt es auf der Hand, die Adressen der Datenbank dafür zu nutzen. Aber welche? Sie haben einerseits die Liste aller Mitarbeiter und andererseits (seit Kapitel 16) auch eingebundene Kontakte aus Outlook.

HINWEIS Die Tatsache, dass für die Mitarbeiter nur deren Hoteladressen zu ermitteln wären und in Outlook aus Bequemlichkeit vielleicht noch gar keine Adressen eingetragen sind, können wir hier geflissentlich ignorieren. Es reicht, Vor- und Nachnamen zu ermitteln, alles andere würde auch mit der kompletten Anschrift funktionieren.

CD-ROM Um Ihnen das Nachvollziehen der Schritte in diesem Kapitel zu erleichtern, finden Sie innerhalb der Beispieldateien zu diesem Buch im Ordner *Kap22* eine Datenbank, die bereits die Änderungen aus Kapitel 22 enthält. Laden Sie einfach die betreffende Datenbank, um mit der Arbeit in diesem Kapitel zu beginnen.

Sie können also jederzeit ein Kapitel überspringen und trotzdem auf den aktuellen Stand der Datenbank zugreifen.

Kreuzprodukt

Das Hauptproblem kommt ganz unscheinbar daher: Die gesuchten Daten stehen in zwei unabhängigen Tabellen, die nichts miteinander zu tun haben. Schauen Sie mal, was passiert, wenn Sie diese beiden Tabellen einfach so übernehmen:

1. Erstellen Sie eine neue Abfrage auf Basis der beiden Tabellen *tblMitarbeiter* und *Outlook-Kontakte*.

2. Übernehmen Sie *mitVorname* und *mitNachname* in den Zielbereich. Speichern Sie die Abfrage als *qryMitarbeiterUndOutlookKontakte* wie in Abbildung 23.1.

Abbildg. 23.1 So sieht der erste Entwurf der Adressenliste aus

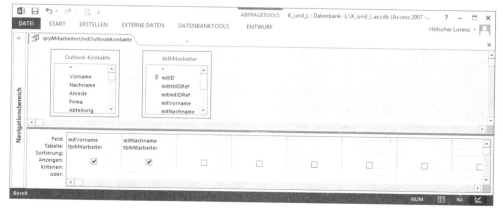

3. Bevor Sie in die Datenblattansicht wechseln, überlegen Sie bitte, wie viele Datensätze Sie ungefähr in jeder der beiden Ausgangstabellen haben.

HINWEIS   Es sind derzeit 34 Mitarbeiter und 3 Outlook-Kontakte.

4. Dann werfen Sie bitte mal einen Blick auf die Datenblattansicht wie in Abbildung 23.2.

Abbildg. 23.2   Das sind erstaunlich viele Ergebnisse!

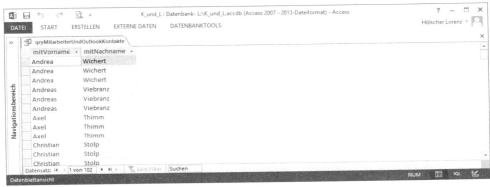

Da stimmt doch etwas nicht, oder? Nicht nur das vielfache Auftreten der gleichen Namen ist auffällig, sondern vor allem die zwischen den Navigationsschaltflächen erkennbare Anzahl der Datensätze: 102!

HINWEIS   Die Anzahl der Datensätze ist leicht nachzurechnen: 34 * 3 = 102.

Was wir hier gerade erzeugt haben, ist das Kreuzprodukt (nicht zu verwechseln mit Kreuztabellenabfragen), manchmal auch als »Kartesisches Produkt« bezeichnet. Wenn Sie in einer Abfrage Tabellen aufnehmen, die darin mit keiner anderen Tabelle verknüpft sind, verbindet Access jeden Datensatz der einen Tabelle mit jedem Datensatz der anderen Tabelle.

Das ist praktisch immer fehlerhaft und liegt vor allem in der Anzahl der Ergebnisse so um ein Vielfaches über der erwarteten Menge, dass es sofort auffallen sollte. Eigentlich hätten es ja (34 + 3 =) 37 Datensätze werden sollen.

PROFITIPP   Daher ist es sehr hilfreich, wenigstens so ungefähr für jede Tabelle im Kopf zu haben, wie viele Datensätze darin stehen. Dabei kommt es gar nicht auf Details an, hier hätte es gereicht, die Größenordnung von »unter 50« für die Tabelle *tblMitarbeiter* und »unter 20« für die *Outlook-Kontakte* zu wissen. Keine der Datenquellen jedenfalls hatte »über 100« Datensätze.

Bei echten Datenbanken haben Sie in den beteiligten Tabellen (oder immer auch Abfragen als Datenquellen) meistens eher Größenordnungen von 1.000 Datensätzen, deren Kreuzprodukt dann locker die Millionengrenze sprengt.

Kurz gesagt: Alle Datenquellen einer Abfrage müssen in irgendeiner Form wenigstens mit einer der anderen Datenquellen verbunden sein. Ist das nicht der Fall, taugt das Ergebnis nichts.

Abfragen

UNION-Abfragen

Es muss also eine andere Lösung geben, um die Inhalte zweier Tabellen zusammenzubringen, die so nicht verknüpft werden können. Das SQL-Schlüsselwort dazu heißt UNION und sorgt dafür, dass die Datensätze einfach nacheinander ausgegeben werden.

Dafür müssen Sie (wenigstens teilweise) eigenhändig SQL schreiben, denn der grafische Abfrageentwurf in Access kann UNION-Abfragen nicht darstellen. Sie können aber wenigstens den ersten Teil noch grafisch erstellen.

1. Kopieren Sie die Abfrage *qryMitarbeiterUndOutlookKontakte* auf den neuen Namen *qryMitarbeiterUndOutlookKontakteRichtig* und wechseln Sie in deren Entwurfsansicht. Dort sind im Zielbereich die beiden Felder *mitVorname* und *mitNachname* enthalten.

1. Entfernen Sie die Tabelle *Outlook-Kontakte* aus dem oberen Teil der Entwurfsansicht.

ACHTUNG Klicken Sie auf keinen Fall auf den Befehl *ENTWURF/Abfragetyp/Union*, sobald bereits Teile der Abfrage erstellt wurden! Dieser Befehl löscht überflüssigerweise und ohne Vorwarnung den bereits vorhandenen Entwurf.

2. Wechseln Sie dann in die SQL-Ansicht der Abfrage. Wegen der Übersichtlichkeit können Sie den SQL-Code wie folgt kürzen:

```
SELECT mitVorname, mitNachname
FROM tblMitarbeiter;
```

3. Eine UNION-Abfrage ist nun nichts anderes als mehrere aufeinanderfolgende SELECT-Statements, die durch das Schlüsselwort UNION verknüpft sind. Da es in der SQL-Ansicht leider keine Unterstützung durch Auswahllisten gibt, müssen Sie die Namen der Felder und Tabellen auswendig wissen:

```
SELECT mitVorname, mitNachname
FROM tblMitarbeiter
UNION
SELECT Vorname, Nachname
FROM [Outlook-Kontakte];
```

ACHTUNG Leider hat Access 2013 hier immer noch einen Fehler, denn syntaktisch ist das völlig in Ordnung (die eckigen Klammern sind notwendig wegen des Bindestrich-Sonderzeichens im Namen *Outlook-Kontakte*). Aber ein direkter Zugriff auf Outlook in einer UNION-Abfrage scheitert, er muss offenbar in einer Abfrage gekapselt sein, sonst erscheint die Fehlermeldung wie in Abbildung 23.3.

Abbildg. 23.3 Diese Fehlermeldung erscheint beim direkten Outlook-Zugriff

4. Damit diese UNION-Abfrage funktioniert, müssen Sie indirekt per Abfrage auf die Outlook-Kontakte zugreifen. Erstellen Sie eine neue Abfrage, welche *Outlook-Kontakte* als Datenquelle nutzt und die beiden Felder *Vorname* und *Nachname* anzeigt.

5. Speichern Sie diese Abfrage als *qryOutlookKontakte* und prüfen Sie, dass deren Daten korrekt angezeigt werden. Danach können Sie sie schließen.

Abbildg. 23.4

So sieht der Entwurf der Abfrage für die Outlook-Daten aus

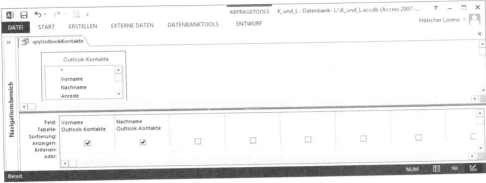

6. Ändern Sie nun das SQL-Statement in der vorhin begonnenen Abfrage *qryMitarbeiterUndOutlookKontakteRichtig* wie folgt:

```
SELECT mitVorname, mitNachname
FROM tblMitarbeiter
UNION
SELECT Vorname, Nachname
FROM qryOutlookKontakte;
```

7. Jetzt funktioniert die Abfrage wenigstens erst einmal und zeigt genau 34 Datensätze wie die Mitarbeiter-Tabelle (siehe Abbildung 23.5).

Abbildg. 23.5

Diese Abfrage zeigt alle Namen aus Outlook und der Mitarbeiter-Tabelle

8. Das mag Sie überraschen, weil in Outlook doch auch Namen standen, aber diese waren identisch mit denjenigen aus *tblMitarbeiter*. Wechseln Sie nun zu Outlook und fügen Sie dort ein paar Namen hinzu, die nicht in *tblMitarbeiter* enthalten sind.

Abfragen

Abbildg. 23.6   In der oberen Reihe wurden neue Namen ergänzt

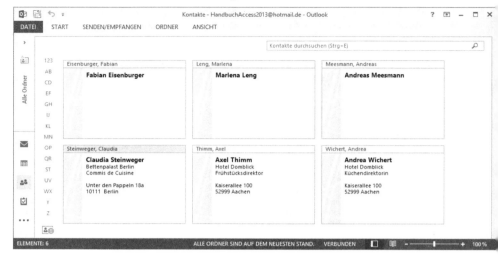

9. Sie sehen beim nächsten Aufruf der Abfrage dann in der Datenblattansicht ein paar neue Namen, die nur in den Outlook-Kontakten existieren, wie *Andreas Meesmann, Marlena Leng* und *Fabian Eisenburger* (siehe Abbildung 23.7). Entsprechend zeigt die Anzahl der Datensätze in der Navigationsleiste unten auch 37 Datensätze an.

Abbildg. 23.7   Diese Abfrage zeigt Namen aus beiden Datenquellen nacheinander

Weitere Schlüsselwörter

Sie haben sich hoffentlich gewundert über die Anzahl der angezeigten Datensätze, denn aus den ursprünglich 34 Mitarbeiter- plus 6 Outlook-Datensätzen sind keineswegs 40, sondern nur 37 Zeilen geworden, wie Abbildung 23.7 ja gezeigt hat.

Wo sind die übrigen geblieben und warum sind sie nicht dabei? Drei der sieben Kontakte in Outlook sind identisch mit den Namen in der Tabelle *tblMitarbeiter* und werden daher automatisch entfernt. Wollen Sie das nicht, müssen Sie statt UNION ausdrücklich UNION ALL benutzen:

```
SELECT mitVorname, mitNachname
FROM tblMitarbeiter
UNION ALL
SELECT Vorname, Nachname
FROM qryOutlookKontakte;
```

In Abbildung 23.8 sehen Sie anhand der markierten Datensätze, dass dann die Ergebnisse in der Reihenfolge der enthaltenen Tabellen/Abfragen ohne weitere Sortierung und vor allem ohne Berücksichtigung eventueller Duplikate angezeigt werden.

Abbildg. 23.8 Mit *UNION ALL* werden alle Daten ungefiltert und unsortiert angezeigt

PROFITIPP Grundsätzlich sollten Sie UNION ALL bevorzugen, vor allem bei großen Datenmengen. Da die Suche nach Duplikaten entfällt und deswegen keine Sortierung nötig ist, kann Access die Ergebnisse erheblich schneller ermitteln.

Sortieren

Auch UNION-Abfragen lassen sich sortieren, es gelten dabei die gleichen Schreibweisen wie für einfache SELECT-Anweisungen. Wichtig ist dabei, dass der Feldname der ersten Abfrage für die ganze Spalte gilt. Wenn Sie diese Abfrage also sortieren wollen, müssen Sie sich auf *mitVorname* oder *mitNachname* beziehen:

```
SELECT mitVorname, mitNachname
FROM tblMitarbeiter
UNION ALL
SELECT Vorname, Nachname
FROM qryOutlookKontakte
ORDER BY mitNachname, mitVorname;
```

Sie sehen in Abbildung 23.9 anhand des markierten Datensatzes, dass die Outlook-Kontakte korrekt zwischen die Mitarbeiter-Namen einsortiert wurden.

Abfragen

Abbildg. 23.9 Die Sortierung ist auch für *UNION*-Abfragen erlaubt

Die Namen der Spalten werden bei Bedarf wie sonst auch über einen AS-Befehl in üblicher SQL-Syntax umbenannt, also beispielsweise so:

```
SELECT mitVorname AS Vorname, mitNachname AS Nachname
FROM tblMitarbeiter
UNION ALL
SELECT Vorname, Nachname
FROM qryOutlookKontakte
ORDER BY Nachname, Vorname;
```

ACHTUNG Achten Sie dann darauf, dass auch die Sortierung entsprechend angepasst werden muss. Die ORDER BY-Klausel bezieht sich in diesem Beispiel nicht auf die zufällig gleichnamigen Felder von *qryOutlookKontakte*, sondern auf die umbenannten Felder von *tblMitarbeiter*!

Felder berechnen

Anders als andere SQL-Datenbanken ist Access recht großzügig, was die Datentypen in einer Spalte einer UNION-Abfrage angeht. Sie können dort alles durcheinander mischen, wie Sie im nächsten Beispiel sehen:

1. Wechseln Sie wieder in die SQL-Ansicht von der Abfrage *qryMitarbeiterUndOutlookKontakte-Richtig* und speichern Sie diese auf den Namen *qryMitarbeiterUndOutlookKontakteAlle*.

2. Ergänzen Sie dort den fett markierten SQL-Code:

```
SELECT mitVorname AS Vorname, mitNachname AS Nachname, mitID AS ID
FROM tblMitarbeiter
UNION ALL
SELECT Vorname, Nachname, "<ohne>" AS Nummer
FROM qryOutlookKontakte
ORDER BY Nachname, Vorname;
```

3. Die zugehörige Datenblattansicht (siehe Abbildung 23.10) zeigt, dass sowohl die ursprünglichen *Long-/AutoWert*-Inhalte aus *mitID* als auch ein berechnetes Textfeld in der gleichen Spalte angezeigt werden.

Auch verschiedene Datentypen in einer Spalte sind möglich

Tatsächlich verwandelt Access bei solchen Datentypkonflikten die gesamte Spalte einfach in einen *Kurzer Text*-Datentyp. Sie erkennen das an der linksbündigen Ausrichtung der Inhalte, wie sie für Texte typisch sind.

> **ACHTUNG**   Andere SQL-Datenbanken wie Oracle akzeptieren solche unterschiedlichen Datentypen in UNION-Abfragen nicht. Diese Abfrage ließe sich daher dort nicht als sogenannter *view* speichern, sondern Sie müssten zuerst die *Long*-Zahl in einen Text umwandeln.

Inner Join und Outer Join

Auch wenn die Bezeichnungen *Left Join* und *Right Join* schon ein paar Mal aufgetaucht sind, sollten wir uns doch noch einmal ausführlich mit ihnen beschäftigen. Beide zusammen werden gelegentlich als *Outer Join* bezeichnet, im Gegensatz zum *Inner Join*, der ja auch ein SQL-Schlüsselwort ist.

An dieser Stelle ist auch ein Blick in die Mengenlehre hilfreich, denn so lässt sich grafisch sehr anschaulich beschreiben, welche Daten gerade angezeigt werden. Die beiden beteiligten Tabellen können Sie sehr allgemein als *Tabelle A* und *Tabelle B* wie in Abbildung 23.11 bezeichnen.

Abbildg. 23.11 Die beiden Kreise symbolisieren die Tabellendaten

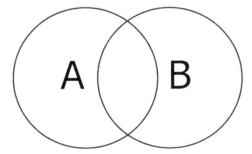

Die beiden Tabellen enthalten teilweise Werte in einem Feld, welche für beide Tabellen identisch sind. Das ist in der Mengenlehre die sogenannte Schnittmenge und für eine Datenbank klassischerweise ein Fremdschlüssel-/Primärschlüsselpaar. Eine Schnittmenge wird von einem *Inner Join* abgebildet.

Abbildg. 23.12 Die Schnittmenge

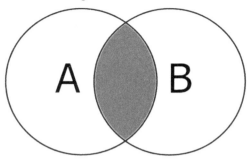

Außerdem gibt es in der *Tabelle A* Daten, die nicht in *Tabelle B* vorkommen, wie es in Abbildung 23.13 als Teilmenge *A ohne B* dargestellt wird.

Abbildg. 23.13 Die Teilmenge A ohne B

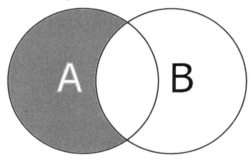

Das gibt es grundsätzlich auch in umgekehrter Richtung, also wie in Abbildung 23.14 als Teilmenge *B ohne A*. Wie Sie gleich sehen werden, müssen aber nicht beide Teilmengen vorhanden sein.

Abbildg. 23.14 Die Teilmenge B ohne A

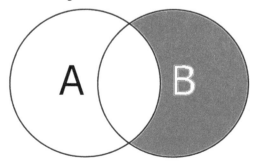

Die beiden Teilmengen entsprechen den *Outer Joins*, daher gibt es einen *Left Join* und einen *Right Join*, je nachdem, welche Teilmenge gesucht wird.

Schließlich fehlt noch die sogenannte Vereinigungsmenge, also alle Daten aus *A* und *B* zusammen. Die dürfte Ihnen bekannt vorkommen, nämlich unter dem Namen UNION-Abfrage.

Abbildg. 23.15 Die Vereinigungsmenge

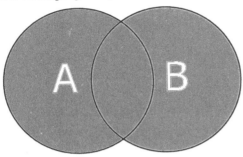

Es gibt noch einige weitere Fälle in der Mengenlehre (etwa alle Werte außerhalb von A und B), die aber für Datenbanken hier nicht von Interesse sind.

Verkaufte Artikel finden

Den *Inner Join* brauchen Sie, wenn Sie herausfinden wollen, welche Artikel überhaupt verkauft wurden. Dahinter steckt keine neue Technik, dieses Beispiel dient vor allem der Verdeutlichung, wann wo welche Datensätze angezeigt werden:

1. Erstellen Sie eine neue Abfrage mit den beiden Tabellen *tblArtikel* und *tblBestellungen* als Datenquellen.

2. Fügen Sie nur das Feld *artName* hinzu und lassen Sie es wie in Abbildung 23.16 gruppieren, damit keine Duplikate angezeigt werden.

Abbildg. 23.16 Mit diesem Abfrageentwurf finden Sie verkaufte Artikel

3. Speichern Sie diesen Entwurf unter dem Namen *qryArtikelVerkauft* und wechseln Sie in die Datenblattansicht.

4. Die Abbildung 23.16 zeigt, dass offensichtlich 37 der insgesamt 42 angebotenen Artikel auch schon verkauft wurden.

Abbildg. 23.17   37 der 42 Artikel wurden bereits verkauft

Sie mögen sich jetzt fragen, warum ich eigentlich die Tabelle *tblBestellungen* mit aufgenommen habe, obwohl doch gar kein Feld daraus nötig war? Sie ist ein impliziter Filter, auch wenn das selten so wahrgenommen wird.

> **HINWEIS**   Sie können ja die scheinbar überflüssige Tabelle *tblBestellungen* aus dem Entwurf entfernen. Dann sehen Sie in der Datenblattansicht keineswegs nur die verkauften Artikel, sondern einfach alle Artikel.

Die Verbindungslinie zwischen *artID* und *bstartIDRef* ist ein *Inner Join* (wie Sie im SQL-Code nachlesen können), der dafür sorgt, dass nur noch Datensätze übrig bleiben, deren *artID* und *bstartIDRef* identisch ist. Ich nenne so etwas auch eine symmetrische Verknüpfung, weil die verknüpften Felder rechts und links gleich sind.

Unverkaufte Artikel finden

Ganz harmlos scheint die Frage nach den Ladenhütern: Welche Artikel wurden nicht verkauft? Obwohl es inhaltlich nur die umgekehrte Frage ist, brauchen Sie doch ganz andere Techniken.

> **HINWEIS**   An dieser Stelle wird immer wieder gerne vorgeschlagen, einen Filter einzubauen, der die Anzahl der Bestellungen auf *0* prüft. Das seien ja dann die unverkauften Artikel.

Dahinter steckt ein Denkfehler, weil in der obigen Abfrage die unverkauften Artikel schon gar nicht mehr angezeigt werden. Diese können Sie nicht mehr filtern, sie sind längst weg! Das Wichtigste für die nächste Abfrage ist also, diese verschwundenen Artikel erst einmal sichtbar zu machen.

1. Kopieren Sie die eben erstellte Abfrage *qryArtikelVerkauft* auf den neuen Namen *qryArtikelNichtVerkauft* und wechseln in die Entwurfsansicht.

2. Lassen Sie mit einem Doppelklick auf den mittleren Teil der Verbindungslinie das Dialogfeld *Verknüpfungseigenschaften* anzeigen. Dieses enthält drei Optionen, die den SQL-Befehlen Inner

Join, Left Join und Right Join entsprechen. Wählen Sie diejenige Option, die alle Datensätze aus *tblArtikel* beinhaltet, sehr wahrscheinlich die Nummer 2 wie in Abbildung 23.18.

Abbildg. 23.18   Diese Option entspricht dem *Left Join*

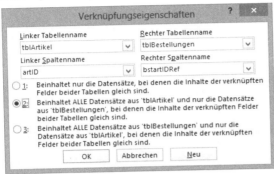

3. Aus der Verbindungslinie ist dadurch ein Pfeil geworden, um diese Änderung anzuzeigen. Sie können vorbereitend schon mal ein beliebiges Feld aus der Tabelle *tblBestellungen* in den Zielbereich aufnehmen. Wenn irgend möglich, wähle ich dazu eines, welches in allen Datensätzen einen Wert enthält, optimal ist also ein *AutoWert*-Feld wie *bstID*.

4. Die Gruppierung ist inzwischen überflüssig, Sie können diese wie in Abbildung 23.19 entfernen.

Abbildg. 23.19   So sieht der Abfrageentwurf inzwischen aus

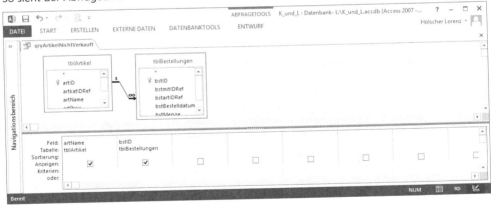

5. In Abbildung 23.20 können Sie nun sehen, dass nicht für alle Datensätze eine *bstID* existiert, dort stehen also NULL-Werte. Das sind die Artikel, zu denen es keine Bestellung gibt, sie sind also erstmalig in dieser Auflistung enthalten.

Abfragen

457

In der Datenblattansicht finden sich NULL-Werte

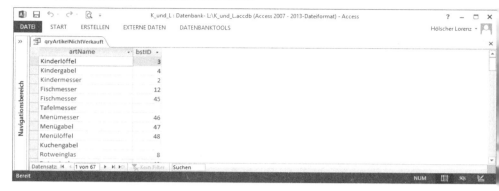

6. Jetzt müssen Sie diese gesuchten Datensätze nur noch herausfiltern, dann ist die Aufgabe gelöst. Schreiben Sie als Kriterium für das *bstID*-Feld Ist Null, sehen Sie wie in Abbildung 23.21, welche Artikel noch nie bestellt wurden.

Diese Artikel sind noch nie bestellt worden

Die entsprechende SQL-Anweisung sieht (vereinfacht) so aus:

```
SELECT artName, bstID
FROM tblArtikel
LEFT JOIN tblBestellungen ON tblArtikel.artID = tblBestellungen.bstartIDRef
WHERE bstID Is Null;
```

Bestellungen ohne Artikel finden

Die unverkauften Artikel sind aus Datenbanksicht diejenigen Artikel, zu denen es keine Bestellung gibt, also die Teilmenge *A ohne B*. Formal gibt es dazu ja ein Gegenstück, nämlich die Bestellungen ohne Artikel (Teilmenge *B ohne A*).

Sie können sich aber die Mühe sparen, diese Abfrage zu erstellen, deren SQL-Code sich beispielsweise so lesen würde:

```
SELECT artID, bstID
FROM tblArtikel
RIGHT JOIN tblBestellungen ON tblArtikel.artID = tblBestellungen.bstartIDRef
WHERE artID Is Null;
```

Die Ergebnisse in der Datenblattansicht sind auf jeden Fall leer! Warum? Weil *bstartIDRef* ein Fremdschlüssel auf *artID* ist und wir mit der referentiellen Integrität sichergestellt haben, dass es gerade keine Bestellungen ohne passenden Artikel geben kann.

PROFITIPP   Wenn Sie allerdings fertige Datenbanken prüfen wollen, bei denen niemand die referentielle Integrität aktiviert hat, werden Sie mit dieser Art Abfrage genau die »Datensatzleichen« finden, die es eigentlich nicht geben soll.

Zusammenfassung

In diesem Kapitel haben Sie erfahren, welche Auswirkungen die verschiedenen Arten von Verknüpfung auf die Ergebnisse haben:

- Die Nichtverknüpfung von Datenquellen in einer Abfrage führt zum sogenannten *Kreuzprodukt* (Seite 446), bei dem alle Datensätze der einen Datenquelle mit allen Datensätzen der anderen Datenquelle verbunden werden. Das erhöht die Anzahl der Ergebnisse explosionsartig.

- Um die Inhalte mehrerer Tabellen untereinander (statt wie sonst nebeneinander) darzustellen, braucht es die *UNION-Abfrage* (Seite 448). Sie kann nicht in der grafischen Abfrageansicht bearbeitet, sondern muss manuell in der SQL-Ansicht geschrieben werden.

- Schließlich wurde Ihnen gezeigt, wie Sie mit verschiedenen *Outer Join*-Befehlen (Seite 453) bestimmte Datensätze finden:
  - Ein *Left Join* (Seite 456) zwischen Artikeln und Bestellungen mit einem Filter auf NULL-Werte in den Bestellungen findet alle Artikel, die noch nicht bestellt wurden
  - Ein *Right Join* (Seite 458) würde nur dann Bestellungen ohne zugehörigen Artikeldatensatz finden, wenn keine referentielle Integrität für diese Verknüpfung angelegt worden wäre

Kapitel 24

Aktionsabfragen

Abfragen

Wie bereits in Kapitel 20 erwähnt, gibt es außer den bisher gezeigten Auswahlabfragen noch Aktions-abfragen. Damit verändern Sie Datensätze, indem Sie anfügen, löschen, aktualisieren oder sogar ganze Tabellen neu anlegen.

Es gibt vier verschiedene Typen von Aktionsabfragen:

- **Aktualisierungsabfragen** die bestehende Daten verändern,

- **Tabellenerstellungsabfragen** die Datensätze in neue Tabellen schreiben,

- **Anfügeabfragen** die neue Datensätze an vorhandene anfügen und

- **Löschabfragen** die komplette Datensätze löschen.

Alle vier Typen sind im Navigationsbereich auch an einem eigenen Symbol zu erkennen.

CD-ROM Um Ihnen das Nachvollziehen der Schritte in diesem Kapitel zu erleichtern, finden Sie innerhalb der Beispieldateien zu diesem Buch im Ordner *Kap23* eine Datenbank, die bereits die Änderungen aus Kapitel 23 enthält. Laden Sie einfach die betreffende Datenbank, um mit der Arbeit in diesem Kapitel zu beginnen.

Sie können also jederzeit ein Kapitel überspringen und trotzdem auf den aktuellen Stand der Datenbank zugreifen.

Aktualisierungsabfragen

Der dringendste Anlass für eine Aktualisierungsabfrage besteht in der Tabelle *tblBestellungen*, denn dort ist das Feld *bstPreis* noch leer. Eigentlich soll darin der *artPreis* des Artikels zum Zeitpunkt der Bestellung notiert werden, damit das Historienproblem gelöst ist. Dafür gibt es sogar drei Lösungen:

- Eine **Aktualisierungsabfrage** überträgt alle benötigten *artPreis*-Inhalte in das *bstPreis*-Feld

- Ein **Makro** oder eine **VBA-Prozedur** überträgt genau den einen Preis des aktuell veränderten *tblBestellungen*-Datensatzes

- Ein **Datenmakro** überträgt genau den einen Preis des aktuell veränderten *tblBestellungen*-Daten-satzes (das klingt sehr ähnlich wie der vorherige Punkt, dahinter steckt aber ein anderes Kon-zept, siehe Kapitel 33)

Die Aktualisierungsabfrage ist gut geeignet für größere Datenmengen, das (Daten-)Makro oder die VBA-Prozedur für einzelne Werte.

Daten von Tabelle zu Tabelle schreiben

Da die Preise aus der Tabelle *tblArtikel* gelesen und in *tblBestellungen* geschrieben werden sollen, müssen beide Tabellen in einer Abfrage gemeinsame Datenquelle sein. Das ist nichts Neues, ohnehin fangen viele Aktionsabfragen erst einmal als normale Auswahlabfragen an:

1. Erstellen Sie eine neue Abfrage mit den Tabellen *tblArtikel* und *tblBestellungen* als Datenquellen. Übernehmen Sie das Sternchen von *tblBestellungen* und außerdem das Feld *artPreis*.

2. Auch wenn es noch keine Aktionsabfrage ist, können Sie schon den passenden Namen vergeben, indem Sie sie als *qryBestellungenPreiseSchreiben* benennen.

bbildg. 24.1   Eine Aktualisierungsabfrage kann wie hier als Auswahlabfrage beginnen

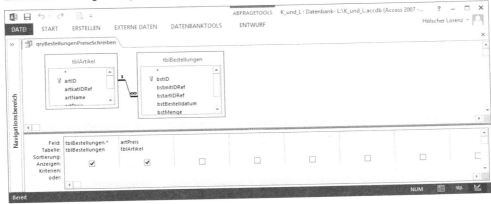

3. In der Datenblattansicht sehen Sie jetzt schon neben der leeren Spalte *bstPreis* die zugehörigen *artPreis*-Werte. Wegen der vorhandenen Verknüpfung zwischen *bstartIDRef* und *artID* sind die Preise auch der richtigen Bestellung zugeordnet.

Abbildg. 24.2   Zu den Bestellungen ist schon der Artikelpreis zu sehen

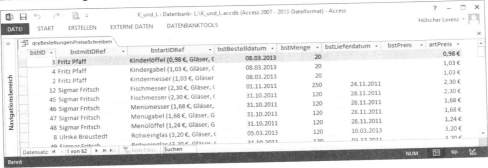

4. Es geht nur noch darum, den Inhalt in dieser Abfrage von einer Spalte in eine andere zu schreiben. Wechseln Sie daher wieder zurück in die Entwurfsansicht und löschen Sie den kompletten Inhalt des Zielbereichs.

5. Fügen Sie dort nur das Feld *bstPreis* ein. Ändern Sie den Typ der Abfrage mit dem Befehl *ENTWURF/Abfragetyp/Aktualisieren*, sodass im Zielbereich neu die Zeile *Aktualisieren* erscheint.

6. Tragen Sie dort hinter *Aktualisieren* den Namen des Felds mit eckigen Klammern ein, aus dem die Daten kommen sollen, also [artPreis]. Speichern Sie die Abfrage erneut.

Abbildg. 24.3   So sieht jetzt der Entwurf der Aktualisierungsabfrage aus

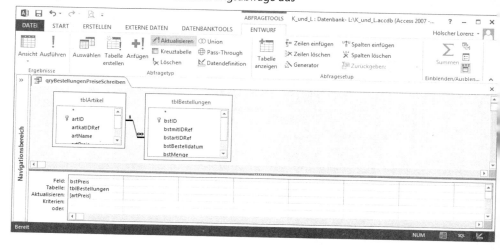

HINWEIS   Endlich ist das nicht mehr die einzige Stelle, an der statt eckiger Klammern automatisch Anführungszeichen eingefügt werden! Die Konsequenz wäre nämlich sonst, dass dann nicht der Inhalt des Felds *[artPreis]*, sondern die Buchstaben der Zeichenkette "artPreis" geschrieben werden. Hier wäre das immerhin mit einer Meldung zur Datentypverletzung abgelehnt worden, aber *Kurzer Text*-Felder haben dabei schnell einige Tausend Inhalte kaputt geschrieben.

7. Anders als Auswahlabfragen starten Sie Aktionsabfragen ausdrücklich mit dem Befehl *ENTWURF/Ergebnisse/Ausführen*. Sie können auch bei Aktionsabfragen eine Datenblattansicht ansehen, dabei wird jedoch keine Aktion ausgelöst, sondern lediglich die bisherigen Daten angezeigt.

8. Access weist Sie mit dem Dialogfeld aus Abbildung 24.4 darauf hin, dass und wie viele Datensätze geändert werden. Erst wenn Sie dieses mit *Ja* bestätigen, findet die Aktion wirklich statt.

Abbildg. 24.4   Aktionsabfragen nennen vorher die Anzahl der zu ändernden Datensätze

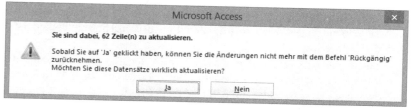

ACHTUNG   Nach einer Aktionsabfrage passiert … nichts. Viele Benutzer sind angesichts der ausbleibenden Rückmeldung irritiert und klicken noch mehrmals auf die *Ausführen*-Schaltfläche. Davon wird es nicht besser, im Gegenteil. Mit jedem Klick wird die Aktion erneut ausgeführt, falls Sie beispielsweise Datensätze anfügen, haben Sie diese nun mehrfach in der Zieltabelle.

Da Sie in Aktionsabfragen mit deren eigener Datenblattansicht praktisch nie brauchbar nachprüfen können, ob die Aktion korrekt ausgeführt wurde, können Sie diese nun schließen und stattdessen direkt die Tabelle *tblBestellungen* öffnen. Dort finden Sie jetzt das Feld *bstPreis* mit den passenden Artikelpreisen.

Sie können das einfach überprüfen, denn die Spalte *bstartIDRef* zeigt ja ein Kombinationsfeld mit dem Preis des Artikels an. Dieser Wert muss derzeit mit dem *bstPreis* übereinstimmen.

PROFITIPP   Gerade bei Aktionsabfragen sollten Sie sich vor Ausführung immer überlegen, wie viele Datensätze voraussichtlich geändert werden. Hier enthält die Tabelle *tblBestellungen* 62 Datensätze, die aktualisiert werden mussten, also stimmte die Ankündigung in der Meldung (siehe Abbildung 24.4) mit Ihrer Erwartung überein.

Jetzt scheint alles in Ordnung zu sein, denn die Preise stehen ja in der Tabelle korrekt drin. Wir werden diese Abfrage aber im Auge behalten und bei Gelegenheit noch verbessern müssen.

Felder in der gleichen Tabelle aktualisieren

Es ist inzwischen ein wenig Zeit ins Land gegangen und die Betreiber der *Kosten&Logistik*-Datenbank möchten ihre Preise anpassen, sprich: erhöhen. Wo geschieht das? Genau, in den Stammdaten der Artikel, also in der Tabelle *tblArtikel*.

Jetzt tritt theoretisch das Historienproblem auf, denn wir verlieren damit die früheren Preise der Artikel. Das macht aber nichts, denn die relevanten Preise stehen ja bereits in der Tabelle *tblBestellungen*. Also mutig ran an die Preiserhöhungen!

1. Erstellen Sie eine neue Abfrage auf Basis von *tblArtikel* und übernehmen Sie das Feld *artPreis* in den Zielbereich.

2. Fügen Sie daneben ein berechnetes Feld mit der folgenden Formel hinzu:

```
NeuerPreis: [artPreis] * 1,1
```

Abbildg. 24.5   Die Berechnung des Preises erfolgt in einem neuen Feld

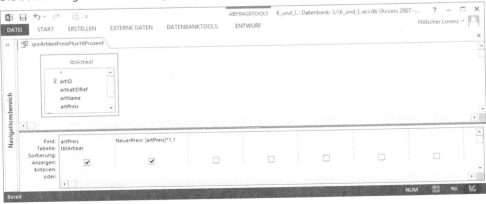

3. Speichern Sie diese Abfrage als *qryArtikelPreisPlus10Prozent*. Da es sich noch um eine Auswahl-abfrage handelt, können Sie sich die alten und die neuen Daten nebeneinander ansehen wie in Abbildung 24.6.

Abbildg. 24.6   In der Auswahlabfrage sehen Sie alte und neue Artikel

4. Jetzt können Sie wieder in die Entwurfsansicht wechseln und mit dem Befehl *ENTWURF/Abfra-getyp/Aktualisieren* auf eine Aktualisierungsabfrage umstellen.

5. Löschen Sie das berechnete Feld *NeuerPreis* und tragen Sie stattdessen in der *Aktualisieren*-Zeile für *artPreis* die folgende Formel ein:

```
[artPreis] * 1,1
```

6. Nachdem Sie die Abfrage nochmals gespeichert haben, lassen Sie die Datensätze mit *ENT-WURF/Ergebnisse/Ausführen* aktualisieren. Auch hier erscheint wieder der Hinweis auf die Anzahl der zu verändernden Datensätze wie in Abbildung 24.7.

Abbildg. 24.7   Alle 42 Artikel erhalten neue Preise

7. Schließen Sie die Aktionsabfrage wieder und prüfen Sie durch Öffnen der Tabelle *tblArtikel* nach, dass alle Preise wie geplant um 10 Prozent erhöht wurden.

Abbildg. 24.8   Die Tabelle *tblArtikel* enthält jetzt erhöhte Preise

HINWEIS Wenn Sie sich die Datenblattansicht wie in Abbildung 24.8 genau ansehen, werden Sie per Klick in einen Preis feststellen, dass dort wegen des *Euro*-Formats nur die gerundeten Werte angezeigt werden. Wirklich gespeichert sind natürlich exakt berechnete Zahlen, die auch schon mal mehr Nachkommastellen enthalten.

Wollen Sie wirklich nur ganze Cent-Beträge als Ergebnis erhalten, müssen Sie die in Kapitel 18 genannte *Runden()*-Funktion einsetzen. Schreiben Sie in der *Aktualisieren*-Zeile stattdessen `Runden([artPreis] * 1,1;2)`, um einen Wert mit zwei Nachkommastellen zu ermitteln.

Gefilterte Aktionsabfragen

Unsere Preiserhöhung hat wie geplant funktioniert und wir sollten das anschließend mal mit einem neuen Datensatz testen:

1. Öffnen Sie die Tabelle *tblBestellungen* und fügen Sie am Ende einen neuen Datensatz hinzu.
2. Der Mitarbeiter *Olgo Horrich* bestellt am *6.5.2013* noch eine kleine Blumenvase, wie in Abbildung 24.9 schon zu sehen ist.

Abbildg. 24.9 Der letzte Datensatz ist neu

3. Da hier noch der passende Preis fehlt, schließen Sie die Tabelle und starten stattdessen die Aktualisierungsabfrage *qryBestellungenPreiseSchreiben*. Es mag zwar nur ein Datensatz zu ändern sein, aber es geht ja um automatische Korrekturen.
4. Sie können diese Abfrage ausführen, indem Sie direkt im Navigationsbereich einen Doppelklick auf deren Namen ausführen. Access warnt Sie zunächst mit einer Extrameldung, dass es sich um eine Aktualisierungsabfrage handelt und diese Daten verändert werden (siehe Abbildung 24.10).

Abbildg. 24.10 Diese Extrawarnung erscheint beim Start von Aktionsabfragen aus dem Navigationsbereich

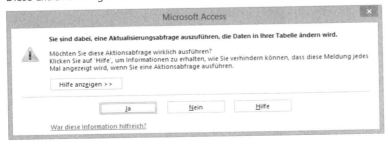

5. Nach der Bestätigung mit *Ja* erscheint die zweite Meldung, dass nun 63 Zeilen aktualisiert werden.

Halt! Stopp! Wie viele Datensätze? 63 Zeilen?? Sie hatten sich hoffentlich vorher überlegt, dass genau *ein* Datensatz zu aktualisieren ist, weil nur eine neue Bestellung noch ohne Preis ist. Was glauben Sie, was passiert, wenn Sie diese Aktualisierungsabfrage tatsächlich laufen lassen? Genau, alle alten Preise in den Bestellungen werden durch die erhöhten Preise aus der Artikel-Tabelle ersetzt.

> **ACHTUNG**   Nach dieser Beinahekatastrophe möchte ich nochmals daran erinnern, dass Access für Daten keine *Rückgängig*-Funktion besitzt! Hätten Sie nicht vorher rechtzeitig eine Sicherungskopie der Datenbankdatei angelegt, auf die Sie nun zurückgreifen könnten, wären Ihre Bestellungsdaten unrettbar zerstört gewesen, sobald die Abfrage diese aktualisiert hätte. Das möge Ihnen ein dringender Hinweis sein, lieber einmal zu viel die Datenbankdatei zu kopieren!

Die erste Aktualisierungsabfrage *qryBestellungenPreiseSchreiben* darf nicht wirklich alle Preise übernehmen, sondern nur für neue Bestellungen. Diese unterscheiden sich von anderen praktischerweise dadurch, dass in deren *bstPreis*-Feld nichts, also ein NULL-Wert drin steht.

1. Wechseln Sie in *qryBestellungenPreiseSchreiben* wieder in die Entwurfsansicht. Da es sich ja nicht mehr um eine Auswahlabfrage handelt, empfiehlt sich der Rechtsklick auf den Namen im Navigationsbereich und der Klick auf *Entwurfsansicht* im dann erscheinenden Kontextmenü.
2. Schreiben Sie für das einzige Feld *bstPreis* im Zielbereich als Kriterium den Filter Ist Null hinzu.
3. Nachdem Sie die Abfrage erneut gespeichert haben, können Sie diese ausführen. Dieses Mal erscheint als Hinweis, dass Access nur eine einzige Zeile aktualisieren wird. Das ist in Ordnung.
4. Sie können diese Abfrage schließen und sich in der nun wieder geöffneten Tabelle *tblBestellungen* davon überzeugen, dass wie in Abbildung 24.11 nur der neue Datensatz einen neuen Preis erhalten hat.

Abbildg. 24.11   Der letzte Datensatz hat jetzt den richtigen Preis erhalten

Damit ist auch diese Abfrage so »ungefährlich«, dass Sie sie im Grunde jederzeit aufrufen können. Solange kein (neuer) Datensatz mit einem NULL-Wert in *bstPreis* existiert, werden gar keine Preise geschrieben.

> **ACHTUNG**   Sie erinnern sich hoffentlich noch an meinen Hinweis in Kapitel 21, dass die zentrale Abfrage *qryALLE_BESTELLUNGEN_MIT_INFO* noch die falschen Preise aus der Artikel-Tabelle benutzt, bis die *bstPreis*-Spalte mit Daten gefüllt ist? Jetzt ist der Zeitpunkt, das zu verbessern! Gehen Sie in deren Entwurf und ändern dort bitte die Formel für den Gesamtpreis wie folgt:

```
Gesamtpreis: [bstMenge] * [bstPreis]
```

Damit sind alle anderen Abfragen, die ja auf dieser basieren, automatisch auch schon korrigiert.

Tabellenerstellungsabfragen

Tabelle erstellen

Eigentlich sind Tabellenerstellungsabfragen die mit Abstand am seltensten gebrauchten Aktionsabfragen und Sie werden nachher sehen, warum das so ist. Bis dahin sind sie aber sehr praktisch, um möglichst wenige Daten zu verlieren.

Abgesehen davon, dass Sie hoffentlich Kopien Ihrer gesamten Datenbank anlegen, ist es manchmal ganz praktisch, bestimmte Datensätze regelmäßig in eine Archivtabelle auszulagern.

Beispielsweise müssen nicht mehr alle Bestellungen der letzten hundert Jahre in allen Details nachvollziehbar sein. Meist reicht es, monatlich oder jährlich kumulierte Daten für Vergleiche nutzen zu können.

Einfache Tabellenerstellungsabfrage

Fangen wir zuerst mit der grundsätzlichen Technik an, per Abfrage eine neue Tabelle mit Daten zu füllen:

1. Erstellen Sie eine neue Abfrage auf der Basis von *tblBestellungen*, die wie bei allen Aktionsabfragen zuerst noch eine Auswahlabfrage ist.

2. Markieren Sie alle Felder außer dem Sternchen und ziehen diese in den Zielbereich hinein (der Doppelklick auf mehrere markierte Felder klappt nicht!). Das Sternchen ist für Tabellenerstellungsabfragen nicht zulässig.

PROFITIPP   Wenn Sie wie hier statt des Sternchens alle Felder einer Datenquelle einzeln in den Zielbereich einfügen müssen, können Sie diese markieren und dann den orangefarbenen Block mit gedrückter Maustaste in den Zielbereich schieben.

Der Trick liegt in der Markierung aller Felder. Anstatt den ersten Feldnamen und den letzten mit gedrückter ⇧-Taste anzuklicken (was Windows-üblich auch funktioniert), geht es hier noch einfacher: mit einem Doppelklick auf die Titelzeile der Feldliste. Dann sind direkt alle Feldnamen ohne das Sternchen markiert.

---

3. Wechseln Sie mit *ENTWURF/Abfragetyp/Tabelle erstellen* den Typ der Abfrage, woraufhin sofort das Dialogfeld aus Abbildung 24.12 erscheint. Tippen Sie dort hinter *Tabellenname* den gewünschten Namen der neuen Tabelle ein, hier ist es *tblBestellungenArchiv*.

Abbildg. 24.12   Geben Sie in diesem Dialogfeld den Namen der neuen Tabelle an

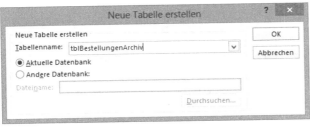

> **HINWEIS** Eine Dropdownliste für den Namen einer *neuen* Tabelle wie in diesem Dialog ist nicht sehr hilfreich und sollte Sie nicht verleiten, dort eine schon bestehende auszuwählen. Diese würde dann nämlich von der Tabellenerstellungsabfrage (immerhin nach einer Rückfrage) durch Überschreiben zerstört! Das gleiche Dialogfeld wird aber auch für eine Anfügeabfrage benutzt, wo die Auswahl aus einer Dropdownliste bedeutend sinnvoller ist.

4. Bestätigen Sie das Dialogfeld mit *OK* und speichern Sie die Abfrage als *qryBestellungenArchiv-Anlegen*.

5. Wenn Sie anschließend mit *ENTWURF/Ergebnisse/Ausführen* diese Aktionsabfrage ausführen, weist Access Sie noch mit der Meldung wie in Abbildung 24.13 darauf hin, wie viele Datensätze geschrieben werden. Das können Sie auch mit *Ja* bestätigen.

Abbildg. 24.13 Diese Meldung informiert Sie über die Anzahl der zu schreibenden Datensätze

Damit können Sie die Abfrage schließen und im Navigationsbereich nachsehen, dass es eine neue Tabelle *tblBestellungenArchiv* gibt. Deren Inhalt ist derzeit identisch mit *tblBestellungen*, weil wir ja ungefiltert alles dort hineingeschrieben haben.

Wenn Sie allerdings später diese Abfrage erneut ausführen, weil Sie vielleicht den aktuellen Stand der Bestellungen archivieren wollen, gibt es noch eine Warnung mehr wie in Abbildung 24.14. Jede Tabellenerstellungsabfrage löscht immer vorher eine gleichnamige Tabelle, selbst wenn in dieser die gleichen Felder vorhanden sind.

Abbildg. 24.14 Access warnt extra vor dem Löschen der Tabelle

Damit haben Sie schon den ersten und wesentlichen Nachteil einer Tabellenerstellungsabfrage kennengelernt: Die vorherigen Daten verschwinden.

Der zweite Nachteil ist noch nicht so auffällig. Er besteht darin, dass Sie die Eigenschaften der Felder kaum vorgeben können. Hier basieren die Datensätze direkt auf einer Tabelle, sodass deren Feldeigenschaften praktisch unverändert übernommen wurden. Das wird gleich anders sein.

Kumulierte Tabellenerstellungsabfrage

Damit die Bestellungen aus den letzten Jahren nicht so viel Platz verbrauchen, sollen sie kumuliert werden. Es reicht eine monatliche Summierung ohne Details wie Artikelnummer oder Mitarbeiter-ID.

1. Erstellen Sie eine neue Abfrage mit *tblBestellungen* als Datenquelle. Im Zielbereich werden nur berechnete Felder stehen, die alle als Präfix *arc...* für das Archiv erhalten.

2. Fügen Sie die in Abbildung 24.15 sichtbaren berechneten Felder ein oder geben Sie in der SQL-Ansicht diesen Code ein und speichern Sie die Abfrage als *qryBestellungenMonatlicheSumme*:

```
SELECT Year([bstBestelldatum]) AS arcJahr,
Month([bstBestelldatum]) AS arcMonat,
Sum(bstMenge) AS arcMenge,
Sum([bstMenge]*[bstPreis]) AS arcGesamtpreis
FROM tblBestellungen
GROUP BY Year([bstBestelldatum]), Month([bstBestelldatum])
HAVING Year([bstBestelldatum])<2013;
```

Abbildg. 24.15 Diese Abfrage fasst die Bestellungen monatlich zusammen

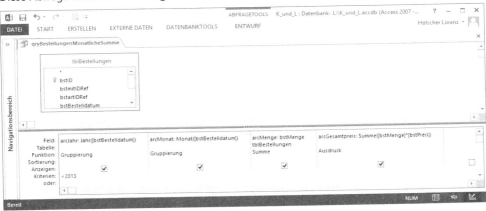

3. Durch den Filter werden nur diejenigen Datensätze in das Archiv geschrieben, deren Bestell-datum vor 2013 liegt.

Abbildg. 24.16 Diese Daten werden archiviert

Abfragen

4. Da es sich noch um eine Auswahlabfrage handelt, können Sie sich wie in Abbildung 24.16 schon mal in der Datenblattansicht ansehen, welche Daten später in der Tabelle gespeichert werden.

5. Jetzt machen Sie mit *ENTWURF/Abfragetyp/Tabelle erstellen* daraus eine Tabellenerstellungsabfrage und geben im folgenden Dialogfeld wie in Abbildung 24.17 den neuen Tabellennamen *tblBestellungenMonatsarchiv* an.

Abbildg. 24.17 Der neue Tabellenname lautet *tblBestellungenMonatsarchiv*

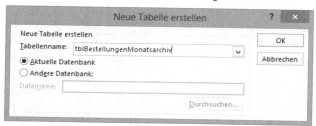

6. Dann können Sie diese Abfrage ausführen und finden anschließend die gewünschte neue Tabelle *tblBestellungenMonatsarchiv* im Navigationsbereich.

Alle Datensätze wurden einwandfrei geschrieben, aber leider lassen sich die Eigenschaften der dort entstehenden Felder nicht vorgeben. Beispielsweise ist der *arcMonat* eine *Integer*-Zahl, während *Byte* ausreichen würde, und die *arcMenge* eine *Double*-Zahl, obwohl nur ganzzahlige Inhalte vorkommen werden.

Daher ist es viel sinnvoller, eine solche Tabelle ganz normal in der Entwurfsansicht wie alle anderen auch zu erstellen. Die Daten werden anschließend über eine Anfügeabfrage geschrieben, wie sie folgend beschrieben ist.

Anfügeabfragen

Anfügeabfragen dienen dazu, neue Datensätze ganz oder wenigstens teilweise zu erzeugen. Anders als bei Tabellenerstellungsabfragen muss die Zieltabelle bereits vorhanden sein und die darin eventuell enthaltenen Datensätze werden nicht verändert oder gar gelöscht.

ACHTUNG *AutoWert*-Felder werden auch von Anfügeabfragen nicht extra gefüllt, sie entstehen automatisch durch die neuen Datensätze. Daher war es mir bei der erweiterten Ungarischen Notation zur Feldbenennung wichtig, schon an den speziellen Feldnamen (*...ID* statt *...Nr*) erkennen zu können, ob dahinter ein *AutoWert* oder ein manuell vergebener Primärschlüssel steckt.

Daten von einer Tabelle an die andere anfügen

Der typische Archivierungsfall tritt also eher so auf, dass die Archivtabelle bereits vorhanden ist und Sie nur regelmäßig neue Daten anhängen. Da Access Sie nicht daran hindern wird, bereits archivierte Daten erneut (und damit mehrfach) anzuhängen, möchte ich das Datum der letzten Archivierung festhalten.

Um Platz zu sparen, könnten Sie eine eigene Tabelle pflegen, in welcher dieses letzte Archivierungsdatum gespeichert wird. Da wir hier aber nur sehr wenige Datensätze archivieren, schreibe ich das direkt in jeden Datensatz. Das kostet zwar minimal mehr Platz (weil das Datum unnötig oft wiederholt wird), aber dafür bin ich sicher, dass es immer stimmt.

1. Diese Archivierung nutzt ebenfalls die Tabelle *tblBestellungenMonatsarchiv*, daher müssen Sie dort ein zusätzliches Feld bereitstellen.

2. Wechseln Sie bitte in deren Entwurfsansicht und ergänzen Sie das Feld *arcArchivdatum* mit dem Datentyp *Datum/Uhrzeit*. Dann können Sie die Tabelle speichern und schließen.

3. Kopieren Sie die Tabellenerstellungsabfrage *qryBestellungenMonatlicheSumme* auf den neuen Namen *qryBestellungenMonatlichArchivieren* und wechseln Sie in deren Entwurfsansicht.

4. Ändern Sie mit dem Befehl *ENTWURF/Abfragetyp/Anfügen* deren Typ in eine Anfügeabfrage. Im automatisch erscheinenden Dialogfeld belassen Sie den Tabellennamen auf *tblBestellungenMonatsarchiv* (siehe auch Abbildung 24.17).

5. Ändern Sie die beiden Filter so, dass das laufende Jahr (`=Jahr(Datum())`) und dessen Vormonat (`=Monat(Datum())+1`) berücksichtigt wird, wie Abbildung 24.18 zeigt.

> **PROFITIPP** Da die Feldnamen von berechneten Feldern bei Anfügeabfragen völlig belanglos sind, habe ich hier kurze Versionen wie *X1* gewählt. Der endgültige Feldname wird nämlich sowieso von der Zieltabelle bestimmt und steht in der *Anfügen an*-Zeile. Die *X1*-Feldnamen sind nur aus syntaktischen Gründen erforderlich.

6. Außerdem benötigen Sie noch ein weiteres berechnetes Feld, welches die aktuelle Uhrzeit und das Datum mit X5: `Jetzt()` ermittelt. Wählen Sie zu diesem in der *Anfügen an*-Zeile das passende Zielfeld *arcArchivdatum*.

Abbildg. 24.18 Die *Anfügen an*-Zeile zeigt alle Felder der Zieltabelle

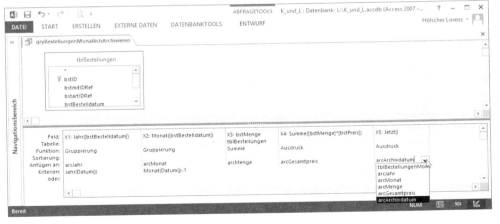

7. Der komplette SQL-Code zu dieser Abfrage entspricht der Abbildung 24.18 und sieht aus wie folgt:

Abfragen

```
INSERT INTO tblBestellungenMonatsarchiv (arcJahr, arcMonat, arcMenge,
arcGesamtpreis, arcArchivdatum )
SELECT Year([bstBestelldatum]) AS X1, Month([bstBestelldatum]) AS X2,
Sum(tblBestellungen.bstMenge) AS X3, Sum([bstMenge]*[bstPreis]) AS X4,
Now() AS X5
FROM tblBestellungen
GROUP BY Year([bstBestelldatum]), Month([bstBestelldatum])
HAVING (Year([bstBestelldatum]) = Year(Date())) AND
(Month([bstBestelldatum])=Month(Date())-1);
```

Je nach aktuellem Tagesdatum sehen Sie in der Datenblattansicht eventuell keine Daten, weil im passenden Vormonat nichts bestellt wurde. Sie können aber zu Testzwecken statt der *Datum()*-Funktion ein beliebiges Tagesdatum und statt *Jetzt()* das gleiche Tagesdatum samt Uhrzeit eintragen (siehe Abbildung 24.19).

Abbildg. 24.19 So geben Sie ein Datum zu Testzwecken vor

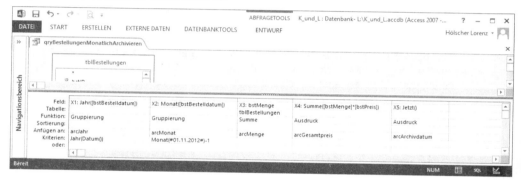

Wenn Sie diese Anfügeabfrage ausführen, meldet Access einen anzufügenden Datensatz. Diesen erkennen Sie wie in Abbildung 24.20 anschließend in der Tabelle *tblBestellungenMonatsarchiv* als einzigen mit einem Datum-/Zeiteintrag.

Abbildg. 24.20 Der neue Datensatz trägt ein Archivierungsdatum

Bevor Sie also demnächst die Bestellungen archivieren, würden Sie vorher in dieser Tabelle nachsehen, wann die letzte Anfügeabfrage ausgeführt wurde. Die zugehörigen Daten stammen dann aus dem Vormonat.

In diesem Fall können Sie natürlich auch einfach prüfen, ob der vorige Monat schon archiviert wurde. Das ist aber nicht bei allen angefügten Daten so einfach zu erkennen, daher empfehle ich immer so einen Datum-/Zeitstempel.

Daten an die gleiche Tabelle anfügen

Mehr der Vollständigkeit halber sei darauf hingewiesen, dass Access nicht nur Daten zwischen Tabellen hin- und herkopieren, sondern auch Datensätze an die eigene Tabelle anfügen kann.

Wir möchten diese Möglichkeit hier einsetzen, um ein paar zusätzliche Artikel aufzunehmen. Zur Möbelserie »Toskana« sollen in der *Kosten&Logistik*-Datenbank neuerdings besonders haltbare Ausführungen unter dem Namen »Toskana XL« angeboten werden. Natürlich hat so viel Stabilität auch ihren Preis, nämlich den doppelten.

Mit einer Anfügeabfrage können Sie die Daten der bisherigen Artikel übernehmen und gleich für die neuen Datensätze anpassen:

1. Erstellen Sie eine neue Abfrage mit der Tabelle *tblArtikel* als Datenquelle. Übernehmen Sie das Feld *artkatIDRef* in den Zielbereich und speichern Sie die Abfrage als *qryArtikelToskanaXLHinzufuegen*.

2. Fügen Sie zwei berechnete Felder mit den folgenden Formeln hinzu und achten Sie dabei bitte auf das Leerzeichen innerhalb der Gänsefüßchen:

```
NeuerName: [artName] & " XL"
NeuerPreis: [artPreis] * 2
```

Gelegentlich sollten Sie mal einen Blick auf Ihren Tabellenentwurf werfen. Für das *Text*-Feld *artName* war in *tblArtikel* eine Länge von nur 30 Zeichen vereinbart worden. Hier entsteht gerade ein um weitere drei Zeichen verlängerter Artikelname, der für den *Hochlehnersessel Toskana XL* mit seinen 27 Zeichen schon bedenklich nahe an diese Grenze kommt. Das wäre ein dringender Anlass, dieses Feld auf 50 Zeichen zu verlängern.

---

3. Wandeln Sie die bisherige Auswahlabfrage mit *ENTWURF/Abfragetyp/Anfügen* in eine Anfügeabfrage um, die in die gleiche(!) Tabelle *tblArtikel* schreibt.

4. Da die berechneten Felder neue Feldnamen haben, müssen Sie ausdrücklich angeben, in welche vorhandenen Felder die Daten geschrieben werden sollen, nämlich in *artName* und *artPreis*.

5. Fügen Sie das Feld *artName* hinzu und tragen Sie dafür den Filter Wie "*toskana*" ein, wie es in Abbildung 24.21 bereits zu sehen ist. Dieses Feld wird nicht geschrieben, also müssen Sie dessen Feldnamen in der *Anfügen an*-Zeile wieder entfernen.

Abbildg. 24.21   Diese Anfügeabfrage kopiert einen Teil der Artikel

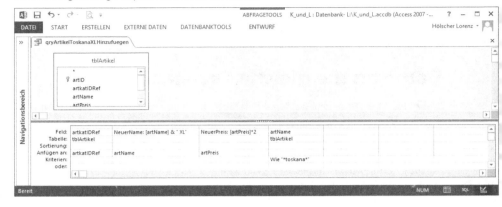

6. Die vollständige SQL-Anweisung lautet so:

```
INSERT INTO tblArtikel (artkatIDRef, artName, artPreis)
SELECT artkatIDRef, [artName] & " XL" AS NeuerName, [artPreis]*2 AS NeuerPreis
FROM tblArtikel
WHERE artName Like "*toskana*";
```

7. Wenn Sie diese Abfrage nun ausführen, werden vier neue Zeilen angefügt, wie Sie anschließend in der Tabelle *tblArtikel* (siehe Abbildung 24.22) nachprüfen können.

Abbildg. 24.22   Die neuen Artikel wurden hinzugefügt

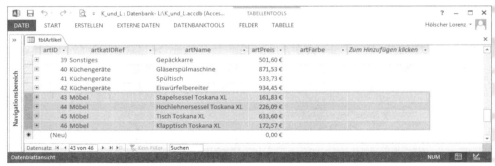

Einzelwerte an eine Tabelle anfügen

Wie Sie eben bemerkt haben werden, wurden zwei Felder gar nicht geschrieben. Beim Primärschlüssel *artID* hatte ich schon darauf hingewiesen, dass es sich ja um einen *AutoWert* handelt, der sich selber weiterzählt.

Bei der Farbe ist es ganz anders: Mehrwertige Felder lassen sich so nicht mit Anfügeabfragen bearbeiten. Dahinter steckt intern zwar eine m:n-Beziehung, da diese jedoch in der Datenbank versteckt ist, kommen Sie mit dem grafischen Abfrageentwurf nicht weiter, sondern nur mit handgeschriebenem SQL!

Die folgende Abfrage wird eigentlich eher in der VBA-Programmierung eingesetzt, weil darin statische Werte enthalten sind, die geschrieben werden. Diese könnten Sie schließlich auch direkt in der Tabelle eintragen. Die zugehörige SQL-Syntax wird uns aber hier weiterhelfen:

1. Erstellen Sie eine neue Abfrage auf der Basis von *tblArtikel* und wechseln Sie in deren SQL-Ansicht.

2. Ersetzen Sie den rudimentär vorhandenen SQL-Code darin durch die folgenden Anweisungen:

```
INSERT INTO tblArtikel (artkatIDRef, artName, artPreis)
VALUES (1, "Beispiel-Besteck", 9.99);
```

Abbildg. 24.23   Diese Abfrage wird komplett als SQL-Statement geschrieben

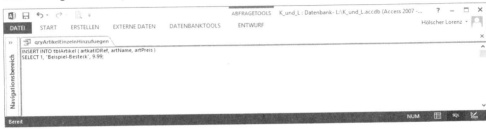

3. Speichern Sie die Abfrage als *qryArtikelEinzelnHinzufuegen* und lassen sie ausführen, sodass ein Datensatz geschrieben wird. Dann können Sie die Tabelle *tblArtikel* öffnen wie in Abbildung 24.24 und sehen, dass der neue Datensatz hinzugefügt wurde.

Abbildg. 24.24   Der Beispieldatensatz wurde angefügt

Diese neue Version des INSERT INTO-Codes ermöglicht das Hinzufügen von einzelnen Werten mit dem Schlüsselwort VALUES und ist damit die Chance, um auch in mehrwertige Felder zu schreiben.

1. Erstellen Sie eine neue Abfrage auf der Basis von *tblArtikel*, wechseln Sie in die SQL-Ansicht und schreiben folgenden Code:

```
INSERT INTO tblArtikel (artFarbe.Value)
VALUES (2)
WHERE artName LIKE "*toskana xl*";
```

2. Das ist eine vollwertige Anfügeabfrage, auch wenn Sie tatsächlich nur für alle »Toskana XL«-Artikel einen Wert in ein einziges Feld schreibt.

3. Speichern Sie die Abfrage als *qryArtikelToskanaXLFarben* und führen Sie sie aus.

Da *golden* die zweite Farbe in der Auswahl des mehrwertigen Felds war, erhielt sie auch intern den Wert 2. Entsprechend sehen Sie in Abbildung 24.25 (dort schon mit manuell ausgeklapptem Auswahlfeld), dass für diese Möbelserie eine goldene Farbe ausgewählt wurde.

Abbildg. 24.25   Die »Toskana XL«-Möbel gibt es in goldener Farbe

Wollen Sie zusätzlich noch *silbern* hinzufügen, müssen Sie die gleiche Abfrage noch ein zweites Mal mit VALUES (1) laufen lassen.

> **HINWEIS**   Bei Anfügeabfragen müssen Sie darauf achten, dass die Datentypen der Felder zueinander passen. Die Feldnamen selber müssen jedoch nicht gleich sein, wie Sie gesehen haben.

Löschabfragen

Falls Sie die Archivierung der Bestellungen monatlich ausführen, um Platz zu sparen, haben wir noch nichts gewonnen. Zwar werden die Daten kumuliert und damit auch komprimiert geschrieben, denn aus zehn Detaildatensätzen wird nur ein Monatsdatensatz. Aber die Originaldatensätze sind ja immer noch vorhanden.

Normalerweise würden Sie nach der Anfügeabfrage gleich eine Löschabfrage starten, um die nun archivierten Daten aus der aktuellen Tabelle auch zu entfernen. Da wir hier aber ohnehin nur sehr wenige Daten zur Verfügung haben, möchte ich stattdessen in der Tabelle *tblBestellungenArchiv* löschen.

> **ACHTUNG**   Wirklichen Platz sparen Sie nur, wenn Sie nach dem Löschen von Daten oder gar ganzen Tabellen auch die Datenbank komprimieren. Sonst sind die Daten zwar nicht mehr erreichbar (es gibt nämlich kein Rückgängig für das Löschen!), belegen aber immer noch Dateiplatz.

> Denken Sie dabei nicht nur an Löschabfragen, sondern auch an Tabellenerstellungsabfragen, die ja ab dem zweiten Aufruf immer zuerst eine bestehende Tabelle komplett löschen.

Eine Löschabfrage löscht immer den kompletten Datensatz, daher braucht sie eigentlich nur eine Bedingung, welche Datensätze betroffen sind, und keine weiteren Felder.

> **HINWEIS** Möchten Sie statt des ganzen Datensatzes nur einen einzelnen Wert löschen, brauchen Sie keine Löschabfrage. Stattdessen schreiben Sie per Aktualisierungsabfrage in das Feld den Wert *NULL* hinein.

1. Erstellen Sie eine neue Abfrage auf der Basis von *tblBestellungenArchiv* und fügen Sie das Feld *bstmitIDRef* hinzu, weil alle Bestellungen eines Mitarbeiters gelöscht werden sollen.

2. Geben Sie als Filter für das Feld *bstmitIDRef* dann 9 an, um alle Datensätze von *Fritz Pfaff* zu entfernen. Davon sind nachher vier Datensätze betroffen.

3. Bis jetzt ist es noch eine Auswahlabfrage, mit *ENTWURF/Abfragetyp/Löschen* verwandeln Sie diese in eine Löschabfrage. Speichern Sie diese unter dem Namen *qryBestellungenArchivOhne ID9*. Der SQL-Code dazu lautet:

```
DELETE bstmitIDRef
FROM tblBestellungenArchiv
WHERE bstmitIDRef = 9;
```

Abbildg. 24.26   Dieser Abfrageentwurf löscht alle Datensätze des Mitarbeiters *Fritz Pfaff*

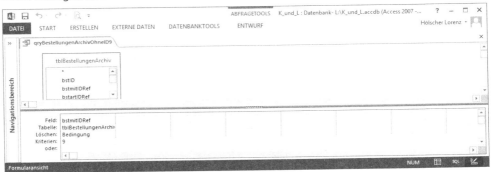

4. Wenn Sie diese Abfrage nun ausführen, fehlen erwartungsgemäß anschließend alle vier Datensätze mit der *bstmitIDRef* 9 in der Tabelle *tblBestellungenArchiv*.

So eine Löschabfrage ist natürlich auch geeignet, um alle Datensätze einer Tabelle zu löschen. Schreiben Sie dann einfach gar keine Bedingung wie im folgenden Code:

```
DELETE *
FROM tblBestellungenArchiv
```

> **HINWEIS** Access erzeugt aus der Entwurfsansicht auch für Löschabfragen typischerweise so etwas wie DELETE Feldname FROM Tabellenname mit einem bestimmten Feldnamen, was aber überflüssig ist. Da sowieso der ganze Datensatz gelöscht wird, können Sie immer die »offizielle« Version mit DELETE * FROM Tabellenname schreiben.

Abfragen

Zusammenfassung

In diesem Kapitel wurden Ihnen die vier Typen von Aktionsabfragen vorgestellt, mit denen in Access umfangreiche Änderungen an Datensätzen möglich sind:

- Die *Aktualisierungsabfragen* (Seite 462) ermöglichen die nachträgliche Änderung bestehender Datensätze. Sie können dabei sowohl Datensätze in der gleichen Tabelle überschreiben als auch von einer in eine andere Tabelle kopieren.

- *Tabellenerstellungsabfragen* (Seite 469) werden eher selten eingesetzt, weil sie anhand der Daten immer eine neue Tabelle erstellen und die Datensätze dort anfügen. Eine gleichnamige Tabelle wird vorher immer gelöscht, was im Echteinsatz eher lästig ist.

- Das Problem des vorherigen Löschens lösen *Anfügeabfragen* (Seite 472), welche in eine bestehende Tabelle zusätzliche Datensätze hineinschreiben

- *Löschabfragen* (Seite 478) dienen, wie der Name schon verrät, zum Löschen von kompletten Datensätzen, wahlweise mit oder ohne einschränkende Bedingung

Damit haben Sie alles kennengelernt, was in Access mit Auswahl- oder Aktionsabfragen möglich ist.

Teil F

Formulare

Kapitel 25

Verschiedene Formulare

Der typische Benutzer sieht von Ihrer Datenbank weder Tabellen noch Abfragen, sondern nur Formulare (und später auch Berichte). Während Abfragen für die umfangreiche Arbeit »hinter den Kulissen« zuständig sind, sorgen Formulare für die ansprechende Optik und Bedienungsoberfläche, bei Bedarf auch mit Programmierung.

Daher sollten Sie auf eine durchdachte Gestaltung dieser Schnittstelle zu Ihrem Benutzer sehr viel Wert legen, denn – ob Sie das wollen oder nicht – die Qualität Ihrer Datenbank wird nicht an feinsinnigen Optimierungen in Abfragen gemessen, sondern daran, ob die Bedienungselemente einen guten Eindruck hinterlassen.

Access unterstützt Sie mit verschiedenen Ansichten und Assistenten dabei, viele der anfallenden Standardaufgaben bei der Gestaltung von Formularen bequem zu erledigen.

CD-ROM Um Ihnen das Nachvollziehen der Schritte in diesem Kapitel zu erleichtern, finden Sie innerhalb der Beispieldateien zu diesem Buch im Ordner *Kap24* eine Datenbank, die bereits die Änderungen aus Kapitel 24 enthält. Laden Sie einfach die betreffende Datenbank, um mit der Arbeit in diesem Kapitel zu beginnen.

Sie können also jederzeit ein Kapitel überspringen und trotzdem auf den aktuellen Stand der Datenbank zugreifen.

Automatisches Formular erstellen

Am einfachsten zu erstellen sind die automatischen Formulare im einspaltigen Standardlayout, wie Sie diese anfangs schon am Beispiel der Schulbücherei-Datenbank kennengelernt haben. Von ziemlich jeder Tabelle werden Sie in Ihren Datenbanken ein solches automatisch erstelltes Formular benötigen, damit die Benutzer dort Daten eingeben können:

1. Hier soll für die Artikel ein solches Standardformular bereitgestellt werden. Markieren Sie also die Tabelle *tblArtikel* im Navigationsbereich und klicken auf den Befehl *ERSTELLEN/Formulare/ Formular*.

Abbildg. 25.1 Die Tabelle *tblArtikel* muss markiert sein, um daraus ein Formular zu erstellen

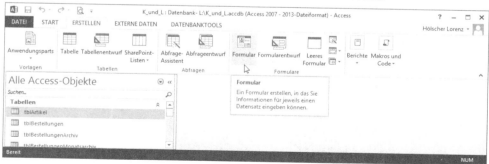

2. Nach einer kurzen Wartezeit erscheint das Formular in der Layoutansicht, wie Sie es auch in Abbildung 25.2 sehen können.

3. Da der vorgeschlagene Name nicht der Ungarischen Notation entspricht, sollten Sie das Formular beim Speichern besser als *frmArtikel* benennen.

Abbildg. 25.2   So sieht das automatisch erstellte Formular für die Tabelle *tblArtikel* aus

> **HINWEIS**   Auch wenn hier alle Formulare direkt auf Tabellen basieren, können und sollten Sie selbstverständlich auch Abfragen als Basis benutzen. Das ist vor allem für Sortierungen sinnvoll, die Sie besser generell in einer gemeinsamen Abfrage als in mehreren einzelnen Formularen vornehmen.

Formularansichten nutzen

Formulare haben verschiedene Ansichten für unterschiedliche Aufgaben:

- **Formularansicht**   In dieser Ansicht lässt sich das Formular mit allen seinen Daten und eventuellen Programmierungen benutzen. So stellt es sich auch für den typischen Benutzer dar.

- **Entwurfsansicht**   Diese Ansicht erlaubt umfangreiche Änderungen an allen Eigenschaften. Sie zeigt das Formular sozusagen im »Rohzustand«, also ohne Daten.

- **Layoutansicht**   Diese Ansicht ist eine Mischung aus Formular- und Entwurfsansicht. Sie zeigt zwar bereits Daten, erlaubt aber trotzdem noch die Änderung einiger Eigenschaften. Die Layoutansicht wird vor allem eingesetzt, um die Anordnung der Kontrollelemente zu verbessern.

> **HINWEIS**   Die Layoutansicht erlaubt nur den Zugriff auf einige Eigenschaften. Daher wird man immer wieder im Arbeitsfluss blockiert und muss dann doch in die Entwurfsansicht wechseln, was recht lästig sein kann. Daher werde ich bevorzugt in der Entwurfsansicht arbeiten, weil es dort diese Einschränkung nicht gibt.

Formulare gestalten

Bevor Sie die verschiedenen Formulartypen kennenlernen, erfahren Sie, wie Sie ein solches Formular gestalten können. Diese Formatierung lässt sich natürlich auf alle Formulartypen anwenden, aber viele Ihrer Formulare werden so wie dieses automatisch erstellt werden.

Designs ändern

Access 2013 bietet mit Designs auf sehr umfangreiche Weise die Möglichkeit, die Gestaltung von Formularen (und Berichten) zu beeinflussen.

ACHTUNG Gegen alle Windows-üblichen Regeln und ohne Warnung werden mit der Auswahl eines Designs per Klick alle anderen Formulare und Berichte der aktuellen Datenbank ebenfalls auf dieses Design umgestellt. Das ist praktisch, wenn Sie das Aussehen einer ganzen Datenbank anpassen müssen, weil sich dies mit einem einzigen Klick umsetzen lässt.

Es hat aber unangenehme Auswirkungen, wenn man davon ausgeht, dass, wie normalerweise üblich, nur das geöffnete Objekt verändert wird und für diese Änderungen anschließend beim Speichern noch eine Bestätigung angefordert werden muss. Konkret werden Sie zwar beim Schließen des Formularentwurfs gefragt, ob Sie die Änderungen speichern wollen, aber selbst ein *Nein* verhindert nicht die Designanpassung aller Formulare und Berichte in der aktuellen Datenbank.

Statt eines üblichen Klicks können Sie immerhin wie in Abbildung 25.3 per Rechtsklick auf das Design im Kontextmenü einschränken, für welche Objekte das Design gelten soll.

Abbildg. 25.3   So wenden Sie das Design nicht unfreiwillig auf alle Objekte an

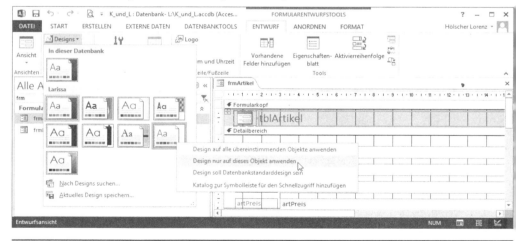

1. Im einfachsten Fall rufen Sie eines der integrierten Designs auf, die Sie mit dem Befehl *ENTWURF/Designs/Designs* als Katalog anzeigen können.
2. Wenn Sie den Mauszeiger über ein bestehendes Design bewegen, sehen Sie im Formular bereits die Änderungen. So können Sie sich leichter einen Eindruck davon machen, wie es später wirkt.
3. Wählen Sie das Design *Facette* aus (das zweite in der ersten Reihe).

PROFITIPP Wenn Sie aus Performancegründen die sofortige Vorschau auf die zukünftigen Änderungen abschalten wollen, finden Sie diese Möglichkeit unter dem Befehl *Datei/Optionen* in der Kategorie *Allgemein* in der Gruppe *Benutzeroberflächenoptionen* als Kontrollkästchen *Livevorschau aktivieren*.

Zu einem Design gehören in Access immer eine Farbpalette und zwei Schriftarten. Diese Teilelemente waren bis Access 2010 gleichnamig, das ist aber nicht mehr der Fall und ohnehin nicht zwingend. Diese werden vom Design automatisch mitausgewählt.

HINWEIS Während für ein Design die Livevorschau aktiv ist und das Formular direkt neu formatiert zeigt, ohne dass Sie klicken müssen, gilt das für Farben und Schriftarten nicht. Diese brauchen einen Klick, bis sie wirksam werden.

Das zu einem Design zugehörige Schriftartenpaar ist nicht mehr in der Liste der Schriftarten markiert, sondern wird in der QuickInfo zur Schaltfläche *Schriftarten* angezeigt (siehe Abbildung 25.4).

Abbildg. 25.4 Diese beiden Schriftarten gehören zum Design *Facette*

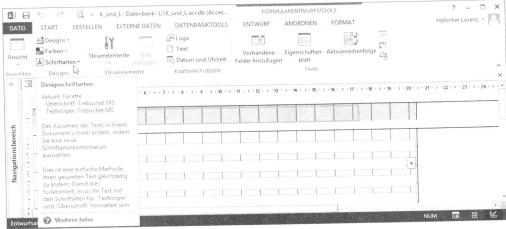

Sie können nach (!) Auswahl eines Designs aber sowohl die Farben als auch die Schriftarten ändern oder Ihre aktuellen Änderungen als eigenes Design speichern.

Designfarben zusammenstellen

Obwohl sich die Zusammenstellung eines Designs nicht auf ein konkretes Formular bezieht, muss irgendein Formular im Entwurf (Layout- oder Entwurfsansicht) geöffnet sein, damit der entsprechende Befehl erreichbar ist:

1. Klicken Sie auf den Befehl *ENTWURF/Designs/Farben*, um den Farbenkatalog anzuzeigen. Dort finden Sie ganz unten den Befehl *Farben anpassen*.
2. Nachdem Sie diesen angeklickt haben, öffnet sich das Dialogfeld *Neue Designfarben erstellen* (siehe Abbildung 25.5), mit dem Sie für eine vorgegebene Auswahl an Einträgen die gewünschten Farben auswählen können.

In diesem Dialogfeld können Sie die Farben des zukünftigen Designs einstellen

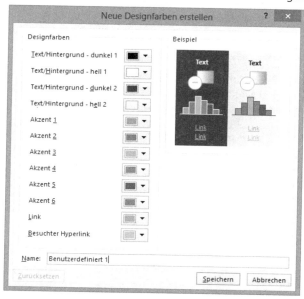

3. Die Bezeichnungen wie *Akzent 1* oder *Text 1* werden Sie später in den Eigenschaften der Kontroll-elemente wiederfinden. Sie können für jede Farbe wie in Abbildung 25.6 per Klick auf den Dropdownpfeil aus verschiedenen Farbpaletten auswählen oder mit *Weitere Farben* eine belie-bige Farbe angeben.

Ändern Sie die Farben und speichern Sie diese unter einem neuen Namen

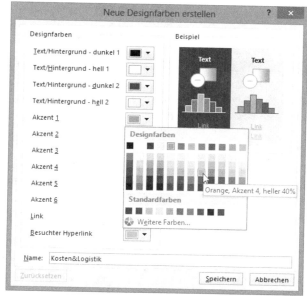

4. Geben Sie dann bei *Name* eine Bezeichnung wie *Kosten&Logistik* ein und klicken Sie auf *Speichern*.

> **HINWEIS**   Diese Designfarben werden als XML-Datei auf Ihrem Computer im Pfad *C:\Users\<Benutzername>\AppData\Roaming\Microsoft\Templates\Document Themes\Theme Colors* gespeichert. Sie müssen sich daher bei der Zuweisung des Namens an die Regeln für Dateinamen halten.

Sie haben nun eine eigene Farbpalette erstellt und als Datei gespeichert. Diese Farben sind für das aktuell geöffnete Formular auch bereits ausgewählt, wie Sie beim erneuten Öffnen des Farbpalettenkatalogs feststellen können.

Der Katalog zeigt wie in Abbildung 25.7 ganz am Anfang eine neue Gruppe *Benutzerdefiniert*, in der alle solche selbsterstellten Farbpaletten wie im Beispiel *Kosten&Logistik* angezeigt werden.

Abbildg. 25.7   Die benutzerdefinierte Farbpalette wird in einer eigenen Gruppe angezeigt

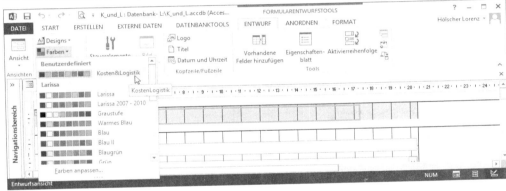

In Abbildung 25.8 sehen Sie, dass Sie per Rechtsklick auf Ihre Farbpalette im Kontextmenü die Möglichkeit des nachträglichen Bearbeitens und Löschens haben.

Abbildg. 25.8   Per Rechtsklick auf den Namen können Sie benutzerdefinierte Farbpaletten bearbeiten

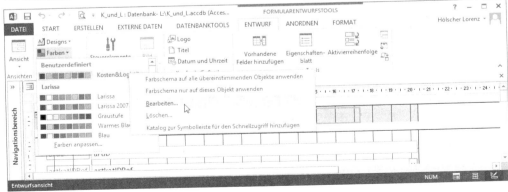

PROFITIPP Wenn Sie Farbpaletten mit der hier beschriebenen Methode erstellen, werden diese immer als *Benutzerdefiniert* einsortiert. Das liegt aber lediglich am Pfad. Sie können die Datei einfach in den Pfad *C:\Program Files\Microsoft Office\Document Themes 15\Theme Colors* verschieben, dann gilt diese Farbpalette als integrierte Farbpalette und lässt sich damit von Benutzern per Rechtsklick weder löschen noch bearbeiten.

Damit ist der eine Teil Ihres zukünftigen Designs fertig, unabhängig davon können Sie noch die Schriften beeinflussen.

Designschriftarten zusammenstellen

A Schriftarten ▾ Die Vorgabe der Schriftarten funktioniert sehr ähnlich wie bei den Farbpaletten, nur das Dialogfeld ist etwas kleiner:

1. Öffnen Sie ein beliebiges Formular im Entwurf und klicken auf den Befehl *ENTWURF/Designs/ Schriftarten*.

2. Dort finden Sie ganz unten den Befehl *Schriftarten anpassen*, den Sie ebenfalls anklicken. Daraufhin erscheint das Dialogfeld *Neue Designschriftarten erstellen* (siehe Abbildung 25.9) und gibt Ihnen die Möglichkeit, zwei Schriftarten auszuwählen.

Abbildg. 25.9 Geben Sie hier die Standardschriften vor

3. Wählen Sie hier einen Namen (sinnvollerweise ebenfalls *Kosten&Logistik*) und speichern Sie diese Einstellungen.

HINWEIS Die Designschriftarten verhalten sich wie die Farbpaletten, sie sind ebenfalls eine XML-Datei und liegen fast im gleichen Pfad, nämlich unter *C:\Users\<Benutzername>\App-Data\Roaming\Microsoft\Templates\Document Themes\Theme Fonts*. Auch diese können in den Standardpfad, der in diesem Fall *C:\Program Files\Microsoft Office\Document Themes 15\Theme Fonts* lautet, verschoben werden. Danach gelten die Designschriftarten als integriert und sind vom Benutzer nicht mehr änderbar.

Die *Schriftart für Überschriften* wird für Steuerelemente im Formularkopf benutzt und die *Schriftart für den Textkörper* für solche im Detailbereich und im Formularfuß.

HINWEIS Die etwas eigenwillige Auswahl zweier Schriften *für Überschriften* und *für Textkörper* hängt damit zusammen, dass diese Designs keineswegs auf das jeweilige Office-Programm beschränkt sind. Ohne weitere Handgriffe stehen Ihnen schon jetzt diese Farbpaletten und

---

Designschriften (und nachher das komplette Design) auch in Word, Excel oder PowerPoint zur Verfügung. Dadurch können Sie das Corporate Design einheitlich in allen Microsoft Office-Programmen vorgeben.

Damit haben Sie den zweiten Teil des Designs fertiggestellt.

Eigenes Design speichern

Jetzt müssen Sie diese einzelnen Elemente des zukünftigen Designs nur noch zusammenfassen, sodass spätere Benutzer mit einer einzigen Auswahl alles erledigt haben:

1. Solange Sie sich immer noch in einem Formularentwurf befinden, sollten Sie sicherstellen, dass sowohl Ihre Farbpalette als auch Ihre Designschriften ausgewählt sind.
2. Klicken Sie dann auf *ENTWURF/Designs/Designs* und dort ganz unten (siehe auch die Abbildung 25.3 auf Seite 486) auf den Befehl *Aktuelles Design speichern*.
3. Geben Sie im Dialogfeld einen passenden Dateinamen wie *Kosten&Logistik* an, der dann als *.thmx*-Datei gespeichert wird.

Abbildg. 25.10   Auch der Name der Design-Datei sollte *Kosten&Logistik* lauten

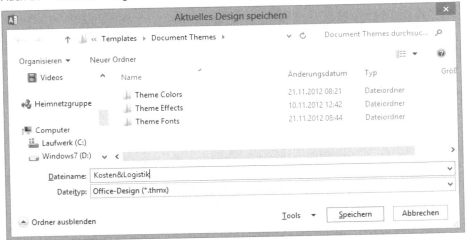

> **HINWEIS**   Diese Designdatei steht sozusagen über den einzelnen Themen, nämlich im Pfad *C:\Users\<Benutzername>\AppData\Roaming\Microsoft\Templates\Document Themes*. Sie ist außerdem nicht dynamisch mit den beiden XML-Dateien für die Farben oder Schriftarten verbunden. Wenn Sie in diesen beiden etwas ändern, müssen Sie also das Design wieder neu speichern.

Jetzt steht Ihnen in allen Formularen dieser (und übrigens auch jeder anderen) Datenbank ein einheitliches Design zur Verfügung.

Abbildg. 25.11 Nach dem Speichern steht das neue Design direkt bereit

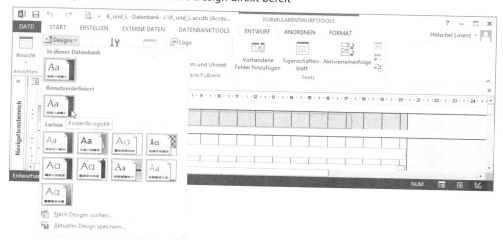

Anordnen

Was in diesem Formular noch nicht so gut gelöst ist, ist die Anordnung der Steuerelemente. Das tabellarische Unterformular braucht zwar für seine Spalten eine relativ große Breite, aber die Steuerelemente darüber könnten viel schmaler sein.

Langfristig soll im Detailbereich oben rechts noch ein Fotos des Artikels erscheinen, aber dafür bedarf es ein paar Zeilen VBA, daher wird vorübergehend dort das tabellarische Unterformular platziert.

1. Wechseln Sie in die Entwurfsansicht des Formulars *frmArtikel* und markieren das Unterformular, also das mit *Tabelle.tblBestellungen* bezeichnete weiße Rechteck im unteren Teil des Formulars.

2. Mit dem Befehl *ANORDNEN/Tabelle/Layout entfernen* nehmen Sie dieses Steuerelement aus der verbindenden Layout-Tabelle heraus.

ACHTUNG Obwohl die Layoutansicht des Formulars eigentlich gerade dafür gedacht ist, die Anordnungen der Steuerelemente zu bearbeiten, fehlt genau dieser Befehl in deren Menüband zum Entfernen des Layouts. Sie müssen sich also in der Entwurfsansicht befinden.

3. Anschließend können Sie eines der oberen Steuerelemente anklicken und an seinem orangefarbenen Rahmenanfasser rechts verkürzen, wie es in Abbildung 25.12 zu sehen ist.

4. Klicken Sie wieder das Unterformular an, um es zuerst an seinen Anfassern in der Breite und Höhe zu verringern. Dann können Sie es wie in Abbildung 25.13 rechts neben die übrigen Steuerelemente schieben. Zum Verschieben nehmen Sie das Unterformular mit gedrückter Maustaste so an seiner Kante (nicht an einer Ecke!) auf, dass ein Vierfachpfeil am Mauszeiger erscheint.

Abbildg. 25.12   So lassen sich die Steuerelemente verkürzen

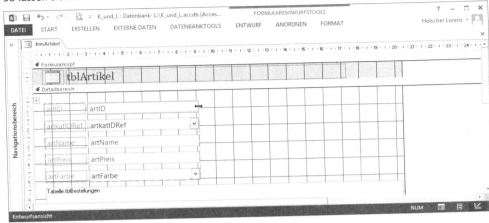

> **TIPP**   Da das Unterformular derzeit genau bis zum rechten Ende des Detailbereichs geht, ist der dortige Anfasser kaum zu finden. Machen Sie zuerst den Detailbereich breiter, indem Sie dessen Kante gedrückt nach rechts ziehen.

5. Der Detailbereich ist erheblich zu hoch, da durch das Verschieben des Unterformulars aus dem unteren Bereich eine Lücke entstanden ist. Nehmen Sie wie in Abbildung 25.13 die Unterkante des Detailbereichs auf (der Mauszeiger ändert sich dann zu einem vertikalen Doppelpfeil) und verkürzen Sie ihn.

Abbildg. 25.13   An dieser Stelle lässt sich die Höhe des Detailbereichs anpassen

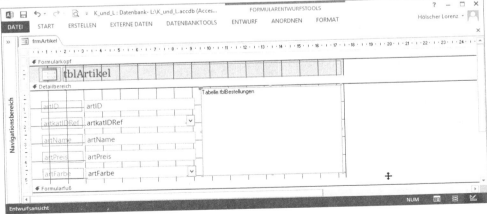

Objekte verankern

Das Formular ist durch diese Umsortierung erheblich kompakter geworden. Auf großen Bildschirmen ergibt sich damit leider vor allem viel ungenutzter Platz, weil Steuerelemente standardmäßig eine feste Größe haben und sich folglich nicht automatisch nach rechts und unten ausbreiten, auch wenn Platz dazu da wäre.

In früheren Access-Versionen war das ein sehr ärgerliches Problem, denn wegen den bei Laptops typischen kleinen Bildschirmen durften Formulare oft nur wenig Platz nutzen. Auf den in aller Regel viel größeren und höher aufgelösten Bildschirmen von Desktop-PCs bestand der größte Teil des Formulars dann nur aus Hintergrundfläche.

Dies ist inzwischen dank der Verankerung von Steuerelementen gelöst. Sie können (ganz ohne VBA-Programmierung) festlegen, dass bestimmte Steuerelemente ihre Größe oder Position ändern, sobald die Größe des Formulars verändert wird. In unserem Beispielformular soll das Unterformular den gesamten verfügbaren Platz erhalten, der neben den anderen Steuerelementen noch zur Verfügung steht.

1. Markieren Sie in der Entwurfsansicht des Formulars *frmArtikel* wieder das Unterformular. Achten Sie darauf, dass unten und rechts ein wenig Abstand zum jeweiligen Rand des Detailbereichs vorhanden ist.

2. Wählen Sie bei *ANORDNEN/Position/Anker* die Einstellung *Nach unten und quer dehnen* und speichern Sie das Formular.

3. Wechseln Sie in die Formularansicht, um das neue Verhalten des Unterformulars zu testen. In Abbildung 25.14 ist das Access-Fenster so klein wie möglich gezogen, ohne dass Bildlaufleisten erscheinen. Die eingebettete Tabelle wird also in ihren Abmessungen wirklich verkleinert.

Abbildg. 25.14   Das Unterformular wird kleiner ...

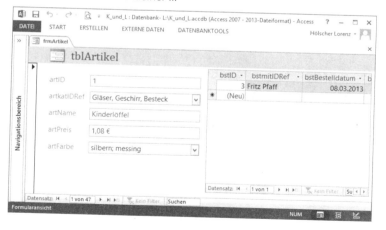

4. Je größer das Fenster ist, desto mehr Inhalt zeigt das Unterformular mit der Tabelle, wie Abbildung 25.15 im Vergleich zeigt.

... oder größer, wenn sich die Fenstergröße ändert

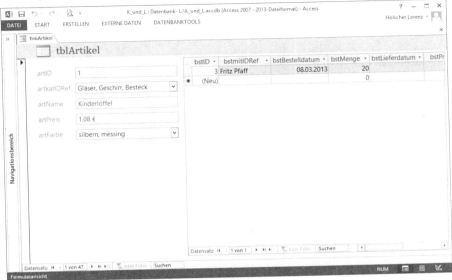

Abstand verringern

Technisch ist alles in Ordnung, aber eigentlich ist das Unterformular doch zu breit für die Restfläche neben den übrigen Steuerelementen. Weil dort ja ohnehin langfristig ein Artikelfoto erscheinen soll, können wir es auch gleich an seine endgültige Position am unteren Rand verschieben:

1. Wechseln Sie in die Entwurfsansicht des Formulars *frmArtikel* und verkleinern das Unterformular deutlich, damit es sich einfacher verschieben lässt.

2. Verschieben Sie das Unterformular nach unten.

Das Unterformular steht nun unten im Formular

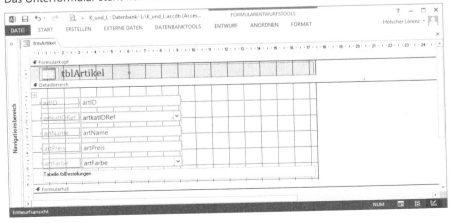

3. Sie können es mit geringer Höhe anordnen, sollten es aber bis an den rechten Rand des Detailbereichs verbreitern.

4. Die Steuerelemente oberhalb verbrauchen enorm viel Platz durch den überflüssigen Abstand dazwischen. Klicken Sie mindestens eines davon an, damit Sie das Auswahl-Steuerelement für die Layout-Tabelle wie in Abbildung 25.16 an deren linken oberen Ecke sehen. Wenn Sie darauf klicken, ist die gesamte Tabelle markiert.

> **TIPP** Anstatt das Auswahl-Steuerelement für die Layout-Tabelle anzu-klicken, gibt es alternativ den Befehl *ANORDNEN/Zeilen und Spalten/Layout auswählen*.

5. Mit dem Befehl *ANORDNEN/Position/Abstand zwischen Steuerelementen* und dem Menüeintrag *Kein* können Sie die Steuerelemente sehr dicht aneinander positionieren. In diesem Menü stehen verschiedene Abstände zur Auswahl.

Abbildg. 25.17 Hier lassen sich die Abstände im Layout entfernen

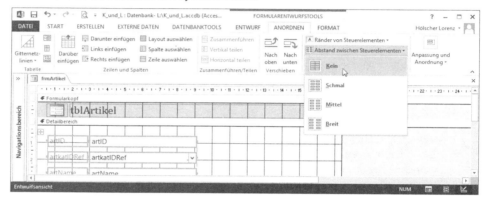

6. Schieben Sie jetzt das Unterformular ein Stück nach oben, sodass es wieder an die übrigen Steuerelemente angrenzt. Da die Einstellungen für die Anker immer noch enthalten sind, wird es sich von hier aus bei Bedarf nach unten und rechts ausdehnen, wie Sie in Abbildung 25.18 sehen können.

Abbildg. 25.18 Das Unterformular passt sich immer noch automatisch an die Fenstergröße an

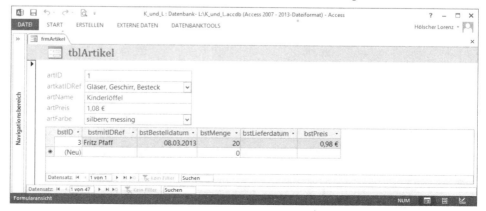

Damit haben Sie dieses Formular gleichzeitig kompakt und sinnvoll vergrößerbar gestaltet. Für das Foto bedarf es wie bereits erwähnt VBA-Programmierung, daher bleibt der Platz vorerst frei. In Kapitel 39 wird dort automatisch ein Bild eingeblendet werden, falls ein passendes gespeichert ist.

Endlosformular

Einige der Tabellen werden nur wenige Datensätze enthalten, weil sie sich auf der Masterseite einer 1:n-Beziehung befinden (sogenannte Stammdaten). Da lässt es sich wie im vorigen Beispiel vertreten, relativ viel Platz für jeden einzelnen Datensatz zu verbrauchen. Dort ist nämlich genau ein Datensatz pro Bildschirmseite sichtbar.

Für die meisten Tabellen wäre das unpraktisch, da geht es eher um die übersichtliche Bearbeitung von vielen Datensätzen. Daher bietet Access auch in Formularen die Möglichkeit, viele Datensätze gleichzeitig auf dem Bildschirm anzuzeigen.

1. Markieren Sie die Tabelle *tblBestellungen* im Navigationsbereich und rufen dann den Befehl *ERSTELLEN/Formulare/Weitere Formulare/Mehrere Elemente* auf, wie in Abbildung 25.19 gezeigt.

Abbildg. 25.19   Basierend auf der Tabelle *tblBestellungen* wird ein Formular mit mehreren Elementen erstellt

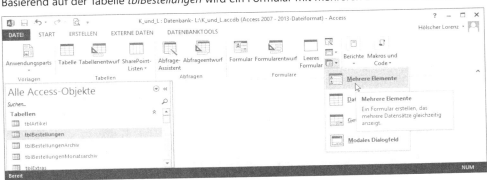

2. Nach kurzer Wartezeit sehen Sie wieder die Layoutansicht des fertiggestellten Formulars wie in Abbildung 25.20.

Abbildg. 25.20   Die Layoutansicht des Endlosformulars

3. Sie können darin jeweils eine Spalte anklicken und an den orangefarbenen Markierungen die Spaltenbreite anpassen, sodass die Daten wie in Abbildung 25.21 gut zu lesen sind.

Abbildg. 25.21 Passen Sie die Spaltenbreiten an der orangefarbenen Markierung an

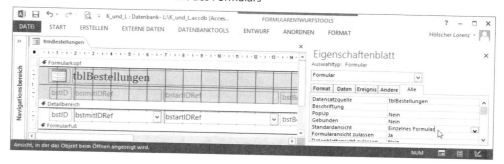

4. Speichern Sie dieses Formular unter dem Namen *frmBestellungen*.

Im Gegensatz zum ersten Formular sehen Sie hier nicht pro Seite einen Datensatz, sondern zeilenweise so viele, wie in das Fenster passen. Die Feldeigenschaften aus der Tabelle hat der Assistent übernommen, wie an den Kombinationsfeldern für die Felder *bstmitIDRef* und *bstartIDRef* zu sehen ist.

HINWEIS Sie können die Eigenschaften der Kombinationsfelder wie *Spaltenbreiten* oder *Spaltenanzahl* hier jederzeit ändern. Diese sind nach der Erstellung des Formulars unabhängig von den entsprechenden Eigenschaften der Tabellenfelder.

Das Formular mit dem einzelnen Datensatz und dieses in der Endlosdarstellung mit mehreren Elementen unterscheiden sich übrigens viel weniger, als es auf den ersten Blick scheint. Abgesehen davon, dass die Felder anders angeordnet sind (was mit ein wenig Fleißarbeit anzupassen wäre), sieht vor allem eine einzige Eigenschaft anders aus:

1. Wechseln Sie in die Entwurfsansicht des Formulars und lassen mit $\boxed{\text{Alt}}$ + $\boxed{\hookleftarrow}$ das Eigenschaftenblatt anzeigen.

2. Markieren Sie das Formular selbst, indem Sie im Eigenschaftenblatt ganz oben in der Liste *Formular* auswählen.

3. Ändern Sie dann die *Standardansicht*-Eigenschaft von *Endlosformular* auf *Einzelnes Formular* wie in Abbildung 25.22.

Abbildg. 25.22 Ändern Sie hier die Standardansicht des Formulars

Mehr ist nicht notwendig. Aus diesem Formular mit vielen Datensätzen ist jetzt eines geworden, welches wie vorher nur einen Datensatz je Seite anzeigt (siehe Abbildung 25.23).

Abbildg. 25.23   Jetzt ist es vorübergehend ein Formular in Einzelansicht

Für eine richtige Umwandlung von einem Endlos- in ein Einzelformular sollten natürlich auch die Steuerelemente neu angeordnet werden. Da diese Umstellung aber ohnehin nur zu Demonstrationszwecken gedacht war, stellen Sie die *Standardansicht*-Eigenschaft wieder zurück auf *Endlosformular*. Es sollte vor allem zeigen, wie gering der Unterschied ist.

Datenblattansicht

Es geht sogar noch kompakter als mit der Endlosformular-Ansicht, nämlich als scheinbare Tabelle in der Datenblattansicht. Das Formular sieht dann zwar aus wie eine Tabelle oder Abfrage, aber alle eventuell darauf vorhandenen Programmierungen werden trotzdem ausgeführt.

Es gibt zwei Möglichkeiten, diese Datenblattansicht anzuzeigen:

■ Sie legen die Datenblattansicht bereits im Entwurf fest.

■ Der Benutzer wechselt von der Formularansicht zur Datenblattansicht.

Sie können ein solches Formular ebenfalls automatisch erstellen lassen, wie wir es nachfolgend beispielhaft mit der Tabelle *tblTastenkuerzel* erledigen werden:

1. Markieren Sie im Navigationsbereich die Tabelle *tblTastenkuerzel* und klicken Sie dann auf den Befehl *ERSTELLEN/Formulare/Weitere Formulare/Datenblatt* (Abbildung 25.24).

Abbildg. 25.24   So erstellen Sie ein Formular in der Datenblattansicht

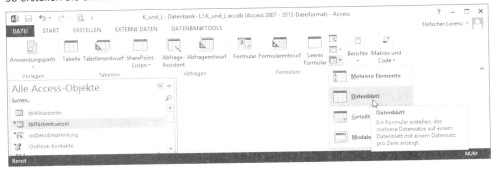

2. Das dadurch entstandene Formular wird direkt in der Datenblattansicht (siehe Abbildung 25.25) angezeigt und sollte zur Vermeidung von Verwechslungen am besten direkt als *frmTastenkuerzel* gespeichert werden, wie es die Ungarische Notation vorsieht.

Abbildg. 25.25   Das Formular ist optisch von einer Tabelle oder Abfrage nicht zu unterscheiden

Dieses Formular wird später auch direkt beim Öffnen in dieser Datenblattansicht angezeigt, weil es im Entwurf so eingestellt wurde.

PROFITIPP   Wenn das Formular wie eine Tabelle oder Abfrage aussieht, wo ist dann der Vorteil des Formulars? Es kann Ereignisse auslösen, etwa beim Ändern eines Datensatzes oder beim Klick in ein Feld, und es lassen sich sogar einzelne Spalten deaktivieren.

Abfragen hingegen können prinzipiell keine Programmierung enthalten und Tabellen erst seit Access 2010 als Datenmakros mit eingeschränkten Möglichkeiten. Die Deaktivierung einzelner Spalten ist weder bei Tabellen noch bei Abfragen möglich.

Die zweite Variante bestand darin, dass ein Benutzer ein beliebiges Formular erst zur Laufzeit auf die Datenblattansicht umschaltet. Dafür bietet sich die Tabelle *tblHotels* an:

1. Markieren Sie die Tabelle *tblHotels* im Navigationsbereich und klicken auf den Befehl *ERSTELLEN/Formulare/Weitere Formulare/Mehrere Elemente*, um diese Daten in einem Endlosformular darzustellen.

2. Speichern Sie das Formular als *frmHotels* und wechseln in die Formularansicht wie in Abbildung 25.26.

Abbildg. 25.26   Wo ist die Datenblattansicht?

3. Klicken Sie dann auf *START/Ansichten/Ansicht*, um wie versprochen als Benutzer zur *Datenblatt-ansicht* zu wechseln. Sie finden dort keine Datenblattansicht? Stimmt, diese fehlt dort! Während frühere Versionen von Access diesen Wechsel direkt zuließen, müssen Sie es inzwischen explizit erlauben.

4. Wechseln Sie also wieder zurück in die Entwurfsansicht, lassen das Eigenschaftenblatt anzeigen, wählen darin für das Formular die Eigenschaft *Datenblattansicht zulassen* und stellen diese auf *Ja*.

5. Jetzt sehen Sie in der Formularansicht wie in Abbildung 25.27 auch die Datenblattansicht, mit der ein »normaler« Benutzer wechseln könnte.

Abbildg. 25.27 Jetzt ist die Datenblattansicht erlaubt

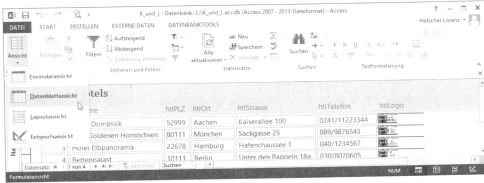

PROFITIPP Es gibt eine entsprechende Eigenschaft *Formularansicht zulassen*, mit der Sie bei Bedarf den Wechsel in die Formularansicht verhindern können, wenn es nur die Datenblattan-sicht sein soll.

Geteiltes Formular

Das Hauptproblem bei solchen Formularen mit (endlos) vielen Daten besteht oft darin, diese zu finden. Eine durchaus geeignete Lösung ist das Suchfeld unten neben den Navigationsschaltflächen, wie Sie es in Kapitel 5 schon kennengelernt haben, oder der formularbasierte Filter aus Kapitel 7.

Es gibt aber eine bessere Alternative dazu, mit der die Benutzer ebenfalls schnell den gesuchten Datensatz auswählen können: geteilte Formulare. Diese sind eine Mischung aus Datenblattansicht zur Auswahl und Formular zur Bearbeitung der Daten, die automatisch miteinander synchronisiert werden:

1. Markieren Sie die Tabelle *tblMitarbeiter* im Navigationsbereich und klicken auf *ERSTELLEN/ Formulare/Weitere Formulare* und wählen darin den Befehl *Geteiltes Formular*.

2. Access erstellt daraufhin ein Formular, wie Sie es in Abbildung 25.28 in der Layoutansicht sehen. Speichern Sie es als *frmMitarbeiterAuswahl*.

Abbildg. 25.28   So präsentiert sich ein frisch erstelltes geteiltes Formular

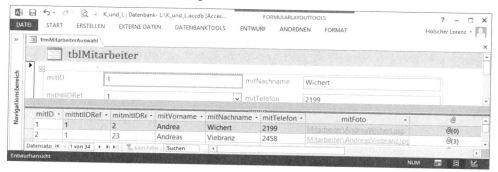

3. Da das Datenblatt im unteren Teil des Formulars als Auswahlliste dient, ist es nicht so praktisch, dass dort zwar viele Spalten, aber nur wenige Zeilen zu sehen sind, selbst wenn Access im Vollbildmodus läuft. Es gibt einige Eigenschaften, mit denen Sie das Aussehen eines solchen geteilten Formulars beeinflussen können.

4. Diese Eigenschaften können nur in der Entwurfsansicht geändert werden, daher wechseln Sie bitte dorthin.

5. Zeigen Sie das Eigenschaftenblatt mit dem Befehl *ENTWURF/Tools/Eigenschaftenblatt* an und wählen das Formular in der darin enthaltenen Auswahlliste.

HINWEIS   Anstatt das Formular nur im Eigenschaftenblatt in der Liste auszuwählen, können Sie es in der Entwurfsansicht auch an zwei anderen Stellen als Ganzes markieren:

■   Sie klicken auf den hellgrauen Hintergrund unterhalb des Formularfußes oder rechts vom Detailbereich

■   Sie klicken auf die kleine quadratische Schaltfläche im Schnittpunkt der Lineale, auf die der Mauszeiger in Abbildung 25.29 zeigt. Bei markiertem Formular wird dann innerhalb der Schaltfläche ein ausgefülltes, dunkles Quadrat angezeigt.

Abbildg. 25.29   Hier können Sie das ganze Formular markieren

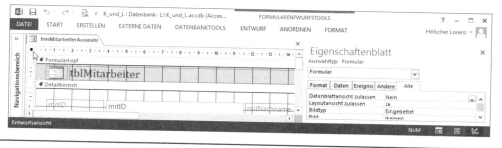

6. Damit das Datenblatt im Hochformat angezeigt wird, stellen Sie die Eigenschaft *Ausrichtung des geteilten Formulars* auf den Wert *Datenblatt links.*

7. Jetzt können Sie in der Layoutansicht (siehe Abbildung 25.30) mehr Zeilen des Datenblatts sehen und mit dem Teiler in Bildmitte das Verhältnis zwischen den beiden Teilen verändern.

Abbildg. 25.30   Am Teiler lässt sich die Größe des Datenblatts einstellen

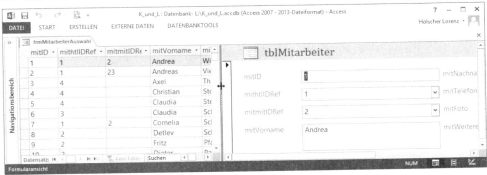

Auch wenn es jetzt noch nicht perfekt aussieht, ist das Konzept doch schon gut zu erkennen. Im linken Teil kann der Benutzer viele Datensätze sehen und mit einem Klick auf einen davon auswählen, welcher im rechten Teil detailliert dargestellt wird.

Das in Kapitel 5 vorgestellte Suchfeld lässt sich hier weiterhin nutzen und auch die Filtertechniken funktionieren wie gewohnt. Nur die Übersichtlichkeit dieses Datenblatts ließe sich noch verbessern, denn für eine Datensatzauswahl können Sie auf einige der Felder verzichten:

1. Zeigen Sie das Formular *frmMitarbeiterAuswahl* in der Formularansicht an und klicken Sie im linken Teil mit der rechten Maustaste auf eine beliebige Spaltenüberschrift.

2. Wählen Sie im Kontextmenü den Befehl *Felder wieder einblenden* und beschränken Sie die Anzeige im Dialogfeld (siehe Abbildung 25.31) auf wenige aussagekräftige Spalten.

Abbildg. 25.31   Zeigen Sie nur die nötigsten Spalten an

3. Damit ist die Auswahl eines Datensatzes wie in Abbildung 25.32 deutlich übersichtlicher geworden.

Abbildg. 25.32 So lässt sich das Formular besser verwenden

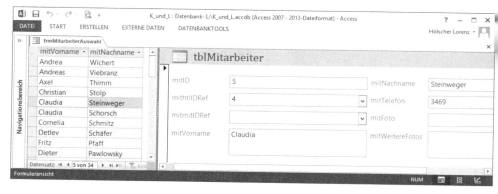

Insgesamt gibt es an diesem Formular, vor allem im Detailbereich rechts, natürlich optisch noch einiges zu verbessern. Damit werden wir uns in Kapitel 27 im Zusammenhang mit der Formatierung von Steuerelementen beschäftigen.

Modales Dialogfeld

Im Grunde ist der Begriff »modales Dialogfeld« ein Pleonasmus wie »schwarzer Rabe« oder »alter Opa«, also (etwas volkstümlicher formuliert) doppelt gemoppelt. Der wesentliche Unterschied zwischen einem Fenster und einem Dialogfeld besteht nämlich genau darin, dass ein Dialogfeld modal ist.

HINWEIS Ja, Sie haben Recht, diese Unterscheidung ist nicht ganz hundertprozentig. Es gibt tatsächlich auch in Access einige wenige nicht modale Dialogfelder wie das Dialogfeld *Suchen und Ersetzen*. Obwohl dieses geöffnet ist, können Sie die dahinterliegende Tabelle anklicken und darin arbeiten.

Abbildg. 25.33 Das Dialogfeld *Suchen und Ersetzen* ist nicht modal

Formulare

Sie werden diese Besonderheit später als *PopUp*-Eigenschaft kennenlernen, dass ein Dialogfeld zwar vor anderen Fenstern liegt, aber nicht zwingend den Fokus behält. Das Fenster mit dem Fokus hat eine Titelleiste mit einem mittleren Farbton (mittelblau etwa, hängt von den Windows-Einstellungen ab), während die übrigen ohne Fokus eher hellgrau sind (was hier im schwarzweißen Druck nicht oder nicht so gut zu unterscheiden ist).

»Modal« bedeutet, dass ein Benutzer das Dialogfeld nicht durch einfaches Klicken in die Umgebung verlassen kann. Das Dialogfeld muss in irgendeiner Weise geschlossen werden, bevor wieder ein Zugriff auf die übrigen Bedienungselemente des Programms möglich ist. Fehlermeldungen oder *Speichern unter*-Eingaben sind klassische modale Dialogfelder.

Der Normalfall in Access sind (nicht modale) Fenster, auch wenn diese nicht mehr unbedingt als Fenster zu erkennen sind, sondern inzwischen das Registerkartenaussehen erhalten haben.

PROFITIPP   Sie können die Darstellung als Fenster oder Registerkarten für Access ändern. Klicken Sie auf *DATEI/Optionen* und wählen im Dialogfeld *Access-Optionen* die Kategorie *Aktuelle Datenbank*. Darin finden Sie in der Gruppe *Anwendungsoptionen* die *Dokumentfensteroptionen*, bei denen Sie *Überlappende Fenster* oder *Dokumente im Registerkartenformat* auswählen können.

Für beide Optionen muss die aktuelle Datenbank geschlossen und erneut geöffnet werden, damit sich die Darstellung ändert.

Abbildg. 25.34   Die Tabelle *tblFarben* wurde in einem Fenster geöffnet

Sie sehen den Unterschied zwischen Abbildung 25.34 als Fensterdarstellung und Abbildung 25.35 als Registerkartendarstellung. Das Fenster ist in der ersten Abbildung nur in der *Wiederherstellen*-Größe zu sehen, als Vollbild wäre der Rahmen nicht so auffällig.

Abbildg. 25.35   Die Tabelle *tblFarben* wurde in einer Registerkarte geöffnet

Probieren Sie einfach mal aus, was Access hier als modales Dialogfeld erstellt:

1. Markieren Sie die Tabelle *tblFarben* im Navigationsbereich und klicken auf den Befehl *ERSTEL-LEN/Formulare/Weitere Formulare/Modales Dialogfeld*.

2. Sie sehen anschließend die Entwurfsansicht des neuen Formulars, wie es in Abbildung 25.36 (dort aber schon mit Bildlaufleiste an sein unteres Ende verschoben) zu sehen ist.

Abbildg. 25.36 So sieht das automatisch erstellte modale Dialogfeld aus

Wenn Sie sich jetzt wundern, wo dieses Mal die Datensätze mit den Feldern geblieben sind: Unabhängig davon, was Sie vorher als Datenquelle markieren, bleibt dieses Formular immer ein datenfreies Dialogfeld.

Grundsätzlich können Sie auch darin Daten anzeigen, aber dieser Befehl erzeugt nur ein leeres Dialogfeld. Nein, es ist nicht ganz leer. Dort sind nämlich nicht nur bereits zwei Schaltflächen angeordnet, sondern diese enthalten auch schon die passenden eingebetteten Makros (siehe Kapitel 33).

TIPP Wenn Sie die Makros schon einmal sehen wollen, müssen Sie eine der Schaltflächen markieren und im Eigenschaftenblatt deren *Beim Klicken*-Eigenschaft suchen. Dort steht *[Eingebettetes Makro]* und Sie können dessen Inhalt durch Klick auf die Schaltfläche mit den drei Pünktchen ansehen.

Ein solches Formular ohne Daten hilft uns im Moment aber nicht. Sie können es als *frmTest* speichern und erst einmal schließen. Es ist eher für die Programmierung von Steuerelementen geeignet, mit der wir uns in Kapitel 39 beschäftigen.

PopUp-Dialogfeld

Ein solches modales Dialogfeld mit Datenanbindung wäre aber durchaus sinnvoll, wenn ein Benutzer aus einem Formular heraus ein paar Werte ändern will. Das Ergebnis ist dabei eine Mischung aus Standardformular und modalem Dialogfeld:

1. Markieren Sie wiederum die Tabelle *tblFarben* im Navigationsbereich und lassen mit dem Befehl *ERSTELLEN/Formulare/Weitere Formulare/Mehrere Elemente* ein Endlosformular erzeugen.

2. Passen Sie das Formular optisch ein wenig an, speichern Sie es als *frmFarben* und schließen es.

Abbildg. 25.37   Die Tabelle *tblFarben* ist Grundlage dieses Endlosformulars

Bis dahin gibt es keinen Unterschied zu einem Endlosformular, wie es vorhin bereits einmal erstellt wurde. Bevor wir es jedoch verändern, sollen Sie erfahren, wo es warum eingesetzt wird.

Sehen Sie sich das Formular *frmArtikel* an, wie es in Abbildung 25.38 zu sehen ist. Dort gibt es ein mehrwertiges Feld *artFarbe* mit einer Farbauswahl, die auf der Tabelle *tblFarben* basiert.

Abbildg. 25.38   So sieht die Auswahl für das mehrwertige Feld bisher aus

Access bietet dort schon eine automatische Eingabemöglichkeit an, wie Benutzer diese Daten auswählen können, ohne dass Sie etwas vorbereiten mussten. So weit ist das schon sehr gut. Es geht aber noch besser, denn Sie können an dieser Stelle auch Ihre eigenen Formulare einklinken:

1. Wechseln Sie in die Entwurfsansicht des Formulars *frmArtikel* und markieren dort das Feld *artFarbe*.

2. Wählen Sie für dessen *Bearbeitungsformular für Listenelemente*-Eigenschaft aus der Liste das eben erstellte Formular *frmFarben* aus.

3. Wechseln Sie zurück in die Formularansicht und klappen wiederum für das *artFarbe*-Feld die Dropdownliste aus wie bereits in Abbildung 25.38. Etwas unscheinbar unterhalb der Liste (und erst beim Darüberbewegen des Mauszeigers deutlicher zu sehen wie in Abbildung 25.39) bietet eine Schaltfläche die Bearbeitung der Listenelemente an.

Eine zusätzliche Schaltfläche bietet die Bearbeitung der Listenelemente an

4. Wenn Sie diese Schaltfläche anklicken, wird das von Ihnen angegebene Formular *frmFarben* in einer zusätzlichen Registerkarte geöffnet, wie Sie in Abbildung 25.40 sehen können.

Ihr Formular *frmFarben* ermöglicht die Bearbeitung der Liste

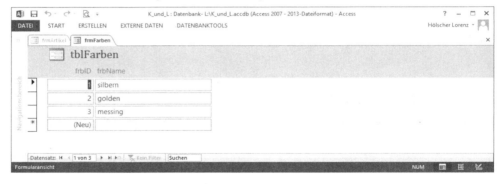

5. Ein Benutzer kann jetzt wahlweise die Farbbezeichnungen ändern, Datensätze löschen oder auch neue hinzufügen.

6. Danach wird das Formular *frmFarben* mit dem *X* am rechten Rand geschlossen, sodass der Benutzer die Bearbeitung in *frmArtikel* fortsetzen kann.

Das hat alles so funktioniert, wie es geplant war. Aber meine Erfahrungen sagen mir, dass die meisten Benutzer damit nicht klarkommen. Das hat zwei Gründe:

■ Das neue Formular belegt den kompletten Bildschirm. Viele fragen sich dann, wo ihr Ursprungsformular geblieben ist und wie sie dort wieder hinkommen.

■ Vielleicht ist es Ihnen gar nicht aufgefallen, aber das neue Formular wurde zwangsweise modal geöffnet. In Abbildung 25.40 können Sie sehen, dass sowohl der Navigationsbereich links als auch die andere(n) Registerkarte(n) grau und deaktiviert sind. Das ist völlig ungewöhnlich in Access und irritiert viele.

Wenn man es genau betrachtet, ist das ein Fehler in der Benutzerführung. Schließlich sehen modale Auswahlfenster sonst immer wie ein Dialogfeld aus, warum nicht hier? Es bleibt nur eine Kleinigkeit zu ändern und schon ist es viel intuitiver:

1. Wechseln Sie in die Entwurfsansicht des Formulars *frmFarben* und zeigen das Eigenschaftenblatt für das gesamte Formular an.

> **ACHTUNG**   Aus der modalen Ansicht des Formulars *frmFarben* heraus können Sie trotz aktivem Kontextmenübefehl nicht in die Entwurfsansicht wechseln. Merkwürdigerweise lässt es sich trotzdem in der Layoutansicht anzeigen, aber dort können Sie die gewünschte *PopUp*-Eigenschaft nicht ändern. Am sichersten ist es, das Formular vorher zu schließen.

2. Stellen Sie die *PopUp*-Eigenschaft auf *Ja*. Dadurch wird dieses Formular in einem eigenen Fenster angezeigt, auch wenn alle anderen Formulare im Vollbild und als Registerkarten erscheinen.

3. Damit dieses Fenster nicht am linken Rand »klebt«, stellen Sie auch die *Automatisch zentrieren*-Eigenschaft auf *Ja*.

4. Mehr aus optischen Gründen können Sie für die *Rahmenart* noch den Wert *Dialog* auswählen. Jetzt sieht es so aus wie in Abbildung 25.41.

Abbildg. 25.41   So ist das Formular *frmFarben* viel intuitiver zu benutzen

Sehen Sie den Unterschied? Das Änderungsdialogfeld steht offensichtlich vor den anderen Daten, sodass ein Benutzer immer sieht, wo sein Ausgangsformular ist. Gleichzeitig wird das modale Verhalten durch das passende Aussehen als Dialogfeld unterstützt, wie es in Windows üblich ist.

Sie können dieses Formular *frmFarben* einem echten Dialogfeld noch ähnlicher machen:

1. Wechseln Sie wieder in die Entwurfsansicht von *frmFarben* und passen dort noch weitere Eigenschaften im Eigenschaftenblatt an.

2. Die *Navigationsschaltflächen* und die *Bildlaufleisten* können Sie beide auf *Nein* stellen.

3. Die *MinMaxSchaltflächen* braucht so ein Dialog auch nicht, dort wählen Sie *Keine*.

> **PROFITIPP**   Dieses Formular wird als PopUp-Fenster sehr groß sein. Leider lässt sich das nicht mehr brauchbar einstellen, seit die Fenster in Registerkarten geändert wurden. Daher müssen Sie die Datenbank zuerst mit *DATEI/Optionen* für die *Aktuelle Datenbank* bei den *Anwendungsoptionen* auf *Überlappende Fenster* stellen. Nach dem nächsten Öffnen der Datenbank rufen Sie die Entwurfsansicht für *frmFarben* auf und stellen (im Nicht-Vollbildmodus) die Fenstergröße kleiner.

Dann speichern Sie das Formular, stellen die Datenbankdarstellung wieder auf Registerkarten zurück und schließen die Datenbank erneut. Danach hat das PopUp-Fenster die von Ihnen gewünschte Größe.

Ein »richtiger« Dialog hat immer eine Schließen-Schaltfläche. Das mag jetzt ein Vorgriff auf die Programmierung sein, lässt sich aber hier schon mit einem Assistenten ohne tiefere Kenntnisse einfügen.

1. Ziehen Sie den Formularfuß auf eine Höhe, die etwa der Hälfte des Formularkopfs entspricht, damit dort Platz für eine Schaltfläche ist.

2. Mit *ENTWURF/Steuerelemente/Schaltfläche* rufen Sie den Befehl zum Einfügen einer beliebigen Schaltfläche auf. Achten Sie darauf, dass weiter unten in der Auswahl *Steuerelement-Assistenten verwenden* aktiviert ist, wie es in Abbildung 25.42 zu sehen ist.

Abbildg. 25.42   Fügen Sie so eine neue Schaltfläche hinzu

3. Mit der Maus ziehen Sie nun im Formularfuß ein Rechteck in der Größe der zukünftigen Schaltfläche auf, woraufhin der Assistent wie in Abbildung 25.43 zu sehen erscheint. Hier wählen Sie in der linken Liste *Formularoperationen* und rechts *Formular schließen*.

Abbildg. 25.43   Der Assistent zum Einfügen einer Schaltfläche

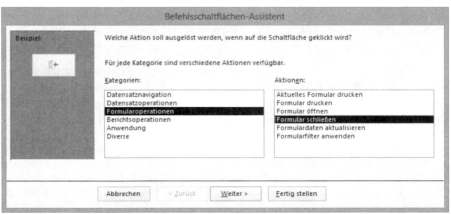

4. Sie können den Assistenten ohne weitere Angaben *Fertig stellen* und finden anschließend im Formularfuß eine Schaltfläche mit Symbol wie in Abbildung 25.44. Das zum Schließen benötigte Makro ist bereits enthalten.

Abbildg. 25.44   Die funktionsfähige Schaltfläche wurde eingefügt

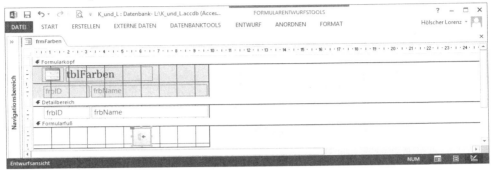

5. Um die Schaltfläche mit einem Text zu versehen, notieren Sie in deren *Beschriftung*-Eigenschaft den Wert *Schließen*.

6. Ziehen Sie die Schaltfläche breiter und stellen Sie für die Eigenschaft *Anordnung der Bildbeschriftung* den Wert *Rechts* ein. Der Entwurf sieht nun aus wie in Abbildung 25.45.

Abbildg. 25.45   Die Schaltfläche enthält zusätzlich eine Beschriftung

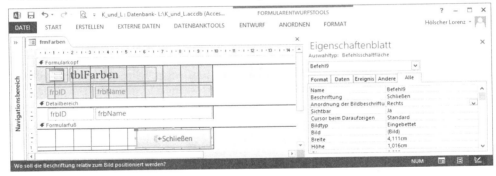

7. Damit können Sie das Formular speichern und schließen. Überzeugen Sie sich nun vom anderen Formular *frmArtikel* aus, dass dieser Farben-Dialog jetzt deutlich benutzerfreundlicher zu bedienen ist.

Das Formular wirkt nun auch wie ein kompletter Dialog

Natürlich können Sie auch die Gestaltung des *frmFarben*-Dialogfeldes noch weiter verbessern, aber das ist ein Thema für die Kapitel 26 und 27.

Zusammenfassung

In diesem Kapitel haben Sie die verschiedenen Typen von Formularen kennengelernt:

■ Das *Standardformular* (Seite 484) mit seinem einspaltigen Layout wird sicherlich am häufigsten eingesetzt und lässt sich entsprechend einfach per Klick erstellen

■ Die verschiedenen *Ansichten* (Seite 485) dienen der Bearbeitung des Formulars. Sie zeigen in der Formularansicht die Daten, in der Entwurfsansicht nur die Steuerelemente oder in der Layout-ansicht eine Mischung aus beiden.

■ Um Formulare zu gestalten, können Sie auf *Designs* (Seite 486) zurückgreifen. Dabei handelt es sich um eine Zusammenstellung einer Farbpalette und zweier Schriften, die auf Formulare ange-wendet werden.

■ Access stellt verschiedene Optionen bereit, um die Steuerelemente *anzuordnen* (Seite 492). Durch die *Verankerung* (Seite 494) wird deren Größe zudem automatisch an das umgebende Fenster angepasst.

■ *Endlosformulare* (Seite 497) zeigen viele Datensätze gleichzeitig auf dem Bildschirm und sind daher optimal für umfangreiche Datenmengen

■ Die *Datenblattansicht* (Seite 499) sieht aus wie eine Tabelle oder Abfrage, verhält sich aber in Bezug auf Programmierung oder Deaktivierung von Spalten wie ein Formular

■ *Geteilte Formulare* (Seite 501) bestehen aus einer Mischung von Datenblatt und Detailformular, sodass schnell Datensätze ausgewählt und bearbeitet werden können

■ Ein *modales Dialogfeld* (Seite 504) ist erst im Zusammenhang mit der Programmierung brauch-bar, denn es enthält bereits statt Datenfeldern Schaltflächen inklusive eingebetteter Makros

■ Durch die Änderung einiger Eigenschaften können Sie einem »normalen« Formular ein ähnli-ches Verhalten wie ein modales Dialogfeld beibringen und damit spezielle *Popup-Dialogfelder* (Seite 506) erzeugen. Diese sind die optimale Ergänzung für die Datenbearbeitung mehrwertiger Felder.

Kapitel 26

Umgang mit Steuerelementen

In diesem Kapitel:

Bisher wurden Formulare weitestgehend automatisch erstellt. Das ist natürlich ungemein praktisch, wird aber nicht alle Ihre Wünsche erfüllen. Daher sollten wir uns in diesem Kapitel ausführlich damit beschäftigen, wie Sie mit Steuerelementen umgehen und was an diesen eventuell zu verbessern ist. Die Details zu den verschiedenen Typen von Steuerelementen finden Sie in Kapitel 27.

CD-ROM Um Ihnen das Nachvollziehen der Schritte in diesem Kapitel zu erleichtern, finden Sie innerhalb der Beispieldateien zu diesem Buch im Ordner *Kap25* eine Datenbank, die bereits die Änderungen aus Kapitel 25 enthält. Laden Sie einfach die betreffende Datenbank, um mit der Arbeit in diesem Kapitel zu beginnen.

Sie können also jederzeit ein Kapitel überspringen und trotzdem auf den aktuellen Stand der Datenbank zugreifen.

Leeres Formular erstellen

Beginnen Sie am besten mit einem leeren Formular, in dem wirklich alles manuell angefügt werden muss. Nur dann sehen Sie, was womit verändert wird.

1. Klicken Sie auf den Befehl *ERSTELLEN/Formulare/Formularentwurf*, sodass ein leeres Formular in der Entwurfsansicht angezeigt wird.

2. Lassen Sie mit *ENTWURF/Tools/Eigenschaftenblatt* oder dem Tastenkürzel [Alt]+[↵] das Eigenschaftenblatt anzeigen.

3. Wählen Sie darin für die *Formular*-Eigenschaft *Datensatzquelle* in der dort angezeigten Liste die Tabelle *tblArtikel* aus.

4. Speichern Sie das Formular unter dem Namen *frmArtikelSteuerelemente*. Es sieht jetzt aus wie in Abbildung 26.1, wobei dort der Detailbereich aus Platzgründen bereits gekürzt wurde.

Abbildg. 26.1 Das Formular enthält eine Datensatzquelle, aber keine Steuerelemente

Dieses leere Formular werden wir gleich mit Steuerelementen bestücken und dabei die verschiedenen Typen besprechen. Dabei zeigt es vor allem deren Möglichkeiten auf. Die bestmögliche Optik steht noch nicht im Mittelpunkt. Aber dafür gibt es ja noch das fertige Formular *frmArtikel* …

Formular und Bereiche markieren

Das Unauffälligste am ganzen Formular ist das Formular selbst. Es hat keinen sichtbaren Bereich und wird daher oft nicht als eigenständiges Objekt wahrgenommen. Es gibt drei Varianten, um das Formular zu markieren:

- Sie klicken außerhalb der Bereiche auf den (hellgrauen) Hintergrund
- Sie klicken auf die kleine quadratische Schaltfläche am Schnittpunkt der Lineale, wie es in Abbildung 26.1 oben links am Mauszeiger zu sehen ist. Wenn das Formular markiert ist, erscheint dort ein schwarzes Quadrat.
- Sie wählen es über die Dropdownliste oben im Eigenschaftenblatt aus

Die Bereiche selbst sind offensichtlicher, weil sie in der Entwurfsansicht eine eigene Markierungsleiste haben. Auch hier gibt es drei Varianten, einen Bereich zu markieren:

- Sie klicken auf die (derzeit weiße) Fläche des Bereichs
- Sie klicken auf den schmalen Bereich oberhalb der Fläche mit dessen Beschriftung (in Abbildung 26.2 steht dort *Detailbereich*)
- Sie wählen ihn im Eigenschaftenblatt über die Dropdownliste aus (siehe Abbildung 26.2)

Abbildg. 26.2   Hier wurde der Detailbereich markiert

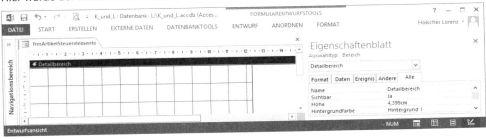

> **TIPP**   Sie können die Lineale mit *ANORDNEN/Anpassung und*   Lineal   *Anordnung/Größe/Abstand/Lineal* ein- und ausblenden.

Bereiche ein-/ausblenden

Bei einem leeren Formular ist nur der Detailbereich sichtbar. Sie haben aber bei anderen Formularen schon gesehen, dass es noch einen Formularkopf bzw. einen Formularfuß gibt.

> **HINWEIS**   Neben dem *Formular*kopf/-fuß existiert noch ein *Seiten*kopf/-fuß. Dieser wird nur zum Drucken benutzt, während der Formularkopf/-fuß auf dem Bildschirm erscheint.

Den Formularkopf/-fuß können Sie über ein Kontextmenü auf dem Formular sichtbar machen, wie es Abbildung 26.3 zu sehen ist.

Abbildg. 26.3 Mit diesem Kontextmenü lassen sich die Kopf-/Fußbereiche umschalten

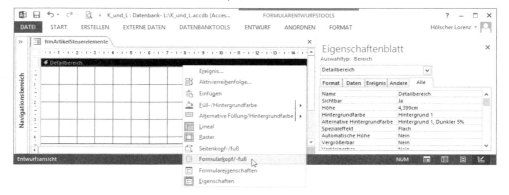

Beide Bereiche (Kopf und Fuß) sind nur gemeinsam ein- oder auszuschalten. Wenn in vielen automatisch erzeugten Formularen trotzdem scheinbar kein Fußbereich vorhanden ist, dann ist lediglich dessen Höhe auf *0 cm* reduziert.

Die *Höhe* eines der Bereiche ändern Sie in der gleichnamigen Eigenschaft. Sicher in den meisten Fällen bequemer ist die Alternative: Ziehen Sie dazu die Unterkante eines Bereichs (Abbildung 26.4 zeigt es für den Formularfuß) mit der Maus nach oben oder unten. Die richtige Stelle zum Ziehen erkennen Sie daran, dass der Mauszeiger als vertikaler Doppelpfeil erscheint.

Abbildg. 26.4 Mit der Maus können Sie den Formularfuß kleiner oder größer ziehen

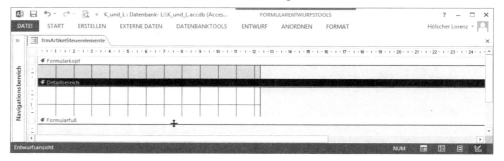

Wenn Sie einen Kopf-/Fußbereich tatsächlich wieder ausblenden wollen, wird dieser komplett gelöscht. Daher erhalten Sie dann auch eine Rückfrage wie in Abbildung 26.5 mit dem Hinweis, dass dabei alle darin enthaltenen Steuerelemente gelöscht werden.

Abbildg. 26.5 Access warnt beim Entfernen der Kopf-/Fußbereiche davor, dass alle darin enthaltenen Steuerelemente gelöscht werden

PROFITIPP Wollen Sie die Steuerelemente auf einem Formularkopf/-fuß nicht löschen, können Sie alternativ auch die *Sichtbar*-Eigenschaft eines Bereichs auf *Nein* stellen. Dann sehen Sie weiterhin alles im Entwurf, aber in der Formularansicht fehlt der Bereich.

Steuerelemente hinzufügen

Access kennt im Wesentlichen zwei Arten von Steuerelementen:

- Datengebundene Steuerelemente, die automatisch die Inhalte eines Felds aus dem aktuellen Datensatz anzeigen, und

- ungebundene Steuerelemente, die unabhängig vom konkreten Datensatz sind.

Damit ein Formular ein datengebundenes Steuerelement nutzen kann, ist Voraussetzung, dass seine *Datensatzquelle*-Eigenschaft eine Tabelle oder Abfrage enthält. Es gibt nämlich auch Formulare, die gar keine Datenbindung enthalten. Für dieses Beispielformular ist die Voraussetzung bereits erfüllt.

1. An der Position, an der gewöhnlich das Eigenschaftenblatt erscheint, lässt sich alternativ auch eine Feldliste anzeigen, die alle Felder der zugrunde liegenden Datenquelle auflistet.

2. Sie können diese Feldliste in der Entwurfsansicht mit dem Tastenkürzel ⌑Alt⌑+⌑F8⌑ oder dem Befehl *ENTWURF/Tools/Vorhandene Felder hinzufügen* anzeigen lassen.

Abbildg. 26.6 Die Feldliste zeigt alle Felder der Datenquelle an

3. Ziehen Sie aus der Feldliste einen Feldnamen in den Detailbereich wie in Abbildung 26.6 für das Feld *artID* und lassen an der gewünschten Position die Maustaste los.

TIPP Alternativ können Sie einen Feldnamen auch in der Feldliste doppelklicken oder ihn dort markieren und dann mit der ⌑↵⌑-Taste einfügen.

Ziehen Sie den Feldnamen nicht zu weit nach links in das Formular. Wie Sie in Abbildung 26.6 sehen, positionieren Sie die linke obere Ecke des Textfelds. Noch weiter links wird aber das zugehörige Bezeichnungsfeld angeordnet, falls noch Platz ist. Andernfalls überdecken sich die beiden, sodass Sie beide wieder auseinanderschieben müssen.

4. Bereits in Abbildung 26.6 sichtbar sind die beiden Steuerelemente, die durch das Ziehen eingefügt werden. Eigentlich haben Sie das (rechte) Textfeld mit der Bindung an das Feld *artID* eingefügt, aber es bringt beim Einfügen immer ein (linkes) Bezeichnungsfeld mit der erläuternden Beschriftung mit.

> **PROFITIPP** Im Bezeichnungsfeld steht einfach der Name des Feldes. Wenn Sie in der Tabelle die *Beschriftung*-Eigenschaft für das Feld ausgefüllt haben, wird diese benutzt. Das ist nicht dynamisch, eine nachträgliche Anpassung ist also überflüssig.
>
> Ich verzichte lieber auf die *Beschriftung*-Eigenschaft, weil sie auch die Spaltenüberschriften in Abfragen verändert, wo ich gerne den echten Feldnamen sehe. Der Arbeitsaufwand, die Beschriftung direkt im Formular oder vorher in der Tabelle anzupassen, ist ohnehin gleich.

Technisch ist jetzt alles schon in Ordnung. Sie können dieses Formular in die Formularansicht umschalten und sehen die ID des ersten Artikels.

1. Ziehen Sie in der Entwurfsansicht nun das nächste Feld, nämlich *artkatIDRef*, aus der Feldliste in den Detailbereich, erzeugen Sie damit einen anderen Typ von Steuerelement.

Abbildg. 26.7   Das Feld *artkatIDRef* erzeugt ein Kombinationsfeld

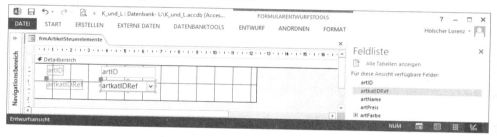

2. Da *artkatIDRef* im Tabellenentwurf bereits als Nachschlagefeld vom Typ *Kombinationsfeld* definiert wurde, wird dieser Typ beim Ziehen in den Formularentwurf übernommen.

Abbildg. 26.8   Beide Felder sind bereits funktionsfähig

Sie können wieder in die Formularansicht wechseln und finden dort auch das Kombinationsfeld voll funktionsfähig vor, wie Abbildung 26.8 zeigt.

Steuerelemente markieren und verändern

Wenn Sie ein Steuerelement bearbeiten oder dessen Eigenschaften ändern wollen, müssen Sie es zuerst markieren. Das geschieht, indem Sie es einfach anklicken. Das Steuerelement erhält eine orangefarbene Umrahmung und acht Anfasser.

Allerdings sehen Sie häufig noch ein zweites Steuerelement mitmarkiert, wie es auch in Abbildung 26.9 zu erkennen ist, nachdem das Kombinationsfeld *artkatIDRef* angeklickt wurde. Typischerweise sind in Access immer zwei Steuerelemente verbunden: ein *Bezeichnungsfeld* und ein *Textfeld* (bzw. ein passender Typ für Daten wie hier das *Kombinationsfeld*).

Abbildg. 26.9 Anfasser an einem markierten Steuerelement

Eines von den beiden weist eine markantere Markierung auf als das andere und zeigt die acht Anfasser, das andere hat nur einen einzigen, größeren Anfasser. Fast alle Änderungen an Eigenschaften oder Formatierungen betreffen nur das orange markierte Steuerelement mit den acht Anfassern.

> **ACHTUNG** Wenn Sie das (meist rechts stehende) *Textfeld* löschen, wird auch das anhängende, meist links befindliche *Bezeichnungsfeld* entfernt. Umgekehrt können Sie aber das *Bezeichnungsfeld* einzeln löschen, ohne dass das *Textfeld* entfernt wird.

Mehrere Steuerelemente markieren

Um mehrere Steuerelemente gemeinsam zu markieren, klicken Sie das erste wie beschrieben an. Jedes weitere wird per Klick bei gedrückter `Strg`-Taste zusätzlich in die Markierung aufgenommen.

> **ACHTUNG** Die Windows-übliche Alternative, mehrere Steuerelemente in einem Bereich aufzunehmen, indem Sie das linke obere Steuerelement mit einem einfachem Klick und das rechte untere mit einem Klick bei gedrückter `⇧`-Taste markieren, funktioniert in Access nicht. Es sind dann keineswegs alle dazwischen liegenden Steuerelemente markiert, sondern lediglich die beiden angeklickten Steuerelemente. Das Ergebnis fällt folglich so aus, als hätten Sie die `Strg`-Taste verwendet.

Durch erneuten Klick auf ein bereits markiertes Steuerelement bei gleichzeitig gedrückter `Strg`-Taste wird ein Steuerelement auch wieder aus der Markierung entfernt.

Für die Markierung einer größeren Zahl an Steuerelementen gibt es außerdem die Möglichkeit, diese aus dem Lineal heraus spalten- oder zeilenweise zu markieren. Im Lineal verändert sich der Mauszeiger zu einem kleinen schwarzen Pfeil. Halten Sie dort die Maustaste gedrückt, zeigt Access eine Linie quer über den gesamten Bereich des Formulars an, im linken Lineal eine waagrechte und im oberen Lineal eine senkrechte Linie. Alle Steuerelemente, die von dieser Linie erfasst werden, werden dabei markiert.

Sie können wie in Abbildung 26.10 auch die Maustaste weiter gedrückt halten und den Markierungsbereich durch Ziehen erweitern. Alle Steuerelemente zwischen den beiden Linien werden beim Loslassen der Maustaste markiert.

Abbildg. 26.10 Markieren Sie aus dem Lineal heraus

Schließlich funktioniert auch die aus vielen Grafikprogrammen bekannte Variante des Markierungsrahmens. Dabei beginnen Sie mit der Maus an einer gedachten Ecke außerhalb der zu markierenden Steuerelemente, etwa links oben, sozusagen »im Nichts«. Dort halten Sie die Maustaste gedrückt und ziehen so weit, dass alle gewünschten Steuerelemente von diesem Markierungsrahmen wenigstens berührt werden (siehe Abbildung 26.11).

Abbildg. 26.11 Ziehen Sie einen Markierungsrahmen auf

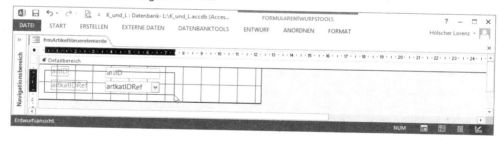

Trotz des Markierungsrahmens können Sie anschließend einzelne Objekte durch Klicken bei gedrückt gehaltener [Strg]-Taste wieder aus der Markierung entfernen. Auf die gleiche Weise lassen sich auch Objekte nachträglich mit in die Markierung aufnehmen.

> **TIPP** Dieses Verhalten des Markierungsrahmens können Sie umstellen. Mit dem Befehl *DATEI/Optionen* wählen Sie im Dialogfeld die Kategorie *Objekt-Designer* und finden dort in der Gruppe *Entwurfsansicht für Formular/Berichte* die Optionen *Teilweise eingerahmt* oder *Voll eingerahmt*. Im letzteren Fall werden Objekte nur dann der Markierung hinzugefügt, wenn der Markierungsrahmen mindestens bis zu den äußersten Kanten der Objekte reicht. Es genügt dann nicht mehr, wenn der Markierungsrahmen die Objekte nur schneidet.

Raster

Die Entwurfsansicht für Formulare kann ein Raster aktivieren. Dabei werden oft vier unterschiedliche Befehle miteinander verwechselt:

Das Raster (mit dem Befehl *ANORDNEN/Anpassung und Anordnung/Größe/Abstand/(Raster) Raster*) sorgt dafür, dass ein regelmäßiges Punkt- und Linienmuster auf dem Formularentwurf überhaupt dargestellt wird (wie es hier im Buch in aller Regel zu sehen ist, siehe zum Beispiel Abbildung 26.11) oder eben nicht (siehe Abbildung 26.12).

Abbildg. 26.12 Der Formularentwurf bei abgeschaltetem Raster

- *ANORDNEN/Anpassung und Anordnung/Größe/Abstand/(Raster) Am Raster ausrichten* ist eine Art Magnetismus zum nächsten Rasterpunkt. Das merken Sie, sobald Sie ein Steuerelement verschieben, vergrößern oder verkleinern. Dann »ruckelt« es ein wenig, weil die Eckpunkte jeweils zum nächsten Rasterpunkt springen. Der Befehl wählt nur den Modus, bewegt aber nachträglich keine Objekte.

HINWEIS   Wundern Sie sich nicht, dass Objekte nicht unbedingt an den sichtbaren Rasterlinien einrasten, sondern auch dazwischen. Die Erklärung dafür gibt es gleich im Anschluss.

- Die beiden Befehle *ANORDNEN/Anpassung und Anordnung/Größe/Abstand/(Größe) Am Raster* und *ANORDNEN/Anpassung und Anordnung/Ausrichten/Am Raster* hingegen sind zwei Aktionen, die ein oder mehrere markierte Steuerelemente selbstständig bewegen bzw. in der Größe ändern, sodass die Ecken der Steuerelemente auf einem Rasterpunkt liegen

Sinnvollerweise sollte in der Entwurfsansicht sowohl das *Raster* als auch *Am Raster ausrichten* eingeschaltet bleiben, damit Steuerelemente beim Verändern immer noch im Raster bleiben.

Sie schalten wie bereits erwähnt die Sichtbarkeit des Rasters mit *ANORD-NEN/Anpassung und Anordnung/Größe/Abstand/(Raster) Raster* um. Wie bereits angedeutet, ist das tatsächliche Raster viel feiner, als es dargestellt wird. Das liegt daran, dass standardmäßig gar nicht die wirklichen Rasterpunkte angezeigt werden, sondern nur ein grobes Gitternetz, bei dem die Linien einen Abstand vom 1 cm haben.

Der Abstand zwischen den Rasterpunkten sind zwei *Formular*-Eigenschaften *Raster X* und *Raster Y*, die standardmäßig auf *10* stehen. Je höher der Wert, desto feiner wird das Raster. Der Abstand errechnet sich aus 1/x cm, hier also 1/10 cm, was 1 mm entspricht.

Da ein Punktabstand von lediglich 1 mm zu einer fast geschlossenen schwarzen Fläche führen würde, wird in diesem Fall nur das Zentimeter-Gitternetz angezeigt. Das ist auch die Erklärung, warum Objekte beim Verschieben oder bei Größenänderungen nicht nur an den sichtbaren Rasterlinien einrasten.

Wenn Sie die tatsächlichen Rasterpunkte sichtbar machen möchten, müssen Sie das Raster etwas gröber einstellen. Ändern Sie zu diesem Zweck die beiden Eigenschaften *Raster X* und *Raster Y* auf den Wert 5 (also 1/5 cm = 2 mm), was sich in der Praxis bewährt hat. Jetzt werden wie in Abbildung 26.13 dargestellt die wirklichen Rasterpunkte angezeigt.

Abbildg. 26.13 Erst bei einem etwas gröberen Raster werden die tatsächlichen Rasterpunkte angezeigt

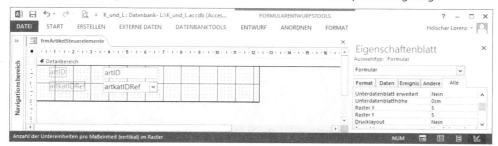

HINWEIS Sie müssen beide Eigenschaften für das Raster tatsächlich bestätigen (also das Feld mit der Einfügemarke verlassen oder [↵] drücken), bevor die Änderungen im Formular sichtbar und wirksam werden. Das gilt eigentlich für alle Eigenschaften, auch wenn es bei anderen Eigenschaften in der Praxis oftmals nicht auffällt.

Steuerelementgröße ändern

Wollen Sie die Größe eines Steuerelements verändern, ziehen Sie an einem der kleineren Eckanfasser (mit Ausnahme des Anfassers in der linken oberen Ecke, dieser hat eine andere Bedeutung, dazu etwas später mehr), wie es in Abbildung 26.14 zu sehen ist. Der Mauszeiger verändert sich dabei zu einem diagonalen Doppelpfeil in der entsprechenden Richtung. Dabei werden Breite und Höhe gleichzeitig verändert.

Abbildg. 26.14 Dieser Mauszeiger erlaubt Größenänderungen

Die mittleren Anfasser hingegen haben nur Auswirkung auf die Breite oder die Höhe.

PROFITIPP Mit einem Doppelklick auf die kleinen Anfasser eines *Bezeichnungsfelds* wird dessen Größe derart erhöht oder verringert, dass der enthaltene Text exakt umschlossen wird. Für die übrigen Steuerelement-Typen ist das nicht möglich, weil die Inhalte ja aus den Daten gebildet werden und im Entwurf unbekannt sind. Dort wird aber wenigstens die Höhe anhand der Schriftgröße korrigiert, nur die Breite müssen Sie dann noch selbst vorgeben.

Auch die Größe kann Access automatisch einstellen, sowohl abhängig vom [≡≡ an Textgröße] darin enthaltenen Text als auch einheitlich anhand mehrerer Steuerelemente.

Die Anpassung an die Textgröße entspricht dem Doppelklick auf einen Anfasser und funktioniert nur bei Bezeichnungsfeldern umfassend. Sie finden den Befehl im Menüband als *ANORDNEN/ Anpassung und Anordnung/Größe/Abstand/(Größe) an Textgröße*.

Haben Sie mehrere Steuerelemente markiert, erlauben die Befehle im Menü *ANORDNEN/Anpassung und Anordnung/Größe/(Abstand)* die Angleichung an das jeweils kleinste oder größte Maß (Breite oder Höhe) innerhalb der Markierung.

Abbildg. 26.15   Diese Befehle im Kontextmenü zum Menüpunkt *Größe anpassen* ändern die Größen

Sie finden diese Befehle auch im Kontextmenü eines markierten Steuerelements unter *Größe anpassen*. In Abbildung 26.15 sind diese Befehle im Untermenü ausgeklappt.

Steuerelemente verschieben

Sie können Steuerelemente beliebig verschieben, sobald der Mauszeiger als Vierfachpfeil (siehe Abbildung 26.16) angezeigt wird. Das ist überall dort an den Kanten eines Steuerelements der Fall, an denen sich *keine* Anfasser befinden.

Abbildg. 26.16   Mit diesem Mauszeiger verschieben Sie das Steuerelement (bei verbundenen Steuerelementen auch beide)

Sie werden feststellen, dass sich dabei beide Steuerelemente bewegen, wenn sie paarweise verbunden sind. Natürlich ist es kein ungewöhnlicher Wunsch, das Bezeichnungsfeld oberhalb des Textfelds anordnen zu wollen.

Dazu müssen Sie jeweils den größeren Anfasser oben links nehmen, auf dem der Mauszeiger ebenfalls als Vierfachpfeil erscheint. Dann lassen sich wie in Abbildung 26.17 auch verbundene Steuerelemente einzeln verschieben.

Abbildg. 26.17   Mit diesem Anfasser verschieben Sie Steuerelemente separat, auch wenn sie paarweise verbunden sind

Mehrere markierte Steuerelemente können automatisch ausgerichtet werden durch die Befehle im Menü *ANORDNEN/Anpassung und Anordnung/Ausrichten*, wie sie in Abbildung 26.18 zu sehen sind.

Abbildg. 26.18   Diese Befehle im Menü *Ausrichten* verschieben die Steuerelemente zueinander

Wenn mit dem Befehl *Linksbündig* ausgerichtet wird, werden alle anderen markierten Steuerelemente so verschoben, dass sie zu dem Steuerelement bündig ausgerichtet sind, welches am weitesten links steht. Bei *Rechtsbündig* dient analog dazu das am weitesten rechts befindliche Steuerelement als Referenz, bei *Oben* das oberste und bei *Unten* schließlich das unterste.

ACHTUNG   Access verhält sich beim Ausrichten anders, als Sie es vielleicht von einem Grafikprogramm gewohnt sind. Manchmal befinden sich die markierten Steuerelemente bereits in einer Reihe wie in Abbildung 26.19.

Abbildg. 26.19   Die markierten Steuerelemente stehen zufällig in einer Reihe

Dann müssten eigentlich alle Steuerelemente auf dem ersten Bezeichnungsfeld ganz links platziert sein, wenn sie links ausgerichtet werden. Tatsächlich werden sie aber nahtlos aneinandergeschoben (siehe Abbildung 26.20).

Abbildg. 26.20   So finden sich die Steuerelemente nach der linksbündigen Ausrichtung wieder

Steuerelemente automatisch anordnen

Grundsätzlich ist es am einfachsten, das Raster zu aktivieren, sodass alle Steuerelemente bereits ordentlich angeordnet sind. Müssen Sie dennoch unabhängig davon mehrere Steuerelemente gleichmäßig verteilen, stehen Ihnen die Befehle im Menü *ANORDNEN/Anpassung und Anordnung/ Größe/Abstand* zur Verfügung, wie sie in Abbildung 26.21 bereits hervorgehoben sind.

Abbildg. 26.21 Diese Befehle in der Gruppe *Abstand* passen die Abstände an

Anders als bei der Ausrichtung werden hier verbundene Steuerelemente als eine Einheit bewegt. Typisch für eine solche Situation sind Steuerelemente wie in Abbildung 26.22, die »wie Kraut und Rüben« auf dem Formular verteilt sind.

Abbildg. 26.22 Diese Steuerelemente sind noch ungleichmäßig verteilt

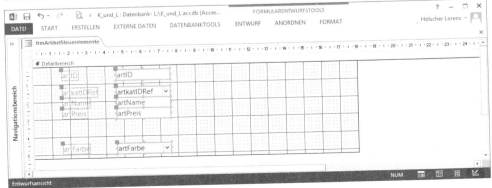

Markieren Sie diese und rufen dann den Befehl *ANORDNEN/Anpassung und Anordnung/Größe/ Abstand/Identisch vertikal* auf, bleiben die beiden äußeren Steuerelemente oben und unten an ihrer Position. Alle übrigen werden mit gleichen Abständen dazwischen verteilt (siehe Abbildung 26.23).

Abbildg. 26.23 Jetzt sind alle Abstände dazwischen gleich

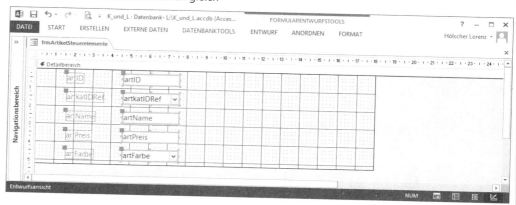

ACHTUNG Fast zwangsläufig liegen die mittleren Steuerelemente nach dem Verteilen nicht mehr auf Rasterpunkten. Diese gerade gezeigte Anpassung des Abstands sollte also als letzte Aktion ausgeführt werden, damit Sie die Steuerelemente nicht anschließend nochmals verschieben müssen (und diese dann wieder auf nahe gelegene Rasterpunkte springen).

Steuerelemente trennen und verbinden

In Endlosformularen sind die beiden verbundenen »Hälften« eines Steuerelementpaares ohnehin schon getrennt, aber das geht auch in beliebigen Formularen. Zum Trennen gehen Sie wie folgt beschrieben vor:

1. Sie können einfach das Bezeichnungsfeld markieren und mit `Strg`+`X` oder dem Kontextmenübefehl *Ausschneiden* in die Zwischenablage ausschneiden.

2. Mit `Strg`+`V` oder dem Kontextmenübefehl *Einfügen* fügen Sie das Bezeichnungsfeld direkt wieder ein (soll es in einen anderen Bereich eingefügt werden, müssen Sie diesen vorher angeklickt haben).

HINWEIS Access-typisch werden eingefügte Steuerelemente immer links oben im jeweiligen Bereich eingefügt, es sei denn, Sie hatten mehrere Steuerelemente in verschiedenen Bereichen kopiert und wieder eingefügt.

Wenn ein anderes Steuerelement vor dem Einfügen markiert ist, wird das eingefügte Steuerelement jedoch unterhalb von dessen Position angeordnet.

3. Access meldet mit einem Smarttag wie in Abbildung 26.24, dass zu diesem Bezeichnungsfeld kein weiteres Steuerelement gehört. Wählen Sie im zugehörigen Dropdownmenü *Fehler ignorieren*, wenn die Aktion beabsichtigt war.

Abbildg. 26.24   Im Formularentwurf erscheint ein Hinweis auf ein nicht verbundenes Bezeichnungsfeld

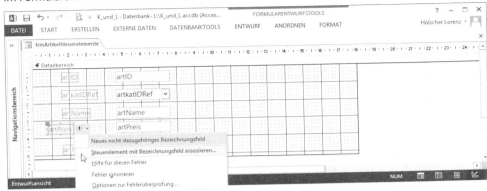

> **PROFITIPP**   Sie können diese ganzen Hinweise auf problematische Steuerelemente im Formular- und Berichtsentwurf ausschalten. Sie finden mit dem Befehl *DATEI/Optionen* in der Kategorie *Objekt-Designer* in der Gruppe *Fehlerüberprüfung in Entwurfsansicht für Formulare/Berichte* die entsprechenden Optionen.

Ist ein einzelnes Steuerelement markiert, wenn ein einzelnes Bezeichnungsfeld eingefügt wird, verbindet Access diese beiden direkt ohne weitere Aktion.

Eine andere, präzisere Variante zum Verbinden zweier unverbundener Steuerelemente findet sich im Menübefehl *Steuerelement mit Bezeichnungsfeld assoziieren* (siehe Abbildung 26.24) des Smarttags. Access zeigt dann in einem Dialogfeld wie in Abbildung 26.25 alle unverbundenen Steuerelemente an. Es können auf diese Weise auch Steuerelemente verbunden werden, die nie verbunden waren, zum Beispiel ein eigenständiges *Bezeichnungsfeld* mit einem Textfeld.

Abbildg. 26.25   Access zeigt die unverbundenen Steuerelemente an

Alternativ markieren Sie das Bezeichnungsfeld und das Steuerelement, dann bietet der Smarttag direkt *Bezeichnungsfeld<Nr> mit <Feldname> assoziieren* an, wie es in Abbildung 26.26 zu sehen ist.

Abbildg. 26.26   Access bietet die richtige Assoziation an

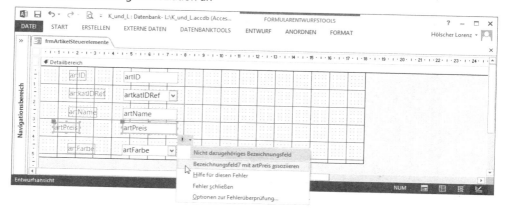

PROFITIPP   Sobald die Fehlerüberprüfung in den Optionen ausgeschaltet ist, fehlt der Smart-tag und damit die Möglichkeit, diesen Menübefehl zu erreichen. Dann bleibt nur die vorhin kurz erwähnte Alternative: Schneiden Sie das Bezeichnungsfeld mit [Strg]+[X] aus, markieren Sie das Textfeld (wichtig!) und fügen Sie erst dann den Inhalt der Zwischenablage mit [Strg]+[V] wieder ein. Dann sind die beiden Felder miteinander verbunden.

Steuerelemente gruppieren

Sind mehrere Steuerelemente in der Entwurfsansicht markiert, lassen sich diese als Gruppe zusammenfassen. Klicken Sie dazu auf den Befehl *ANORD-NEN/Anpassung und Anordnung/Größe/Abstand/Gruppieren*. Klicken Sie später eines der Steuerelemente an, werden alle Steuerelemente dieser Gruppe immer direkt mitmarkiert.

Es ist nicht möglich, einzelne Steuerelemente aus der Markierung herauszulösen, solange die Gruppe besteht. Leider lässt sich den Steuerelementen auch nicht ansehen, dass sie gruppiert sind.

Bevor Sie wieder einzelne Steuerelemente bearbeiten können, müssen Sie mit dem gegenteiligen Befehl *ANORDNEN/Anpassung und Anordnung/Größe/Abstand/Gruppierung aufheben* diese Gruppierung wieder auflösen.

Steuerelement-Layouts

Anstatt die Steuerelemente immer wieder manuell oder per Befehl auszurichten, können Sie diese auch in ein Layout integrieren. Dieses sorgt dann dafür, dass die Steuerelemente in passender Größe und Ausrichtung bleiben.

Sie können die benötigten Steuerelemente vorher beliebig auf dem Formularentwurf verteilen, wie es in Abbildung 26.27 zu sehen ist. Damit sie in Layout-Tabellen zusammengefasst werden können, müssen sie markiert sein.

Abbildg. 26.27 So sehen die Steuerelemente vorher aus

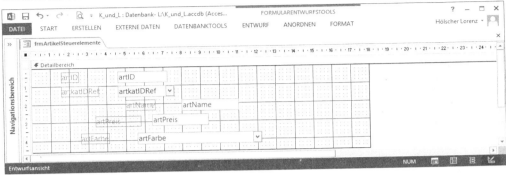

 Es gibt zwei verschiedene Anordnungen für Layouts: gestapelt oder tabellarisch. Mit dem Befehl *ANORDNEN/Tabelle/Gestapelt* werden diese Steuerelemente mit den Bezeichnungsfeldern links und den datengebundenen Feldern rechts (siehe Abbildung 26.28) in einem Layout zusammengefasst.

Abbildg. 26.28 Diese Steuerelemente liegen im Layout *Gestapelt*

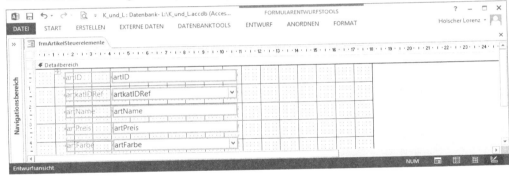

 Alternativ lassen sich die Steuerelemente mit dem Befehl *ANORDNEN/Tabelle/Tabelle* als Tabellen-layout zusammenfassen, wie in Abbildung 26.29 gezeigt (dort wurde das Formular bereits in der Höhe reduziert). Dabei werden die Bezeichnungsfelder automatisch in den Formularkopf verschoben.

Abbildg. 26.29 Diese Steuerelemente liegen im Layout *Tabelle*

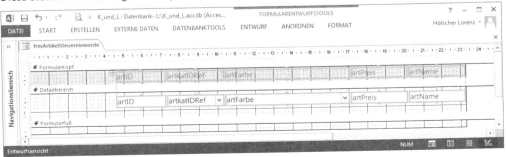

Für die anschließende Anpassung der Spaltenbreiten des Layouts ist die Layoutansicht besser geeignet, in die Sie mit dem Befehl *ENTWURF/Ansicht/Layoutansicht* wechseln können.

> **ACHTUNG** Wenn Sie Steuerelemente in verschiedenen Bereichen markieren, kann das danach entstehende Layout nur wie *Tabelle* aussehen, auch wenn Sie *Gestapelt* anklicken. Das hängt damit zusammen, dass die beiden »Hälften« des jeweiligen Steuerelementpaares in verschiedenen Ebenen nicht verbunden sein könnten.

Sie können (einzelne oder alle) Steuerelemente markieren, um sie aus der Layout-Bindung herauszunehmen. Klicken Sie dazu auf den Befehl *ANORDNEN/Tabelle/Layout entfernen*.

Um ein Steuerelement wieder einem bereits vorhandenen Layout zuzuordnen, verschieben Sie es dort hinein. Eine kleine orangefarbene Markierung zeigt, wo es eingepasst werden wird.

Steuerelemente verankern

Bereits in Kapitel 25 wurde gezeigt, wie Sie Steuerelemente verankern können, sodass deren Größe abhängig von der jeweiligen Fenstergröße angepasst wird.

Steuerelemente löschen

Sie löschen Steuerelemente so, wie es zu erwarten ist: Markieren Sie es und drücken dann die `Entf`-Taste. Wie schon erwähnt, lässt sich in einem verbundenen Steuerelementpaar zwar das Bezeichnungsfeld alleine löschen, nicht jedoch das datengebundene Feld.

Wenn Sie Steuerelemente in einem Formularentwurf löschen, stehen sie Ihnen weiterhin in der Feldliste zur Verfügung, sie verschwinden also nicht aus der Datenquelle.

Zusammenfassung

In diesem Kapitel haben Sie den Umgang mit Steuerelementen auf einem Formular kennengelernt:

- Das *Formular* (Seite 515) selbst können Sie an der kleinen quadratischen Schaltfläche im Schnittpunkt der Lineale markieren, um dessen Eigenschaften einzustellen. Die Bereiche haben jeweils eigene Markierungsleisten.

- Die verschiedenen *Kopf-/Fußbereiche* (Seite 515) eines Formulars lassen sich bei Bedarf löschen oder ausblenden

- Bevor Sie *datengebundene Steuerelemente* (Seite 517) auf einem Formular hinzufügen können, muss das Formular eine Tabelle oder Abfrage als Datensatzquelle enthalten. Beim Einfügen der Felder aus der Feldliste übernehmen diese die Einstellungen aus dem Tabellenentwurf.

- Sie können Steuerelemente auf vielfältige Weise *markieren* (Seite 519), durch direktes Anklicken, einen Markierungsrahmen oder über das Lineal

- Ein *Raster* (Seite 520) hilft dabei, die Position oder Größe von Steuerelementen einheitlich zu halten

- Mit verschiedenen Befehlen auf der *ANORDNEN*-Registerkarte (Seite 522) können Sie auch nachträglich noch Steuerelemente in ihrer Ausrichtung oder Größe korrigieren

- *Steuerelement-Layouts* (Seite 528) vereinfachen dies noch mehr, indem Access die Position oder Größe von Steuerelementen jederzeit einheitlich zusammenfasst

- Die Verankerung von Steuerelementen war bereits ausführlich Thema in Kapitel 25. Sie sorgt dafür, dass solche Steuerelemente variablen Platz in unterschiedlich großen Fenstern erhalten.

Formulare

Kapitel 27

Allgemeine Steuerelement-Eigenschaften

In diesem Kapitel:

Anders als bei Tabellen oder Abfragen haben Sie für Steuerelemente in Formularen weitreichende Gestaltungsmöglichkeiten. Deren Umsetzung gibt Ihren Benutzern Hinweise zur Bedienung, verhindert Falscheingaben oder verbessert das Aussehen Ihrer Formulare. Sie gehen damit weit über die Möglichkeiten hinaus, welche die Designs (siehe Kapitel 25) bieten.

Einige der Eigenschaften gelten für alle oder fast alle Steuerelemente, daher möchte ich Ihnen diese gesammelt vorstellen, um später doppelte Beschreibungen zu vermeiden.

CD-ROM Um Ihnen das Nachvollziehen der Schritte in diesem Kapitel zu erleichtern, finden Sie innerhalb der Beispieldateien zu diesem Buch im Ordner *Kap26* eine Datenbank, die bereits die Änderungen aus Kapitel 26 enthält. Laden Sie einfach die betreffende Datenbank, um mit der Arbeit in diesem Kapitel zu beginnen.

Sie können also jederzeit ein Kapitel überspringen und trotzdem auf den aktuellen Stand der Datenbank zugreifen.

Aktivierreihenfolge

Solange ein Benutzer in einem Formular per Maus in die Eingabefelder wechselt, ist die interne Reihenfolge unerheblich. Beim Weitergehen per [Tab]- oder [↵]-Taste jedoch fällt oft auf, dass nachträglich eingefügte Felder nicht in der optisch erwarteten Reihenfolge angesprungen werden.

Mit dem Befehl *ENTWURF/Tools/Aktivierreihenfolge* zeigt Access im Formularentwurf zu *frmArtikelSteuerelemente* ein Dialogfeld wie in Abbildung 27.1 an, mit dem Sie diese Reihenfolge beeinflussen können.

Abbildg. 27.1 Geben Sie hier die Aktivierreihenfolge vor

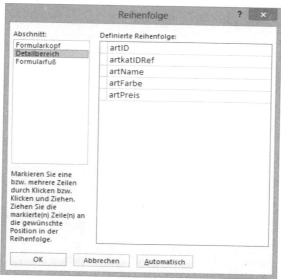

Bei vielen Formularen können Sie einfach die *Automatisch*-Schaltfläche anklicken, dann werden alle Elemente entsprechend ihrer Anordnung im Formular sortiert. Wollen Sie jedoch eine eigene Reihenfolge vorgeben, klicken Sie jeweils auf den Zeilenkopf des Steuerelementnamens, lassen die Maustaste kurz los und verschieben ihn dann an die gewünschte Position.

Dieses Dialogfeld verändert die *Reihenfolgenposition*-Eigenschaft aller Steuerelemente, die Sie auch direkt im Eigenschaftenblatt angeben könnten. Access sorgt dafür, dass der Wert innerhalb des Formularbereichs eindeutig ist, und passt die übrigen Werte immer direkt an.

Tastenkürzel

Jede gute Benutzeroberfläche ist auch dann funktionsfähig, wenn einmal keine Maus eingesetzt wird. Sie können dort alles mit der Tastatur durchführen, wobei die [Tab]-Taste für den Wechsel zum nächsten Eingabefeld oder [⇧]+[Tab] für den Wechsel zum vorigen Eingabefeld sicherlich die wichtigsten Tastenkürzel sind.

Bei größeren Dialogfeldern wie beispielsweise dem Dialogfeld *Drucken* (siehe Abbildung 27.2) müssten Sie jedoch sehr oft [Tab] betätigen, um eine Eingabe ganz am Ende zu erreichen, was wenig komfortabel ist. Daher sind dort immer auch Tastenkürzel für die direkte Auswahl enthalten, die durch unterstrichene Buchstaben gekennzeichnet werden.

Abbildg. 27.2 Das Dialogfeld *Drucken* als Beispiel einer Benutzeroberfläche

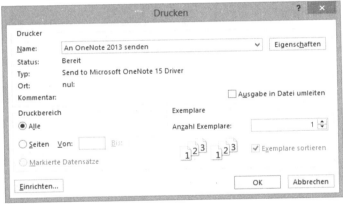

Das gleiche Prinzip lässt sich auch in jedem Access-Formular verwirklichen. Voraussetzung dafür ist, dass es sich um verbundene Steuerelemente handelt.

1. Markieren Sie ein beliebiges Bezeichnungsfeld (hier dasjenige zu *artkatIDRef*). Technisch ist es nicht nötig, es sieht aber lesefreundlicher aus, wenn die *Beschriftung*-Eigenschaft einen verständlichen Text wie *Kategorie* enthält. Geben Sie also einen geeigneten Text als Beschriftung ein.

> **TIPP** Wenn Sie im Eigenschaftenblatt arbeiten, müssen Sie die Eigenschaft verlassen oder mit der [↵]-Taste bestätigen, bevor das Ergebnis im Formularentwurf sichtbar wird. Alternativ können Sie auch direkt in der Entwurfsansicht schreiben, nachdem Sie ein zweites Mal in dieses Bezeichnungsfeld geklickt haben. In diesem Fall passt sich auch die Breite direkt an.

2. Vor einen beliebigen Buchstaben, der dann als unterstrichenes Tastenkürzel fungiert, setzen Sie ein Kaufmanns-Und (&). Am besten wählen Sie einen Buchstaben, der typisch ist für das Wort,

meistens eignet sich dafür der Anfangsbuchstabe. Hier steht also in der Beschriftung &*Kategorie*, wie in Abbildung 27.3 zu sehen ist (dort sind die Bezeichnungen zur besseren Erkennbarkeit bereits fett und schwarz formatiert).

Abbildg. 27.3 Das erste Bezeichnungsfeld hat bereits ein Tastenkürzel erhalten

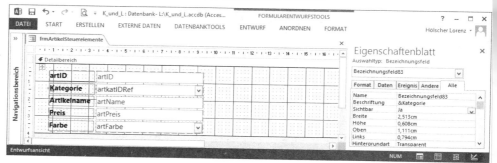

3. Sie können testweise nun in die Formularansicht umschalten, dort ein beliebiges anderes Feld anklicken, und mit [Alt]+[K] springt die Markierung in das Kombinationsfeld für die Kategorie.

ACHTUNG Eine Schreibweise wie [Alt]+[K] bedeutet, dass die [Alt]-Taste noch gedrückt bleibt, während Sie [K] betätigen. Müssten Sie erst [Alt] drücken, diese Taste loslassen und dann [K] drücken, wäre es als [Alt] [K] notiert.

Innerhalb eines Formulars müssen die Tastenkürzel eindeutig sein, sonst sind die Benutzer irritiert, weil die Markierung trotz gleichem Tastenkürzel zwischen mehreren Steuerelementen wechselt.

Access warnt Sie in so einem Fall mit einem Smarttag wie in Abbildung 27.4, dass eine doppelte Tastenkombination vergeben wurde.

Da die in der Regel für Abkürzungstasten verwendeten Anfangsbuchstaben in der Praxis häufig mehrfach vorkommen, empfiehlt sich in solchen Fällen, auf einen anderen charakteristischen Buchstaben innerhalb der Beschriftung zurückzugreifen.

Abbildg. 27.4 Der Smarttag weist darauf hin, dass eine doppelte Tastenkombination zugewiesen wurde

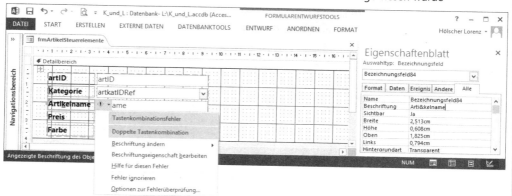

> **TIPP**   Diese Warnung erscheint nur, wenn Sie in *DATEI/Optionen* in der Kategorie *Objekt-Designer* in der Gruppe *Fehlerüberprüfung in Entwurfsansicht für Formulare/Berichte* die entsprechenden Kontrollkästchen aktiviert hatten.

Damit keine Irritationen auftreten, habe ich die *Artikelname*-Bezeichnung in *Name* geändert mit dem unterstrichenen »N«, sodass die Tastenkombinationen eindeutig sind. Das Formular mit den Tastenkürzeln sieht dann so aus wie in Abbildung 27.5, sodass also nun beispielsweise die Farbe mit Alt + F markiert werden kann.

Abbildg. 27.5   Das Formular zeigt nun seine Tastenkürzel an

> **PROFITIPP**   Das Formular können Sie nun per Tastatur bedienen. Nach dem Markieren eines Kombinationsfelds wie hier zum Beispiel des *Farbe*-Felds besteht sicher der Wunsch, auch die Auswahlliste per Tastatur auszuklappen. Auch das ist möglich und Sie müssen dazu auch nichts vorbereiten. Drücken Sie einfach Alt + ↓. Eine Wiederholung dieser Tastenkombination klappt die Liste wieder ein.
>
> Auch Kontrollkästchen können aktiviert und deaktiviert werden, dazu dient die Leertaste, was sowohl im Formular als auch in Tabellen/Abfragen und sogar beliebigen Windows-Dialogfeldern funktioniert.

Dass die *artID* kein Tastenkürzel erhalten hat, hängt mit der als Nächstes vorgestellten Deaktivierung zusammen. Ein zukünftig ohnehin inaktives Eingabefeld braucht nämlich einfach kein Tastenkürzel.

Der Übersichtlichkeit halber beschränken sich die folgenden Beispiele auch nur auf die beiden Felder *artID* und *artkatIDRef*.

Steuerelemente deaktivieren

Geben Sie doch mal in der Formularansicht von *frmArtikelSteuerelemente* in das *artID*-Feld eine andere Nummer ein! Schließlich erfüllt es alle Voraussetzungen für eine Eingabe:

- Der Mauszeiger erscheint innerhalb des Feldes als römisches *I*, was in einem Windows-Programm der Hinweis auf ein änderbares Eingabefeld ist
- Der Inhalt lässt sich markieren, wie es für Eingabefelder typisch ist

- Der Hintergrund ist weiß (was allerdings nur in den normalerweise hellgrauen Dialogfeldern ein guter Anhaltspunkt ist)

PROFITIPP   Sie würden nie auf die Idee kommen, dort eine Zahl einzutippen? Dann beobachten Sie einmal, wie ein typischer Endbenutzer mit Access-Formularen umgeht! Er ist es inzwischen gewohnt, dass überall auf Internetformularen der Wert einfach in ein Suchfeld eingegeben und mit ⏎ bestätigt wird. Genau das erwartet er hier auch.

Sie werden bemerkt haben, dass eine Eingabe in *artID* unmöglich ist. Aber haben Sie auch bemerkt, dass Access eine Warnmeldung angezeigt hat? Nämlich ganz unten in der Statusleiste (falls diese überhaupt sichtbar ist), wie Abbildung 27.6 zeigt.

Abbildg. 27.6   Die Warnmeldung steht unten in der Statuszeile

Das entspricht nicht einmal bescheidenen Ansprüchen an eine intuitive Benutzerführung:

- Die Meldung erscheint weit entfernt von der auslösenden Aktion
- Mit kleiner weißer Schrift auf dunkelrotem Untergrund kann sie kaum als besonders auffällig beschrieben werden
- Über die Aussagekraft dieser Meldung für einen normalen Benutzer (was ist denn eigentlich ein *AutoWert*-Feld?) ließe sich bestimmt auch noch diskutieren

Wenn schon eine nachträgliche Meldung erscheint, sollte sie entweder wie eine Windows-Meldung mitten auf dem Bildschirm erscheinen und per *OK*-Schaltfläche bestätigt werden müssen oder wenigstens wie die QuickInfos direkt am Mauszeiger in einem gelbem Rechteck präsentiert werden.

Bevor wir aber anfangen, das hier nachzuprogrammieren, können wir das Problem von einer anderen Seite her lösen. Was hier praktiziert wird, bezeichne ich als die *nichtpräventive Philosophie*: Sie lassen den Benutzer eine sinnlose oder gar Fehler auslösende Aktion durchführen und sagen hinterher Bescheid.

Viel sinnvoller ist es aber, wenn Sie verhindern, dass unzulässige Felder (oder Schaltflächen oder Menüs etc.) überhaupt angeklickt werden können. Das ist gängige Windows-Praxis in fast allen Programmen wie auch Access, wo Sie regelmäßig Befehle im Menüband deaktiviert sehen. Das ist die *präventive Philosophie*.

PROFITIPP   Beide Philosophien der Benutzerführung haben ihre Vor- und Nachteile. Wenn Sie den Benutzer vorbeugend am Klick auf eine deaktivierte Schaltfläche hindern, kann er nicht herausfinden, was er hätte anders machen sollen, weil es ja keine Meldung gibt. In der nichtpräventiven Variante sollte in der Meldung also wenigstens ein Hinweis auf eventuell fehlende Vorbedingungen folgen.

Im Menüband hat Microsoft einen Kompromiss zwischen diesen beiden Philosophien gefunden. Selbst wenn die Befehle situationsbedingt deaktiviert sind, erscheint trotzdem ein sogenannter ScreenTip wie in Abbildung 27.7. Dort wären beispielsweise dann Hinweise möglich, was zur Aktivierung des Befehls getan werden müsste.

Abbildg. 27.7 Der ScreenTip erscheint, obwohl der Befehl *Löschen* deaktiviert ist

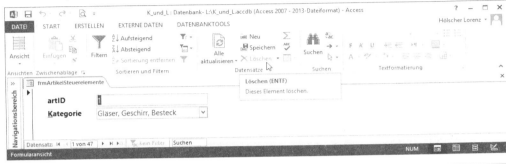

Langer Rede kurzer Sinn: Die Benutzerführung wird einheitlich, wenn Sie dafür sorgen, dass das *artID*-Feld als nicht änderbar erkannt und behandelt wird:

1. Markieren Sie in der Entwurfsansicht das Textfeld *artID* und lassen dessen Eigenschaften anzeigen.

2. Ändern Sie die *Aktiviert*-Eigenschaft auf *Nein*. Dadurch wird das Eingabefeld grau hinterlegt und die zugehörige Beschriftung hellgrau.

3. Das wäre technisch und im Sinne der erkennbaren Deaktivierung in Ordnung, wie Sie in Abbildung 27.8 sehen können. Der Hintergrund ist hellgrau und die Schrift des Bezeichnungsfelds ebenfalls hellgrau.

Abbildg. 27.8 Das deaktivierte Eingabefeld wirkt nun auch optisch so

4. Wenn Sie jedoch abweichende Farben einsetzen, hält sich ein so deaktiviertes Steuerelement nicht an Ihre Optik. Sie können daher zusätzlich die *Gesperrt*-Eigenschaft auf *Ja* stellen. Dann gelten wieder Ihre vereinbarten Farben.

5. Nun steht allerdings erneut ein weißer Hintergrund mit schwarzer Schrift im Eingabefeld. Wählen Sie in *FORMAT/Schriftart/Schriftfarbe* wieder ein helles Grau (siehe Abbildung 27.9) aus und entfernen mit *ENTWURF/Steuerelementformatierung/Formkontur* eventuell den Rahmen, indem Sie ihn auf *Transparent* setzen.

Abbildg. 27.9 Das deaktivierte Eingabefeld wirkt nun auch optisch so

HINWEIS Obwohl diese Befehlsgruppe *Schriftart* heißt, sind dort tatsächlich auch *Hintergrundfarbe* und *Textausrichtung* enthalten. Alternativ können Sie den Befehl *START/Textformatierung/Hintergrundfarbe* benutzen. Oder den Befehl *FORMAT/Steuerelementformatierung/Fülleffekt*. Oder Sie wählen per Rechtsklick auf das Steuerelement im PopUp-Menü den Befehl *Füll-/Hintergrundfarbe*. Oder Sie nutzen die *Hintergrundfarbe*-Eigenschaft im Eigenschaftenblatt. Warum sollte der identische Befehl auch überall gleich benannt sein?

Steuerelement-Typ ändern

Natürlich lässt sich der Typ des eingefügten Steuerelements auch ändern, sowohl vorher als auch nachher:

1. Das *artkatIDRef*-Feld soll ein zweites Mal in dieses Formular eingefügt werden, aber als Textfeld. Ein doppeltes Feld ist eher selten, aber durchaus möglich.

2. Klicken Sie zuerst auf *ENTWURF/Steuerelemente/Textfeld*, sodass der Mauszeiger das Symbol für ein Textfeld-Steuerelement anzeigt.

3. Erst dann fügen Sie das Feld *artkatIDRef*, etwa mit Doppelklick auf dessen Namen in der Feldliste, in den Detailbereich ein (siehe Abbildung 27.10).

Abbildg. 27.10 Das *artkatIDRef*-Feld wird mit zwei unterschiedlichen Steuerelementen angezeigt

HINWEIS Diese Situation doppelter Steuerelemente zeigt eine Besonderheit, die sonst oft nicht bemerkt wird. Die Eigenschaften *Name* und *Steuerelementinhalt* sind für gebundene Steuerelemente in Access normalerweise identisch: Der Feldname bildet den Steuerelementnamen. Da aber der Name eines Steuerelements innerhalb eines Formulars immer eindeutig sein muss, heißt das doppelte Steuerelement hier ganz banal *Text103* (je nach Anzahl bereits eingefügter Steuerelemente kann die Nummer auch abweichen).

Mit dieser Methode haben Sie den Typ des Steuerelements direkt beim Einfügen vorgegeben. Um dieses Textfeld nun doch noch nachträglich in ein Kombinationsfeld zu verwandeln, gehen Sie so vor:

1. Markieren Sie das gerade eingefügte Textfeld *Text103* und lassen per Rechtsklick dessen Kontextmenü anzeigen.

2. Dort finden Sie wie in Abbildung 27.11 den Befehl *Ändern zu* mit einem Untermenü von teilweise aktivierten Steuerelement-Typen. Deren Auswahl ist abhängig vom Typ des markierten Steuerelements.

Abbildg. 27.11 Im Kontextmenü eines Steuerelements können Sie dessen Typ ändern (Kontextmenü hier gekürzt dargestellt)

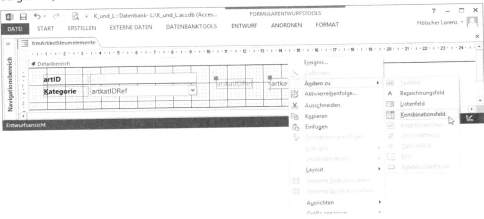

3. Wenn Sie im Untermenü *Kombinationsfeld* anklicken, ändert sich der Typ vom Textfeld *Text103* in ein Kombinationsfeld, wie Sie sowohl an seinem Aussehen als auch an der Angabe *Auswahltyp: Kombinationsfeld* ganz oben im Eigenschaftenblatt erkennen können.

ACHTUNG   Sie haben jetzt zwar den Steuerelement-Typ geändert, aber mehr auch nicht. Alle anderen Eigenschaften, die beim Neueinfügen aus dem Tabellenentwurf ausgelesen werden, fehlen jetzt. Dazu gehören beispielsweise die *Spaltenanzahl*, die *Spaltenbreiten* oder sogar die *Datensatzherkunft* selbst.

Da es jetzt seinen Demonstrationszweck erfüllt hat, können Sie das doppelte Steuerelement mit dem Namen *Text103* wieder entfernen.

Steuerelemente formatieren

Sie können jedes Steuerelement einzeln (bei verbundenen Steuerelementen beide »Hälften« getrennt) formatieren, jedoch immer nur komplette Steuerelemente. Die aus Excel bekannte Möglichkeit, einzelne Zeichen zu formatieren, muss in Access entfallen, weil ja unterschiedliche Daten im gleichen Steuerelement angezeigt werden.

Farben und Schriften

Am offensichtlichsten für die Formatierung sind die Einstellungen für Farben und Schriften. Sie sind sogar mehrfach vorhanden, einmal im Register *START* in der Befehlsgruppe *Textformatierung* und zum anderen bei *FORMAT* und dort in den beiden Befehlsgruppen *Schriftart* und *Steuerelementformatierung*.

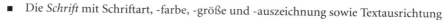

HINWEIS Formulare werden nicht besser, wenn sie knallbunt sind. Es ist schön, dass es in Access so viele Variationsmöglichkeiten gibt, was farbliche Gestaltung angeht. In der Praxis jedoch wird und sollte es für datengebundene Elemente eher die Ausnahme bleiben. Schwarze Schrift auf weißem Hintergrund ist am besten zu lesen, wie eigentlich schon seit Jahrzehnten bekannt ist. Selbst die Standards in Access-Formularen haben sich in den letzten Versionen vom anfangs grauen über einen hellblauen bis hin zum jetzigen weißen Hintergrund verbessert.

Zu jedem Steuerelement lassen sich grundsätzlich drei Bereiche formatieren:

- Die *Schrift* mit Schriftart, -farbe, -größe und -auszeichnung sowie Textausrichtung

- Die *Hintergrundfarbe* (aber ohne Farbverläufe, Muster und Grafiken, wie es in PowerPoint möglich ist), die auch manchmal als *Füllfarbe* bezeichnet wird

- Der Umriss oder die Linien, die hier im Befehl als *Formkontur* bezeichnet werden

Farben auswählen

Die Auswahlmöglichkeiten für die Farben von Schriften, Hintergrund oder Linie sind sich sehr ähnlich. Sie sehen in Abbildung 27.12 beispielhaft die Farbauswahl für Linien, welche im Vergleich am umfangreichsten ist.

Abbildg. 27.12 Die Auswahlmöglichkeit für eine Linienfarbe

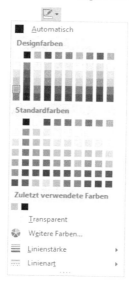

Typischerweise finden Sie darin mehrere Bereiche, deren Auswahl sonst in den jeweiligen Eigenschaften *Textfarbe*, *Hintergrundfarbe* oder *Rahmenfarbe* gespeichert wird:

- Ganz oben steht die Farbe *Automatisch*, die der originalen Designfarbe dieses Steuerelements entspricht

- Darunter folgt der Bereich *Designfarben*, dessen erste Zeile der Farbpalette aus dem gewählten Design entspricht. Darunter sind diese Farben immer in verschiedenen Helligkeitsstufen auswählbar. Ein hier ausgewählter Farbeintrag wird nicht als konkrete Farbe, sondern als Position in der Palette gespeichert, also beispielsweise als *Akzent 1, Heller 80%* für den Eintrag unterhalb der fünften Designfarbe von links. Ein Designwechsel zeigt an gleicher Position in der neuen Farbpalette also eine andere Farbe an, was sich auf diese Steuerelemente auswirkt.

HINWEIS   Nur Steuerelemente mit *Auto*-Farbe oder Designfarben verändern sich bei einem Wechsel des Designs. Die Standardfarben bleiben von einem Designwechsel unbeeinflusst.

- Den größten Bereich der Auswahl nehmen die *Standardfarben* ein. Sie bestehen aus einer vorgegebenen und unveränderlichen Farbpalette von 70 Farben und werden in der Eigenschaft als Hexadezimalwerte (zum Beispiel *#FFF200* für gelb) gespeichert. Sie verändern sich bei einem Designwechsel nicht.

HINWEIS   Die Hexadezimalschreibweise ist auch für HTML-Code im Internet üblich. Sie besteht aus 16 »Ziffern« (0–9, A–F) je Position, die zweistellig Werte von 0 bis 255 abbilden können.

Jede Farbe enthält drei Werte für Rot, Grün und Blau und ist daher sechs »Ziffern« lang. Das Beispiel für die Farbe Gelb liest sich dann #(hexadezimale Zahl folgt) *FF* (Rot 255) *F2* (Grün 242) *00* (Blau 0). Schwarz hat den Farbwert *#000000* und Weiß *#FFFFFF*.

- Sobald Sie verschiedene Farben ausgewählt haben, führt Access darunter eine Liste *Zuletzt verwendete Farben* als Merkhilfe. Diese Liste ist mit dem Beenden des Programms vergessen.

- Eine besondere »Farbe« ist *Transparent*, denn es ist gar keine Farbe, sondern entspricht der Eigenschaft *Hintergrundart* bzw. *Rahmenart* (Schriften können nicht transparent sein)

Abbildg. 27.13   Stellen Sie in diesem Dialogfeld weitere Farben ein

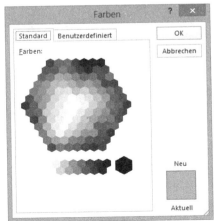

- Über *Weitere Farben* öffnen Sie das Dialogfeld aus Abbildung 27.13, mit dem Sie eine Farbe aus einer größeren Auswahl an Standardfarben wählen oder (auf der Registerkarte *Benutzerdefiniert*) diese selbst mischen können

- Nur für Umrisse gibt es darunter noch die Untermenüs zu *Linienstärke* und *Linienart*, die jeweils den Eigenschaften *Rahmenbreite* und *Rahmenart* entsprechen

Für den Detailbereich existiert zusätzlich die Eigenschaft *Alternative Hintergrundfarbe*, die in Endlosformularen dafür sorgt, dass die Daten durch die zeilenweise wechselnde Hintergrundfarbe besser zu lesen sind.

Mehrere Steuerelemente formatieren

In der Befehlsgruppe *FORMAT/Schriftart* finden Sie das Symbol *Format übertragen*, wie Sie es auch aus anderen Microsoft Office-Programmen kennen.

1. Markieren Sie ein Steuerelement, dessen Formatierung Sie übernehmen möchten.

2. Klicken Sie auf *FORMAT/Schriftart/Format übertragen*, sodass am Mauszeiger ein Pinsel angezeigt wird, sobald dieser über einem Steuerelement liegt. In unzulässigen Bereichen ist dieser Pinsel durchgestrichen.

3. Klicken Sie das andere Steuerelement an, welches die Formatierungen übernehmen soll.

Obwohl der *Format übertragen*-Befehl in einer Befehlsgruppe namens *Schriftart* steht, werden alle drei Formatierungen für Schrift, Hintergrund und Umriss übertragen. Die übrigen Eigenschaften (beispielsweise *Aktiviert* oder *Gesperrt*) bleiben davon jedoch unbeeinflusst.

> **PROFITIPP** Wollen Sie das Format auf mehrere Steuerelemente übertragen, können Sie statt eines einfachen Klicks einen Doppelklick auf das *Format übertragen*-Symbol machen. Dann bleibt die Funktion so lange aktiv, bis Sie diese mit einem einfachen Klick auf das Symbol oder durch Drücken von Esc wieder beenden.

Alternativ können Sie auch direkt mehrere Steuerelemente gemeinsam markieren und dann deren Einstellungen ändern. Das Eigenschaftenblatt zeigt dann oben *Auswahltyp: Mehrfachauswahl* an und enthält nur noch gemeinsame Eigenschaften.

Haben deren gemeinsame Eigenschaften unterschiedliche Werte, bleibt die Einstellung dort leer. Sobald Sie dort etwas eintragen, gilt der neue Wert für alle markierten Steuerelemente.

Standardeigenschaften

Es gibt zwei Möglichkeiten, das zukünftige Verhalten eines neuen Steuerelements vorzugeben:

- Sie markieren ein Steuerelement und übernehmen dessen Formatierung als Standard

- Sie stellen Standardwerte über das Eigenschaftenblatt ein

Markieren Sie für die erste Variante das jeweilige Steuerelement und klicken dann auf *ENTWURF/Steuerelemente/Steuerelementvorgaben festlegen*. Dadurch werden nur die *Format*-Einstellungen als Standard definiert.

Abbildg. 27.14 Hier finden Sie den Eintrag *Steuerelementvorgaben festlegen*

Wollen Sie weitere Eigenschaften festlegen, müssen Sie die zweite Variante wählen:

1. Lassen Sie das Eigenschaftenblatt anzeigen, wobei es unerheblich ist, was gerade markiert ist.

2. Klicken Sie auf *ENTWURF/Steuerelemente* und dort im Katalog auf den Steuerelement-Typ, dessen Standard Sie ändern wollen.

3. Fügen Sie den ausgewählten Steuerelementtyp nicht (!) per Klick in das Formular ein. Stattdessen sehen Sie im Eigenschaftenblatt ganz oben eine Angabe wie *Auswahl: Standard: Textfeld*.

4. Jetzt können Sie im Eigenschaftenblatt alle noch angezeigten Eigenschaften einstellen, deren Auswahl für diese Standardisierung übrigens etwas eingeschränkt ist.

5. Sind Sie fertig mit allen Einstellungen, können Sie per *ENTWURF/Steuerelemente/Auswählen* (das erste Symbol mit dem Mauszeiger) wieder in den Auswahlmodus gehen.

Bedingte Formatierung

Die bedingte Formatierung macht die Optik eines datengebundenen Steuerelements von seinem Inhalt abhängig und bietet Ihnen eine Menge Möglichkeiten. Da die Auswirkungen am besten in einem Endlosformular zu sehen sind, sollten wir uns schnell ein minimales Beispiel zusammenstellen:

1. Markieren Sie im Navigationsbereich die Tabelle *tblBestellungen*.

2. Klicken Sie auf den Befehl *Erstellen/Formulare/Weitere Formulare/Mehrere Elemente*, um automatisch ein Endlosformular erstellen zu lassen.

3. Speichern Sie das Formular als *frmBestellungenSteuerelemente*.

Wegen der Übersichtlichkeit für dieses Beispiel können Sie in der Entwurfsansicht alle Felder bis auf *bstID* und *bstMenge* entfernen, wie es in Abbildung 27.15 zu sehen ist.

Das Endlosformular wurde auf die wesentlichen Felder reduziert

Datenbalken

Normalerweise zeigt ein datengebundenes Feld wie *bstMenge* den Wert als Zahl an, wie Sie es aus allen bisher erstellten Formularen kennen. Mithilfe der bedingten Formatierung lassen sich diese Daten fast so wie in einem Diagramm darstellen:

1. Markieren Sie in der Entwurfsansicht von *frmBestellungenSteuerelemente* das Feld *bstMenge*.

2. Klicken Sie auf den Befehl *FORMAT/Steuerelementformatierung/Bedingte Formatierung*, um das Dialogfeld aus Abbildung 27.16 anzuzeigen.

Abbildg. 27.16 Geben Sie hier Regeln für die bedingte Formatierung vor

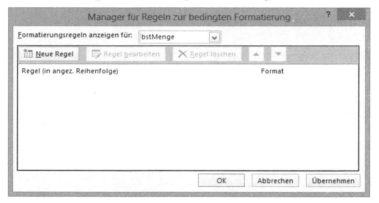

ACHTUNG Der Befehl für die bedingte Formatierung ist zwar aktiv, zeigt aber trotz Klick den Dialog nicht an, wenn das Menüband minimiert ist. Damit dieser Befehl reagiert, müssen Sie das Menüband also beispielsweise per Doppelklick auf ein Register oder einem Druck auf [Strg] + [F1] in voller Höhe anzeigen lassen.

3. Klicken Sie darin auf die Schaltfläche *Neue Regel*, die das nächste Dialogfeld (siehe Abbildung 27.17) anzeigt.

Abbildg. 27.17 Wählen Sie hier eine neue Formatierungsregel aus

4. In diesem Dialogfeld für eine neue Formatierungsregel klicken Sie in der oberen Liste *Regeltyp auswählen* auf den zweiten Eintrag *Mit anderen Datensätzen vergleichen*. Alle übrigen Einstellungen können Sie unverändert lassen.

5. Bestätigen Sie beide Dialogfelder mit *OK* und wechseln Sie in die Formularansicht, die jetzt wie in Abbildung 27.18 aussieht.

Abbildg. 27.18 Das Feld *bstMenge* enthält eine bedingte Formatierung

Abhängig vom größten Eintrag ergibt sich die Länge der Balken vom jeweiligen Wert im Feld und lässt sich damit optisch viel schneller erfassen.

Regel »Feldwert ist«

Es sind auch mehrere verschiedene, nämlich bis zu 50 Formatierungen möglich. Das folgende Beispiel wird eine Art »Ampel« anzeigen, bei welcher die Bestellungen mit einer kleineren Menge rot, diejenigen im Mittelfeld gelb und die Mengen im oberen Drittel dunkelgrün hinterlegt sind.

1. Wechseln Sie in die Entwurfsansicht von *frmBestellungenSteuerelemente* und markieren wieder das Feld *bstMenge*.
2. Klicken Sie auf *FORMAT/Steuerelementformatierung/Bedingte Formatierung*, um das Dialogfeld anzuzeigen.
3. Entfernen Sie die vorhin erstellte Regel per Klick auf die Schaltfläche *Regel löschen*.
4. Fügen Sie eine neue Regel hinzu, bei welcher Sie im nächsten Dialogfeld die *Werte im aktuellen Datensatz prüfen oder einen Ausdruck verwenden*. Eine solche Regel kann den Wert auch berechnen.
5. Geben Sie als untere Grenze 0 ein, wie es in Abbildung 27.19 bereits zu sehen ist.

Abbildg. 27.19   Diese Regel wird mit den Werten rechnen

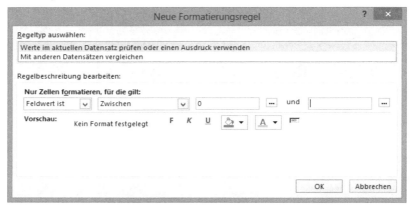

6. Für die erste Regel soll die obere Grenze als 30 % von der höchsten Mengenangabe beschrieben werden. Alles, was also im Bereich zwischen 0 % und 30 % liegt, gilt als kleine Menge und soll rot eingefärbt werden. Dies lässt sich nur über eine Berechnung realisieren, da der höchste vorkommende Wert abhängig von den momentan in der Datenbank gespeicherten Werten erst über eine Funktion ermittelt werden muss. Dazu klicken Sie zunächst auf die Schaltfläche mit den drei Pünktchen ganz rechts neben dem zweiten Eingabefeld.

> **HINWEIS**   Neben dem Operator *Zwischen* sind im Listenfeld noch weitere Operatoren verfügbar, etwa *Gleich* und *Kleiner als*.

7. Der dann erscheinende Ausdruckseditor bietet eine umfangreiche Unterstützung bei der Eingabe. Beginnen Sie mit der Eingabe von 0,3*Max im Eingabefeld (siehe Abbildung 27.20).

Abbildg. 27.20   Der Ausdrucks-Generator bietet alle passenden Funktionen mit Erläuterung

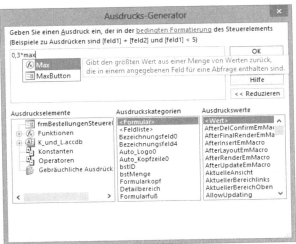

8. Während der Eingabe zeigt der Ausdrucks-Generator eine ständig aktualisierte Liste aller passenden Funktionen an. Sobald Sie die öffnende Klammer nach dem Funktionsnamen geschrieben haben und mindestens ein weiteres Zeichen tippen, stehen dort die Felder dieses Formulars zur Auswahl bereit, wie Abbildung 27.21 zeigt. Mit jedem weiteren Zeichen wird die Auswahl immer mehr verfeinert. Für das Beispiel wird das Feld *bstMenge* ausgewählt, wobei Sie einfach so lange tippen, bis die Auswahl ausreichend übersichtlich geworden ist. Hier in der Abbildung sind es die ersten vier Zeichen *bstm*.

Abbildg. 27.21   Access zeigt automatisch die Felder dieses Formulars als Parameter an

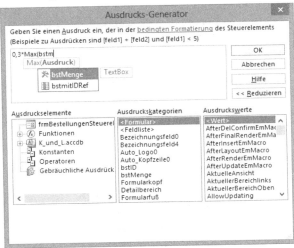

9. Wählen Sie das passende Feld mit den ⬇- und ⬆-Tasten aus und übernehmen es mit der ⇥-Taste. Alternativ klicken Sie doppelt auf den Feldnamen.

10. Fügen Sie noch eine schließende runde Klammer hinzu, um die Formel `0,3*Max([bstMenge])` zu vervollständigen, und schließen Sie das Dialogfeld mit *OK*. Sie sehen nun wieder das Dialogfeld zur Bearbeitung einer Formatierungsregel wie in Abbildung 27.22.

Abbildg. 27.22 Wählen Sie ein passenden Format zur Regel

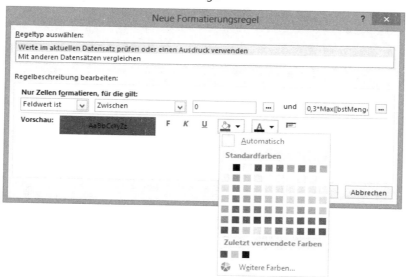

Im Dialogfeld *Neue Formatierungsregel* (wenn dieses Dialogfeld später noch einmal zur Änderung einer Formatierungsregel aufgerufen wird, heißt es *Formatierungsregel bearbeiten*) können Sie nach Belieben die Hintergrundfarbe, Schriftart und Schriftfarbe verändern, die zur Darstellung genutzt wird, sobald die Regel zutrifft:

1. In diesem Fall soll die Hintergrundfarbe auf Rot gestellt werden. Wählen Sie entsprechend diese *Hintergrundfarbe* über die gleichnamige Schaltfläche aus. Bestätigen Sie auch dieses Dialogfeld mit *OK*, woraufhin Sie sich wieder im ersten Dialogfeld wie in Abbildung 27.16 auf Seite 546 befinden.

Abbildg. 27.23 Die drei Regeln sind vollständig

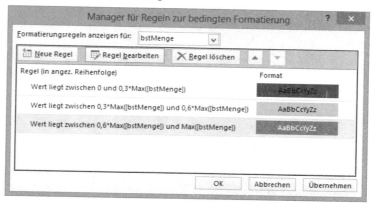

2. Erstellen Sie mit der Schaltfläche *Neue Regel* nun noch zwei ähnliche Regeln, deren Bedingungen Sie in Abbildung 27.23 lesen können.

3. Nachdem Sie auch das Dialogfeld für den Regel-Manager mit *OK* bestätigt haben, können Sie in die Formularansicht wechseln. Die Abbildung 27.24 zeigt, dass nun die Werte je nach Größe farblich unterschiedlich hinterlegt sind.

Abbildg. 27.24   Die Werte werden farblich unterschieden

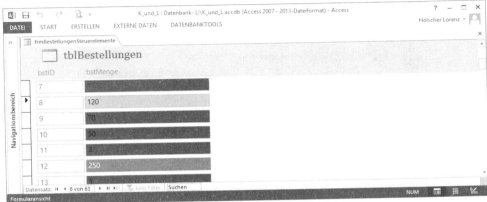

Regel »Feld hat Fokus«

Eine besondere Fähigkeit ist noch in den Regeln der bedingten Formatierung versteckt, nämlich die Reaktion auf den Fokus, also wenn ein Benutzer in ein Eingabefeld klickt.

1. Fügen Sie der bedingten Formatierung im Dialogfeld *Manager für Regeln zur bedingten Formatierung* mit der Schaltfläche eine neue Regel hinzu.

2. Wählen Sie dort wie in Abbildung 27.25 als Bedingung *Feld hat Fokus* aus und formatieren Sie das Feld nach Belieben. Hier ist es vor allem optisch möglichst abweichend gestaltet, damit es auch im Schwarzweißdruck dieses Buchs noch zu erkennen ist.

Abbildg. 27.25   Diese Regel ist nicht datenabhängig

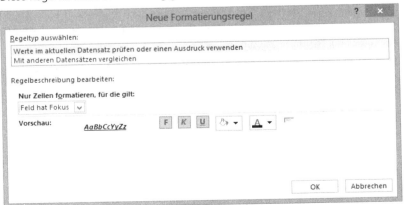

3. Nachdem Sie das Dialogfeld mit *OK* bestätigt haben, gibt es für das Feld *bstMenge* eine vierte Regel (siehe Abbildung 27.26).

Abbildg. 27.26   Zu den Regeln ist eine vierte hinzugekommen

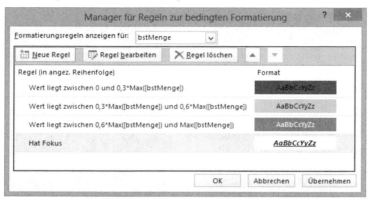

4. Wechseln Sie nun wieder in die Formularansicht und klicken in das Feld *bstMenge*, wie es in Abbildung 27.27 bereits geschehen ist.

Abbildg. 27.27   Die *Feld hat Fokus*-Regel wird offensichtlich nicht umgesetzt

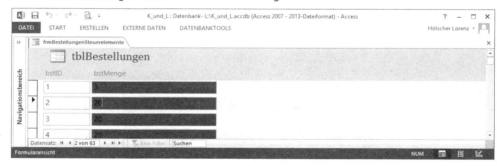

5. Wie Sie sehen, sehen Sie nichts? Richtig, denn diese *Feld hat Fokus*-Regel wird offensichtlich gar nicht umgesetzt. Access weist nämlich leider nirgends darauf hin, dass eine *Feld hat Fokus*-Regel immer an erster Position stehen muss.

6. Öffnen Sie also in der Entwurfsansicht wieder das Dialogfeld des Managers für die bedingte Formatierung, markieren die *Feld hat Fokus*-Regel und verschieben sie mit der *Nach oben*-Schaltfläche in die erste Zeile. Jetzt sehen Sie beim Hineinklicken in das Feld *bstMenge* die passende Formatierung wie in Abbildung 27.28.

Abbildg. 27.28   An erster Position funktioniert die *Feld hat Fokus*-Regel

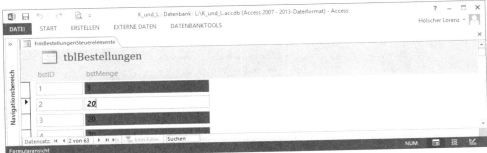

Ausdruck ist-Regel

Bei den Regeln gibt es zudem noch die Möglichkeit, eine weitreichendere Berechnung durchzuführen. Dabei wird nicht wie bei *Feldwert ist* der aktuelle Feldwert verglichen, sondern ein allgemeiner Ausdruck ausgewertet. Um das Beispiel möglichst einfach zu halten, soll jede zweite Mengenangabe fett formatiert werden.

PROFITIPP   Die Berechnung für »jeden zweiten« Datensatz ist dank einer fortlaufenden ID sehr einfach. Der *Mod*-Operator liefert den Rest einer Division, für 10 Mod 3 lautet das Ergebnis *1*, weil nur *9* ganzzahlig durch *3* teilbar ist. Eine ganze Zahl erkennt man also daran, dass bstID Mod 2 das Ergebnis *0* hat.

1. Wechseln Sie in die Entwurfsansicht des Formulars und markieren wieder das Feld *bstMenge*.
2. Rufen Sie mit dem Befehl *FORMAT/Steuerelementformatierung/Bedingte Formatierung* das Dialogfeld auf und löschen Sie darin alle bisherigen Regeln, damit es übersichtlicher wird.
3. Fügen Sie wie in Abbildung 27.29 eine Regel mit einer *Ausdruck ist*-Bedingung hinzu, deren Formel [bstID] Mod 2 = 0 lautet.

Abbildg. 27.29   Diese Regel markiert jeden zweiten Wert

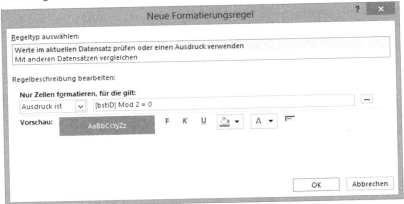

4. Die Formularansicht (siehe Abbildung 27.30) zeigt, dass tatsächlich abhängig vom Feld *bstID* das Feld *bstMenge* abwechselnd hell und dunkel formatiert ist.

Abbildg. 27.30   Jede zweite Zeile ist dunkel formatiert

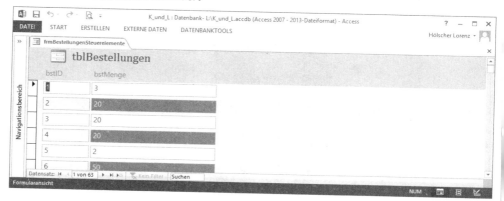

An diesem Beispiel haben Sie vor allem gesehen, dass die Formel für eine *Ausdruck ist*-Regel auch auf andere Felder (des gleichen Datensatzes) zurückgreifen kann.

ACHTUNG   Regeln für die bedingte Formatierung gelten in der Reihenfolge, wie sie im Dialogfeld aufgeführt sind. Dabei »gewinnt« die erste Regel, deren Bedingung zutrifft. Tatsächlich müssen Sie nämlich keineswegs die übrigen Regeln löschen, sondern lediglich davor eine Regel setzen, deren Bedingung immer wahr ist, wie sie in Abbildung 27.31 markiert ist. Mit diesem Trick lassen sich Regeln vorübergehend deaktivieren, ohne sie zu löschen, was vor allem für Tests und temporär benötigte Darstellungen hilfreich ist.

Abbildg. 27.31   Die hier markierte Regel ist immer erfüllt. Die nachfolgenden Regeln werden damit außer Kraft gesetzt

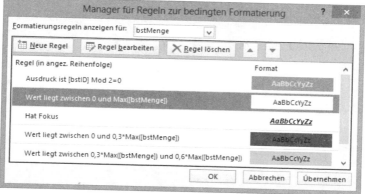

Achten Sie also darauf, dass die Regel mit der speziellsten Bedingung ganz vorne und die Regel mit der umfassendsten (allgemeinsten) Bedingung ganz hinten steht.

Zusammenfassung

In diesem Kapitel ging es um allgemeine Eigenschaften, die für (fast) alle Steuerelemente zur Verfügung stehen:

- Die *Aktivierreihenfolge* (Seite 534) bestimmt, in welcher Reihenfolge die Felder vorwärts per [⇥]- oder [↵]-Taste bzw. rückwärts per [⇧]+[⇥] angesteuert werden. Normalerweise ist die Aktivierreihenfolge mit der Reihenfolge identisch, in der die Steuerelemente beim Formularentwurf eingefügt wurden. Für nachträglich eingefügte Felder lässt sich die Aktivierreihenfolge anpassen.

- Für eine benutzerfreundliche Formularoberfläche können bei verbundenen Steuerelementen *Tastenkürzel* vereinbart werden, die als unterstrichene Buchstaben im zugehörigen Bezeichnungsfeld zu sehen sind (Seite 535)

- Wenn ein Benutzer einen Wert zwar sehen, aber nicht verändern darf, können Sie in Formularen einzelne *Felder deaktivieren*

- Verändern Sie bei einem bereits eingefügten Steuerelement dessen *Typ* (Seite 540), bleiben die übrigen Eigenschaften weitestgehend erhalten

- Steuerelemente lassen sich in Schrift, Hintergrund und Umriss umfangreich *formatieren* (Seite 541), wobei zwischen Designfarben, Standardfarben und selbstdefinierten Farben gewählt werden kann

- Sie können für die bequeme Arbeit mit dem Formularentwurf diese Formatierungen von einem Steuerelement per *Format übertragen*-Pinsel (Seite 544) auf ein anderes übertragen oder gleich *Standardwerte* für die Eigenschaften festlegen (Seite 544)

- Schließlich bietet die *bedingte Formatierung* (Seite 545) umfangreiche Möglichkeiten, um Daten zu visualisieren

Kapitel 28

Steuerelement-Typen

In diesem Kapitel finden Sie die Beschreibungen zu den verschiedenen Steuerelement-Typen, die in Formularen eingesetzt werden können. Einige von ihnen sind so umfangreich, dass sie eigene Teilkapitel erhalten wie Unterformulare oder Diagramme.

CD-ROM   Um Ihnen das Nachvollziehen der Schritte in diesem Kapitel zu erleichtern, finden Sie innerhalb der Beispieldateien zu diesem Buch im Ordner *Kap27* eine Datenbank, die bereits die Änderungen aus Kapitel 27 enthält. Laden Sie einfach die betreffende Datenbank, um mit der Arbeit in diesem Kapitel zu beginnen.

Sie können also jederzeit ein Kapitel überspringen und trotzdem auf den aktuellen Stand der Datenbank zugreifen.

Die Steuerelemente werden in diesem Kapitel in inhaltliche Gruppen zusammengefasst, die Sie so in Access nirgends wiederfinden werden, die aber dem besseren Verständnis ihrer Funktionalität dienen.

Damit möglichst viele Datentypen zur Verfügung stehen, basieren die gezeigten Beispiele weitgehend auf einem einzigen Formular mit der Abfrage *qryALLE_BESTELLUNGEN_MIT_INFO* als Datenquelle:

1.   Klicken Sie auf den Befehl *ERSTELLEN/Formulare/Formularentwurf*, um ein neues leeres Formular zu erhalten.

2.   Wählen Sie als *Datensatzquelle*-Eigenschaft für das Formular die Abfrage *qryALLE_BESTELLUNGEN_MIT_INFO* aus.

3.   Speichern Sie das Formular (noch ohne Steuerelemente) unter dem Namen *frmSteuerelementTypen* (Abbildung 28.1).

Abbildg. 28.1   Mit diesem Formular lassen sich alle Steuerelemente testen

Jeweils das beschriebene Steuerelement wird hier nach Bedarf eingefügt.

Allgemeine Steuerelemente

Die drei Steuerelement-Typen *Textfeld*, *Bezeichnungsfeld* und *Schaltfläche* sind sozusagen die Klassiker unter den Steuerelementen. Sie befinden sich praktisch auf jedem Formular, wobei die Schaltfläche erst dann sinnvoll ist, wenn Programmierung dahintersteckt.

ACHTUNG Das Menüband sollte möglichst nicht reduziert sein, da das Einfügen von Steuerelementen sonst nur umständlich möglich ist. Dies gilt auch für einige andere Befehle aus dem Menüband. Wenigstens ein Befehl (die in Kapitel 27 beschriebene *Bedingte Formatierung*) lässt sich bei minimiertem Menüband sogar überhaupt nicht aufrufen. Erweitern Sie entsprechend das Menüband (Rechtsklick auf Menüleiste und Eintrag *Menüband reduzieren* deaktivieren oder – noch einfacher – ⎡Strg⎤ + ⎡F1⎤ drücken).

Textfeld

Das *Textfeld* hat bei Access in der deutschen Übersetzung eine etwas unglückliche Benennung erhalten, denn es ist keineswegs auf *Text*-Datentypen beschränkt. Vielmehr weist der englische Originalname *Edit Control* besser darauf hin, dass es sich hier um ein editierbares Eingabefeld handelt.

Textfeld einfügen

Mit dem Befehl *ENTWURF/Steuerelemente/Textfeld* und einem Klick in einen Bereich des Formularentwurfs können Sie ein leeres, also ungebundenes Textfeld inklusive zugehörigem Bezeichnungsfeld einfügen.

Sehr viel häufiger werden Sie aber ein datengebundenes Textfeld benötigen. Lassen Sie dazu mit ⎡Alt⎤ + ⎡F8⎤ die Feldliste anzeigen und ziehen einen Feldnamen einfach mit gedrückter Maustaste in den Formularentwurf. Ein Doppelklick auf einen Feldnamen in der Feldliste funktioniert ebenso.

Welche Eingabe ein Textfeld akzeptiert, hängt vom Datentyp des gebundenen Tabellenfelds ab. Wie Sie in Abbildung 28.2 sehen, werden Texte (Feld *artName*) linksbündig und Zahlen (Felder *bstMenge* und *bstLieferdatum*) rechtsbündig angeordnet, wenn Sie es nicht ausdrücklich anders formatieren.

Abbildg. 28.2 Drei Textfeld-Steuerelemente mit unterschiedlichen Datentypen

Mit den Befehlen *Linksbündig*, *Zentriert* und *Rechtsbündig*, die Sie in der Entwurfsansicht in der Befehlsgruppe *FORMAT/Schriftart* (oder immer bei *START/Textformatierung*) finden, ändern Sie die Textausrichtung der Daten innerhalb des Steuerelements.

TIPP Um die ursprüngliche automatische Ausrichtung (Text ist linksbündig, Zahl/Datum ist rechtsbündig) wieder herzustellen, klicken Sie erneut auf eine bereits ausgewählte Textausrichtung, sodass dann keines der drei Symbole aktiviert ist.

Bezieht sich ein *Textfeld*-Steuerelement auf ein *Datum/Uhrzeit*-Tabellenfeld, erscheint automatisch eine Datumsauswahl. Sie können das über die Eigenschaft *Datumsauswahl anzeigen* beeinflussen, die normalerweise den Wert *Für Datumsangaben* aufweist.

Die häufig eingesetzte Möglichkeit, Textfelder zu deaktivieren, habe ich Ihnen bereits in Kapitel 27 vorgestellt. Damit sind diese vor Benutzereingaben geschützt, zeigen aber trotzdem automatisch den jeweiligen Dateninhalt an (und lassen sich auch weiterhin mit Makros oder VBA verändern).

Berechnungen

Zur Verdeutlichung unterscheide ich Textfelder und Bezeichnungsfelder (die ja auch Text enthalten) immer in dynamische und feste Texte. Bezeichnungsfelder enthalten feste Inhalte wie Überschriften, weil diese sich in der Formularansicht nicht mehr ändern.

Textfelder hingegen sind dynamisch, weil dort wechselnde Inhalte darinstehen. Das müssen keineswegs nur Daten aus Tabellen/Abfragen sein, sondern es kann sich auch um beliebige Berechnungen mit Formeln und Funktionen handeln.

Wir haben ja in der zugrunde liegenden Abfrage ein Feld *GanzerName* berechnet, welches Nachnamen und Vornamen des Mitarbeiters verkettet. Das ist grundsätzlich die beste Konstruktion, denn Berechnungen gehören vornehmlich in Abfragen.

> **HINWEIS** Haben Sie Felder in Abfragen berechnet, können andere Abfragen, Formulare und Berichte darauf zugreifen. Bei berechneten Feldern in Formularen (oder Berichten) geht das nicht.

Manchmal brauchen Sie aber doch in einem einzelnen Formular einmal einen Wert oder (wie Sie in Kapitel 29 sehen werden) in einer Fußzeile eine Berechnung, die nicht in einer Abfrage erstellt werden kann:

1. Wechseln Sie in den Entwurf des Formulars *frmSteuerelementTypen* und löschen Sie darin alle Felder.

2. Fügen Sie die Felder *mitVorname*, *mitNachname* und *GanzerName* aus der Feldliste ein, wie es in Abbildung 28.3 zu sehen ist.

Abbildg. 28.3 Diese Felder entstammen der Abfrage

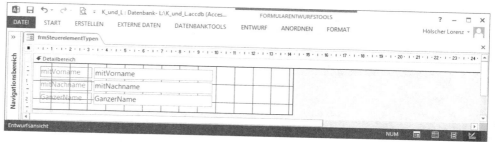

3. Zusätzlich soll hier der Name mit abgekürztem Vornamen sichtbar sein und im Formular berechnet werden. Klicken Sie in *ENTWURF/Steuerelemente* auf das *Textfeld* und anschließend in den Detailbereich.

4. Dort ist nun ein verbundenes Steuerelement mit Bezeichnungsfeld und Textfeld zu sehen. Im Textfeld ist der Eintrag *Ungebunden* zu lesen (siehe Abbildung 28.4).

Abbildg. 28.4   Das ungebundene Textfeld ist noch ohne Berechnung

5. Sie können zwar nach einem zweiten Klick darauf direkt im Formularentwurf im Feldinhalt schreiben, aber der Ausdrucks-Generator bietet Ihnen viel mehr Hilfe an. Lassen Sie daher das Eigenschaftenblatt anzeigen und klicken in der Eigenschaft *Steuerelementinhalt* zu diesem Textfeld auf die Schaltfläche mit den drei Pünktchen.

6. Geben Sie dort im Ausdrucks-Generator die nachstehende Formel ein:

```
=[mitNachname] & ", " & Links([mitVorname];1) & "."
```

7. Nachdem Sie den Ausdrucks-Generator mit *OK* bestätigt haben, steht die Formel auch im Textfeld wie in Abbildung 28.5.

Abbildg. 28.5   Das ungebundene Textfeld enthält jetzt eine Berechnung

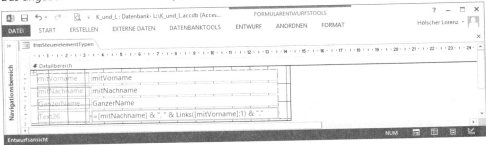

8. Das Ergebnis (siehe Abbildung 28.6) wirkt wie ein in der Abfrage berechnetes Feld.

Abbildg. 28.6   Das Ergebnis des berechneten Textfelds

> **TIPP** Beide Steuerelemente (in unserem Beispiel *GanzerName* und *Text26*) sind wegen der darin enthaltenen Berechnung vom Benutzer ohnehin nicht mehr änderbar und sollten daher auf einem regulären Formular jetzt noch deaktiviert werden.

Vertikal anzeigen

Für Überschriften in umfangreichen Tabellen ist es sehr praktisch, dass Access Texte auch senkrecht stellen kann. Am Beispiel dieses berechneten Textfelds *Text26* können Sie das sehen, es funktioniert aber auch mit Bezeichnungsfeldern. Sie müssen diese jedoch erst aus einem Layout entfernen, bevor diese frei verschoben werden können.

Verschieben Sie das berechnete Textfeld beispielsweise an den linken Rand und löschen sein Bezeichnungsfeld. Zur Verdeutlichung ist dessen Text hier außerdem fett formatiert. Stellen Sie dann seine *Vertikal*-Eigenschaft auf *Ja*, wie es in Abbildung 28.7 zu sehen ist.

Abbildg. 28.7 Das Textfeld wurde verschoben und gedreht, sodass der Text jetzt vertikal verläuft

Jetzt werden in der Formularansicht die abgekürzten Namen der Mitarbeiter senkrecht vor dem Datensatz angezeigt (siehe Abbildung 28.8).

Abbildg. 28.8 Die Daten werden senkrecht angezeigt

So praktisch, wie diese Fähigkeit der senkrechten Texte auch ist, bleibt doch ein Wermutstropfen: Die Richtung lässt sich nicht ändern. Alle Texte laufen also immer von oben nach unten und es gibt keine Möglichkeit (wie beispielsweise in Excel mit der Zellausrichtung), die Texte von unten nach oben darzustellen.

Textränder

Wenn Sie sich den Text mit seinem Rahmen genau ansehen, werden Sie feststellen, dass er direkt am Rand beginnt. Insbesondere mit farbig hinterlegten oder umrandeten Texten sieht das nicht ansprechend aus. Seit Access 2007 gibt es einige Eigenschaften, mit denen Sie den Abstand zwischen Text und seinem Hintergrundrechteck bestimmen können.

Tragen Sie für die Eigenschaften *Oberer Rand*, *Unterer Rand*, *Linker Rand* und *Rechter Rand* einen kleinen Wert wie *0,1 cm* ein. Dadurch wird der Text wie in Abbildung 28.9 mit etwas Abstand zu seinem umgebenden Rechteck dargestellt.

Abbildg. 28.9 Der Text hat Abstand zu seinem Rechteck (zur Verdeutlichung eingefärbt)

> **ACHTUNG** Die ähnlich klingenden Eigenschaften *Textabstand oben*, *Textabstand unten*, *Textabstand links* und *Textabstand rechts* lösen nur scheinbar keine Änderungen aus. Sie gelten nämlich in Layouts als Abstand zum umgebenden Rechteck und wirken deswegen nur, wenn ein Layout aktiv ist.

Sie können dieses Formular nun erst einmal schließen.

Rich-Text

Eine Besonderheit der Textfelder besteht im Umgang mit *Langer Text*-Feldern, von denen wir allerdings in der Datenbank bisher keines gebraucht haben. Zudem möchte ich gleich inhaltliche Änderungen an den Daten vornehmen, daher brauchen wir ausnahmsweise eine neue Testtabelle:

1. Bereiten Sie mit *ERSTELLEN/Tabellenentwurf* eine Tabelle vor, welche die Felder wie in Abbildung 28.10 enthält.

2. Dabei ist *tstLangerText* ein *Langer Text*-Feld ohne weitere Änderungen, während bei *tstLangerRichText* die *Textformat*-Eigenschaft auf *Rich-Text* gestellt wurde.

3. Speichern Sie die Tabelle als *tblTest* und schließen Sie den Entwurf.

4. Lassen Sie mit *ERSTELLEN/Formulare/Formularentwurf* ein leeres Formular erstellen und weisen im Eigenschaftenblatt dessen Formular-Eigenschaft *Datensatzquelle* die Tabelle *tblTest* zu.

5. Ziehen Sie aus der Feldliste (⎇Alt+F8) die Felder *tstKurzerText*, *tstLangerText* und *tstLangerRichText* in den Detailbereich und speichern das Formular unter dem Namen *frmTestRichText*.

Abbildg. 28.10   Im Tabellenentwurf ist hier ein Feld vom Felddatentyp *Langer Text*, Textformat *Rich-Text*, enthalten

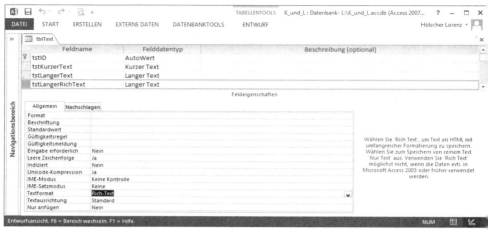

6. Wechseln Sie nun in die Formularansicht und schreiben ein paar Beispielinhalte wie in Abbildung 28.11 hinein.

Abbildg. 28.11   Diese Texte sind beispielhaft in der Test-Tabelle enthalten

Um den Zeilenumbruch im *Rich-Text*-Feld (hinter »Diese Zeile ist kurz.«) einzugeben, können Sie dort direkt die ⏎-Taste betätigen. In einem normalen Textfeld wie *tstKurzerText* funktioniert das nicht, dort müssen Sie Strg+⏎ benutzen.

HINWEIS   In Access erfolgt der Umbruch in *Kurzer Text*-Feldern mit Strg+⏎, in *Langer Text*-Feldern nur mit ⏎, in Excel-Zellen mit Alt+⏎, in Excel-Textboxen und in PowerPoint wieder nur mit der ⏎-Taste.

Diese schwer durchschaubaren, für den Benutzer kaum einprägsamen verschiedenen Tastenkombinationen für ein und dieselbe Aktion, also das Erzeugen einer neuen Zeile oder eines neuen Absatzes, haben ihre Ursache darin, dass die ⏎-Taste in Windows gleichzeitig sowohl für den Wechsel zum nächsten Eingabefeld in Dialogfeldern als auch für den Zeilen-/Absatzwechsel in Texten zuständig ist.

Sobald ein Konflikt auftritt, weil hier sowohl eine neue Zeile erzeugt als auch ein Sprung zum nächsten Eingabefeld ausgeführt werden könnte, muss in einem Anwendungsprogramm eine Sonderlösung gewählt werden. Doch leider hat Microsoft in den verschiedenen Office-Programmen dafür unterschiedliche Tastenkombinationen vergeben.

Immerhin können Sie in Access-Textfeldern das Verhalten der ⏎-Taste umstellen. Der Normalfall für die Eigenschaft *Eingabetastenverhalten* ist der Wert *Standard*. Dann erfolgen der Umbruch mit Strg + ⏎ und der Wechsel zum nächsten Feld mit ⏎.

Stellen Sie die Eigenschaft auf *Neue Zeile im Feld*, dann können Sie wahlweise ⏎, ⇧ + ⏎ oder Strg + ⏎ drücken, um in dem jeweiligen Textfeld eine neue Zeile zu erzeugen. Damit müssen Sie sich nicht umgewöhnen, da fast alle verbreiteten Tastenkombinationen ihre gewünschte Wirkung erzielen. Keine Regel ohne Ausnahme: Alt + ⏎ funktioniert als Einziges nicht. Der Wechsel zum nächsten Feld kann bei *Neue Zeile im Feld* nur noch per Maus oder mit der ⇥-Taste erfolgen.

HINWEIS   Mit der ⇥-Taste haben Sie übrigens direkt den nächsten Kandidaten, um den Benutzer zu irritieren und ihm das Leben schwerzumachen. Auch diese Taste ist funktionell doppeldeutig. Sie ist in Windows-Programmen gleichzeitig zum Wechsel in das nächste Eingabefeld und zum Einfügen eines Tabulatorzeichens zuständig. Wenigstens löst sie in Access ausschließlich einen Feldwechsel aus und das lässt sich auch nicht verändern.

Bis hierhin scheinen die Textfelder keine großen Unterschiede zu haben. Markieren Sie aber im unteren *Langer Text*-Feld mit der *Rich-Text*-Einstellung ein paar Zeichen, so erscheint die Formatierungsleiste wie in Abbildung 28.12.

Abbildg. 28.12 In *Rich-Text*-Feldern gibt es Formatierungsmöglichkeiten für einzelne Zeichen

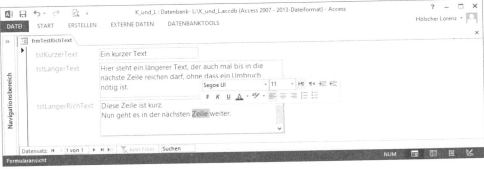

Mithilfe dieser Formatierungsleiste oder der Befehlsgruppe *START/Textformatierung* im Menüband (die ohne *Rich-Text*-Einstellung nämlich auch deaktiviert wäre) können Sie wie in Abbildung 28.13 einzelne Teile eines Datenfelds formatieren.

Abbildg. 28.13 Nur mit *Rich-Text*-Eigenschaft lassen sich einzelne Textteile formatieren

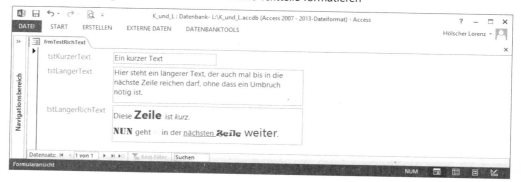

Notfalls können Sie auch *Langer Text*-Datenfelder formatieren, deren *Textformat*-Eigenschaft für das zugrunde liegende Tabellenfeld auf *Nur-Text* steht, indem Sie die gleichlautende Eigenschaft im Formularentwurf (!) auf *Rich-Text* umstellen. Sie erhalten jedoch beim Versuch, *tstLangerText* auf diese Weise umzustellen, eine Warnung wie in Abbildung 28.14.

Abbildg. 28.14 Warnung bei nicht zusammenpassenden *Textformat*-Eigenschaften

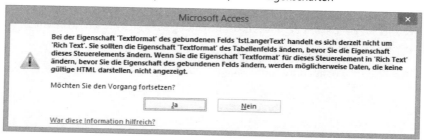

Danach verhält sich das Feld *tstLangerText* trotz Warnung im Formular scheinbar genauso wie *tstLangerRichText* und Sie können jeden Buchstaben einzeln formatieren.

Abbildg. 28.15 Das Feld *tstLangerText* lässt sich im Formular formatieren

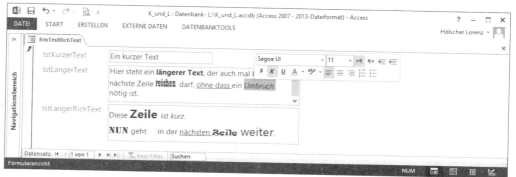

Allerdings sehen Sie den Unterschied, wenn Sie wie in Abbildung 28.16 in der Tabelle *tblTest* nachsehen, was wirklich gespeichert wurde.

Abbildg. 28.16 Das Feld *tstLangerText* speichert offenbar doch kein *Rich-Text*-Format

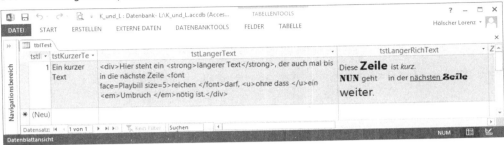

HINWEIS Obwohl die Bezeichnung *Rich-Text*-Format annehmen lässt, dass es dem Rich-Text-Format (RTF) von Word entspricht, ist das keineswegs der Fall. Es handelt sich schlicht um einen eingeschränkten Befehlssatz von HTML-Formatcodes (die Warnung aus Abbildung 28.14 brachte dies zumindest indirekt zum Ausdruck).

Ein nachträgliches Umwandeln in ein Rich-Text-Feld hilft übrigens auch nicht. Zumindest die bestehenden HTML-Codes bleiben dann in der Tabelle erhalten. Schlimmer: Die bestehenden Texte werden nicht mehr formatiert dargestellt, sondern als reiner Text in Gestalt von HTML-Quellcode. Solche Umwandlungen sind daher möglichst zu vermeiden und man sollte bereits beim Tabellenentwurf die geeigneten Textformate wählen.

Datum/Uhrzeit einfügen

Zwei Textfelder mit bestimmten Voreinstellungen erhalten Sie mit dem Befehl 🔲 Datum und Uhrzeit *ENTWURF/Kopfzeile/Fußzeile/Datum und Uhrzeit*, denn dabei werden Textfelder namens *Auto_Datum* und *Auto_Zeit* im (dadurch möglicherweise neu angelegten) Formularkopf mit einer vorgegebenen Schriftgröße erzeugt.

Abbildg. 28.17 Mit dem Dialog bestimmen Sie die Formatierung des Datum/Uhrzeit-Felds

PROFITIPP Die Schriftart für diese Textfelder entspricht der *Schriftart für Textkörper,* die Sie über *ENTWURF/Designs/Schriftarten/Schriftarten anpassen* definiert haben. Die Beschreibung zu den Designs finden Sie in Kapitel 25.

Die darin benutzten Funktionen *Datum()* bzw. *Zeit()* sorgen für eine Anzeige, die beim Öffnen des Formulars aktuell ist. Während das Formular geöffnet bleibt, findet keine Aktualisierung mehr statt, sodass dies keine probate Möglichkeit ist, etwa eine Bildschirmuhr zu verwirklichen.

Abbildg. 28.18 Diese Felder werden an einer vorgegebenen Position eingefügt

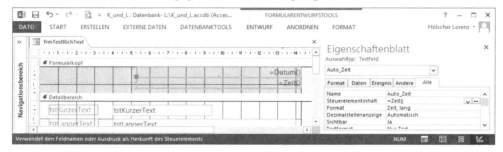

Abgesehen von der vorbereiteten Position in einer Layout-Tabelle im Formularkopf (auch die anderen beiden Befehle *Logo* und *Titel* legen Elemente im Formularkopf ab, siehe gleich im Anschluss unter »Titel einfügen«) unterscheiden sich diese Felder aber nicht. Sie können solche Felder auch als berechnete Felder in einem beliebigen *Textfeld*-Steuerelement manuell anlegen.

Um die Darstellung der beiden Felder anzupassen, greifen Sie auf deren *Format*-Eigenschaft zurück.

Bezeichnungsfeld

Das Bezeichnungsfeld (*label* in Englisch) ähnelt sehr stark dem schon beschriebenen Textfeld mit dem wesentlichen Unterschied, dass darin keine Daten aus dem Datensatz dargestellt werden. Alle dort gezeigten Methoden und Eigenschaften gelten hier auch, allerdings fehlen *Aktiviert* und *Gesperrt,* weil das Feld ohnehin nicht editierbar ist.

Bezeichnungsfeld einfügen

Bezeichnungsfelder werden oftmals automatisch gemeinsam mit einem Textfeld oder Kombinationsfeld eingefügt, lassen sich aber selbstverständlich auch einzeln anlegen:

1. Klicken Sie zuerst auf den Befehl *ENTWURF/Steuerelemente/Bezeichnung* und dann in den Formularentwurf. Alternativ können Sie statt eines Klicks im Formular auch einen Rahmen aufziehen, um die Größe vorzugeben.

2. Sie müssen dann direkt einen Text eingeben, weil das Bezeichnungsfeld sonst sofort wieder gelöscht wird.

3. Bestätigen Sie die Eingabe mit der ⏎-Taste oder klicken mit der Maus einfach außerhalb.

In Kapitel 26 hatte ich bereits darauf hingewiesen, dass Access dann je nach Optionen einen Smart-tag anzeigt, weil dieses Bezeichnungsfeld unverbunden ist. Sie können im Smarttag den Menüein-trag *Fehler ignorieren* anklicken, damit der Smarttag verschwindet.

Titel einfügen

Ein Bezeichnungsfeld mit bestimmten Voreinstellungen erhalten Sie mit dem Befehl *ENTWURF/ Kopfzeile/Fußzeile/Titel*, denn dabei wird ein Textfeld namens *Auto_Kopfzeile0* im (dadurch mögli-cherweise neu angelegten) Formularkopf mit einer vorgegebenen Schriftgröße erzeugt.

PROFITIPP Die Schriftart für dieses Titel-Textfeld entspricht der *Schriftart für Überschriften*, die Sie über *ENTWURF/Designs/Schriftarten/Schriftarten anpassen* definiert haben. Die Beschrei-bung zu den Designs finden Sie in Kapitel 25.

Der Name des Formulars steht als Inhalt im neu angelegten Bezeichnungsfeld. Es ist bereits Teil eines Layouts und kann später um ein Logo (siehe Seite 605) erweitert werden, welches passend in der zweiten Zelle des Layouts integriert wird. Die Datum/Uhrzeit-Bezeichnungsfelder hingegen ste-hen unabhängig davon ebenfalls im Formularkopf und überschneiden sich daher manchmal.

Schaltfläche

Das *Schaltfläche*-Steuerelement müsste eigentlich genauer Befehlsschaltfläche (*command button* in Englisch) heißen, weil es eben auch noch *Umschaltflächen* und Optionsschaltflächen (inzwischen als *Optionsfeld* bezeichnet) gibt. Mit diesem Steuerelement werden Programme gestartet, die als Makro oder in VBA geschrieben wurden.

Daher werden wir uns ausführlicher damit befassen, sobald Sie ![Steuerelement-Assistenten verwenden] einen Einblick in die Programmierung erhalten haben. Wenn Sie allerdings mit *ENTWURF/Steuerelemente/Steuerelement-Assistenten verwenden* den Assistenten akti-viert haben, können Sie auch ohne Programmierkenntnisse einige vordefinierte Schaltflächen anle-gen, wie Sie in Kapitel 25 bereits gesehen haben.

Schaltfläche einfügen

Da die Navigationsschaltflächen sehr klein sind, sollen diese auf dem Formular in gut sichtbarer Größe angelegt werden:

1. Öffnen Sie die Entwurfsansicht des Formulars *frmSteuerelementTypen* und stellen Sie sicher, dass der Steuerelement-Assistent aktiviert ist.
2. Klicken Sie auf *ENTWURF/Steuerelemente/Schaltfläche* und anschließend in den Formularent-wurf, wo Sie die Schaltfläche einfügen wollen.
3. Der Befehlsschaltflächen-Assistent erscheint automatisch mit seinem ersten Schritt (siehe Abbil-dung 28.19), in dem Sie die Kategorie und Aktion auswählen können.

Wählen Sie hier im Assistenten die Kategorie und Aktion aus

4. Belassen Sie die *Kategorie* auf *Datensatznavigation* und wählen bei den *Aktionen* den Eintrag *Gehe zum nächsten Datensatz*. Klicken Sie auf *Weiter* für den zweiten Schritt.

5. Hier können Sie entsprechend der Abbildung 28.20 alle Standardwerte belassen und mit *Weiter* zum letzten Schritt wechseln.

Belassen Sie diese Standardwerte

6. Langfristig sollen gerade die Steuerelementnamen im Zusammenhang mit Programmierung entsprechend der Ungarischen Notation (siehe Kapitel 10) benannt werden. Dies sollten Sie am besten schon einmal berichtigen, tragen Sie also als korrekten Namen *btnWeiter* ein (siehe Abbildung 28.21).

Geben Sie direkt einen Namen mit Ungarischer Notation vor

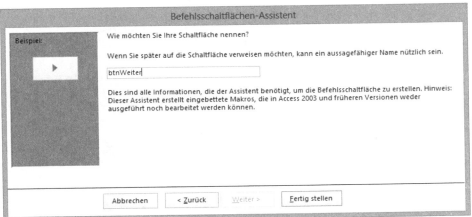

7. Nach dem Klick auf *Fertig stellen* enthält Ihr Formularentwurf eine neue Schaltfläche mit der gewünschten Funktionalität.

So sieht die fertige Schaltfläche aus

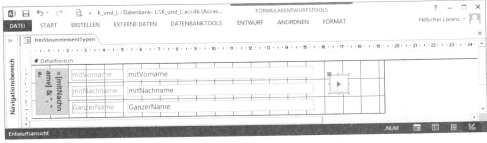

In Abbildung 28.22 sehen Sie das fertige Formular in der Formularansicht mit der Schaltfläche zum Wechsel in den nächsten Datensatz. Für die übrigen Navigationsschaltflächen müssten Sie nun jeweils den Assistenten nach dem gleichen Schema starten.

HINWEIS Sicher sind Sie jetzt neugierig, wo der Programmcode steckt? Markieren Sie im Formularentwurf das *Schaltflächen*-Steuerelement und suchen dessen *Beim Klicken*-Eigenschaft. Darin steht der Wert *[Eingebettetes Makro]* und Sie können auf die daneben sichtbare Schaltfläche mit den drei Pünktchen klicken.

Für den Makrocode der Schaltfläche öffnet Access eine weitere Registerkarte mit dem Inhalt wie in Abbildung 28.23. Da diese Registerkarte modal ist, müssen Sie es mit dem *X* schließen, um weiter im Formularentwurf arbeiten zu können.

Abbildg. 28.23 Das ist der Makrocode zur Schaltfläche

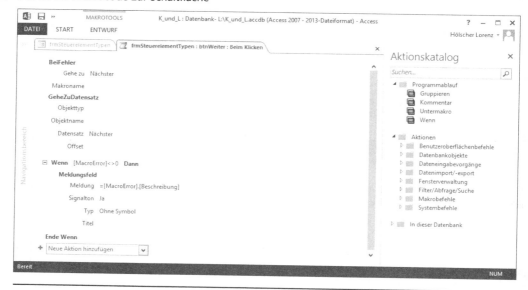

Natürlich können Sie auch *Schaltflächen*-Steuerelemente mit einem eigenen Bild und vor allem eigener Programmierung ausstatten, aber diese Details finden Sie in Kapitel 39.

Auswahlsteuerelemente

In dieser Gruppe habe ich alle diejenigen Steuerelemente zusammengefasst, die eine Auswahl aus verschiedenen Optionen oder mehreren Zuständen erlauben. Dabei gibt es welche, die nur eine einzige Auswahl (entweder/oder) zulassen, und andere, bei denen mehrere Optionen gleichzeitig aktiv sein können:

- Zur Entweder/Oder-Kategorie gehören Kontrollkästchen, Optionsfelder, Listenfelder und Kombinationsfelder
- Eine Mehrfachauswahl erlauben Listenfelder (wenn die *Mehrfachauswahl*-Eigenschaft aktiviert ist) und Kombinationsfelder (wenn sie auf mehrwertigen Datenfeldern basieren)

Sie werden die jeweiligen Varianten bei der Beschreibung der Steuerelemente finden.

Kontrollkästchen

Das *Kontrollkästchen*-Steuerelement (*check box* in Englisch) zeigt meistens die Daten eines *Ja/Nein*-Datenfelds an, kann aber auch ohne Datenbindung sinnvoll eingesetzt werden. Es ist (im Gegensatz etwa zu *Optionsfeld*-Steuerelementen) normalerweise unabhängig von anderen Steuerelementen.

Kontrollkästchen einfügen

Sie können ein (ungebundenes) Kontrollkästchen im Formularentwurf mit dem Befehl *ENTWURF/ Steuerelemente/Kontrollkästchen* und einem anschließenden Klick in den gewünschten Bereich einfügen. Wenn es aber eine Datenbindung haben soll, ziehen Sie es besser aus der Feldliste heraus:

1. Lassen Sie im Formularentwurf von *frmSteuerelementTypen* mit ⌈Alt⌉+⌈F8⌉ die Feldliste anzeigen.

2. In der Abfrage *qryALLE_BESTELLUNGEN_MIT_INFO* als Datenquelle finden Sie ein geeignetes *Ja/Nein*-Datenfeld in der enthaltenen Tabelle *tblKategorien*.

3. Ziehen Sie den Feldnamen *katIstMoebel* in den Detailbereich wie in Abbildung 28.24. Wenn Sie das neue Feld in eine vorhandene Layout-Tabelle integrieren wollen, müssen Sie vor dem Loslassen der Maustaste darauf achten, dass ein kleiner orangefarbener Balken direkt unter *GanzerName* erscheint.

Abbildg. 28.24   Das Kontrollkästchen ist an das Feld *katIstMoebel* gebunden

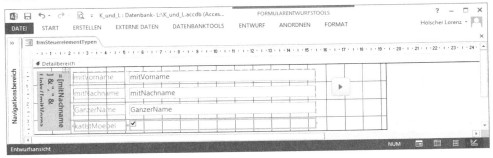

Wie Sie sehen, werden auch Kontrollkästchen direkt mit ihrem verbundenen Bezeichnungsfeld eingefügt. Das Bezeichnungsfeld liegt dann allerdings zunächst auf der anderen Seite, es sei denn, Sie verwenden eine Layout-Tabelle (wie in der Abbildung zu sehen), dann wir es automatisch umsortiert.

ACHTUNG   Ein langjähriges Problem besteht leider immer noch darin, dass das Kontrollkästchen nicht vergrößerbar ist. Selbst wenn Sie die Umrahmung größer machen, bleibt das Quadrat mit dem Häkchen gleich klein. Das ist ärgerlich, wenn die Schrift einmal größer wird als 10 pt. Bereits die derzeit eingestellten 11 pt in Abbildung 28.24 zeigen einen unschönen Unterschied zum etwas klein geratenen Kontrollkästchen.

Es gibt keine optisch brauchbare Lösung außer dem Wechsel zu den anderen Entweder/Oder-Steuerelementen wie Umschaltflächen, Kombinationsfeld oder Listenfeld.

Dreifacher Status

Bisher waren *Ja/Nein*-Entscheidungen immer genau auf diese beiden Fälle beschränkt. Es gibt aber einen dritten Fall, sozusagen das Unentschieden, dann hat das Steuerelement den Wert NULL.

> **HINWEIS** Auch *Ja/Nein*-Datenfelder können diesen NULL-Wert enthalten, es gibt aber in
> der Datenblattansicht der Tabelle keine Möglichkeit, diesen einzugeben. Selbst wenn Sie den
> Standardwert leer lassen (und also für neue Datensätze korrekt eine NULL in diesem Feld sichtbar
> ist), wird es sofort in *Nein* umgewandelt, sobald ein Datensatz erzeugt wird. Nur über das Formu-
> lar lässt sich der dritte Status anzeigen und eingeben.

1. Fügen Sie mit dem Befehl *ENTWURF/Steuerelemente/Kontrollkästchen* ein ungebundenes Kontrollkästchen in den Detailbereich ein.

2. Markieren Sie davon genau das Kontrollkästchen selbst und stellen dessen Eigenschaft *Drei-
   facher Status* auf *Ja*.

3. Wechseln Sie in die Formularansicht wie in Abbildung 28.25, wo allerdings zum besseren Vergleich drei dieser Kontrollkästchen eingefügt wurden, die jeweils einen anderen Status haben.

Abbildg. 28.25 So sehen Kontrollkästchen mit dreifachem Status aus

Sie können für solche Kontrollkästchen nun mit den drei Klicks jeweils drei unterschiedliche Anzeigen erzeugen.

Kontrollkästchen-Feld

Sie können Kontrollkästchen auch in Optionsgruppen (siehe Seite 577) zusammenfassen, dann verhalten sie sich plötzlich wie Optionsfelder, können also nur entweder/oder ausgewählt werden. Das
widerspricht aber allen üblichen Benutzererfahrungen mit einer Windows-Oberfläche und sollte
daher vermieden werden.

Umschaltfläche

Eine Alternative zum Kontrollkästchen ist die *Umschaltfläche* (*shift button* oder *toggle button* in Englisch, je nach Nutzung), die zwar wie eine *Befehlsschaltfläche* aussehen kann, sich aber anders verhält. Während eine Befehlsschaltfläche mit dem Loslassen der Maustaste optisch wieder »heraus-
springt«, wechselt eine Umschaltfläche jeweils dauerhaft zwischen »gedrückt« und »nicht gedrückt«.

Umschaltfläche einfügen

Grundsätzlich wird ein *Umschaltfläche*-Steuerelement wie alle anderen Steuerelemente eingefügt,
allerdings fehlt anfangs seine Beschriftung.

1. Wechseln Sie in die Entwurfsansicht von *frmSteuerelementTypen* und klicken auf *ENTWURF/ Steuerelemente/Umschaltfläche*.

2. Lassen Sie mit ⌊Alt⌋+⌊F8⌋ die Feldliste anzeigen und ziehen Sie mit gedrückter Maustaste den Feldnamen *katIstMoebel* in den Detailbereich wie in Abbildung 28.26.

Abbildg. 28.26   So sieht eine soeben eingefügte *Umschaltfläche* aus

3. Ziehen Sie das *Umschaltfläche*-Steuerelement an seinen Anfassern deutlich größer. Diese sind in einer Layout-Tabelle in der Entwurfsansicht möglicherweise sehr schlecht zu sehen, dann können Sie in die Layoutansicht wechseln und dort die orangefarbenen Markierungen verändern.

4. Tragen Sie in der Entwurfsansicht in der noch leeren *Beschriftung*-Eigenschaft einen beliebigen Text ein, der wie *Ist Möbel* auch Umlaute und das »ß« enthalten darf (weil es eine Beschriftung und kein Name ist).

Abbildg. 28.27   Das *Umschaltfläche*-Steuerelement ist nun vergrößert und beschriftet

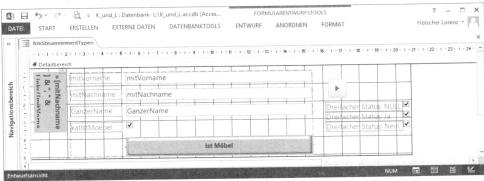

In der Formularansicht können Sie den Wert für das zugrunde liegende Datenfeld *katIstMoebel* durch Anklicken dieser *Umschaltfläche* ändern. Mit dem Wert *Nein* wird das Steuerelement hell dargestellt, mit *Ja* dunkel. Eine Hervorhebung durch dunklere Farbe bedeutet also *aktiviert*.

Parallel dazu ändert sich selbstverständlich immer auch das *katIstMoebel*-Kontrollkästchen, denn es ist ja an das gleiche Datenfeld gebunden.

PROFITIPP Das etwas eigenwillige Aussehen dieser Umschaltfläche passt so gar nicht zu den übrigen Steuerelementen und dem allgemeinen Windows 8-Design. Das liegt daran, dass Access zunehmend mehr in Richtung Internet und Webdatenbank ausgerichtet wird, wo diese Darstellung oft üblich ist. Stellen Sie für das *Umschaltfläche*-Steuerelement die Eigenschaft *Design verwenden* auf *Nein*, erreichen Sie wieder eine passende Optik wie in Abbildung 28.28.

Abbildg. 28.28 So sieht das *Umschaltfläche*-Steuerelement ohne Design aus

Der unbestreitbare Vorteil der *Umschaltfläche* gegenüber einem Kontrollkästchen ist, dass sie normal vergrößerbar ist und die Schriftgröße den übrigen Steuerelementen angepasst werden kann.

ACHTUNG Ein Umschalter wie das *Umschaltfläche*-Steuerelement sollte nie seine Beschriftung wechseln, wie es per Programmierung möglich wäre! Gelegentlich gibt es solche Formulare zu sehen, bei denen im gedrückten Zustand beispielsweise *Aktiv* und im ungedrückten Zustand *Nicht aktiv* als Beschriftung erscheint.

So etwas sorgt für Irritationen. Denn da fragt sich ein Benutzer immer, ob die Beschriftung den jetzigen oder den durch Klicken zukünftig auswählbaren Zustand meint. Steht dort hingegen immer *Aktiv* oder ein anderer fester Text, erläutert der optische Zustand der *Umschaltfläche*, ob die Auswahl an oder aus ist.

Die Befehlsgruppe *START/Textformatierung* ist übrigens ein Beispiel im Menüband, wo Sie für *Fett*, *Kursiv* und *Unterstrichen* entsprechende Umschaltflächen sehen können.

Sie werden die Umschaltfläche gleich im Zusammenhang mit der Optionsgruppe gleich im Anschluss erneut sehen, denn dort kann sie sich ganz anders verhalten.

Dreifacher Status

Wie das Kontrollkästchen kennt auch die *Umschaltfläche* einen dreifachen Status. In Abbildung 28.29 sehen Sie, wie das Steuerelement dann jeweils aussieht.

Abbildg. 28.29 Das *Umschaltfläche*-Steuerelement mit und ohne Design

Sowohl mit als auch ohne Design wirkt der NULL-Wert im *Umschaltfläche*-Steuerelement allerdings so, als wäre es deaktiviert, was nicht gerade intuitiv ist.

Optionsfeld

Ein *Optionsfeld* (*option button* in Englisch, vor allem früher auch als *radio button* bezeichnet) erlaubt Windows-typisch in einer Gruppe von mehreren Werten die Auswahl genau eines Werts. Daher wird es nachfolgend als Teil einer solchen Optionsgruppe besprochen.

Benutzen Sie es hingegen nicht als Teil eines *Optionsgruppe*-Steuerelements, sondern geben als *Steuerelementinhalt*-Eigenschaft den Namen eines *Ja/Nein*-Datenfelds an, verhält es sich wie ein Kontrollkästchen. Ihre Datenbankbenutzer werden wegen dieses »falschen« Verhaltens irritiert sein, daher sollten Sie darauf verzichten.

> **ACHTUNG**   Für die drei Steuerelemente *Kontrollkästchen*, *Umschaltfläche* und *Optionsfeld* gilt, dass sie nicht einfach nur ihr Verhalten ändern, sobald sie Teil einer *Optionsgruppe* sind. Es handelt sich dann um ganz andere Steuerelemente, obwohl sie noch die gleiche Typenbezeichnung tragen.
>
> Während ein einzeln eingefügtes *Optionsfeld* beispielsweise die Eigenschaft *Steuerelementinhalt* besitzt, fehlt diese beim *Optionsfeld* in einer *Optionsgruppe*. Dafür gibt es dort die *Optionswert*-Eigenschaft, die im anderen Fall fehlt.
>
> Eine nachträgliche Umwandlung ist nicht möglich, Sie müssen das Steuerelement komplett neu einfügen. Es reicht auch nicht, ein einzelnes *Optionsfeld* einfach später doch in den Innenbereich der *Optionsgruppe* zu ziehen (die sich dabei auch nicht schwarz färbt, was das Erkennungszeichen dafür ist, dass ein Steuerelement in einer Optionsgruppe aufgenommen wird).

Optionsgruppe

Eine *Optionsgruppe* (*option group* in Englisch) fasst verschiedene andere Steuerelemente zusammen, nämlich *Optionsfelder*, *Kontrollkästchen* oder *Umschaltflächen*. Damit ändern diese ihr Verhalten und lassen nur noch eine einzige Auswahl innerhalb der Optionsgruppe zu.

> **HINWEIS**   Eine Optionsgruppe ist sozusagen die kleine Schwester vom Listenfeld oder Kombinationsfeld. Alle drei bieten eine Auswahl von Möglichkeiten, aus denen genau eine markiert werden kann. Der Unterschied besteht vor allem im Platzbedarf und im Erstellungsaufwand.
>
> Optionsgruppen brauchen sehr viel Platz und jede Option muss einzeln im Formularentwurf hinzugefügt werden. Listenfelder und Kombinationsfelder erzeugen die Optionen automatisch zur Laufzeit. Kombinationsfelder sind zudem noch platzsparend eingeklappt. Brauchen Sie mehr als fünf Optionen, sollten Sie statt einer Optionsgruppe besser auf ein Listen-/Kombinationsfeld zurückgreifen.

Wenn Sie die Optionsgruppe ohne Assistenten erstellen, müssen Sie zuerst das *Optionsgruppe*-Steuerelement in die Formularansicht einfügen. Danach klicken Sie auf *ENTWURF/Steuerelemente/Optionsfeld*, um die erste Auswahlmöglichkeit einzugeben. Sobald Sie nun mit dem Mauszeiger innerhalb der Optionsgruppe sind, färbt diese sich direkt schwarz und Sie können klicken.

Optionsgruppe einfügen

Viel einfacher und schneller ist hier aber der Assistent, weil Sie dort nicht jede Option einzeln erstellen müssen. Aus Platzgründen nutzen wir dazu ein neues Formular.

1. Erstellen Sie ein leeres Formular auf Basis der Tabelle *tblBestellungen* und wechseln Sie in dessen Entwurfsansicht. Ziehen Sie das *bstID*-Feld in den Detailbereich und speichern das Formular als *frmSteuerelementOptionsgruppe*.

2. Stellen Sie mit dem Befehl *ENTWURF/Steuerelemente/Steuerelement-Assistenten verwenden* sicher, dass der Assistent weiterhin aktiv ist.

3. Klicken Sie auf *ENTWURF/Steuerelemente/Optionsgruppe* und führen anschließend einen Klick an der Stelle im Detailbereich durch, an dem die Optionsgruppe angezeigt werden soll. Automatisch erscheint der erste Schritt des Optionsgruppen-Assistenten (siehe Abbildung 28.30), in dem Sie die geplanten Beschriftungen eingeben können.

Abbildg. 28.30   Geben Sie im ersten Schritt des Optionsgruppen-Assistenten die Beschriftungen ein

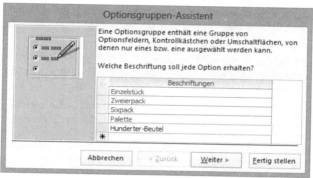

4. Klicken Sie auf *Weiter* und geben im nächsten Schritt wie in Abbildung 28.31 an, dass diese Optionsgruppe den Standardwert *Einzelstück* benutzen soll. Gehen Sie dann mit *Weiter* zum folgenden Schritt.

Abbildg. 28.31   Stellen Sie *Einzelstück* als Standardwert vor

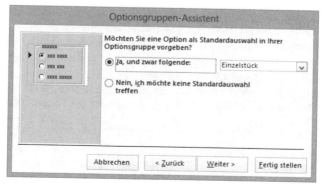

5. Da das *bstMenge*-Feld, auf das sich diese Angaben demnächst beziehen werden, als *Integer*-Datenfeld keine Texte aufnehmen kann, geben Sie wie in Abbildung 28.32 zu jeder Beschriftung einen zulässigen Wert an. Dieser wird von Access später automatisch im Datensatz eingetragen.

Abbildg. 28.32   Zu jeder Beschriftung gibt es einen Zahlenwert

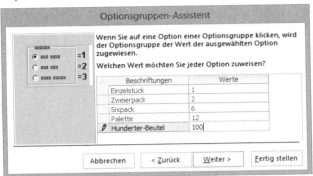

6. Nachdem Sie wiederum auf *Weiter* geklickt haben, verbinden Sie im nächsten Schritt (siehe Abbildung 28.33) die Optionsgruppe mit dem Feld *bstMenge* des jeweiligen Datensatzes.

Abbildg. 28.33   Geben Sie hier an, in welchem Feld die Auswahl der Optionsgruppe gespeichert werden soll

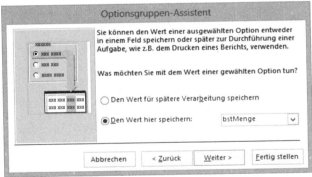

7. Die Angabe des Feldnamens bestätigen Sie ebenfalls mit *Weiter* und können dann im folgenden Schritt (siehe Abbildung 28.34) die benutzten Steuerelemente und deren Stil (Rahmenart) auswählen.

HINWEIS   Hier bestünde die Möglichkeit, statt der Windows-üblichen Optionsfelder alternativ Kontrollkästchen oder Umschaltflächen zu benutzen. Diese verhalten sich dann wie bereits kurz erwähnt wie Optionsfelder, sodass Kontrollkästchen oder Umschaltflächen statt des gewohnten Ja/Nein-Umschalters nur eine Entweder/Oder-Auswahl zulassen. Das entspricht nicht dem üblichen Einsatz in Windows-Oberflächen und steht im Widerspruch zu einer intuitiven Benutzerführung.

Wählen Sie hier die Art der Steuerelemente und deren Stil

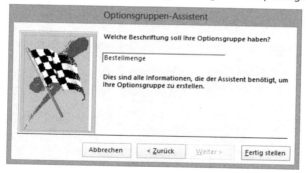

8. Mit *Weiter* gelangen Sie dann in den letzten Schritt wie in Abbildung 28.35, in dem Sie die Beschriftung der gesamten Optionsgruppe angeben können. Es handelt sich hierbei nicht um deren Namen, sodass keine Ungarische Notation berücksichtigt werden muss.

Abbildg. 28.35 Tragen Sie hier eine Beschriftung für die gesamte Optionsgruppe ein

9. Damit können Sie den Assistenten fertigstellen und sehen nun im Formularentwurf die komplette Optionsgruppe wie in Abbildung 28.36 nach Ihren Angaben erstellt.

Abbildg. 28.36 So sieht die fertige Optionsgruppe aus

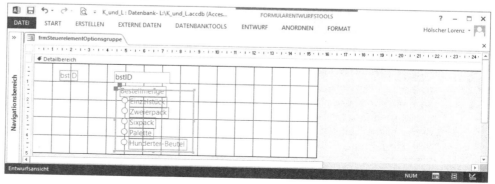

Im fertigen Formular scheint die Optionsgruppe nicht immer zu funktionieren und zeigt nur in einigen Datensätzen eine Auswahl an. Zur Verdeutlichung habe ich in Abbildung 28.37 zusätzlich ein Textfeld für die *bstMenge* aufgenommen.

Das liegt aber daran, dass viele der *bstMenge*-Inhalte nicht einer Auswahlmöglichkeit dieser Optionsmenge entsprechen und Access dann konsequenterweise gar keine davon markieren kann.

Abbildg. 28.37 Die Optionsgruppe zeigt nur markierte Optionen an, wenn im Datensatz passende Werte stehen

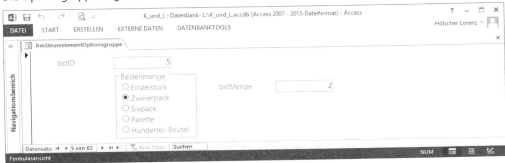

> **HINWEIS** Diese Optionsgruppe ist also nur sinnvoll, wenn die mögliche Wertemenge in irgendeiner Form eingeschränkt ist. Hier wäre wegen der fast beliebigen Inhalte ein Kombinationsfeld besser geeignet.

Eigenschaften

Da der Optionsgruppen-Assistent die eigentlichen Einstellungen verschleiert, möchte ich die wesentlichen Eigenschaften herausgreifen, falls Sie diese einmal nachträglich ändern müssen.

Die Verbindung zwischen der Optionsgruppe und dem Datenfeld erfolgt wie üblich über die *Steuerelementinhalt*-Eigenschaft, aber diejenige des Rahmens. Dieser ist »durchsichtig«, Sie müssen ihn also beim Anklicken mit der Spitze des Mauszeigers gut treffen.

> **TIPP** Derzeit trägt der Rahmen den automatisch erzeugten Namen *Rahmen1* (der genaue Name ist abhängig von der Anzahl der bereits eingefügten Steuerelemente). Jetzt wäre ein guter Moment, um ihm einen Namen unter Berücksichtigung der Ungarischen Notation zu geben, etwa *grpBestellmenge*.

Die Optionsfelder hingegen haben keinen Kontakt zum Datenfeld, sie besitzen in dieser Konstruktion nicht einmal die *Steuerelementinhalt*-Eigenschaft. Sie geben ihren Wert einfach an den Rahmen weiter, nachdem sie angeklickt wurden.

Dieser Wert jedes *Optionsfeld*-Steuerelements steht in seiner *Optionswert*-Eigenschaft, die innerhalb einer solchen Optionsgruppe eindeutig sein muss (sonst sind beide Optionen immer gleichzeitig markiert). Falls Ihre fiktiven Paletten also nicht mehr 12, sondern 24 Teile aufnehmen können, würden Sie für das Steuerelement namens *Option10* (neben dem Bezeichnungsfeld mit dem Text »Palette«) dessen *Optionswert* von *12* auf *24* ändern.

Den Text neben einer Option, also die *Beschriftung*-Eigenschaft seines Bezeichnungsfelds, können Sie ohnehin jederzeit ohne Folgen ändern.

Hinzufügen weiterer Optionen

Wollen Sie eine weitere Option hinzufügen, klicken Sie einfach auf den Befehl *ENTWURF/Steuerelemente/Optionsfeld*. Dann bewegen Sie den Mauszeiger wie beschrieben in die Optionsgruppe, bis diese sich schwarz färbt, und klicken dort.

Der Optionsgruppen-Rahmen erweitert sich und nimmt die neue Option auf. Achten Sie nur noch darauf, dass der *Optionswert* des neuen *Optionsfeld*-Steuerelements nicht bereits in dieser Gruppe vorkommt. Dann würden diese zwei Optionen immer gleichzeitig ausgewählt.

Listenfeld

Das *Listenfeld* (*list box* in Englisch) erspart Ihnen die manuelle Vorgabe aller Optionen im Formularentwurf, weil es seine Inhalte in der Formularansicht automatisch zeilenweise erzeugt. Wenn der Platz dafür nicht ausreicht, zeigt es eine Bildlaufleiste an.

Listenfeld einfügen

Sie können ein Listenfeld mithilfe des Listenfeld-Assistenten erzeugen, was vor allem den Vorteil hat, dass Sie viele der Einstellungen direkt optisch beurteilen können:

1. Erstellen Sie auch hierzu ein neues leeres Formular mit der Tabelle *tblArtikel* als Datenquelle. Speichern Sie es als *frmSteuerelementListenfeld* und wechseln in dessen Entwurfsansicht.
2. Stellen Sie sicher, dass der Steuerelement-Assistent aktiv ist. Klicken Sie dann auf den Befehl *ENTWURF/Steuerelemente/Listenfeld* und ziehen Sie im Detailbereich ein Rechteck für die gewünschte Position und Größe auf.
3. Dadurch erscheint automatisch der Listenfeld-Assistent wie in Abbildung 28.38, für den Sie die Auswahl *Das Listenfeld soll die Werte aus einer Tabelle oder Abfrage abrufen* belassen können. Klicken Sie direkt auf *Weiter*.

Abbildg. 28.38   Belassen Sie die Auswahl im ersten Schritt des Listenfeld-Assistenten

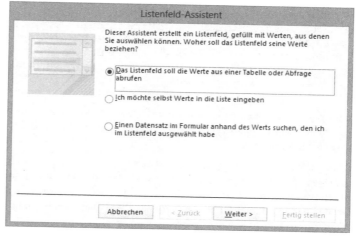

4. Geben Sie im zweiten Schritt wie in Abbildung 28.39 die Tabelle *tblKategorien* als Datenquelle für das zukünftige Listenfeld an und klicken wieder auf *Weiter*.

Abbildg. 28.39 Wählen Sie hier *tblKategorien* als Datenquelle aus

5. Der folgende Schritt (siehe Abbildung 28.40) zeigt alle verfügbaren Felder der gewählten Tabelle. Es sind nicht so viele, sodass Sie mit der >>-Schaltfläche alle vier Felder in die Liste *Ausgewählte Felder* übernehmen können.

Abbildg. 28.40 Übernehmen Sie alle verfügbaren Felder mit der >>-Schaltfläche

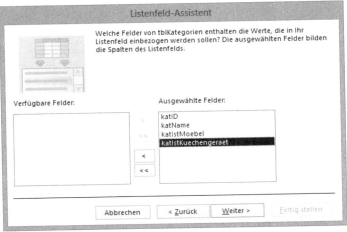

6. Nach einem Klick auf *Weiter* wählen Sie wie in Abbildung 28.41 als erstes Sortierkriterium das Feld *katName* aus, die übrigen lassen Sie leer und gehen mit *Weiter* zum nächsten Schritt.

Abbildg. 28.41   Es wird nur nach dem Feld *katName* sortiert

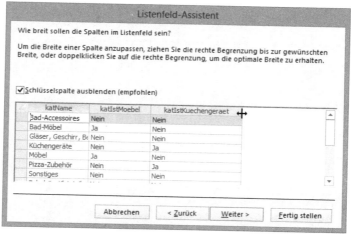

7. In Abbildung 28.42 sehen Sie, dass der Assistent es erlaubt, die Spaltenbreite des zukünftigen Listenfelds per Mauszeiger an der Trennlinie zwischen den Spaltenköpfen einzustellen.

HINWEIS   Die Angabe der Spaltenbreite im Assistenten ist gut gemeint, aber wertlos. Die Schrift, die Ihnen der Assistent anzeigt, ist eine völlig andere, als später im Formular eingesetzt wird. Dort müssen Sie also ohnehin nachbessern.

Abbildg. 28.42   Der Assistent ermöglicht die Angabe der Spaltenbreite durch Ziehen

8. Nach einem Klick auf *Weiter* geben Sie im Assistenten wie in Abbildung 28.43 noch an, in welchem Datenfeld der ausgewählte Wert gespeichert werden soll. Da das Listenfeld die Kategorien anzeigt, wird dessen Auswahl sinnvoll im Fremdschlüssel der Tabelle *tblArtikel* gespeichert, also dem Feld *artkatIDRef*.

Abbildg. 28.43   Geben Sie hier das gebundene Feld an

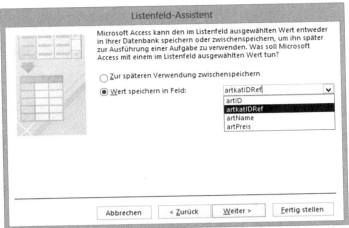

9. Ein erneuter Klick auf *Weiter* führt Sie zum letzten Schritt des Assistenten wie in Abbildung 28.44, in dem Sie lediglich die Beschriftung (auch hier nicht den Namen, darum kümmern sich die Assistenten nie) eintragen.

Abbildg. 28.44   Geben Sie eine passende Beschriftung ein

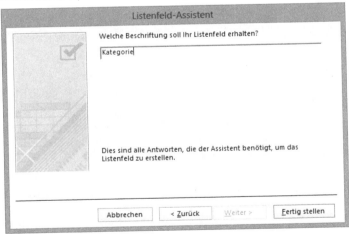

10. Danach können Sie den Assistenten mit *Fertig stellen* beenden und sehen das entsprechende Steuerelement im Formularentwurf (siehe Abbildung 28.45).

Abbildg. 28.45 Das Listenfeld ist nun im Formularentwurf enthalten

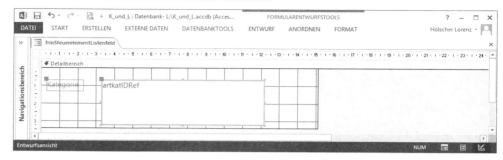

Wenn Sie in die Formularansicht (siehe Abbildung 28.46) wechseln, wird zu jedem Datensatz jetzt in diesem Listenfeld die entsprechende Kategorie angezeigt.

Abbildg. 28.46 Das Listenfeld zeigt übersichtlich alle Informationen an

Eigenschaften

Weil auch hier der Assistent die eigentlichen Einstellungen verborgen hat, greife ich die wesentlichen Eigenschaften heraus, falls Sie diese einmal nachträglich ändern müssen.

Da hier ansonsten ja noch kein Steuerelement auf dem Formular vorhanden ist, können Sie dem Listenfeld den üblichen Namen geben. Es ist ein datengebundenes Steuerelement, erhält also in der *Name*-Eigenschaft auch den Feldnamen *artkatIDRef* statt *Liste0*.

Die Spaltenbreiten konnten Sie zwar im Assistenten einstellen, sie galten aber (wie Sie für *Gläser, Geschirr, Besteck* im Vergleich mit Abbildung 28.42 auf Seite 584 sehen können) für eine andere Schriftgröße. Die Werte stellen Sie in der *Spaltenbreiten*-Eigenschaft ein, die wir bereits in Kapitel 12 für ein Kombinationsfeld genutzt hatten. Die erste Spalte ist dort *0 cm* breit, das entspricht dem Kontrollkästchen *Schlüsselspalte ausblenden (empfohlen)* aus Abbildung 28.42.

> **HINWEIS** Sollte das Listenfeld eine waagerechte Bildlaufleiste anzeigen, passen die *Spaltenbreiten* und die *Breite* nicht zusammen. Die Summe der *Spaltenbreiten* muss kleiner sein als die *Breite* des Listenfelds, wegen Rundungsdifferenzen sollten Sie die *Breite* immer etwas aufrunden.

Listenfelder haben nicht nur die *Steuerelementinhalt*-Eigenschaft, die angibt, in welchem Datenfeld der ausgewählte Wert im Datensatz gespeichert wird, sondern außerdem eine *Datensatzherkunft*-Eigenschaft.

Diese enthält einen Tabellen/Abfrage-Namen oder eine SELECT-Anweisung, um die Daten zu ermitteln, welche in der Liste angezeigt werden. Für diesen Fall muss die *Herkunftstyp*-Eigenschaft auf *Tabelle/Abfrage* stehen.

Wertlisten

So wie bei der Optionsgruppe kann auch ein Listenfeld Werte anzeigen, die nicht einer Tabelle entstammen. Dazu dient eine Änderung bei der *Herkunftstyp*-Eigenschaft:

1. Öffnen Sie den Formularentwurf von *frmSteuerelementOptionsgruppe* und speichern Sie das Formular unter dem neuen Namen *frmSteuerelementWertliste*.

2. Auch wenn die beiden Elemente optisch recht unterschiedlich wirken, machen sie doch inhaltlich das Gleiche. Daher belasse ich die ursprüngliche Optionsgruppe als Vergleich im Formular und schaffe nur ein wenig Platz für das neue Listenfeld.

Abbildg. 28.47   Im Formularentwurf ist nun Platz für die Wertliste

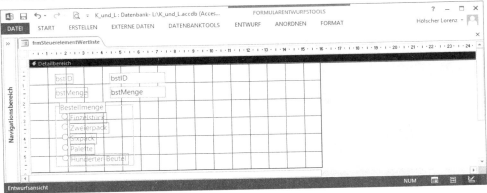

3. Zeigen Sie mit dem Tastenkürzel [Alt]+[F8] die Feldliste an. Klicken Sie auf den Befehl *ENTWURF/Steuerelemente/Listenfeld* und ziehen dann mit gedrückter Maustaste das Feld *bstMenge* in den Detailbereich.

4. Da der Assistent noch eingeschaltet ist, sehen Sie nun den ersten Schritt des Listenfeld-Assistenten wie in Abbildung 28.48. Wählen Sie darin die zweite Option *Ich möchte selbst Werte in die Liste eingeben*.

Mit dem Listenfeld-Assistenten können Sie auch Wertlisten erstellen

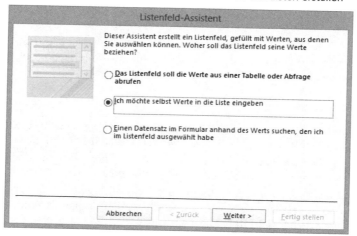

5. Nach einem Klick auf *Weiter* legen Sie entsprechend der Abbildung 28.49 die *Anzahl von Spalten* auf *2* fest und verlassen das kleine Eingabefeld mit der ⭾-Taste, damit die Werte und die Beschriftungen eingegeben werden können. Wechseln Sie anschließend mit *Weiter* zum nächsten Schritt.

Geben Sie zwei Spalten für Werte und Beschriftungen ein

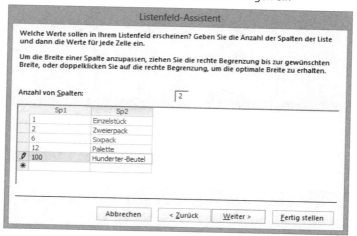

6. Da die erste Spalte die Werte passend zum Datenfeld *bstMenge* enthält, markieren Sie diese wie in Abbildung 28.50 (dort wird die englische Abkürzung für *column* benutzt statt der deutschen Spalte *Sp1* wie im Schritt vorher). Klicken Sie wieder auf *Weiter*.

Abbildg. 28.50   Markieren Sie hier die erste Spalte als passend zu den Daten

7. Da Sie anfangs bereits den Feldnamen *bstMenge* aus der Feldliste herausgezogen haben, schlägt der Assistent diesen bereits vor (siehe Abbildung 28.51), sodass Sie direkt mit *Weiter* zum letzten Schritt wechseln können.

Abbildg. 28.51   Der richtige Feldname *bstMenge* ist hier bereits ausgewählt

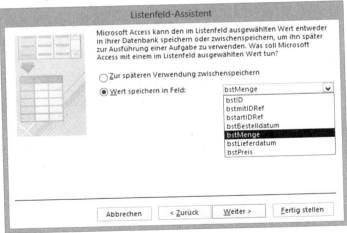

8. Im letzten Schritt bietet der Assistent als Namen so etwas wie *Liste17* an. Sie können dort *Bestellmenge* eingeben und alles mit *Fertig stellen* bestätigen.

Abbildg. 28.52   Korrigieren Sie hier den Namen

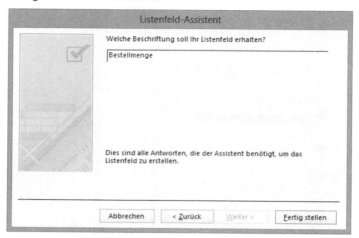

Damit haben Sie eine freie Auswahl an Daten im Listenfeld dargestellt, die funktional völlig identisch mit der Optionsgruppe ist, nur anders aussieht (siehe Abbildung 28.53).

Abbildg. 28.53   Das Listenfeld ist fertig

Auch hier steckt keine Zauberei dahinter, sondern vor allem die Eigenschaften *Datensatzherkunft* und *Herkunftstyp*. Sobald Sie den *Herkunftstyp* auf *Wertliste* stellen, geben Sie bei *Datensatzherkunft* einfach statt einer Datenquelle direkt alle Inhalte durch Semikolon getrennt ein. Da es sich um eine zweispaltige Liste handeln soll, stehen abwechselnd Zahl und Text darin und die *Spaltenanzahl*-Eigenschaft ist *2*.

HINWEIS   Dass die Texte in der *Datensatzherkunft*-Eigenschaft im Gegensatz zu den Zahlenwerten in Anführungszeichen stehen, ist ebenso vorbildlich wie überflüssig. Es funktioniert auch ohne.

Wollen Sie weitere Wertezeilen hinzufügen, ergänzen Sie diese einfach in der Eigenschaft *Datensatzherkunft*. Eine automatische Sortierung ist mit solchen Wertlisten nicht möglich, diese müssen Sie manuell in der richtigen Reihenfolge schreiben.

TIPP   Bei *Listenfeld*-Steuerelementen können Sie auch mehrere Werte gleichzeitig auswählen, indem Sie die *Mehrfachauswahl*-Eigenschaft auf *Einzeln* oder *Erweitert* stellen. Deren Ergebnis kann dann allerdings nur noch per VBA ausgewertet werden.

Kombinationsfeld

Das *Kombinationsfeld* (*combo box* in Englisch) heißt so, weil es eine Kombination aus einem Textfeld und einem Listenfeld ist. Es ist viel platzsparender als ein Listenfeld, weil die zugehörige Liste erst ausklappt, sobald der Benutzer auf den Dropdownpfeil klickt.

Da ein *Kombinationsfeld*-Steuerelement im Gegensatz zu einem Listenfeld editierbar ist, kann ein Benutzer darin den Anfang des gesuchten Werts eintippen und die Markierung springt sofort zum nächsten passenden Eintrag. Das nennt sich *AutoErgänzung* und erleichtert das Auffinden in langen Listen enorm.

Ansonsten sind praktisch alle Eigenschaften identisch mit dem *Listenfeld*-Steuerelement, außer der zusätzlich vorhandenen *Listenbreite*-Eigenschaft. Diese gibt, unabhängig von der eigentlichen *Breite*-Eigenschaft im eingeklappten Zustand, die Breite des ausklappenden Listenfelds an. Entsprechend sollte sie auch größer als die Summe der *Spaltenbreiten* sein.

Datensätze in Formularen suchen

Nachfolgend stelle ich Ihnen die dritte Möglichkeit des (Listenfeld- oder Kombinationsfeld-)Assistenten vor, nämlich eine bequeme Datensatzsuche auf einem Formular einzurichten:

1. Damit der zugehörige Datensatz zu erkennen ist, erstellen Sie ein neues leeres Formular auf Basis der Abfrage *qryALLE_BESTELLUNGEN_MIT_INFO*. Speichern Sie es unter dem Namen *frmSteuerelementKombinationsfeld*.

2. Dann ziehen Sie die Felder *bstID*, *GanzerName*, *artName* und *bstBestelldatum* auf den Detailbereich im Formularentwurf (siehe Abbildung 28.54). Vor allem die *bstID* ist ja der eindeutige Primärschlüssel für diesen Datensatz.

Abbildg. 28.54   Das Formular enthält diese Felder, um später den richtigen Datensatz zu erkennen

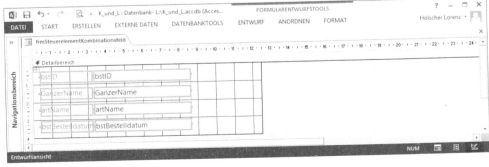

HINWEIS   Hier wäre es durchaus sinnvoll, die *bstID* und das berechnete Feld *GanzerName* nicht nur technisch (*Aktiviert*-Eigenschaft und eventuell auch die *Gesperrt*-Eigenschaft), sondern auch optisch mit den entsprechend grauen Farben von den übrigen Feldern zu unterscheiden.

Schließlich ist eine Eingabe darin nicht möglich. Da das hier nicht zum eigentlichen Thema gehört, bleiben die Steuerelemente im Beispiel unverändert, aber ich wollte es wenigstens noch einmal erwähnt haben.

3. Starten Sie den (noch aktivierten) Assistenten, indem Sie auf den Befehl *ENTWURF/Steuerelemente/Kombinationsfeld* und dann in den Detailbereich klicken. Im ersten Schritt wählen Sie wie in Abbildung 28.55 die dritte Option, um einen Datensatz zu suchen.

Abbildg. 28.55 Wählen Sie hier die Option zur Erstellung eines Suchfelds

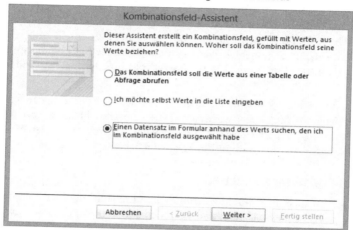

4. Klicken Sie auf *Weiter* und doppelklicken Sie im folgenden Schritt (siehe Abbildung 28.56) links auf die Felder *bstID*, *GanzerName*, *artName* und *bstBestelldatum*, um sie in die Liste *Ausgewählte Felder* zu übernehmen. In der Reihenfolge ist vor allem *bstID* am Anfang wichtig, weil es das eindeutige Feld ist. Die übrigen Felder werden nur angezeigt, um die Lesefreundlichkeit zu erhöhen.

Abbildg. 28.56 Wählen Sie diese Felder per Doppelklick aus

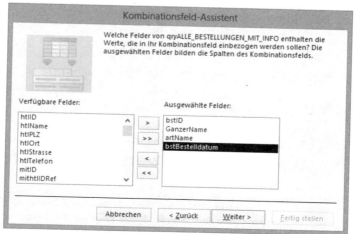

5. Nach einem Klick auf *Weiter* können Sie auch in diesem Assistenten die Spaltenbreiten anpassen (siehe Abbildung 28.57) und dann mit erneutem Klick auf *Weiter* zum letzten Schritt gehen.

Abbildg. 28.57   Passen Sie die Spaltenbreiten an

6. Im letzten Schritt (siehe Abbildung 28.58) geben Sie wie immer die Beschriftung des Steuerelements an. Da es nicht an ein Datenfeld gebunden ist, wähle ich hier *Bestellung suchen* als Beschriftung. Beenden Sie den Assistenten mit *Fertig stellen*.

Abbildg. 28.58   Im letzten Schritt tragen Sie die Beschriftung ein

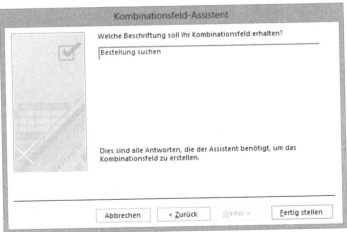

Im Formularentwurf finden Sie nun das erstellte Kombinationsfeld wie in Abbildung 28.59.

Abbildg. 28.59 Das Kombinationsfeld zur Datensatzsuche ist im Detailbereich enthalten

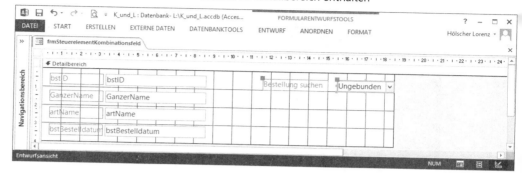

Wenn Sie in die Formularansicht umschalten, können Sie nun anhand dieses Kombinationsfelds einen bestimmten Datensatz finden. Sobald Sie ihn in der Liste angeklickt haben, wechselt der Inhalt des Formulars entsprechend.

Abbildg. 28.60 Jetzt können Sie im Formular Datensätze aus einer Liste auswählen

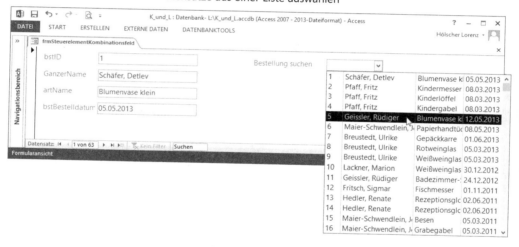

TIPP Allerdings funktioniert das nur, weil der Assistent in der *Nach Aktualisierung*-Eigenschaft ein eingebettetes Makro erstellt hat. Wollen Sie eine derartige Suche ohne Programmierung verwirklichen, greifen Sie stattdessen einfach auf ein geteiltes Formular zurück (siehe Kapitel 25).

Registersteuerelement

Das *Registersteuerelement* (*multi page* in Englisch) erlaubt zwar auch eine Auswahl, aber nicht zwischen Datensätzen, sondern zwischen Gruppen von Steuerelementen. Sie werden es dann gut gebrauchen können, wenn auf Ihrem Formular kein Platz mehr ist.

Registersteuerelement einfügen

Ein Formular mit *qryALLE_BESTELLUNGEN_MIT_INFO* als Datenquelle ist dafür ein optimales Beispiel, denn so viele Datenfelder können Sie kaum noch vernünftig anordnen:

1. Erstellen Sie ein leeres Formular mit *qryALLE_BESTELLUNGEN_MIT_INFO* als Datenquelle und speichern Sie unter dem Namen *frmSteuerelementRegister*.
2. Klicken Sie auf den Befehl *ENTWURF/Steuerelemente/Registersteuerelement* und ziehen ein großzügiges Rechteck im Detailbereich auf. Dort erscheint das Steuerelement wie in Abbildung 28.61 (hier aus Platzgründen aber nicht ganz so großzügig gezeichnet).

Abbildg. 28.61   Das leere *Registersteuerelement* im Formularentwurf ist markiert (siehe Rahmen)

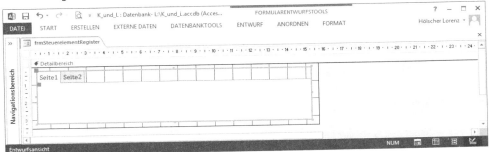

3. Damit auf den Seiten nicht so zufällige Bezeichnungen wie *Seite1* stehen, klicken Sie die erste Seite auf der Registerlasche an und lassen mit ⌐Alt⌐+⌐↵⌐ deren Eigenschaftenblatt anzeigen (siehe Abbildung 28.62).

Abbildg. 28.62   Jetzt ist eine einzelne Seite ausgewählt (siehe Rahmen)

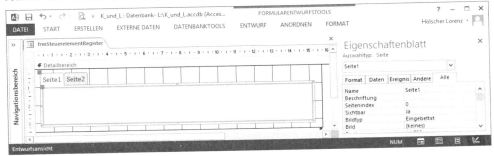

4. Ändern Sie deren *Name*-Eigenschaft in *pagBestellung* (weil *Seite* in Englisch *page* heißt) und die noch leere *Beschriftung* in *Bestellung*.
5. Dann aktivieren Sie mit ⌐Alt⌐+⌐F8⌐ die Feldliste, markieren darin nur die zur Tabelle *tblBestellungen* gehörenden Felder (einschließlich der berechneten) und ziehen diese mit gedrückter Maustaste in den orange umrandeten Bereich der Seite. Wenn Sie den Mauszeiger hineinbewegen, färbt er sich schwarz und Sie können die Maustaste loslassen (siehe Abbildung 28.63).

Abbildg. 28.63   Die Felder zur Tabelle *tblBestellungen* wurden hier eingefügt

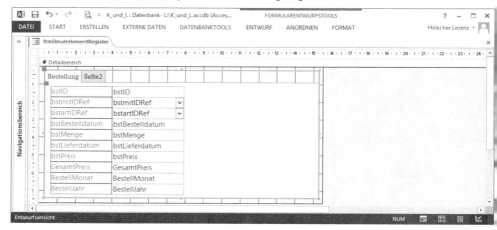

Sie können in der Feldliste ganz oben mit einem Link umschalten, ob Sie *Alle Tabellen anzeigen* oder *Nur Felder aus der aktuellen Datensatzquelle anzeigen* wollen.

6. Entsprechend verfahren Sie mit der nächsten Seite, deren *Name*-Eigenschaft Sie auf *pagHotel* ändern und bei *Beschriftung* dann *Hotel* eintragen. Ziehen Sie dort alle Felder der Tabelle *tblHotels* hinein, wie es Abbildung 28.64 zeigt.

Abbildg. 28.64   Die Felder zur Tabelle *tblHotels* wurden hier eingefügt

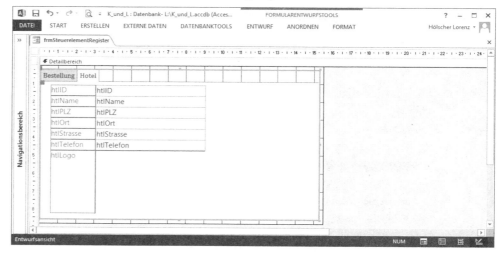

Jetzt können Sie sich in der Formularansicht davon vergewissern, dass ein Klick auf die Seite jeweils nur die zugehörigen Inhalte anzeigt und so das Formular erheblich übersichtlicher macht. In Abbildung 28.65 sind dabei die Steuerelemente mit Layouts auch schon optisch verbessert worden.

Abbildg. 28.65 Das *Registersteuerelement* zeigt jeweils die Inhalte einer Seite

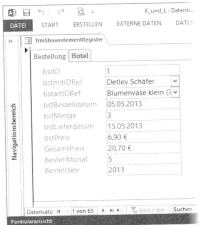

PROFITIPP   Wollen Sie ein Steuerelement nachträglich in eine Registerseite einfügen, lässt es sich nicht einfach von einer Position außerhalb hineinschieben (es sei denn, die Steuerelemente auf der Registerseite sind in Layouts zusammengefasst, dann geht es doch!). Es würde dann hinter dem Register abgelegt und wäre unsichtbar.

Sie müssen es zuerst markieren und mit `Strg`+`X` in die Zwischenablage ausschneiden. Dann klicken Sie auf das Register und klicken ein zweites Mal auf die Seite, damit die orangefarbene Markierung nur im Innenbereich zu sehen ist. Wenn Sie jetzt mit `Strg`+`V` das Steuerelement aus der Zwischenablage einfügen, ist es tatsächlich Teil des Registers.

Seiten hinzufügen oder löschen

Die Datenquelle enthält mehr als diese zwei Tabellen, daher braucht das *Registersteuerelement* noch weitere Seiten:

1. Markieren Sie das gesamte *Registersteuerelement* wie in Abbildung 28.66.
2. Per Rechtsklick (am besten oben rechts im durchsichtigen Bereich neben den Registerlaschen) können Sie dann das Kontextmenü anzeigen lassen und darin den Befehl *Seite einfügen* anklicken.

Abbildg. 28.66 Per Kontextmenü können Sie eine neue Seite hinzufügen

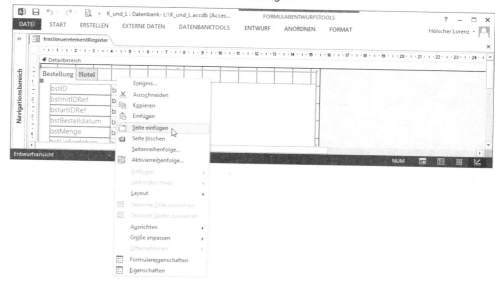

3. In Abbildung 28.67 sehen Sie, dass die neue Seite mit dem provisorischen Namen *Seite54* am Ende angefügt wurde.

Abbildg. 28.67 Die neue Seite wird am Ende angefügt

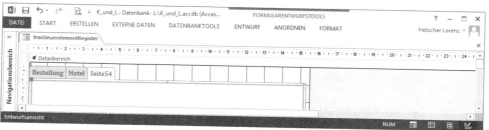

Alternativ können Sie bei markiertem *Registersteuerelement* auch den Befehl *ENTWURF/Steuerelemente/Seite einfügen* anklicken. Dieser ist nur sichtbar, wenn auch ein *Registersteuerelement* markiert ist.

Um die Reihenfolge der Seiten zu anzupassen, ändern Sie deren *Seitenindex*-Eigenschaft. Die am weitesten links stehende Seite hat dabei den Wert *0*. Sie können im Kontextmenü des *Registersteuerelements* auch mit dem Befehl *Seitenreihenfolge* ein Dialogfeld wie in Abbildung 28.68 anzeigen, in dem sich die Reihenfolge ebenfalls anpassen lässt.

Abbildg. 28.68   In diesem Dialogfeld können Sie die Reihenfolge der Seiten ändern

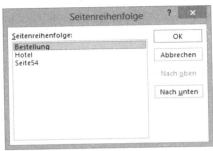

Zum Löschen einer Seite muss diese markiert sein. Sie können dann wahlweise die ⌊Entf⌋-Taste drücken oder im Kontextmenü den Eintrag *Seite löschen* anklicken. Alle Steuerelemente auf dieser Seite werden ohne weitere Rückfrage gelöscht.

Eigenschaften

Das *Registersteuerelement* ist vielseitiger, als es auf den ersten Blick den Anschein hat. Sie können auch hier die *Design verwenden*-Eigenschaften auf *Nein* stellen, dann ändert sich sein Aussehen etwas (siehe Abbildung 28.69). Der Effekt ist aber nicht so drastisch, wie Sie es bei den Schaltflächen schon gesehen hatten.

Abbildg. 28.69   So sieht ein *Registersteuerelement* ohne Design aus

Diese Änderung ist aber vor allem wichtig, damit die folgende Umstellung der *Formatvorlage*-Eigenschaft von *Register* auf *Schaltflächen* überhaupt Schaltflächen (siehe Abbildung 28.70) anzeigt.

Abbildg. 28.70   So sieht das *Registersteuerelement* mit Schaltflächen aus

> **PROFITIPP** Sie können die *Formatvorlage*-Eigenschaft außerdem noch auf *Keine* stellen, dann
> ist ein benutzerseitiger Wechsel zu einer anderen Seite nicht mehr möglich. Das ist sinnvoll im
> Zusammenhang mit selbsterstellten Assistenten, bei denen nämlich der Klick auf eine *Weiter*-
> Schaltfläche einfach die Seite wechselt.
>
> Tatsächlich sind übrigens die Access-Assistenten so programmiert: Diese sind in einer Access-
> Datenbank namens *acwzmain.accde* (*Access Wizard Main*, engl. für Access-Hauptassistent) ent-
> halten. Was Sie als scheinbare Dialogfelder sehen, sind in Wirklichkeit Access-Formulare, bei
> denen Navigationsschaltflächen und Datensatzmarkierer ausgeblendet sind und der nächste
> Schritt des Assistenten eine andere Seite eines Registersteuerelements aktiviert.

Die *Hintergrundart* von *Normal* auf *Transparent* umzustellen, scheint dem eigentlichen Sinn des *Registersteuerelements* zu widersprechen, weil dann die Steuerelemente dahinter auch sichtbar werden und kein eigentliches Umschalten stattfindet.

Es ist jedoch dann sinnvoll, wenn per VBA-Programmierung das immer gleiche Steuerelement dahinter unterschiedliche Inhalte zugewiesen bekommt. Das kann die Anzeige der Inhalte deutlich beschleunigen.

Grafische Elemente

Verschiedene grafisch orientierte Steuerelemente erlauben eine ansprechende optische Gestaltung des Formulars.

Linie

Das *Linie*-Steuerelement (*line* in Englisch) wird vor allem eingesetzt, um Daten optisch zu strukturieren. Sie fügen es durch einen Klick auf den Befehl *ENTWURF/Steuerelemente/Linie* ein, indem Sie anschließend im Formularentwurf ein Rechteck aufziehen.

In Abbildung 28.71 sehen Sie eine markierte Linie, deren Strichstärke in der *Rahmenbreite*-Eigenschaft bereits auf *6 pt* geändert wurde, damit sie gut zu sehen ist. Sie können dies auch im Untermenü zum Befehl *FORMAT/Steuerelementformatierung/Formkontur/Linienstärke* einstellen.

Abbildg. 28.71 Diese Linie hat hier zur besseren Erkennung eine große Strichstärke

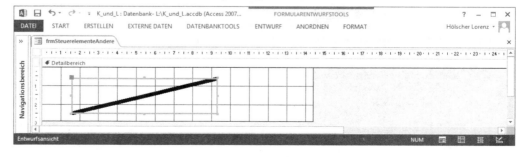

Linie-Steuerelemente verhalten sich im Grunde wie Rechtecke. Wenn Sie eine markierte Linie verschieben wollen, dürfen Sie nicht die Linie anfassen, sondern wie immer in Access nur das Markierungsrechteck. Auch der Winkel wird durch die Ausmaße des umgebenden Rechtecks bestimmt.

> **TIPP** Eine exakt waagerechte Linie hat keine vertikale Ausdehnung, Sie können also einfach in die *Höhe*-Eigenschaft *0 cm* eintragen und mit der ⏎-Taste bestätigen. Eine genau senkrechte Linie hat entsprechend eine *Breite* von *0 cm*.

Sie können verschiedene *Rahmenart*-Eigenschaften wie *Strichlinien*, *Punkte* oder Ähnliche auswählen. Die *Neigung*-Eigenschaft enthält wahlweise einen rechts- (»/«) oder linksgeneigten (»\«) Schrägstrich, der angibt, ob die Linie von links unten nach rechts oben verläuft oder von links oben nach rechts unten.

> **HINWEIS** Es gibt immer noch keine Pfeile in Access, um einfachste Zusammenhänge im Formular oder Bericht darzustellen. Sie müssen also im Bedarfsfall mit Grafiken wenigstens für die Pfeilspitzen arbeiten.

Rechteck

Das *Rechteck*-Steuerelement (*rectangle* in Englisch) dient wie die Linie der übersichtlicheren Darstellung der Daten auf dem Formular. Die Möglichkeiten der Formatierung entsprechen den übrigen Steuerelementen.

> **HINWEIS** Auch in dieser Access-Version werden sich wieder viele Datenbankentwickler fragen, wo der Kreis bzw. die Ellipse als Steuerelement geblieben ist. Es gibt jedoch kein solches Steuerelement, Sie müssen stattdessen eine Grafik einfügen. Die aus den übrigen Microsoft Office-Programmen bekannten Formen-Objekte fehlen in Access weiterhin.

Liegt ein Rechteck auf einem anderen Steuerelement, lässt sich nachträglich deren Anordnung verbessern. Markieren Sie das Rechteck (oder auch ein beliebiges anderes Steuerelement) und wählen in dessen Kontextmenü *Position/In den Hintergrund* oder *Position/In den Vordergrund*.

Seitenumbruch

Das *Seitenumbruch*-Steuerelement (*page break* in Englisch) hat zwei Auswirkungen auf das Formular:

- Beim Ausdruck des Formulars findet am *Seitenumbruch*-Steuerelement immer ein Seitenumbruch statt

- In der Formularansicht kann ein Benutzer mit der Bild↓-Taste ein zu großes Formular so weit verschieben, dass die Position des *Seitenumbruch*-Steuerelements die linke obere Ecke angibt. Damit wird eine kleine Hilfe zum Ausfüllen und Blättern in großen Formularen realisiert.

Sie fügen ein *Seitenumbruch*-Steuerelement mit dem Befehl *ENTWURF/Steuerelemente/Seitenumbruch* ein. Wie Sie in Abbildung 28.72 erkennen können, erscheint es im Formularentwurf anschließend nur als kleine gestrichelte Linie.

Abbildg. 28.72 Der Seitenumbruch ist nur als gestrichelte Linie (am linken Rand) zu erkennen

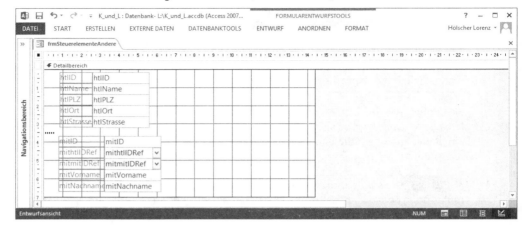

Das *Seitenumbruch*-Steuerelement hat praktisch keine Eigenschaften. Bei zu vielen Steuerelementen auf einem Formular ist das *Register*-Steuerelement ohnehin besser geeignet, weil es der Windows-typischen Benutzerführung entspricht.

Bild

Für Bilder in Formularen gibt es erstaunlich viele Möglichkeiten, aber letztendlich unterscheiden sie sich nur in eingebetteten und verknüpften Varianten.

CD-ROM   Um Ihnen das Nachvollziehen der Schritte in diesem Kapitel zu erleichtern, finden Sie innerhalb der Beispieldateien zu diesem Buch im Unterordner *Bilder* die benötigten Bild-dateien.

Bild einfügen

Das *Bild*-Steuerelement (*image* in Englisch) ist sowohl für eingebettete als auch für verknüpfte Bil-der geeignet und kann sehr weitgehend angepasst werden:

1. Erstellen Sie wegen der besseren Übersichtlichkeit ein leeres Formular und speichern es unter dem Namen *frmSteuerelementeBilder*.

2. Klicken Sie auf den Befehl *ENTWURF/Steuerelemente/Bild* und ziehen im Detailbereich ein Rechteck auf.

3. Im Anschluss daran erscheint automatisch (wenn der Assistent noch aktiv ist) ein Dialogfeld zum Öffnen einer Datei wie in Abbildung 28.73, über das Sie das anzuzeigende Bild auswählen können. Hier ist es beispielhaft ein Logo für die *Kosten&Logistik*-Datenbank.

Abbildg. 28.73   Wählen Sie hier die Bild-Datei aus

4. Nachdem Sie das Dialogfeld mit *OK* bestätigt haben, wird das ausgewählte Bild im Steuerelement angezeigt (siehe Abbildung 28.74).

Abbildg. 28.74   Das Bild ist im Formularentwurf enthalten

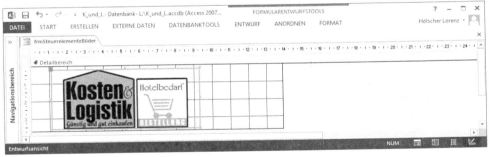

Eigenschaften

Viele Eigenschaften des *Bild*-Steuerelements bestimmen, wie es sich tatsächlich verhält. Derzeit ist als *Bildtyp* der Wert *Eingebettet* ausgewählt, sodass weitere Änderungen an der Datei keine Auswirkungen mehr auf das Formular haben.

Stellen Sie die *Bildtyp*-Eigenschaft auf *Verknüpft*, fragt Access, ob das Bild entfernt werden soll. Sie müssen das bejahen, damit die Eigenschaft geändert wird.

Anschließend müssen Sie das Bild in der *BildBild*-Eigenschaft nach Klick auf die Schaltfläche mit den drei Pünktchen per Dialogfeld zum Öffnen einer Bilddatei auswählen und dieses Mal steht nicht nur der Dateiname, sondern der komplette Pfad in dieser Eigenschaft. Dafür wird bei jedem Öffnen des Formulars automatisch der aktuelle Inhalt der Datei nachgeladen, ohne dass Sie etwas programmieren müssen.

> **PROFITIPP** Access schreibt an dieser Stelle den kompletten Pfad hinein, das ist aber nicht nötig. Dies kann sogar ein Problem verursachen: Ihre Datenbank wäre nach der Auslieferung beim Kunden nicht mehr lauffähig, wenn dort nicht der gleiche Pfad (Laufwerksbuchstabe, Verzeichnis) verwendet wird. Von solchen identischen Konstellationen kann aber im Allgemeinen nicht ausgegangen werden. Sind die zu verknüpfenden Bilder allesamt im gleichen Verzeichnis gespeichert, können Sie auch bei verknüpftem Bildtyp in der *Bild*-Eigenschaft den Dateinamen ohne Pfad nennen.

Wenn Sie mit dem orangefarbenen Markierungsrahmen um das Bild herum dessen Größe ändern, wird es proportional darin eingepasst, weil seine *Größenanpassung*-Eigenschaft auf *Zoomen* steht. Stellen Sie diese auf *Abschneiden*, erscheint das Bild immer in seiner Originalgröße, wird aber notfalls abgeschnitten. Schließlich können Sie dafür noch *Dehnen* auswählen, womit das Bild unproportional, das heißt ohne Erhalten des Seitenverhältnisses in den Rahmen eingepasst wird. Das Bild wird dann gegebenenfalls gestaucht oder gestreckt.

Transparenter Hintergrund

Wenn Sie die Abbildung 28.74 genau betrachten, enthält das Bild eine weiße Hintergrundfläche, wie die fehlenden Gitternetzlinien oberhalb des Logos zeigen. Das mag auf diesem weißen Hintergrund später ohnehin nicht auffallen und Sie benutzen ansonsten einfach keine anderen Farben? Sie tun es vielleicht nicht, aber Access, wenn Sie einmal einen Formularkopf und -fuß betrachten!

Die *Hintergrundart*-Eigenschaft des Bild-Steuerelements scheint geeignet, diesen weißen Hintergrund zu entfernen. Wenn Sie dort nachschauen, werden Sie aber feststellen, dass deren Wert schon auf *Transparent* steht. Dieser Hintergrund bezieht sich auf das gesamte Steuerelement, hier also vor allem die Restfläche zwischen Bild und Rand des Steuerelements. Diese ist tatsächlich schon transparent, denn das Raster ist dort zu sehen.

Das Problem liegt in der Bilddatei selbst, diese muss bereits transparente Bereiche enthalten. Das hier benutzte *.jpeg*-Dateiformat kann das aber prinzipiell nicht. Speichern Sie die Datei daher mit einem Pixelgrafikprogramm wie *Photoshop*, *Paint Shop Pro* oder *IrfanView* im *.gif*- oder *.png*-Dateiformat, nachdem Sie die gewünschten Bereiche damit als transparent gekennzeichnet haben.

Anschließend geben Sie diese überarbeitete Datei als *Bild*-Eigenschaft an. In Abbildung 28.75 sehen Sie am Beispiel einer solchen GIF-Datei, dass nun auch transparente Bereiche funktionieren, weil dort bereits das Raster durchscheint.

Abbildg. 28.75 So kann Access auch transparente Bereiche im Bild darstellen

ACHTUNG Fügen Sie ein Bild mit transparenten Bereichen stattdessen über die Zwischenablage in den Formularentwurf ein, sind diese nicht mehr transparent!

Bild einfügen

Mit dem Befehl *ENTWURF/Steuerelemente/Bild einfügen* erzeugen Sie im Formular ein identisches *Bild*-Steuerelement wie eben.

Abbildg. 28.76 Der *Bild einfügen*-Befehl enthält eine Auswahl bisheriger Bilder

Der wesentliche Vorteil dieser Technik besteht darin, dass dieser Befehl die bisher eingefügten Bilder in einer *Bildergalerie* (siehe Abbildung 28.76) sammelt. Sie können dadurch häufiger benutzte Grafiken schneller in mehrere Formulare einfügen.

PROFITIPP Bevor Sie wirklich anfangen, viele gleiche Grafiken immer wieder in verschiedene Formulare einzufügen, sollten Sie lieber Unterformulare (siehe Kapitel 29) nutzen. Ein solches Unterformular enthält dann alle gemeinsamen Elemente wie das Firmenlogo oder Zusatzinformationen und muss nur einmalig verändert werden, wenn sich das Bild oder eine Beschriftung darauf verändert.

Logo einfügen

Mit dem Befehl *ENTWURF/Kopfzeile/Fußzeile/Logo* bietet Access eine weitere Möglichkeit, eine Grafik in ein Formular einzufügen. Wie der Name der Befehlsgruppe bereits andeutet, wird dabei immer eine Kopfzeile angelegt und das Bild an festgelegter Stelle als Teil eines Layouts erzeugt (siehe Abbildung 28.77, das vorherige Bild im Detailbereich habe ich hier aus Platzgründen entfernt).

Abbildg. 28.77 Das Logo steht in der Kopfzeile an vordefinierter Stelle

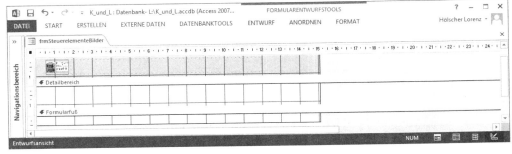

Dieses Logo passt zum Befehl *ENTWURF/Kopfzeile/Fußzeile/Titel* (siehe Seite 569), der in der rechten Hälfte dieses vorbereiteten Layouts eingefügt würde.

Hintergrund

Anstatt jeweils ein eigenes Steuerelement auf dem Formular einzufügen, können Sie diesem auch direkt ein Hintergrundbild zuweisen. Dazu sollten Sie am besten ein einfaches und abgetöntes Bild nehmen, weil das oben eingesetzte Komplettlogo jeden Text unleserlich macht.

1. Klicken Sie in die *Bild*-Eigenschaft des Formulars und wählen dort über die Schaltfläche mit den drei Pünktchen eine geeignete Datei aus.

2. Stellen Sie die *Bild nebeneinander*-Eigenschaft auf *Ja*, damit das Bild auf dem gesamten Formular wiederholt wird.

3. Passen Sie die *Bildausrichtung*-Eigenschaft nach Bedarf an; hier in Abbildung 28.78 steht sie auf *Mitte*.

Abbildg. 28.78 So sieht der Entwurf des Beispielformulars mit Bild im Hintergrund aus

Insgesamt ist das aber trotzdem eine sichere Methode, um ein Formular völlig unleserlich zu machen. In Kapitel 25 hatten wir bereits ein Endlosformular *frmBestellungen* erstellt, welches ein typischer Kandidat für ein Hintergrundbild wäre. In Abbildung 28.79 sehen Sie, wie das in der Formularansicht wirkt.

Abbildg. 28.79 So sieht ein Datenformular mit Hintergrundbild aus

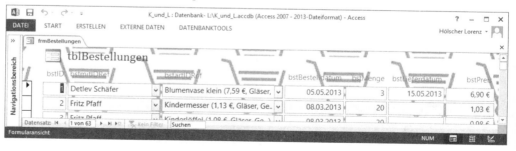

Hingegen ist das Hintergrundbild eine gute Lösung, wenn Sie einmal einen Farbverlauf im Hintergrund benötigen, was Access ja als Füllfarbe nicht selbst beherrscht.

Abbildg. 28.80 Dank Hintergrundbild (hier ein JPG) lässt sich auch ein Farbverlauf realisieren

Um ein Hintergrundbild wieder aus dem Formular zu entfernen, markieren Sie den Eintrag *(Bild)* in der *Bild*-Eigenschaft und drücken die [Entf]-Taste. Access fragt dann wie in Abbildung 28.81 nach, ob es wirklich gelöscht werden soll.

Abbildg. 28.81 Access fragt nach, ob das Hintergrundbild wirklich gelöscht werden soll

Um ein Hintergrundbild einzufügen, können Sie auch den Befehl *FORMAT/Hintergrundbild* nutzen. Hier steht Ihnen wiederum eine Bildergalerie bereits vorhandener Bilder zur Verfügung (siehe Abbildung 28.82).

Abbildg. 28.82 Der Befehl *Hintergrundbild* zeigt eine Bildergalerie an

Anlage

Das *Anlage*-Steuerelement (*attachment* in Englisch) haben Sie bereits als Feld-Datentyp in Kapitel 11 kennengelernt. Es ist keineswegs auf Bilder beschränkt, sondern kann alle Dateien aufnehmen. Bilder kann es aber direkt anzeigen und bietet automatisch eine Symbolleiste zum Weiterschalten, wenn mehrere Dateien enthalten sind.

Anlage-Steuerelement einfügen

Das *Anlage*-Steuerelement wird im Formular immer dann sinnvoll eingesetzt, wenn auch das *Anlage*-Datenfeld benutzt wurde. Hier ist das im Feld *mitWeitereFotos* der Fall.

1. Erstellen Sie ein leeres Formular auf Basis der Tabelle *tblMitarbeiter* und speichern es als *frmSteuerelementeAnlage*.

2. Ziehen Sie aus der Feldliste die Felder *mitID* (nur zur Unterscheidung der Datensätze) und *mitWeitereFotos* in den Detailbereich.

3. Für das Feld *mitWeitereFotos* erzeugt Access direkt ein *Anlage*-Steuerelement, was so allerdings nur im zugehörigen Eigenschaftenblatt zu erkennen ist (siehe Abbildung 28.83 im rechten oberen Bereich unter *Auswahltyp*).

Abbildg. 28.83   Das Feld *mitWeitereFotos* benutzt ein *Anlage*-Steuerelement

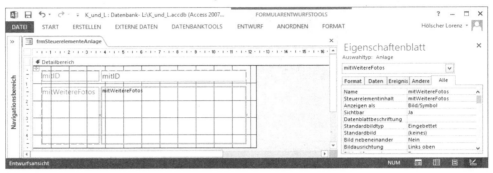

4. Nachdem Sie die Größe des *Anlage*-Steuerelements angepasst haben, können Sie in die Formularansicht wechseln und dort in den Bestellungen einen Datensatz suchen, dessen Mitarbeiter hier Fotos gespeichert hat.

> **TIPP**   Wenn Sie die Nummer des Datensatzes (seine Position, nicht die *mitID*) wissen, können Sie unten zwischen den Navigationsschaltflächen in das Feld klicken, in dem anfangs *1 von 34* drin steht. Wenn Sie dort die 29 eingeben und das mit der ⏎-Taste bestätigen, springt Access direkt zu diesem 29. Datensatz. Das ist nett, aber nicht wirklich brauchbar, denn woher sollten Sie wissen, welcher der 29. Datensatz ist? Das *Suchen*-Feld ist daher im täglichen Umgang viel wichtiger.

5. Damit Sie die Symbolleiste zum *Anlage*-Steuerelement sehen, müssen Sie dieses einmal anklicken, dann wird sie darüber schwach eingeblendet. Erst wenn sich der Mauszeiger darin befindet, ist sie deutlich sichtbar wie in Abbildung 28.84.

Abbildg. 28.84   Die Symbolleiste zum *Anlage*-Steuerelement wird beim Darüberbewegen des Mauszeigers sichtbar

Sie können sich mit den *Zurück-* und *Weiter*-Schaltflächen durch alle enthaltenen Dateien bzw. Bilder blättern. Wollen Sie daraus welche löschen oder hinzufügen, klicken Sie auf die Schaltfläche *Anlagen verwalten* mit der Büroklammer. Daraufhin zeigt Access das Dialogfeld aus Abbildung 28.85 zur Verwaltung der Anlagen an.

Abbildg. 28.85   Mit diesem Dialogfeld verwalten Sie die enthaltenen Anlagen

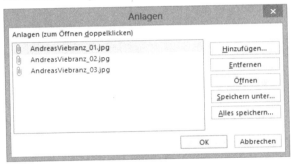

Sie können dieses Dialogfeld auch per Doppelklick auf das *Anlage*-Steuerelement anzeigen lassen.

Gebundenes Objektfeld

Das Steuerelement *Gebundenes Objektfeld* (*BoundObjectFrame* in Englisch) sollten Sie immer dann einsetzen, wenn die Daten in *OLE-Objekt*-Datenfeldern gespeichert sind. Auch dieses Steuerelement kann außer Bildern Dateien jeglicher Art (Word-Dokumente, Excel-Tabellen, PowerPoint-Präsentationen und alle anderen) enthalten.

Gebundenes Objektfeld einfügen

Das Hotel-Logo ist in dieser Datenbank in einem *OLE-Objekt*-Datenfeld *htlLogo* gespeichert und eignet sich daher für dieses Steuerelement:

1. Erstellen Sie auf Basis der Tabelle *tblHotels* ein leeres Formular und speichern Sie es als *frmSteuerelementeOLE*.

2. Ziehen Sie aus der Feldliste die Felder *htlID* und *htlLogo* in den Detailbereich und passen Sie dessen Größe an.

3. Damit das Logo nicht unproportional verzerrt wird, stellen Sie dessen *Größenanpassung*-Eigenschaft auf *Abschneiden* (siehe Abbildung 28.86).

Abbildg. 28.86 Ein *Gebundenes Objektfeld* zeigt Inhalte aus *OLE-Objekt*-Feldern an

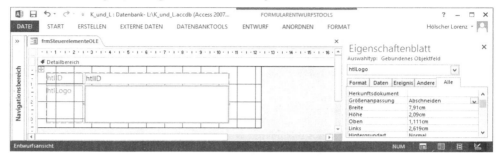

Im Ergebnis finden Sie dann wie in Abbildung 28.87 das zugehörige Hotel-Logo des Mitarbeiters, über den in diesem Datensatz die Bestellung erfolgt ist.

Abbildg. 28.87 Das Formular zeigt das gespeicherte Bild an

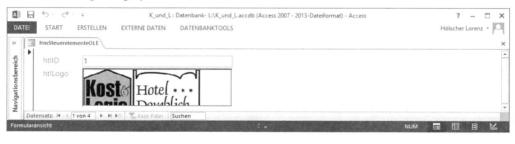

HINWEIS Das dargestellte Hotel-Logo in Abbildung 28.87 ist angeschnitten, weil die *Größenanpassung*-Eigenschaft auf *Abschneiden* steht. Soll es komplett (aber dann verkleinert) sichtbar sein, stellen Sie diese Eigenschaft auf *Zoomen*.

Mit einem Doppelklick auf das Feld in der Formularansicht startet Access das mit diesem Dateityp verknüpfte Programm (in diesem Fall *Microsoft Paint*) zur Bearbeitung. Speichern Sie dort die Datei, sind die Änderungen direkt wieder in Access enthalten.

Ungebundenes Objektfeld

Das Steuerelement *Ungebundenes Objektfeld* (*ObjectFrame* in Englisch) unterscheidet sich vom *Gebundenen Objektfeld* dadurch, dass es keine Inhalte eines Datensatzes anzeigt.

Ungebundenes Objektfeld einfügen

Es eignet sich dafür, beispielsweise ein Foto des Hauptlagers von *Kosten&Logistik* auf allen Bestellformularen anzuzeigen:

1. Erstellen Sie ein leeres Formular ohne Datenquelle und speichern es als *frmSteuerelementeUngebunden*.

2. Klicken Sie auf den Befehl *ENTWURF/Steuerelemente/Ungebundenes Objektfeld* und ziehen Sie im Formular ein Rechteck auf.

3. Access zeigt beim Loslassen der Maustaste automatisch das Dialogfeld aus Abbildung 28.88 an, mit dem Sie das darzustellende Objekt auswählen können. Da das Bild bereits als Datei vorliegt, wählen Sie links als Option *Aus Datei erstellen* und klicken dann auf die *Durchsuchen*-Schaltfläche, um den Dateinamen anzugeben.

Abbildg. 28.88 Geben Sie hier das anzuzeigende Bild an

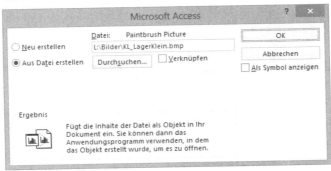

4. Soll das Bild weiterhin durch externe Bearbeitung der zugrunde liegenden Datei aus änderbar sein, kreuzen Sie zusätzlich das Kontrollkästchen *Verknüpfen* an.

5. Nachdem Sie das Dialogfeld mit *OK* bestätigt haben, wird das Steuerelement im Formularentwurf angezeigt (siehe Abbildung 28.89).

Abbildg. 28.89 Dieses Bild ist im Formular gespeichert

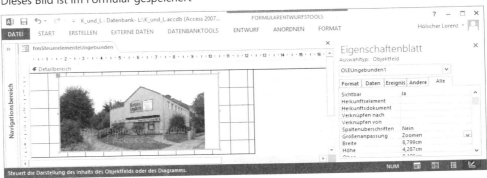

> **HINWEIS** Nur *.bmp*-Dateien werden tatsächlich sofort angezeigt, andere Dateiformate wie *.jpeg* oder *.gif* kann Access in diesem Steuerelement nicht darstellen. Sie sehen dort stattdessen sowohl in der Entwurfs- als auch der Formularansicht nur das zugehörige Programmsymbol. Erst ein Doppelklick darauf öffnet das passende Programm, in dem dann der Inhalt angezeigt wird.

Auch in der Formularansicht wird das Bild angezeigt (siehe Abbildung 28.90).

Abbildg. 28.90 Die Formularansicht zeigt das Bild ebenfalls an

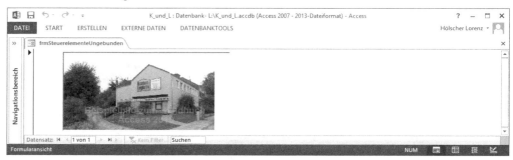

> **TIPP** Das *Bild*-Steuerelement wird schneller geladen als das *Ungebundene Objektfeld* und kann mehr Inhalte anzeigen. Daher sollten Sie bevorzugt *Bild*-Steuerelemente einsetzen.

Verknüpfungssteuerelemente

Fast jedes Steuerelement lässt sich als Link nutzen, indem Sie die verschiedenen *Hyperlink*-Eigenschaften ausfüllen. Da editierbare Steuerelemente wie Textfeld, Kombinationsfeld oder Listenfeld dann für Benutzer nicht mehr änderbar wären, besitzen sie eine *Ist Hyperlink*-Eigenschaft, mit der sie bei Bedarf »anklickbar« gemacht werden.

> **ACHTUNG** Das *Bezeichnungsfeld*-Steuerelement hat in bestimmten Fällen keine *Hyperlink*-Eigenschaften, nämlich als verbundenes Steuerelement. Hängt es an einem anderen Steuerelement als dessen Beschriftung, fehlen die Eigenschaften *Hyperlink-Adresse*, *Hyperlink-Unteradresse* und *Hyperlinkziel*.

Link

Der Link ermöglicht einen gezielten Zugriff auf eine Datei oder eine Internetseite ohne weitere Programmierung.

Link-Steuerelement einfügen

Sie können als Steuerelement auch einen Link wie im folgenden Beispiel anlegen:

1. Erstellen Sie ein neues, leeres Formular und speichern Sie es unter dem Namen *frmSteuerelementeLink*.

2. Klicken Sie auf den Befehl *ENTWURF/Steuerelemente/Link*, sodass Access sofort das Dialogfeld wie in Abbildung 28.91 anzeigt. Geben Sie darin bei *Anzuzeigender Text* die Beschriftung des Steuerelements und als *Adresse* eine URL-Angabe ein.

Abbildg. 28.91   Geben Sie hier die Internetadresse ein

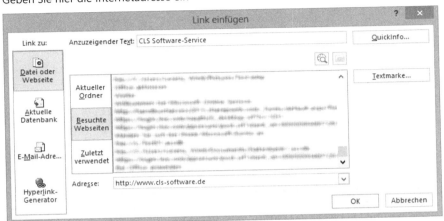

3. Nachdem Sie das Dialogfeld *Link einfügen* mit *OK* bestätigt haben, enthält der Formularentwurf ein neues Steuerelement mit den passenden Angaben (in Abbildung 28.92 habe ich bereits einen zusätzlichen Text darüber eingefügt).

Abbildg. 28.92   Der Link wurde im Formularentwurf eingefügt

4. In der Formularansicht öffnet ein Klick (siehe Abbildung 28.93) darauf den Internet Explorer mit der jeweils angegebenen Internetadresse.

Abbildg. 28.93   In der Formularansicht kann direkt eine Internetadresse aufgerufen werden

Wenn Sie das entstandene Steuerelement im Eigenschaftenblatt betrachten, werden Sie feststellen, dass es sich dabei bloß um ein ganz normales *Bezeichnungsfeld* handelt, dessen *Hyperlink-Adresse*-Eigenschaft ausgefüllt wurde.

Webbrowser

Das *Webbrowser*-Steuerelement (*web browser* in Englisch) bietet Ihnen hier die einfache Möglichkeit, Zusatzinformationen aus dem Internet darzustellen.

Webbrowser-Steuerelement einfügen

Mit einem Webbrowser-Steuerelement lassen sich Internetinhalte ohne Aufwand in einem Formular anzeigen, beispielsweise eine online gepflegte Hilfeseite:

1. Erstellen Sie ein leeres Formular ohne Datensatzquelle und speichern es als *frmSteuerelemente-Webbrowser*. Achten Sie darauf, dass der Steuerelement-Assistent noch aktiv ist.
2. Klicken Sie auf den Befehl *ENTWURF/Steuerelemente/Webbrowsersteuerelement* und ziehen ein Rechteck im Detailbereich auf.
3. Daraufhin erscheint das Dialogfeld *Link einfügen* wie in Abbildung 28.94. Sie können eine komplette Internetadresse (wie sie dort unten mit *http://...* beginnend zu sehen ist) aus dem Internet Explorer kopieren und in das Feld *Adresse* eintragen. Beim Verlassen wird sie automatisch in die hier gezeigten Teile *Basis-URL*, *Pfade* und *Parameter* zerlegt.

Abbildg. 28.94   Geben Sie hier die Internetadresse ein

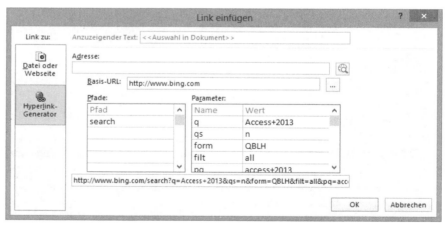

4. Nachdem Sie das Dialogfeld mit *OK* bestätigt haben, sehen Sie in der Entwurfsansicht lediglich die Adresse im Steuerelement (siehe Abbildung 28.95).

Formulare

Abbildg. 28.95   Das *Webbrowser*-Steuerelement zeigt im Entwurf die Adresse an

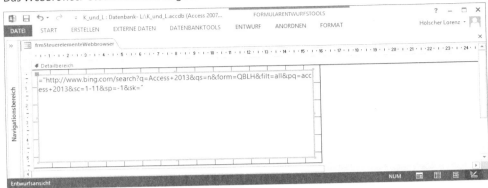

5. In der Formularansicht (siehe Abbildung 28.96) ist eine vollwertige Ansicht der angegebenen Internetseite zu sehen.

Abbildg. 28.96   In der Formularansicht haben Sie vollen Zugriff auf die Internetseite

Webbrowser-Steuerelement flexibler nutzen

Es ist sehr praktisch, wenn Sie Ihren Benutzern auf einem Access-Formular etwa eine Internethilfeseite zu dieser Datenbank anzeigen, ohne dass dabei wie hier ein Wechsel zu einer anderen Internetseite möglich ist. Wollen Sie aber doch verschiedene Inhalte zulassen, können Sie diese ohne großen Aufwand und vor allem ohne Programmierung vorbereiten:

1. Fügen Sie in der Entwurfsansicht des Formulars *frmSteuerelementeWebbrowser* ein Listenfeld hinzu, welches Sie entsprechend der Ungarischen Notation als *lstURLs* benennen.

2. Ändern Sie die *Herkunftstyp*-Eigenschaft auf *Wertliste* und geben Sie als *Datensatzherkunft* durch Semikolon getrennt die gewünschten Internetadressen an.

TIPP Klicken Sie in der *Datensatzherkunft*-Eigenschaft auf die Schaltfläche mit den drei Pünktchen, so erleichtert ein Dialogfeld (siehe Abbildung 28.97) die Eingabe.

Abbildg. 28.97 Dieses Dialogfeld erleichtert die Eingabe der Werte

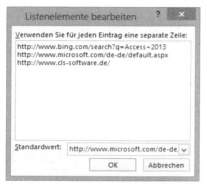

3. Für das *Webbrowser*-Steuerelement ändern Sie anschließend dessen Eigenschaft *Steuerelement-inhalt* auf den Namen des Listenfelds, also *=[lstURLs]*.

4. Wie Sie in Abbildung 28.98 sehen können, kann der Benutzer nun anhand des Listenfelds verschiedene vorgegebene Internetseiten auswählen.

Abbildg. 28.98 Die im *Webbrowser*-Steuerelement angezeigte Seite lässt sich nun ändern

Navigationssteuerelement

Ein sehr praktisches Steuerelement in Access 2013 ist das *Navigationssteuerelement* (*navigation control* in Englisch).

Navigationssteuerelement einfügen

Sie können damit ohne Programmierung sehr einfach verschiedene Formulare wechselweise anzeigen. Für eine kleinere Datenbank wäre damit die komplette Benutzerführung schon fertig:

1. Erstellen Sie ein leeres Formular ohne Datensatzquelle und speichern es als *frmSteuerelementeNavigation*.

2. Klicken Sie dann auf den Befehl *ENTWURF/Steuerelemente/Navigationssteuerelement* und ziehen im Detailbereich ein breites Rechteck auf.

ACHTUNG   Ziehen Sie dieses Entwurfsrechteck nur breit, aber nicht hoch. Es gibt nicht die spätere Höhe des gesamten Navigationssteuerelements an, sondern nur die Höhe der Schaltflächen am oberen Rand.

Manchmal ändert sich die Höhe dieses Schaltflächenbereichs später unfreiwillig (etwa durch Änderung der *Bereich*-Eigenschaft von *Horizontal* auf *Vertikal*). Leider sind dort die Anfasser für die Höhenänderung nicht zu sehen, sondern allenfalls an der Änderung des Mauszeigers zu erkennen. Zeigen Sie dann mit [Alt] + [↵] das Eigenschaftenblatt an und tragen in der *Höhe*-Eigenschaft den gewünschten Wert ein.

3. Wie in Abbildung 28.99 zu sehen fügt Access in der Entwurfsansicht ein zweiteiliges Steuerelement ein, welches im oberen Teil den Eintrag *[Neues hinzufügen]* enthält. Aus Platzgründen ist die Höhe des Steuerelements hier schon reduziert.

Abbildg. 28.99   Das *Navigationssteuerelement* braucht relativ viel Platz

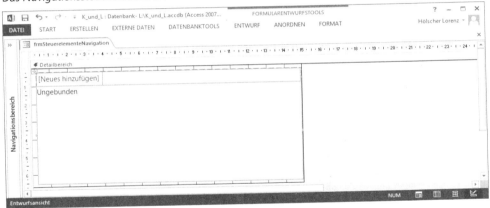

4. Sie könnten per Rechtsklick auf die Navigationsschaltfläche mit dem Eintrag *[Neues hinzufügen]* im Kontextmenü den Befehl *Navigationsschaltfläche einfügen* auswählen. Viel einfacher ist es aber, dort hineinzuklicken und direkt die Beschriftung *Hotels* der ersten Schaltfläche einzugeben.

5. Für diese Navigationsschaltfläche wählen Sie in deren Eigenschaft *Name des Navigationsziels* wie in Abbildung 28.100 das Formular *frmHotels* aus.

Die erste Navigationsschaltfläche ist fertig

6. Geben Sie bei *[Neues hinzufügen]* als nächsten Wert *Mitarbeiter* ein und bestätigen ihn mit der ⏎-Taste. Dessen Eigenschaft *Name des Navigationsziels* ist entsprechend *frmMitarbeiter*.

7. Außerdem sollen noch gezielt nur *Aachener Mitarbeiter* angezeigt werden, also diejenigen, deren *mithtlIDRef*-Wert *1* ist. Fügen Sie eine dritte Navigationsschaltfläche mit dieser Beschriftung hinzu und ziehen Sie deren Breite an den orangefarbenen Anfassern passend.

8. Danach wählen Sie dort ebenso als *Name des Navigationsziels* das Formular *frmMitarbeiter* aus. Sie können diese Schaltfläche am orangefarbenen Rahmen breiter ziehen.

9. Geben Sie zusätzlich bei der Eigenschaft *WHERE-Klausel für Navigation* den Filter *mithtlIDRef = 1* ein, sodass der Formularentwurf wie in Abbildung 28.101 aussieht.

Mehrere Navigationsschaltflächen sind vorbereitet

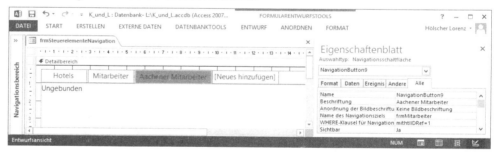

ACHTUNG   Die Eigenschaft *WHERE-Klausel für Navigation* funktioniert nicht beim einfachen Wechsel von der Entwurfsansicht in die Formularansicht. Sie müssen das Formular zwischendurch speichern und vor allem schließen.

Wenn Sie das Formular nun in die Formularansicht umschalten, können Sie durch den Klick auf die jeweiligen Navigationsschaltflächen sehr bequem zwischen den verschiedenen Formularen umschalten. Die Abbildung 28.102 zeigt, dass auch der Filter für die Aachener Mitarbeiter funktioniert, weil dort nur noch *1 von 6* Mitarbeiter zu sehen sind.

Abbildg. 28.102 Beliebige Unterformulare lassen sich so umschalten

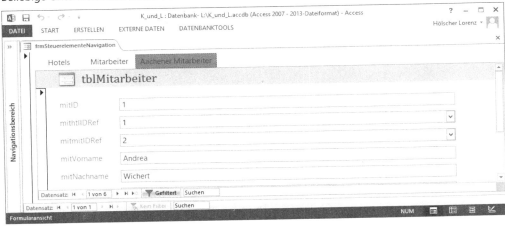

PROFITIPP Gerade dieses Navigationssteuerelement zeigt große Inhalte an, die möglichst viel Platz benötigen. Stellen Sie also dessen Anker entsprechend ein, indem Sie mit markiertem Navigationssteuerelement auf *ANORDNEN/Position/Anker/Nach unten und quer dehnen* klicken. Dann füllt es immer den maximal möglichen Platz aus.

Da das »äußere« Formular (welches nur das Navigationssteuerelement selbst enthält) gar keine Daten anzeigt, sollten Sie dort auch die entsprechenden Elemente entfernen. Stellen Sie also im Entwurf die Formular-Eigenschaften *Datensatzmarkierer* und *Navigationsschaltflächen* auf *Nein*, wie es in Abbildung 28.103 zu sehen ist.

Abbildg. 28.103 Ohne störende Formularelemente ist das Navigationssteuerelement besser zu bedienen

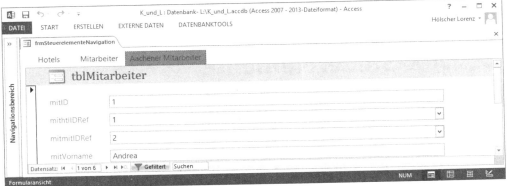

> **TIPP** Wenn Sie einmal eine andere Anordnung für das Navigationssteuerelement haben wollen, können Sie diese auch (inklusive eines dabei entstehenden neuen Formulars) mit dem Befehl *ERSTELLEN/Formulare/Navigation* (siehe Abbildung 28.104) erstellen lassen.

Abbildg. 28.104 Sie können verschiedene Ausrichtungen für Navigationsformulare erstellen lassen

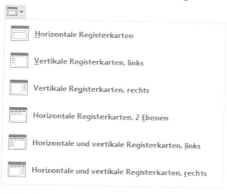

Unterformular/-bericht

Das *Unterformular/-bericht*-Steuerelement (*subform* in Englisch) ist ein so wichtiges und vielseitig einsetzbares Steuerelement in Access, dass es in Kapitel 29 thematisch ausführlicher behandelt wird.

Diagramme

Das *Diagramm*-Steuerelement (*diagram* in Englisch) ist ein so umfangreiches Steuerelement in Access mit vielen Einstellungen, dass es in Kapitel 29 thematisch ausführlicher behandelt wird.

ActiveX-Steuerelemente

Alle bisherigen Steuerelemente sind Teil der Access-Installation (und damit auch sicher vorhanden). Über die ActiveX-Schnittstelle können Sie aber auch beliebige andere Steuerelemente in ein Formular integrieren, wenn sie auf dem Computer installiert sind.

ActiveX-Steuerelement einfügen

Beispielhaft möchte ich die Technik für ein Video zeigen, welches auf dem Formular sichtbar sein soll. Dafür gibt es kein Access-eigenes Steuerelement. Gehen Sie stattdessen folgendermaßen vor:

1. Erstellen Sie ein neues leeres Formular ohne Datensatzquelle und speichern Sie es als *frmSteuerelementeActiveX*.

2. Klicken Sie auf den Befehl *ENTWURF/Steuerelemente/ActiveX-Steuerelemente* (unterhalb des Steuerelement-Assistenten, die Galerie muss also ausgeklappt werden!), sodass ein Dialogfeld wie in Abbildung 28.105 angezeigt wird.

Abbildg. 28.105 Das Dialogfeld präsentiert alle installierten ActiveX-Steuerelemente

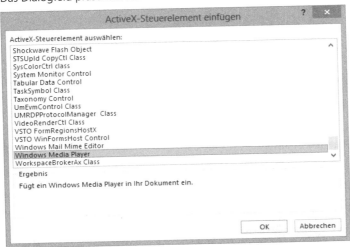

3. Wählen Sie darin den Eintrag *Windows Media Player* aus und bestätigen Sie mit *OK*.

4. Im Formularentwurf ist nun bereits das *WindowsMediaPlayer*-Steuerelement (siehe Abbildung 28.106) zu sehen.

Abbildg. 28.106 Der Windows Media Player in der Entwurfsansicht

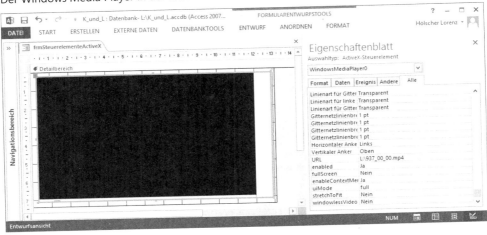

5. Damit das gewünschte Video angezeigt wird, benötigen Sie spezielle Eigenschaften solcher ActiveX-Steuerelemente. Sie finden diese zusammengefasst auf der Registerkarte *Andere* des Eigenschaftenblatts oder am Ende der Registerkarte *Alle*.

HINWEIS Sie haben vielleicht bemerkt, dass ich im Eigenschaftenblatt fast immer nur die Registerkarte *Alle* einsetze. Die übrigen vier Registerkarten stellen nur eine Teilmenge der Eigenschaften dar, Sie suchen also lediglich länger, wenn die Eigenschaft nicht auf diesem Register steht.

Natürlich können Sie einwenden, dass die Reihenfolge der Eigenschaften auf dem Register *Alle* völlig unergründlich ist. Das stimmt, aber dafür müssen Sie dort nur lange genug lesen und irgendwann taucht die Eigenschaft auf.

Bei den anderen Registern ist die Zuordnung mindestens rätselhaft und im Zweifelsfall steht die Eigenschaft gar nicht dort. Oder können Sie erklären, warum bei *Textfeld*-Steuerelementen die Eigenschaften *Textformat* und *Eingabeformat* im Register *Daten* stehen und nicht im *Format*-Register?

6. Geben Sie für die URL-Eigenschaft den Pfad eines Videos ein.

7. In der Formularansicht sehen Sie nun den voll funktionsfähigen Windows Media Player eingebettet mit der Anzeige des gewählten Videos (siehe Abbildung 28.107).

Abbildg. 28.107 Auf einem Formular lässt sich ein Video abspielen

Viele der *ActiveX*-Steuerelemente benötigen jedoch umfangreiche VBA-Programmierung für einen sinnvollen Einsatz, daher soll es bei diesem Beispiel bleiben.

ACHTUNG Da *ActiveX*-Steuerelemente ein potenzielles Risiko darstellen, weil dort ein unbekannter Code abläuft, ist deren Einsatz in Firmenumgebungen oftmals deaktiviert. Selbst wenn es auf Ihrem Entwicklungscomputer läuft, scheitert die Datenbank dann nach der Auslieferung. Es kann Ihnen auch passieren, dass die DLL (*dynamic link library*, die Datei mit dem Code dieses externen Steuerelements) in einer anderen Version oder sogar gar nicht installiert ist.

Falls irgendwie möglich, sollten Sie also auf *ActiveX*-Steuerelemente verzichten oder feste Vorgaben für die Einrichtung der Benutzercomputer vereinbaren.

Zusammenfassung

In diesem Kapitel haben Sie ausführlich alle Typen von Steuerelementen kennengelernt:

- Einige allgemeine Steuerelemente sind typisch für alle Access-Formulare, weil sie darin die meisten Dateninhalte darstellen:
  - Das *Textfeld*-Steuerelement (Seite 559) ist ein Eingabefeld für Texte, Zahlen und Datum. Es kann Formeln enthalten, die Daten dynamisch berechnen sowie *Rich-Text*-Inhalte zeichenweise formatieren.
  - Das *Bezeichnungsfeld*-Steuerelement (Seite 568) ähnelt dem Textfeld, erlaubt aber keine benutzerseitige Änderung und kann auch nicht an Dateninhalte gebunden werden
  - Die *Schaltfläche* (Seite 569) erlaubt die Ausführung von Befehlen und ruft dabei Makros oder VBA-Prozeduren auf. Ein Assistent stellt einige häufig benutzte Schaltflächen zur Verfügung

- Viele Steuerelemente für Access-Formulare erlauben eine Auswahl unter mehreren Optionen, manche auch eine Mehrfachauswahl:
  - Das *Kontrollkästchen*-Steuerelement (Seite 572) zeigt die Daten eines *Ja/Nein*-Datenfeldes an. Wenn es ungebunden ist, lässt sich darin auch ein dritter Zustand (NULL-Wert) auswählen.
  - Das *Umschaltfläche*-Steuerelement (Seite 574) entspricht technisch dem *Kontrollkästchen*, lässt sich aber optisch besser an wechselnde Schriftgrößen anpassen
  - Das *Optionsfeld*-Steuerelement (Seite 577) wird sinnvollerweise nur innerhalb einer *Optionsgruppe* eingesetzt, um dort eine Entweder/Oder-Auswahl zu realisieren
  - Die *Optionsgruppe* (Seite 577) fasst verschiedene andere Steuerelemente zusammen, sodass diese als Gruppe nur noch die Auswahl genau einer Option zulassen. Ein Assistent erleichtert die Eingabe der vorgegebenen Werte.
  - Das *Listenfeld* (Seite 582) und das *Kombinationsfeld* (Seite 591) ersparen die mühsame Eingabe aller Optionen im Entwurf, weil ihre Zeilen aus einer Wertliste oder aus einer Tabelle/Abfrage automatisch zur Laufzeit erzeugt werden
  - Das *Registersteuerelement* (Seite 594) schafft Platz auf Formularen, weil darin andere Steuerelemente in Gruppen angezeigt werden können

- Einige grafisch orientierte Steuerelemente strukturieren das Formular oder helfen bei der Gestaltung:
  - Das *Linie*-Steuerelement (Seite 600) erzeugt gerade Linien, die je nach Größe des umgebenden Rechtecks auch schräg verlaufen können
  - Das *Rechteck*-Steuerelement (Seite 601) dient ebenfalls der übersichtlichen Darstellung auf einem Formular
  - Das *Seitenumbruch*-Steuerelement (Seite 601) kann lange Formulare in Bereiche aufteilen, zu denen ein Benutzer dann mit der `Bild ↓`-Taste springen kann. Beim Ausdruck des Formulars findet dort ein Seitenumbruch statt.
  - Die *Diagramm*- und *Unterformular*-Steuerelemente (ab Seite 620) werden ausführlich in Kapitel 29 besprochen
  - Das *Bild*-Steuerelement (Seite 602) ist sowohl für eingebettete als auch für verknüpfte Bilder geeignet und unterstützt viele Dateiformate

- Das *Anlage*-Steuerelement (Seite 607) erlaubt die Anzeige von *Anlage*-Datenfeldern. Dabei bietet Access automatisch eine passende Symbolleiste für deren Verwaltung.

- Die beiden *Objektfeld*-Steuerelemente (ab Seite 609) passen zu *OLE-Objekt*-Datenfeldern oder eingebetteten Dateien beliebiger Art (Word, Excel, PowerPoint ...). Die Steuerelemente verbrauchen dafür allerdings relativ viel Platz und sollten daher eher sparsam eingesetzt werden.

- Viele Steuerelemente bieten Verknüpfungen zu Dateien oder ins Internet an, die meisten bisher vorgestellten besitzen auch Link-Eigenschaften, die Sie nur ausfüllen müssen:

  - Ein Befehl, um einen *Link* (Seite 612) im Formularentwurf einzufügen, führt tatsächlich nicht zu einem eigenen Steuerelement, sondern erzeugt lediglich ein Bezeichnungsfeld mit ausgefüllten Linkeigenschaften

  - Das *Webbrowser*-Steuerelement (Seite 614) zeigt Internetinhalte ohne viel Aufwand auf einem Formular an

  - Das *Navigationssteuerelement* (Seite 616) vereinfacht die wechselweise Anzeige verschiedener Formulare, was nun endlich ohne Programmierung möglich ist

- Schließlich kann Access auch alle auf dem Computer installierten *ActiveX*-Steuerelemente (Seite 620) nutzen. Allerdings besteht dabei immer das Risiko, dass diese später auf dem Zielcomputer nicht installiert oder nicht erlaubt sind.

Kapitel 29

Besondere Formulare

In diesem Kapitel:

Eines der in Kapitel 28 besprochenen Steuerelemente hat im Grunde schon einen Teil des Themas für dieses Kapitel vorweggenommen, denn das *Navigationssteuerelement* zeigt wechselnde (Unter-)Formulare auf einem Formular an.

Ich möchte dem Umgang mit besonderen Formularen aber ein eigenes Kapitel widmen, weil Formulare den wesentlichen Zugang für den Benutzer zu seinen Daten bilden und größere Datenbanken schnell sehr viele Formulare benötigen. Da ist es wichtig, dass sowohl Sie selbst als auch der Benutzer den Überblick behalten.

CD-ROM Um Ihnen das Nachvollziehen der Schritte in diesem Kapitel zu erleichtern, finden Sie innerhalb der Beispieldateien zu diesem Buch im Ordner *Kap28* eine Datenbank, die bereits die Änderungen aus Kapitel 28 enthält. Laden Sie einfach die betreffende Datenbank, um mit der Arbeit in diesem Kapitel zu beginnen.

Sie können also jederzeit ein Kapitel überspringen und trotzdem auf den aktuellen Stand der Datenbank zugreifen.

Diagramme

Da Sie schon in Kapitel 28 ausführlich die Eigenschaften vieler Steuerelemente kennengelernt haben, werde ich mich hier auf die speziellen Eigenschaften für die Darstellung eines Diagramms beschränken.

1. Kopieren Sie die Abfrage *qryJaehrlicheSummeVonGesamtpreis* auf den neuen Namen *qryJaehrlicheSummenVonGesamtpreisJeHotel* und wechseln in deren Entwurfsansicht.

2. Fügen Sie aus der Datenquelle das Feld *htlName* in den unteren Bereich hinzu, sodass dieses ebenfalls als Gruppierung genutzt wird (siehe Abbildung 29.1).

Abbildg. 29.1   So sieht der Abfrageentwurf nun aus

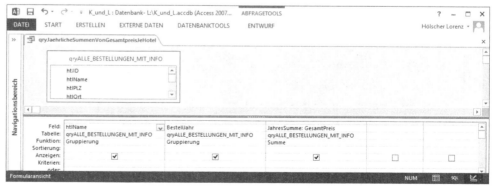

3. Speichern und schließen Sie diese Abfrage. Dann markieren Sie deren Namen und klicken anschließend auf den Befehl *ERSTELLEN/Formulare/Formular*.

4. Wechseln Sie in die Entwurfsansicht, markieren alle Felder im Detailbereich und löschen diese. Sie können auch die *Datensatzquelle*-Eigenschaft des Formulars leeren, denn das Diagramm benutzt eine eigene Datenquelle.

> **TIPP** Sie mögen sich wundern, warum ich ein Standardformular erstelle, wenn anschließend doch wieder so viel gelöscht wird? Die Befehle *Formularentwurf* und *Leeres Formular* erzeugen beide ein Formular, welches keine Überschrift enthält. Die hier überflüssigen Felder im Detailbereich sind viel schneller gelöscht, als eine neue Überschrift hineinkopiert werden kann. Dadurch sehen alle Formulare einheitlich aus.

5. Achten Sie darauf, dass vor dem Befehl *ENTWURF/Steuerelemente/Steuerelement-Assistenten verwenden* das Symbol orangefarben markiert ist. Dann ist der Assistent aktiviert.

6. Klicken Sie auf *ENTWURF/Steuerelemente/Diagramm* und ziehen Sie mit der Maus im Detailbereich ein großes Rechteck auf. Der Mauszeiger zeigt dabei bereits ein kleines Diagramm an.

7. Nachdem Sie die Maustaste losgelassen haben, startet automatisch der Diagramm-Assistent wie in Abbildung 29.2. Stellen Sie darin die *Ansicht* auf *Abfragen* und wählen die Abfrage *qryJaehrlicheSummenVonGesamtpreisJeHotel*.

Abbildg. 29.2   Wählen Sie die Datenquelle im ersten Schritt des Assistenten

8. Nachdem Sie auf *Weiter* geklickt haben, geben Sie im zweiten Schritt die verfügbaren Felder an. Sie können mit der >>-Schaltfläche einfach alle Felder übernehmen, da diese Abfrage ja speziell für ein Diagramm vorbereitet war.

Abbildg. 29.3 Übernehmen Sie alle verfügbaren Felder im zweiten Schritt des Assistenten

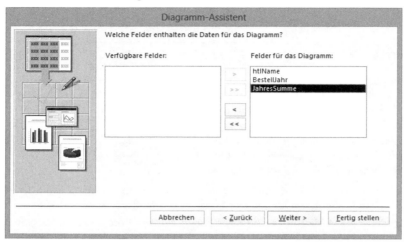

9. Nach erneutem Klick auf *Weiter* entscheiden Sie sich für einen Diagrammtyp. Ich habe hier ein *3D-Liniendiagramm* markiert, wie am Erläuterungstext rechts (siehe Abbildung 29.4) zu sehen ist.

Abbildg. 29.4 Zu jedem Diagrammtyp gibt es eine kurze Erläuterung

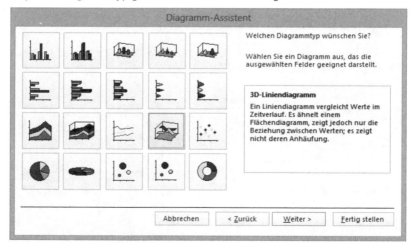

10. Im folgenden Schritt, den Sie nach einem Klick auf *Weiter* erreichen, können Sie die vorhandenen Felder den entsprechenden Bereichen zuordnen. Nehmen Sie dazu die schattierten Rechtecke mit den Feldnamen und schieben diese in die vertieften weißen Markierungen.

TIPP Um eine ungeeignete Zuordnung wie hier die automatisch eingestellte *Summe-VonBestellJahr* aus *Daten* zu entfernen, können Sie den Feldnamen einfach wieder nach rechts auf die (schattierten) Feldnamen zurückschieben.

Abbildg. 29.5   So sind die Zuordnungen korrekt

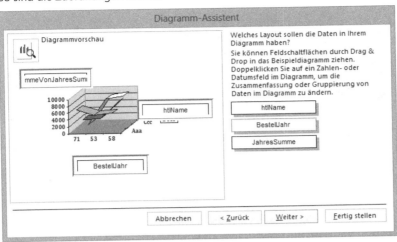

11. Legen Sie die *JahresSumme* auf die *Daten*, *htlName* auf *Datenreihen* und *BestellJahr* auf *Achse*, wie es in Abbildung 29.5 bereits zu sehen ist.

12. Nach einem erneuten Klick auf *Weiter* löschen Sie auf der Seite *Wenn sich das Diagramm beim Bewegen von Datensatz zu Datensatz ändern soll* in den oberen beiden Listenfeldern den vorgegebenen Inhalt jeweils durch Auswahl des Eintrags *<Kein Feld>*, da keine Einzeldiagramme zum Durchblättern, sondern ein gemeinsames Diagramm mit allen Datensätzen erzeugt werden soll. Das Dialogfeld sollte dann wie in Abbildung 29.6 aussehen.

Abbildg. 29.6   Es soll ein gemeinsames Diagramm mit allen Datensätzen erstellt werden, keines zum Durchblättern. Daher müssen hier die Inhalte gelöscht werden.

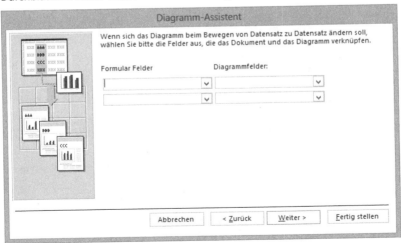

13. Klicken Sie wiederum auf *Weiter*. Vergeben Sie im letzten Schritt noch einen Titel für das Diagramm (siehe Abbildung 29.7) und lassen es mit der entsprechenden Schaltfläche fertigstellen.

Abbildg. 29.7   Das Diagramm ist fast fertig

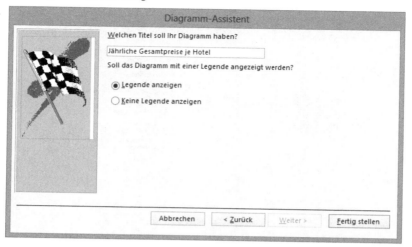

Sie werden möglicherweise etwas überrascht sein, dass auf dem erstellten Diagramm außer in der Überschrift nichts von Ihren soeben ausgewählten Hoteldaten zu sehen ist (siehe Abbildung 29.8).

Abbildg. 29.8   Das Diagramm zeigt im Entwurf noch fiktive Daten

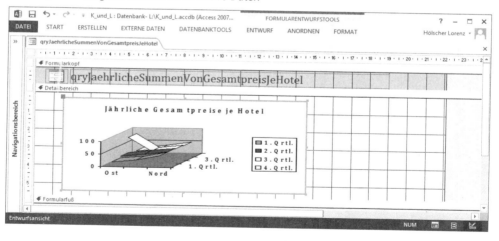

Sie müssen das Diagramm erst in die Formularansicht umschalten, damit es wie in Abbildung 29.9 die tatsächlichen Daten anzeigt.

Die Schriften sind so noch nicht besonders ästhetisch, was vor allem an den ungünstigen Proportionen und dem geringen Platz liegt. Um ein solches Diagramm nachträglich zu verändern, gibt es wieder einen eigenen Modus. Es handelt sich nämlich um ein eingebettetes Objekt, welches nicht im Entwurf bearbeitet wird.

Abbildg. 29.9 Nur in der Formularansicht zeigt das Diagramm die tatsächlichen Inhalte

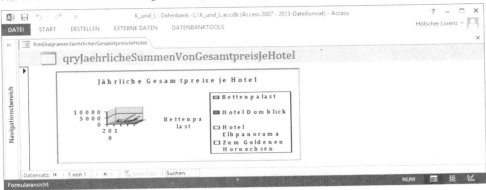

> **HINWEIS** Es gibt inzwischen sehr viele solcher eingebetteten Objekte in allen Office-Programmen, etwa eine Tabelle in PowerPoint, eine WordArt-Grafik in Word oder ein Bild in Excel. Manchmal lesen Sie in dem Zusammenhang auch die eher technisch orientierte Bezeichnung *OLE-Objekt*. Dabei ist *OLE* die Abkürzung für *Object Linking and Embedding*, was übersetzt *Objektverknüpfung und -Einbettung* bedeutet.
>
> OLE-Objekte verhalten sich wie ein Fenster zu einem Gastprogramm innerhalb ihrer Umgebung. Sobald Sie einen Doppelklick darauf ausführen, öffnet sich der Inhalt zur Bearbeitung. Dadurch erscheinen in der Oberfläche des Wirts (hier Access) die Elemente des Gastprogramms (hier Excel-Diagramm-Modul). Ein späterer Klick außerhalb der gestrichelten OLE-Umrahmung lässt diese wieder verschwinden.

1. Doppelklicken Sie in der Formularansicht auf das Diagramm. Dadurch verschwinden die Menübänder von Access und es erscheinen stattdessen die Menüs und Symbolleisten des zugehörigen Excel-Diagramm-Moduls (siehe Abbildung 29.10).

Abbildg. 29.10 Nach dem Doppelklick können Sie das Diagramm detailliert bearbeiten

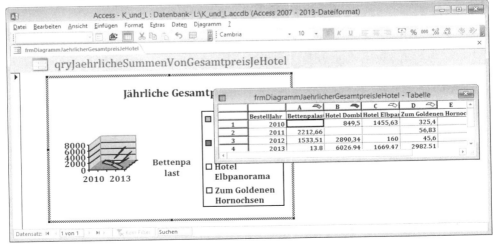

2. Um ein Objekt innerhalb des Diagramms zu verändern, muss es zuerst markiert werden. Klicken Sie es an, bis es einen Markierungsrahmen anzeigt.

3. In Abbildung 29.11 wurde beispielsweise der Diagrammtitel markiert und über die Auswahl in der Symbolleiste in einer anderen Schriftart formatiert.

Abbildg. 29.11   Verändern Sie hier die Schriftart für den markierten Diagrammtitel

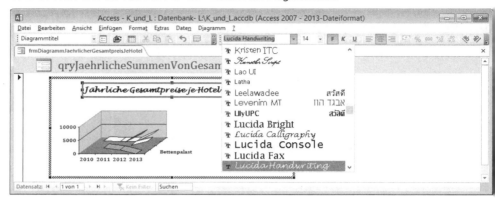

4. Die komplette Formatierung eines markierten Objekts können Sie auch anhand des Excel-Menüs *Format/<Objekt>* (statt *<Objekt>* steht der Name des markierten Objekts) oder per Tastenkürzel [Strg]+[1] im Dialogfeld vornehmen.

5. Um den Diagrammtyp insgesamt nachträglich zu ändern, klicken Sie entweder auf den Menübefehl *Diagramm/Diagrammtyp* oder finden das zugehörige Dialogfeld über den Kontextmenübefehl *Diagrammtyp* im Diagramm.

Wenn Sie alles wie gewünscht formatiert haben, klicken Sie einfach außerhalb der gestrichelten Umrahmung des eingebetteten Diagramms. Im Anschluss daran verschwinden die vorübergehend aktivierten Bedienungselemente des OLE-Objekts und Sie sehen wieder alle Access-Menübänder.

Haupt- und Unterformular

Haupt- und Unterformulare sind sozusagen das optische Gegenstück zu einer 1:n-Beziehung der Daten. Zu *1* Datensatz im Hauptformular werden im Unterformular *n* untergeordnete Datensätze mit dem passenden Fremdschlüssel angezeigt.

Haupt-/Unterformular mit Assistenten erstellen

Natürlich ließe sich das manuell mit dem *Unterformular/-bericht*-Steuerelement anlegen, aber der Assistent kann Ihnen dabei recht viel Arbeit abnehmen. Am Beispiel einer typischen Verknüpfung zwischen zwei Tabellen möchte ich Ihnen das demonstrieren:

1. Schließen Sie alle Formulare und klicken Sie auf *ERSTELLEN/Formulare/Formular-Assistent*, denn es gibt keinen speziellen Befehl für Haupt- und Unterformulare. Der Assistent bemerkt im Laufe der Erstellung, dass mehrere verknüpfte Tabellen beteiligt sind.

2. Wählen Sie im ersten Schritt des Dialogfelds bei *Tabellen/Abfragen* den Eintrag *Tabelle: tblHotels* aus und übernehmen mit der >>-Schaltfläche alle Felder wie in Abbildung 29.12.

Abbildg. 29.12   Wählen Sie zuerst die Felder der Tabelle *tblHotels* aus

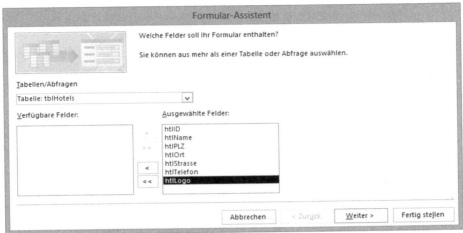

3. Wählen Sie anschließend bei *Tabellen/Abfragen* die *Tabelle: tblMitarbeiter* und übernehmen auch deren Felder mit der >>-Schaltfläche (siehe Abbildung 29.13).

Abbildg. 29.13   Ergänzen Sie außerdem die Felder der Tabelle *tblMitarbeiter*

4. Jetzt erst wechseln Sie mit *Weiter* in den zweiten Schritt, der anders aussieht, als wenn Sie nur Felder aus einer Tabelle auswählen. Der Assistent hat die 1:n-Verknüpfung zwischen den beiden Tabellen erkannt und bietet hier wie in Abbildung 29.14 die Aufteilung der Felder auf zwei Formulare an.

Abbildg. 29.14   Ein zusätzlicher Schritt bietet die Aufteilung der Felder auf zwei Formulare an

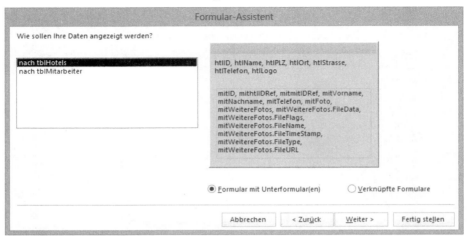

5. Belassen Sie dort die Auswahl auf *Formular mit Unterformular(en)* und klicken Sie auf die *Weiter*-Schaltfläche.

6. Im nächsten Schritt wie in Abbildung 29.15 geben Sie als Layout für das Unterformular *Tabellarisch* an und wechseln mit *Weiter* zum letzten Schritt des Assistenten.

Abbildg. 29.15   Geben Sie hier das Layout des Unterformulars an

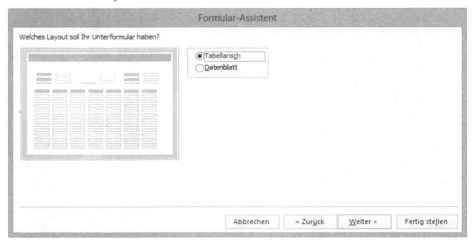

7. Tragen Sie dort wie in Abbildung 29.16 die Überschriften für die beiden Formulare ein und beenden Sie den Assistenten mit *Fertig stellen*.

Abbildg. 29.16   Im letzten Schritt geben Sie die Überschriften der Formulare ein

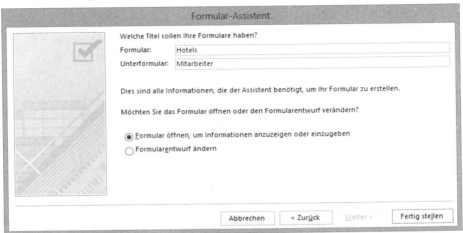

8. Der Assistent erstellt die Formulare nun zwar technisch korrekt, aber so (siehe Abbildung 29.17) sind sie noch enorm platzraubend.

Abbildg. 29.17   Das Ergebnis des Assistenten für Haupt- und Unterformular

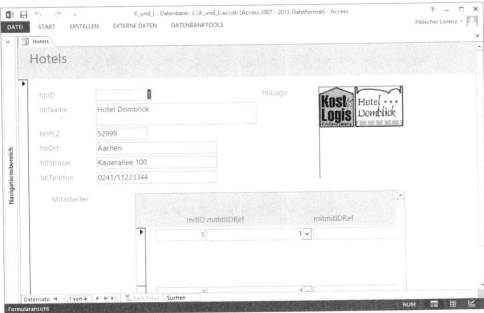

Damit es überhaupt auf den Bildschirm passt, können Sie im Formularentwurf die *Textfeld*-Steuerelemente in der Höhe verringern und dichter aneinanderschieben. Auch die Kopfzeile ist etwas groß geraten und das Unterformular lässt sich an die Hoteldaten heranrücken.

Jetzt sollte das Hauptformular erheblich kompakter in der Darstellung sein und in etwa so aussehen wie in Abbildung 29.18.

Abbildg. 29.18 Die Steuerelemente des Hauptformulars sind deutlich kompakter angeordnet

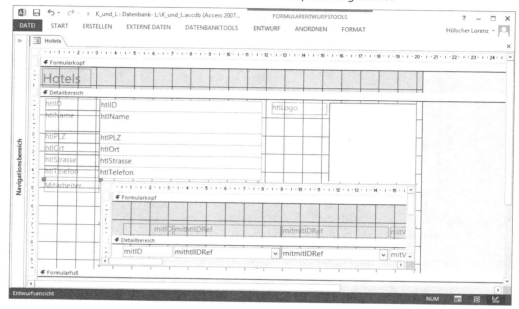

Nur das Unterformular hat noch unnötig große Steuerelemente und einen überflüssig hohen Formularkopf. Klicken Sie einfach in das Unterformular in der Entwurfsansicht hinein, denn Sie können auch dort direkt Änderungen vornehmen.

ACHTUNG Manchmal ist hier für ein Unterformular keine eingebettete Entwurfsansicht zu sehen, sondern lediglich eine weiße Fläche. Dann ist das Unterformular entweder irgendwo anders noch geöffnet oder Access hat mit Ressourcenproblemen zu kämpfen. Schließen Sie in diesem Fall einfach alle geöffneten Fenster, dann sind beim nächsten Wechsel in diese Entwurfsansicht auch wieder die Details des Unterformulars sichtbar.

So ist das Unterformular wie in Abbildung 29.19 ebenfalls deutlich kompakter und kann mehr als einen Datensatz anzeigen.

Abbildg. 29.19 Die Zeilenhöhe des Unterformulars wurde nun deutlich verbessert

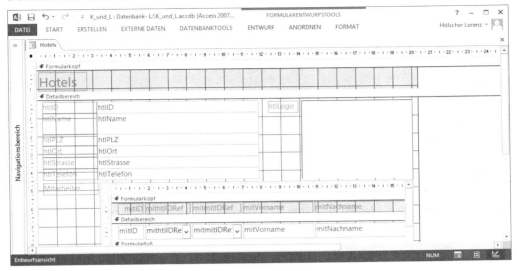

Damit haben Sie einen ersten brauchbaren Eindruck von einem funktionierenden Haupt- und Unterformular, welches wie in Abbildung 29.20 oben im Hauptformular die Daten der Tabelle *tblHotels* und unten im Unterformular die Daten der Tabelle *tblMitarbeiter* anzeigt. Der Assistent hat nämlich die beiden Teile schon korrekt miteinander synchronisiert, wie Sie beim Wechsel zwischen den verschiedenen Hotels prüfen können.

Abbildg. 29.20 So sieht das Haupt- und Unterformular in der Formularansicht aus

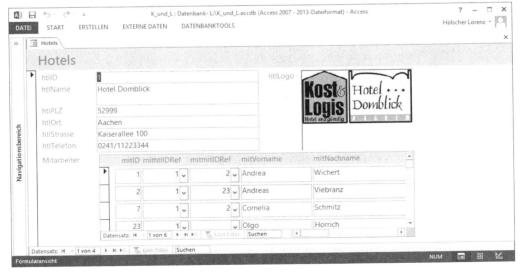

Leider hat der Assistent Sie nirgends getrennt gefragt, unter welchen Namen die beteiligten Formulare gespeichert werden sollen. So tragen sie noch fern jeder Ungarischen Notation die einfachen Namen *Hotels* und *Mitarbeiter*.

1. Das Hauptformular können Sie (wenn es geschlossen ist!) im Navigationsbereich ohne Bedenken direkt in *frmHotels_Haupt* umbenennen, indem Sie dort den Namen markieren und `F2` drücken.

2. Das Unterformular *Mitarbeiter* hingegen soll nicht nur korrekt »ungarisch« benannt werden, sondern wegen der einfacheren alphabetischen Sortierung auch einen ähnlichen Namen wie sein Hauptformular erhalten. Benennen Sie es in *frmHotels_Unter_Mitarbeiter* um.

3. Falls Sie für diese Datenbank noch die *Objektnamenautokorrektur* (siehe Kapitel 9) aktiviert haben, ist jetzt alles in Ordnung. Ansonsten verweist das Hauptformular auf ein Unterformular, welches inzwischen anders heißt, und würde damit scheitern. Ohne aktivierte Objektnamenautokorrektur müssen Sie das noch manuell korrigieren. Wechseln Sie dazu in die Entwurfsansicht des Hauptformulars *frmHotels_Haupt* und zeigen das Eigenschaftenblatt des Unterformulars an. Wählen Sie in der Dropdownliste der Eigenschaft *Herkunftsobjekt* den neuen Namen des Unterformulars aus. Damit ist auch das Hauptformular wieder in Ordnung und Sie können es speichern.

> **TIPP** Unterformulare sind manchmal umständlich zu markieren, weil man oft nicht das *Unterformular/-bericht*-Steuerelement als Ganzes erfasst, sondern bereits Steuerelemente darin. Am einfachsten ist es daher, einen Markierungsrahmen zu nutzen. Klicken Sie außerhalb des Unterformulars in einen Bereich ohne Steuerelemente, halten die Maustaste gedrückt und ziehen diesen Markierungsrahmen teilweise in das Unterformular. Wenn Sie jetzt die Maustaste loslassen, ist es korrekt markiert.

Haupt- und Unterformular manuell erstellen

Der Assistent ist nett, aber nicht wirklich nötig. Sie werden gleich sehen, wie einfach es ist, diese Kombination aus Haupt- und Unterformular (fast) manuell zu erstellen. Der Trick besteht darin, beide Formulare zwar einzeln, aber dafür automatisch anzulegen und dann zu verbinden.

Zum Vergleich möchte ich die gleichen Tabellen als Grundlage nehmen, daher müssen die Formularnamen etwas variiert werden:

1. Markieren Sie die Tabelle *tblHotels* im Navigationsbereich und klicken auf den Befehl *ERSTELLEN/Formulare/Formular*.

2. Access erstellt ein Standardformular mit gestapeltem Layout. Schieben Sie die Felder wie in Abbildung 29.21 etwas zusammen, damit Platz für das Unterformular ist.

> **TIPP** Das Zusammenschieben der Steuerelemente geht am besten mit dem Eigenschaftenblatt, wenn alle Textfelder markiert sind. Geben Sie dort allen gemeinsam eine neue *Höhe* mit etwa *0,6 cm*. Außerdem sollten Sie den Befehl *ANORDNEN/Position/Abstand zwischen Steuerelementen/Kein* nutzen, der die Abstände innerhalb des Layouts entfernt.

3. Praktischerweise fügt Access beim Anlegen eines solchen Formulars direkt ein *Unterformular/-bericht*-Steuerelement mit ein, wenn die Datenquelle eine 1:n-Beziehung hat. Allerdings wird dort nur eine wenig ansehnliche Tabelle angezeigt.

4. Speichern Sie das Formular unter dem Namen *frmHotels_Haupt2* und schließen es.

So ist das Formular schon etwas kompakter

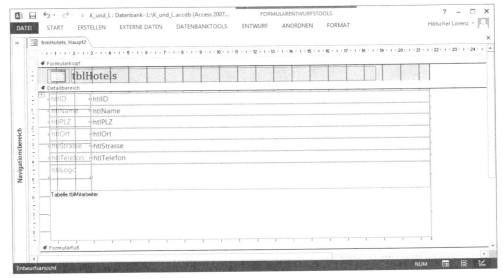

5. Das zukünftige Unterformular lässt sich ebenso schnell erstellen. Markieren Sie im Navigationsbereich die Tabelle *tblMitarbeiter* und klicken auf den Befehl *ERSTELLEN/Formulare/Weitere
Formulare/Mehrere Elemente*, um ein Endlosformular zu erstellen.

6. Nach ein paar Korrekturen der Breiten und Höhen sieht das Formular so aus wie in Abbildung
29.22.

Das zukünftige Unterformular ist fertig

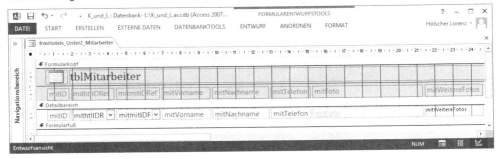

7. Speichern Sie es unter dem Namen *frmHotels_Unter2_Mitarbeiter* und schließen es.

Bis hierhin haben Sie lediglich zwei voneinander völlig unabhängige Formulare erstellt, die nichts
mit Haupt- und Unterformularen zu tun haben. Der entscheidende Schritt besteht nun darin, diese
miteinander zu verbinden.

1. Öffnen Sie wieder die Entwurfsansicht des Formulars *frmHotels_Haupt2*.

2. Markieren Sie dessen *Unterformular/-bericht*-Steuerelement und wählen für seine *Herkunftsobjekt*-Eigenschaft das eben erstellte Formular *frmHotels_Unter2_Mitarbeiter* aus.

3. Jetzt müssen Sie das Hauptformular nur nochmals speichern und sind fertig. Es sieht in der Formularansicht so aus wie in Abbildung 29.23.

Abbildg. 29.23   Jetzt ist es ein Haupt- und Unterformular

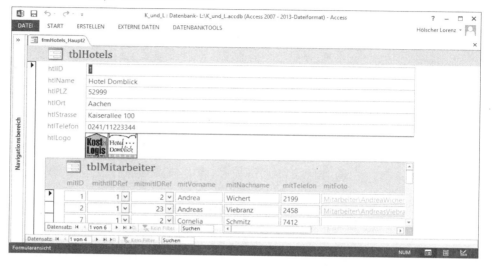

Abgesehen von ein paar Aufräumarbeiten haben Sie mit dieser Version ohne Einsatz des Assistenten deutlich weniger Arbeit gehabt, weil im Grunde nur zwei Formulare automatisch erstellt wurden und dann lediglich eine *Herkunftsobjekt*-Eigenschaft manuell geändert werden musste.

Alternatives Hauptformular

Trotzdem lässt sich daran noch mehr verbessern, nicht an der Erstellung, sondern an der Benutzung des Formulars. Es gibt zwei wesentliche Probleme:

- Dank des Suchfelds unten wäre das Auffinden eines Hotel-Datensatzes durchaus einfach. Wenn ein Benutzer das aber nicht bemerkt und oben seine Sucheingaben einträgt, hat er beim Verlassen des Datensatzes diese Werte einfach überschrieben und erhält noch nicht einmal eine Meldung.

- Zwei Gruppen von Navigationsschaltflächen um unteren Rand direkt untereinander sind nicht gerade übersichtlich und überfordern die meisten Benutzer

Daher möchte ich Ihnen ein anderes Bedienungskonzept für Haupt- und Unterformulare vorstellen, welches beide Probleme löst. Die eigentliche Änderung findet im Hauptformular statt, das Unterformular ist dagegen identisch, sodass wir es nur durch Kopieren mit einem passenden Namen versehen:

1. Kopieren Sie das Formular *frmHotels_Unter2_Mitarbeiter* und legen es unter dem neuen Namen *frmHotels_Unter3_Mitarbeiter* ab.

> **TIPP**   Sie können Objekte im Navigationsbereich einfach durch Ziehen mit gedrückter `Strg`-Taste kopieren. Oder Sie nehmen die üblichen Tastenkürzel `Strg`+`C` zum Kopieren und `Strg`+`V` zum Einfügen, wobei Access Sie dann nach einem neuen Namen fragt.

2. Lassen Sie mit dem Befehl *ERSTELLEN/Formulare/Formularentwurf* ein neues Formular erstellen. Es hat keine Datensatzquelle und benötigt eine solche auch nicht.

3. Fügen Sie mit *ENTWURF/Kopfzeile/Fußzeile/Titel* eine Überschrift ein und beschriften diese mit *Hotels und Mitarbeiter*.

4. Wenn Sie das Formular noch etwas ausschmücken möchten, können Sie mit dem Befehl *ENTWURF/Kopfzeile/Fußzeile/Logo* eine geeignete Grafik daneben einfügen.

5. Erstellen Sie mit dem Befehl *ENTWURF/Steuerelemente/Kombinationsfeld* ein *Kombinationsfeld*-Steuerelement. Sie können dabei auf den Assistenten verzichten, denn die zugehörigen Eigenschaften sind schnell gefüllt:

   Name: cmbHotels
   Datensatzherkunft: tblHotels
   Spaltenanzahl: 2
   Spaltenbreiten: 0cm;7cm

6. Speichern Sie das Formular unter Namen *frmHotels_Haupt3* und testen Sie es in der Formularansicht. Dort lassen sich im Kombinationsfeld alle Hotels auswählen (siehe Abbildung 29.24).

Abbildg. 29.24   Das Kombinationsfeld funktioniert

7. Da das Formular selbst ja gar keine Datensatzquelle hat, ist die Anzeige von *Datensatzmarkierer* und *Navigationsschaltflächen* irreführend. Schalten Sie diese beiden Formular-Eigenschaften auf *Nein*.

Abbildg. 29.25   Ziehen Sie den Namen des Unterformulars in die Entwurfsansicht des Hauptformulars

8. Jetzt muss nur noch das Unterformular hinzugefügt werden. Dazu bleiben Sie in der Entwurfsansicht des Hauptformulars und ziehen dann mit gedrückter Maustaste den Namen des Unterformulars *frmHotels_Unter3_Mitarbeiter* aus dem Navigationsbereich in den Detailbereich des Hauptformulars (siehe Abbildung 29.25).

9. Nach ein paar optischen Korrekturen sieht es aus wie in Abbildung 29.26. Wählen Sie ein Hotel aus und sehen Sie sich dazu die Mitarbeiter an.

Abbildg. 29.26   So sieht das alternative Haupt- und Unterformular derzeit aus

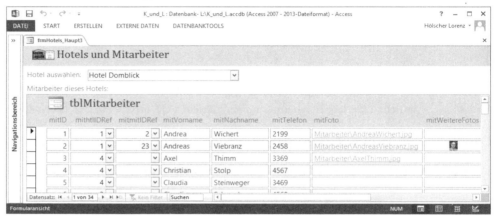

Haben Sie es gemerkt? Das funktioniert gar nicht! Sie können bei den Hotels auswählen, was Sie wollen, es sind immer die gleichen 34 Mitarbeiter.

HINWEIS   Wenn das Hauptformular eine Datensatzquelle gehabt hätte, wäre es gut gegangen. Dann hätte Access die Beziehung zwischen den beiden Tabellen analysieren können. So aber besitzt das Hauptformular keine Datensatzquelle und das darauf platzierte Kombinationsfeld nimmt Access nicht automatisch als sinnvolle Referenz.

Die Synchronisation zwischen dem Haupt- und dem Unterformular geschieht über zwei Eigenschaften des Unterformulars, die hier einfach noch nicht eingegeben wurden:

1. Markieren Sie in der Entwurfsansicht das *Unterformular/-bericht*-Steuerelement und lassen Sie das Eigenschaftenblatt anzeigen.

2. Die *Verknüpfen von*-Eigenschaft muss ein Feld des Unterformulars enthalten, welches zu den Werten des Hauptformulars passt. Tragen Sie hier *mithtlIDRef* ein, weil es der Fremdschlüssel zur Hotel-Tabelle ist.

HINWEIS   Die *Verknüpfen von*-Eigenschaft bietet zwar über die Schaltfläche mit den drei Pünktchen einen Assistenten. Dieser versagt hier aber, weil das Hauptformular ja keine Datensatzquelle hat, die er analysieren könnte. Bei der Auswahl muss es sich aber um eines der Felder handeln, die Sie im Entwurf des Unterformulars per Augenschein auswählen können.

3. Die *Verknüpfen nach*-Eigenschaft nennt einen Objektnamen (nicht nur einen Feldnamen!) des Hauptformulars, welches die Werte enthält, die zum Fremdschlüssel passen. Da das Hauptformular gar keine Datenfelder hat, bleibt nur das Kombinationsfeld übrig, in dem Sie ja durch

Anklicken jeweils eine Hotel-ID auswählen. Geben Sie also in der Eigenschaft den Namen *cmb-Hotels* an.

4. Jetzt funktioniert das Formular wirklich, wie Sie in Abbildung 29.27 sehen können: Im Unterformular werden die richtigen Mitarbeiter angezeigt, von denen auch nur jeweils diese zum genannten Hotel gehören.

Abbildg. 29.27   Die Synchronisation ist perfekt

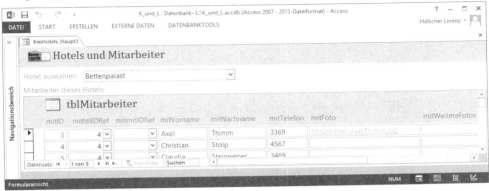

PROFITIPP   Das Formular hat einen kleinen Schönheitsfehler. Wenn es neu geöffnet wird, dann ist die Hotelauswahl leer und das Unterformular auch. Soll auch dann direkt eine Auswahl aktiv sein, geben Sie die *Standardwert*-Eigenschaft des *Kombinationsfeld*-Steuerelements *cmb-Hotels* vor.

Ohne Programmierung müssen Sie einen der Werte wissen (hier die *1* für das *Hotel Domblick*) und eingeben, mit Programmierung könnten Sie auch den ersten Eintrag vorgeben, unabhängig davon, welchen Wert er hat. Tragen Sie hier die *1* ein, speichern und schließen Sie das Formular, denn erst beim erneuten Öffnen werden Standardwerte sicher berücksichtigt.

In Kapitel 39 finden Sie eine mit VBA programmierte Lösung, mit der die Anzeige des ersten Listeneintrags auch bei beliebigen Inhalten funktioniert.

Mehrere Unterformulare

Sie haben sich vielleicht schon gewundert, warum ich so ellenlange Formularnamen benutze und nicht einfach nur *_Haupt* oder *_Unter* anfüge. Tatsächlich können Sie aber mehrere Unterformulare auf dem gleichen Hauptformular verwenden, denn es ist im Datenbankdesign gar nicht so ungewöhnlich, dass eine Tabelle mehrere 1:n-Beziehungen aufweist.

Ich möchte das hier nur exemplarisch anhand der Hotels zeigen, aber Sie werden sehen, wie leicht sich das fortführen lässt. Vielleicht denken Sie gerade darüber nach, welche zweite 1:n-Beziehung die Tabelle *tblHotels* besitzen könnte, um diese in einem zweiten Unterformular abzubilden.

Tatsächlich weist *tblHotels* nur eine einzige solche Beziehung auf, nämlich die schon verwendete zur Tabelle *tblMitarbeiter*. Aber dem Benutzer, der jetzt nur per Kombinationsfeld sehr schnell einen Hotel-Datensatz auswählen kann, habe ich durch diese neue Haupt- und Unterformularkonstruktion die Möglichkeit genommen, auf die Schnelle den Hotel-Datensatz zu ändern. Daher soll mit einem zweiten Unterformular zu dem gewählten Hotel wieder der dazugehörige Hotel-Stammdatensatz angezeigt werden. Dabei soll aus Platzgründen immer nur jeweils ein Unterformular (Hotel oder Mitarbeiter) sichtbar sein. Die Organisation der beiden Unterformulare wird unter Zuhilfenahme eines *Navigationssteuerelements* gelöst, sodass Sie dann später jeweils auf die jeweilige Registerkarte wechseln können. Gehen Sie hierfür folgendermaßen vor:

1. Kopieren Sie das Formular *frmHotels_Haupt3* und legen Sie es unter dem neuen Namen *frmHotels_Haupt4* ab und löschen darin das *Unterformular/-bericht*-Steuerelement.

2. Fügen Sie mit *ENTWURF/Steuerelemente/Navigationssteuerelement* ein solches Element hinzu.

3. Geben Sie bei *[Neues hinzufügen]* die beiden Schaltflächenbezeichnungen *Mitarbeiter* und *Hotel-Stammdaten* ein.

4. Für die erste Navigationsschaltfläche der *Mitarbeiter* tragen Sie diese beiden Werte in die Eigenschaften ein:

   Name des Navigationsziels: `frmHotels_Unter3_Mitarbeiter`
   WHERE-Klausel für Navigation: `mithtlIDRef = cmbHotels`

5. Für die zweite Navigationsschaltfläche der *Hotel-Stammdaten* tragen Sie diese beiden Werte in die Eigenschaften ein bzw. wählen sie aus der Liste aus:

   Name des Navigationsziels: `frmHotels`
   WHERE-Klausel für Navigation: `htlID = cmbHotels`

In Abbildung 29.28 sehen Sie, dass auch in *Navigationssteuerelementen* diese Synchronisation mit einem Hauptformular wunderbar funktioniert.

Abbildg. 29.28 Zur Hotelauswahl lassen sich verschiedene Unterformulare anzeigen

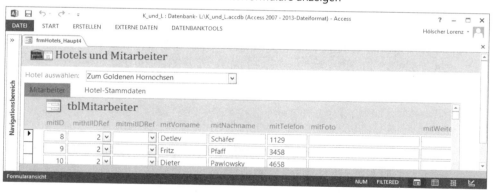

Diese Datenbank ist nun nicht wirklich so umfangreich, dass noch mehr Unterformulare nötig wären, die direkt auf Tabellen basieren. Vorstellbar wären hier aber weitere angezeigte Abfragen für monatliche Umsätze des Hotels, jahresweise Artikelsummen je Hotel oder Ähnliches.

Formulare synchronisieren

Ich persönlich finde diese Version mit Unterformularen sehr übersichtlich, weil nicht dauernd ein Fensterwechsel stattfindet. Wenn Sie aber lieber mehrere Formulare nutzen, in denen die Daten mehr Platz haben, können Sie dies ebenso mit dem Assistenten erstellen:

1. Beginnen Sie wieder mit dem Befehl *ERSTELLEN/Formulare/Formular-Assistent*.

2. Wählen Sie im ersten Schritt die Tabelle *tblHotels* aus und übernehmen alle Felder. Danach wählen Sie die Tabelle *tblMitarbeiter* und übernehmen wiederum alle Felder. Es beginnt also wie in Abbildung 29.13 auf Seite 633.

3. Gehen Sie mit *Weiter* zum zweiten Schritt und wählen dort aber dieses Mal die Option *Verknüpfte Formulare* aus.

Abbildg. 29.29   Wählen Sie hier die Option *Verknüpfte Formulare*

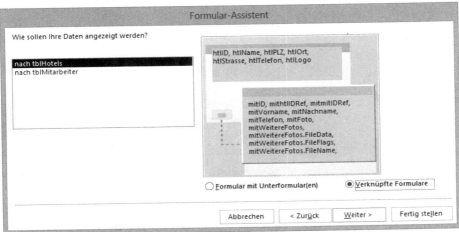

4. Nach einem Klick auf *Weiter* können Sie nun im letzten Schritt direkt wieder die Beschriftung der beiden Formulare angeben, wie es in Abbildung 29.30 zu sehen ist.

Abbildg. 29.30   Geben Sie hier die Beschriftungen der Formulare an

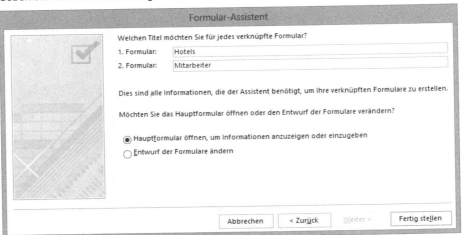

Nachdem Sie den Assistenten mit *Fertig stellen* beendet haben, zeigt Access Ihnen das »Haupt«-Formular *Hotels* an. In Abbildung 29.31 sehen Sie dieses in der Formularansicht, nachdem die Felder bereits zusammengeschoben wurden.

Abbildg. 29.31 So sieht das optisch korrigierte Formular *Hotels* aus

Eigentlich unterscheidet sich dieses Formular überhaupt nicht von einem einspaltigen Standardformular, das einzig Neue ist die Umschaltfläche mit der Beschriftung *Mitarbeiter*. Wenn der Benutzer auf diese Umschaltfläche klickt, wird das *Mitarbeiter*-Formular mit dem passenden Filter für dieses Hotel angezeigt (siehe Abbildung 29.32).

Abbildg. 29.32 Nach einem Klick auf die Schaltfläche *Mitarbeiter* im *Hotels*-Formular wird das Formular *Mitarbeiter* angezeigt

Wenn Sie vom Formular *Mitarbeiter* über die Registerkarte zu *Hotels* wechseln, ohne es zu schließen, bleibt die Umschaltfläche eingedrückt. Sie können durch nochmaligen Klick darauf das *Mitarbeiter*-Formular schließen. Das ist aber nicht wirklich sinnvoll, denn das *Mitarbeiter*-Formular lässt sich ja viel schneller auch direkt schließen.

Die Umschaltfläche ist vom Assistenten mit VBA-Code ausgestattet worden, und zwar ziemlich umfangreich mit insgesamt über 50 Zeilen. Falls Sie diese ansehen wollen, wechseln Sie in die Entwurfsansicht des Formulars *Hotels* und markieren dort die Umschaltfläche *VerknüpfungUmschalten*.

In deren *Beim Klicken*-Eigenschaft finden Sie den Eintrag *[Ereignisprozedur]*, dessen Inhalt Sie durch einen Klick auf die daneben befindliche Schaltfläche mit den drei Pünktchen anzeigen lassen. Dann startet ein eigenes Programm, nämlich der VBA-Editor, wie Sie ihn später in Kapitel 34 kennenlernen werden.

Da der Name des *Mitarbeiter*-Formulars dort enthalten ist, sollten Sie das Formular nicht einfach umbenennen, denn dann ist es erforderlich, den Code an mehreren Stellen anzupassen. Das *Hotels*-Formular hingegen wird im VBA-Code des *Mitarbeiter*-Formulars namentlich genannt und müsste im Falle einer Umbenennung dort korrigiert werden.

Formulare mit Aggregatfunktionen

In Kapitel 22 habe ich schon darauf hingewiesen, dass Ihnen die Aggregatfunktionen der Gruppierungsabfragen nochmals begegnen werden, nämlich hier und jetzt bei Formularen. Das Problem bei Abfragen besteht manchmal darin, dass Details und Zusammenfassungen nie gleichzeitig angezeigt werden können. In Formularen hingegen können Sie genau das sehen:

1. Bereiten Sie mit dem Befehl *ERSTELLEN/Formulare/Formularentwurf* ein leeres Formular vor.

2. Tragen Sie als *Datensatzquelle*-Eigenschaft die Abfrage *qryALLE_BESTELLUNGEN_MIT_INFO* ein.

3. Jetzt können Sie aus der Feldliste ($\boxed{\text{Alt}}$+$\boxed{\text{F8}}$) einige exemplarische Felder in den Detailbereich ziehen, damit es übersichtlich bleibt: *bstID*, *GanzerName*, *artName*, *GesamtPreis* und *bstBestelldatum*.

4. Markieren Sie alle Steuerelemente und lassen diese mit dem Befehl *FORMULARENTWURFS-TOOLS/ANORDNEN/Tabelle/Tabelle* automatisch anordnen.

5. Stellen Sie die *Formular*-Eigenschaft *Standardansicht* auf *Endlosformular* und speichern das Formular als *frmBestellungenUeberblick* wie in Abbildung 29.33.

Abbildg. 29.33   So sieht das Endlosformular bisher aus

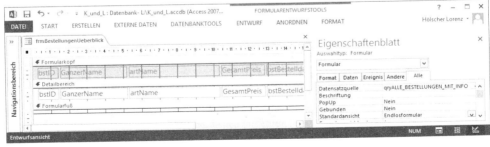

Bis hierhin handelt es sich um ein ganz banales Endlosformular mit einigen Feldern darauf. Es ist nur »zu Fuß« erstellt worden, weil der Assistent sonst aus dieser Datenquelle alle Felder übernommen hätte. Das wäre zu unübersichtlich und zu gedrängt gewesen.

Das Formular zeigt in seiner Formularansicht wenig überraschend alle Bestellungen mit den ausgewählten Feldern an. Bei Abfragen müssten Sie jetzt eine zweite Abfrage erstellen, um die Gesamtsumme aller Bestellungen zu ermitteln. Bei Formularen geht das im gleichen Formular.

1. Wechseln Sie in die Entwurfsansicht und fügen mit *ENTWURF/Steuerelemente/Textfeld* ein entsprechendes Steuerelement in den Formularfuß unterhalb von *GesamtPreis* ein. Es enthält mangels Datenbindung noch den Hinweis *Ungebunden*.

2. Als *Steuerelementinhalt*-Eigenschaft tragen Sie die Formel =Summe([Gesamtpreis]) ein, wobei Access Sie mit Dropdownlisten unterstützt.

3. Wechseln Sie nun in die Formularansicht, zeigt Access (manchmal erst nach einer ganz kurzen Wartezeit) in diesem Feld die Gesamtsumme der Spalte *GesamtPreis* an.

Abbildg. 29.34 Das berechnete Feld (hier fett formatiert) im Formularfuß zeigt die Gesamtsumme an

ACHTUNG Sie haben es vielleicht schon bemerkt: Die Syntax der Formel ist anders als bisher. Während bei Abfragen zwingend immer ein neuer Feldname und ein Doppelpunkt am Anfang stehen, ist die Formelschreibweise in Formularen (und Berichten) so wie in Excel mit einem führenden Gleichheitszeichen.

Bei einem regulären Formular würden Sie jetzt noch *Aktiviert* auf *Nein* stellen, eventuell *Gesperrt* auf *Ja* und vor allem die *Format*-Eigenschaft auf *Euro*. Das zugehörige Bezeichnungsfeld können Sie löschen, weil unter einer solchen Spalte ohnehin die Summe erwartet wird.

Es sind alle Aggregatfunktionen möglich, die Sie in Kapitel 22 bei den Gruppierungsabfragen kennengelernt haben:

1. Fügen Sie im Formularkopf ein weiteres *Textfeld*-Steuerelement hinzu, welches (ohne Umbruch) die folgende Formel enthält:

```
=Anzahl([bstID]) & " Bestellungen vom " & Min([bstBestelldatum]) & " bis zum " &
Max([bstBestelldatum])
```

2. Stellen Sie dessen *Schriftart*-Eigenschaft auf diejenige für den Kopfbereich (der erste Eintrag der Liste) und den *Schriftgrad* auf *14*. Sowohl die *Hintergrundart* als auch die *Rahmenart* müssen auf *Transparent* stehen, damit es nicht als Eingabefeld erkennbar ist, und natürlich *Aktiviert* auf *Nein* und *Gesperrt* auf *Ja*, damit es nicht markiert werden kann.

3. Wechseln Sie nun in die Formularansicht wie in Abbildung 29.35, so wirkt es optisch wie eine Überschrift, die aber dynamisch wechselnde Inhalte enthält.

Abbildg. 29.35   Auch der Titel ist hier berechnet

> **TIPP**   Die Dynamik der berechneten Überschrift geht so weit, dass nicht nur hinzuge-
> fügte oder geänderte Datensätze beim Verlassen (und damit Speichern) dort aktualisiert werden,
> sondern vor allem auch der Filter. Sie können hier also sehr bequem etwa auf einem Namen per
> Rechtsklick den *Ist Gleich...*-Filter aktivieren und sehen sowohl die Summe unten also auch die
> Überschrift oben nur für die gefilterten Werte. Bequemer lassen sich Teilsummen kaum ermit-
> teln!

Zugriff auf andere Formulardaten

Manchmal ist es hilfreich, in einem Formular die Daten eines anderen (geöffneten!) Formulars
anzeigen zu lassen. Das lässt sich in Access ohne Programmierung verwirklichen, auch wenn die
Syntax etwas unleserlich ist. Allerdings müssen Sie nichts selbst eintippen, sondern können sich
vom Ausdrucks-Generator helfen lassen.

Haupt- und Unterformulare verbessern

Für das bereits erstellte Formular *frmBestellungenUeberblick* soll im Titel eines Hauptformulars die
im Unterformular errechnete Summe angezeigt werden:

1. Erzeugen Sie mit dem Befehl *ERSTELLEN/Formulare/Formularentwurf* ein neues leeres Formular.
2. Fügen Sie mit *ENTWURF/Kopfzeile/Fußzeile/Titel* eine Überschrift hinzu und schreiben dort
   Mitarbeiter und Bestellungen hinein. Damit es einheitlicher ist, können Sie auch noch ein Logo
   hinzufügen.
3. Fügen Sie mit *ENTWURF/Steuerelemente/Kombinationsfeld* in den Detailbereich ein Kombinationsfeld ein, dessen *Name*-Eigenschaft Sie auf *cmbMitarbeiter* ändern. Anstatt den Assistenten
   zu durchlaufen, geht es schneller, einige Eigenschaften manuell anzupassen:

   Spaltenanzahl: 2
   Spaltenbreiten: 0cm;6cm
   Datensatzherkunft: SELECT mitID, [mitNachname] & ", " & [mitVorname] AS NameKomplett FROM
   tblMitarbeiter ORDER BY mitNachname;

Beim Formular passen Sie außerdem Folgendes an:

Datensatzmarkier: Nein
Navigationsschaltflächen: Nein

4. Speichern Sie das Formular unter dem Namen *frmMitarbeiterUndBestellungen*, sodass es nun aussieht wie in Abbildung 29.36.

Abbildg. 29.36   Die Entwurfsansicht des Formulars für Mitarbeiter und Bestellungen

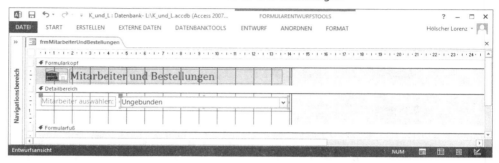

5. Ziehen Sie nun aus dem Navigationsbereich den Namen des Formulars *frmBestellungenUeber-blick* in den Detailbereich. Markieren Sie dessen darin enthaltenes *Textfeld*-Steuerelement *Text35* (genauer Name kann abweichen) in seinem Formularfuß, benennen es ordentlich in *edtSumme-Gesamtpreis* um und speichern das Unterformular.

> **HINWEIS**   Auch wenn dieses *Textfeld*-Steuerelement wegen *Aktiviert:Nein* und *Gesperrt:Ja* gar nicht mehr editierbar ist, behält es doch seinen Typ. Daher erhält es laut Ungarischer Notation das Präfix *edt*. Achten Sie vor allem darauf, dieses Unterformular auch direkt zu speichern, sonst findet der Ausdrucks-Generator nicht den neuen Namen!

6. Tragen Sie für das gesamte Unterformular-Steuerelement selbst in die *Verknüpfen von*-Eigenschaft den Wert *bstmitIDRef* und in die *Verknüpfen nach*-Eigenschaft den Wert *cmbMitarbeiter* ein.

> **HINWEIS**   Wie Sie sehen, können Sie mit *bstmitIDRef* für die Verknüpfung sogar Verweise auf Felder machen, die gar nicht als Steuerelement des Unterformulars enthalten sind. Allerdings müssen sie natürlich Teil der Datensatzquelle des Unterformulars sein.

Jetzt haben Sie »nur« ein komplettes Haupt- und Unterformular vorbereitet. Darin können Sie einen Mitarbeiternamen auswählen und sehen die zugehörigen Bestellungen.

Abbildg. 29.37 Das Haupt-/Unterformular funktioniert bereits

Die Summe der Gesamtpreise soll aber oben neben der Auswahl der Mitarbeiter, also außerhalb des Unterformulars, angezeigt werden.

1. Fügen Sie im Hauptformular ein *Textfeld*-Steuerelement ein. Lassen Sie dessen Eigenschaften anzeigen und markieren darin *Steuerelementinhalt*. Klicken Sie auf die Schaltfläche mit den drei Pünktchen, um den Ausdrucks-Generator anzuzeigen.

2. Klicken Sie dort in der Liste *Ausdruckselemente* jeweils auf die Pluszeichen vor *K_und_L.accdb*, *Formulare* und *Geladene Formulare* und *frmMitarbeiterUndBestellungen*. Dadurch werden die untergeordneten Elemente expandiert und Sie können das Formular *frmBestellungenUeberblick* wie in Abbildung 29.38 markieren.

Abbildg. 29.38 Markieren Sie das geöffnete Formular im Ausdrucks-Generator

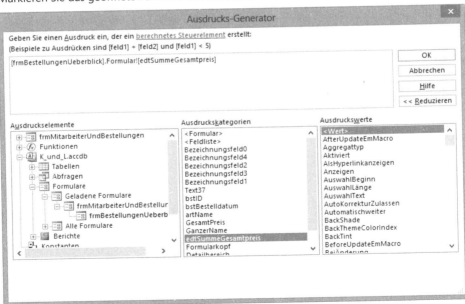

3. In der Liste *Ausdruckskategorien* werden nun die Steuerelemente dieses Formulars angezeigt. Nachdem Sie *edtSummeGesamtpreis* markiert haben, sehen Sie in der Liste *Ausdruckswerte* dessen Eigenschaften.

4. Doppelklicken Sie auf den Eintrag *<Wert>*, wird das Feld samt Eigenschaft übernommen. Schließen Sie dieses Dialogfeld dann über *OK*.

HINWEIS   Wir befinden uns in Access 2013. Alle Eigenschaften im Ausdrucks-Generator werden beim Doppelklick in der Schreibweise *[Steuerelementname].Eigenschaft* übernommen... Alle Eigenschaften? Nein! Ein von unbeugsamer Syntax durchdrungenes Wort hört nicht auf, dieser Schreibweise Widerstand zu leisten: Die *Wert*-Eigenschaft wird nur als *[Steuerelementname]* übernommen, was aber lediglich als Schönheitsfehler zu sehen ist.

Wenn Sie jetzt in der Formularansicht einen Mitarbeiternamen auswählen, zeigt das Textfeld rechts oben die Summe aus dem Unterformular an. In Abbildung 29.39 sehen Sie das Ergebnis mit der hier schon angegebenen *Format*-Eigenschaft *Euro* für das Textfeld.

Abbildg. 29.39   Das Hauptformular zeigt Daten aus dem Unterformular an

Parameterabfragen verbessern

Vielleicht fragen Sie sich gerade: Wofür der ganze Aufwand für die doppelte Anzeige von Daten, die auf dem gleichen Bildschirm zu sehen sind? Zugegeben, das vorige Beispiel sollte nur mit möglichst wenig Aufwand die eigentliche Technik und Syntax zeigen.

In Kapitel 22 hatte ich aber bei den Parameterabfragen schon darauf hingewiesen, dass sich deren technische Umsetzung noch deutlich verbessern ließe. Jetzt ist der Zeitpunkt gekommen, das einzulösen:

1. Erstellen Sie mit dem Befehl *ERSTELLEN/Abfragen/Abfrageentwurf* eine neue Abfrage auf der Basis von *qryALLE_BESTELLUNGEN_MIT_INFO*.

2. Fügen Sie dem Zielbereich das Sternchen hinzu und außerdem das Feld *mitID*. Geben Sie für Letzteres als Kriterium *[welche mitID?]* an, wie es in Abbildung 29.40 zu sehen ist.

3. Speichern Sie diese Abfrage unter dem Namen *qryBestellungenEinesMitarbeiters*.

Abbildg. 29.40   So ist es noch eine normale Parameterabfrage

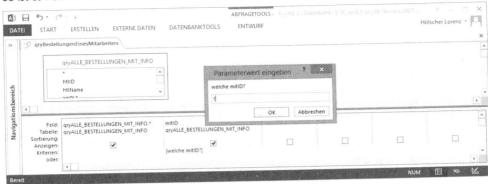

Eine solche Parameterabfrage fragt bei jeder Anzeige der Datenblattansicht immer wieder nach der ID des Mitarbeiters. Mal abgesehen davon, dass es im Dialogfeld *Parameterwert eingeben* nicht einmal eine Auswahlliste gibt, ist das für den Benutzer ermüdend und fehleranfällig. Mit einem Formular sind diese Probleme zu beseitigen:

1. Erstellen Sie mit dem Befehl *ERSTELLEN/Formulare/Formularentwurf* ein neues Formular ohne Datensatzquelle.

2. Kopieren Sie aus dem Entwurf des Formulars *frmMitarbeiterUndBestellungen* das Kombinationsfeld *cmbMitarbeiter* heraus und fügen es in den Detailbereich des neuen Formulars ein. Den Detailbereich können Sie bei der Gelegenheit deutlich verkleinern.

3. Speichern Sie das Formular als *frmZentral*, lassen es aber wie in Abbildung 29.41 geöffnet.

Abbildg. 29.41   So sieht der Entwurf des allgemeinen Formulars aus

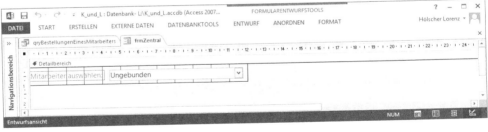

4. Wechseln Sie wieder in den Abfrageentwurf von *qryBestellungenEinesMitarbeiters* und klicken dort in das Kriterium für die *mitID*.

5. Mit dem Befehl *ENTWURF/Abfragesetup/Generator* oder dem Tastenkürzel ⎡Strg⎤+⎡F2⎤ zeigen Sie dafür den Ausdrucks-Generator an.

6. Löschen Sie darin das bisherige Kriterium und expandieren in der Liste *Ausdruckselemente* die Einträge *K_und_L.accdb*, *Formulare*, *Geladene Formulare* und wählen dann *frmZentral*.

7. Markieren Sie in der mittleren Liste *Ausdruckskategorien* das Kombinationsfeld *cmbMitarbeiter* und fügen rechts per Doppelklick die *Wert*-Eigenschaft in das obere Eingabefeld hinzu (siehe Abbildung 29.42). Schließen Sie das Dialogfeld mit *OK* und speichern die Abfrage.

Auch aus einer Abfrage heraus lassen sich *Formular*-Steuerelemente angeben

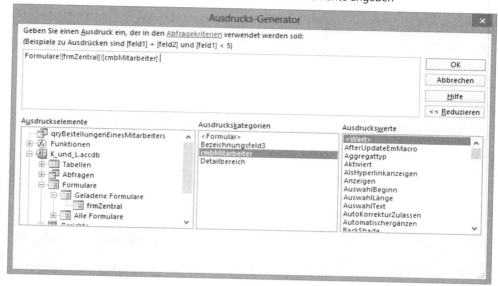

Damit die Abfrage auf den Inhalt des Kombinationsfelds zugreifen kann, muss das Formular in der Formularansicht geöffnet sein, denn die Entwurfsansicht enthält ja keine Daten. Wechseln Sie also in die Formularansicht von *frmZentral* und wählen einen Namen aus.

Danach können Sie die Abfrage *qryBestellungenEinesMitarbeiters* in der Datenblattansicht anzeigen und sehen ohne weitere Rückfrage die Daten zu demjenigen, der im Kombinationsfeld ausgewählt war (siehe Abbildung 29.43).

Diese Parameterabfrage bezieht sich auf die Auswahl im Formular *frmZentral*

Diese Parameterabfrage (oder beliebige andere, die sich auf das gleiche Formular beziehen!) kann nun immer wieder geöffnet werden, ohne dass eine erneute Auswahl des Mitarbeiters nötig ist.

PopUp-Formulare

Mit dem Auswahlformular zur Parameterabfrage sind wir auf dem richtigen Weg, aber noch nicht am Ziel angekommen. Dieser Wechsel zwischen zwei Registerkarten ist lästig. Aber Sie erinnern sich vielleicht noch an den *Farben*-Dialog aus Kapitel 25, der vor anderen Formularen angezeigt wurde? Das wird uns hier weiterhelfen:

1. Wechseln Sie in die Entwurfsansicht des Formulars *frmZentral* und markieren das Formular selbst (beispielsweise am Schnittpunkt der Lineale).

2. Stellen Sie im Eigenschaftenblatt die *PopUp*-Eigenschaft auf *Ja* und wechseln in die Formular-ansicht. Das ist die wesentliche Änderung, wie Sie in Abbildung 29.44 bereits sehen können.

Abbildg. 29.44   Das Auswahlformular steht vor der Abfrage

Die *PopUp*-Eigenschaft sorgt dafür, dass dieses Formular sich wieder wie ein Fenster verhält und nicht im Vollbild angezeigt wird. Noch sieht es allerdings aus wie ein normales Formular mit Daten-sätzen, das irritiert den Benutzer:

1. Wechseln Sie wieder zurück in die Entwurfsansicht des Formulars *frmZentral*.

ACHTUNG   Bei PopUp-Formularen gelten weder das Menüband oben noch die Symbole unten rechts für die Ansichten! Sie können in diesen Formularen nur nach einem Rechtsklick über das Kontextmenü auf den Formularhintergrund (nicht auf ein Steuerelement!) in die anderen Ansichten wechseln.

---

2. Tragen Sie in der *Beschriftung*-Eigenschaft eine Überschrift wie *Zentral* ein, damit als Fenstertitel nicht der Speichername des Formulars erscheint.

3. Stellen Sie die *Automatisch zentrieren*-Eigenschaft auf *Ja*, damit das PopUp-Formular nicht links oben angezeigt wird. *Ja/Nein*-Eigenschaften wie diese können Sie immer per Doppelklick darauf umschalten.

4. Die Eigenschaften *Datensatzmarkierer*, *Navigationsschaltflächen* und *Bildlaufleisten* können Sie auf *Nein* ändern, weil das Formular selbst ja nicht auf Datensätze zugreift.

5. Die *MinMaxSchaltflächen*-Eigenschaft sollten Sie auf *Min vorhanden* ändern, weil ein maximier-tes PopUp-Formular ohnehin alles überdecken und damit sinnlos würde.

6. Schließlich sollte noch die *Rahmenart*-Eigenschaft auf *Dünn* geändert werden, damit das kleine Fenster etwas filigraner wirkt.

So ist das PopUp-Formular deutlich kompakter und übersichtlicher

ACHTUNG Die *Rahmenart*-Eigenschaft *Keine* klingt sehr verführerisch, um noch mehr Platz zu sparen. Kein Rahmen bedeutet aber leider auch keine Titelleiste mit der Konsequenz, dass sich das Formular nicht mehr verschieben lässt, selbst wenn die *Verschiebbar*-Eigenschaft auf *Ja* steht.

Des Weiteren hätten Sie dann noch ein anderes Problem erzeugt: In Ermangelung einer *X*-Schaltfläche, die ja in der Titelleiste erscheint, könnten Sie das PopUp-Formular auch nicht mehr darüber schließen. Es bleibt aber die Möglichkeit, das Formular per Alt + F4 zu schließen oder via Kontextmenü die Ansicht zu wechseln.

HINWEIS Sobald die Datenblattansicht der Abfrage sichtbar ist, mögen Sie im Formular so oft den Mitarbeiter wechseln, wie Sie wollen: Die Abfrage ändert sich nicht. Um aktuelle Ergebnisse zu erhalten, müssen Sie entweder jedes Mal in die Entwurfsansicht der Abfrage und wieder in die Datenblattansicht zurückwechseln oder aber den Befehl *START/Datensätze/Alle aktualisieren* im Menüband bemühen.

Starteinstellungen

Ein solches Formular mit allgemeinen Einstellungen für die Datenbank sollte am besten automatisch beim Start geöffnet werden.

1. Klicken Sie auf den Befehl *DATEI/Optionen*, um das Dialogfeld *Access-Optionen* anzuzeigen.

2. Wechseln Sie dort in die Kategorie *Aktuelle Datenbank* und wählen dort in der Gruppe *Anwendungsoptionen* im Listenfeld *Formular anzeigen* den Namen *frmZentral* aus (siehe Abbildung 29.46).

Wählen Sie das Startformular in den Optionen aus

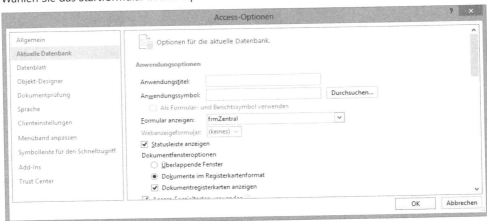

3. Access weist Sie beim Bestätigen des Dialogfelds mit *OK* darauf hin, dass diese Option erst mit dem Schließen der Datenbank aktiv wird. Klicken Sie daher danach auf *DATEI/Datenbank schließen* und öffnen die Datenbank direkt wieder.

Das Formular *frmZentral* wird jetzt zusammen mit der Datenbank geöffnet, wie Sie in Abbildung 29.47 sehen können.

Beim Start der Datenbank wird das Formular direkt geöffnet

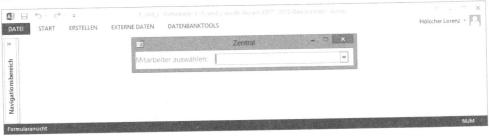

TIPP Soll das Kombinationsfeld in dem Formular auch sofort einen Mitarbeiter anzeigen, geben Sie dessen *mitID* als *Standardwert*-Eigenschaft ein. Falls das nicht vorhersehbar ist, weil die Listeneinträge wechseln, brauchen Sie dafür eine einzige Zeile VBA, wie Sie in Kapitel 39 sehen werden.

Nachdem Sie dort einen Mitarbeiter ausgewählt haben, können Sie das Formular *frmZentral* minimieren, sodass es links unten in der Ecke nur noch seine Titelleiste anzeigt. Für alle Datenzugriffe gilt es weiterhin als geöffnet, die Parameterabfragen funktionieren so also auch.

Sie können dieses PopUp-Formular nun wieder schließen, es wird für die weiteren Schritte hier nicht benötigt.

Formularvorlagen

Seit vielen Versionen bietet Access Formularvorlagen an, die Standards für neue Formulare setzen können:

1. Erstellen Sie ein neues Formular wie in Abbildung 29.48, in dem Sie deutliche Änderungen an Formularkopf und Formularfuß vornehmen. Hier habe ich zur Schriftänderung noch die Hintergrundfarbe gewechselt.
2. Speichern Sie dieses Formular als *frmBeispiel* und schließen es.

Abbildg. 29.48   So sieht das Beispielformular aus

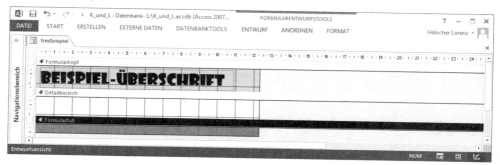

3. Öffnen Sie das Dialogfeld *Access-Optionen* über *DATEI/Optionen* und wählen dort die Kategorie *Objekt-Designer*. Geben Sie in der Gruppe *Entwurfsansicht für Formulare/Berichte* für *Formularvorlage* den Namen *frmBeispiel* ein (siehe Abbildung 29.49) und bestätigen Sie das Dialogfeld mit *OK*.

Abbildg. 29.49   Tragen Sie den Namen des Beispielformulars ein

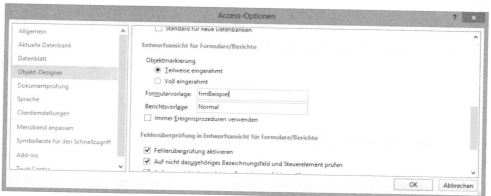

4. Schließen und öffnen Sie die Datenbank danach, damit diese Option wirksam wird.
5. Lassen Sie mit dem Befehl *ERSTELLEN/Formulare/Formularentwurf* ein neues Formular erstellen, so sieht es aus wie in Abbildung 29.50.

Abbildg. 29.50   Das neue Formular hat die Einstellungen des Beispielformulars übernommen

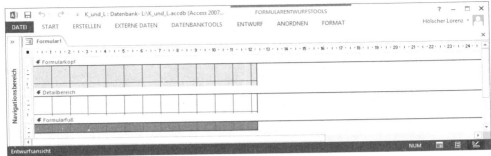

Vermissen Sie etwas? Das Bezeichnungsfeld oder gar dessen konkreten Inhalt? Ja, das ist ein Missverständnis, wie es Access seit Jahren begleitet. Es werden nämlich nur die Werte für das Formular und seine Bereiche (Formularkopf, Formularfuß und Detailbereich) übernommen. Kein einziges Steuerelement und keine Zeile VBA-Code aus dem Beispielformular erscheinen im neu erstellten Formular.

Das ist von Access auch gar nicht so vorgesehen. Hier handelt es sich lediglich um das Gegenstück zu den Standardeigenschaften der Steuerelemente (siehe Kapitel 27), die hier für das Formular und seine Bereiche eingestellt werden. Wollen Sie hingegen bestimmte Standardinhalte auf neuen Formularen vorbereiten, brauchen Sie Anwendungsparts.

Anwendungsparts

Die eben vermissten, vorbereiteten Elemente wurden in der Vorgängerversion Access 2010 eingeführt und heißen Anwendungsparts. Dabei handelt es sich manchmal nur um ein einzelnes Formular oder um ein Formular samt Tabelle oder sogar um eine Zusammenstellung von Tabellen, Formularen und Berichten:

1. Schließen Sie alle offenen Objekte und klicken Sie auf *ERSTELLEN/Vorlagen/Anwendungsparts*, um die Auswahlmöglichkeiten wie in Abbildung 29.51 angezeigt zu bekommen.

Abbildg. 29.51   Diese Anwendungsparts bietet Access an

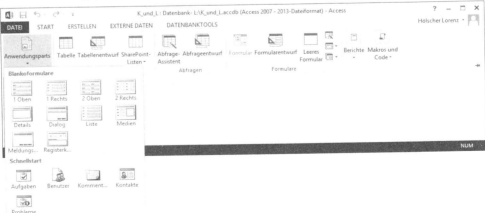

2. Sobald Sie einen der Anwendungsparts anklicken, sehen Sie nur einen Fortschrittsbalken wie in Abbildung 29.52 ohne detailliertere Erläuterung, was nun wo eingefügt wird.

Abbildg. 29.52   Die Meldung zeigt nur, dass etwas passiert

3. Danach folgt entweder ein Dialog oder Sie finden Formulare mit Namen wie *EinzelDSEineSpalteBezeichnungenRechts* oder (aus der *Schnellstart*-Gruppe) *KontaktDB*, *Kontaktdetails* und *Kontaktliste*. Eine abschließende Meldung gibt es nicht, vor allem werden die neuen Objekte nicht geöffnet.

> **TIPP**   Wenn Sie Ungarische Notation einsetzen, sind die neuen Objekte recht einfach an den fehlenden Präfixen zu erkennen. Einen Hinweis darauf, welche Objekte entstehen, gibt es leider weder vorher noch hinterher.

Die Formulare und Berichte sind nur dann mit einer Datensatzquelle verbunden, wenn die Anwendungsparts auch eigene Tabellen einfügen. Ansonsten enthalten sie zwar die Steuerelemente und eingebettete Makros, aber keine Verknüpfung zu konkreten Feldern.

> **CD-ROM**   Um Ihnen das Nachvollziehen der Schritte hier zu erleichtern, finden Sie innerhalb der Beispieldateien zu diesem Buch im Ordner *Kap29* eine Datenbank *K_und_L_Anwendungsparts.accdb*, die bereits vorbereitete Objekte für Anwendungsparts enthält. Laden Sie einfach die betreffende Datenbank, um mit der Arbeit in diesem Kapitel fortzufahren.

Um eigene Anwendungsparts zu erstellen, müssen Sie die gewünschten Objekte zuerst in eine eigene Datenbank kopieren, die ansonsten leer ist:

1. Öffnen Sie die neue Datenbank mit den dort hineinkopierten Objekten, die zu einem Anwendungspart werden sollen. Hier handelt es sich um ein Standardformular mit Vorgaben für die Überschriften und das Logo.

Abbildg. 29.53   So sieht der zukünftige Anwendungspart aus

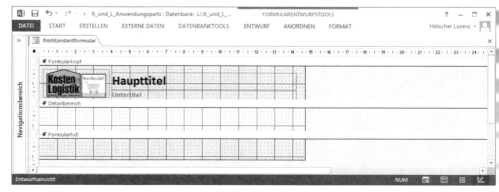

2. Klicken Sie auf den Befehl *DATEI/Speichern unter/Datenbank speichern als/Vorlage (*.accdt)* und dann auf die Schaltfläche *Speichern unter*, um das Dialogfeld wie in Abbildung 29.54 anzuzeigen.

Abbildg. 29.54   Tragen Sie passende Daten für Ihre Anwendungsparts ein

3. Wichtig im Dialogfeld sind der *Name*, die (neue) *Kategorie* und ein *Symbol*, welches sich über die rechts daneben befindliche Symbolschaltfläche auswählen lässt.

4. Aktivieren Sie außerdem das Kontrollkästchen *Anwendungspart* und bestätigen Sie das Dialogfeld mit *OK*. Access meldet anschließend (siehe Abbildung 29.55), wo diese zugehörige Datei gespeichert wurde.

Abbildg. 29.55   Erfolgsmeldung für die Speicherung der Anwendungsparts

5. Danach können Sie in einer beliebigen anderen Datenbank diese Anwendungsparts in der Galerie (siehe Abbildung 29.56) aufrufen.

Die eigenen Anwendungsparts wurden in die Galerie aufgenommen

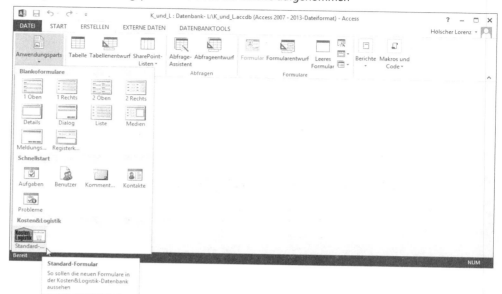

Anwendungsparts löschen Sie durch einen Rechtsklick auf den Eintrag in der Galerie und Auswahl des Kontextmenübefehls *Vorlagenteil aus Katalog löschen*.

CD-ROM   Da die Anwendungsparts nicht in der jeweiligen Datenbank enthalten sind, sondern als externe Datei auf Ihrer Festplatte gespeichert werden, stehen sie Ihnen in der Beispieldatenbank nicht automatisch zur Verfügung, sondern müssen erst wie oben beschrieben vorbereitet werden.

Zusammenfassung

In diesem Kapitel ging es um Formulare als Ganzes und deren vielfältige Möglichkeiten. Mit ein paar geänderten Eigenschaften erleichtern Sie den Anwendern Ihrer Datenbank den Umgang mit den Daten enorm:

- *Diagramme* (Seite 626) nutzen die Fähigkeiten eingebetteter Excel-Diagramm-Module, um Zahlen übersichtlich grafisch aufzubereiten

- *Haupt- und Unterformulare* (Seite 632) sind die passende Darstellung für Datensätze, die in verschiedenen Tabellen als 1:n-Beziehung enthalten sind

- Eine alternative Gestaltung ohne Daten und mit *Kombinationsfeld im Hauptformular* (Seite 640) verbessert die Benutzerführung und vermeidet die versehentliche Löschung der Daten

- Mit dem Navigationssteuerelement lassen sich ohne viel Mühe auch *mehrere Unterformulare* in einem Hauptformular (Seite 643) verwalten

- Der Formular-Assistent kann auch *mehrere unabhängige Formulare* (Seite 644) erstellen, die über Schaltflächen einzeln aufgerufen werden können

- In Formularen, vor allem Endlosformularen, können *Aggregatfunktionen* (Seite 647) eingesetzt werden, wie Sie diese aus Gruppierungsabfragen kennen. Dadurch ist die gleichzeitige Anzeige von Details und Zusammenfassungen möglich.

- Wenn es nötig ist, können Formulare auch die *Inhalte anderer geöffneter Formulare* anzeigen (Seite 649)

- Für Parameterabfragen ist das sehr praktisch, weil dadurch die sonst immer wiederholte Eingabe des Parameters durch den Zugriff auf ein Formular ersetzt werden kann (Seite 652)

- Mit aktivierter *PopUp*-Eigenschaft (Seite 655) in Formularen verhalten diese sich wie Dialogfelder, belegen also nur einen kleinen Bildschirmteil und liegen vor den übrigen Formularen

- Sie können in den *Starteinstellungen* (Seite 656) angeben, welches Formular beim Öffnen einer Datenbank direkt geladen werden soll

- *Formularvorlagen* (Seite 658) entsprechen den in Kapitel 27 vorgestellten Standardeigenschaften für Steuerelemente

- *Anwendungsparts* (Seite 659) kopieren vorgegebene Tabellen, Formulare oder Berichte in die aktuelle Datenbank

Formulare

Teil G

Berichte

Kapitel 30

Berichte erstellen

In diesem Kapitel:

Dieser Teil des Buchs über Berichte wird deutlich kürzer ausfallen als derjenige über Formulare. Nicht, weil Berichte weniger könnten als Formulare, sondern weil sich Berichte weitgehend wie Formulare verhalten und so bedient werden. Wir müssen uns also weniger mit den Ähnlichkeiten als vor allem mit den Unterschieden beschäftigen.

CD-ROM   Um Ihnen das Nachvollziehen der Schritte in diesem Kapitel zu erleichtern, finden Sie innerhalb der Beispieldateien zu diesem Buch im Ordner *Kap29* eine Datenbank, die bereits die Änderungen aus Kapitel 29 enthält. Laden Sie einfach die betreffende Datenbank, um mit der Arbeit in diesem Kapitel zu beginnen.

Sie können also jederzeit ein Kapitel überspringen und trotzdem auf den aktuellen Stand der Datenbank zugreifen.

Automatischen Bericht erstellen

Für die grundsätzlichen Eigenschaften eines Berichts brauchen wir zuerst einen relativ einfachen Bericht, der mit wenigen Steuerelementen möglichst übersichtlich ist.

Bericht

1. Markieren Sie im Navigationsbereich die Tabelle *tblHotels* und klicken Sie auf ERSTELLEN/ *Berichte/Bericht*.

2. Access erzeugt daraufhin einen Standardbericht wie in Abbildung 30.1 (dort in der Entwurfsansicht) mit allen in der Tabelle vorkommenden Datenfeldern. Speichern Sie ihn als *rptHotels*.

Abbildg. 30.1   So sieht der automatisch erstellte Bericht auf Basis der Tabelle *tblHotels* aus

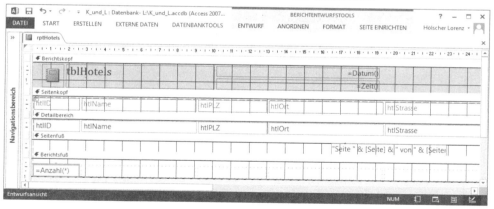

3. Aus Gründen der Übersichtlichkeit verkleinern Sie am besten erst einmal die Bezeichnungsfelder für die Überschriften und die Textfelder für die Daten, sodass alles in das Fenster passt, ohne dass umständlich horizontal gescrollt werden muss (siehe Abbildung 30.2).

Abbildg. 30.2   Der verbesserte Bericht in der Layoutansicht

Damit können wir diesen Bericht als Ausgangspunkt für weitere Veränderungen benutzen.

Seite einrichten

Wenn Sie Abbildung 30.2 genau betrachten, sehen Sie, dass das Logo am rechten Rand durch eine senkrechte gestrichelte Linie unterbrochen wird. Diese begrenzt den ausdruckbaren Bereich, ein Teil des Berichts würde also auf der nächsten Seite gedruckt.

In der Entwurfsansicht ist links oben am Schnittpunkt der Lineale (siehe Abbildung 30.3) auch ein Smarttag zu sehen, welcher auf diesen Fehler hinweist.

Abbildg. 30.3   Im Berichtentwurf gibt es einen Hinweis auf den Fehler

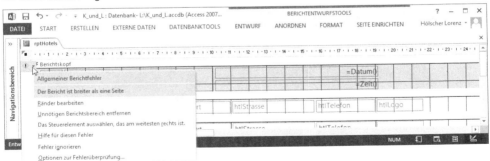

Es gibt verschiedene Möglichkeiten, dieses Problem zu beheben: Entweder machen Sie den Bericht breiter oder die Inhalte schmaler. Am besten, Sie sehen erst einmal nach, wie viel Platz überhaupt für den Bericht zur Verfügung steht.

1. Klicken Sie in der Entwurfsansicht auf den Befehl *SEITE EINRICHTEN/Seitenlayout/Seite einrichten*, um das Dialogfeld wie in Abbildung 30.4 anzuzeigen.

2. Dort finden Sie an allen vier Seiten einen Rand von rund *6 mm*, also bleiben in der Breite (210 – 2*6 mm =) *198 mm* bedruckbares Papier. Wie Sie am Lineal mit seiner Zentimetereinteilung sehen können, ist dieser Wert überschritten.

Abbildg. 30.4   Das Dialogfeld *Seite einrichten* nennt die Größen der Ränder

ACHTUNG   Völlig ungewöhnlich in der Windows-Welt werden hier die Maße in Millimetern angegeben, und das noch auf zwei Stellen nach dem Komma.

3. Sie können das Dialogfeld ohne Änderungen wieder schließen, denn ein erheblich kleinerer Rand ist bei den meisten Druckern ohnehin kaum machbar.

Alternativ können Sie die Ausrichtung des Papiers ändern, sodass statt *21 cm* knapp *30 cm* zur Verfügung stehen. Klicken Sie dazu auf den Befehl *SEITE EINRICHTEN/Seitenlayout/Querformat*. Es passiert hier nicht viel, außer dass in der Layoutansicht die gestrichelte Linie verschwunden ist.

Da nun wieder deutlich mehr Platz in der Breite zur Verfügung steht, könnten Sie in der Layoutansicht auch die Ränder mit dem Befehl *SEITE EINRICHTEN/Seitengröße/Seitenränder* ändern, der wie in Abbildung 30.5 mehrere voreingestellte Optionen anbietet.

Abbildg. 30.5   Access bietet verschiedene voreingestellte Ränder an

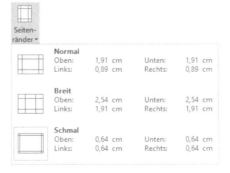

Erst in der Layoutansicht sehen Sie auch die Auswirkungen des Kontrollkästchens *SEITE EINRICHTEN/Seitengröße/Seitenränder anzeigen*, durch welches Sie auf die Darstellung des Papierrands verzichten können. Das spart auf dem Bildschirm schon einiges an Platz ein.

Ansichten

Für Berichte gibt es eine Ansicht mehr als für Formulare. Die drei Ansichten *Entwurfsansicht*, *Layoutansicht* und *Berichtsansicht* entsprechen den (fast) gleichnamigen Ansichten in Formularen. Zusätzlich existiert noch eine Seitenansicht, die auch über den Befehl *DATEI/Drucken/Seitenansicht* zu erreichen ist, weil sie eben eine Druckvorschau ist.

Sie wechseln wie im Formular zwischen den verschiedenen Ansichten mit dem Befehl *START/Ansichten/Ansicht* oder beispielsweise in der Entwurfsansicht mit *ENTWURF/Ansichten/Ansicht*. Alternativ können Sie die Symbole am rechten unteren Rand benutzen (siehe Abbildungen 30.6 und 30.7).

Abbildg. 30.6 Am rechten unteren Rand finden Sie Symbole für die verschiedenen Ansichten

Abbildg. 30.7 Nur in der Seitenansicht wird dort auch der Zoom-Schieberegler angezeigt

Die Berichtsansicht ist dabei eine Mischung aus Formularansicht (!) und Seitenansicht. Wie Sie in Abbildung 30.8 sehen können, erlaubt sie sogar noch das Bearbeiten und Filtern von Datensätzen, zeigt aber bereits fast alles, was auch im Ausdruck erscheinen würde.

Abbildg. 30.8 Filter- und Bearbeitungsmöglichkeiten in der Berichtsansicht

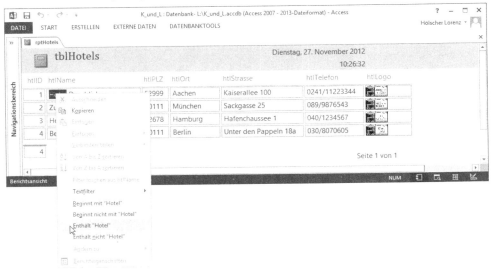

Der wesentliche Unterschied zwischen der Berichtsansicht und der Seitenansicht besteht darin, dass erstere sozusagen auf Endlospapier erscheint, also Elemente des *Seitenkopf-* und *Seitenfuß*-Bereichs nicht an der richtigen Position oder gar nicht darstellt. In Abbildung 30.8 steht beispielsweise die Seitenzahl (»Seite 1 von 1«) direkt unterhalb der Daten, während sie in Wirklichkeit ganz unten auf der Seite ausgedruckt würde.

Erst die Seitenansicht wie in Abbildung 30.9 führt einen Seitenumbruch durch und positioniert alle Bereiche an der richtigen Stelle. Wie bereits vorhin kurz erwähnt, finden Sie nur dort unten rechts den aus anderen Microsoft Office-Programmen bekannten Zoom-Schieberegler, mit dem Sie die Darstellung vergrößern oder verkleinern können.

Abbildg. 30.9   Erst die Seitenansicht ist die echte Druckvorschau

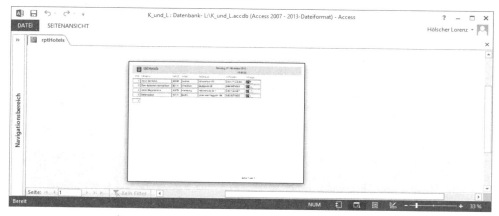

ACHTUNG   Nur die Seitenansicht zeigt auch mehrspaltige Berichte (die später noch vorgestellt werden) korrekt an. Wenn Sie also das Gefühl haben, irgendeine Änderung am Entwurf hätte gar keine Auswirkung, sollten Sie sicherheitshalber immer in der Seitenansicht nachsehen.

Bericht manuell erstellen

Es ist durchaus praktisch, dass so ein Bericht automatisch erstellt werden kann. Sie lernen aber die Einstellungen eines Berichts wie auch beim Formular besser kennen, wenn Sie alles einzeln anlegen.

Für dieses Beispiel werden wir eine Monatsrechnung erstellen, die natürlich für jedes Hotel einzeln gedruckt und nach Mitarbeitern gegliedert ist:

1. Klicken Sie auf den Befehl *ERSTELLEN/Berichte/Berichtsentwurf* und wählen für diesen neuen Bericht als *Datensatzquelle*-Eigenschaft die Abfrage *qryALLE_BESTELLUNGEN_MIT_INFO*.

2. Der Bericht besteht derzeit aus den drei Bereichen *Seitenkopf*, *Detailbereich* und *Seitenfuß*. Der *Detailbereich* wird für jeden Datensatz aufgerufen, der *Seitenkopf* und *Seitenfuß* auf jeder Seite. Fügen Sie daher im *Seitenfuß* mit *ENTWURF/Steuerelemente/Textfeld* ein ungebundenes Textfeld ein, in dem anschließend der Rechnungsmonat und ähnliche Daten ausgedruckt werden sollen.

3. Löschen Sie das verbundene Bezeichnungsfeld, benennen das Textfeld um in *edtFusszeileInfo* und geben folgende Formel als Steuerelementinhalt ein:

```
="Rechnung für " & [BestellMonat] & "/" & [BestellJahr]
```

4. Mit dem Befehl *FORMAT/Steuerelementformatierung/Formkontur* oder seiner *Rahmenart*-Eigenschaft stellen Sie seine Umrisslinie auf *Transparent*.

5. Speichern Sie anschließend den Bericht als *rptMonatsrechnung* und wechseln mit dem Befehl *ENTWURF/Ansicht/Berichtsansicht* in die Berichtsansicht (siehe Abbildung 30.10).

Abbildg. 30.10   Die Fußzeile enthält die gewünschte Angabe zur Rechnung

> **ACHTUNG**   Sie müssen in der Berichtsansicht ganz an das Ende des Berichts scrollen, um die Fußzeile zu sehen. Obwohl Sie noch keine Felder eingefügt haben, »weiß« Access anhand der Abfrage, wie viele Datensätze im Bericht enthalten sind, und zeigt diese (leer) an. Daher sehen Sie bereits den Detailbereich mit abwechselnd weißem und grauem Hintergrund, wie es seine Eigenschaften *Hintergrundfarbe* und *Alternative Hintergrundfarbe* vorgeben.

Jetzt können wir weitere Angaben zur Rechnung hinzufügen, beispielsweise die Felder. Im Detailbereich der zukünftigen Rechnung sollen der Artikelname, sein Einzelpreis, die Menge, das Bestelldatum und der Gesamtpreis angegeben werden.

1. Wechseln Sie in die Entwurfsansicht und lassen mit Alt + F8 die Feldliste anzeigen. Ziehen Sie die Felder *artName*, *bstPreis*, *bstMenge*, *bstBestelldatum* und *Gesamtpreis* in den Detailbereich.

> **ACHTUNG**   Sie erinnern sich? Der echte Verkaufspreis wurde im Feld *bstPreis* gespeichert, weil der aktuelle Listenpreis in *artPreis* sich zwischenzeitlich geändert haben könnte. Daher müssen Sie auch hier auf *bstPreis* zurückgreifen, sonst gäbe es merkwürdige Differenzen zum *Gesamtpreis*.

2. Sie können diese Felder gerne so lieblos mitten in den Detailbereich ziehen, wie es in Abbildung 30.11 zu sehen ist.

Abbildg. 30.11 Die Felder müssen noch nicht ausgerichtet sein

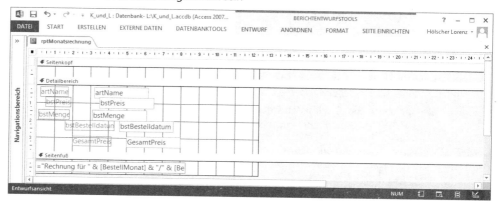

3. Markieren Sie diese Felder im Detailbereich (bewegen Sie dazu den Mauszeiger über das linke Lineal bei gedrückt gehaltener Maustaste derart nach oben oder unten, dass alle Felder umschlossen werden) und klicken auf den Befehl *ANORDNEN/Tabelle/Tabelle*. Die Felder werden daraufhin als Layout-Tabelle angeordnet. Das bedeutet, die Felder werden dabei nicht nur bündig ausgerichtet, sondern auch aufgeteilt: Die Bezeichnungsfelder mit den Beschriftungen finden sich jetzt im *Seitenkopf* und die zugehörigen Textfelder mit den Feldinhalten bleiben im *Detailbereich*, wie Abbildung 30.12 zeigt.

Abbildg. 30.12 Jetzt sind die Felder ausgerichtet

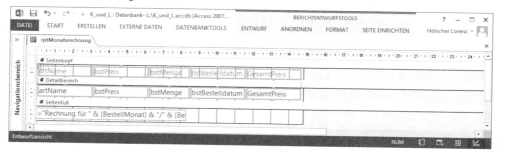

4. Die Berichtsansicht (siehe Abbildung 30.13) zeigt, dass alles funktioniert, aber es sind noch überflüssige Rahmen um die Textfelder zu sehen und die Breiten sollten noch korrigiert werden.

Abbildg. 30.13 Es funktioniert, ist aber noch nicht ansehnlich

5. Passen Sie optisch alles so an, dass es ein wenig kompakter wird, und verringern Sie vor allem auch die Abstände innerhalb des Detailbereichs. Die Überschriften dürfen mit *FORMAT/Schriftart/Fett* gerne auch ein wenig hervorgehoben werden und statt der technischen Feldnamen die ausgeschriebenen Bezeichnungen bekommen (siehe Abbildung 30.14). Jetzt ist der Bericht gut zu lesen und sieht ansprechend aus.

Abbildg. 30.14   Die Berichtsansicht sieht zufriedenstellend aus

Bericht gruppieren

Eine der wesentlichen Forderungen an die Rechnung war ja, dass die Artikel nicht alle hintereinander aufgelistet, sondern unter anderem nach Mitarbeiter gruppiert werden. Dazu muss dieser Bericht überhaupt erst eine Gruppierung erhalten, die später dann um Hotel und Monate erweitert wird:

1. Wechseln Sie in die Entwurfsansicht des Berichts *rptMonatsrechnung* und klicken auf *ENTWURF/Gruppierung und Summen/Gruppieren und Sortieren*.

2. Als Zusatz zum Entwurfsfenster erscheint nun unten ein Bereich mit der Überschrift *Gruppieren, Sortieren und Summe* wie in Abbildung 30.15.

Abbildg. 30.15   Die Gruppierung ist aktiviert

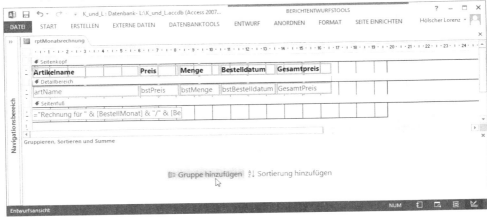

3. Klicken Sie dort auf *Gruppe hinzufügen* und wählen wie in Abbildung 30.16 das Feld *mitID* aus.

Die Gruppierung bezieht sich auf das Feld *mitID*

HINWEIS   Die Versuchung, statt *mitID* die Felder *GanzerName* oder gar *mitNachname* zu benutzen, mag groß sein. Nur *mitID* ist aber eindeutig, bei *mitNachname* hätten Sie hier schon die Brüder *Horrich* unfreiwillig in einer Bestellung zusammengefasst. Selbst wenn *GanzerName* in diesem Beispiel zufällig keine Duplikate hätte, wäre das zu unsicher.

4. Dadurch ist ein neuer Bereich entstanden, der in der Entwurfsansicht als *mitID – Kopfbereich* gekennzeichnet wird, wie Sie in Abbildung 30.17 bereits sehen können. Dieser Bereich wird auch als Gruppenkopf bezeichnet.

5. Obwohl als eindeutiges Unterscheidungsmerkmal nur das Feld *mitID* infrage kommt, darf als angezeigter Feldinhalt hier selbstverständlich eines der »schöneren« Felder benutzt werden. Ziehen Sie *GanzerName* aus der Feldliste in diesen Gruppenkopf und beschriften dessen Bezeichnungsfeld mit *Mitarbeiter:* wie in Abbildung 30.17.

Die Beschriftung des Gruppenkopfs ist fertig

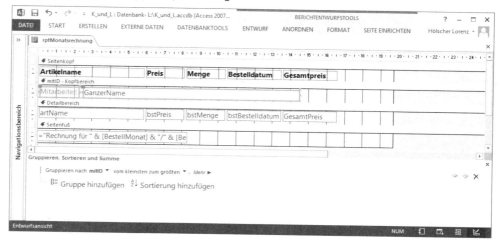

Wenn Sie sich das in der Berichtsansicht ansehen, werden Sie feststellen, dass die Gruppierung zwar funktionsfähig, aber optisch noch nicht besonders überzeugend ist (siehe Abbildung 30.18).

Abbildg. 30.18 Die Bestellungen sind nach Mitarbeiter gruppiert

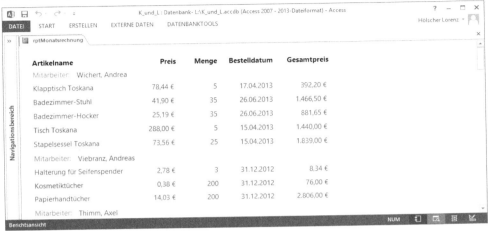

Problematisch ist dabei vor allem, dass die gruppierenden Mitarbeiternamen kaum auffallen und auf den ersten Blick wie Artikeleinträge aussehen.

Abstände verbessern

Gerade Berichte sollen aber von der Optik überzeugen, daher möchte ich das sorgfältig verbessern. Den Rand um das Textfeld können Sie schon einmal transparent machen, aber vor allem die Abstände zu den eigentlichen Daten sind viel zu klein:

1. Wechseln Sie wieder in die Entwurfsansicht des Berichts und ziehen den Gruppenkopf *mitID – Kopfbereich* an seiner Unterkante größer. Der Mauszeiger ändert sich dabei in einen Doppelpfeil, wie in Abbildung 30.19 zu sehen ist.

Abbildg. 30.19 Ziehen Sie mit diesem Mauszeiger den Gruppenkopf größer

2. Schieben Sie anschließend das Textfeld *GanzerName* einschließlich seines Bezeichnungsfelds an die Unterkante des Gruppenkopfs.

3. Das sieht insgesamt besser aus, wie Sie in Abbildung 30.20 sehen können. Wenn Sie genau hinsehen, beginnt aber *jeder* Mitarbeiter mit einem Abstand davor, vor allem auch der erste. Besser wäre also ein Abstand danach.

Abbildg. 30.20   Die Abstände erscheinen vor allen *Gruppenkopf*-Bereichen

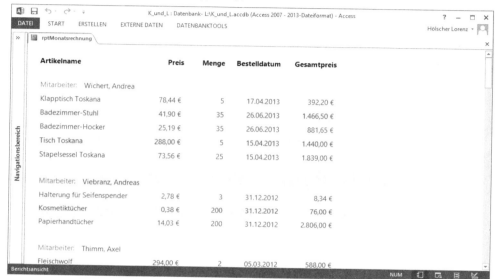

4. Dazu brauchen Sie für die *mitID*-Gruppe außer dem Gruppenkopf noch einen Gruppenfuß. Klicken Sie dazu unten im *Gruppieren*-Fenster auf den Eintrag *Mehr* wie in Abbildung 30.21.

Abbildg. 30.21   Erweitern Sie die angezeigten Optionen der Gruppierung

5. In den erweiterten Optionen können Sie wie in Abbildung 30.22 per Dropdownliste den Fußzeilenbereich anzeigen lassen.

Abbildg. 30.22 Die Optionen erlauben die zusätzliche Anzeige eines Fußzeilenbereichs für die Gruppe

Dessen Höhe regelt nun den Abstand zwischen der letzten Datenzeile und dem nächsten Mitarbeiternamen. Verringern Sie den Abstand im Kopfbereich und vergrößern Sie diesen entsprechend im Fußbereich.

Abbildg. 30.23 So sehen die geänderten Abstände im Entwurf aus

Wie Sie in Abbildung 30.24 sehen können, haben nun alle Überschriften die passenden Abstände davor. Damit sie besser zu erkennen sind, habe ich für die *Alternative Hintergrundfarbe* des Kopf- und des Fußbereichs den gleichen Wert wie für dessen *Hintergrundfarbe*-Eigenschaft gewählt und die Texte fett formatiert.

Abbildg. 30.24 Jetzt passen die Abstände zur nächsten Überschrift

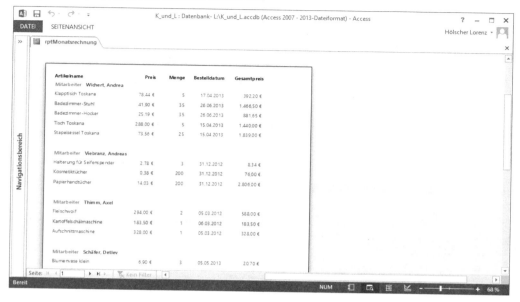

Zwischensummen bilden

Wenn es ohnehin schon eine Gruppe für jeden Mitarbeiter gibt, soll auch direkt dessen Zwischensumme gebildet werden:

1. Wechseln Sie in die Entwurfsansicht des Berichts *rptMonatsrechnung* und klicken Sie auf *ENTWURF/Steuerelemente/Textfeld*.

2. Ziehen Sie unterhalb von *Gesamtpreis* in *mitID Fußbereich* ein Rechteck auf, in das dann das ungebundene Textfeld eingefügt wird. Löschen Sie dessen Bezeichnungsfeld und tragen als *Steuerelementinhalt*-Eigenschaft folgende Formel ein:

```
=Summe([GesamtPreis])
```

3. Wählen Sie als *Format*-Eigenschaft *Euro* aus, formatieren das Steuerelement fett und wechseln wieder in die Berichtsansicht wie in Abbildung 30.25.

Abbildg. 30.25 Die Berichtsansicht zeigt die Zwischensummen je Mitarbeiter

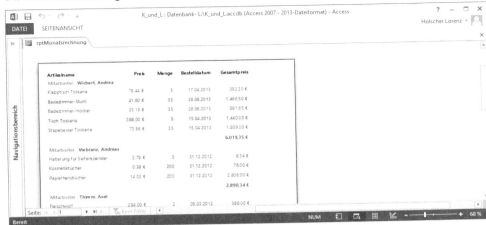

Unterhalb jeder Liste für einen Mitarbeiter ist nun die Zwischensumme für dessen Bestellungen zu sehen.

Zweite Gruppierung einfügen

Jetzt haben Sie zwar jeweils für die Mitarbeiter eine Gruppe gebildet, aber die Rechnung geht ja an das Hotel. Wegen der 1:n-Beziehung ist jeder Mitarbeiter exakt einem Hotel zuzuordnen, Sie können also ohne Probleme eine übergeordnete Gruppe anlegen:

1. Wechseln Sie in die Entwurfsansicht und klicken im *Gruppieren*-Fenster unten wieder auf die Schaltfläche *Gruppe hinzufügen*. Ist das Gruppieren-Fenster nicht zu sehen, können Sie es mit *ENTWURF/Gruppierung und Summen/Gruppieren und Sortieren* wieder sichtbar machen.

Abbildg. 30.26 Sie haben *htlID* als zweite Gruppe ausgewählt, was am nun eingefügtem *htlID – Kopfbereich* erkennbar ist

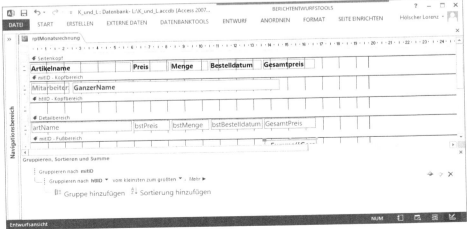

Berichte

2. Klicken Sie darin auf die Dropdownliste *Feld auswählen* und markieren *htlID*.

3. Der nun angezeigte *htlID – Kopfbereich* (siehe Abbildung 30.28) steht am Anfang jeder neuen Gruppe für ein Hotel, ist also ideal für die Anschrift und den Briefkopf. Ziehen Sie aus der Feldliste die Felder *htlName*, *htlStrasse*, *htlPLZ* und *htlOrt* und löschen deren Bezeichnungsfelder.

4. Ordnen Sie die Felder passend für eine Anschrift an, wie es in Abbildung 30.27 zu sehen ist.

Abbildg. 30.27   Die Anschrift der Rechnung ist im *htlID – Kopfbereich* zusammengestellt

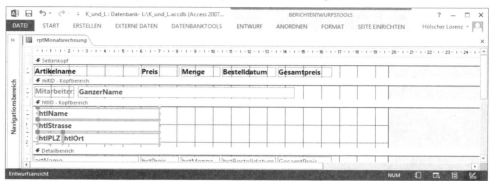

5. Wenn Sie nun in die Berichtsansicht wechseln, werden Sie aber feststellen, dass das Hotel nicht oberhalb, sondern unterhalb des Mitarbeiters eingruppiert wurde. Sie sehen das in Abbildung 30.28 daran, dass zuerst der Name und dann die Anschrift gedruckt wird und die Hotelanschrift mehrfach erscheint.

Abbildg. 30.28   Leider ist das Hotel unterhalb der Mitarbeiter eingruppiert

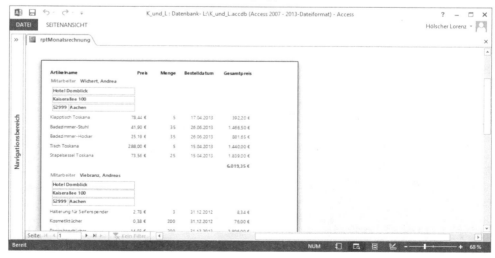

6. Wechseln Sie also wieder zurück in die Entwurfsansicht, klicken Sie dort im *Gruppieren*-Fenster auf den Anfasser (die punktierte Leiste links an der Gruppe) und ziehen die Gruppe bei

gedrückt gehaltener Maustaste nach oben, sodass sie oberhalb der anderen Gruppe (*mitID*) abgelegt wird, wie es in Abbildung 30.29 zu sehen ist.

Abbildg. 30.29   Schieben Sie die untere Gruppe über die obere

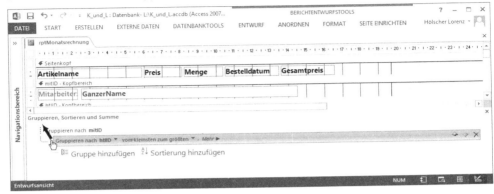

7. Die Reihenfolge der Kopf- und Fußbereiche hat sich nun auch im Entwurfsfenster verändert. Der Blick in die Berichtsansicht zeigt, dass auch dort die Gruppierungsreihenfolge jetzt richtig ist (Abbildung 30.30).

Abbildg. 30.30   Jetzt ist die Reihenfolge korrekt

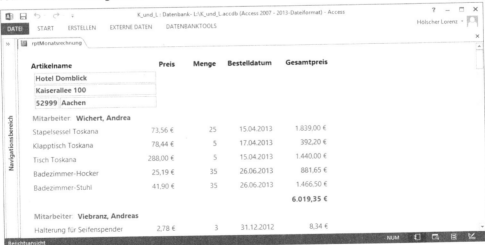

Seitenumbruch zwischen Gruppen

Leider zeigt ein Blick auf die nächste Hotel-Gruppe etwas weiter unten im Bericht oder wie in Abbildung 30.31 auf die Seitenansicht, dass doch noch nicht alles in Ordnung ist: Das jeweils nächste Hotel beginnt nicht, wie man es eigentlich erwarten würde, auf einer neuen Seite. Stattdessen schließt die Ausgabe nahtlos an die vorherige an. Die Anschriften sind hier wegen der noch vorhandenen Umrahmung ja gut zwischen den übrigen Daten zu erkennen, sodass dieser Mangel auch in der verkleinerten Darstellung der Seitenansicht sofort ins Auge springt.

Abbildg. 30.31 Das nächste Hotel beginnt nicht auf einer neuen Seite

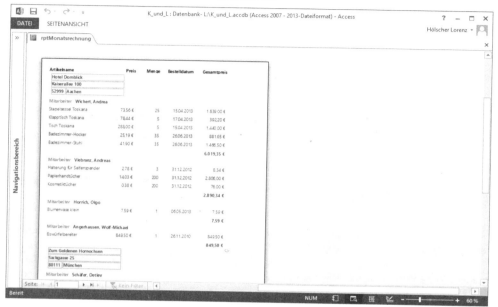

Seitenumbruch einfügen

Für einen Seitenumbruch gibt es immer zwei gegensätzliche Ansätze:

- Sie bestimmen, wo er stattfinden soll
- Sie bestimmen, wo er *nicht* stattfinden soll

Beides werden wir in diesem Bericht brauchen. Zuerst gibt es eine ganz klare Stelle, wo ein Seitenumbruch stattfinden soll, nämlich vor der Anschrift, damit jedes Hotel eine eigene Rechnung erhält.

1. Wechseln Sie in die Entwurfsansicht und markieren den *htlID – Kopfbereich*.
2. Stellen Sie dessen *Neue Seite*-Eigenschaft auf den Wert *Vor Bereich*.
3. In der Seitenansicht (siehe Abbildung 30.32, nicht mit der Berichtsansicht verwechseln!) beginnt nun wie gewünscht jede Anschrift auf einer neuen Seite. Die bisher dort vorhandene zweite Anschrift in der unteren Hälfte der Seite ist verschwunden, weil dort ein Seitenumbruch erfolgt.

Technisch ist das in Ordnung, optisch nicht. Es soll ja schließlich so wie ein Geschäftsbrief aussehen und nicht wie ein Access-Bericht. Mal abgesehen von den Umrahmungen der Anschrift fehlt ein Absender und vor allem stören die Feldnamen ganz oben.

Abbildg. 30.32 Jede Anschrift beginnt auf einer neuen Seite

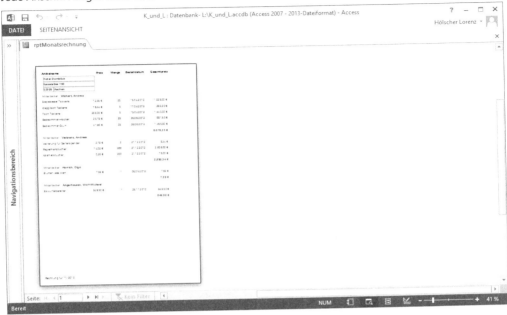

1. Wechseln Sie wieder in die Entwurfsansicht und vergrößern Sie den *htlID – Kopfbereich*.

2. Markieren Sie alle Feldnamen im Seitenkopf und schneiden diese mit `Strg`+`X` in die Zwischenablage aus. Markieren Sie den *htlID – Kopfbereich* und fügen Sie diese mit `Strg`+`V` dort wieder ein.

> **ACHTUNG** Die Überschriften lassen sich nicht einfach verschieben. Diese sind in einem tabellarischen Layout »gefangen« und können daher den Bereich nicht verlassen.

3. Positionieren Sie die Überschriften am unteren Rand des Kopfbereichs. Schieben Sie außerdem den Seitenkopf auf eine *Höhe* von *0 cm* zusammen. Löschen dürfen Sie ihn nicht, weil noch Steuerelemente im Seitenfuß existieren.

4. Mit dem Befehl *SEITE EINRICHTEN/Seitenlayout/Seite einrichten* stellen Sie den Rand *Oben* auf *10* (mm), *Unten* auf *15*, *Links* auf *25* und *Rechts* auf *20* ein.

> **HINWEIS** Sie könnten auch gleich den Rand *Oben* auf *50* (mm) und *Links* auf *25* einstellen, damit die Maße etwa denen eines üblichen Geschäftsbriefs entsprechen. Dann sitzt zwar die Anschrift richtig, aber dann kann kein Briefkopf oberhalb davon gedruckt werden.

5. Damit verbleiben auf DIN-A4-Hochformat von 21 cm Papierbreite (21 cm – 2,5 cm – 2 cm =) 16,5 cm, sodass Sie den rechten Rand der Bereiche direkt auf rund 16 cm schieben können.

6. Die Anschrift muss innerhalb von *htlID – Kopfbereich* um 2 cm nach unten geschoben werden, wie es in Abbildung 30.33 zu sehen ist. Bei der Gelegenheit können Sie auch die Rahmen um die Anschriftentexte entfernen.

Abbildg. 30.33 Der Kopfbereich hat ausreichend Platz für eine richtig positionierte Anschrift

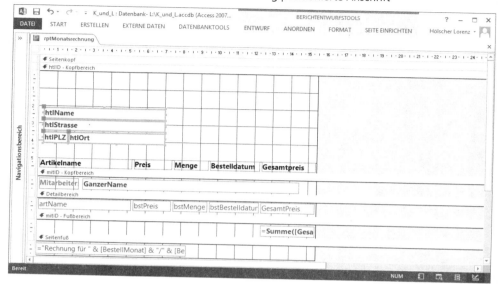

Damit nähert sich auch die Seitenansicht dem Aussehen eines üblichen Geschäftsbriefs (siehe Abbildung 30.34).

Abbildg. 30.34 Die Seitenansicht wirkt schon fast wie ein Geschäftsbrief

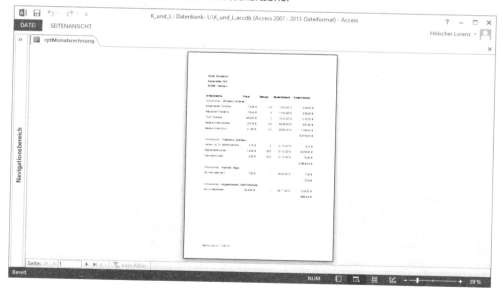

Absender vervollständigen

Es ist jetzt ausreichend Platz im Briefkopf (der ja in Wirklichkeit ein Gruppenkopf für die *htlID*-Gruppe ist), aber der Absender fehlt noch. Dieser setzt sich aus verschiedenen, teilweise berechneten Elementen zusammen.

1. Wechseln Sie in die Entwurfsansicht des Berichts *rptMonatsrechnung*.

2. Klicken Sie auf den Befehl *ENTWURF/Steuerelemente/Bild einfügen* und wählen dort aus der *Bildergalerie* eines der bereits im Formular benutzten Bilder. Hier benötigen Sie *KL_Bestellung*, wie in Abbildung 30.35 zu sehen ist.

Abbildg. 30.35 Das Absenderlogo wurde nun eingefügt

> **PROFITIPP** Es ist wichtig, dass dieses Bild sehr groß ist und für den Briefkopf verkleinert werden muss. Gegenüber einem Bildschirm mit rund 100 dpi (*dots per inch*, engl. für Pixel pro Zoll) hat ein Drucker mit 600 dpi oder gar 1.200 dpi eine drastisch höhere Auflösung. Achten Sie also in einem Bericht auf die Qualität der Bilder und bevorzugen Sie solche mit sehr großer Auflösung. Für das Beispiel können Sie der Einfachheit halber das gleiche Bild wie im Formular benutzen.

3. Unterhalb des Logos fügen Sie mit dem Befehl *ENTWURF/Steuerelemente/Textfeld* für den Absender ein ungebundenes Textfeld ein. Löschen Sie das verbundene Bezeichnungsfeld.

> **PROFITIPP** Warum wird hier auf ein *Textfeld*- und nicht auf ein *Bezeichnungsfeld*-Steuerelement zurückgegriffen, wo es sich doch um unveränderliche Texte handelt? An der Adresse ändert sich zwar nichts, aber hier soll das aktuelle Datum integriert werden. Das könnte selbstverständlich unterhalb des *Bezeichnungsfelds* als eigenes *Textfeld* positioniert werden, aber erfahrungsgemäß lassen sich die unterschiedlichen Zeilen- und Steuerelementabstände nicht exakt angleichen. Da ist ein einziges Textfeld viel bequemer.

4. Geben Sie in dem Textfeld folgende Formel ein, wobei der Zeilenumbruch mit ⌷Strg⌷+⌷↵⌷ erfolgen muss:

```
="Hotelbedarf
Beispielallee 123
99999 Lieferhausen
Datum: " & Datum()
```

5. In der Berichtsansicht (siehe Abbildung 30.36) ist der Absender nun komplett mit dem aktuellen Datum zu sehen.

Abbildg. 30.36   Der Absender unter dem Logo ist vollständig

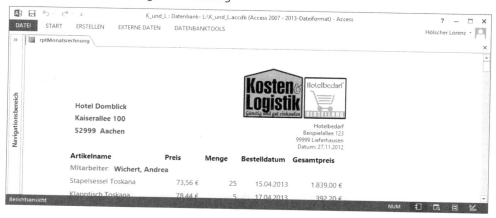

Gruppen zusammenhalten

Ich hatte eben schon darauf hingewiesen, dass es zwei Versionen des Umbruchs gibt, den gewünschten und den verhinderten. Am Beispiel des Briefkopfs haben Sie einen gewünschten Seitenumbruch gesehen, jetzt werden wir einen verhindern müssen.

Schauen Sie sich doch einmal in der Seitenansicht (nicht nur in der Berichtsansicht!) die dritte Seite an wie in Abbildung 30.37. Dort ist von der vorangegangenen Seite noch eine einzelne Zeile übrig, was unästhetisch wirkt und in der Setzersprache als *Hurenkind* bezeichnet wird.

Abbildg. 30.37   Diese Seite beginnt mit einer einzelnen, isolierten Bestellung, was optisch wenig ästhetisch wirkt und daher vermieden werden sollte

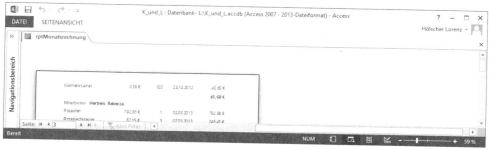

HINWEIS Je nach Schriftgrößen und Abständen zwischen den Steuerelementen tritt dieser Zeilenüberlauf bei Ihnen möglicherweise gar nicht oder an einer anderen Stelle auf. Eventuell müssen Sie ein wenig experimentieren, bis sich bei Ihnen bei so wenigen Daten das Problem ebenfalls bemerkbar macht.

Das soll nicht so bleiben. Durch einen gezielten Seitenumbruch können Sie das Problem aber nicht verhindern. Stattdessen gehen Sie folgendermaßen vor:

1. Wechseln Sie in die Entwurfsansicht des Berichts und lassen dort (falls es zwischenzeitlich ausgeblendet war) das Gruppieren-Fenster mit dem Befehl *ENTWURF/Gruppierung und Summen/Gruppieren und Sortieren* anzeigen.

2. Klicken Sie im Balken *Gruppieren nach mitID* auf den Eintrag *Mehr*, um die weiteren Optionen einzublenden.

3. Ändern Sie die Option *Gruppe nicht auf einer Seite zusammenhalten* auf den Wert *Gesamte Gruppe auf einer Seite zusammenhalten*.

4. Da die letzte Gruppe nicht mehr komplett auf die vorige Seite passte, wird nun diese gesamte Gruppe des Mitarbeiters *Lorenz Lang*, also hier vor allem seine Überschrift, auf der nächsten Seite gedruckt, wie Sie in Abbildung 30.38 sehen können.

Abbildg. 30.38 Die betroffene Gruppe erscheint nun als Ganzes auf der Folgeseite

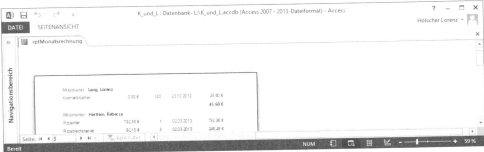

Gruppierung mit Berechnung

Angesichts des Berichtsnamens ist eine zentrale Forderung noch gar nicht erfüllt, denn alle Rechnungen zeigen immer die gesamten Bestellungen. Oberhalb der Hotel-Gruppierung muss also noch eine monatliche Gruppierung erfolgen, damit es wirklich auch Monatsrechnungen werden.

ACHTUNG »Monatsrechnung« klingt so, als könnten wir das Feld *BestellMonat* verwenden, welches ja in der Abfrage berechnet wurde. Das reicht aber nicht, denn dann würden *März 2012* und *März 2013* als ein Monat betrachtet. Es bedarf also für die Monatsgruppierung genau genommen einer Jahr/Monat-Gruppierung.

1. Wechseln Sie wieder in die Entwurfsansicht des Berichts und lassen dort das *Gruppieren*-Fenster mit dem Befehl *ENTWURF/Gruppierung und Summen/Gruppieren und Sortieren* anzeigen.

2. Klicken Sie dort auf *Gruppe hinzufügen* und anschließend bei *Feld auswählen* unterhalb der Liste auf *Ausdruck*.

3. Im Anschluss daran erscheint der Ausdrucks-Generator und Sie können die Kombination aus Bestelljahr und -monat als Formel eingeben:

```
[BestellJahr] & "_" & [BestellMonat]
```

HINWEIS Der Unterstrich zwischen den beiden Feldern verbessert hier nur die Lesefreundlichkeit, ist aber für die Funktion nicht nötig. Das wäre anders, wenn die Feldinhalte wechselnde Längen haben, also etwa Monat und laufende Nummer. Um dort den *Januar* mit der Nummer *11* vom *November* mit der Nummer *1* unterscheiden zu können, müssen Sie Trennzeichen benutzen. Dann steht dort *1_11* oder *11_1*.

4. Bestätigen Sie den Ausdrucks-Generator mit *OK* und schieben die neue Gruppe im *Gruppieren*-Fenster an die oberste Position. Sie sehen nun in der Entwurfsansicht einen neuen Kopfbereich für diese Gruppe.

TIPP Sie können die Gruppen auch durch einen Klick auf die senkrechten Pfeile am rechten Rand des Balkens verschieben.

5. Kopieren Sie das berechnete Feld aus dem Seitenfuß mit dem Text *Rechnung für ...* in diesen Kopfbereich und machen die Schrift deutlich größer (siehe Abbildung 30.39), weil dieser Text später auf einer Seite als Deckblatt stehen wird.

Abbildg. 30.39   Der Kopfbereich der neuen Gruppe wird angezeigt

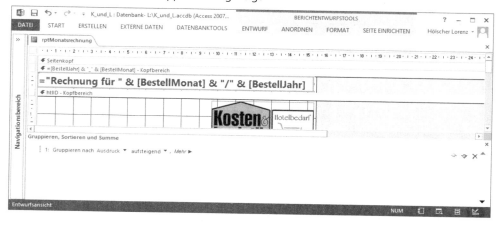

In der Seitenansicht steht so am Anfang der Rechnung auf einem eigenen Blatt der Text *Rechnung für 11/2010* und danach folgt tatsächlich die erste Rechnung für diesen Zeitraum.

ACHTUNG Hier ist es wieder wichtig, wirklich die Seitenansicht und nicht nur die Berichtsansicht zu verwenden, weil sonst die Seitenumbrüche nicht korrekt enthalten sind.

Haben Sie aber auch einmal weitergeblättert auf Seite 3 des Berichts, wie es in Abbildung 30.40 zu sehen ist? Dort steht zwar die Rechnung für den richtigen Zeitraum, aber dieser Ankündigungstext für den nächsten Monat befindet sich noch auf dem gleichen Blatt statt auf der nächsten Seite.

Abbildg. 30.40 Die Seite 3 zeigt einen Fehler

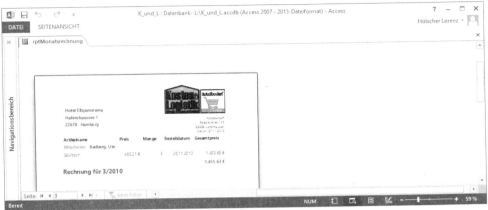

Sie müssen auch für diesen Bereich dessen *Neue Seite*-Eigenschaft von *Keine* auf *Vor Bereich* ändern, damit sich jeweils ein Zwischenblatt ergibt.

HINWEIS   Wundern Sie sich über die merkwürdige Reihenfolge der Monate? Auf *11/2010* folgt hier nämlich *3/2010*. Das muss so sein, weil aus der ursprünglichen Zahl durch die Verkettung mit dem &-Operator ein Text geworden ist. Bei Texten ist der Buchstabe *1* in der Reihenfolge vor *3*. Erst bei gleichen ersten Buchstaben würde die folgende *1* berücksichtigt, aber das ist hier nicht der Fall.

Gesamtsummen

Richtig komplett sind die Rechnungen noch nicht, denn jedes Hotel müsste aus den Teilsummen für die Mitarbeiter noch selbst eine Gesamtsumme bilden. Das kann Access natürlich gleich addieren.

Gesamtsumme einfügen

Dafür wird sich nicht die Berechnung ändern, sondern nur deren Ort, wie Sie gleich sehen werden:

1. Wechseln Sie wieder in die Entwurfsansicht des Berichts und lassen mit *ENTWURF/Gruppierung und Summen/Gruppieren und Sortieren* das *Gruppieren*-Fenster anzeigen.

2. Klicken Sie für *Gruppieren nach htlID* auf den Eintrag *Mehr* und wählen in dessen Optionen *mit Fußzeilenbereich* aus.

3. Kopieren Sie das Textfeld mit der Summe des Gesamtpreises aus dem *mitID - Fußbereich* einfach in den *htlID - Fußbereich* und schieben es dort wieder an die entsprechende Position.

Abbildg. 30.41 Das Summenfeld wurde einfach kopiert

Das war alles. Es ist exakt das gleiche Feld, nur in einer anderen Gruppe. Dadurch summiert Access automatisch alle Feldwerte der zugehörigen Gruppe. Natürlich darf es noch ein wenig auffälliger formatiert und ein erläuternder Text hinzugefügt werden (siehe Abbildung 30.42), aber die Funktionalität ist komplett.

Abbildg. 30.42 Die Gesamtsumme addiert die beiden Zwischensummen

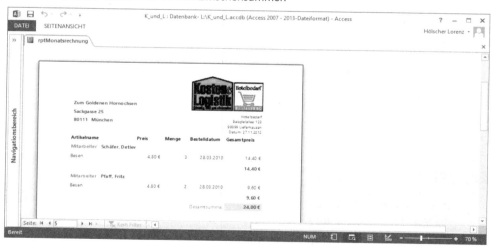

Felder von Feldern berechnen

Weil auf den bisherigen Rechnungsbetrag noch ein Lieferzuschlag kommt, müssen Sie innerhalb des Berichts mit einem dort ermittelten Wert weiterrechnen:

1. Wechseln Sie wieder in die Entwurfsansicht des Berichts und lassen sich die Eigenschaften des zuletzt eingefügten Textfeld-Steuerelements der Gesamtsumme anzeigen.

2. Den derzeitigen Namen (so etwas wie *Text67*) ersetzen Sie durch einen ordentlichen Namen entsprechend der Ungarischen Notation, also *edtRechnungSumme*.

3. Der Einfachheit halber können Sie anschließend von diesem Textfeld-Bezeichnungsfeld-Paar eine Kopie direkt darunter einfügen.

> **ACHTUNG** Die übliche Windows-Technik zum Kopieren von Elementen (Dateien im Explorer, Wörter in Word etc.) besteht eigentlich darin, das jeweilige Objekt mit gedrückter Maustaste an die neue Position zu schieben und dabei zusätzlich die ⌴Strg⌴-Taste gedrückt zu halten. Nur Access hat davon noch nichts gehört, denn damit verschieben Sie stattdessen nur Steuerelemente ohne Raster …

4. Da der Lieferzuschlag hier 5 % der Summe beträgt, muss sich die Formel auf das eben umbenannte Feld beziehen. Löschen Sie die im neuen Textfeld noch enthaltene Formel, klicken in die *Steuerelementinhalt*-Eigenschaft und lassen sich mit ⌴Strg⌴+⌴F2⌴ den Ausdrucks-Generator anzeigen. Geben Sie dort die folgende Formel ein:

```
= [edtRechnungSumme] * 0,05
```

5. Bestätigen Sie den Ausdrucks-Generator mit *OK* und benennen dieses Feld als *edtLieferzuschlag*.

6. Fügen Sie erneut eine Kopie dieser beiden Felder ein und tragen Sie in dessen *Steuerelementinhalt*-Eigenschaft diese Formel ein:

```
= [edtRechnungSumme] + [edtLieferzuschlag]
```

7. Beschriften Sie die Bezeichnungsfelder noch wie in Abbildung 30.43 und formatieren die Summen, sodass es etwas ansprechender wirkt.

Abbildg. 30.43 So sieht der Entwurf der Felder aus

Jetzt erzeugt der Bericht wie gewünscht nach Monaten getrennte Rechnungen für jedes Hotel und weist dazu die Gesamtbeträge einschließlich Lieferzuschlag aus.

Abbildg. 30.44 Der Bericht rechnet mit seinen Werten weiter

Unterberichte

Nur der Vollständigkeit halber soll hier noch ausdrücklich erwähnt werden, dass Unterberichte genauso wie Unterformulare funktionieren und angelegt werden. Anders als in der Formularansicht werden beim Ausdruck der Unterberichte auch die *Vergrößerbar-* und *Verkleinerbar*-Eigenschaften berücksichtigt.

Zusammenfassung

In diesem Kapitel haben Sie die wesentlichen Fähigkeiten von Berichten im Unterschied zu Formularen kennengelernt:

- Mit einem *automatischen Bericht* (Seite 668) können Sie sehr schnell und automatisch Berichte aus Tabellen oder Abfragen erzeugen

- Mit ein wenig mehr Aufwand lassen sich *Berichte manuell erstellen* (Seite 672), sodass Sie darin jede Einstellung selbst vorgeben können

- Ein wesentlicher Unterschied zwischen Berichten und Formularen besteht in deren Fähigkeit zum *Gruppieren* (Seite 675), was auch mehrstufig möglich ist

- Der *Seitenumbruch* (Seite 683) in Berichten kann entweder bewusst eingefügt oder für eine ganze Gruppe verhindert werden

- Die Summen-Formel in einem Textfeld ermittelt den Wert immer anhand der Gruppe, in der es sich befindet. Dadurch lassen sich verschiedene *Gesamtsummen* (Seite 691) mit der gleichen Formel errechnen.

Mehrspaltige Berichte

In diesem Kapitel:

Access kann nicht nur wie bereits beschrieben Berichte erstellen, die alle Datensätze nacheinander anzeigen, sondern auch mehrspaltig ausdrucken. Das macht ein wenig mehr Mühe, falls Sie nicht ohnehin den Assistenten nutzen, es ist aber nicht wirklich kompliziert.

CD-ROM Um Ihnen das Nachvollziehen der Schritte in diesem Kapitel zu erleichtern, finden Sie innerhalb der Beispieldateien zu diesem Buch im Ordner *Kap30* eine Datenbank, die bereits die Änderungen aus Kapitel 30 enthält. Laden Sie einfach die betreffende Datenbank, um mit der Arbeit in diesem Kapitel zu beginnen.

Sie können also jederzeit ein Kapitel überspringen und trotzdem auf den aktuellen Stand der Datenbank zugreifen.

Etiketten-Assistent

Beginnen wir am besten mit der einfachen Variante, dem Etiketten-Assistenten. Er kann Ihnen eine Menge Arbeit abnehmen, wenn die Etiketten der vorgegebenen Liste entsprechen.

Etiketten automatisch erstellen

Auf jeden Artikel, der von unserer Beispielfirma *Kosten&Logistik* ausgeliefert wird, kommt ein kleiner Aufkleber, damit er einer Bestellung zugeordnet werden kann.

1. Markieren Sie im Navigationsbereich die Abfrage *qryALLE_BESTELLUNGEN_MIT_INFO*, weil nur dort alle benötigten Informationen enthalten sind.

2. Klicken Sie auf *ERSTELLEN/Berichte/Etiketten*, woraufhin der Etiketten-Assistent startet. Wählen Sie in dessen erstem Schritt (siehe Abbildung 31.1) die *Etikettennummer Zweckform 3417* aus und klicken auf *Weiter*.

Abbildg. 31.1 Wählen Sie im ersten Schritt des Etiketten-Assistenten diese Nummer aus

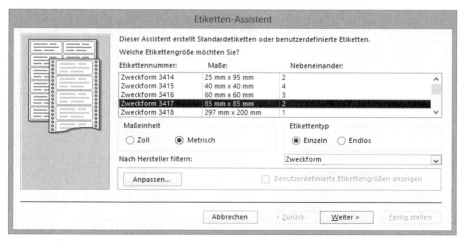

3. Der zweite Schritt erlaubt die Auswahl einer Schrift für alle Texte gleichzeitig. Das lässt sich später nach Belieben und vor allem für einzelne Steuerelemente noch verändern, daher können Sie diesen Schritt wie in Abbildung 31.2 ignorieren und mit *Weiter* zum folgenden Schritt gehen.

Abbildg. 31.2   Ignorieren Sie die Schrifteinstellungen

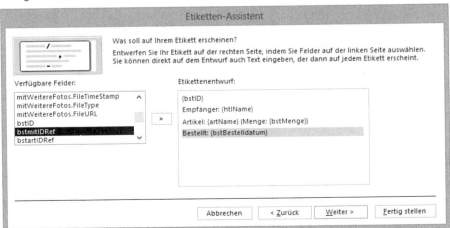

4. Im dritten Schritt (siehe Abbildung 31.3) geben Sie Texte und Daten an, die auf dem Etikett erscheinen sollen. Sie können dort in *Etikettenentwurf* eine Zeile markieren und dann per Doppelklick aus der Liste *Verfügbare Felder* einen Feldnamen übernehmen oder direkt Texte schreiben. Tragen Sie dort Folgendes ein:

```
{bstID}
Empfänger: {htlName}
Artikel: {artName} (Menge: {bstMenge})
Bestellt: {bstBestelldatum}
```

Abbildg. 31.3   Hier geben Sie Texte und Daten vor

5. Wenn Sie mit *Weiter* in den nächsten Schritt wechseln, finden Sie dort nur die Sortierung wie in Abbildung 31.4 vor. Da beim Packen möglicherweise die Artikel in der Reihenfolge Ihrer IDs aus dem Regal geholt werden, lassen wir die Aufkleber einfach mal nach *artID* sortieren.

Abbildg. 31.4   Sie können eine Sortierung vorgeben

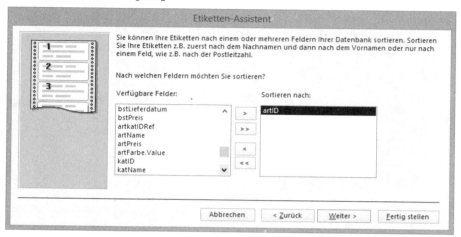

6. Mit einem Klick auf *Weiter* gelangen Sie in den letzten Schritt, bei dem Sie (anders als sonst!) nur den Namen vorgeben, unter dem dieser Bericht gespeichert wird. Tragen Sie dort *rptEtikettenAuslieferung* ein und beenden den Assistenten per Klick auf *Fertig stellen*.

Abbildg. 31.5   Im letzten Schritt geben Sie den Berichtsnamen ein

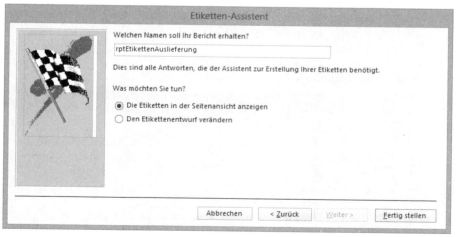

In der Seitenansicht sehen Sie vor allem bei verkleinerter Darstellung, dass sich auf jedem Blatt mehrere Etiketten befinden. In Abbildung 31.6 ist die Hintergrundfarbe des Detailbereichs vorübergehend dunkler gemacht, sodass die Größe der Etiketten besser zu erkennen ist.

Abbildg. 31.6 So sehen die Etiketten derzeit aus

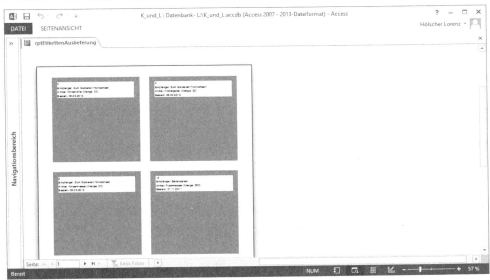

Etiketten verbessern

Da ja nur eine Schriftart für alle Steuerelemente ausgewählt werden konnte, ist jetzt ein wenig Nach-arbeit fällig.

ACHTUNG Sie dürfen alles verändern, nur nicht die Höhe des Detailbereichs und die Breite des Formulars. Diese bestimmen ja die Etikettengröße, wie sie vom selbstklebenden Papier mit seinen gestanzten Kanten vorgegeben ist.

1. Wechseln Sie in die Entwurfsansicht des Berichts *rptEtikettenAuslieferung* und markieren Sie alle Steuerelemente.
2. Vergrößern Sie den Schriftgrad auf *16* und klicken dann auf den Befehl *ANORDNEN/Anpassung und Anordnung/Größe/Abstand/(Größe) an Textgröße*, damit die Höhe der Steuerelemente wie-der zum Text passt.
3. Jetzt überlappen sich die Steuerelemente, daher können Sie den Befehl *ANORDNEN/Anpassung und Anordnung/Größe/Abstand/(Abstand) Vertikal vergrößern* nutzen, sodass die Zeilen wieder korrekt untereinanderstehen.

HINWEIS Steuerelemente im Bericht können sich automatisch mehr Platz schaffen, wenn deren *Vergrößerbar*-Eigenschaft auf *Ja* steht, wie das hier bereits der Fall ist. Stellen Sie die *Ver-größerbar*-Eigenschaft des zugehörigen Bereichs auch auf *Ja*, damit dieser bei Bedarf ebenfalls vergrößert werden kann. Bei Formularen gibt es diese Eigenschaft zwar ebenfalls, sie gilt aber nicht für die Formularansicht, sondern nur beim Ausdruck des Formulars.

Damit hier nichts passiert, sollten Sie aber die *Vergrößerbar-* und die *Verkleinerbar*-Eigenschaft für den Detailbereich beide auf *Nein* belassen. Sonst passt es ja nicht zur fixen Etikettengröße.

4. Schieben Sie den Steuerelementeblock ein Stück nach unten, damit darüber ausreichend Platz für das Logo ist.

5. Mit dem Befehl *ENTWURF/Steuerelemente/Bild einfügen* können Sie das gleiche Logo *KL_Bestellung* wie schon für den Briefkopf in Kapitel 30 einfügen. Stellen Sie dessen *Hintergrundart* auf *Transparent*, weil das eingefügte GIF-Bild ja auch transparent ist.

Damit sind die Etiketten optisch verbessert und sehen so aus wie in Abbildung 31.7 (die dunkle Hintergrundfarbe habe ich hier wieder entfernt).

Abbildg. 31.7 Das endgültige Etikett

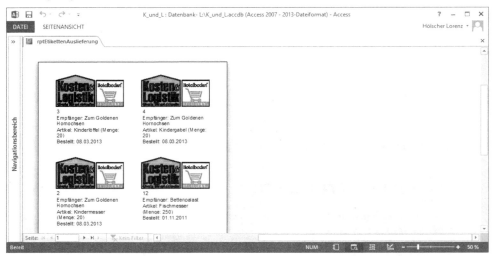

Mehrspaltige Berichte erstellen

Natürlich können Sie einen solchen mehrspaltigen Bericht auch komplett selbst erstellen, ohne die Hilfe des Assistenten in Anspruch zu nehmen.

Bericht vorbereiten

Obwohl ein Zugriff auf die Datenbank natürlich immer aktueller ist, soll es für die Mitarbeiter einen Überblick über die Kollegen, deren Hotelname und deren Telefonnummer geben. Dieses Telefonverzeichnis kann platzsparend in DIN A5 und mehrspaltig angelegt werden:

1. Beginnen Sie mit *ERSTELLEN/Berichte/Leerer Bericht* und wechseln dann direkt in die Entwurfsansicht dieses neuen Berichts.

2. Geben Sie als *Datensatzquelle*-Eigenschaft des Berichts die Tabelle *tblMitarbeiter* an.

3. Für ein DIN A5-Hochformat bleiben von den knapp 15 cm Papierbreite nach Abzug zweier Ränder (je ca. 1 cm) und einem Abstand zwischen den Spalten von ebenfalls 1 cm noch rund 12 cm nutzbare Breite übrig. Für zwei Spalten ergibt das jeweils *6 cm* Breite, die Sie entweder als Bericht-Eigenschaft *Breite* eingeben oder mit der Maus ziehen.

4. Speichern Sie den Bericht als *rptTelefonverzeichnis* und lassen mit ⌐Alt⌐ + ⌐F8⌐ die Feldliste anzeigen.

5. Ziehen Sie die drei Felder *mitNachname*, *mitVorname*, *mitTelefon* und *mithtlIDRef* in den Detailbereich, löschen deren Bezeichnungsfelder und verschönern sie optisch nach Ihrem Geschmack (siehe Abbildung 31.8).

TIPP Mit dem *mithtlIDRef*-Feld erzeugt Access automatisch ein Kombinationsfeld, wie es auch im Tabellenentwurf vorgegeben war. Falls Sie statt des Hotelnamens dort nur dessen ID sehen, müssen Sie dessen erste Spaltenbreite auf *0cm* stellen.

Abbildg. 31.8   Der Detailbereich des Telefonverzeichnisses im Entwurf

6. Wenn Sie sich jetzt die Seitenansicht ansehen, werden Sie feststellen, dass die Papierbreite noch DIN A4 beträgt. Klicken Sie daher auf *SEITE EINRICHTEN/Seitenlayout/Seite einrichten*, um im Dialogfeld (siehe Abbildung 31.9) auf der Registerkarte *Seite* als *Größe* den Wert *A5* auszuwählen.

Abbildg. 31.9   Geben Sie im Dialogfeld die andere Papiergröße an

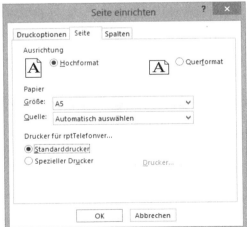

> **TIPP**   Alternativ können Sie auch mit *SEITE EINRICHTEN/Seitengröße/Format* ein anderes Papierformat auswählen. Allerdings werden hier nur die Papiergrößen des Windows-Standarddruckers angezeigt. Falls im Dialog keine A5-Größe angeboten wird, wechseln Sie dort von *Standarddrucker* auf *Spezieller Drucker* und wählen mit der *Drucker*-Schaltfläche einen geeigneten Drucker aus.

7. Bis dahin wäre es ein ganz normaler einspaltiger Bericht. Wechseln Sie daher im Dialogfeld wie in Abbildung 31.10 zur Registerkarte *Spalten* und geben dort als *Spaltenanzahl* den Wert *2* sowie als *Spaltenabstand* den Wert *1 cm* an. Bestätigen Sie das Dialogfeld mit *OK*.

Abbildg. 31.10   Hier wird der Bericht mehrspaltig

Jetzt ist der Bericht mehrspaltig, wie Sie in der Seitenansicht (nicht in der Berichtsansicht!) entsprechend der Abbildung 31.11 feststellen können.

Abbildg. 31.11   Der Bericht ist jetzt mehrspaltig

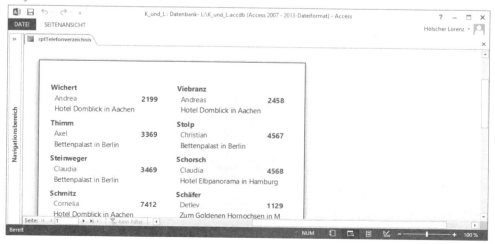

Gruppierung nach Anfangsbuchstaben

Typisch für ein Telefonverzeichnis wäre nicht nur eine Sortierung nach Nachname, sondern vor allem eine Hervorhebung für einen neuen Anfangsbuchstaben. Das geht natürlich auch in einem Access-Bericht:

1. Wechseln Sie in die Entwurfsansicht des Berichts und klicken auf *ENTWURF/Gruppierung und Summen/Gruppieren und Sortieren*, damit das *Gruppieren*-Fenster angezeigt wird.

2. Klicken Sie dort auf *Gruppe hinzufügen* und bei *Feld auswählen* auf *mitNachname*. Erweitern Sie die Optionen durch Klick auf *Mehr* und ändern die Einstellung *nach Gesamtwert* auf *nach dem ersten Zeichen*. Lassen Sie die Gruppierung außerdem *mit Kopfzeilenbereich* anzeigen (siehe Abbildung 31.12).

Abbildg. 31.12   Die Gruppierung erfolgt nach dem ersten Zeichen

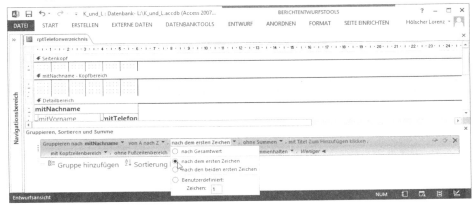

3. In diesem Kopfbereich fügen Sie ein ungebundenes *Textfeld*-Steuerelement ein mit der folgenden Formel, die den ersten Buchstaben des Nachnamens ermittelt:

```
=Links([mitNachname];1)
```

ACHTUNG   Es gibt zwei Varianten von *Links*: die Eigenschaft und die Funktion. Achten Sie darauf, dass Sie sich in der angebotenen Liste für die Funktion entscheiden, sonst stimmt die Syntax nicht.

Abbildg. 31.13   Die *Links()*-Funktion muss ausgewählt sein

4. Anschließend können Sie noch den Hintergrund des Kopfbereichs dunkel färben und die Schrift des Steuerelements größer, fett und weiß einstellen, damit es sich besser von den Daten unterscheidet, wie in Abbildung 31.14 zu sehen.

Abbildg. 31.14   So sieht der Berichtsentwurf mit Kopfbereich aus

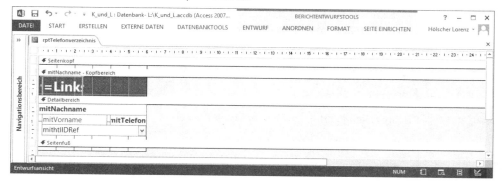

5. Das Ergebnis aus Abbildung 31.15 sieht allerdings noch nicht besonders überzeugend aus, weil die Überschrift und die zugehörigen Daten nebeneinanderstehen.

Abbildg. 31.15   Die Überschriften stehen noch neben den Daten

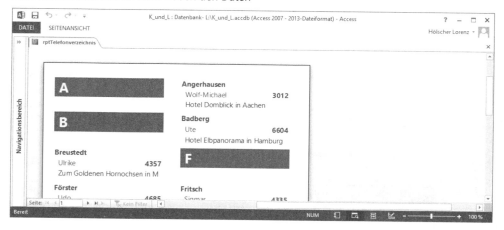

6. Wechseln Sie wieder in die Entwurfsansicht und klicken auf *SEITE EINRICHTEN/Seitenlayout/Spalten*, um direkt zur Registerkarte *Spalten* des Dialogfelds *Seite einrichten* zu wechseln. Ändern Sie dort das *Spaltenlayout* auf *Nach unten, dann quer.*

Abbildg. 31.16   Ändern Sie die Richtung für das Spaltenlayout

Wie Sie in Abbildung 31.17 sehen, stimmt nun auch die Richtung für das Spaltenlayout, sodass die Daten direkt unterhalb deren Überschriften stehen.

Abbildg. 31.17   Die Richtung im Spaltenlayout ist nun korrekt

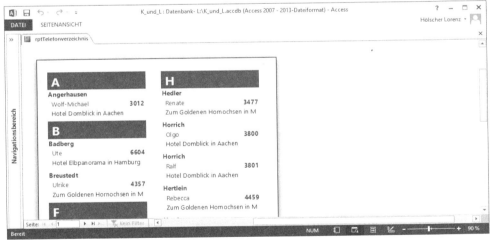

Seitenkopf und Seitenfuß

Es liegt nahe, für das Telefonverzeichnis auch einen Seitenkopf mit einer Überschrift anzulegen. Das funktioniert jedoch ein wenig anders als in gewöhnlichen Berichten.

Seitenkopf im mehrspaltigen Bericht

Dieser Seitenkopf soll natürlich breiter sein als die eigentlichen Daten im Detailbereich, nämlich über die volle Seitenbreite von 13 cm (= 2*Spaltenbreite + 1 cm Zwischenraum):

1. Wechseln Sie in die Entwurfsansicht des Berichts und ziehen Sie die Formularbreite auf 13 cm.
2. Fügen Sie im *Seitenkopf*-Bereich ein Bezeichnungsfeld ein und beschriften es als *Telefonverzeichnis*. Es ist 13 cm breit und zentriert, wie in Abbildung 31.18 zu sehen ist.

Abbildg. 31.18   Die Überschrift steht im Seitenkopf

3. Leider werden Sie anschließend in der Seitenansicht (siehe Abbildung 31.19) feststellen müssen, dass damit auch der Detailbereich zu breit geworden ist und im Ergebnis nicht mehr zweispaltig erscheint.

Abbildg. 31.19   Der Detailbereich ist zu breit geworden

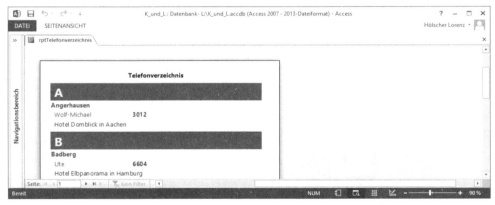

4. Um das zu beheben, wechseln Sie wieder in die Entwurfsansicht und rufen mit *SEITE EIN-RICHTEN/Seitenlayout/Spalten* das Dialogfeld *Seite einrichten* auf. Entfernen Sie dort das Häkchen vor *Wie Detailbereich* und korrigieren die *Breite* wieder auf *6 cm*.
5. Jetzt finden Sie in der Seitenansicht wie in Abbildung 31.20 zu sehen korrekt die breite Titelzeile und trotzdem mehrspaltige Details.

Abbildg. 31.20   Die mehrspaltige Darstellung funktioniert wieder

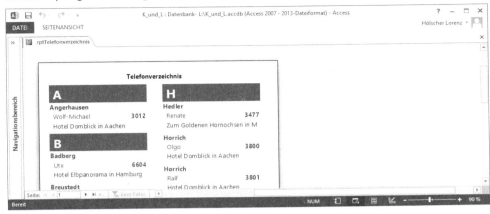

ACHTUNG   Achten Sie bei allen Änderungen immer darauf, dass zwar die Breite des Formulars wieder der bedruckbaren Breite des Papiers (13 cm hier bei DIN A5) entspricht, aber kein Steuerelement im Detailbereich über die 6 cm (Breite des Detailbereichs laut Dialogfeld *Seite einrichten*) hinausragen darf.

Dieses Zusammenspiel der verschiedenen Breiten ist recht komplex und bereitet vielen Access-Benutzern anfangs Schwierigkeiten. Aber hier gilt: Mit etwas Übung verschwinden diese Startprobleme schnell und man wird in immer kürzerer Zeit die gewünschten Ergebnisse erzielen.

Lebende Kolumnentitel

Als »lebender Kolumnentitel« wird eine Überschrift im Seiten- oder Spaltenkopf bezeichnet, die ihren Inhalt verändert. Bei Telefonbüchern steht dort beispielsweise der erste und letzte Name der Seite, daher soll unser Telefonverzeichnis auch damit ausgestattet werden.

ACHTUNG   Da Access im Seitenkopf noch nichts vom letzten Datensatz auf der Seite »weiß«, funktioniert das nur im Seitenfuß. Dort allerdings kennt Access nur den letzten Datensatz, der Bericht muss sich also mit einem versteckten Hilfsfeld den ersten Datensatz merken.

Wie Sie gleich sehen werden, wird dafür VBA-Code benötigt, weil Access sonst zum falschen Zeitpunkt aktualisiert. Ohne Einsatz von VBA geht es leider nicht. Immerhin ist nur eine einzige Zeile VBA-Code erforderlich. Daher möchte ich Ihnen diese Lösung schon hier zeigen, auch wenn VBA erst offiziell in Buchteil H eingeführt wird, zumal der Aufwand für die Lösung minimal ist.

1. Wechseln Sie in die Entwurfsansicht des Berichts. Ziehen Sie aus der Feldliste das *mitNachname*-Feld in den *Seitenkopf*, benennen es in *edtNachnameErster* um und löschen dessen Bezeichnungsfeld.
2. Sie können in der Seitenansicht (siehe Abbildung 31.21) nachsehen, dass dort auf jeder Seite tatsächlich der Nachname des ersten Datensatzes steht.

Abbildg. 31.21   Auch auf Seite 2 steht in *edtNachnameErster* der jeweils erste Nachname

3. Wechseln Sie wieder in die Entwurfsansicht und stellen die *Sichtbar*-Eigenschaft des Felds auf *Nein*.

PROFITIPP   Da ich weder in Formularen noch in Berichten violette Texte für reguläre Elemente einsetze, markiere ich solche unsichtbaren Elemente gerne in dieser Farbe. So erkenne ich auch bei einer späteren Bearbeitung sofort, dass es sich um Hilfselemente handelt, und muss mich nicht darüber wundern, warum im Entwurf manche Steuerelemente so quer und ungestaltet über anderen Steuerelementen liegen.

4. Fügen Sie nun im *Seitenfuß*-Bereich ein ungebundenes *Textfeld*-Steuerelement ein, dessen Bezeichnungsfeld Sie wiederum gleich löschen. Benennen Sie es in *edtNachnameVonBis* um und geben folgende Formel als *Steuerelementinhalt* ein:

```
=[edtNachnameErster] & " - " & [mitNachname]
```

5. Wie Sie anschließend in der Seitenansicht (siehe Abbildung 31.22) sehen, wird zwar für *mit-Nachname* korrekt der letzte Nachname ermittelt, aber durch die erneute Aktualisierung des Felds *edtNachnameErster* findet auch dieses nur den letzten Nachnamen.

Abbildg. 31.22   Beide Teile der Fußzeile zeigen nur den letzten Namen an

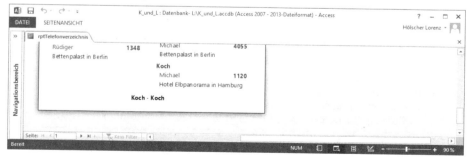

Diese erneute Aktualisierung des *edtNachnameErster*-Felds beim Auslesen durch das Feld *edtNach-nameVonBis* in der Fußzeile ist zwar konsequent, doch umso ärgerlicher, weil es in der Kopfzeile immer noch richtig steht. Machen Sie dieses Hilfsfeld nämlich zwischenzeitlich sichtbar, ist dort tat-sächlich der erste Nachname der Seite zu sehen. Dieser ändert sich auch nicht mehr, weil er bereits »gedruckt« ist.

Wir müssen also verhindern, dass Access das Feld beim erneuten Auslesen von der Fußzeile aus aktualisiert. Das geht nur, indem es ein ungebundenes Feld wird, welches seinen Inhalt während der Formatierung des Seitenkopfs (also beim »Druckbeginn« der Seite) per VBA-Befehl erhält.

Da die Lösung in der Praxis oft gebraucht wird, soll diese Technik hier eingesetzt werden, auch wenn diese, wie vorhin erwähnt, ein Vorgriff auf die VBA-Programmierung ist (konkret ist es Kapitel 39). Dafür ist die Umsetzung auch nicht weiter aufwendig:

1. Wechseln Sie in die Entwurfsansicht des Berichts und markieren das Feld *edtNachnameErster*. Löschen Sie aus der *Steuerelementinhalt*-Eigenschaft den Eintrag *mitNachname* und lassen den Eintrag leer, das Feld ist also jetzt ungebunden.

2. Markieren Sie den *Seitenkopf*-Bereich und klicken in dessen *Beim Formatieren*-Eigenschaft. Wählen Sie aus der Dropdownliste den Eintrag *[Ereignisprozedur]* aus und wechseln dann per Klick auf die Schaltfläche mit den drei Pünktchen in den Editor für *Microsoft Visual Basic for Applications*.

3. Dort finden Sie einen leeren *Seitenkopfbereich_Format*-Prozedurrumpf vor, in den Sie zwischen der Private Sub- und der End Sub-Zeile den folgenden VBA-Code eingeben:

```
Me.edtNachnameErster.Value = Me.mitNachname.Value
```

4. Sie werden bemerken, dass jeweils nach der Eingabe eines Punkts eine Liste mit sinnvollen Eigenschaften ausklappt. Dort können Sie den passenden Eintrag per Doppelklick auswählen. Dann sollte es so aussehen wie in Abbildung 31.23.

Abbildg. 31.23   Der fertige VBA-Code im Editor

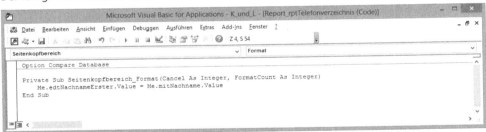

5. Schließen Sie den Editor mit dem Menü *Datei/Schließen und zurück zu Microsoft Access*, sodass Sie wieder die Entwurfsansicht sehen.

Abbildg. 31.24   Der Bericht kann nun auch den ersten und letzten Namen anzeigen

Jetzt können Sie den Bericht erneut speichern (der Code ist darin enthalten) und sehen nun wie in Abbildung 31.24, dass der erste und der letzte Nachname der jeweiligen Seite korrekt angezeigt werden.

Seitenzahlen

Die Seitenzahlen für unser Telefonverzeichnis sind wieder bedeutend einfacher, sie können sogar mit einem fertigen Befehl eingefügt werden:

1. Wechseln Sie in die Entwurfsansicht und klicken auf den Befehl *ENTWURF/Kopfzeile/Fußzeile/ Seitenzahlen*, um das Dialogfeld *Seitenzahlen* wie in Abbildung 31.25 anzuzeigen.

2. Die Seitenzahl soll als *Seite N von M* im *Seitenfuß* und *rechtsbündig* angezeigt werden. Bestätigen Sie das Dialogfeld anschließend mit *OK*.

Abbildg. 31.25   Wählen Sie hier aus, wie und wo die Seitenzahlen angezeigt werden sollen

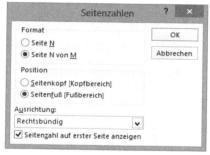

3. Access fügt dann ein *Textfeld*-Steuerelement in den *Seitenfuß*-Bereich ein, welches allerdings wie in Abbildung 31.26 einfach über anderen Steuerelementen liegt. Es enthält die folgende Formel:

```
="Seite " & [Seite] & " von " & [Seiten]
```

Abbildg. 31.26   So fügt das Dialogfeld das neue Steuerelement ein

Sie können das *Textfeld*-Steuerelement nach Belieben formatieren oder verschieben. Auch die Formel enthält keine Besonderheiten, die Sie nicht selbst hätten schreiben können. Wenn Sie die beiden Textfelder im Seitenfuß ein wenig auseinandergeschoben und formatiert haben, sieht dies in der Seitenansicht aus wie in Abbildung 31.27.

Abbildg. 31.27 Die Fußzeile enthält nun eine Seitenzahl

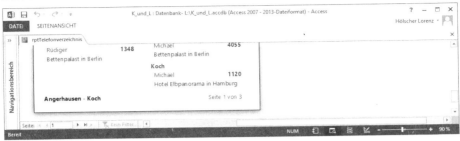

ACHTUNG   Die Schreibweise *[Seite]* und *[Seiten]* für die (aktuellen bzw. die Gesamt-)Seitenzahlen ist offensichtlich eine Feldnamensyntax. Hier verbirgt sich eine Falle, die unerwünschte Auswirkungen haben kann, welche auf den ersten Blick nach einer Fehlfunktion aussehen und die Funktionsfähigkeit eines Berichts massiv einschränken können: Verwenden Sie in Ihrer Datensatzquelle eines Berichts Felder mit einem dieser Namen, konkret *Seite*, *Seiten*, *Page* oder *Pages*, so werden bei Berechnungen wie *=[Seite]+1* im Bericht unerbittlich die Seitenzahlen statt der Feldinhalte benutzt. Glücklicherweise tritt das Problem nicht auf, wenn man sich an die Ungarische Notation hält, weil diese Feldnamen ohne Präfix dann nicht vorkommen können.

Laufende Summen

Ich hatte Ihnen in Kapitel 22 versprochen, dass es für das Durchnummerieren von Datensätzen in Berichten eine einfache Lösung gibt. Diese möchte ich Ihnen hier für das Telefonverzeichnis vorstellen, in dem die Namen trotz Sortierung eine laufende Nummer erhalten sollen.

1. Wechseln Sie in die Entwurfsansicht des Berichts und verschieben Sie die Felder im Detailbereich ein wenig nach rechts. Kürzen Sie diese so weit, dass keines der Felder über die hier errechnete magische Grenze von 6 cm hinausragt, sonst wird deren Inhalt abgeschnitten.

2. Fügen Sie links davor ein neues *Textfeld*-Steuerelement ein, dessen Bezeichnungsfeld Sie wieder löschen, und geben Sie als Formel *=1* ein. Ich habe das Feld in Abbildung 31.28 zur besseren Erkennung mit weißer Schrift auf orangem Hintergrund formatiert.

Abbildg. 31.28   Das neue Steuerelement ist fertig formatiert

3. Stellen Sie seine *Laufende Summe*-Eigenschaft auf den Wert *Über Alles* und wechseln in die Seitenansicht (siehe Abbildung 31.29), in der bereits alles funktioniert.

Abbildg. 31.29   Die fortlaufende Nummerierung funktioniert

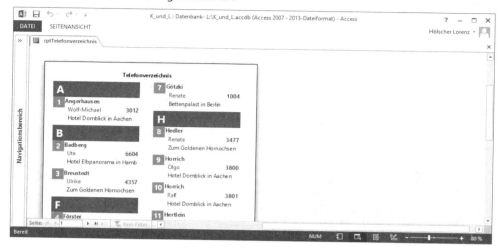

Dank der *Laufende Summe*-Eigenschaft ist die fortlaufende Nummerierung erfreulich einfach, aber im Grunde ist diese Eigenschaft natürlich für einen anderen Zweck gedacht.

Am häufigsten wird so etwas für Konten benötigt, bei denen in jeder Zeile der jeweils aktuelle Kontostand sichtbar ist. Auch wenn hier die Bestellungen nicht wirklich schon mit Geldeingängen gleichgesetzt werden können, lässt sich das Prinzip doch gut demonstrieren:

1. Erstellen Sie einen neuen leeren Bericht mit *ERSTELLEN/Berichte/Berichtsentwurf*, wählen als Datensatzquelle *qryALLE_BESTELLUNGEN_MIT_INFO* und speichern ihn auf den Namen *rptEinnahmen*.

2. Ziehen Sie aus der Feldliste die drei Felder *bstBestelldatum*, *artName* und *GesamtPreis* in den Bericht, markieren alle und lassen sie mit dem Befehl *ANORDNEN/Tabelle/Tabelle* wie in Abbildung 31.30 ausrichten.

Abbildg. 31.30   Die Felder wurden übersichtlich angeordnet

3. Damit die laufende Summe überhaupt inhaltlich sinnvoll rechnet, müssen die *bstBestelldatum*-Werte aufsteigend sortiert sein. Klicken Sie auf *ENTWURF/Gruppierung und Summen/Gruppieren und Sortieren*, um das *Gruppieren*-Fenster anzuzeigen.

4. Klicken Sie dort auf *Sortierung hinzufügen* und wählen anschließend bei *Sortieren nach* das Feld *bstBestelldatum* aus.

5. Ziehen Sie dann das Feld *GesamtPreis* ein zweites Mal aus der Feldliste und schieben es so dicht an den rechten Rand des schon vorhandenen Bezeichnungsfelds für den Gesamtpreis, dass dort ein kleiner orangefarbener Strich erscheint. Dieser signalisiert, dass das neue Feld ebenfalls in das Layout aufgenommen wird.

6. Um die beiden Felder nicht zu verwechseln, wird das zweite *GesamtPreis*-Feld mit *Kontostand* beschriftet (siehe Abbildung 31.31).

Abbildg. 31.31   Sortierung und doppeltes *GesamtPreis*-Feld sind enthalten

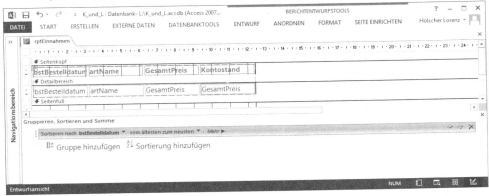

7. Damit dieses zweite *GesamtPreis*-Feld nicht die gleichen Daten anzeigt, stellen Sie seine *Laufende Summe*-Eigenschaft auf *Über Alles*.

Damit ist der Bericht fertig und Sie können in der Seitenansicht sehen, dass der Kontostand in jeder Zeile die Summe aller bisherigen *GesamtPreis*-Werte bildet.

Abbildg. 31.32   Der Kontostand zeigt in jeder Zeile jeweils die Summe aller bisherigen »Einnahmen«

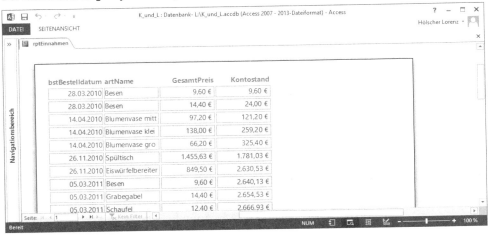

Haben Sie Ihren Bericht gruppiert und soll die Nummerierung bzw. Summierung für jede Gruppe neu beginnen, stellen Sie die *Laufende Summe*-Eigenschaft auf *Über Gruppe*.

Zusammenfassung

In diesem Kapitel ging es um vor allem um mehrspaltige Berichte, die Access ebenfalls erstellen kann.

■ Mit dem *Etiketten-Assistenten* (Seite 696) lassen sich Standardetiketten aus einer vorgegebenen Liste sehr schnell und einfach erstellen

■ *Mehrspaltige Berichte* (Seite 700) können Sie ebenso gut komplett manuell erstellen und dort alle benötigten Eigenschaften detailliert vorgeben

■ Ein *Seitenkopf oder -fuß* (Seite 705) ist in mehrspaltigen Berichten etwas komplizierter als sonst. Mit ein wenig VBA lassen sich dort aber sogar lebende Kolumnentitel erzeugen.

■ Eine *Laufende Summe* (Seite 711) ermöglicht das Nummerieren beliebiger Zeilen und Zwischenstände für Konten

Kapitel 32

Export und Seriendruck

In diesem Kapitel:

Berichte werden entweder ausgedruckt oder per E-Mail verschickt (und dann doch wieder ausgedruckt), aber sie sind sicher der häufigste Fall eines Exports. Daher möchte ich die Berichte zum Anlass nehmen, die Exportmöglichkeiten in Access vorzustellen. Sie werden aber gleich feststellen, dass der Export durchaus nicht auf Berichte beschränkt ist.

CD-ROM Um Ihnen das Nachvollziehen der Schritte in diesem Kapitel zu erleichtern, finden Sie innerhalb der Beispieldateien zu diesem Buch im Ordner *Kap31* eine Datenbank, die bereits die Änderungen aus Kapitel 31 enthält. Laden Sie einfach die betreffende Datenbank, um mit der Arbeit in diesem Kapitel zu beginnen.

Sie können also jederzeit ein Kapitel überspringen und trotzdem auf den aktuellen Stand der Datenbank zugreifen.

Als Beispiel dient hier meist der Bericht *rptHotels*, weil er nicht so umfangreich ist und alle wesentlichen Elemente enthält. Allerdings ist er noch querformatig, was Sie mit *SEITE EINRICHTEN/Seitenlayout/Hochformat* ändern können. Schieben Sie dann die Steuerelemente etwas schmaler, sodass alles wieder auf die Seite passt (siehe Abbildung 32.1).

Abbildg. 32.1 So sieht der Beispielbericht aus

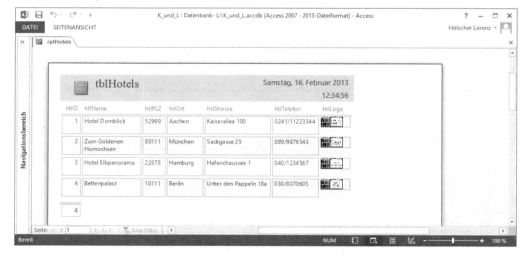

Dateiexport

Access exportiert Berichte vor allem erst einmal in eine gespeicherte Datei, die anschließend geöffnet werden kann. Dabei stehen einige Microsoft Office-Formate und ein paar allgemeine Dateiformate zur Verfügung.

Sowohl die Inhalte der Zieldateien als auch deren Größe und Qualität wird sich erheblich unterscheiden, sodass Sie für Ihre Zwecke jeweils einen geeigneten Weg heraussuchen müssen.

Um einen Bericht zu exportieren, reicht es, wenn er im Navigationsbereich markiert ist. Dann sind die entsprechenden Befehle im Menüband bereits aktiviert.

Excel

Der erste Export soll die Daten in eine Excel-Datei schreiben. Das ist zwar nicht wirklich das geeignetste, aber nach meinen Erfahrungen in vielen Firmen das übliche Austauschformat:

1. Starten Sie den Excel-Export durch einen Klick auf den Befehl *EXTERNE DATEN/Exportieren/Excel*, sodass wie in Abbildung 32.2 der erste Schritt des Export-Assistenten erscheint.

Abbildg. 32.2   Geben Sie hier den Dateinamen vor

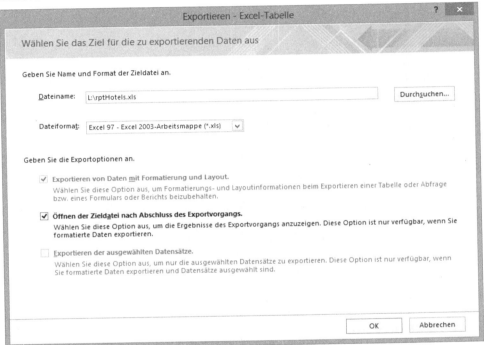

TIPP   Wenn die Seitenansicht geöffnet ist, können Sie den Export auch direkt von dort aus starten, indem Sie den Befehl *SEITENANSICHT/Daten/Excel* anklicken.

---

2. Geben Sie einen Pfad und Dateinamen vor und wählen das gewünschte Excel-Dateiformat aus. Um die Ergebnisse direkt zu prüfen, aktivieren Sie das Kontrollkästchen *Öffnen der Zieldatei nach Abschluss des Exportvorgangs*.

3. Mit einem Klick auf *OK* wird der Export sofort ausgeführt. Im letzten Schritt des Assistenten (siehe Abbildung 32.3) besteht immer die Möglichkeit, den Export zu speichern, um ihn später erneut auszuführen. Verlassen Sie das Dialogfeld mit der *Schließen*-Schaltfläche.

Abbildg. 32.3   Im letzten Schritt kann der Export gespeichert werden

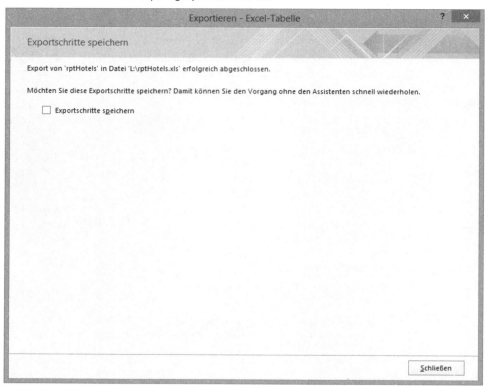

4.   In Excel 2013 ist diese Datei parallel dazu bereits geöffnet und sieht aus wie in Abbildung 32.4.

Abbildg. 32.4   So sieht die exportierte Datei in Excel aus

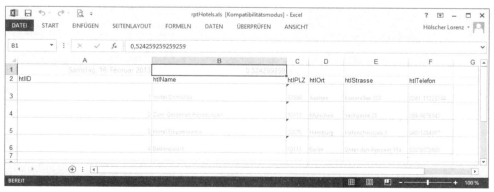

Wie auf den ersten Blick schon zu sehen ist, fehlt die Hälfte. Bilder sind gar keine mehr enthalten, weder das ungebundene Bild oben links noch die Hotel-Logos der Spalte *htlLogo*. Linien und Hintergrundfarben fehlen ebenfalls.

Datum und Uhrzeit stehen nicht mehr rechts untereinander, sondern links und nebeneinander. Das Datum ist keine formatierte Zahl, sondern ein schlichter Text, aber wenigstens korrekt geschrieben. Die Uhrzeit (in Abbildung 32.4 markiert) stimmt zwar inhaltlich, hat aber ihr Zahlenformat verloren.

Während die Überschriften im Bericht grau und die Daten schwarz sind, ist es in der Excel-Datei umgekehrt und trägt nicht zur Lesefreundlichkeit bei. Die Datei ist mit 6 KB sehr klein und damit als E-Mail-Anhang geeignet.

Word-Export

Das zweite große Office-Programm für den Export ist Microsoft Word. Allerdings wird nicht in ein Original-Word-Dateiformat exportiert, sondern in das Rich Text-Format mit der Endung *.rtf*:

1. Klicken Sie auf den Befehl *EXTERNE DATEN/Exportieren/Weitere Optionen/Word*, um den Assistenten wie in Abbildung 32.5 zu starten.

Abbildg. 32.5   Der erste Schritt des Word-Exports

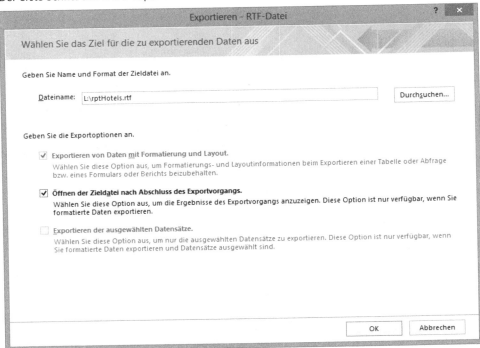

2. Nach einem Klick auf *OK* wird auch hier die Datei geschrieben und im nächsten Schritt die Möglichkeit der Speicherung der Exporteinstellungen vorgeschlagen. Damit Sie später sehen können, wo und wie das genutzt werden kann, aktivieren Sie dieses Mal das Kontrollkästchen *Exportschritte speichern*.

3. Dadurch werden die übrigen Steuerelemente sichtbar (siehe Abbildung 32.6), in denen Sie die Details zur Speicherung notieren können.

Abbildg. 32.6 Die zusätzlichen Steuerelemente werden nach Aktivieren von *Exportschritte speichern* sichtbar

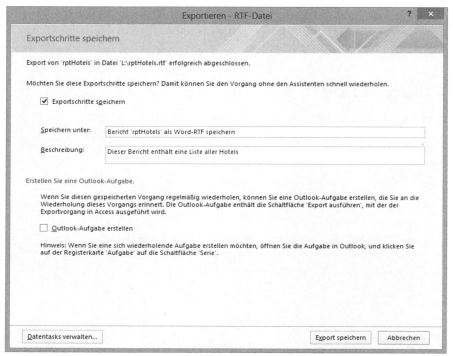

4. Bestätigen Sie diesen Schritt mit *Export speichern* und sehen Sie sich die erstellte Datei wie in Abbildung 32.7 mit Word an.

Abbildg. 32.7 So sieht die Datei in Word aus

Dieser Word-Export hinterlässt einen bedeutend besseren Eindruck als der Excel-Export. Die Inhalte stehen an der richtigen Stelle und sind wie im Original formatiert. Allerdings fehlen auch hier alle Bilder, Linien und Hintergrundfarben.

Die Dateigröße ist mit 3 KB sogar nur halb so groß wie bei Excel und also ebenfalls für den E-Mail-Versand geeignet. Das RTF-Format kann auch von älteren Word-Versionen gelesen werden, sodass es keine Kompatibilitätsprobleme geben dürfte.

Word-Seriendruck

Ein Sonderfall im Zusammenspiel mit Word ist die Möglichkeit, von Word aus per Seriendruck auf Access-Daten zugreifen zu können.

Berichte

Word-Seriendruck starten

Allerdings kann Word dabei keinen Bericht auslesen, sondern nur Daten, also Tabellen oder Abfragen. Daher müssen Sie die Datenquelle dieses Berichts markieren und dann den Assistenten starten:

1. Markieren Sie im Navigationsbereich die Tabelle *tblHotels* und klicken dann auf *EXTERNE DATEN/Exportieren/Word-Seriendruck*.

2. Da es noch kein vorbereitetes Word-Dokument gibt, wählen Sie im Word-Seriendruck-Assistenten wie in Abbildung 32.8 die Option *Ein neues Dokument erstellen und die Daten mit diesem Dokument verknüpfen*.

Abbildg. 32.8   Wählen Sie im Assistenten die zweite Option aus

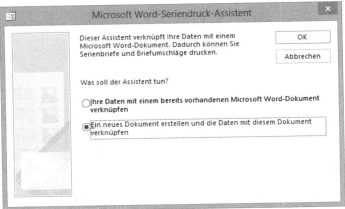

3. Nach einem Klick auf *OK* startet Word mit einem leeren *Dokument1* wie in Abbildung 32.9, um dort den Seriendruck einzurichten. Klicken Sie dort rechts unten auf *Weiter: Dokument wird gestartet*.

Word startet mit einem leeren Dokument

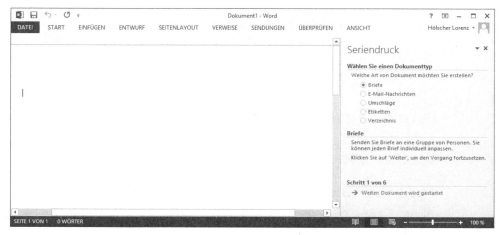

4. Im zweiten Schritt belassen Sie in Word die Option *Aktuelles Dokument verwenden* (siehe Abbildung 32.10) und klicken unten auf *Weiter: Empfänger wählen*, um in den nächsten Schritt zu gelangen.

Klicken Sie auf *Weiter: Empfänger wählen*

5. Dort sehen Sie wie in Abbildung 32.11, dass Access als Datenquelle (*Vorhandene Liste verwenden*) für das Word-Dokument bereits die Tabelle *tblHotels* aus der Datenbank *K_und_L.accdb* eingetragen hat.

6. Da sich an den Einstellungen nichts ändert, können Sie die folgenden Schritte getrost ignorieren (Sie könnten das später in Word mit dem Befehl *SENDUNGEN/Seriendruck starten/Seriendruck starten/Seriendruck-Assistent mit Schritt-für-Schritt-Anweisungen* jederzeit wieder anzeigen) und diesen Arbeitsbereich *Seriendruck* mit einem Klick auf das *X* oben rechts schließen.

Abbildg. 32.11 Die Datenquelle wurde von Access bereits korrekt als vorhandene Liste eingetragen

Word-Dokument anpassen

Damit das Word-Dokument eine gewisse Ähnlichkeit mit dem Access-Bericht aufweist, bedarf es jetzt einigen Word-Aktionen, ohne dass es gleich zu einer Komplettanleitung für Word werden soll. Daher werde ich die notwendigen Befehle nur kurz ohne ausführliche Erläuterungen nennen:

1. Schreiben Sie an der Einfügemarke im Word-Dokument den Text *Hotel-Tabelle* und formatieren diesen mit dem Tastenkürzel [Alt]+[1] als Überschrift.

HINWEIS Das Tastenkürzel betrifft immer den aktuellen Absatz, Sie müssen die Einfügemarke also noch in der Überschriftenzeile belassen und nicht schon mit der [↵]-Taste einen neuen Absatz beginnen.

Den dabei automatisch angezeigten Navigationsbereich am linken Rand können Sie an seinem *X* sofort wieder schließen, er ist im Moment unnötig.

---

2. Machen Sie mit *ANSICHT/Anzeigen/Lineal* die Lineale sichtbar und klicken so oft auf das Symbol (siehe Abbildung 32.12) im Schnittpunkt der Lineale, bis dort als QuickInfo der Text *Tabstopp rechts* angezeigt wird.

Abbildg. 32.12 Ändern Sie hier die Tabstoppeinstellungen

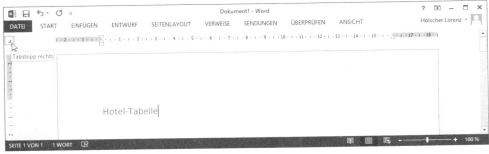

3. Klicken Sie dann ganz rechts im horizontalen Lineal, sodass dort ein (rechtsbündiger) Tabstopp wie in Abbildung 32.13 gesetzt wird.

Setzen Sie hier per Klick einen Tabstopp

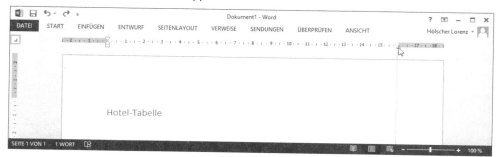

4. Hinter dem Wort *Hotel-Tabelle* fügen Sie mit der ⭾-Taste ein Tabulatorzeichen ein. Wenn nicht die Sonderzeichen mit Strg+⇧+[+] sichtbar gemacht wurden, sehen Sie davon nichts, außer dass die Einfügemarke jetzt am rechten Rand steht.

5. Das aktuelle Datum soll dort ebenso dynamisch erzeugt werden wie im Access-Bericht. Die entsprechende Technik zu berechneten Access-Feldern heißt in Word *Feld* und kann ebenfalls Inhalte dynamisch ermitteln. Klicken Sie auf *EINFÜGEN/Text/Schnellbausteine durchsuchen/ Feld*, um das Dialogfeld zum Einfügen eines Felds wie in Abbildung 32.14 anzuzeigen.

Wählen Sie den Feldnamen *Date* mit passendem Datumsformat aus

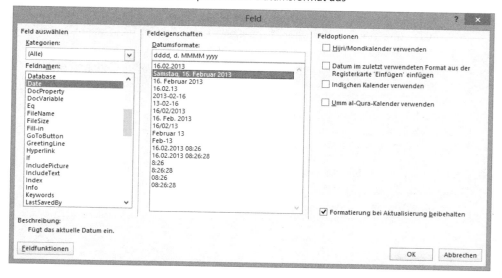

6. Wählen Sie in der Liste *Feldnamen* den Eintrag *Date* (für das aktuelle Datum) aus und bei den *Feldeigenschaften* ein Datumsformat. Nachdem Sie das Dialogfeld mit *OK* geschlossen haben, zeigt Word in der Datei das formatierte Tagesdatum an.

7. Sie können das Datum jetzt nach Belieben markieren und formatieren. Damit die Uhrzeit unterhalb steht, fügen Sie nun dahinter mit ⌂+↵ einen Zeilenumbruch und per ⇥ wieder das Tabulatorzeichen ein.

8. Rufen Sie mit *EINFÜGEN/Text/Schnellbausteine durchsuchen/Feld* als zweites Feld den Feldnamen *Time* mit passendem Format auf.

Abbildg. 32.15   So sieht das Dokument derzeit (mit sichtbaren Sonderzeichen) aus

Seriendruckfelder einfügen

Das war nur die Vorbereitung für eine gewisse Ähnlichkeit zum Access-Bericht, es geht ja aber eigentlich um die automatische Verknüpfung mit den Daten. Am einfachsten ist es auch in Word, diese in einer Tabelle zu organisieren:

1. Fügen Sie hinter der Uhrzeit mit der ↵-Taste einen neuen Absatz ein.

2. Klicken Sie auf *EINFÜGEN/Tabellen/Tabelle* und bewegen dort den Mauszeiger auf den jetzt angezeigten Kästchen so weit nach rechts unten, dass wie in Abbildung 32.16 darin 7*2 Zellen markiert sind. Drücken Sie dann an dieser Position die Maustaste, woraufhin die Tabelle eingefügt wird.

Abbildg. 32.16   So können Sie die Größe einer einzufügenden Tabelle vorgeben

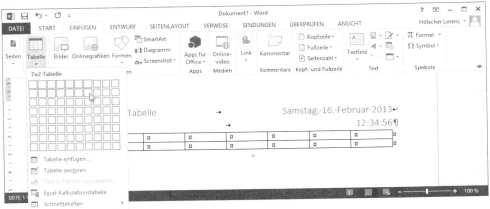

3. Tragen Sie die Überschriften *htlID*, *htlName*, *htlPLZ*, *htlOrt*, *htlStrasse*, *htlTelefon* und *htlLogo* in die erste Zeile der Tabelle ein, wobei Sie von einer zur nächsten Zelle mit der ⇥-Taste wech-

seln können. Die Formatierung der Tabelle soll hier nicht weiter optimiert werden. Speichern Sie das Dokument bitte als *HotelSeriendruck.docx* ab, das funktioniert wie in Access über das Diskettensymbol ganz links oben.

4. Setzen Sie die Einfügemarke dann in die erste Zelle der zweiten Zeile und klicken auf das Dreieck (!) neben dem Befehl *SENDUNGEN/Felder schreiben und einfügen/Seriendruckfeld einfügen* und dann auf den Eintrag *htlID*, wie es in Abbildung 32.17 zu sehen ist.

HINWEIS   Klicken Sie nicht auf den Text *Seriendruckfeld einfügen* im Befehl *SENDUNGEN/ Felder schreiben und einfügen*, sondern wirklich auf das Dreieck rechts daneben! Andernfalls wird ein Dialogfeld statt der Liste eingeblendet, das Sie jedes Mal schließen müssen, weil es modal ist und Sie nicht in die nächste Zelle wechseln können.

Abbildg. 32.17   Fügen Sie so die Seriendruckfelder ein

5. Wiederholen Sie den Vorgang für die noch freien Zellen nachdemselben Prinzip.
6. Wenn alle Seriendruckfelder (siehe Abbildung 32.18) eingefügt wurden, sehen Sie noch nicht deren Inhalte, sondern erst einmal nur deren Feldnamen, die in französische Anführungszeichen gesetzt sind.

Abbildg. 32.18   Die Seriendruckfelder zeigen derzeit ihre Feldnamen

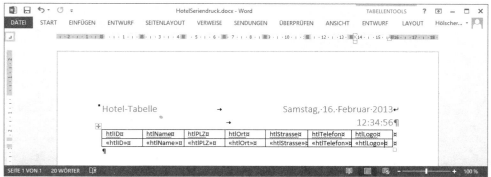

7. Klicken Sie auf *SENDUNGEN/Vorschau Ergebnisse/Vorschau Ergebnisse*, sodass nun statt der Feldnamen deren Inhalte (siehe Abbildung 32.19) angezeigt werden. Zunächst ist der erste Datensatz zu sehen.

Jetzt zeigt Word die Inhalte an

Sie sehen in Abbildung 32.19 im rechten Drittel des Menübands (in der Nähe des Mauszeigers) die Navigationsschaltflächen, mit denen sich in diesem Seriendruckdokument durch die einzelnen Datensätze blättern lässt. Es klappt alles einwandfrei außer dem Bild in *htlLogo*.

HINWEIS   Grafiken lassen sich als regulärer Dateninhalt nicht in Word darstellen, wie Microsoft auch in der Knowledge-Base-Datenbank (*http://support.microsoft.com/kb/114306/de*) bestätigt. Sie werden weiter unten eine Lösung sehen, wie es doch funktioniert.

Mehrere Datensätze gleichzeitig anzeigen

Wie bereits erwähnt, zeigt Word zunächst immer nur einen einzigen Datensatz an. Erst mit dem Befehl *SENDUNGEN/Fertig stellen/Fertig stellen und zusammenführen/Einzelne Dokumente bearbeiten* und der Bestätigung des anschließend angezeigten Dialogs wird ein neues Dokument wie in Abbildung 32.20 erstellt. Dieses ähnelt der ursprünglichen Darstellung. Der Unterschied ist, dass für jeden Datensatz eine eigene Seite mit jeweils einer eigenen Tabelle (mit der bekanten Kopfzeile) erzeugt wurde. Dies können Sie am besten in der Entwurfsansicht (Befehl *ANSICHT/Ansichten/Entwurf*) sehen. Diese Form der Darstellung ist aber nicht brauchbar, da Sie ja alle Hotels untereinander anzeigen möchten. Der Grund für diese hier ungeeignete Form der Ausgabe liegt darin, dass die Seriendruckfunktion von Word primär dazu dient, Briefe oder Etiketten mit wechselnden Anschriften und anderen variablen Elementen zu drucken, sodass jedes erzeugte Einzeldokument den Inhalt genau eines Datensatzes enthält und mit einem Seitenumbruch endet.

Abbildg. 32.20 Das ist die Ergebnisdatei dieses Seriendrucks

Diese Datei *Serienbriefe1* hilft also nicht weiter, Sie können sie ohne zu speichern schließen, sodass wieder *HotelSeriendruck.docx* zu sehen ist. Sie müssen Word anweisen, in der gleichen Tabelle mehrere Datensätze nacheinander anzuzeigen:

1. Markieren Sie die Datenzeile in der Word-Tabelle und kopieren Sie diese mit `Strg`+`C` in die Zwischenablage.

2. Klicken Sie unterhalb der Tabelle und fügen den Inhalt der Zwischenablage mit `Strg`+`V` dort wieder ein. Jetzt stehen zwei identische Datenzeilen untereinander.

3. Klicken Sie vor die *1* (in der Spalte *htlID*) in der letzten Zeile und rufen Sie dann den Befehl *SENDUNGEN/Felder schreiben und einfügen/Regeln/Nächster Datensatz* auf. Das fügt ein (derzeit unsichtbares) Feld ein, welches Word anweist, schon in dieser Zeile den nächsten Datensatz zu benutzen, dessen Daten Sie jetzt bereits angezeigt bekommen.

4. Kopieren Sie nun diese letzte Zeile mit `Strg`+`C` erneut und fügen diese unterhalb der Tabelle noch zwei Mal ein. Wenn die neuen Daten noch nicht aktualisiert sind, können Sie dies mit den Navigationsschaltflächen durch Wechsel in andere Datensätze erzwingen (siehe Mauszeiger in Abbildung 32.21).

ACHTUNG Sie müssen immer manuell so viele Zeilen kopieren, wie für die Datensätze benötigt werden. Word erweitert das nicht automatisch.

Mit ein wenig Mühe kann dieses Word-Dokument praktisch genauso wie der Access-Bericht aussehen, die Formatierungsarbeit müssen Sie aber doppelt machen. Eingebettete Bilder lassen sich so nicht nutzen, aber direkt in Word eingefügte Grafiken (etwa oben als Logo) wären möglich.

Das manuelle Anlegen der notwendigen Zeilen ist jedoch im Grunde schon indiskutabel, wenn es so ein tabellarischer Bericht werden soll. Für »normale« Serienbriefe, also je Datensatz eine oder mehrere Seiten, ist das aber eine gute Alternative.

Abbildg. 32.21   Jetzt werden alle Datensätze in der gleichen Tabelle angezeigt

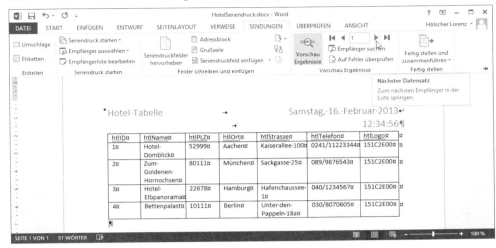

HINWEIS   Warum überhaupt die Mühe, wenn Word doch nur liefert, was Access schon vorher konnte? Access kann keinen Blocksatz und keine zeichenweise Formatierung (Letzteres allenfalls in *Rich-Text*-Textfeldern, aber eben nicht in *Bezeichnungsfeldern*). Dafür bräuchten Sie dann Word, um einen ansprechend formatierten Brief zu erzeugen.

Die Datei ist mit 14 KB ausreichend klein, um auch per E-Mail versendet werden zu können, aber der Empfänger müsste dazu die Datenbank als Datenquelle haben. Erst die erzeugte Serienbriefdatei wäre sinnvoll als E-Mail-Anhang, sie ist in diesem Fall auch nur 13 KB klein.

Bilder in Word-Seriendruck anzeigen

Mit einem kleinen Trick lassen sich Bilder doch aus einer Datenbank im Word-Seriendruck anzeigen. Bedingung ist dabei, dass sie extern gespeichert sind, wie es in der *Kosten&Logistik*-Datenbank das Feld *mitFoto* in der Tabelle *tblMitarbeiter* erfüllt:

1. Markieren Sie im Navigationsbereich die Tabelle *tblMitarbeiter* und klicken auf den Befehl *EXTERNE DATEN/Exportieren/Word-Seriendruck*, um den Assistenten zu starten.

2. Wählen Sie dort wieder die zweite Option, dass Sie *Ein neues Dokument erstellen und die Daten mit diesem Dokument verknüpfen* wollen, und bestätigen mit *OK*.

3. Da alle Verknüpfungen korrekt von Access eingestellt wurden, können Sie den *Seriendruck*-Arbeitsbereich direkt schließen. Fügen Sie mit dem Befehl *SENDUNGEN/Felder schreiben und einfügen/Seriendruckfeld einfügen* aus der Liste die drei Felder *mitVorname*, *mitNachname* und *mitFoto* ein, am besten schon durch Leerzeichen getrennt.

4. Fügen Sie dahinter mit dem Befehl *EINFÜGEN/Text/Schnellbausteine durchsuchen/Feld* den Feldnamen *IncludePicture* sowie als dessen Feldeigenschaft *Dateiname oder URL* den Wert *L:\Mitarbeiter\AndreaWichert.jpg* ein.

HINWEIS Natürlich setzt dieses *IncludePicture*-Feld voraus, dass in dem Pfad auch eine solche Datei gespeichert ist, ansonsten müssen Sie Laufwerk und Verzeichnis an die Vorgaben auf Ihrem Computer anpassen.

5. Nach einem Klick auf *OK* sollte die Grafik bereits im Dokument angezeigt werden. Damit Sie sehen, was Word tatsächlich macht, schalten Sie mit [Alt]+[F9] die Anzeige der Felder vom Ergebnis auf die Funktion um wie in Abbildung 32.22.

Abbildg. 32.22 Die Felder zeigen ihre Funktion

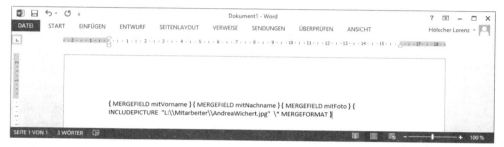

6. Sie sehen nun die Feldfunktionen, wobei zu beachten ist, dass der einfache umgekehrte Schrägstrich im Pfad durch einen doppelten ersetzt wurde. Daher lässt sich der Pfad im Feld *mitFoto* nicht einsetzen, weil dort beispielsweise für den Wert *Mitarbeiter\AndreaWichert.jpg* genau ein Schrägstrich zu wenig steht.

ACHTUNG Die geschweiften Klammern um die Feldfunktion sind keine normalen Zeichen und lassen sich daher auch nicht einzeln löschen! Sie geben die Grenzen der Feldfunktion an. Wenn Sie den Mauszeiger über eine solche »Klammer« hinweg gedrückt ziehen, wird immer sofort das ganze Feld markiert.

Leider markiert Word dabei auch schon mal beide Felder links und rechts vom Mauszeiger. Dann müssen Sie die Einfügemarke vor das gewünschte Feld stellen und mit [⇧]+[→] das Feld markieren.

7. Die Dateinamen setzen sich aber praktischerweise genau aus Vor- und Nachnamen der Personen zusammen, sodass sich das ersetzen lässt. Löschen Sie das Feld *{MERGEFIELD mitFoto}* sowie den Textteil *AndreaWichert* innerhalb der Anführungszeichen.

8. Kopieren Sie anschließend die beiden Felder für Vor- und Nachname an die Stelle des gelöschten Textteils wie in Abbildung 32.23. Achten Sie darauf, dass dazwischen kein Leerzeichen steht.

9. Jetzt können Sie die Feldfunktionen wieder mit [Alt]+[F9] auf ihre Ergebnisansicht zurückschalten und die Datei als *MitarbeiterMitBildern.docx* speichern.

Abbildg. 32.23   Der konkrete Name wurde ebenfalls durch Feldfunktionen ersetzt

Sie dürften nun zu Recht erwarten, dass beim Weiterschalten zum nächsten Datensatz mit den Navigationsschaltflächen in *SENDUNGEN/Vorschau Ergebnisse* diese Felder ihre Ergebnisse liefern. Word kann durchaus verschachtelte Felder aktualisieren, aber hier ärgerlicherweise nicht.

> **TIPP**   Sie können diese Aktualisierung aber erzwingen, indem Sie nach dem Wechsel zum nächsten Datensatz mit *SENDUNGEN/Vorschau Ergebnisse/Nächster Datensatz* das angezeigte (noch falsche) Bild markieren und mit der `F9`-Taste aktualisieren lassen. Dann sehen Sie wenigstens, ob die Syntax der ineinander verschachtelten Felder richtig ist.

Da müssen wir noch ein wenig nachhelfen, indem alle Datensätze in eine neue Datei geschrieben werden, sodass aus den Seriendruckfeldern teilweise echte Texte werden:

1. Klicken Sie in der Datei auf den Befehl *SENDUNGEN/Fertig stellen/Fertig stellen und zusammenführen/Einzelne Dokumente bearbeiten* und bestätigen das folgende Dialogfeld zur Datensatzauswahl einfach mit *OK*.

2. Word erzeugt nun eine neue ungespeicherte Datei *Serienbriefe1*, in der alle Inhalte nacheinander enthalten sind (siehe Abbildung 32.24).

Abbildg. 32.24   Die Serienbrieffelder sind durch Inhalte ersetzt, aber die Bilder noch nicht aktualisiert worden

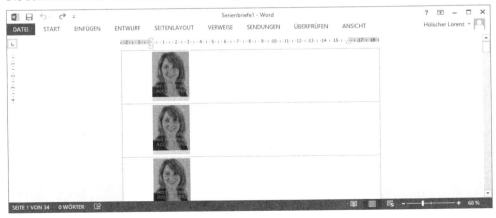

3. Das *IncludePicture*-Feld ist noch als Funktion enthalten, aber nicht aktualisiert worden. Markieren Sie daher mit `Strg`+`A` das ganze Dokument und lassen alle Felder mit `F9` aktualisieren.

In Abbildung 32.25 sehen Sie, dass nun endlich die passenden Bilder zu den jeweiligen Datensätzen angezeigt werden.

Abbildg. 32.25 Jetzt werden auch Bilder angezeigt

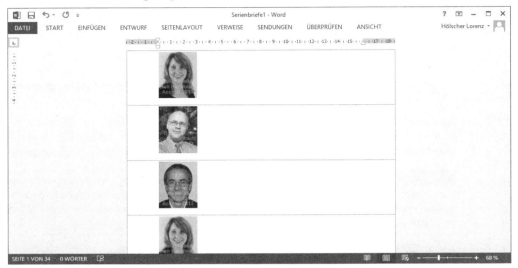

ACHTUNG   Wie Sie in Abbildung 32.25 erkennen können, funktioniert das nur, wenn die Bilder auch wirklich vorhanden sind. Fehlen die Bilder (wie bei dem vierten Foto), wird einfach das erste Foto benutzt.

Es ist etwas mühsam, Bilder aus Datenbanken in Word anzuzeigen und für den Seriendruck gibt es leider nur diese trickreiche Lösung. Aber immerhin.

Textdatei

Jetzt wird es wieder einfacher, denn der nächste Export erfolgt in eine Textdatei, sozusagen die Minimalanforderung an jeden Export. Eine solche Datei kann praktisch jedes Programm lesen oder schreiben:

1. Markieren Sie nun wieder den Bericht *rptHotels*. Klicken Sie auf *EXTERNE DATEN/Exportieren/ Textdatei*, um den entsprechenden Assistenten zu starten (siehe Abbildung 32.26).

Abbildg. 32.26   Geben Sie den Dateinamen für den Textexport an

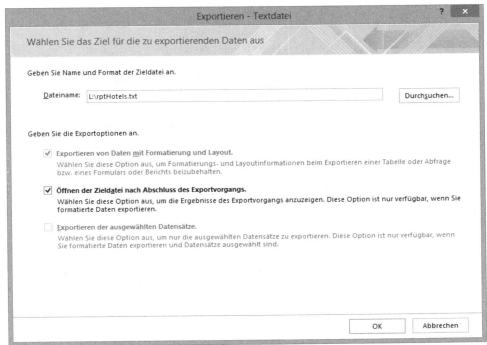

2. Nach einem Klick auf *OK* geben Sie im nächsten Schritt die Codierung der Textdatei an, was vor allem die Umlaute, das »ß« und weitere landesspezifische Zeichen betrifft. Normalerweise lassen Sie die Option wie in Abbildung 32.27 auf *Windows (Standard)* stehen. Es gibt allerdings ältere Programme, die meistens noch aus MS-DOS-Zeiten stammen und daher ASCII-codierte Texte benötigen.

Abbildg. 32.27   Hier bleibt die Codierung normalerweise auf *Windows (Standard)*

HINWEIS   Im Zusammenhang mit Zeichencodierungen tauchen oft die Begriffe ANSI (*American National Standards Institute*) und ASCII (*American Standard Code for Information Interchange*) auf. Bei den zugrunde liegenden ANSI-/ASCII-Computerzeichensätzen werden die Buchstaben des Alphabets einfach hintereinander aufgereiht, beispielsweise steht *A* an Position *65*, *B* an *66* und so weiter.

Der *ASCII*-Code war ursprünglich ein 7-Bit-Zeichensatz mit 128 Zeichen, in dem länderspezifische Zeichen wie die Umlaute und das »ß« fehlten. Im sogenannten *erweiterten ASCII-Zeichensatz* (1967) wird das 8. Bit genutzt, sodass 256 Zeichen zur Verfügung stehen. Auf diese Weise wurden die Umlaute, das »ß«, aber auch Zeichen aus diversen Fremdsprachen untergebracht. Der (erweiterte) ASCII-Zeichensatz kommt bei MS-DOS zum Einsatz.

Bei *ANSI* handelt es sich um das Gegenstück zu DIN (Deutsches Institut für Normung). Der vom ANSI festgelegte Zeichensatz ist wie der erweiterte ASCII-Zeichensatz ein 8-Bit-Zeichensatz mit 256 Zeichen. Die Zeichennummern 32-127 sind mit denen des ANSI-Zeichensatzes identisch, nicht aber die Zeichennummern 128-255. Entsprechend liegen unter anderem die Umlaute und das »ß« auf anderen Positionen, was zu Verständigungsschwierigkeiten führen kann, wenn ein Programm von dem jeweils anderen Zeichensatz ausgeht. Umlaute und »ß« werden dann verfremdet oder gehen ganz verloren. Der ANSI-Zeichensatz kommt unter Windows zum Einsatz.

3. Nach der Bestätigung mit *OK* finden Sie die Textdatei im vereinbarten Pfad. Sie können diese wie in Abbildung 32.28 mit jedem beliebigen Texteditor öffnen.

Abbildg. 32.28   So sieht die exportierte Textdatei aus

Erwartungsgemäß enthält die Textdatei nur Text, keine Bilder, keine Formatierungen oder Linien. Etwas anderes könnte sie aufgrund des Datenformats auch nicht speichern. Das tabellarische Aussehen ergibt sich aus den eingefügten mehrfachen Leerzeichen zwischen den Spalten. Das hat zur Folge, dass die Spalten nur bei einer äquidistanten (nichtproportionalen) Schriftart wie *Courier (New)* gerade verlaufen. In praktisch allen Printmedien, so auch in diesem Buch, dominieren jedoch Proportionalschriften. Da die einzelnen Zeichen in einer Proportionalschrift unterschiedlich breit sind (ein »m« etwa ist breiter wie ein »i«), ergeben sich durch die unterschiedlichen Häufigkeitsverteilungen der einzelnen Buchstaben je nach Zeile keine bündigen Abschlüsse mehr. Entsprechend brechen die Spalten aus und werden im »Flattersatz« dargestellt. Ein optisch überzeugender Ausdruck gelingt in diesem Fall mit einer Textdatei dieser Art nicht.

Die Größe, wenn man denn von »Größe« sprechen kann, ist mit 2 KB kaum der Rede wert. Sie kann ohne Bedenken als Dateianhang versandt werden und lässt sich vor allem von praktisch jedem Programm öffnen.

PDF/XPS

Die Austauschformate *PDF* (Portable Document Format) und *XPS* (XML Paper Specification) sind sich recht ähnlich und werden daher mit einem gemeinsamen Befehl exportiert. PDF ist ein seit 1993 von der Firma *Adobe Systems* veröffentlichtes und weitverbreitetes Dateiformat, während XPS erst 2005 von Microsoft vorgestellt wurde.

Um die erstellten Dateien anzusehen, gibt es unter *Windows 8* bereits einen vorinstallierten XPS- bzw. PDF-Reader.

1. Markieren Sie den Bericht *rptHotels* im Navigationsbereich und klicken auf den Befehl *EXTERNE DATEN/Exportieren/PDF oder XPS*.

2. Ohne weitere Rückfrage eines Assistenten erscheint sofort ein Dialogfeld zum Speichern einer Datei wie in Abbildung 32.29, in dem Sie den *Dateityp* und jeweils eine *Optimierung* angeben können.

Abbildg. 32.29   Geben Sie in diesem Dialogfeld den Dateinamen an

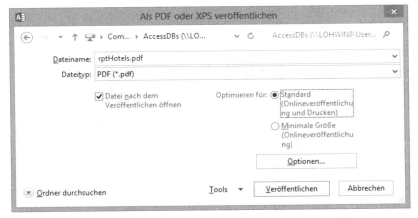

3. Sobald Sie das Dialogfeld mit *Veröffentlichen* bestätigen, ist die exportierte Datei gespeichert.

Mit zwei Dateiformaten und je zwei Optimierungen gibt es vier verschiedene Dateien, die Sie so exportieren können. Alle vier Ergebnisse (dort mit jeweils vergrößertem Ausschnitt) enthalten die kompletten Formatierungen und Positionen wie im Originalbericht und sind damit schon unzweifelhaft besser als alle bisherigen Exporte:

- Die PDF-Standard-Datei ist 144 KB groß und sieht aus wie in Abbildung 32.30

So sieht die PDF-Standard-Version aus

■ Die PDF-Minimal-Datei ist nur 136 KB groß, erkauft diese Optimierung aber mit einer erheblich geringeren Darstellungsqualität der enthaltenen Grafiken (siehe Abbildung 32.31) in *htlLogo*

Abbildg. 32.31 So sieht die PDF-Minimal-Version aus

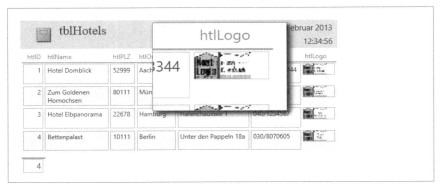

■ Die XPS-Standard-Datei ist 150 KB groß und sieht aus wie Abbildung 32.32

Abbildg. 32.32 So sieht die XPS-Standard-Version aus

- Die XPS-Minimal-Datei ist mit 141 KB ebenfalls etwas kleiner, aber auch hier sind die Logos (siehe Abbildung 32.33) praktisch unbrauchbar

So sieht die XPS-Minimal-Version aus

Im Vergleich können die beiden Standard- bzw. Minimal-Versionen beider Dateiformate als qualitativ völlig identisch bezeichnet werden. Die Entscheidung für ein Dateiformat wird vor allem davon abhängen, dass der PDF-Reader eine enorme Verbreitung hat und XPS beim E-Mail-Empfänger möglicherweise noch unbekannt ist.

Zusammenfassend lässt sich aber bereits festhalten, dass PDF/XPS die einzige Möglichkeit ist, wirklich alle Inhalte eines Berichts vollständig zu exportieren. Gemessen an heute üblichen Dateigrößen sind rund 150 KB sehr klein und stellen als E-Mail-Anhang kein Problem dar.

HTML/XML-Datei

Es ist heutzutage eine Selbstverständlichkeit, dass Informationen auch aus Datenbanken im Internet zur Verfügung gestellt werden. Access trägt dem nicht nur durch zahlreiche neue Fähigkeiten wie Webdatenbank oder SharePoint-Verknüpfung Rechnung, sondern kennt auch noch die »traditionellen« Wege über HTML- oder XML-Dateien.

HINWEIS   HTML (*HyperText Markup Language*, engl. etwa »Auszeichnungssprache für verknüpfte Texte«) ist die bekannteste Variante der Internetcodierung. Die Befehle werden in spitzen Klammern geschrieben und treten meistens paarweise auf (wie bei <body>...</body>). Browser wie der Internet Explorer können die Befehle interpretieren und als meistens grafische Ausgabe darstellen.

XML (*eXtensible Markup Language*, engl. etwa »erweiterbare Auszeichnungssprache«) sieht auf den ersten Blick genau so aus, ist aber keine Sprache zur grafischen Darstellung, sondern enthält strukturierte Daten sowie eine Beschreibung seiner eigenen Datenstruktur. Dadurch ist es ein optimales Datenaustauschformat.

Direkter HTML-Export

Sie können die Informationen aus dem Bericht direkt in eine HTML-Seite exportieren und diese später auf einem Server für den Internetzugriff zugänglich machen:

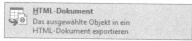

1. Markieren Sie den Bericht *rptHotels* im Navigationsbereich und klicken Sie auf den Befehl *EXTERNE DATEN/Exportieren/Weitere Optionen/HTML-Dokument*.

2. Geben Sie im ersten Schritt des Assistenten wie in Abbildung 32.34 einen Dateinamen für die HTML-Datei an und bestätigen Sie das Dialogfeld mit *OK*.

Abbildg. 32.34   Geben Sie für den HTML-Export einen Dateinamen an

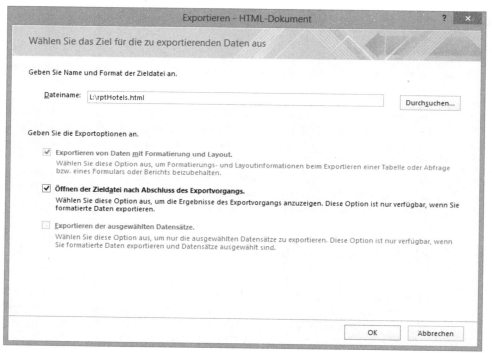

3. Anschließend erscheint ein Dialogfeld (siehe Abbildung 32.35) mit Auswahlmöglichkeiten für verschiedene Codierungen. Belassen Sie es einfach bei *Standardcodierung*, dann wird in der HTML-Datei *charset=windows-1252* eingetragen, was dem ANSI-Zeichensatz entspricht.

Abbildg. 32.35   Ohne HTML-Vorlage müssen Sie eine Codierung angeben

Berichte

4. Nach der Bestätigung mit *OK* wird die Datei mit dem kompletten HTML-Code geschrieben. Den folgenden letzten Schritt des Assistenten zum eventuellen Speichern der Exportschritte können Sie schließen.

Wenn Sie die Datei anschließend in einem Browser wie dem Internet Explorer öffnen, sieht sie wie in Abbildung 32.36 aus.

Abbildg. 32.36   So sieht die exportierte HTML-Datei im Browser aus

Abgesehen von den fehlenden Grafiken entspricht alles in Position und Formatierung dem originalen Bericht. Die Dateigröße ist mit 6 KB klein, obwohl im enthaltenen HTML-Code jede Tabellenzelle einzeln langatmig und ohne Stylesheet (eine zentrale Formatvorlage für HTML) formatiert ist. Diese Datei lässt sich jederzeit als E-Mail-Anhang verschicken, wird aber auf anderen Computern möglicherweise anders aussehen, wenn dort die angegebenen Schriften *Cambria* bzw. *Segoe UI* nicht installiert sind.

HTML-Export mit Dateivorlage

Soll die entstehende Datei in der Optik an bereits vorhandene HTML-Dateien angepasst werden, hätten Sie nach jedem Export eine Menge zu tun. Daher bietet Access auch die Nutzung einer Vorlagendatei an, die nur an bestimmten Stellen mit Daten gefüllt wird und ansonsten beliebigen Code enthalten darf.

CD-ROM   Um Ihnen das Abtippen des HTML-Codes zu ersparen, finden Sie innerhalb der Beispieldateien zu diesem Buch im Ordner *Kap32* eine Vorlagendatei, die bereits den Code enthält. Laden Sie einfach die betreffende Datei, um mit der Arbeit in diesem Kapitel zu fortzufahren.

1. Um die Vorlagedatei zu erstellen, starten Sie einen Texteditor und fügen den folgenden Code ein:

```html
<HTML>
<head>
<title>Kosten&amp;Logistik: <!--AccessTemplate_Title--></title>
</head>

<body>

<img src="Bilder/KL_Bestellung.jpg" width="162" height="80" align="right">
<h1>Aktuelle Informationen der Kosten&amp;Logistik-Datenbank</h1>
<br clear="all" />
<hr />
<!--AccessTemplate_Body-->
<p />

<!--vier Navigationsschaltflächen-->
<a href="<!--AccessTemplate_FirstPage-->">Erste Seite</a>
<a href="<!--AccessTemplate_PreviousPage-->">Vorige Seite</a>
<a href="<!--AccessTemplate_NextPage-->">Nächste Seite</a>
<a href="<!--AccessTemplate_LastPage-->">Letzte Seite</a>


<!--Aktuelle Berichtsseitenzahl-->
<p align="center">Seite <!--AccessTemplate_PageNumber--></p>


</body>

</HTML>
```

> **HINWEIS**   Detaillierte Informationen zum Aufbau einer HTML-Seite und den darin enthaltenen Befehlen verrät die Website SELFHTML (*http://de.selfhtml.org/*). Die Erläuterungen zu den fett markierten Teilen finden Sie etwas weiter unten in Tabelle 32.1.

2. Speichern Sie diese Datei als *K_und_L_Vorlage.html* und beenden den Texteditor. Bitte prüfen Sie außerdem, ob auch die darin genannte Bilddatei *KL_Bestellung.jpg* im Unterverzeichnis *Bilder* liegt.

3. Wechseln Sie nun wieder zu Access, markieren den Bericht *rptHotels* im Navigationsbereich und klicken auf *EXTERNE DATEN/Exportieren/Weitere Optionen/HTML-Dokument*, um den Assistenten zu starten.

4. Nach Angabe des Dateinamens und Bestätigung des ersten Schritts aktivieren Sie im folgenden Dialogfeld (siehe Abbildung 32.37) das Kontrollkästchen *Wählen Sie eine HTML-Vorlage aus*. Dann können Sie dort die Datei *K_und_L_Vorlage.html* eingeben und mit *OK* bestätigen.

Abbildg. 32.37 Geben Sie hier den Dateinamen der Vorlage an

ACHTUNG Die nun erstellte Datei können Sie zwar mit dem Internet Explorer öffnen, allerdings kann es sein, dass die Datei komplett leer ist. Der Grund liegt in einem offensichtlichen Bug von Access 2013, der bis zum Redaktionsschluss dieses Buchs noch nicht beseitigt war. Bei ordnungsgemäßer Funktion sollte die Datei aussehen wie in Abbildung 32.38.

Abbildg. 32.38 So sollte die exportierte HTML-Datei mit Vorlage aussehen

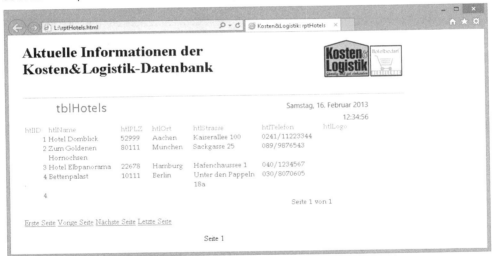

Die doppelt vorhandene Seitenangabe hat ihre Ursache darin, dass sowohl in der HTML-Vorlage als auch im Bericht selbst eine Seitenangabe enthalten ist, die hier beide exportiert wurden.

Die eigene HTML-Vorlagendatei befreit Sie von den Zwängen der reinen Standardformatierung. Access sucht beim Export die in Tabelle 32.1 genannten Befehle und fügt die jeweiligen Inhalte nur dort ein. Alles Übrige bleibt unverändert.

Tabelle 32.1 Reservierte Befehle in HTML-Vorlagen für Access

Befehl	Bedeutung
`<!--AccessTemplate_Title-->`	Name der Tabelle, der Abfrage, des Formulars oder Berichts
`<!--AccessTemplate_Body-->`	Der komplette Inhalt
`<!--AccessTemplate_FirstPage-->`	Verknüpfung zur ersten Seite
`<!--AccessTemplate_PreviousPage-->`	Verknüpfung zur vorhergehenden Seite
`<!--AccessTemplate_NextPage-->`	Verknüpfung zur folgenden Seite
`<!--AccessTemplate_LastPage-->`	Verknüpfung zur letzten Seite
`<!--AccessTemplate_PageNumber-->`	Aktuelle Seitenzahl

XML-Export

Der XML-Export erzeugt ebenso eine Datei mit den Inhalten des Berichts, dient aber nicht direkt der Ansicht, sondern vor allem dem Import der Daten in einem anderen Programm, welches XML-Strukturen »versteht«:

1. Markieren Sie den Bericht *rptHotels* im Navigationsbereich und klicken auf den Befehl *EXTERNE DATEN/Exportieren/XML-Datei*.

2. Geben Sie bei *Dateiname* im ersten Schritt des Assistenten wie üblich die gewünschte Datei mit der Endung *.xml* an und bestätigen mit *OK*.

3. Im folgenden Dialogfeld *XML exportieren* (siehe Abbildung 32.39) reicht es, das Kontrollkästchen *Daten (XML)* zu aktivieren und mit *OK* zu bestätigen.

Abbildg. 32.39 Lassen Sie hier das Kontrollkästchen *Daten (XML)* aktiviert

Access erzeugt dann eine XML-Datei, die Sie zwar wie in Abbildung 32.40 mit dem Internet Explorer (als sogenannter *XML-Handler*) betrachten können, die dort aber nicht zu dem gewohnten formatierten Ergebnis führt, sondern wie geplant ihre Datenstruktur offenbart.

Abbildg. 32.40 So sehen XML-Daten im Internet Explorer aus

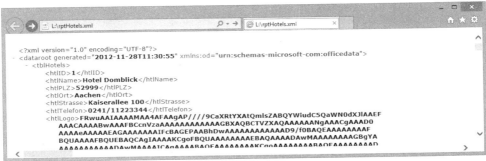

Access

Recht vielversprechend sieht der Export in eine Access-Datenbank aus, dann damit bleiben ja alle Originaleinstellungen erhalten. Allerdings ist der Export nicht ganz intuitiv, sodass man scheitern kann, wenn man die notwendigen Vorbereitungsschritte nicht kennt. Konkret muss die Zieldatenbank (anders als bei den übrigen Exporten) bereits existieren:

1. Erstellen Sie zuerst mit *DATEI/Neu* eine leere Datenbank mit dem Namen *Leer.accdb* und schließen diese direkt wieder.

2. Öffnen Sie anschließend *K_und_L.accdb*, markieren den Bericht *rptHotels* im Navigationsbereich und klicken auf *EXTERNE DATEN/Exportieren/Access*, um den Assistenten zu starten.

3. Geben Sie in dessen erstem Schritt den Dateinamen der Zieldatenbank, also *Leer.accdb*, mit dem zugehörigen Pfad ein und bestätigen mit *OK*.

4. Im nächsten Dialogfeld (siehe Abbildung 32.41) können Sie bei Bedarf noch den Namen des Berichts in der Zieldatenbank ändern und dann mit *OK* bestätigen.

Abbildg. 32.41   Hier lässt sich noch der Name des exportieren Berichts beeinflussen

Bis dahin sah alles gut aus und tatsächlich ist der Bericht auch in die Datenbank kopiert worden, wie Sie dort feststellen können. Mehr aber auch nicht. Sobald Sie nämlich in der Datenbank *Leer.accdb* den Bericht öffnen, erhalten Sie nur die Fehlermeldung aus Abbildung 32.42.

Abbildg. 32.42   Dem Bericht fehlen offensichtlich seine Daten

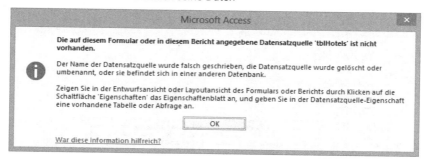

Damit das funktionsfähig wird, müssen Sie also alle Tabellen und Abfragen (und eventuell Unterberichte) selbst herausfinden und exportieren. Wenn Sie wissen, welche das sind, können Sie auch direkt jetzt von *Leer.accdb* aus alle Objekte importieren, das geht nämlich viel effektiver als der Export:

1. Klicken Sie dazu auf *EXTERNE DATEN/Importieren und Verknüpfen/Access* und geben im ersten Schritt den Dateinamen und die Option *Importieren Sie Tabellen, Abfragen, Formulare, Berichte, Makros und Module in die aktuelle Datenbank*.

2. Nach Bestätigung des Dialogfelds mit *OK* sehen Sie das Dialogfeld *Objekte importieren* wie in Abbildung 32.43, in dem Sie alle außerdem noch benötigten Objekte (hier die Tabelle *tblHotels*) markieren können und mit *OK* bestätigen.

Abbildg. 32.43   Geben Sie hier alle zu importierenden Objekte an

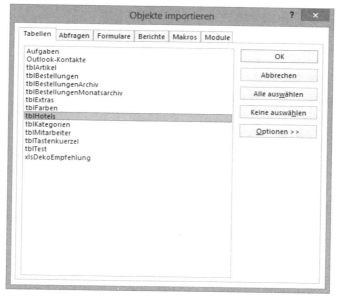

Letztendlich wäre es also einfacher gewesen, direkt aus *Leer.accdb* heraus die Objekte zu importieren, als diese (einzeln!) aus *K_und_L.accdb* zu exportieren.

PROFITIPP   Woher wissen Sie aber, welche Objekte exportiert werden müssen, damit der Bericht funktioniert? Markieren Sie den Bericht und klicken Sie auf *DATENBANKTOOLS/Beziehungen/Objektabhängigkeiten*, woraufhin wie in Abbildung 32.44 nach einer kurzen Wartezeit alle Objekte angezeigt werden, auf die *rptHotels* angewiesen ist.

Abbildg. 32.44   Der Bericht zeigt hier die Objekte an, von denen er abhängig ist

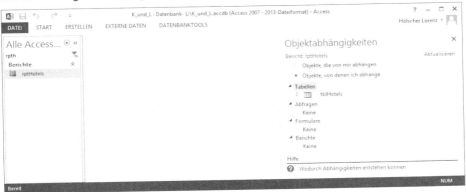

Der Bericht in *Leer.accdb* ist nun funktionsfähig und könnte verschickt werden, aber diese Datenbank ist fast 1,2 MB groß. Außerdem veröffentlichen Sie damit zwangsläufig auch alle Daten von Nachschlagetabellen oder unnötige Details, wenn der Bericht gruppiert ist.

Export als E-Mail

Obwohl Access natürlich kein E-Mail-Programm ist, kann es die Fähigkeiten von Outlook nutzen und entsprechend Daten in Gestalt eines E-Mail-Anhangs versenden.

Eigentlich erzeugt dieser Export keine eigene Datei, sondern Sie wählen eines der bisherigen Dateiformate aus und dieses wird automatisch als Anhang einer E-Mail vorbereitet:

1. Markieren Sie den Bericht *rptHotels* im Navigationsbereich und klicken Sie auf den Befehl *EXTERNE DATEN/Exportieren/E-Mail*.

Abbildg. 32.45   Wählen Sie hier das passende Ausgabeformat

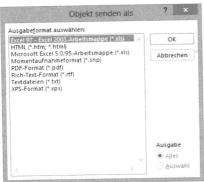

2. Im anschließend erscheinenden Dialogfeld (siehe Abbildung 32.45) wählen Sie ein Ausgabeformat aus und bestätigen mit *OK*.

3. Nach kurzer Zeit öffnet sich eine leere E-Mail-Nachricht mit den Daten als Anhang wie in Abbildung 32.46.

Abbildg. 32.46 Die leere E-Mail enthält bereits den Anhang

Access verschickt die Nachricht nicht automatisch, sondern stellt sie nur mit Anhang bereit. Sie müssen selbst den Empfänger und eventuell weitere Texte einfügen.

SharePoint-Liste

Zu den Access Web Apps gibt es eine Alternative, um Datenänderungen für Benutzer zu organisieren, die keinen direkten Zugriff auf die Access-Datenbank haben: *SharePoint*. Damit können Sie via Internet die Daten öffentlich lesend und schreibend zur Verfügung stellen.

HINWEIS Hier geht es um einen Datenzugriff, also kann sich der Export nur auf Tabellen (oder Abfragen) beziehen, nicht jedoch auf Berichte. Dabei wird auch nur eine Tabelle exportiert und nicht die ganze Datenbank wie bei Access Web Apps.

Damit Sie nachher auch ohne Office 365 weiterarbeiten können, sollten Sie jetzt eine Kopie der Datenbank anlegen.

Die künftigen Benutzer brauchen dann kein Access, sondern lediglich den Internet Explorer als Browser. Sie als Datenbankentwickler müssen natürlich bei einem Provider entsprechende Zugangsrechte besitzen, um die SharePoint-Seite administrieren zu dürfen. Am einfachsten ist wiederum die Nutzung der Office 365-Website, soweit diese (je nach gewähltem Plan) auch einen SharePoint-Server zur Verfügung stellt.

Access 2013 erlaubt es mit wenigen Handgriffen, eine der Tabellen auf eine SharePoint-Seite zu exportieren, wie Sie am Beispiel der Tabelle *tblFarben* sehen werden:

1. Markieren Sie die Tabelle *tblFarben* im Navigationsbereich und klicken auf den Befehl *EXTERNE DATEN/Exportieren/Weitere Optionen/SharePoint-Liste*, um den Assistenten wie in Abbildung 32.47 anzuzeigen.

2. Geben Sie dort die Adresse Ihrer SharePoint-Services und den Namen der Tabelle an. Bei Bedarf können Sie eine Beschreibung ergänzen. Lassen Sie das Kontrollkästchen *Nach Fertigstellen Liste öffnen* aktiviert, dann müssen Sie diese nicht erst suchen.

3. Sobald Sie diesen Dialog bestätigen, werden die Daten kopiert.

Geben Sie im Assistenten die Adresse und den Namen der neuen Liste an

4. Auch hier gibt es die Möglichkeit, den Export im letzten Schritt des Assistenten zu speichern. Sie können ihn hier einfach mit der Schaltfläche schließen. Der Internet Explorer zeigt nun direkt die exportierte Liste wie in Abbildung 32.48 an.

So sieht die exportierte Access-Tabelle in SharePoint aus

HINWEIS Wollen Sie einen neuen Datensatz hinzufügen, können Sie direkt in der Spalte *frb-Name* klicken und in der leeren Zeile einen neuen Wert eingeben. Die Spalte *frbID* ist weiterhin ein automatisch berechnetes Feld, nachdem Sie die neue Zeile verlassen haben.

Die Liste ist innerhalb von Office 365 eher schwierig zu finden. Möchten Sie diese später noch einmal anzeigen lassen, wählen Sie oben im Menü *Newsfeed* und auf dieser Seite dann in der linken Navigationsleiste *Apps* aus. Dann werden wie in Abbildung 32.49 auch diese Listen im Fenster angezeigt und Sie können dort auf *tblFarben* klicken.

Abbildg. 32.49 Die exportierte Tabelle *tblFarben* ist eine der Apps

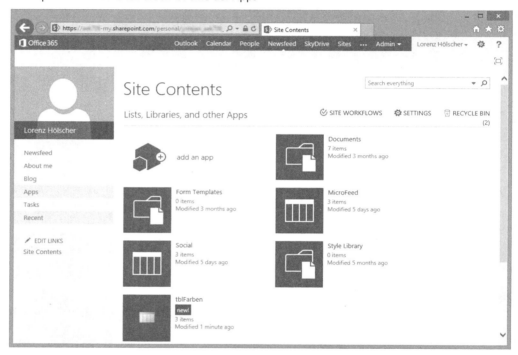

Das ist allerdings ein echter Export und somit sind die Daten zunächst statisch. Datenänderungen in SharePoint haben folglich keine Auswirkungen auf die Access-Datenbank. Um dies zu ändern, müssen Sie nun eine Verknüpfung zu dieser SharePoint-Liste einrichten:

1. Klicken Sie in der Access-Datenbank auf den Befehl *EXTERNE DATEN/Importieren und Verknüpfen/Weitere Optionen/SharePoint-Liste*, um den ersten Schritt des Assistenten wie in Abbildung 32.50 anzuzeigen.
2. Geben Sie wieder die Website-Adresse ein und wählen die Option *Erstellen Sie eine Verknüpfung zur Datenquelle, indem Sie eine verknüpfte Tabelle erstellen* (siehe Abbildung 32.50).
3. Nach einem Klick auf *Weiter* bietet der Assistent eine Auswahl der zu verknüpfenden Listen (siehe Abbildung 32.51) an, von denen Sie *tblFarben* über das dazugehörige Kontrollkästchen ankreuzen.

Abbildg. 32.50   Wählen Sie eine Website-Adresse und die zweite Option

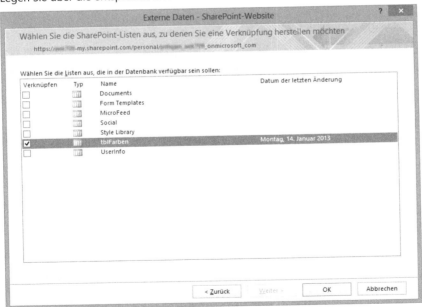

Abbildg. 32.51   Legen Sie über die entsprechenden Kontrollkästchen fest, welche Listen verknüpft werden sollen

ACHTUNG   Es reicht nicht, die zu verknüpfende Liste dort nur zu markieren, Sie müssen auf jeden Fall das Kontrollkästchen aktivieren!

4. Sie können den Assistenten mit *OK* bestätigen und wieder zu Access wechseln. Dort ist nun die verknüpfte SharePoint-Tabelle *tblFarben* am entsprechenden Symbol im Navigationsbereich wie in Abbildung 32.52 zu erkennen.

Abbildg. 32.52   Die Tabelle *tblFarben* ist mit SharePoint verknüpft

> **HINWEIS**   Eine Access-Datenbank mit eingebundenen SharePoint-Listen zeigt rechts unten in der Statusleiste einen entsprechenden Hinweis an, wie Sie auch in Abbildung 32.52 sehen können. Ich werde im weiteren Verlauf aber wieder mit der vorherigen Access-Tabelle *tblFarben* arbeiten, damit Sie auch ohne Office 365 die gleichen Möglichkeiten haben.

Gespeicherte Exporte

Für die Word-Datei (siehe Seite 719) haben Sie die Exportschritte speichern lassen, falls der Export häufiger benötigt wird. Wollen Sie diese später erneut aufrufen, klicken Sie auf *EXTERNE DATEN/ Exportieren/Gespeicherte Exporte*. Daraufhin erscheint das Dialogfeld wie in Abbildung 32.53 zur Auswahl der gespeicherten Exporte.

Abbildg. 32.53   Dieses Dialogfeld listet alle gespeicherten Exporte auf

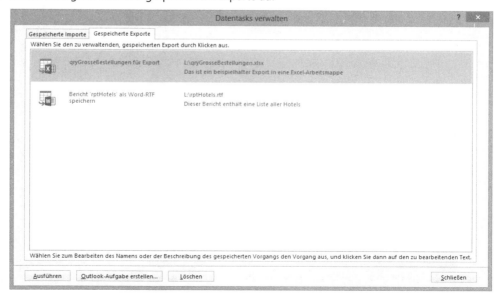

Es gibt eine entsprechende Sammlung von Importen unter *EXTERNE DATEN/Importieren und Verknüpfen/Gespeicherte Importe*.

Zusammenfassung

In diesem Kapitel haben Sie die verschiedenen Exportmöglichkeiten von Access kennengelernt. Mit den meisten der vorgestellten Befehle lassen sich Berichte exportieren, bei denjenigen mit Datenzugriff müssen Sie die zugrunde liegende Datenquelle angeben:

- Für den *Datei-Export* (Seite 716) stehen verschiedene Microsoft Office-Dateiformate wie Excel oder Word/RTF zur Verfügung

- Zwar deutlich arbeitsaufwendiger, aber viel flexibler zu formatieren ist der *Word-Seriendruck* (Seite 721), der seine Daten dynamisch aus Access-Tabellen übernimmt

- Als Austauschformat für praktisch jede andere Anwendung stellt Access das *Text-Dateiformat* (Seite 732) bereit

- Den einfachsten und vom Ergebnis her mit Abstand überzeugendsten Export liefern die beiden Pseudodrucker *PDF und XPS* (Seite 735), die sowohl Inhalte als auch Formatierung komplett übertragen

- Access kann die Ergebnisse wahlweise in eine ganz neue *HTML-Datei* (Seite 737) oder in eine vorbereitete *HTML-Vorlage* einsetzen, sodass auch dem Export ins Internet nichts entgegensteht

- Der Export in eine *andere Access-Datenbank* (Seite 743) hingegen ist eher mühsam. Hier ist es einfacher, die notwendigen Objekte von der Zieldatenbank aus gemeinsam zu importieren.

- Die exportierten Dateien lassen sich direkt per Befehl als *Anhang an eine E-Mail* (Seite 745) vorbereiten, die dann von Outlook verschickt wird

- Schließlich können Sie Tabellen auf einen *SharePoint-Server* (Seite 746) exportieren, damit Benutzer mit Zugangsberechtigung dort live Daten ändern können

Berichte

Teil H

Programmierung

Kapitel 33

Makros

In diesem Kapitel:

Makros sind sozusagen die kleine Programmiersprache (gegenüber der »großen« Programmiersprache VBA), denn sie enthalten wenige Befehle, sind in Deutsch und meist recht kurz. Das macht es recht einfach, mal eben ein Makro zu schreiben.

CD-ROM Um Ihnen das Nachvollziehen der Schritte in diesem Kapitel zu erleichtern, finden Sie innerhalb der Beispieldateien zu diesem Buch im Ordner *Kap32* eine Datenbank, die bereits die Änderungen aus Kapitel 32 enthält. Laden Sie einfach die betreffende Datenbank, um mit der Arbeit in diesem Kapitel zu beginnen.

Sie können also jederzeit ein Kapitel überspringen und trotzdem auf den aktuellen Stand der Datenbank zugreifen.

Makros allgemein

Die Oberfläche für Makros ist eine moderne Oberfläche mit vielen Auswahlmöglichkeiten, sodass sich hier schnell ein paar Aktionen zusammenklicken lassen. Sie erreichen diese Bedienungsoberfläche für ein neues Makro mit dem Befehl *ERSTELLEN/Makros und Code/Makro* wie in Abbildung 33.1 dargestellt.

Abbildg. 33.1 Die Bedienungsoberfläche für den Makroentwurf

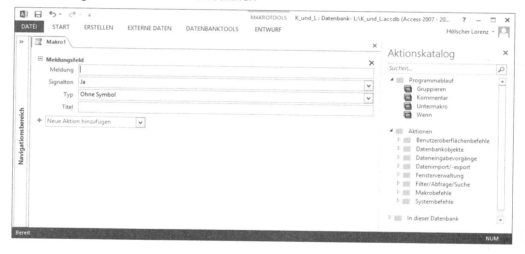

In Abbildung 33.1 sehen Sie alle wesentlichen Elemente des Fensters für den Makroentwurf. Im Aktionskatalog rechts stehen drei Gruppen von Elementen zur Verfügung:

- Sie können das Makro mit Elementen aus *Programmablauf* strukturieren

- Die eigentlichen Befehle stehen in den *Aktionen* nach Kategorien zusammengefasst

- Weiter unten finden sich noch eingebettete Makros, die *In dieser Datenbank* enthalten sind

Im Codebereich, dem linken Teil des Fensters, stehen die Makrobefehle. Dort ist bereits der Befehl *Meldungsfeld* enthalten, allerdings noch ohne vollständige Argumente. Der Befehl mit seinen Argumenten ist in einem hellgrauen Kasten zusammengefasst. Sie können ihn links am Minuszeichen einklappen und rechts am *X* löschen.

Weitere neue Befehle wählen Sie entweder aus der Liste *Neue Aktion hinzufügen* neben dem grünen Pluszeichen aus oder ziehen sie rechts aus dem Aktionskatalog in den Codebereich.

Makro erstellen

Einer der typischen Anlässe für Makros ist das Öffnen eines Formulars von einer Befehlsschaltfläche aus. Daher wird an diesem Makro beispielhaft gezeigt, wie das funktioniert:

1. Erstellen Sie ein neues Makro über *ERSTELLEN/Makros und Code/Makro*, sodass ein leeres Makrofenster wie in Abbildung 33.2 zur Verfügung steht.

2. Falls noch nicht sichtbar, lassen Sie über *ENTWURF/Einblenden/Ausblenden/Aktionskatalog* den Aktionskatalog anzeigen.

3. Klappen Sie darin *Aktionen* und *Datenbankobjekte* aus, sodass der Befehl *ÖffnenFormular* sichtbar wird. Ziehen Sie diesen mit gedrückter Maustaste in den Codebereich wie in Abbildung 33.2.

Abbildg. 33.2   Ziehen Sie den Namen des Befehls in den Codebereich

4. Der *ÖffnenFormular*-Befehl erscheint daraufhin im Codebereich als hellgrauer Kasten mit seinen Argumenten (siehe Abbildung 33.3). Einige davon wie der *Formularname* müssen ausgefüllt werden, was durch den hellgrauen Eintrag *Erforderlich* angezeigt wird.

Der *ÖffnenFormular*-Befehl ist noch unvollständig ausgefüllt

5. Wählen Sie für *Formularname* das Formular *frmHotels* aus und speichern Sie das Makro unter dem Namen *macHotelsZeigen*.

ACHTUNG   Makros müssen immer gespeichert sein, bevor Sie diese ausführen können.

6. Mit dem Befehl *ENTWURF/Tools/Ausführen* starten Sie dieses Makro, dessen einzige *ÖffnenFormular*-Aktion, wie in Abbildung 33.4 zu sehen, das Formular *frmHotels* anzeigt.

Abbildg. 33.4   Beim Ausführen zeigt das Makro das Formular *frmHotels* an

Natürlich ist das kein besonders spektakuläres Ergebnis einer Programmierung, zeigt aber alle notwendigen Abläufe. Wenn Sie jetzt beide Fenster schließen, können Sie alternativ im Navigationsbereich (siehe Abbildung 33.5) das Makro *macHotelsZeigen* auch per Doppelklick starten.

Programmierung

Abbildg. 33.5   Das Makro finden Sie im Navigationsbereich in der Kategorie *Makros*

Makro per Schaltfläche aufrufen

Langfristig soll das Makro nicht per Doppelklick vom Navigationsbereich aus aufgerufen werden, sondern von einer Schaltfläche eines Formulars. Erinnern Sie sich an das Formular *frmZentral* aus Kapitel 29, welches ohnehin beim Start geöffnet wird? Das ist ein idealer Ausgangspunkt für dieses Makro:

1. Wechseln Sie in die Entwurfsansicht des Formulars *frmZentral* und fügen Sie dort mit dem Befehl *ENTWURF/Steuerelemente/Schaltfläche* eine neue Befehlsschaltfläche wie in Abbildung 33.6 ein.

HINWEIS   Der Assistent ist jetzt überflüssig, Sie sollten daher darauf achten, dass er mit dem Befehl *ENTWURF/Steuerelemente/Steuerelement-Assistenten verwenden* eventuell vorher ausgeschaltet werden muss. War er versehentlich doch aktiv, können Sie ihn einfach im automatisch angezeigten Dialogfeld mit der Schaltfläche *Abbrechen* beenden.

2. Markieren Sie die Schaltfläche und lassen mit [Alt]+[↵] das Eigenschaftenblatt dazu anzeigen. Tragen Sie dort als *Name*-Eigenschaft *btnFormularHotels* ein und als *Beschriftung* den Wert *Hotels anzeigen*.
3. Wenn Sie das Windows-untypische Aussehen abschalten wollen, können Sie noch die Eigenschaft *Design verwenden* auf *Nein* stellen.

Abbildg. 33.6   Fügen Sie diese neue Schaltfläche ein

4. Klicken Sie anschließend in der *Beim Klicken*-Eigenschaft der Befehlsschaltfläche auf den Dropdownpfeil wie in Abbildung 33.7, so finden Sie dort außer dem Eintrag *[Ereignisprozedur]* auch dieses Makro vor. Wählen Sie *macHotelsZeigen* als Eintrag aus.

Die *Beim Klicken*-Eigenschaft zeigt alle Makros an

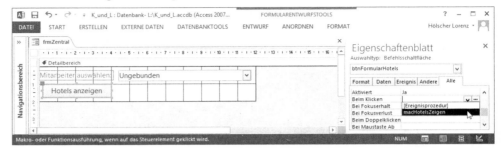

5. Speichern Sie das Formular und wechseln Sie in die Formularansicht. Mit einem Klick auf die Befehlsschaltfläche wird nun das Formular *frmHotels* gestartet.

Damit haben Sie den zweiten Teil für ein Makro erledigt, nämlich seinen Aufruf. Sein Name wird in der entsprechenden Eigenschaft wie *Beim Klicken* ausgewählt und die Verbindung zwischen Ereignis und Aktion ist hergestellt.

> **TIPP** Wollen Sie dieses Makro nachträglich ändern, können Sie in der *Beim Klicken*-Eigenschaft auf die Schaltfläche mit den drei Pünktchen klicken, dann wird direkt die Entwurfsansicht des dort genannten Makros angezeigt.

Eingebettete Makros

Die eben gezeigten Makros werden getrennt vom aufrufenden Formular gespeichert. Das ist vorteilhaft, wenn ein Makro in mehreren Formularen genutzt wird. Es ist aber lästig, wenn es sich ohnehin auf ein einziges Formular bezieht und nur in diesem aufgerufen wird.

Daher gibt es eingebettete Makros, die genauso wie die »normalen« Makros programmiert, aber nicht im Navigationsbereich angezeigt werden. Sie sind im Formular (oder Bericht) enthalten und werden mit diesem bei Bedarf auch gelöscht oder kopiert.

In Kapitel 12 wurde bereits erwähnt, dass es praktisch ist, wenn alle Fotos nach einem festen Schema benannt werden. Jetzt ist die Gelegenheit, dies für die Makroprogrammierung zu nutzen:

1. Wechseln Sie in die Entwurfsansicht des Formulars *frmMitarbeiter* und schaffen Sie durch Zusammenschieben und Verkürzen Platz für ein neues Steuerelement rechts neben allen Inhalten.

2. Dann fügen Sie mit dem Befehl *ENTWURF/Steuerelemente/Bild* ohne den Assistenten ein *Bild*-Steuerelement ein.

3. Benennen Sie das neue *Bild*-Steuerelement in *imgMitarbeiter* um und wählen Sie als *Bildtyp*-Eigenschaft *Verknüpft*, wie es in Abbildung 33.8 zu sehen ist.

4. Damit ein Benutzer das Foto nicht erst auf Knopfdruck sieht, soll es nicht über eine Befehlsschaltfläche sichtbar gemacht werden. Bei jedem Wechsel zu einem neuen Datensatz wird das *Beim Anzeigen*-Ereignis des Formulars ausgelöst, welches hier das Makro automatisch aufruft.

Abbildg. 33.8   Das *Bild*-Steuerelement ist noch leer

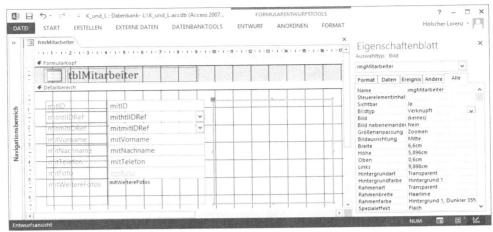

5. Markieren Sie das Formular selbst durch einem Klick auf die Schaltfläche, die sich am Schnittpunkt der Lineale befindet, klicken in die *Beim Anzeigen*-Eigenschaft und dort auf die Schaltfläche mit den drei Pünktchen.

6. Ein Dialogfeld wie in Abbildung 33.9 bietet die Auswahl zwischen verschiedenen Generatoren, um Makros, Funktionsausdrücke oder (VBA-)Code zu erstellen. Belassen Sie die Markierung auf *Makro-Generator* und bestätigen Sie mit *OK*.

Abbildg. 33.9   Wählen Sie hier den *Makro-Generator* aus

7. Auf dem Bildschirm sehen Sie den Makroentwurf in einer zweiten Registerkarte, während das ursprüngliche Formular deaktiviert ist. Hier können Sie die passende Aktion aus dem Aktionskatalog rechts herausziehen oder hinter dem grünen Pluszeichen auswählen.

Programmierung

Hier fehlt noch eine Aktion

ACHTUNG   Um die *Bild*-Eigenschaft des leeren *Bild*-Steuerelements per Code zu verändern, bedarf es der *SetzenWert*-Aktion in der Liste *Neue Aktion hinzufügen*. Aber wie Sie sehen, sehen Sie nichts: Diese Aktion fehlt darin.

Einige der Makroaktionen gelten als potenziell gefährlich und werden daher grundsätzlich ausgeblendet. Solange nur unbedenkliche Aktionen enthalten sind, wird das Makro auch dann ausgeführt, wenn der Benutzer nicht ausdrücklich aktive Inhalte zulässt. Bei dieser Datenbank hier erscheint eine solche Warnung (siehe Abbildung 33.11) wahrscheinlich nicht, wenn Sie diese schon als unbedenklich eingestuft hatten.

Abbildg. 33.11 Access warnt vor Datenbanken mit Programmierung

In Kapitel 9 haben Sie bereits die verschiedenen Möglichkeiten kennengelernt, eine Datenbank oder ein ganzes Verzeichnis als unbedenklich einzustufen.

8. Da die *SetzenWert*-Aktion beliebige Eigenschaften verändern kann (und ja auch soll), muss sie ausdrücklich freigeschaltet werden. Klicken Sie auf den Befehl *ENTWURF/Einblenden/Ausblenden/Alle Aktionen anzeigen*.

9. Erst jetzt lässt sich auch *SetzenWert* aus der Liste auswählen. Klicken Sie auf das zugehörige *Element*-Argument und dort auf das Generator-Symbol rechts daneben (oder rufen diesen mit ⎡Strg⎤+⎡F2⎤ auf).

10. Wählen Sie im Ausdrucks-Generator aus der Liste *Ausdruckselemente* das aktuelle Formular *frm-Mitarbeiter* auf, in der mittleren Liste *Ausdruckskategorien* das Steuerelement *imgMitarbeiter* und übernehmen aus der rechten Liste *Ausdruckswerte* per Doppelklick die Eigenschaft *Bild* wie in Abbildung 33.12 und bestätigen das Dialogfeld mit *OK*.

Abbildg. 33.12   Wählen Sie im Ausdrucks-Generator die *Bild*-Eigenschaft von *imgMitarbeiter* aus

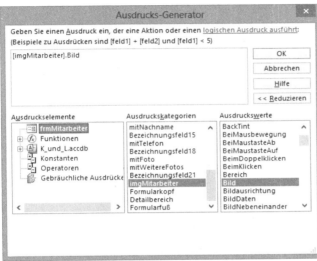

11. Das *Ausdruck*-Argument der *SetzenWert*-Aktion muss letztendlich den Pfad und Dateinamen des Bilds erhalten. Sie können diesen aus Textteilen und Feldinhalten zusammensetzen, wie wir es schon mehrfach in berechneten Abfragen gemacht haben. Geben Sie (mit angepasstem Pfad für Ihren Computer!) dort die folgende Formel ein:

```
"L:\Mitarbeiter\" & [mitVorname] & [mitNachname] & ".jpg"
```

ACHTUNG   Wenn Sie die Formel direkt im Argument im Codebereich eingeben, erscheinen die automatischen Dropdownlisten für die Feldnamen nicht, sobald im ersten Textteil schon der Schrägstrich eingegeben ist. Notieren Sie den Pfad daher am besten zuerst ohne Schrägstrich.

12. Damit ist das eingebettete Makro, wie in Abbildung 33.13 zu sehen, fertig und Sie können das Makroentwurfsfenster schließen.

Abbildg. 33.13 So sieht das eingebettete Makro aus

Nachdem Sie *frmMitarbeiter* in die Formularansicht umgeschaltet haben, zeigt nun jeder Wechsel zu einem anderen Mitarbeiter wie in Abbildung 33.14 direkt dessen Foto an.

Abbildg. 33.14 Zum Mitarbeiter ist das externe Foto eingeblendet

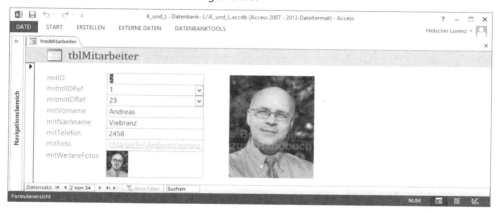

Fehler abfangen

Leider funktioniert das Formular noch nicht ganz, denn sobald ein Foto fehlt oder anders benannt wurde, zeigt das Makro die Fehlermeldung, wie sie in Abbildung 33.15 zu sehen ist.

Abbildg. 33.15 Diese Fehlermeldung erscheint, wenn eine Bilddatei fehlt

Besser wäre es, dass dann ohne weitere Meldung einfach kein Foto angezeigt würde. Um das im Makro zu integrieren, müssen Sie die Fehler vor deren Auftreten abfangen:

1. Wechseln Sie in die Entwurfsansicht von *frmMitarbeiter*, klicken in die Formular-Eigenschaft *Beim Anzeigen* und dort auf die Schaltfläche mit den drei Pünktchen, um das eingebettete Makro zu bearbeiten.

2. Wählen Sie im Codebereich aus der Liste *Neue Aktion hinzufügen* die Aktion *BeiFehler* aus. Da diese noch an der falschen Position steht, klicken Sie auf ihren grünen Pfeil (am rechten Rand des hellgrauen Bereichs), um sie vor die *SetzenWert*-Aktion zu schieben.

3. Stellen Sie das *Gehe Zu*-Argument auf *Makroname*, wie es in Abbildung 33.16 bereits zu sehen ist.

Abbildg. 33.16   Die *BeiFehler*-Aktion ist fast fertig

4. Da das im Fehlerfall aufzurufende Makro einen eigenen Namen (innerhalb dieses Gesamtmakros) haben muss, ziehen Sie aus dem Aktionskatalog aus der Kategorie *Programmablauf* ein *Untermakro*-Element auf die Liste *Neue Aktion hinzufügen*. Dieses *Untermakro* erhält den beliebigen Namen *BildFehlt*.

5. Tragen Sie diesen Namen *BildFehlt* oben als *Makroname*-Argument der *BeiFehler*-Aktion nach.

6. Lassen Sie mit *ENTWURF/Einblenden/Ausblenden/Alle Aktionen anzeigen* die fehlenden Aktionen einblenden.

7. Klicken Sie in der *Untermakro*-Aktion auf deren Liste *Neue Aktion hinzufügen* und wählen dort wieder *SetzenWert* aus. Als *Element*-Argument geben Sie dafür ebenfalls *[imgMitarbeiter].[Bild]* ein, aber als *Ausdruck*-Argument zwei Anführungszeichen (siehe Abbildung 33.17).

Abbildg. 33.17   Das Makro ist fertig

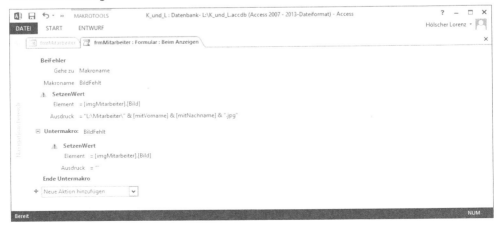

Programmierung

765

> **ACHTUNG**   Ein leeres *Ausdruck*-Argument für die *SetzenWert*-Aktion ist nicht zulässig, daher müssen Sie mit den beiden Gänsefüßchen einen Leerstring übergeben, also eine Zeichenkette ohne Inhalt.

Jetzt ist alles fertig und Sie können das Makro speichern und schließen. In der Formularansicht werden nun entweder passende oder gar keine Bilder gezeigt, ohne dass eine Fehlermeldung erscheint.

Die *BeiFehler*-Aktion erlaubt noch andere Einstellungen für das *Gehe zu*-Argument, die Sie in Tabelle 33.1 erläutert finden.

Tabelle 33.1   Argumente der *BeiFehler*-Aktion

Argument	Bedeutung
Nächster	Access zeichnet die Details des Fehlers im *MacroError*-Objekt auf, das Makro wird jedoch nicht beendet, sondern mit der nächsten Aktion fortgesetzt
Makroname	Access beendet das aktuelle Makro und führt das im Argument *Makroname* genannte Makro aus
Fehlgeschlagen	Access beendet das aktuelle Makro und zeigt eine Fehlermeldung an

> **HINWEIS**   Sie werden diese Technik der Fehlerbehandlung in Kapitel 36 bei der VBA-Programmierung mit dem Befehl On Error GoTo wiedersehen.

Alle Makroaktionen

In der Liste *Neue Aktion hinzufügen* sind (fast) alle Makros »hierarchisch alphabetisch« sortiert. Wie im englischsprachigen Original sind die Namen meist in der Reihenfolge Verb-Objekt konstruiert. Wollen Sie also ein Formular öffnen, müssen Sie nach *ÖffnenFormular* suchen, das Öffnen der übrigen Objekte finden Sie entsprechend als *ÖffnenAbfrage*, *ÖffnenBericht* oder *ÖffnenTabelle*.

> **ACHTUNG**   Das ist allerdings nicht besonders durchgängig beibehalten worden, weil beispielsweise *DatensatzLöschen* und *DatensatzSpeichern* in üblicher deutscher Reihenfolge benannt wurden. Umso lästiger, dass die übrigen Aktionen für Datensätze wieder in Verb-Nomen-Reihenfolge als *SuchenDatensatz*, *SuchenNachDatensatz*, *SuchenNächstenDatensatz*, *AktualisierenDatensatz*, *RückgängigDatensatz* oder *GeheZuDatensatz* und auch noch ganz woanders stehen.

Vor allen »echten« Aktionen finden sich in der *Neue Aktion hinzufügen*-Liste die vier Aktionen zum Programmablauf.

Im Aktionskatalog können Sie die angezeigten Aktionen filtern, indem Sie oben in der *Suchen*-Liste ein Suchwort eingeben. Wie Sie in Abbildung 33.18 anhand von *SpeichernAlsOutlookKontakt* sehen, werden dabei auch Aktionen angezeigt, die zwar inhaltlich dazu passen, aber das Suchwort nicht im Namen enthalten.

Abbildg. 33.18 Filtern Sie Aktionen im Aktionskatalog

Die potenziell gefährlichen Aktionen werden im Aktionskatalog mit einem Warndreieck markiert (siehe Abbildung 33.19). Diese werden allerdings erst angezeigt, wenn Sie mit dem Befehl *ENT-WURF/Einblenden/Ausblenden/Alle Aktionen anzeigen* ausdrücklich sichtbar gemacht werden.

Abbildg. 33.19 Potenziell gefährliche Aktionen erhalten ein Ausrufezeichen

> **HINWEIS** Makros, die solche bedenklichen Aktionen enthalten, werden nur ausgeführt, wenn die Datenbank vertrauenswürdig ist oder Sie beim Öffnen diese Inhalte aktiviert haben.

Nützliche Makros

Es gibt ein paar Makros, die in ziemlich jeder Datenbank praktisch sind, und die wir Ihnen hier vorstellen möchten, damit Sie sehen, wo sich Makros gut einsetzen lassen.

Formular mit neuem Datensatz

Wird ein Formular geöffnet, ist dessen erster Datensatz sichtbar. Leider gibt es viele Benutzer, die das (vor allem bei vielen darin vorhandenen Standardwerten) nicht bemerken und einfach schon mal drauf los schreiben. Daher öffne ich Formulare zur Dateneingabe lieber mit einem Makro, welches direkt den neuen Datensatz aktiviert:

1. Erstellen Sie ein neues Makro mit dem Befehl *ERSTELLEN/Makros und Code/Makro*.
2. Fügen Sie die Aktion *ÖffnenFormular* hinzu und geben Sie hier als *Formularname*-Argument *frmArtikel* ein.
3. Wählen Sie in der Liste *Neue Aktion hinzufügen* als zweite Aktion *GeheZuDatensatz* mit dem *Datensatz*-Argument *Neuer* (siehe Abbildung 33.20).

Abbildg. 33.20 Mit diesem Makro fügen Sie einen neuen Artikel hinzu

4. Speichern Sie das Makro unter dem Namen *macArtikelNeu* und schließen es.

Durch einen Doppelklick auf dessen Namen im Navigationsbereich können Sie testen, dass nun das Artikel-Formular geöffnet und direkt der neue Datensatz angezeigt wird.

Aktuelles Fenster schließen

Das nächste Beispiel liest sich auf den ersten Blick recht banal, denn es schließt das aktuelle Fenster, wenn es dort von einer Befehlsschaltfläche aus aufgerufen wird.

1. Erstellen Sie ein neues Makro mit dem Befehl *ERSTELLEN/Makros und Code/Makro*.

2. Fügen Sie die Aktion *FensterSchließen* hinzu und geben Sie ausdrücklich keine Argumente für *Objekttyp* oder *Objektname* an.

3. Speichern Sie das Makro unter dem Namen *macDiesesSchliessen*.

Abbildg. 33.21   Dieses Makro schließt das aktuelle Objekt

4. Um das Makro zu testen, wird es am besten in einem Formular aufgerufen. Wechseln Sie in die Entwurfsansicht des Formulars *frmArtikel* und fügen Sie dort im Formularkopf rechts oben eine Befehlsschaltfläche ein mit der *Name*-Eigenschaft *btnSchliessen* und der *Beschriftung*-Eigenschaft *Schließen*.

5. Damit diese Schaltfläche wirklich immer am rechten Bildschirmrand steht, können Sie ihre Position mit *ANORDNEN/Position/Anker/Oben rechts* festlegen.

HINWEIS   Auch wenn die Namen der Aktionen selbst Umlaute und *ß* enthalten, würde ich bei benutzerdefinierten Namen immer noch davon abraten. Diese Makroaktionen werden nämlich keineswegs unter ihren deutschen Namen gespeichert, sondern als interne Kennung und dann erst zur Laufzeit übersetzt. Benutzerdefinierte Namen, die Sie also selbst vergeben haben, stehen jedoch tatsächlich so im Code drin. Für die *Beschriftung*-Eigenschaft hingegen sind Umlaute und *ß* unbedenklich.

6. Als *Beim Klicken*-Eigenschaft wählen Sie das Makro *macDiesesSchliessen* in der Liste aus und speichern das Formular.

Abbildg. 33.22   Das Artikel-Formular hat eine vernünftige Schließen-Schaltfläche

7. Ein Klick auf diese Befehlsschaltfläche in der Formularansicht schließt das Formular sofort.

Der Vorteil dieses zentralen Makros zum Schließen besteht vor allem darin, dass es in der *Beim Klicken*-Eigenschaft bereits zur Verfügung steht und dort nicht jedes Mal ein eingebettetes Makro geschrieben werden muss. Falls Ihnen später einfällt, dass Sie beim Schließen eines beliebigen Formulars beispielsweise noch einen Protokolldatensatz schreiben müssen, lässt sich das dann problemlos in dieses zentrale Makro integrieren.

TIPP Weil das Makro in seinen Argumenten weder Objektname noch -typ nennt, können Sie es auch mit einer Befehlsschaltfläche auf einem Bericht nutzen. Dort funktioniert es natürlich nur in der Berichtsansicht und nicht in der Seitenansicht. Daher sollten Sie die *Anzeigen*-Eigenschaft der dortigen Befehlsschaltfläche auf *Nur am Bildschirm* stellen.

Makro per Tastenkürzel aufrufen

Ein wenig versteckt, aber sehr viel praktischer ist der Aufruf von Makros mit einem vorher festgelegten Tastenkürzel. Das geht in Access über ein spezielles Makro mit reserviertem Namen.

1. Erstellen Sie ein neues Makro mit dem Befehl *ERSTELLEN/Makros und Code/Makro*.
2. Ziehen Sie aus dem Aktionskatalog aus der Kategorie *Programmablauf* die *Untermakro*-Aktion in den Codebereich. Geben Sie als *Untermakro*-Argument ^h ein.

ACHTUNG Das Caret-Zeichen (^) gehört zu den Akzentzeichen, wartet also nach Eingabe per Tastatur auf das folgende Zeichen. Erst wenn Sie anschließend ein Leerzeichen eingeben, wird es auch angezeigt. Die Bedeutung dieser Sonderzeichen finden Sie in Tabelle 33.2 erläutert.

3. Im hellgrauen Kasten finden Sie eine eigene *Neue Aktion hinzufügen*-Liste, aus der Sie *Meldungsfeld* auswählen. Im *Meldung*-Argument können Sie ein einfaches Hallo! eingeben, weil es hier nur Testzwecken dient.
4. Ziehen Sie danach eine weitere *Untermakro*-Aktion aus dem Aktionskatalog und geben dort ^a ein. In deren *Neue Aktion hinzufügen*-Liste wählen Sie eine *AusführenMakro*-Aktion aus, deren *Makroname*-Argument *macArtikelNeu* wird.
5. Speichern Sie das Makro unter dem reservierten Namen *AutoKeys* (siehe Abbildung 33.23).

Abbildg. 33.23 Dieses Makro legt Tastenkürzel fest

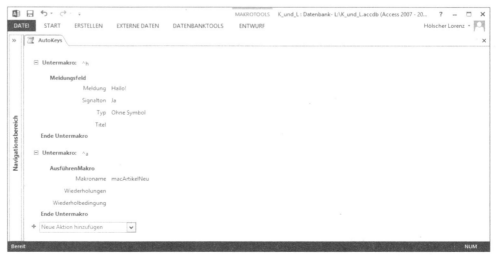

Die Namen der Untermakros wurden hier keineswegs zufällig gewählt, sondern es müssen die Tastenkürzel sein, mit denen sich das jeweilige Untermakro später starten lässt. In Tabelle 33.2 sehen Sie anhand der möglichen Sonderzeichen, dass ^a also für $\boxed{\text{Strg}}$+$\boxed{\text{A}}$ steht.

Tabelle 33.2   Sonderzeichen für Tastenkürzel

Zeichen	Bedeutung
^	$\boxed{\text{Strg}}$-Taste
+	$\boxed{\text{⇧}}$-Taste
{F1}...{F12}	$\boxed{\text{F1}}$- bis $\boxed{\text{F12}}$-Taste

ACHTUNG   Die in der *Tastaturbefehle*-Aktion nutzbaren weiteren Tastenkürzel wie beispielsweise *{ENTF}* ($\boxed{\text{Entf}}$-Taste), *{TAB}* ($\boxed{\text{⇥}}$-Taste), *{PGUP}* ($\boxed{\text{Bild ↑}}$-Taste) oder *{ENTER}* ($\boxed{\text{↵}}$-Taste) sind hier ebenso wenig zulässig wie die Kombination mit % ($\boxed{\text{Alt}}$-Taste). Sie werden beim Speichern darauf hingewiesen, wenn Sie eine solche nicht erlaubte Taste angegeben haben.

Jetzt können Sie die Tastenkürzel testen, zum Beispiel mit $\boxed{\text{Strg}}$+$\boxed{\text{H}}$, weil es eine Meldung anzeigt wie in Abbildung 33.24.

Abbildg. 33.24   Dieses Makro wurde mit Tastenkürzel gestartet

PROFITIPP   Nachdem das *AutoKeys*-Makro ein Mal gespeichert und beim nächsten Öffnen der Datenbank gelesen wurde, können Änderungen daran nach dem Speichern sofort getestet werden. Ein erneutes Einlesen ist nicht mehr nötig.

Wollen Sie die Tastaturkürzel (vorübergehend) aufheben, reicht es, das Makro umzubenennen. Allerdings muss die Datenbank dann wieder geschlossen und erneut geöffnet werden, weil Access die Makros sonst noch unter dem bisherigen Namen sucht.

Makro beim Öffnen ausführen

Es gibt ein zweites Makro mit einem reservierten Namen, welches beim Öffnen der Datenbank automatisch ausgeführt wird: *AutoExec*. Typischerweise wird darin ein Formular geöffnet, welches zentrale Aktivitäten der Datenbank steuert.

> **ACHTUNG** Als Alternative zum *AutoExec*-Makro lässt sich oft der Befehl *DATEI/Optionen* verwenden. In dem dazugehörigen Dialogfeld ist in der Kategorie *Aktuelle Datenbank*, Gruppe *Anwendungsoptionen*, über die Auswahl *Formular anzeigen* ebenso das Öffnen eines Formulars möglich. In Kapitel 9 habe ich Ihnen diese Optionen bereits ausführlich vorgestellt und in Kapitel 29 wird deren Verwendung näher beleuchtet.

Es gibt keine VBA-Prozedur, die beim Öffnen der Datenbank automatisch ausgeführt wird. Sie müssen bei Bedarf eine solche VBA-Prozedur von *AutoExec* aus mit der *AusführenCode*-Aktion aufrufen.

> **TIPP** Die Ausführung des *AutoExec*-Makros beim Öffnen der Datenbank lässt sich unterdrücken, indem Sie dann (möglichst lange, bis wirklich alles geladen ist!) die ⇧-Taste gedrückt halten. Das gilt allerdings nicht nur für Sie als Entwickler, sondern auch für jeden beliebigen Benutzer. In Kapitel 40 finden Sie eine Möglichkeit, die ⇧-Taste hier doch wieder zu deaktivieren.

Datenmakros

Bei Datenmakros handelt es sich um eine spezielle Untergruppe der Makroaktionen, die nur in Tabellen gespeichert und ausgeführt werden.

> **HINWEIS** Wenn Sie Erfahrung mit SQL-Datenbanken auf Großrechnern (beispielsweise SQL Server oder Oracle) haben, sind Ihnen dort sicherlich *Trigger* ein Begriff. Datenmakros heißen nur anders, leisten aber das Gleiche.

Natürlich können Sie viele der Datenänderungsaktionen einfach an ein Formular-*Vor Aktualisierung*-Ereignis binden und dort ein normales Makro oder eine VBA-Prozedur ausführen. Das läuft aber leider nur dann, wenn auch das jeweilige Formular geöffnet ist.

Nicht nur, dass dann jedes Formular zur Änderung dieser Daten diese Programmierung kopieren müsste. Viel schlimmer: Ein Benutzer kann Daten direkt in der Tabelle ändern, ohne das Formular überhaupt aufzurufen!

Der einzige Ausweg daraus sind die Datenmakros, welche als Teil der Tabelle gespeichert und ausgeführt werden, unabhängig davon, ob die Datenänderung via Formular, Abfrage, direkt in der Tabelle oder auch per VBA stattfindet.

> **HINWEIS** Unter der einheitlichen Oberfläche ist es nicht so offensichtlich, aber Access besteht eigentlich aus zwei Hälften: den Daten mit Tabellen/Abfragen und der Bedienung mit Formularen/Berichten/Programmierung. Per VBA-*Recordset*-Programmierung oder mit verknüpften Tabellen greifen Sie nur auf den Datenbereich zu, ein Makro in einem Formular würde also grundsätzlich nicht ausgeführt.

Es gibt insgesamt fünf verschiedene Ereignisse für Datenmakros, die nach dem Zeitpunkt ihres Aufrufs unterschieden werden, wie in Abbildung 33.25 zu sehen ist. Außerdem können dort benannte Makros erstellt werden, die dann von mehreren anderen Datenmakros aufrufbar sind.

Datenmakros werden nach dem Zeitpunkt ihres Aufrufs unterschieden

Um ein Datenmakro zu erstellen, müssen Sie immer in die Entwurfsansicht der jeweiligen Tabelle wechseln. Dort finden Sie im Menüband mit dem Befehl *ENTWURF/Feld-, Datensatz- und Tabellenereignisse/Datenmakros erstellen* die Liste möglicher Datenmakros (siehe Abbildung 33.25). Bereits erstellte Datenmakros wären dort am hellrosa hinterlegten und umrandeten Symbol in der Liste zu erkennen.

HINWEIS   Datenmakros manipulieren Daten ohne Benutzereingriff, denn sie werden auch beim Zugriff über verknüpfte Tabellen oder eine VBA-Prozedur ausgeführt. Das hat zur Folge, dass es keine Befehle für die Benutzerinteraktion gibt wie Meldungen oder Eingabefenster. Selbst Fehlermeldungen werden nicht angezeigt, sondern in eine Tabelle namens *USysApplicationLog* geschrieben. Wegen des Präfixes *USys*... verhält sie sich wie die anderen Systemtabellen (mit dem Präfix *MSys*...) und ist normalerweise ausgeblendet.

Abhängige Werte in der Tabelle sichern

Als erstes Beispiel für den Einsatz eines Datenmakros soll die Tabelle *tblBestellungen* dienen. Bei einer Bestellung wird nämlich derzeit in keinster Weise verhindert, dass ein Lieferdatum eingetragen wird, das zeitlich vor dem Bestelldatum liegt. Mit einem Datenmakro soll nun sichergestellt werden, dass sich wenigstens 14 Tage zwischen Bestell- und Lieferdatum befinden, damit ausreichend Zeit für eventuelle Zwischenlieferanten bleibt.

1. Wechseln Sie in die Entwurfsansicht der Tabelle *tblBestellungen*. Klicken Sie auf den Befehl *ENTWURF/Feld-, Datensatz- und Tabellenereignisse/Datenmakros erstellen/Vor Änderung*, weil das Datenmakro ausgeführt werden soll, bevor der Datensatz gespeichert wird.

2. Wie Sie in Abbildung 33.26 erkennen, sieht die Bedienungsoberfläche zwar grundsätzlich so aus wie bei den »normalen« Makros, die Liste der möglichen Aktionen im Aktionskatalog ist aber bedeutend kürzer.

In Datenmakros stehen weniger Aktionen zur Verfügung

HINWEIS Es gibt bei Datenmakros auch keine Unterscheidung in potenziell gefährliche oder harmlose Aktionen. Sie werden immer ausgeführt, unabhängig davon, ob aktive Inhalte freigegeben wurden oder die Datenbank in einem vertrauenswürdigen Pfad liegt.

3. Ziehen Sie eine *Wenn*-Aktion aus dem Aktionskatalog und geben dort als Bedingung in das weiße Feld folgende Formel ein:

```
[bstBestelldatum]+14>[bstLieferdatum]
```

TIPP Um eine Aktion aus dem Aktionskatalog zu übernehmen, können Sie auch einen Doppelklick auf deren Namen machen.

4. Auch ohne Aufruf des Ausdrucks-Generators unterstützt Sie Access bei der Eingabe mit den passenden Feldnamen in der Dropdownliste. Dann übernehmen Sie durch Doppelklick im Aktionskatalog die *FestlegenFeld*-Aktion in den *Wenn*-Block.

5. Tragen Sie als dessen *Name*-Argument *bstLieferdatum* ein und als Wert *[bstBestelldatum]+14*. Damit wird ein ungültiges Lieferdatum korrigiert und sichergestellt, dass dieses mindestens 14 Tage nach dem Bestelldatum liegt.

So sieht das fertige Datenmakro aus

6. Damit ist das Datenmakro fertig, Sie können es mit *ENTWURF/Schließen/Speichern* innerhalb der Tabelle speichern und dann schließen.

7. Sie befinden sich nun wieder in der Entwurfsansicht der Tabelle *tblBestellungen*. Die Änderungen wurden zwar innerhalb des Datenmakros gesichert, nicht aber die Tabelle selbst. Auch diese müssen Sie speichern, bevor Sie jetzt in deren Datenblattansicht wechseln.

Sie können nun versuchen, im letzten Datensatz (siehe Abbildung 33.28) ein Lieferdatum einzugeben, welches nicht zwei Wochen nach dem Bestelldatum liegt.

Abbildg. 33.28 Das Lieferdatum liegt weniger als 14 Tage nach dem Bestelldatum ...

Mit dem Speichern wird dann ohne weitere Rückmeldung ein korrigiertes Lieferdatum eingetragen, wie Abbildung 33.29 zeigt.

Abbildg. 33.29 ... und wird beim Speichern korrigiert

Werte nachschlagen

Sie können natürlich nicht nur Werte aus der gleichen Tabelle verarbeiten, sondern auch aus anderen Tabellen. Längst überfällig ist beispielsweise der passende Preis zur Bestellung. Bisher funktionierte das nur mit einer nachträglich aufgerufenen Aktionsabfrage wie in Kapitel 24, die alle leeren Preise ergänzte.

ACHTUNG   Eine Aktionsabfrage zum Nachtragen der Preise hat zwei grundlegende Nachteile: Sie muss aktiv aufgerufen werden und sie erkennt nur fehlende Preise. Wird jedoch ein Artikel in einem bestehenden Datensatz geändert, steht dort aber schon ein Preis drin. Der ist zwar möglicherweise falsch, aber die Aktionsabfrage dürfte nicht einfach vorhandene Preise anpassen, weil ja dann auch korrekte alte Preise überschrieben würden.

Mit einem Datenmakro lässt sich das Problem endlich lösen, indem bereits die Tabelle mit einem Datenmakro dafür sorgt, dass sofort der richtige Artikelpreis nachgeschlagen und eingetragen wird:

Programmierung

1. Wechseln Sie in die Entwurfsansicht der Tabelle *tblBestellungen*. Klicken Sie auf den (schon markierten) Befehl *ENTWURF/Feld-, Datensatz- und Tabellenereignisse/Datenmakros erstellen/Vor Änderung*, weil das vorhandene Datenmakro ergänzt werden soll.

2. Das Datenmakro muss zuerst den Wert von *bstartIDRef* des aktuellen Datensatzes in einer Variablen zwischenspeichern. Ziehen Sie daher aus dem Aktionskatalog aus der Kategorie *Datenaktionen* die Aktion *FestlegenLokaleVar* auf die *Neue Aktion hinzufügen*-Liste.

3. Geben Sie als *Name*-Argument für die *FestlegenLokaleVar*-Aktion *varArtikelID* und als *Ausdruck* den Wert *[bstartIDRef]* an, wie es in Abbildung 33.30 gerade eingetragen wird.

Abbildg. 33.30   Die Dropdownliste bietet sinnvolle Angaben für den *Ausdruck* an

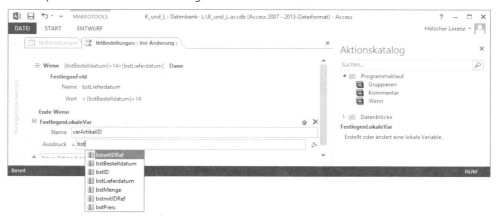

4. Ziehen Sie als Nächstes aus der Kategorie *Datenblöcke* eine *NachschlagenDatensatz*-Aktion an das Ende des Datenmakros. Geben Sie als Tabelle in *Datensatz nachschlagen in* den Namen *tblArtikel* an.

5. Dann können Sie als *Bedingung* den Filter *[tblArtikel].[artID]=varArtikelID* angeben, der dafür sorgt, dass der passende Artikel-Datensatz ermittelt wird.

ACHTUNG   Während alle anderen Referenzen (auf Tabellen oder Felder) in Dropdownlisten angeboten werden, gilt das für lokale Variablen leider nicht. Diese müssen Sie komplett eintippen.

6. Anschließend muss der für den Artikel gefundene Preis wieder an eine lokale Variable übergeben werden. Ziehen Sie aus dem Aktionskatalog aus der Kategorie *Datenaktionen* die Aktion *FestlegenLokaleVar* aber auf die Liste *Neue Aktion hinzufügen*, die *innerhalb* des gerade bearbeiteten hellgrauen Blocks liegt.

7. Geben Sie dort als neue Variable für *Name* den Wert *varPreis* ein und als *Ausdruck* den Wert *[tblArtikel].[artPreis]* (siehe Abbildung 33.31). Da sich diese Aktion innerhalb des Blocks befindet, wird der eben ermittelte Preis des gewünschten Datensatzes ausgelesen.

Abbildg. 33.31   Der Artikelpreis wird an die Variable übergeben (das *Wenn*-Makro ist ausgeblendet)

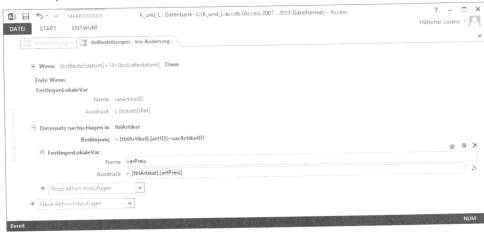

8. Schließlich fügen Sie ganz am Ende (außerhalb des Blocks) aus der Kategorie *Datenaktionen* des Aktionskatalogs eine *FestlegenFeld*-Aktion an. Tragen Sie dort als *Name* das Feld *bstPreis* und als *Wert* den Variablennamen *varPreis* ein, wie es in Abbildung 33.32 zu sehen ist.

Abbildg. 33.32   Der Inhalt der Variablen wird in das *bstPreis*-Feld geschrieben

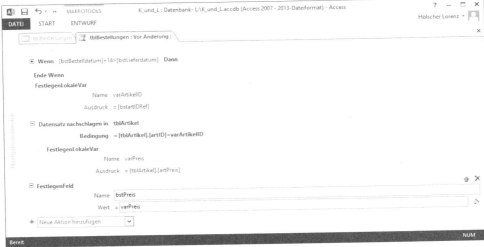

Damit ist alles fertig und Sie können sowohl das Datenmakro als auch die Tabelle speichern und schließen. Wenn Sie nun in der Datenblattansicht der Tabelle *tblBestellungen* einen Artikel auswählen, wird mit Verlassen des Datensatzes automatisch dessen aktueller Preis aus der Tabelle *tblArtikel* eingetragen.

Als Nebeneffekt führt das übrigens auch dazu, dass es nicht mehr möglich ist, die *bstPreis*-Daten zu manipulieren. Jede Änderung hier lädt sofort den aktuellen Artikelpreis nach.

Neue Datensätze melden

Wenn ein Benutzer dieser Datenbank etwas bestellt, steht das in der Tabelle *tblBestellungen*. Das bedeutet aber, dass jemand regelmäßig nachsehen muss, ob dort neue Datensätze hinzugefügt wurden. Mit Datenmakros können Sie bequem eine E-Mail generieren, sobald dort eine neue Bestellung angelegt wurde.

1. Wechseln Sie in die Entwurfsansicht der Tabelle *tblBestellungen*. Klicken Sie auf den Befehl *ENTWURF/Feld-, Datensatz- und Tabellenereignisse/Datenmakros erstellen/Nach Einfügung*, weil das Datenmakro nur ausgeführt werden soll, nachdem ein neuer Datensatz angelegt wurde.

ACHTUNG Die im Aktionskatalog angebotenen Aktionen unterscheiden sich, je nachdem, in welchem Datenereignis Sie sich gerade befinden!

2. Fügen Sie aus dem Aktionskatalog aus der Kategorie *Datenaktionen* die Aktion *SendenEMail* per Doppelklick dem noch leeren Codebereich hinzu. Geben Sie Ihre Empfängeradresse sowie Betreff und Nachrichtentext, wie in Abbildung 33.33 gezeigt, ein.

Abbildg. 33.33   Tragen Sie in der *SendenEMail*-Aktion die Daten ein

3. Speichern und schließen Sie das Makro mit den Befehlen in der Befehlsgruppe *ENTWURF/Schließen*.

4. Wechseln Sie in die Datenblattansicht der Tabelle *tblBestellungen* und fügen Sie einen beliebigen neuen Datensatz an.

Beim Verlassen (und also Speichern) des Datensatzes meldet sich Outlook automatisch mit der Meldung wie in Abbildung 33.34 dargestellt, dass ein Programm versucht, eine E-Mail zu senden. Der Fortschrittsbalken muss in dieser Meldung erst komplett sein, bevor die *Erteilen*-Schaltfläche aktiviert wird und Sie damit den E-Mail-Versand freigeben können.

Abbildg. 33.34 Der Fortschrittsbalken muss komplett sein, bevor die *Erteilen*-Schaltfläche aktiv wird

Danach erhält der vorgesehene Empfänger wie in Abbildung 33.35 eine E-Mail, wie sie im Datenmakro angegeben wurde.

Abbildg. 33.35 Diese E-Mail wurde vom Datenmakro versendet

Makros konvertieren

Wollen Sie ein bereits erstelltes Makro lieber in VBA weiterbearbeiten, lässt es sich bequem konvertieren:

1. Wechseln Sie in die Entwurfsansicht des Makros, hier beispielhaft für *macArtikelNeu* gezeigt.

2. Klicken Sie auf den Befehl *ENTWURF/Tools/Makros in Visual Basic konvertieren*, sodass das Dialogfeld aus Abbildung 33.36 erscheint.

Abbildg. 33.36 Wählen Sie hier, ob Fehlerbehandlung oder Kommentare mit konvertiert werden sollen

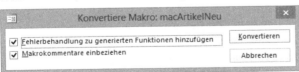

3. Sobald Sie dieses Dialogfeld mit *Konvertieren* bestätigen, erzeugt Access ein neues VBA-Modul mit dem Namenszusatz *Konvertiertes Makro*, welches auch direkt angezeigt wird. Die Meldung aus Abbildung 33.37 bestätigt das Ende der Konvertierung.

Abbildg. 33.37 Die Konvertierung ist fertig

Wie Sie später im Zusammenhang mit der VBA-Programmierung in Kapitel 36 noch sehen werden, können Sie für so einfache Makros aber gut auf die zusätzliche Fehlerbehandlung und die Kommentare verzichten. Die zwei wesentlichen Befehle (die in Abbildung 33.38 mit DoCmd beginnen) verschwinden in der Menge überflüssiger Fehlerbehandlungen.

Abbildg. 33.38 So viel VBA-Code wird aus zwei Makrozeilen

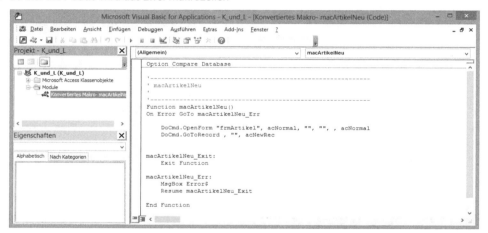

Zusammenfassung

In diesem Kapitel ging es um die zwei Arten von Makros, die in Access möglich sind, nämlich die »normalen« Makros und die Datenmakros:

- Makros sind eine vereinfachte Programmiersprache, die seit Access 2010 auch eine *neue Benutzeroberfläche* (Seite 757) erhalten haben

- Dabei können Makros in Gestalt eigenständiger Makros im Navigationsbereich sichtbar oder als *eingebettete Makros* (Seite 760) im Formular bzw. Bericht enthalten sein

- Makros werden durch Ereignisse oder durch Tastaturkürzel aufgerufen, für Letzteres bedarf es des namentlich vorgegebenen Makros *AutoKeys* (Seite 770)

- Ein Makro mit dem reservierten Namen *AutoExec* (Seite 771) wird bereits beim Öffnen der Datenbank gestartet, falls dabei nicht die ⬆-Taste gedrückt wird

- Nur in Tabellen einsetzbar sind die *Datenmakros* (Seite 772), die beim Hinzufügen, Ändern oder Löschen von Datensätzen bestimmte Aktionen durchführen können. Sie werden auch in nicht vertrauenswürdigen Datenbanken ausgeführt.

- Makros lassen sich ganz einfach und automatisch in VBA-Befehle *konvertieren* (Seite 779), um sie dort weiterbearbeiten zu können

Strukturierung von Code

In diesem Kapitel:

Sie haben in Kapitel 33 schon gesehen, wie viele Möglichkeiten es bereits mit der Programmierung durch Makros gibt. Das ist jedoch nur ein ganz kleiner Ausschnitt dessen, was sich mit VBA machen lässt.

VBA (*Visual Basic for Applications*, etwa: grafisch orientiertes Basic für Anwendungen) ist eine Programmiersprache, deren Ursprünge auf BASIC beruhen. Inzwischen ist sie weit von diesen Anfängen entfernt und kann es an Mächtigkeit mit anderen höheren Programmiersprachen (wie C, ALGOL oder Lisp) aufnehmen.

HINWEIS BASIC (*Beginner's All-purpose Symbolic Instruction Code*, etwa: Allzwecksprache für Anfänger) ist eine Programmiersprache aus den 1960er-Jahren, die das Erlernen der Programmierung erleichtern sollte. Typisches Erkennungsmerkmal dieser frühen Programmiersprache sind die Nummern am Anfang jeder Zeile und der GOTO-Befehl statt eines Unterprogramms.

VBA ist zusammengesetzt aus einem Visual Basic-Kern, der in allen Microsoft Office-Programmen identisch ist und Aufgaben löst, die eher allgemeiner Natur sind wie das Anzeigen einer Meldung (MsgBox-Befehl). Dazu kommt ein spezifischer Teil, der sich um die besonderen Anforderungen des Programms kümmert, hier also den Datenzugriff auf Tabellen/Abfragen oder den Umgang mit Formularen und Berichten.

HINWEIS So gesehen beschäftigt sich diese Einführung ausdrücklich nur mit VBA für Access, Sie werden aber feststellen, dass die Unterschiede zwischen Access-VBA und den anderen VBA-Versionen recht gering sind. Sie können sich das wie einen Text aus der Schweiz vorstellen: Es heißt dort eben »Kanton« statt »Bundesland« und manchmal stolpern Sie sprachlich über ein »Morgenessen«, wo andere »Frühstück« sagen würden, aber größer sind die Abweichungen schon nicht.

Während Makros landessprachlich (also hier deutsch) sind, bleiben VBA-Befehle immer englisch. Das betrifft nicht nur die Namen, sondern auch numerische Werte und Datumswerte, die amerikanischen Normen folgen.

CD-ROM Um Ihnen das Nachvollziehen der Schritte in diesem Kapitel zu erleichtern, finden Sie innerhalb der Beispieldateien zu diesem Buch im Ordner *Kap33* eine Datenbank, die bereits die Änderungen aus Kapitel 33 enthält. Laden Sie einfach die betreffende Datenbank, um mit der Arbeit in diesem Kapitel zu beginnen.

Sie können also jederzeit ein Kapitel überspringen und trotzdem auf den aktuellen Stand der Datenbank zugreifen.

VBA-Editor

Um mit VBA zu programmieren, gibt es nicht nur ein Bedienungsfenster innerhalb der Access-Oberfläche, sondern ein eigenes Programm. Um dieses zu starten, können Sie es mit dem Befehl *ERSTELLEN/Makros und Code/Visual Basic* oder dem Tastenkürzel Alt + F11 direkt aufrufen. In Abbildung 34.1 sehen Sie die typische Oberfläche des VBA-Editors.

Abbildg. 34.1   Der VBA-Editor zeigt typischerweise drei Fenster

HINWEIS   Ja, Sie haben es richtig bemerkt: Im VBA-Editor sind die Menübänder auch in Access 2013 noch nicht angekommen, es gibt weiterhin traditionelle Menüs. Obwohl diese sehr umfangreich sind, werden Sie jedoch in der täglichen Programmierung gar nicht so viel mit diesen zu tun haben.

Das VBA-Fenster besteht aus mehreren Teilen, von denen meistens drei sichtbar sind, drei weitere (in Tabelle 34.1 mit Sternchen gekennzeichnet) werden wahlweise zusätzlich angezeigt.

Tabelle 34.1   Die Teilfenster im VBA-Editor

Teilfenster	Beschreibung
Projekt	Links oben ist der Projekt-Explorer zu sehen, der auch mit dem Befehl *Ansicht/Projekt-Explorer* oder dem Tastenkürzel [Strg]+[R] sichtbar gemacht werden kann
Eigenschaften	Mit dem Befehl *Ansicht/Eigenschaftenfenster* oder der [F4]-Taste erscheint links unten eine Auflistung aller Eigenschaften des markierten Objekts
Code	Der eigentliche VBA-Code wird im rechten, größten Teil des Fensters geschrieben. Er lässt sich mit *Ansicht/Code* oder der [F7]-Taste aktivieren und anzeigen.
Direktfenster*	Für das schnelle Ausprobieren einzelner Befehle ist der Direktbereich optimal, den Sie mit dem Befehl *Ansicht/Direktfenster* oder dem Tastenkürzel [Strg]+[G] aufrufen können
Lokal-Fenster*	Mit dem Befehl *Ansicht/Lokal-Fenster* lässt sich ein Bereich einblenden, der zur detaillierten Betrachtung von Variablen geeignet ist
Überwachungsfenster*	Dieses Teilfenster kann zwar auch mit dem Befehl *Ansicht/Überwachungsfenster* aufgerufen werden, meist geschieht dies jedoch eher per Kontextmenü auf eine Variable

Sie werden die Teilfenster später noch ausführlich kennenlernen, wenn sie auch inhaltlich benötigt werden.

PROFITIPP Mit Ausnahme des Codefensters (welches wirklich ein eigenes Fenster ist!) lassen sich alle anderen Bereiche an ihrer Titelleiste verschieben. Sie verbinden sich jeweils mit dem Teilbereich, in den sie geschoben werden. Dabei ist sowohl die Richtung des Hineinschiebens als auch die Position des Mauszeigers im Zielbereich zu berücksichtigen. Das funktioniert aber nur, wenn in deren Kontextmenü nach Rechtsklick auf deren Titelleiste auch *Verankerbar* aktiviert ist.

Das Codefenster wird der wesentliche Arbeitsbereich sein, daher sollten Sie es möglichst groß aufziehen. Mit dem Befehl *Extras/Optionen* können Sie im zugehörigen Dialogfeld auf der Registerkarte *Editorformat* die Schriftarten, -größen und -farben anpassen (siehe Abbildung 34.2).

Abbildg. 34.2 In den Optionen des VBA-Editors lassen sich Schriften und Farben einstellen

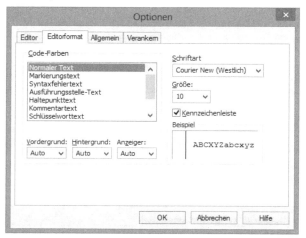

Wirklich lohnenswert sind die Änderungen aber höchstens bei der Schriftgröße, da der Wechsel zu einer Proportionalschrift mit den später überall erscheinenden Auswahllisten und deren dann falscher Position kollidiert. Daher ist nur eine Äquidistanz-Schrift (mit gleich breiten Buchstaben), auch als nicht proportionale Schrift bezeichnet, etwa die bereits voreingestellte *Courier New*, sinnvoll.

Projekt-Explorer

Der Projekt-Explorer zeigt hierarchisch alle offenen Objekte an. In Abbildung 34.3 sehen Sie, dass oft mehr als die eine sichtbare Datenbank geladen ist, die der Benutzer geöffnet hat (hier ist es der *Access Wizard Main* namens *acwzmain*, außerdem gibt es gelegentlich noch die *Access Wizard Tools* namens *acwztool*, also die Werkzeuge für Access-Assistenten).

Der Projekt-Explorer zeigt die Objekte hierarchisch an

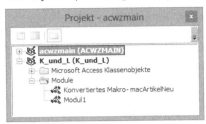

Auf der obersten Ebene in fetter Schrift zeigt der Projekt-Explorer die Datenbanken an, dabei steht der Dateiname ohne Endung in Klammern.

PROFITIPP Wenn Sie den internen Namen (in Abbildung 34.3 beispielsweise das kleingeschriebene *acwzmain*) anders als den Dateinamen benennen wollen, markieren Sie diesen und können ihn dann in den Eigenschaften anpassen. Meistens ist er aber beliebig, Sie bräuchten ihn nur bei Referenzen aus anderen Datenbanken, die sehr selten sind.

Unterhalb der Dateiebene sind die Elemente in maximal drei Kategorien zusammengefasst. Diese Kategorien lassen sich ausschalten, wenn Sie das etwas missverständlich als *Ordner wechseln* bezeichnete Symbol im Projekt-Explorer anklicken. Dann stehen alle Objekte untereinander wie in Abbildung 34.4.

Abbildg. 34.4 Die Kategorien lassen sich ausblenden

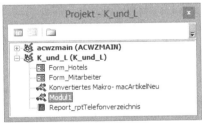

Da sich mit den Kategorien sehr bequem viele Objekte organisieren lassen, werde ich die Kategorien weiterhin eingeblendet lassen.

Eigenschaften

Das Eigenschaften-Teilfenster ist in Access fast bedeutungslos, Sie werden darin nur die *Name*-Eigenschaft oder oft gar keine sehen. Da der VBA-Editor in allen Microsoft Office-Programmen identisch ist, sind die Eigenschaften auch hier vorhanden. Nur in den übrigen VBA-Versionen gibt es jedoch *UserForm*-Objekte (die hier von den Access-eigenen Formularen ersetzt werden), für die Eigenschaften sinnvoll einstellbar wären.

Codefenster

Der große rechte Bereich, in welchem Sie Code schreiben, ist wie erwähnt tatsächlich ein eigenes Fenster. Wenn Sie oben rechts per Symbol das *Fenster wiederherstellen* lassen, wird nur dieser Teilbereich verkleinert, wie in Abbildung 34.5 zu sehen ist.

Abbildg. 34.5 Der Codebereich ist ein Fenster mit zwei Dropdownlisten

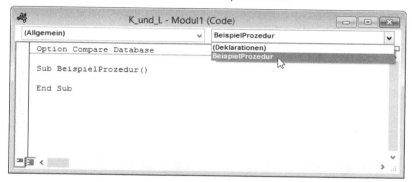

Dieses Fenster enthält zwei Dropdownlisten, deren linke in Modulen nur den Eintrag *(Allgemein)* und deren rechte die Namen aller Prozeduren enthält. In Abbildung 34.5 sehen Sie das für *Beispiel-Prozedur*.

Normalerweise sehen Sie mehrere Prozeduren untereinander durch einen Strich getrennt. Die beiden Symbole in der linken unteren Ecke des Codefensters schalten zwischen dieser und der anderen Ansicht um, die für jede Prozedur das komplette Fenster belegt.

Module

Wenn Sie VBA-Code eingeben wollen, brauchen Sie zuallererst ein Modul als »Behälter« dafür. Wie bereits in Abbildung 34.1 auf Seite 783 für das dort links im Projekt-Explorer markierte *Modul1* zu sehen, präsentiert es sich als leere Fläche wie ein Texteditor.

Um ein neues Modul einzufügen, wählen Sie entweder den Befehl *Einfügen/Modul* oder das Dropdownsymbol wie in Abbildung 34.6, welches Sie am kleinen Dreieck ausklappen können.

Abbildg. 34.6 Dieses Dropdownsymbol lässt sich am Dreieck ausklappen

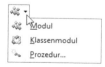

Sobald ein solches Modul gespeichert ist, wird es auch im Navigationsbereich von Access sichtbar, weil es Teil der Datenbank ist. Alternativ können Sie neue Module auch im Menüband von Access mit dem Befehl *ERSTELLEN/Makros und Code/Modul* erzeugen.

Um den VBA-Code zu einem Objekt des Projekt-Explorers im Fenster sichtbar zu machen, reicht es nicht aus, dieses zu markieren! Nur ein Doppelklick öffnet den zugehörigen Inhalt.

Im Codefenster steht derzeit bereits Option Compare Database (und später noch Option Explicit) als voreingestellter Wert für das jeweilige Modul. Bei Listings werde ich das nicht mit angeben, es soll aber immer dort stehen bleiben.

HINWEIS Option Compare Database sorgt dafür, dass in diesem Modul die Sortierreihenfolge, beispielsweise für den VBA-Vergleich von Texten, die gleiche ist wie in der eigentlichen Datenbank.

Die eigentliche Programmierung geschieht zwar innerhalb eines Moduls, wird aber dort in weiteren Einheiten, sogenannten Prozeduren, zusammengefasst. Es gibt in VBA drei Arten von Prozeduren:

- Sub-Prozeduren (als Abkürzung von *Subprocedure*, also Unterprogramm) für Aktionen ohne Rückgabewert,
- Funktionen mit dem Schlüsselwort Function, die einen Rückgabewert berechnen und
- Property-Prozeduren, die sich wie die integrierten Eigenschaften vieler Objekte verhalten.

Sie können diese mit dem Befehl *Einfügen/Prozedur* erstellen, der das Dialogfeld aus Abbildung 34.7 zeigt.

Abbildg. 34.7 Mit diesem Dialogfeld lassen sich Prozeduren einfügen

Meist ist es aber viel schneller und bequemer, direkt das Schlüsselwort Sub, Function oder Property mit dem Namen direkt in das Codefenster einzutippen.

Sub-Prozeduren

Es ist eine Tradition, dass das erste Programm in einer neuen Programmiersprache einfach den Text »Hello world!« auf den Bildschirm ausgibt. Haben Sie das geschafft, sind wesentliche Elemente der Programmausführung erfolgreich gewesen.

Prozedur erstellen

Um ein solches Stück Code zu schreiben, müssen Sie eine Sub-Prozedur in dem Modul erstellen:

1. Fügen Sie im Codefenster unterhalb von `Option Compare Database` mit der ⏎-Taste einige Leerzeilen ein.

2. Geben Sie dort sub `SagHallo` ein und verlassen Sie diese Zeile mit der ⏎-Taste. Der Code wird automatisch mit `End Sub` in der übernächsten Zeile vervollständigt und Ihre Einfügemarke steht zwischen diesen Zeilen.

3. Mit der ⇆-Taste rücken Sie dort ein (siehe Abbildung 34.8), sodass nun der sogenannte Prozedurrumpf fertig ist. Alle eigentlichen Befehle stehen zwischen `Sub` und `End Sub`.

Abbildg. 34.8   Der Prozedurrumpf ist fertig

4. Schreiben Sie den Befehl `msgbox`, der ein Meldungsfenster (engl. *message box*) anzeigen soll. Wenn Sie anschließend ein Leerzeichen eingeben, erscheint wie in Abbildung 34.9 eine Quick-Info, welche über die erwarteten Argumente informiert.

Abbildg. 34.9   Nach Eingabe des Leerzeichens erscheint die QuickInfo

> **HINWEIS**   In der QuickInfo ist dasjenige Argument fett markiert, welches direkt erwartet wird. Zum nächsten Argument gelangen Sie durch Eingabe des Kommas als Trennzeichen. Optionale Argumente sind mit eckigen Klammern gekennzeichnet und können weggelassen werden. Manchmal (wie bei *Buttons* in Abbildung 34.9) ist auch der Standardwert (dort *vbOKOnly*) angegeben, der dann stattdessen eingesetzt wird.

5. Ergänzen Sie noch `"Hello world!"` (einschließlich Anführungszeichen) und verlassen Sie die Zeile mit der ↓-Taste. Jetzt sieht der Code aus wie in Abbildung 34.10.

Abbildg. 34.10   Die Prozedur ist fertig

6. Speichern Sie das Modul durch Klick auf das Diskettensymbol oder den Befehl *Datei/K_und_L speichern*. Beim ersten Speichern eines Moduls fragt Access nochmals ausdrücklich nach einer Bestätigung des Modulnamens.
7. Setzen Sie die Einfügemarke wieder in die mittlere Zeile, um die Prozedur eindeutig zu markieren, und drücken die ⌐F5⌐-Taste. Access führt die Prozedur aus und zeigt das programmierte Meldungsfenster wie in Abbildung 34.11 an.

Abbildg. 34.11   So sieht das Meldungsfenster aus

ACHTUNG   VBA-Code lässt sich nur ausführen, wenn entweder die Datenbank vertrauenswürdig ist, aus einem solchen Verzeichnis kommt oder die aktiven Inhalte ausdrücklich freigegeben wurden. Andernfalls erscheint die Meldung wie in Abbildung 34.12.

Abbildg. 34.12   Diese Meldung weist auf deaktivierte Inhalte hin

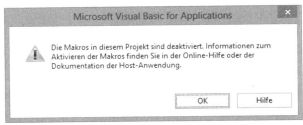

Herzlichen Glückwunsch, das ist Ihr erstes lauffähiges Programm! Sie müssen allerdings noch die Meldung mit *OK* bestätigen, damit es wirklich fertig ist, sonst bleibt die Ausführung des Codes an dieser Stelle angehalten.

> **TIPP** Alternativ hätten Sie die Prozedur auch mit *Ausführen/Sub/UserForm ausführen* oder dem entsprechenden Symbol starten können. Nur wenn die Einfügemarke außerhalb einer ausführbaren Prozedur steht, erscheint das Dialogfeld *Makros* entsprechend Abbildung 34.13, damit Sie dort einen Makronamen auswählen können.

Abbildg. 34.13 In diesem Dialogfeld kann ein Makroname ausgewählt werden

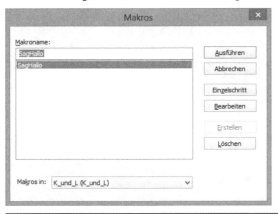

Prozedur mit mehreren Parametern aufrufen

Sie haben gesehen, dass die QuickInfo weitere (optionale) Parameter angeboten hat. Mit diesen lässt sich das Aussehen des Meldungsfensters beeinflussen:

1. Schreiben Sie unterhalb der ersten eine zweite Prozedur mit dem folgenden Code:

```
Sub SagHalloMitBild
    MsgBox "Hello world!", vbInformation
End Sub
```

2. Bei der Eingabe des Kommas bietet der VBA-Editor in einer Dropdownliste direkt alle Werte an, die hier zulässig sind (siehe Abbildung 34.14).

Abbildg. 34.14 Der Editor zeigt passende Werte für diesen Parameter an

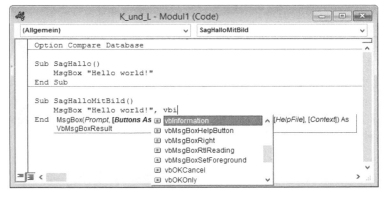

3. Sie können den Anfang von *vbInformation* eintippen und, wenn der gewünschte Eintrag in der Liste markiert ist, diesen mit der ⇥-Taste übernehmen.

TIPP   Der Wert ließe sich auch mit der ↵-Taste übernehmen, aber das erzeugt immer eine unfreiwillige Leerzeile danach. Außerdem folgen eventuell noch weitere Parameter, für die Sie die Einfügemarke wieder nach oben setzen müssten.

Haben Sie in der Dropdownliste ohnehin gerade mit der Maus die Bildlaufleiste benutzt, können Sie den Eintrag auch per Doppelklick auswählen.

4. Starten Sie diese Prozedur ebenfalls mit F5, so enthält das Meldungsfenster ein kleines Symbol (siehe Abbildung 34.15), welches Windows aufgrund des Arguments *vbInformation* ergänzt hat.

Abbildg. 34.15   Das Meldungsfenster hat ein Symbol erhalten

Argumente aus Dropdownlisten wählen

In Tabelle 34.2 finden Sie die vier möglichen Konstanten, die in diesem *Button*-Argument ein Symbol erzeugen. Dessen Aussehen wird übrigens von Windows bestimmt und kann entsprechend je nach eingesetzter Windows-Version anders aussehen.

Tabelle 34.2   Die Symbolkonstanten zum *Button*-Argument

Konstante	Ergebnis
vbCritical	❌
vbExclamation	⚠️
vbInformation	ℹ️
vbQuestion	❓

Sie haben sich sicherlich schon gewundert, warum das Argument als *Button* (engl. Schaltfläche) bezeichnet wird, wenn damit doch die Symbole gewählt werden. Tatsächlich lassen sich damit auch die angezeigten Schaltflächen beeinflussen, wenn Sie die Konstanten aus Tabelle 34.3 benutzen.

Programmierung

Tabelle 34.3 Die Schaltflächenkonstanten zum *Button*-Argument

Konstante	Ergebnis
vbAbortRetryIgnore	Abbrechen Wiederholen Ignorieren
vbOKCancel	OK Abbrechen
vbOKOnly (Standardwert)	OK
vbRetryCancel	Wiederholen Abbrechen
vbYesNo	Ja Nein
vbYesNoCancel	Ja Nein Abbrechen

Sie können die Schaltflächenkonstanten sowohl alleine als auch in Kombination mit den Symbolkonstanten einsetzen. Beide zusammen werden hier als Addition angegeben, weil sich dahinter Zahlenwerte verbergen:

```
Sub FragMal
    MsgBox "Klappt das?", vbQuestion + vbYesNo
End Sub
```

Wenn Sie diese Prozedur starten, sehen Sie wie in Abbildung 34.16 sowohl das Fragezeichen-Symbol als auch die beiden Schaltflächen *Ja* und *Nein*.

Abbildg. 34.16 Eine Meldung mit Symbol und zwei Schaltflächen

Funktionen

Sobald Sie mehr als eine Schaltfläche anzeigen lassen, werden Sie überrascht feststellen, dass es überhaupt keine Rolle spielt, welche Sie anklicken. Auf Seite 787 war in der Übersicht über die verschiedenen Prozedurtypen bereits zu lesen, dass Sub-Prozeduren für Aktionen ohne Rückgabewert eingesetzt werden. Genau das ist unser Problem, denn die *MsgBox*-Prozedur hat gar keinen Rückgabewert.

Integrierte Funktion aufrufen

Eigentlich ist *MsgBox()* eine Funktion und hat dann auch einen Rückgabewert, Sie müssen es nur anders schreiben. Eine Funktion wird mit umklammerten Argumenten (und ohne Leerzeichen nach ihrem Namen!) aufgerufen und muss ihren Rückgabewert an eine Variable abgeben können:

1. Kopieren Sie die letzte Prozedur *FragMal* und benennen Sie diese als *FragMalMitAntwort*.

2. Korrigieren Sie deren Code wie im folgenden Listing, die Änderungen sind dort fett markiert:

```
Sub FragMalMitAntwort
    x = MsgBox("Klappt das?", vbQuestion + vbYesNo)
End Sub
```

3. Setzen Sie die Einfügemarke wieder innerhalb der Prozedur und starten diese mit F5 oder dem Befehl *Ausführen/Sub/UserForm ausführen*.

   Das sieht genauso aus wie schon in Abbildung 34.16 und ist »gefühlt« kein Unterschied zur vorherigen Variante. Tatsächlich aber steht in der Variablen *x* die Antwort aus der *MsgBox()*-Funktion, nur leider haben wir davon nichts gesehen.

   Die Variable *x* wäre ab der Zeile End Sub ohnehin leer, deren Inhalt muss also vorher irgendwie ausgewertet oder angezeigt werden.

4. Ergänzen Sie den Code in *FragMalMitAntwort* um die fett markierte Zeile im folgenden Listing, sodass der Inhalt von *x* mittels *MsgBox*-Prozedur angezeigt wird:

```
Sub FragMalMitAntwort
    x = MsgBox("Klappt das?", vbQuestion + vbYesNo)
    MsgBox "x ist: " & x
End Sub
```

5. Beim Ausführen erscheint nach der ersten Meldung eine zweite wie in Abbildung 34.17, welche den Inhalt von *x* anzeigt.

Abbildg. 34.17   Die zweite Meldung zeigt den Inhalt von *x*

HINWEIS   Sind Sie überrascht? Hätten Sie erwartet, dass in *x* so etwas wie *Ja* oder *Yes* steht? Seien Sie froh, dass dem nicht so ist! Denn in diesem Fall würde Ihr Code später nur dann laufen, wenn der Benutzer die gleiche Windows-Landessprache einsetzt, da bei der Prüfung auf die gewählte Antwort ein textbezogener Vergleich stattfinden würde. Die Zahlen sind hingegen sprachneutral.

Programmierung

Sie können es nun mehrfach ausprobieren, je nach Auswahl in der ersten Meldung erhalten Sie die Werte 6 oder 7. In Tabelle 34.4 finden Sie die Rückgabewerte für die verschiedenen Schaltflächen.

Tabelle 34.4 Rückgabewerte für die *MsgBox()*-Funktion

Konstante	Wert	Beschreibung
vbOK	1	OK
vbCancel	2	Abbrechen (aus **vbOKCancel**)
vbAbort	3	Abbrechen (aus **vbAbortRetryIgnore**)
vbRetry	4	Wiederholen
vbIgnore	5	Ignorieren
vbYes	6	Ja
vbNo	7	Nein

ACHTUNG   Bitte denken Sie daran, dass die *MsgBox()*-Funktion nur diejenigen Schaltflächenwerte zurückgibt, die auch im *Buttons*-Argument angegeben wurden. Mit *vbOKCancel* als *Buttons* können die Rückgabewerte nur *vbOK* oder *vbCancel* sein und mit *vbYesNo* entsprechend nur *vbYes* oder *vbNo*.

Das ist natürlich noch kein richtiges Programm, es fehlt beispielsweise noch eine *If*-Anweisung (siehe Kapitel 36), mit welcher Sie dann Entscheidungen im Programmcode fällen. Aber für den Anfang zeigt es alles Notwendige, um Prozeduren zu schreiben.

TIPP   Ich werde nicht mehr jedes Mal erwähnen, dass Sie sicherheitshalber speichern sollten, vor allem *vor* der Programmausführung. Sie können dazu wie gewohnt das Diskettensymbol anklicken oder das Tastenkürzel Strg + S nutzen. In allen Fällen wird das aktuelle Modul in dieser Datenbank gespeichert. Beim ersten Speichern fragt der VBA-Editor ausdrücklich den Modulnamen ab, er lässt sich aber später jederzeit in den Eigenschaften ändern.

Eigene Funktion erstellen

Während Sie bisher immer selbst eine Sub-Prozedur definiert haben, um den Code zu testen, können Sie natürlich auch eine Function selbst schreiben:

1. Beginnen Sie in einer neuen Zeile des Moduls mit dem Schlüsselwort function, welches Sie ruhig kleinschreiben können.
2. Nach einem Leerzeichen folgt der Name der Funktion, hier WerBinIch. Sobald Sie die Zeile mit der ↵-Taste verlassen, ergänzt der VBA-Editor den Prozedurrumpf. Der Code sieht jetzt wie im folgenden Listing aus:

```
Function WerBinIch()

End Function
```

3. Damit die Funktion einen Rückgabewert hat, muss wenigstens ein Mal darin an den Namen der Funktion ein Wert übergeben werden. Da sonst keine weiteren Aktionen nötig sind, ist das hier auch die einzige Zeile:

```
Function WerBinIch()
    WerBinIch = "Lorenz Hölscher"
End Function
```

4. Eine Funktion lässt sich nicht so schön einfach mit der ⎡F5⎤-Taste testen, daher lassen Sie mit dem Befehl *Ansicht/Direktfenster* oder dem Tastenkürzel ⎡Strg⎤+⎡G⎤ den Direktbereich anzeigen.

5. Geben Sie dort ein Fragezeichen ein, dahinter ein Leerzeichen, anschließend den Namen der Funktion wie in Abbildung 34.18 und bestätigen Sie die Zeile mit der ⎡↵⎤-Taste.

Abbildg. 34.18   Im Direktbereich lassen sich Prozeduren und Funktionen schnell testen

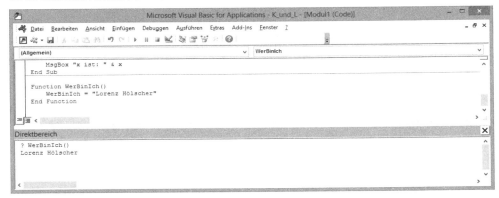

Das vorangestellte Fragezeichen sorgt dafür, dass die Funktion ihren Rückgabewert im Direktbereich in der folgenden Zeile ausgibt.

TIPP   Sie können auch Sub-Prozeduren im Direktbereich ausführen, dann aber ohne Fragezeichen. Geben Sie einfach deren Namen und eventuelle Argumente ein und bestätigen ebenfalls mit der ⎡↵⎤-Taste.

Property-Prozeduren

Eigentlich würden Sub-Prozeduren und Funktionen für die Programmierung ausreichen. In den meisten Codes, die ich zu sehen kriege, kommt auch nichts anderes vor. Warum dann also noch Property-Prozeduren? Das hat etwas mit lesbarem Code zu tun, sozusagen mit der Schönheit der Programmierung.

Programmierung ohne Property-Prozeduren

Zuerst möchte ich Ihnen zeigen, wie es mit bisherigen Sub/Function-Techniken aussähe.

1. Erstellen Sie mit *Einfügen/Modul* ein neues Modul und speichern das unter dem Namen *modOhneProperty*. Schreiben Sie folgenden Code in das Modul:

```
Dim BenutzerName

Function NameLesen()
    NameLesen = BenutzerName
End Function

Sub NameSetzen(NeuerName)
    BenutzerName = NeuerName
End Sub

Sub MerkeDenNamen()
    NameSetzen "Lorenz Hölscher"
    MsgBox "Ich heiße: " & NameLesen()
End Sub
```

2. Die *Dim*-Anweisung werden Sie im Zusammenhang mit Variablen im nächsten Kapitel noch ausführlich kennenlernen, im Moment reicht der Hinweis, dass diese Variable damit von mehreren Prozeduren aus genutzt werden kann.

3. Es gibt eine Prozedur *NameSetzen* mit einem notwendigen Argument *NeuerName*, welche dafür sorgt, dass die Variable *BenutzerName* den passenden Inhalt erhält. Eine Funktion *NameLesen()* gibt diesen Inhalt der Variablen *BenutzerName* zu einem beliebigen späteren Zeitpunkt wieder zurück.

4. Die eigentliche Testprozedur *MerkeDenNamen* schreibt den Inhalt nur mit *NameSetzen* in die Variable und liest ihn anschließend wieder mit der *NameLesen()*-Funktion aus, um die Funktionsfähigkeit zu zeigen. Wenn Sie das ausführen, sehen Sie die Meldung aus Abbildung 34.19.

Abbildg. 34.19   Die Übergabe der Daten hat offenbar funktioniert

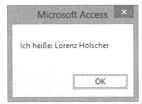

Soweit ist das wenig spektakulär, es geht vor allem erst einmal darum, dass es überhaupt funktioniert. Allerdings brauchen Sie so noch zwei verschiedene Prozeduren, um einen einzigen Wert zu schreiben und zu lesen. Wer schon ein wenig mit VBA herumprobiert hat, wird wissen, dass es dort meistens gleichnamig funktioniert. Die Beschriftung eines Formulars beispielsweise lesen Sie mit x = Me.Caption und schreiben diese mit Me.Caption = "Neuer Titel". So einfach soll Ihr Code auch sein und genau dafür brauchen Sie Property-Prozeduren.

Property-Prozeduren erstellen

Property-Prozeduren treten typischerweise paarweise auf, zum Lesen und Schreiben. Damit das unterschieden werden kann, gibt es bei deren Definition ein Schlüsselwort mehr:

- **Property Get** Definiert die Property-Prozedur, mit der die gewünschten Daten zurückgegeben werden
- **Property Let** Definiert die Property-Prozedur, mit der Daten irgendwohin geschrieben werden
- **Property Set** Ist ebenfalls eine schreibende Property-Prozedur, allerdings für den Sonderfall von *Object*-Datentypen. Genaueres dazu finden Sie in Kapitel 35 bei der Definition von Variablen

Normalerweise haben Sie ein Get/Let-Paar, selten ein Get/Set-Paar. Die Property Get-Prozedur gilt für beide. Jetzt möchte ich Ihnen die inhaltlich gleiche Programmierung mit Property-Prozeduren zeigen:

1. Erstellen Sie ein neues Modul namens *modMitProperty* und fügen Sie dort schon die Deklaration der Variablen *BenutzerName* ein:

   ```
   Dim BenutzerName
   ```

2. Dann lassen Sie mit dem Befehl *Einfügen/Prozedur* das Dialogfeld wie in Abbildung 34.20 anzeigen, geben dort als *Name* die Bezeichnung *MeinName* ein und wählen als *Typ* die *Property*.

Abbildg. 34.20   Geben Sie im Dialogfeld *Prozedur hinzufügen* diese Daten vor

ACHTUNG   Warum habe ich die Property-Prozeduren nicht einfach als *Name* benannt? Das ist enorm konfliktträchtig, wenn Sie eine Prozedur oder Variable so benennen, denn praktisch jedes Objekt in der VBA-Programmierung hat eine *Name*-Eigenschaft. Da sind Verwechslungen zwischen dieser Eigenschaft und der Property praktisch vorprogrammiert.

---

3. Nachdem Sie das Dialogfeld mit *OK* bestätigt haben, finden Sie zwei neue Prozedurrümpfe im Modul vor:

```
Dim BenutzerName

Public Property Get MeinName() As Variant

End Property

Public Property Let MeinName(ByVal vNewValue As Variant)

End Property
```

4. Die lesende `Property Get`-Prozedur entspricht der `Function` und die schreibende `Property Let`-Prozedur einem Sub. Das vorher als *NeuerName* benannte Argument ist nun *vNewValue*, deswegen muss der Code wie folgt angepasst werden:

```
Dim BenutzerName

Public Property Get MeinName() As Variant
    MeinName = BenutzerName
End Property

Public Property Let MeinName(ByVal vNewValue As Variant)
    BenutzerName = vNewValue
End Property
```

5. Der wesentliche Unterschied findet sich in der dritten Prozedur *MerkeDenNamen* mit dem folgenden Code:

```
Sub MerkeDenNamen()
    MeinName = "Lorenz Hölscher"
    MsgBox "Ich heiße: " & MeinName
End Sub
```

Sie müssen sich also erstens beim Programmieren nicht mehr zwei Prozedurnamen merken, nämlich einen zum Lesen und einen zum Schreiben, sondern können einen einzigen benutzen. Zweitens ist auch die Zuweisung viel offensichtlicher, denn vorher war es ein Prozedurname mit einem Argument nach einem Leerzeichen, dieses Mal ist es ein Property-Name mit einem Gleichheitszeichen dahinter.

Organisation des Codes

Selbst wenn es für die eigentliche Funktion unerheblich ist, lässt sich Code unleserlich oder übersichtlich schreiben. Sie mögen das vorhin bereits als »Schönheit der Programmierung« titulierte saubere Arbeiten im Programmcode als überflüssig empfinden und hätten vielleicht sogar recht, wenn es nur um die ersten fünf Zeilen VBA ginge.

Aber auch wenn Sie nur anfangs hier und da ein paar Zeilen VBA brauchen, wird es unweigerlich schnell mehr, wenn Sie erst entdeckt haben, was für tolle Lösungen damit programmierbar sind. Und dann rächt sich unübersichtlicher Code durch erheblichen Mehraufwand bei der Fehlersuche.

Namen für Prozeduren

Alle Namen für integrierte Prozeduren in VBA beginnen mit einem Großbuchstaben. Bei Konstanten finden Sie immer ein kleingeschriebenes Präfix (ac für Access-eigene und vb für allgemeine Visual Basic-Konstanten) davor und erst danach den Großbuchstaben.

Um längere Wörter lesefreundlich zu erhalten, ohne den mühsamen Unterstrich (_) nutzen zu müssen (denn das Leerzeichen in Namen ist verboten), gibt es die auch hier genutzte Kamel-Schreibweise. Sie heißt so, weil durch Großbuchstaben mitten im Wort wie bei MsgBox immer wieder Höcker auftauchen.

Die offiziellen Regeln für die Benennung (es spielt keine Rolle, ob Sub, Function oder Property) lauten: Namen von Prozeduren, Variablen und Konstanten

- dürfen bis zu 255 Zeichen lang sein,

- müssen mit einem Buchstaben anfangen,

- dürfen Buchstaben, Ziffern oder Unterstriche (_) enthalten,

- jedoch keine Satzzeichen oder Leerzeichen enthalten und

- kein VBA-Schlüsselwort sein.

Gerade der letzte Punkt ist schwierig, da Sie ja die meisten Schlüsselwörter noch nicht kennen. Am einfachsten ist es, wenn Sie deutsche Bezeichnungen verwenden.

HINWEIS   Prozeduren müssen innerhalb eines Moduls eindeutig benannt sein, dürfen aber in anderen Modulen den gleichen Namen haben (was in Formularen und Berichten aus technischen Gründen sogar fast selbstverständlich ist). Wenn das der Fall ist, müssen Sie notfalls bei deren Aufruf den Modulnamen voranstellen wie bei modMitProperty.MerkeDenNamen statt MerkeDenNamen, damit die richtige Prozedur benutzt wird. Sicherer ist es, doppelte Namen zu vermeiden.

Doppelte Namen werden Ihnen trotzdem demnächst begegnen, nämlich bei reservierten Benennungen beispielsweise für Prozeduren wie Form_Load, die in jedem Formular existieren können. Die allerdings sind dann typischerweise als Private gekennzeichnet und damit »unsichtbar« für den Aufruf von anderen Modulen aus.

Einrücken

Sie haben in den bisherigen Codebeispielen bereits gesehen, dass die Struktur sehr stark durch Einrücken erzeugt wird. In jedem Block (Sub/End Sub, Function/End Function, If/End If) wird mit der ⇥-Taste der dazwischen stehende Code eingerückt. Einzelne Zeilen können Sie mit ⇧+⇥ wieder »ausrücken«, aber nur, wenn die Einfügemarke vor dem ersten Zeichen steht.

TIPP   Viel bequemer ist es, zuerst die ganze Zeile zu markieren, indem Sie mit der Maus vor der Zeile klicken. Das ist der weiße (!) Bereich links vom Text, wo der Mauszeiger nach rechts oben zeigt. Dort können Sie durch einfaches Ziehen mit gedrückter Maustaste auch mehrere Zeilen markieren. Mit der ⇥-Taste wird dann der gesamte markierte Text nach rechts eingerückt oder mit ⇧+⇥ wieder nach links verschoben.

Zeilenumbruch

Nicht nur durch das Einrücken, sondern oft auch durch sehr lange Befehle mit vielen Argumenten sind Sie schnell mit Ihrem Code weit über den sichtbaren rechten Rand hinausgewandert. Dann brauchen Sie einen Pseudoumbruch, das heißt einen, den zwar Sie selbst sehen, den aber der Compiler ignoriert.

HINWEIS   Ein Compiler ist ein Hilfsprogramm, welches Ihren VBA-Code in eine sogenannte Maschinensprache übersetzt, weil nur diese vom Computer ausgeführt werden kann. Das passiert automatisch, sobald Sie die `F5`-Taste drücken.

Geben Sie an der gewünschten Trennstelle ein Leerzeichen, einen Unterstrich (_) und einen Zeilenumbruch ein, also `Leertaste`, `⇧`+`-` und `↵`-Taste. Vor allem aus optischen Gründen, damit eine solche Folgezeile auffällt, rücke ich den zweiten Teil mit der `⇥`-Taste ein.

Auch wenn es wegen der Kürze des Codes dort nicht notwendig wäre, sehen Sie in Abbildung 34.21, dass in der ersten Zeile hinter der öffnenden Klammer ein solcher Pseudoumbruch folgt. Die zweite Zeile ist entsprechend eingerückt (und sogar noch durch eine Leerzeile vom übrigen Code optisch getrennt).

Abbildg. 34.21   Code mit Pseudoumbruch in der ersten Zeile

```
Public Property Let MeinName( _
    ByVal vNewValue As Variant)

    BenutzerName = vNewValue
End Property
```

ACHTUNG   Das Leerzeichen vor dem Unterstrich ist absolut notwendig. Wird es weggelassen, meldet VBA einen Fehler und der Code kann nicht ausgeführt werden. Auch ist der Unterstrich selbst obligatorisch. Erzeugen Sie nur einen Zeilenumbruch ohne Unterstrich, kommt es ebenso zu einem Fehler. Innerhalb von Zeichenketten ("...") darf ebenso nicht umgebrochen werden, auch nicht, wenn wie beschrieben Leerzeichen und Unterstrich verwendet werden.

TIPP   Das Gegenteil zum Pseudoumbruch ist ein Umbruch im Ergebnistext, der nämlich in der gleichen Codezeile steht und erst in einer Meldung zweizeilig wird. Er wird durch die Konstante `vbCrLf` repräsentiert, die meistens mit verketteten Texten eingesetzt wird wie bei "Erste Zeile" & vbCrLf & "Zweite Zeile". Beispiele dazu finden Sie in Kapitel 35.

Kommentar

VBA-Code können und sollen Sie kommentieren, damit Sie (oder eventuell andere) später Ihren Code noch verstehen. Natürlich ist es witzlos, jede `MsgBox`-Zeile mit der Anmerkung zu versehen, dass hier eine Meldung angezeigt wird, aber all das, was nicht offensichtlich oder für einen einigermaßen geübten Programmierer überraschend ist, sollte kurz erwähnt werden.

Ein Kommentar (siehe Abbildung 34.22) wird mit einem Hochkommazeichen (') begonnen und gilt immer bis zum Zeilenende. Beim Verlassen der Zeile wird der Kommentar grün gefärbt.

Abbildg. 34.22 Kommentare sind auf dem Bildschirm an grüner Schrift zu erkennen

```
Sub MerkeDenNamen()
    MeinName = "Lorenz Hölscher"      'dieser Kommentar steht am Zeilenende
    MsgBox "Ich heiße: " & MeinName
    'der Kommentar kann auch als eigene Zeile stehen
    'jede kommentierte Zeile muss erneut mit Kommentarzeichen versehen werden
End Sub
```

> **ACHTUNG**   Das Hochkomma (') liegt auf der Tastatur rechts neben dem Ä und ist per ⇧ + # erreichbar, es ist keines der Akzentzeichen!

Kommentare dürfen sowohl hinter VBA-Code als auch in einer eigenen Zeile stehen. Da es kein Kommentarendezeichen gibt, muss jede neue Kommentarzeile einzeln mit einem Hochkomma beginnen.

> **PROFITIPP**   Bei längeren Kommentaren oder vor allem, wenn Sie mal Teile des bereits geschriebenen Codes auskommentieren wollen, wäre es extrem umständlich, jede Zeile einzeln mit einem Hochkomma kennzeichnen zu müssen. Lassen Sie mit dem Befehl *Ansicht/Symbolleisten/Bearbeiten* die *Bearbeiten*-Symbolleiste anzeigen. Auf dieser finden Sie wie in Abbildung 34.23 ein Symbol *Block auskommentieren*, mit welchem sich mehrere markierte Zeilen gleichzeitig in Kommentarzeilen umwandeln lassen. Das Symbol rechts daneben hebt den Kommentar für eine Markierung wieder auf.

Abbildg. 34.23 Mit diesem Symbol lassen sich mehrere Zeilen gleichzeitig in Kommentarzeilen umwandeln

Aus historischen Gründen gibt es noch den REM-Befehl als Ersatz für das Kommentarzeichen. Da REM im Unterschied zum Hochkomma aber nur am Zeilenanfang erlaubt ist, lohnt sich der Einsatz nicht.

Zusammenfassung

In diesem Kapitel ging es um die grundsätzliche Definition von Programmstrukturen, die in einem VBA-Modul notwendig sind:

- Die Programmierung erfolgt im *VBA-Editor* (Seite 782), einem eigenen Programm, welches für alle Microsoft Office-Programme identisch ist

- Mit Sub-Prozeduren (Seite 787) werden Befehle definiert, die keinen Rückgabewert haben und später durch einfache Nennung ihres Namens aufgerufen werden. Falls sie Argumente haben, sind diese beim Aufruf durch ein Leerzeichen vom Prozedurnamen getrennt.

- Eine Function (Seite 792) erlaubt die Rückgabe eines Ergebniswerts an den aufrufenden Programmcode, dort wird dieser Wert typischerweise an eine Variable übergeben. Haben aufgerufene Funktionen Argumente, müssen diese (ohne Leerzeichen davor) in runden Klammern eingefasst werden.

- Mit Property-Prozeduren (Seite 795) lässt sich das Zuweisen und Lesen von Werten viel übersichtlicher schreiben, weil für beide Richtungen das gleiche Schlüsselwort möglich ist

- Eine gute *Strukturierung Ihres Codes* (Seite 798) erleichtert die spätere Pflege und Fehlersuche erheblich. Davon profitieren sowohl Sie selbst als auch etwaige andere Entwickler, die Ihren Code bearbeiten oder erweitern.

Kapitel 35

Variablen und Konstanten

In diesem Kapitel:

Sie haben es in den Beispielen aus Kapitel 34 sicherlich schon bemerkt: Es ist nicht nur praktisch, sondern oft unabdingbar, dass Sie sich in der Programmierung Werte merken können. Dazu benötigen Sie Variablen, welche die Daten unter einem (hoffentlich einprägsamen!) Begriff im Speicher des Computers bereithalten.

Sie müssen allerdings darauf achten, dass die Variable genug Platz zur Verfügung stellt. Das haben Sie im Grunde bereits beim Tabellenentwurf (siehe Kapitel 11) gemacht, denn auch dort mussten Sie für jedes Feld einen Datentyp festlegen.

Bequemerweise gibt es die meisten Feld-Datentypen in gleicher Form auch als VBA-Datentyp, wie Sie in Tabelle 35.1 sehen können. Sie müssen zu deren deutscher Bezeichnung also nur noch das englische Schlüsselwort kennen.

Tabelle 35.1   Datentypen für Felder und VBA mit Präfix für die Ungarische Notation

Feld-Datentyp	VBA-Datentyp	Präfix
Ja/Nein	Boolean	boo
Byte	Byte	byt
Integer	Integer	int
Long (Integer)	Long	lng
Währung	Currency	cur
Datum/Zeit	Date	dat
Single	Single	sng
Double	Double	dbl
Dezimal	Decimal	dec
Text/Memo	String	str
–	Variant	var

Der *Variant*-Datentyp ist eine Besonderheit, denn er enthält bei Bedarf alle anderen Datentypen. Sie können daher einer *Variant*-Variablen zuerst einen *Boolean*-Wert wie True zuweisen und anschließend eine Zeichenkette wie "Lorenz Hölscher".

HINWEIS   Anders als im Feld-Datentyp *Text* haben *String*-Variablen (fast) keine Längenbegrenzung. Sie unterliegen einer eher theoretischen Obergrenze von rund 250 Millionen Unicode-Zeichen, ähneln also von daher eher einem *Memo*-Feld. Sie sind jedoch immer unformatiert und enthalten nur Text.

Die in Kapitel 10 beschriebene Ungarische Notation ist bereits für Feldnamen zu empfehlen, aber für die Programmierung ein unbedingtes Muss. Ich werde also ab jetzt bei jeder Variablen (und Konstanten) immer ein Präfix für den passenden Datentyp voranstellen, wie Sie es ebenfalls in Tabelle 35.1 finden.

Um Ihnen das Nachvollziehen der Schritte in diesem Kapitel zu erleichtern, finden Sie innerhalb der Beispieldateien zu diesem Buch im Ordner *Kap34* eine Datenbank, die bereits die Änderungen aus Kapitel 34 enthält. Laden Sie einfach die betreffende Datenbank, um mit der Arbeit in diesem Kapitel zu beginnen.

Sie können also jederzeit ein Kapitel überspringen und trotzdem auf den aktuellen Stand der Datenbank zugreifen.

Variablen deklarieren

VBA gehört leider nicht zu den Sprachen, welche verlangen, dass Sie eine Variable vor ihrer ersten Verwendung ankündigen (»deklarieren«). Das bedeutet, dass die folgende Prozedur syntaktisch völlig in Ordnung ist:

```
Sub DasGehtSchief()
    Nummer = 99
    MsgBox "Das ist Nummer " & Numner
End Sub
```

Was meinen Sie, welchen Text die Meldung anzeigt? *Das ist Nummer 99*? Nein, sondern nur *Das ist Nummer* ohne Zahl, wie Abbildung 35.1 zeigt.

Abbildg. 35.1   Das ist das Ergebnis der Prozedur

Ein schlichter Schreibfehler in der letzten Codezeile (*Numner* mit einem »n« darin) sorgt dafür, dass es sich um eine andere Variable handelt, die dementsprechend noch ohne Inhalt ist.

Daher sollten Sie dafür sorgen, dass Ihr Compiler solche undeklarierten Variablen nicht mehr akzeptiert. Klicken Sie dazu auf *Extras/Optionen* und legen Sie dort im Dialogfeld auf der Registerkarte *Editor* in den *Code-Einstellungen* fest, dass die *Variablendeklaration erforderlich* sein soll.

Nachdem Sie das Dialogfeld bestätigt haben, ändert sich zunächst nichts. Erst wenn Sie ein neues Modul einfügen, sehen Sie nun die zusätzliche Zeile `Option Explicit` darin. Dies bedeutet, dass dieses Modul nun keine undeklarierten Variablen mehr erlaubt.

TIPP   Sie können diese `Option Explicit`-Anweisung auch jederzeit anderen Modulen hinzufügen, damit die zwingende Variablendeklaration auch dort aktiviert wird.

Abbildg. 35.2 Kreuzen Sie an, dass die *Variablendeklaration erforderlich* sein soll

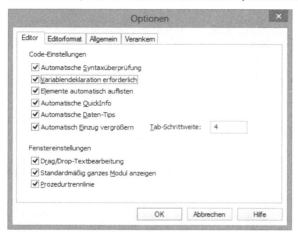

Ab jetzt wird der Compiler beim Versuch, dieses Modul zu übersetzen, Sie sehr deutlich auf solche Fehler hinweisen:

1. Erstellen Sie ein neues Modul, in dem jetzt diese Option zu sehen ist, und kopieren Sie die letzte Prozedur hinein.

2. Setzen Sie die Einfügemarke in die Prozedur und starten diese mit der F5-Taste. Sofort meldet sich ein Dialogfeld mit dem Hinweis auf eine undefinierte Variable wie in Abbildung 35.3 und diese ist im Code auch sofort markiert.

Abbildg. 35.3 Undeklarierte Variablen werden sofort gefunden

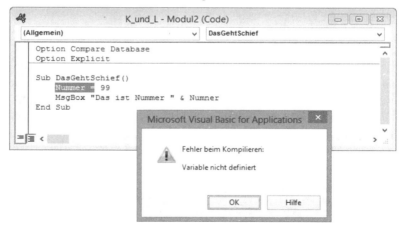

3. Beide Variablen (sowohl die korrekt als auch die falsch geschriebene) sind undeklariert, Sie können die Meldung einfach mit *OK* bestätigen. Allerdings hat der Compiler seine Arbeit schon begonnen und zeigt dies durch eine gelb markierte Zeile (siehe Abbildung 35.4). Sie müssen ihn erst wieder stoppen, indem Sie auf den Befehl *Ausführen/Zurücksetzen* oder das *Zurücksetzen*-Symbol klicken.

Diese markierte Zeile soll jetzt kompiliert werden

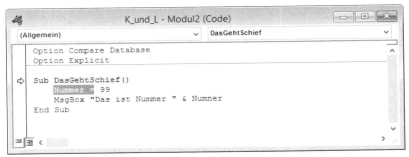

4. Obwohl die jetzt anstehende Tätigkeit *deklarieren* genannt wird, weil man die gewünschte Variable hier ankündigt, heißt das Schlüsselwort Dim. Das hängt damit zusammen, dass bei dieser Gelegenheit auch Platz im Speicher bereitgestellt werden muss, also dimensioniert wird.

5. Verbessern Sie den Code wie im folgenden Listing, sodass die Variable vor ihrer ersten Benutzung nicht nur angekündigt, sondern auch gleich mit einem Datentyp (As Integer) versehen wird. Damit es von Anfang an richtig ist, habe ich die Ungarische Notation berücksichtigt:

```
Sub DasGehtSchief()
    Dim intNummer As Integer

    intNummer = 99
    MsgBox "Das ist Nummer " & intNummer
End Sub
```

6. Versuchen Sie nun erneut, die Prozedur mit der [F5]-Taste zu starten, erscheint wieder die Fehlermeldung mit dem Hinweis auf den Schreibfehler wie in Abbildung 35.5.

Abbildg. 35.5   Die falsch geschriebene Variable wird erkannt

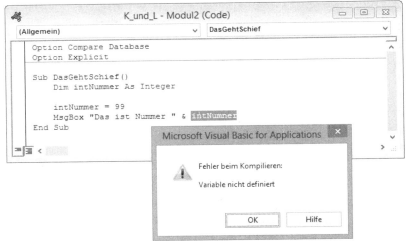

Programmierung

TIPP
Es gibt noch einen viel besseren Grund für die ordentliche Variablendeklaration als das nachträgliche Aufspüren solcher Fehler: Diese können eigentlich gar nicht entstehen. Wenn Sie nämlich den Code komplett neu geschrieben hätten, wäre Ihnen nach den anfänglichen Buchstaben für die Variable mit $\boxed{\text{Strg}}$ + $\boxed{\text{Leertaste}}$ eine Dropdownliste wie in Abbildung 35.6 angezeigt worden.

Abbildg. 35.6 Wählen Sie deklarierte Variablen immer aus der Liste, um Schreibfehler auszuschließen

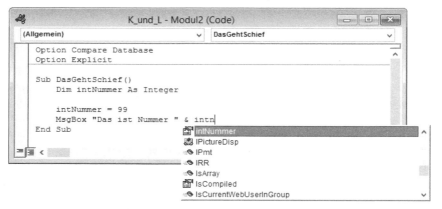

Dort hätten Sie die Variable ausgewählt und nicht selbst geschrieben. Das geht nicht nur bedeutend schneller, sondern erspart Ihnen solche unnötigen Schreibfehler. Falls Sie übrigens im Beispiel aus Abbildung 35.6 direkt `intn` geschrieben und erst dann $\boxed{\text{Strg}}$ + $\boxed{\text{Leertaste}}$ gedrückt hätten, wäre es eindeutig gewesen und der VBA-Editor hätte es direkt zu `intNummer` ergänzt.

Lokale Variablen

Sie haben schon im letzten Beispiel gesehen, dass der Datentyp einer Variablen einfach bei der Deklaration genannt wird. Viel wichtiger ist aber, wo das geschieht. Um Ihnen zu zeigen, welche Vor- und Nachteile der jeweilige Ort der Deklaration hat, brauchen wir ein paar Beispielprozeduren:

1. Schreiben Sie zwei Prozeduren wie im folgenden Listing, die den Wert einer Variablen setzen bzw. wieder auslesen:

```
Sub SetzeZaehler()
    Dim intZaehler As Integer

    intZaehler = 12345
End Sub

Sub LiesZaehler()
    Dim intZaehler As Integer

    MsgBox "Zähler ist: " & intZaehler
End Sub
```

2. Starten Sie zuerst *SetzeZaehler* mit der ⌷F5⌷-Taste und danach *LiesZaehler*. Welchen Wert erhalten Sie angezeigt (siehe Abbildung 35.7)?

Der Wert von *intZaehler* ist *0*

Da die Variablen innerhalb einer Prozedur (also zwischen Sub/End Sub bzw. Function/End Function) deklariert wurden, gelten sie auch nur innerhalb dieser Grenzen. Das wird als »lokale« Variable bezeichnet.

Die Lebensdauer und die Sichtbarkeit der Variablen sind auf die Prozedur beschränkt, selbst eine gleichnamige Variable in einer anderen Prozedur hat mit dieser nichts zu tun.

Daher wird die eine *intZaehler*-Variable in *SetzeZaehler* zwar korrekt den Wert *12345* erhalten, davon »weiß« aber die *intZaehler*-Variable in *LiesZaehler* nichts, denn es ist eben eine andere Variable. Daher zeigt sie ihren Startwert *0* an.

Modul-öffentliche Variablen

Wollen Sie Variablen von mehreren Prozeduren in einem Modul aus nutzen, können Sie diese Modul-öffentlich deklarieren. Dazu verwenden Sie den gleichen Befehl außerhalb der Prozeduren am Anfang eines Moduls.

1. Schreiben Sie zwei Prozeduren, die dieses Mal wirklich den Wert einer Variablen setzen bzw. wieder auslesen:

```
Dim m_intZaehler As Integer

Sub SetzeZaehler()
    m_intZaehler = 12345
End Sub

Sub LiesZaehler()
    MsgBox "Zähler ist: " & m_intZaehler
End Sub
```

2. Die Unterschiede zum vorherigen Beispiel bestehen darin, dass sich der Name der Variablen geändert hat und die zwei lokalen Deklarationen zugunsten der Modul-öffentlichen Deklaration weggefallen sind.

3. Wenn Sie zuerst *SetzeZaehler* und anschließend *LiesZaehler* starten, sehen Sie wie in Abbildung 35.8, dass tatsächlich der Wert der gemeinsamen Variablen in der zweiten Prozedur ausgelesen werden kann.

Abbildg. 35.8   Der Wert der Variablen (jetzt *m_ intZaehler*) ist dieses Mal übergeben worden

Dieser Erfolg mag dazu verführen, einfach alle Variablen öffentlich zu deklarieren. Die Gefahr ist aber dabei, dass Sie den Überblick verlieren, zu welchem Zeitpunkt und von welcher Prozedur eine Variable gelesen und geschrieben wird.

PROFITIPP   Es wirkt auf den ersten Blick sicherlich nicht so lesefreundlich, dass vor dem Präfix *int* noch eine weitere Kennzeichnung *m_* für den Modul-öffentlichen Zugriff steht. Gerade in größeren Modulen ist es aber wichtig, den Unterschied zwischen einer lokalen und einer öffentlichen Variablen zu wissen. Der folgende Code führt nämlich zu einem überraschenden Ergebnis:

```
Dim m_intZaehler As Integer

Sub SetzeZaehler()
    m_intZaehler = 12345
End Sub

Sub LiesZaehler()
    Dim m_intZaehler As Integer

    MsgBox "Zähler ist: " & m_intZaehler
End Sub
```

Da eine gleichnamige lokale Variable eine öffentliche Variable »überdeckt«, also Vorrang hat, zeigt die Meldung wieder den Wert *0*. Ein Großteil der Entwickler nennen solche Variablen einfach nur schlampig *i*. In solchen Fällen fällt es kaum auf, dass es zwei Variablen unter dem gleichen Namen gibt. Fehler sind entsprechend vorprogrammiert. Sobald Sie aber die hier empfohlene Namenskonvention praktizieren, sticht die auffällige Kennzeichnung *m_* sofort ins Auge – eine Kennzeichnung, die ja für eine lokale Variable der Konvention nach falsch ist.

Datei-öffentliche Variablen

Manchmal müssen Variablen nicht nur innerhalb eines Moduls, sondern gleich in der ganzen Datei erreichbar sein. Diese werden ebenso vor allen Prozeduren deklariert, statt Dim heißt das Schlüsselwort aber Public. Entsprechend sollten Sie diese mit p_ kennzeichnen, damit Konflikte mit versehentlich gleichnamigen Modul-öffentlichen und lokalen Variablen entdeckt werden.

> **PROFITIPP**   Da sich bei umfangreicheren Programmen früher oder später doch einige Datei-
> öffentliche Variablen (und Konstanten) ansammeln, lege ich für diese immer direkt ein eigenes
> Modul *modVarKonst* an, welches nur diese enthält. Denn es ist viel übersichtlicher, alle Deklara-
> tionen an einem zentralen Ort vorzufinden, als wenn diese über verschiedene Module hinweg
> verteilt sind und sich die Suche nach Deklarationen entsprechend aufwendig gestaltet.

Statische Variablen

Ein Sonderfall sind sogenannte statische Variablen, bei denen sich Sichtbarkeit und Lebensdauer
unterscheiden. Es sind lokale Variablen, die aber das Ende der Prozedur »überleben« und beim
nächsten Aufruf noch ihren alten Wert enthalten. Das brauchen Sie beispielsweise, wenn Sie mitzäh-
len wollen, wie oft eine Aktion durchgeführt wurde, hier einfach der mehrfache Aufruf einer Prozedur.

1. Schreiben Sie eine neue Prozedur *ZaehlWeiter* mit dem folgenden Code:

```
Sub ZaehlWeiter()
    Static intZaehler As Integer

    intZaehler = intZaehler + 1
    MsgBox "Zählerstand: " & intZaehler
End Sub
```

2. Jeder Aufruf dieser Prozedur zeigt einen um *1* erhöhten Zählerstand, bis Sie entweder die Datenbank schließen oder mit dem Befehl *Ausführen/Zurücksetzen* alle öffentlichen und statischen
Variablen wieder löschen.

Abbildg. 35.9   Jeder erneute Aufruf erhöht den Zähler

Der Vorteil einer statischen Variablen besteht darin, dass sie sich zwar in der Lebensdauer wie eine
Modul-öffentliche Variable verhält, aber von anderen Prozeduren nicht versehentlich geändert werden kann. Ihre Sichtbarkeit ist wie eine lokale Variable auf diese Prozedur beschränkt.

Sammeldeklaration

Praktisch nirgendwo benutzt, aber wenigstens der Vollständigkeit halber erwähnt werden soll die Möglichkeit, Variablen gesammelt in einer Zeile deklarieren zu können. Häufig wird es nämlich unfreiwillig falsch gemacht, um Zeilen zu sparen:

```
Dim strA, strB, strC As String    'das ist unvollständig!
```

So wie hier ist tatsächlich die Deklaration mehrerer Variablen in einer Zeile möglich und *strC* ist dabei auch zu einer *String*-Variablen geworden. Die beiden übrigen jedoch sind *Variant*, weil sie keinen eigenen Datentyp erhalten hatten. Korrekt dagegen ist diese Schreibweise:

```
Dim strA As String, strB As String, strC As String    'das ist korrekt!
```

Eine Alternative besteht in den Def...-Deklarationen wie in Abbildung 35.10, wobei jeweils konkrete Datentypen wie *DefBool*, *DefByte*, *DefInt*, *DefLng*, *DefCur*, *DefSng*, *DefDbl*, *DefDec*, *DefDate*, *DefStr*, *DefObj* oder *DefVar* genannt sein müssen. Sie müssen diese auf Modulebene deklarieren und geben anschließend einen einzigen Buchstaben an oder, wie bei *DefStr* zu sehen, einen Buchstabenbereich.

> **HINWEIS** Die *Debug.Print*-Methode schreibt in den Direktbereich und erspart Ihnen das dauernde Bestätigen einer Meldung. Den Direktbereich machen Sie mit dem Befehl *Ansicht/ Direktfenster* sichtbar.

Abbildg. 35.10 Die Deklaration mehrerer Modul-öffentlicher Variablen mit einem Datentyp ist so möglich

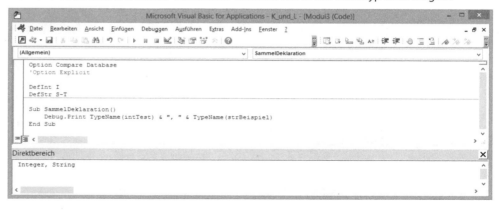

Mit der dort gezeigten Prozedur *SammelDeklaration* und der (sonst eher selten eingesetzten) *TypeName()*-Funktion können Sie prüfen, welchen Datentyp die Variablen erhalten haben:

- Mit DefInt I werden alle Variablen mit dem Anfangsbuchstaben *i* als *Integer*-Datentyp vereinbart, das gilt also auch für *intTest*

- Mit DefStr S-T gilt der Datentyp *String* für alle Variablen, deren Anfangsbuchstabe im Bereich von *s* bis *t* liegt, also auch für *strBeispiel*

ACHTUNG Das Beispiel funktioniert so nur, weil die `Option Explicit`-Anweisung auskommentiert ist. Sonst hätte es noch zweier Deklarationen für die Variablen bedurft, sodass Sie erst recht keine Zeile gespart hätten.

Dieses Konzept der Sammeldeklaration stammt aus der Frühzeit der Programmierung und widerspricht einer ordentlichen Ungarischen Notation, denn solche Variablen könnten nicht mit *m_int* oder *m_str* gekennzeichnet werden.

Datenfelder

Eine bessere Lösung als das eben gezeigte Vordefinieren vieler Variablennamen mit `Def…`-Anweisungen besteht in der Nutzung von Datenfeldern oder Arrays. Ein Datenfeld ist eine Sammlung vieler gleichartiger Variablen unter einem einzigen Namen, die über eine Indexnummer angesprochen werden.

Es gelten die gleichen Datentypen wie für Einzelvariablen, im Grunde fügen Sie bei der Deklaration nur ein Klammerpaar mit der Anzahl der Einzelelemente hinzu:

1. Schreiben Sie in einem Modul die Prozedur *BeispielDatenfeld* zum Testen wie im folgenden Listing:

```
Sub BeispielDatenfeld()
    Dim strNamen(2) As String

    strNamen(0) = "Lorenz Hölscher"
    strNamen(1) = "Willi Wichtig"
    strNamen(2) = "Leonore Leserin"

    Debug.Print "Der erste Name ist " & strNamen(0)
End Sub
```

2. Starten Sie die Prozedur mit der ⌨F5-Taste, woraufhin in der Meldung der erste Name des Datenfelds angezeigt wird (siehe Abbildung 35.11).

Abbildg. 35.11   Der erste Name des Datenfelds wird angezeigt

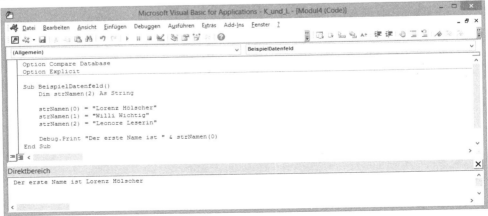

Programmierung

ACHTUNG   Datenfelder sind 0-basiert (nullbasiert), was bedeutet, dass das erste Element immer die Indexnummer *0* hat. Wenn Sie also `Dim strNamen(2)` deklarieren, dann stehen Ihnen drei Elemente zur Verfügung!

Mehrdimensionale Datenfelder

Das bisher gezeigte Datenfeld *strNamen* hatte genau eine Dimension, also eine einzige Größenangabe. Solch ein eindimensionales Feld können Sie sich wie die Einträge einer Liste vorstellen oder die Zeilen einer einzigen Spalte. Ein zweidimensionales Datenfeld entspricht gedanklich einer Tabelle mit Zeilen und Spalten, wie Sie das aus Excel kennen. Mit drei Dimensionen könnte man zum Beispiel zwischen verschiedenen Tabellen unterscheiden, die dritte Dimension stünde dann für die Nummer der adressierten Tabelle. Anwendungen weit über zwei Dimensionen hinaus sind selten, obgleich VBA bis zu 60 Dimensionen erlaubt, was man sich aber nicht mehr ernsthaft vorstellen kann.

Eine zweidimensionale Tabelle in Gestalt eines Schachbretts wird wie im folgenden Listing deklariert:

```
Dim strSchachspiel(7, 7) As String
```

Dementsprechend müssen auch bei der Zuweisung mehrere Indexnummern genannt werden:

```
strSchachspiel(0, 0) = "Turm"
strSchachspiel(0, 1) = "Pferd"
```

HINWEIS   Die *UBound()*-Funktion kann jede Größe einer Dimension eines Datenfelds gezielt ermitteln. Als erstes Argument wird der Variablenname erwartet, als zweites Argument die Dimension: `UBound(strSchachspiel, 1)` oder `UBound(strSchachspiel, 2)`. Hier unterscheidet sich das Ergebnis nicht (Sie erhalten hier stets *7*, was folglich für 8 Werte steht), unabhängig davon, welche Dimension Sie angeben, weil es sich ja um ein quadratisches Spielfeld handelt.

Datenfelder mit eigenen Grenzen

Sie können die Ober- und Untergrenze eines Datenfelds mit dem Schlüsselwort *To* frei vorgeben, wenn es sein muss. Gerade für Monate oder Jahreszahlen ist es viel übersichtlicher, die »echten« Werte auch als Indexnummer zu benutzen. Die folgenden Deklarationen sind damit sicherlich leichter zu verstehen.

```
Dim dblMonatsumsatz(1 To 12) As Double
dim dblJahresumsatz(2004 to 2013) As Double
```

Das wäre auch beim Schachspiel zulässig gewesen wie im folgenden Code:

```
Dim strSchachspiel(1 To 8, 1 To 8) As String
```

Grundsätzlich könnten Sie die untere Grenze aller Datenfelder von *0* auf *1* setzen, indem Sie am Anfang eines Moduls `Option Base 1` eintragen. Damit sind Ihre Datenfelder 1-basiert. Das lohnt sich aber nicht wirklich, denn die integrierten Auflistungen (wie die *Forms*-Auflistung, die Sie gleich in einem Beispiel sehen werden) beginnen trotzdem mit *0*.

Dynamische Datenfelder

Wichtiger jedoch ist die Möglichkeit von Datenfeldern, ihre Größe erst zur Laufzeit dynamisch anzupassen. Damit das funktioniert, dürfen Sie bei deren Deklaration in den Klammern keine Größe angeben.

Auch wenn der folgende Code schon einen Vorgriff auf die Programmierung von Schleifen und den Zugriff auf Access-Objekte enthält, sehen Sie daran die Flexibilität von dynamischen Datenfeldern:

1. Erstellen Sie eine neue Prozedur *SammleOffeneFormulare* mit dem folgenden Code:

```
Sub SammleOffeneFormulare()
    Dim strFormulare() As String
    Dim intZaehler As Integer

    ReDim strFormulare(Forms.Count - 1)

    For intZaehler = 0 To Forms.Count - 1
        strFormulare(intZaehler) = Forms(intZaehler).Name
    Next

    Debug.Print "Das letzte offene Formular heißt: " & _
        strFormulare(UBound(strFormulare))
End Sub
```

2. Das Datenfeld *strFormulare* ist ganz ohne Größe deklariert worden, deswegen muss es vor seiner ersten Benutzung mit der *ReDim*-Anweisung eine entsprechende Größenangabe erhalten. Alle geöffneten Formulare sind automatisch in der *Forms*-Auflistung enthalten, wegen der 0-Basierung des Datenfelds ist dessen Größe immer um *1* kleiner als die Anzahl der Formulare.

3. Die *For/Next*-Schleife liest den Namen jedes geöffneten Formulars (welches Sie übrigens wie in einem Datenfeld als nummeriertes Element der *Forms*-Auflistung ansprechen) in das passende Datenfeldelement ein.

4. Die Meldung am Ende nutzt die bereits vorhin erwähnte *UBound()*-Funktion zum Ermitteln der letzten Indexnummer, welche die Obergrenze (engl. *upper bound*) eines Datenfelds ermittelt.

TIPP Das Gegenstück zur *UBound()*-Funktion ist die *LBound()*-Funktion (engl. *lower bound*) für die untere Grenze des Datenfelds.

Bevor Sie diese Prozedur testen, müssen Sie jedoch in Access mindestens ein Formular geöffnet haben, weil sie sonst einen Laufzeitfehler meldet. Sie funktioniert aber bei beliebig vielen geöffneten Formularen. Das ist eine Flexibilität, wie sie sonst nicht zu lösen wäre.

Abbildg. 35.12 So lassen sich die Namen geöffneter Formulare finden

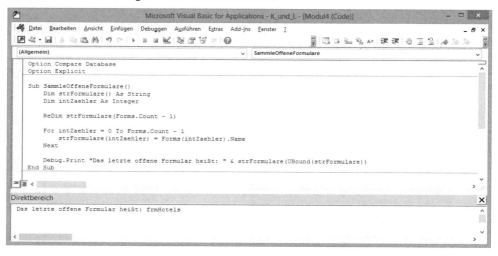

Datenfeld neu dimensionieren

Sie können die Größe eines Datenfelds mit der *ReDim*-Anweisung auch mehrfach ändern, aber dabei verlieren Sie immer alle darin enthaltenen Daten. Um das zu vermeiden, müssen Sie ReDim Preserve schreiben, allerdings lässt sich damit immer nur die letzte Dimension in der Größe verändern.

Der folgende Code erzeugt zuerst ein Datenfeld mit (3 * 3 =) 9 Elementen und füllt diese mit Inhalten. Danach wird die letzte Dimension auf 4 Elemente erweitert und ein Wert hineingeschrieben (die übrigen sind dann noch *0*, weil als *Integer* deklariert).

```
Sub DatenfeldErhalten()
    Dim intTest() As Integer

    ReDim intTest(2, 2)

    intTest(0, 0) = 1
    intTest(0, 1) = 2
    intTest(0, 2) = 4
    intTest(1, 0) = 7
    intTest(1, 1) = 11
    intTest(1, 2) = 17
    intTest(2, 0) = 18
    intTest(2, 1) = 22
    intTest(2, 2) = 25

    ReDim Preserve intTest(2, 3)
    intTest(0, 3) = 999

    Debug.Print "Altdaten vorhanden: " & intTest(2, 1)
End Sub
```

Die letzte Zeile mit *Debug.Print* beweist, dass die vorherigen Werte aus dem ursprünglichen Datenfeld noch vorhanden sind.

Auch die ursprünglichen Daten sind noch enthalten

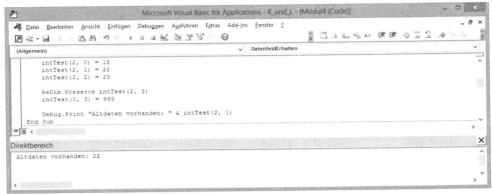

Datenfeld löschen

Wie jede andere Variable auch, ist ein lokales Datenfeld am Ende einer Prozedur aus dem Speicher gelöscht. Wollen Sie es zwischendurch ausdrücklich leeren, steht die *Erase*-Anweisung zur Verfügung. Bei statischen Datenfeldern wird dadurch kein Speicherplatz gewonnen, nur bei dynamischen.

Variant-Variable als Pseudodatenfeld

Manchmal ist im Voraus nicht bekannt, wie groß ein Datenfeld sein muss. Entsprechend können Sie auch keine Größe vorab festlegen. Aus diesem Grund ist es sehr praktisch, dass der *Variant*-Datentyp sich wie ein Datenfeld verhalten kann. Die *Split()*-Funktion beispielsweise liefert als Rückgabewert ein Datenfeld, in dem die gefundenen Textteile enthalten sind.

Das folgende Listing zeigt, dass Sie deren Rückgabewert direkt an eine *Variant*-Variable übergeben können und diese dann mit Indexnummern wie ein echtes Datenfeld behandeln können:

```
Sub PseudoDatenfeld()
    Dim varTeile As Variant

    Const cstrTesttext = "Anton, Berta, Cäsar, Dora, Emil, Friedrich"

    varTeile = Split(cstrTesttext, ",")
    Debug.Print "Der letzte Name lautet " & varTeile(UBound(varTeile))
End Sub
```

Abbildg. 35.14   Die *Split()*-Funktion liefert ein Datenfeld zurück

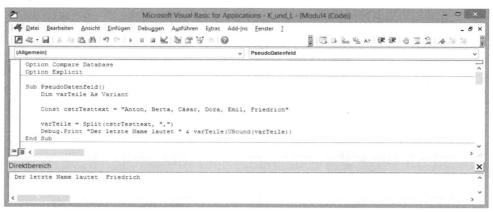

HINWEIS   Das zweite Argument der *Split()*-Funktion gibt an, welches Trennzeichen im ersten Argument berücksichtigt werden soll.

Auch für ein solches Pseudodatenfeld in einer *Variant*-Variablen kann die *UBound()*-Funktion zum Ermitteln der Größe eingesetzt werden.

Umgekehrt lassen sich einer *Variant*-Variablen mittels *Array()*-Funktion auch direkt mehrere Werte in einer einzigen Zeile zuweisen, wie es der folgende Code zeigt:

```
Sub SammleFarben()
    Dim varFarben As Variant

    varFarben = Array("rot", "gelb", "grün", "blau")
    Debug.Print "Die zweite Farbe ist " & varFarben(1)
End Sub
```

Abbildg. 35.15   Mit der *Array()*-Funktion lassen sich mehrere Werte an ein Datenfeld zuweisen

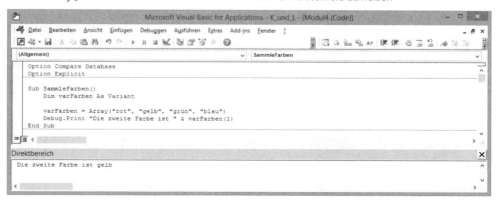

Eigene Datentypen

Die Bezeichnung *eigene Datentypen* ist ein wenig missverständlich, weil Sie damit nicht wirklich neue Datentypen erfinden. Allerdings können Sie vorhandene Datentypen zu einem neuen Komplex mehrerer Werte in einer einzigen Variablen zusammenfassen.

Um sich beispielsweise die verschiedenen Eigenschaften der in der Datenbank angemeldeten Personen zu merken, bräuchte es diese Variablen (die hier Datei-öffentlich sind):

```
Public p_strVorname As String
Public p_strNachname As String
Public p_datAnmeldung As Date
Public p_intAnzahlFehler As Integer
```

Da diese jedoch später in der Dropdownliste alphabetisch angezeigt werden, ist der Zusammenhang nicht mehr klar. Vielmehr sind sie wegen ihres Präfixes nur nach ihrem Datentyp sortiert.

Mit der *Type*-Anweisung erfinden Sie (am besten im schon erwähnten, allgemeinen Modul *modVarKonst*) einen neuen Datentyp *Person*, der die dort genannten Elemente als Unterdaten enthält:

```
Type Person
    strVorname As String
    strNachname As String
    datAnmeldung As Date
    intAnzahlFehler As Integer
End Type
```

ACHTUNG　*Type*-Deklarationen müssen in Standardmodulen stehen. Formular- und Berichtsmodule sind demgegenüber Klassenmodule und dafür nicht zulässig.

Der neue Datentyp *Person* steht Ihnen damit überall in dieser Datenbank in VBA zur Verfügung und Sie können ihn (Datei-öffentlich wie im folgenden Code oder lokal) deklarieren:

```
Public p_prsBenutzer As Person
```

HINWEIS　Die Deklaration des neuen Datentyps dürfte sogar vor der Zeile stehen, in welcher sich die dazugehörige *Type*-Anweisung befindet. Das macht es aber nicht unbedingt übersichtlicher...

Der Vorteil des neuen Datentyps ist bei seinem Aufruf (siehe Abbildung 35.16) zu erkennen, denn dort klappt nach dem Punkt hinter dem neuen Datentyp eine Liste aller darin enthaltenen Variablen auf. Diese sind dadurch als gemeinsam zu erkennen.

Programmierung

Abbildg. 35.16 Der neue Datentyp zeigt nur seine eigenen Variablen

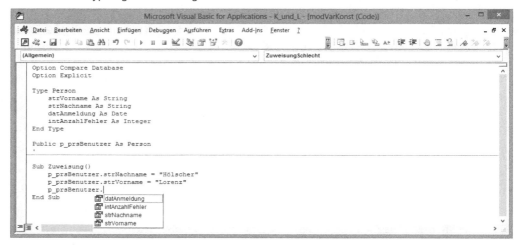

TIPP   Es ist unbequem, in jeder Zeile erneut das gleiche Objekt zu nennen. VBA erlaubt es, diese sozusagen »auszuklammern«. Statt des folgenden Codes

```
p_prsBenutzer.strNachname = "Hölscher"
p_prsBenutzer.strVorname = "Lorenz"
p_prsBenutzer.intAnzahlFehler= 99
p_prsBenutzer.datAnmeldung = #12/24/2013#
```

nennen Sie das gemeinsame Objekt einmalig hinter *With* und lassen die übrigen Zeilen mit einem führenden Punkt beginnen:

```
With p_prsBenutzer
    .strNachname = "Hölscher"
    .strVorname = "Lorenz"
    .intAnzahlFehler= 99
    .datAnmeldung = #12/24/2013#
End With
```

Dabei müssen zwischen *With* und *End With* keineswegs die Punkte am Anfang einer Zeile stehen, sie können auch mitten in der Zeile vorkommen. Der Punkt kann überall am Anfang einer Eigenschaft stehen, wo das ausgeklammerte Objekt eingesetzt wird.

Objektvariablen

Fast alle bisher benutzten Variablen gehören zu den einfachen Datentypen, die als *Variant* zusammengefasst werden könnten. Obwohl diese bisher recht oft vorkamen, gibt es von einer anderen Gruppe viel mehr (Unter-)Datentypen, nämlich von den sogenannten Objektvariablen.

Objektvariablen erlauben das »Speichern« beliebiger Objekte, also eines Datensatzes, eines Formulars oder auch der ganzen Datenbank. Anders als bei den einfachen Datentypen wird aber nicht wirklich der Inhalt darin gespeichert, sondern es ist immer nur eine (4 Byte kleine) Zahl – eine Speicheradresse – enthalten. Diese gibt an, an welcher Stelle im Arbeitsspeicher der Code das tatsächliche Objekt findet.

Sie können solche Objektvariablen so behandeln, als befände sich das Objekt tatsächlich darin. Diese Form der Unterbringung von Daten hat jedoch den Vorteil, dass sie viel platzsparender ausfällt, weil eben nur die zugehörige Speicheradresse notiert wird.

ACHTUNG Während Variablen des einfachen Datentyps wie mit `intZaehler` = 1 direkt einen Wert zugewiesen bekommen können, muss bei Objektvariablen immer die *Set*-Anweisung davor stehen:

```
Dim dbsDatenbank As Database
Set dbsDatenbank = CurrentDb
```

Als Objektdatentypen gibt es so viele, dass eine eigene Tabelle hier den Rahmen sprengen würde. Sobald Sie jedoch die Zeile `Dim xy As` schreiben, zeigt die Dropdownliste nach *As* ohnehin alle Objektdatentypen an.

Wenn Sie eine solche Variable nur `As Object` definieren, ist sie ebenso unspezifisch wie eine *Variant*-Variable. Geben Sie ihr aber einen konkreten Objektdatentyp wie in Abbildung 35.17, bietet sie bei der Benutzung alle Eigenschaften und Methoden des jeweiligen Objekts an.

Abbildg. 35.17 Objektdatentypen kennen Methoden und Eigenschaften ihres Objekts

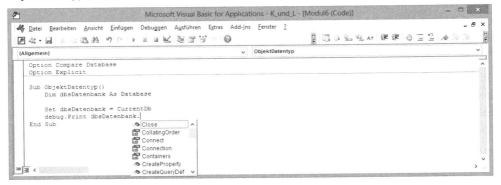

Wir werden uns in späteren Kapiteln ausführlich mit den Objektdatentypen beschäftigen.

Prozedurargumente

In Kapitel 34 haben Sie bei den Property-Prozeduren zwangsläufig schon gesehen, dass auch an selbstdefinierte Prozeduren über Argumente Werte übergeben werden können. Dabei handelt es sich im Grunde um Variablen, auch wenn diese nicht explizit deklariert wurden.

Notwendige Argumente

Solche Argumente (manchmal auch als Parameter bezeichnet) bieten sich beispielsweise an, damit eine eigene Standardmeldung unterschiedliche Texte anzeigen kann.

1. Erstellen Sie eine neue Prozedur *StandardMeldung* wie im folgenden Listing, deren *strText*-Argument den Datentyp *String* erhält:

```
Sub StandardMeldung(strText As String)
    MsgBox "Hinweis: " & vbCrLf & strText
End Sub
```

2. Da sich weder Sub-Prozeduren noch Funktionen direkt per F5-Taste aufrufen lassen, wenn diese über Argumente verfügen, bedarf es einer Hilfsprozedur zum Testen:

```
Sub TesteStandardMeldung()
    StandardMeldung "Das ist ein Beispiel."
    StandardMeldung "Hier steht ein anderer Text!"
End Sub
```

3. In Abbildung 35.18 sehen Sie die zwei Meldungen, die mit dieser Testprozedur erscheinen. Durch das Argument enthält jede davon einen eigenen Text.

Abbildg. 35.18   Je nach Argument zeigt die Meldung unterschiedliche Texte an

Mehrere Argumente

Mehrere Argumente werden sowohl bei der Deklaration als auch beim späteren Aufruf durch Komma getrennt. Hier könnte als zweites Argument noch das anzuzeigende Symbol angegeben werden.

1. Erweitern Sie die Prozedur *StandardMeldung* um ein zweites Argument *intSymbol* für die Auswahl des Symbols:

```
Sub StandardMeldung(strText As String, intSymbol As Integer)
    MsgBox "Hinweis: " & vbCrLf & strText, intSymbol
End Sub
```

2. Dementsprechend müssen auch beim Aufruf jedes Mal zwei Argumente angegeben werden. Die Testprozedur ändert sich daher wie im folgenden Listing:

```
Sub TesteStandardMeldung()
    StandardMeldung "Das ist ein Beispiel.", vbInformation
    StandardMeldung "Hier steht ein anderer Text!", 0
End Sub
```

3. Das Argument *vbInformation* zeigt wie in Abbildung 35.19 ein passendes Symbol an, der Wert *0* bedeutet kein Symbol.

Abbildg. 35.19   Je nach zweitem Argument zeigt die Meldung nun auch unterschiedliche Symbole an

PROFITIPP   Wie Sie beim Eingeben bemerkt haben dürften, lassen sich als zweites Argument keineswegs nur die sinnvollen Konstanten angeben, sondern alle. Das lässt sich mit Enumerationen verbessern, die auf Seite 832 vorgestellt werden.

Optionale Argumente

Bei der ursprünglichen *MsgBox*-Prozedur waren alle bis auf das erste Argument optional, da wäre es doch schön, wenn das bei selbstdefinierten Prozeduren auch ginge, oder? Natürlich geht das. Anstatt explizit die *0* angeben zu müssen, wenn kein Symbol gewollt wird, soll das Argument optional werden:

1. Schreiben Sie in der Definition von *StandardMeldung* vor das zweite Argument das Schlüsselwort `Optional` und ändern außerdem den Datentyp des Arguments (und sein Präfix) auf *Variant* wie im folgenden Code:

```
Sub StandardMeldung(strText As String, Optional varSymbol As Variant)
    MsgBox "Hinweis: " & vbCrLf & strText, varSymbol
End Sub
```

2. Damit auf das Fehlen des zweiten Arguments auch reagiert werden kann, braucht es die *IsMissing()*-Funktion und (im Vorgriff auf das Kapitel 36) eine *If*-Anweisung:

```
Sub StandardMeldung(strText As String, Optional varSymbol As Variant)
    If IsMissing(varSymbol) Then
        MsgBox "Hinweis: " & vbCrLf & strText, 0
    Else
        MsgBox "Hinweis: " & vbCrLf & strText, varSymbol
    End If
End Sub
```

> **ACHTUNG**   Die *IsMissing()*-Funktion liefert nur bei *Variant*-Variablen korrekte Ergebnisse, daher musste hier unbedingt der Datentyp angepasst werden.

3. In der Prozedur *TesteStandardMeldung* können Sie nun beim zweiten Aufruf das Argument *0* samt vorherigem Komma weglassen:

```
Sub TesteStandardMeldung()
    StandardMeldung "Das ist ein Beispiel.", vbInformation
    StandardMeldung "Hier steht ein anderer Text!"
End Sub
```

Das sieht natürlich erst einmal nach ziemlich viel Aufwand für eine gesparte *0* aus, zeigt aber die grundsätzliche Technik optionaler Argumente.

> **ACHTUNG**   Das Schlüsselwort *Optional* kann nur für ein oder mehrere letzte Argumente benutzt werden, rechts von einem optionalen Argument sind entsprechend keine obligatorischen Argumente mehr möglich.

Wirklich praktisch ist diese Variante jedoch nicht, weil die Prüfung mit *IsMissing()* einerseits den Datentyp auf *Variant* beschränkt und andererseits ein relativ schreibaufwendiges *If* verlangt.

Der Trick zur Vereinfachung besteht darin, dass einem optionalen Argument ein Standardwert mitgegeben werden kann. Wenn das Argument später beim Aufruf fehlt, wird dieser Standardwert benutzt. Dadurch sparen Sie sich die Prüfung, denn das Argument hat somit immer einen Wert!

Verkürzen Sie also die Definition von *StandardMeldung* wieder auf die ursprüngliche eine Codezeile, ändern den Datentyp des zweiten Arguments ebenfalls zurück auf *Integer* und fügen dort einen Standardwert hinzu:

```
Sub StandardMeldung(strText As String, Optional intSymbol As Integer = 0)
    MsgBox "Hinweis: " & vbCrLf & strText, intSymbol
End Sub
```

Die Testprozedur selber verändert sich nicht und Sie werden beim Testen feststellen, dass es trotz der viel kürzeren Definition auf das gleiche Ergebnis hinausläuft.

Argumentlisten

Ich habe nicht schlecht gestaunt, als ich das erste Mal das Fehlen einer VBA-*Max()*-Funktion (und ebenso der *Min()*-Funktion) in Access bemerkt habe, mit der sich ein Maximum (oder Minimum) von Werten berechnen ließe. Tatsächlich, eine solche grundlegende Funktion gibt es in Access-VBA nicht!

> **HINWEIS**   Es gibt zwei ähnliche Funktionen, aber die helfen hier nicht. Die *DMax()*-Funktion lässt sich zwar in VBA aufrufen, sie ermittelt jedoch nur das Maximum von gespeicherten Werten aus *Datensätzen*. Die integrierte *Max()*-Funktion hingegen ist nur in SQL zulässig und kann nicht in VBA benutzt werden.

Natürlich ist es nicht schwer, zwei Werte miteinander zu vergleichen und den größeren davon als Rückgabewert einer selbstdefinierten *Max()*-Funktion zu ermitteln. Das sähe so aus wie im folgenden Listing:

```
Function Max(dblWert1 As Double, dblWert2 As Double) As Double
    If dblWert1 > dblWert2 Then
        Max = dblWert1
    Else
        Max = dblWert2
    End If
End Function
```

Ein einfacher Test im Direktfenster wie in Abbildung 35.20 zeigt, dass das auch korrekt mit Gleitkommazahlen funktioniert, die natürlich mit Dezimalpunkt eingegeben werden müssen.

Abbildg. 35.20   Die einfache *Max()*-Funktion ermittelt den größeren Wert

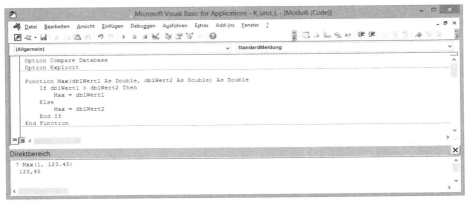

Spannend wird es erst, wenn beliebig viele Werte angegeben werden können, wie Sie das möglicherweise aus der *Max()*-Funktion in Excel-Tabellen kennen. Dazu geben Sie vor dem Argument das Schlüsselwort *ParamArray* an wie im folgenden Listing:

```
Function Max(ParamArray dblWerte()) As Double
    Dim intZaehler As Integer
    Dim dblMaxBisher As Double

    dblMaxBisher = dblWerte(0)
    For intZaehler = LBound(dblWerte) + 1 To UBound(dblWerte)
        If dblMaxBisher < dblWerte(intZaehler) Then
            dblMaxBisher = dblWerte(intZaehler)
        End If
    Next
    Max = dblMaxBisher
End Function
```

ACHTUNG   Das Schlüsselwort *ParamArray* ist nur beim letzten Argument zulässig, weil ja sonst nicht herauszufinden wäre, wie viele Daten dazugehören.

Programmierung

Auch hier muss ich schon zukünftigen Themen wie *If* und vor allem einer *For/Next*-Schleife (siehe Kapitel 36) vorgreifen, weil das sonst mit beliebig vielen Argumenten nicht lösbar ist.

Die Prozedur merkt sich den ersten Eintrag des Datenfelds *dblWerte* als Maximalwert *dblMaxBisher*. In einer Schleife wird dann mit dem jeweils nächsten Element des Datenfelds verglichen, ob dieses größer ist. Nur wenn das der Fall ist, wird jenes als neuer Maximalwert eingetragen. Am Ende wird der letzte Maximalwert als Rückgabewert benutzt.

Sie können das im Direktbereich wie in Abbildung 35.21 mit beliebig vielen Argumenten testen. Denken Sie bitte dabei daran, dass Dezimalzahlen mit amerikanischem Dezimalpunkt eingegeben werden müssen.

Abbildg. 35.21 Die *Max()*-Funktion mit beliebig vielen Argumenten liefert auch ein korrektes Ergebnis

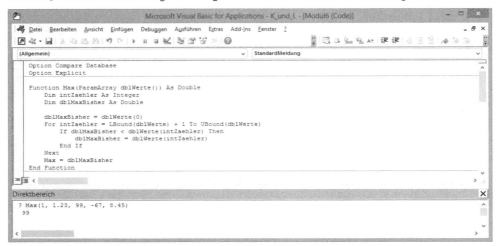

Rückgabe-Argumente

Bisher habe ich behauptet, nur Funktionen könnten einen Rückgabewert, und zwar genau einen Wert, an die aufrufende Prozedur liefern. Schon mit dem eben Gelernten wüssten Sie jetzt, dass diese Einschränkung streng genommen gar nicht existiert. Schließlich kann der »einzige« Rückgabewert ja ein Datenfeld oder ein selbstdefinierter Datentyp wie im folgenden Beispiel sein.

1. Erstellen Sie eine neue Funktion *WerBinIchAusfuehrlich()* mit dem Code wie im folgenden Listing:

```
Function WerBinIchAusfuehrlich() As Person
    Dim prsIch As Person

    prsIch.strNachname = Environ("Username")
    prsIch.strVorname = "<unbekannt>"
    prsIch.datAnmeldung = Now()
    prsIch.intAnzahlFehler = 0

    WerBinIchAusfuehrlich = prsIch
End Function
```

2. Diese *WerBinIchAusfuehrlich()*-Funktion nutzt den bereits besprochenen eigenen Datentyp *Person* für den Rückgabewert. Obwohl also eigentlich wie immer nur ein Wert zurückgegeben wird, enthält dieser doch ein ganzes Bündel an Informationen.

PROFITIPP Die *Environ()*-Funktion ermittelt Umgebungsvariablen aus Windows selbst. Dabei sind vor allem *Environ("Username")* und *Environ("Computername")* interessant, mit denen Sie herausfinden können, wie der in Windows angemeldete Benutzer bzw. sein Computer heißt. Das ist viel eleganter abzufragen, als eine eigene Benutzerverwaltung zu programmieren.

Wollen Sie einen solchen eigenen Datentyp im Direktfenster testen, muss das daran scheitern, dass dort nur Zeichenketten als Rückgabewert funktionieren können. Der Aufruf erfolgt dann stattdessen beispielsweise mit

```
? WerBinIchAusfuehrlich.strNachname
```

3. In der Testprozedur *Anmeldung* wie im folgenden Listing müssen Sie daher die Variable *prsAktuellerBenutzer* mit dem gleichen Datentyp wie die Funktion definieren:

```
Sub Anmeldung()
    Dim prsAktuellerBenutzer As Person

    prsAktuellerBenutzer = WerBinIchAusfuehrlich()
    MsgBox "Angemeldet ist: " & prsAktuellerBenutzer.strNachname
End Sub
```

4. Das lässt sich übrigens deutlich kürzen, wenn Sie auf die Variable verzichten, weil diese ja ohnehin nur ein einziges Mal benötigt wird:

```
Sub Anmeldung()
    MsgBox "Angemeldet ist: " & WerBinIchAusfuehrlich().strNachname
End Sub
```

Für die *MsgBox*-Prozedur lässt sich anschließend aus der Variablen *prsAktuellerBenutzer* oder eben direkt der Funktion *WerBinIchAusfuehrlich()* die eigentlich relevante Teilinformation herausholen. Aber auch diese Erweiterung basiert noch auf der Tatsache, dass eine Funktion einen Rückgabewert hat, selbst wenn dieser umfangreiche Teildaten enthält.

Eigene Rückgabeargumente

Beim nächsten Beispiel werden die Argumente selbst nun die Daten auch in der Gegenrichtung transportieren. Dazu ändert sich an der Definition nichts, nur dass die Inhalte von Argumenten im Code verändert werden.

1. Schreiben Sie eine neue Sub (!)-Prozedur *TrenneDatei* mit den drei Argumenten wie im folgenden Listing:

```
Sub TrenneDatei(strKomplett As String, strDatei As String, strEndung As String)
    Dim intPosPunkt As Integer

    intPosPunkt = InStrRev(strKomplett, ".")
```

```
        strDatei = Left(strKomplett, intPosPunkt - 1)
        strEndung = Mid(strKomplett, intPosPunkt + 1)
End Sub
```

HINWEIS   Die Funktionen *InStrRev()*, *Left()* und *Mid()* stelle ich Ihnen ausführlich in Kapitel 38 vor.

---

2. Die Prozedur wird später einen kompletten Dateinamen inklusive Endung im ersten Argument erhalten, diesen zerlegen und an die anderen zwei Argumente *strDatei* und *strEndung* jeweils die Einzelteile zurückgeben.

3. Dazu wird nicht nur wie bisher eine Testprozedur benötigt (jetzt *TesteTrenneDatei*), sondern es bedarf darin vor allem zweier Variablen, welche die zerlegten Texte aus den letzten beiden Argumenten wieder entgegennehmen können.

4. Das folgende Listing ruft die *TrenneDatei*-Prozedur auf und zeigt, dass die Inhalte der Argumente verändert wurden (siehe Abbildung 35.22):

```
Sub TesteTrenneDatei()
    Dim strNurDatei As String
    Dim strNurEndung As String

    TrenneDatei "K_und_L.accdb", strNurDatei, strNurEndung
    Debug.Print "Dateiname: " & strNurDatei & vbCrLf & "Endung: " & strNurEndung
End Sub
```

Abbildg. 35.22   Das Direktfenster zeigt die Inhalte der zurückgegebenen Argumente

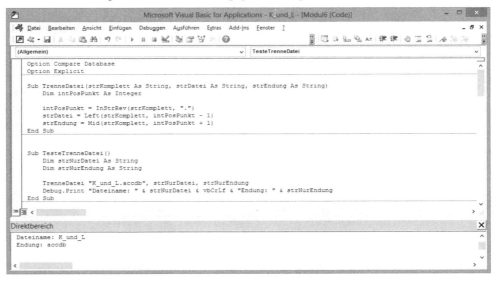

Viele halten mich für übertrieben kleinlich, da ich immer wieder darauf hinweise, dass nach einem Prozeduraufruf ein Leerzeichen und *keine* Klammer folgt (wie bei `MsgBox` `"Hallo"`) und nach einem Funktionsaufruf ohne Leerzeichen eine Klammer (wie bei `intX` `=` `MsgBox("Okay?", vbYesNo)`). Hier lässt sich sehr schön beobachten, welch katastrophale Folgen die Missachtung dieser Regel haben kann. Ändern Sie in *TesteTrenneDatei* den Aufruf wie folgt mit den Klammern um die Variablen:

```
TrenneDatei "K_und_L.accdb", (strNurDatei), (strNurEndung)
```

Um die Argumente sind »nur« Klammern gesetzt worden, aber anschließend sind die Ergebnisse leer! Aus den Variablen wurden dadurch nämlich plötzlich konstante Werte, die keine Daten mehr annehmen können. Es gibt jedoch keine Fehlermeldung und das macht diesen Schreibfehler so gefährlich.

API-Aufrufe

Da der Definition einer Prozedur nie anzusehen ist, ob es sich um Rückgabe-Argumente handelt, vermeide ich diese Technik in meinem Code. Es ist aber notwendig, diese Technik zu kennen, weil sie der Standard für sogenannte API-Aufrufe ist.

HINWEIS Windows selbst stellt eine Menge seiner Funktionalität an andere Programme zur Verfügung, die als *Application Programming Interface* (etwa: Schnittstelle für Anwendungsprogrammierung) bezeichnet wird. Dadurch müssen Programmierer nicht jedes Mal das Rad neu erfinden, sondern können auf fertige Funktionen zurückgreifen.

Damit können Sie aus VBA heraus Windows-interne Funktionen nutzen, wie ich Ihnen am Beispiel eines Verzeichnisnamens zeigen möchte. Der Pfad für temporäre Dateien liegt oft auf *C:\Temp*, aber Sie können sich nicht darauf verlassen, denn manche Windows-Installationen benutzen gar nicht das *C:*-Laufwerk. Es gibt eine Windows-interne API-Funktion, die Ihnen den entsprechenden Pfad nennt:

1. Erstellen Sie ein neues Modul, damit der Verweis auf die gewünschte API-Funktion dort am Anfang eingetragen werden kann. Sie heißt *GetTempPathA* und steht in der Datei *Kernel32.dll*. Damit VBA darauf zugreifen kann, muss das in einer *Declare*-Anweisung festgehalten werden einschließlich der Datentypen und Reihenfolge der Argumente:

```
Declare Function GetTempPathA Lib "kernel32" ( _
    ByVal nBufferLength As Long, ByVal lpBuffer As String) As Long
```

HINWEIS Woher wissen Sie, welche API-Funktionen mit welchen Argumenten es gibt und in welcher DLL (*Dynamic Link Library*, eine Datei mit ausführbarem Programmcode) diese stehen? Eine sehr hilfreiche Quelle ist hier *http://www.vbarchiv.net/api* mit einer ziemlich umfangreichen API-Referenz. Achten Sie vor allem darauf, dass die Beispiele für VB oder VBA geschrieben sind, denn die Programmiersprache *C* beispielsweise benutzt gleiche Namen für andere Datentypen!

2. Schreiben Sie anschließend eine Prozedur *ZeigeTempPfad*, welche anhand dieser API-Funktion jetzt den tatsächlich installierten Temp-Pfad ermitteln kann:

Programmierung

```
Sub ZeigeTempPfad()
    Dim lngErfolg As Long
    Dim strPfad As String

    strPfad = Space(256)
    lngErfolg = GetTempPathA(Len(strPfad), strPfad)
    If lngErfolg <> 0 Then
        Debug.Print "Temp-Verzeichnis: " & strPfad
    End If
End Sub
```

3. Hier sehen Sie gleich zwei Besonderheiten, die API-Funktionen typischerweise haben. Zum einen müssen *String*-Variablen vorher ausreichend mit Leerzeichen gefüllt werden (weil die Funktionen in *C* geschrieben sind, was intern anders organisiert ist), wie es strPfad = Space(256) erledigt. Dabei wird eine Zeichenkette mit 256 Leerzeichen erzeugt.

4. Zum anderen ist der Rückgabewert einer API-Funktion praktisch immer nur eine *Long*-Zahl, die den Erfolg oder Misserfolg erkennen lässt. Daher wird hier geprüft, dass die API-Funktion nicht mit dem Wert *0* einen Fehler gemeldet hat.

5. Wenn Sie *ZeigeTempPfad* mit der ⌨F5 -Taste ausführen, zeigt das Direktfenster wie in Abbildung 35.23 den von Windows ermittelten Temp-Pfad an.

Abbildg. 35.23   Diese API-Funktion ermittelt den *Temp*-Pfad

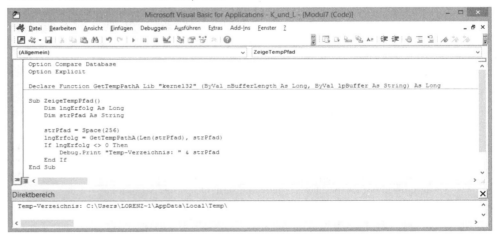

Rückgabeargumente sind die einzige Chance für API-Funktionen, gleichzeitig mehrere Werte an den aufrufenden Code zurückzugeben. Daher ist diese Technik wichtig, wenn Sie die Fähigkeiten von VBA erweitern wollen.

Konstanten

Während Variablen dazu dienen, im Programmablauf wechselnde Inhalte darin speichern zu können, ist das bei Konstanten genau umgekehrt. Diesen können Sie einmalig bei der Deklaration einen Wert zuweisen und danach ändert sich dieser nie wieder.

Im Zusammenhang mit der *MsgBox()*-Funktion haben Sie bereits den Vorteil von Konstanten kennengelernt, dass nämlich die unverständlichen Zahlenwerte in lesbare Bezeichnungen umgewandelt wurden.

Die Gültigkeitsbereiche entsprechen denen der Variablen, es gibt jedoch kein Static-Schlüsselwort. Das Schlüsselwort für Konstanten heißt Const statt Dim, nur für Datei-öffentliche Konstanten müssen Sie abweichend von diesem Schema Public Const schreiben.

Die Datentypen wären für Konstanten wie für Variablen wählbar, sind aber eher uninteressant, weil der zugewiesene Wert als Angabe für einen Datentyp ausreicht.

TIPP　　Damit nicht einer Konstanten im Code versehentlich ein neuer Wert zugewiesen werden soll, kennzeichne ich Konstanten zur Unterscheidung von Variablen mit einem zusätzlichen *c*.

Typische Konstanten für ziemlich jedes Programm sind Angaben über die Version, den Autor oder das Datum der letzten Speicherung. Diese sind Datei-öffentlich, damit sie überall genutzt werden können:

```
Public Const p_cstrPrgName = "Kosten&Logistik"
Public Const p_cstrPrgVersion = "1.01a"
'Achtung: amerikanische Reihenfolge beim Datum, es handelt sich um Weihnachten!
Public Const p_cdatPrgStand = #12/24/2013#
Public Const p_cstrPrgTitel = p_cstrPrgName & " (Version " & p_cstrPrgVersion & ")"
```

Wie Sie in der letzten Zeile des Listings sehen, können Konstanten durchaus auch aus anderen Konstanten berechnet werden, nicht jedoch aus Funktionen.

PROFITIPP　　Die Konstante p_cstrPrgTitel ist sehr praktisch in Meldungen, damit ein Benutzer immer weiß, ob das eine Access-eigene Meldung ist oder eine von Ihrer Programmierung in dieser Datenbank. Wie in Abbildung 35.24 sollte dann für jede *MsgBox* dieser Wert als Titel der Meldung eingesetzt werden.

Abbildg. 35.24　Versehen Sie eigene Meldungen immer mit einem Standardtitel

Wie Sie bei dieser Gelegenheit auch bemerken werden, hat die Kennzeichnung p_ nebenbei noch den Vorteil, dass solche oft genutzten Datei-öffentlichen Konstanten auch schnell untereinander in der Liste zu finden sind.

Enumerationen

Früher oder später werden Sie ganze Reihen von Konstanten brauchen, die zu einem Themenbereich gehören. Sehr beliebt ist es beispielsweise, in Formularen Eingabefelder farblich zu kennzeichnen, ob sie optional oder notwendig sind bzw. ungültige oder veränderte Daten enthalten. Anstatt die Farben jedes Mal »zu Fuß« zuzuweisen, sollten für einen solchen Fall Konstanten eingesetzt werden. Das ginge auch schon mit normalen Konstanten.

Eine deutliche Verbesserung des Codes besteht aber in der Nutzung von Enumerationen, die fast wie *Type* funktionieren: Ein zusammenfassender Begriff erlaubt die Auswahl untergeordneter Werte. Die einfache Variante lautet so:

```
Enum BenutzerTyp
    Gast
    Mitarbeiter
    Administrator
End Enum
```

Das schreiben Sie am besten in das Modul *modVarKonst*, weil es eine Datei-öffentliche Deklaration ist. Die Begriffe zwischen Enum und End Enum werden automatisch mit *0* beginnend durchnummeriert, aber derzeit ist deren tatsächlicher Wert uninteressant. Wichtig ist nur, dass die Konstanten überhaupt Werte haben.

Sie könnten also später in einer Funktion wie in Abbildung 35.25 mit dem *Enum*-Namen *Benutzer-Typ* leichter die zusammengehörigen Konstanten auswählen.

Abbildg. 35.25 Durch den Namen der Enumeration ist die Zusammengehörigkeit leichter zu erkennen

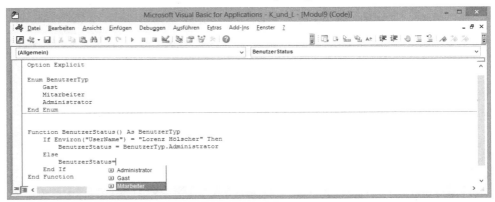

Wie Sie im obigen Beispiel sehen, können Sie vor den Namen *Administrator* mit *Benutzertyp* den Namen der Enumeration setzen. Das ist notwendig, wenn *Administrator* entweder nicht eindeutig ist (also in mehreren Enumerationen vorkommt) oder gar einem Schlüsselwort in VBA entspricht.

Im *Else*-Zweig geht es auch direkt ohne Enumerationsbezeichnung, weil die Funktion *Benutzerstatus()* selbst schon den Datentyp der Enumeration hat.

Anstatt die automatische Nummerierung der Enumeration zu nutzen, können Sie auch gezielt Werte zuweisen:

```
Enum BenutzerTyp
    Gast
    Mitarbeiter = 5
    Administrator
End Enum
```

Dabei hat der *Gast* weiterhin die Nummer *0* und ab dem *Mitarbeiter* wird wieder weitergezählt, also hat der *Administrator* den Wert *6*.

Das ist zwar nett, wäre aber bis hierhin die Erwähnung nicht wert. Enumerationen machen Ihren Code jedoch an einer anderen Stelle viel schreibfreundlicher, über die wir schon auf Seite 822 mit dem zweiten Argument *intSymbol* für die Prozedur *StandardMeldung* gestolpert sind. Dessen Datentyp war mangels besserer Alternative als *Integer* vereinbart worden, sodass beim Aufruf der Prozedur jeder mögliche und unmögliche Zahlenwert zulässig war.

1. Legen Sie im Modul *modVarKonst* eine neue Enumeration *Symbole* an wie im folgenden Listing:

```
Enum Symbole
    ohne
    Info = vbInformation
    Ausrufezeichen = vbExclamation
    Fragezeichen = vbQuestion
    Warnung = vbCritical
End Enum
```

2. Anstatt eigene Werte vorzugeben, können Sie auch beliebige vordefinierte Konstanten benutzen. Das muss hier sein, weil die Werte zu denjenigen passen müssen, die in einer *MsgBox* erwartet werden.

3. Verändern Sie nun die aktuelle Definition von *StandardMeldung* wie im folgenden Listing, sodass der Datentyp des letzten Arguments dem Namen der Enumeration entspricht:

```
Sub StandardMeldung(strText As String, Optional enmSymbol As Symbole = 0)
    MsgBox "Hinweis: " & vbCrLf & strText, enmSymbol
End Sub
```

> **HINWEIS**   Ich kennzeichne die entsprechende Variable mit dem Präfix *enm* für Enumeration, damit ich sehe, dass es um einen speziellen Datentyp geht. Technisch gesehen handelt es sich bei Enumerationen immer um *Integer*-Werte.

4. Der wesentliche Unterschied zeigt sich wie in Abbildung 35.26 beim Aufruf dieser Prozedur. Anstatt ungefiltert alle Access-Konstanten anzuzeigen, findet sich dort jetzt genau die Liste der von Ihnen vorgegebenen Enumeration.

Programmierung

Abbildg. 35.26 Dank Enumeration ist die Auswahl auf sinnvolle Werte eingegrenzt

Es mag ein bisschen aufwendiger sein, für solche Gelegenheiten immer eine eigene Enumeration anzulegen, aber es vereinfacht das Schreiben von sauberem Code enorm.

Zusammenfassung

In diesem Kapitel haben wir uns mit den verschiedenen Möglichkeiten beschäftigt, Werte in Variablen oder Konstanten zu speichern.

- Die in VBA möglichen einfachen Datentypen entsprechen weitgehend denjenigen, die Sie schon in Kapitel 8 für *Datenfelder* (siehe Seite 804) kennengelernt haben

- Bei der Nutzung von Variablen können Sie Schreibfehler verhindern, indem Sie mit Option Explicit deren vorherige Deklaration erzwingen. Variablen können unterschiedliche *Gültigkeitsbereiche* (Seite 808) haben, die durch den Ort der Deklaration und das Schlüsselwort bestimmt werden.

- Mit *Datenfeldern* (Seite 813) gibt es die Möglichkeit, mehrere gleichartige Variablen zusammenzufassen. Bei Bedarf kann die Größe der Datenfelder mehrere Dimensionen enthalten und zur Laufzeit nachträglich geändert werden.

- In eigenen *Datentypen* (Seite 819) lassen sich verschiedene Werte strukturiert speichern, sodass sie gemeinsam verarbeitet und genutzt werden können

- Ein Sonderfall unter den Datentypen sind *Objektvariablen* (Seite 820), weil sie immer nur einen Verweis auf das Objekt enthalten. Sie dürfen jedoch so benutzt werden, als sei das Objekt komplett darin gespeichert, und zeigen auch alle Methoden und Eigenschaften an.

- In Prozeduren werden Variablen implizit deklariert, sobald Sie *Argumente* (Seite 821) angeben. Diese sind wahlweise notwendig oder mit Schlüsselwort auch optional.

- *Konstanten* (Seite 830) ähneln sehr stark Variablen, können ihre Werte jedoch nur bei der Deklaration selbst erhalten und anschließend nie wieder ändern

Kapitel 36

Entscheidungen und Schleifen

Programmierung

In diesem Kapitel:

Nach den eher grundlegenden Kenntnissen über Programmelemente ist es Zeit, sich mit den Strukturen der Programmierung zu beschäftigen. Oft ist es möglich, durch geschickte Auswahl der richtigen Befehle, den Code nicht nur kürzer und übersichtlicher zu schreiben, sondern dabei auch noch unnötige Fehler zu vermeiden.

CD-ROM   Um Ihnen das Nachvollziehen der Schritte in diesem Kapitel zu erleichtern, finden Sie innerhalb der Beispieldateien zu diesem Buch im Ordner *Kap35* eine Datenbank, die bereits die Änderungen aus Kapitel 35 enthält. Laden Sie einfach die betreffende Datenbank, um mit der Arbeit in diesem Kapitel zu beginnen.

Sie können also jederzeit ein Kapitel überspringen und trotzdem auf den aktuellen Stand der Datenbank zugreifen.

Die If-Anweisung

Eine der wichtigsten Anweisungen in Programmcode ist die bedingte Verzweigung, also eine unterschiedliche Ausführung je nach Bedingung.

Einfache Bedingung

Das Anweisungspaar If/End If übernimmt die Auswertung einer Bedingung in VBA. Sie haben das zwangsläufig in einigen Beispielen schon gesehen, aber ich möchte Ihnen hier natürlich alle Möglichkeiten vorstellen:

1. Erstellen Sie in einem Modul eine neue Prozedur *WieKlapptDas* mit dem folgenden Code:

```
Sub WieKlapptDas()
    Dim intErfolg As Integer

    intErfolg = MsgBox("Klappt das?", vbQuestion + vbYesNo)
    If intErfolg = 6 Then
        MsgBox "Super, dass es geklappt hat!"
    End If
End Sub
```

2. Starten Sie die Prozedur mit der ⌑F5⌑-Taste, woraufhin die zweite Meldung nur dann erscheinen wird, wenn Sie die erste Frage mit *Ja* beantwortet haben.

3. Sie haben in Kapitel 35 bereits gesehen, dass auch die Rückgabewerte der *MsgBox()*-Funktion als Konstanten definiert sind. Anstatt also eine nichtssagende 6 zu benutzen, ist die folgende (fett markierte) Änderung sehr viel lesefreundlicher:

```
Sub WieKlapptDas()
    Dim intErfolg As Integer

    intErfolg = MsgBox("Klappt das?", vbQuestion + vbYesNo)
    If intErfolg = vbYes Then
        MsgBox "Super, dass es geklappt hat!"
    End If
End Sub
```

Tatsächlich gibt es die *If*-Anweisung in zwei Varianten. Das, was Sie hier und in allen anderen Codebeispielen sehen werden, ist das sogenannte Block-*If*, bei dem ein beliebiger Codeblock zwischen If und End If steht:

```
If intErfolg = vbYes Then
    MsgBox "Super, dass es geklappt hat!"
End If
```

Es gibt auch eine einzeilige Variante, bei welcher die (einzige!) Anweisung direkt in der Zeile hinter Then steht:

```
If intErfolg = vbYes Then MsgBox "Super, dass es geklappt hat!"
```

Diese Version muss immer ohne End If geschrieben werden. Ich nutze das hier nicht, weil es verwirrend wäre und die Gefahr in sich birgt, dass man eigentlich mehrere Anweisungen in die Bedingung einbeziehen möchte, aber das abschließende End If vergisst. Gewöhnt man sich jedoch an, immer die mehrzeilige Variante zu verwenden, kann dies kaum passieren. Die einzeilige Variante spart aber durchaus Platz, weil statt ursprünglich drei Zeilen nur noch eine einzige benötigt wird.

4. Wenn Sie die *If*-Anweisung einsetzen, können Sie bei Bedarf mit Else noch festlegen, was passieren soll, wenn die Bedingung hinter If nicht erfüllt ist. Hier soll einfach noch eine andere Meldung angezeigt werden:

```
Sub WieKlapptDas()
    Dim intErfolg As Integer

    intErfolg = MsgBox("Klappt das?", vbQuestion + vbYesNo)
    If intErfolg = vbYes Then
        MsgBox "Super, dass es geklappt hat!"
    Else
        MsgBox "Schade."
    End If
End Sub
```

Wie Sie sehen, folgt auf Else keine Bedingung, hier werden alle »übrig gebliebenen« Fälle abgearbeitet.

Es gibt auch eine *IIf()*-Funktion, mit der sich mancher Code noch kürzer fassen lässt. Statt der eben gezeigten langen Version heißt es dann:

```
Sub WieKlapptDasKurz()
    Dim intErfolg As Integer

    intErfolg = MsgBox("Klappt das?", vbQuestion + vbYesNo)
    MsgBox IIf(intErfolg = vbYes, "Super!", "Schade.")
End Sub
```

Programmierung

Achten Sie nicht nur darauf, dass sich diese Funktion mit zwei »i« schreibt, sondern vor allem, dass alle Argumente immer komplett berechnet werden. Auch wenn die Entscheidung nur das erste Argument nutzt, ist das zweite längst berechnet worden, was bei Laufzeitfehlern lästig sein kann.

Erweiterte Bedingung

Was aber machen Sie, wenn mehr als zwei Fälle zu prüfen sind? Je nach Anforderung gibt es zwei Lösungen: *ElseIf* oder geschachteltes *If*. Damit überhaupt mehr als zwei Ergebnisse auftreten können, muss die Testprozedur etwas angepasst werden.

1. Schreiben Sie in einem Modul eine neue Prozedur *GroessereAuswahl* wie im folgenden Listing:

```
Sub GroessereAuswahl()
    Dim intAuswahl As Integer

    intAuswahl = MsgBox("Wie geht's weiter?", vbAbortRetryIgnore)

    If intAuswahl = vbAbort Then
        End     'also alles stoppen!
    ElseIf intAuswahl = vbRetry Then
        MsgBox "Nochmal versuchen..."
    ElseIf intAuswahl = vbIgnore Then
        'alles ignorieren und nix tun
    Else
        MsgBox "Bitte sagen Sie dem Programmierer Bescheid: Code 12345!", _
            vbCritical, p_cstrPrgTitel
    End If
End Sub
```

2. Da die *MsgBox()*-Funktion mit dem Argument *vbAbortRetryIgnore* drei Schaltflächen anzeigt, gibt es auch drei mögliche Rückgabewerte. Nach dem ersten *If* mit Bedingung können beliebig viele *ElseIf* mit jeweils auch einer Bedingung folgen.

PROFITIPP   Auch wenn es hier offensichtlich überflüssig ist, weil ein vierter Fall nicht auftreten kann, sollten Sie immer einen *Else*-Fall einbauen, der eine Meldung für den Benutzer anzeigt. Statt *Code 12345* steht dort irgendeine eindeutige Nummer oder Buchstabenkombination, anhand derer ein Programmierer die Zeile im Code findet. Diese Meldung darf ja nie auftauchen, aber wenn doch, ist so ein logischer Fehler schnell lokalisiert.

3. Die *End*-Anweisung stoppt alle Prozeduren, also auch übergeordnete, die diesen Code aufgerufen haben. Sie ist hier nur als Beispiel eingefügt, wie sich bei einem Abbruch auch wirklich alles abbrechen lässt.

Die angekündigte Alternative zum Einsatz von *ElseIf* besteht in einer geschachtelten *If*-Struktur wie im folgenden Listing:

```
Sub GroessereAuswahlGeschachtelt()
    Dim intAuswahl As Integer

    intAuswahl = MsgBox("Wie geht's weiter?", vbAbortRetryIgnore)
```

```
        If intAuswahl = vbAbort Then
            End      'also alles stoppen!
        Else
            If intAuswahl = vbRetry Then
                MsgBox "Nochmal versuchen..."
            Else
                If intAuswahl = vbIgnore Then
                    'alles ignorieren und nix tun
                Else
                    MsgBox "Bitte sagen Sie dem Programmierer Bescheid: Code 12345!", _
                        vbCritical, p_cstrPrgTitel
                End If
            End If
        End If
End Sub
```

In diesem Fall verlängert sich allerdings vor allem der Programmcode, weil es eigentlich gleichran-
gige Entscheidungen waren. Die geschachtelte Struktur wäre eher sinnvoll, wenn es untergeordnete
Entscheidungen sind.

> **TIPP**   Achten Sie vor allem bei geschachtelten Strukturen auf das korrekte Einrücken.
> Sehr praktisch ist dabei die schon erwähnte Möglichkeit, einen markierten Codeblock per [⇆]-
> Taste oder mit [⇧]+[⇆] ein- bzw. auszurücken.

Die Select-Anweisung

Sobald Sie mehrfach *ElseIf* im Code einsetzen, gibt es eine viel übersichtlichere Anweisung zum Programmieren: *Select Case*. Letzten Endes programmieren Sie damit das gleiche Ergebnis, aber es ist
viel kürzer geschrieben.

Hinter der Select Case-Anweisung steht der Wert, den es zu untersuchen gilt. Danach folgt nur
noch der Vergleich hinter der Case-Anweisung. Schon die erste Version des bisherigen Codes ist
etwas übersichtlicher:

```
Sub GroessereAuswahlBesser()
    Dim intAuswahl As Integer

    intAuswahl = MsgBox("Wie geht's weiter?", vbAbortRetryIgnore)

    Select Case intAuswahl
    Case vbAbort
        End      'also alles stoppen!
    Case vbRetry
        MsgBox "Nochmal versuchen..."
    Case vbIgnore
        'alles ignorieren und nix tun
    Case Else
        MsgBox "Bitte sagen Sie dem Programmierer Bescheid: Code 12345!", _
            vbCritical, p_cstrPrgTitel
    End Select
End Sub
```

Wenn es noch kompakter werden soll, gibt es zwei weitere Verbesserungsmöglichkeiten:

- Eine Funktion kann im Code immer wie ihr eigenes Ergebnis behandelt werden. Anstatt also den Rückgabewert der *MsgBox()*-Funktion in *intAuswahl* zu speichern, kann diese direkt nach Select Case stehen.

- Mit einem Doppelpunkt werden in VBA zwei kurze Zeilen zu einer zusammengefasst. Das ist sozusagen das Gegenstück zum Pseudo-Umbruch.

Damit verkürzt sich der Code schon deutlich:

```
Sub GroessereAuswahlBesser()
    Select Case MsgBox("Wie geht's weiter?", vbAbortRetryIgnore)
    Case vbAbort: End          'also alles stoppen!
    Case vbRetry: MsgBox "Nochmal versuchen..."
    Case vbIgnore             'alles ignorieren und nix tun
    Case Else: MsgBox "Bitte sagen Sie dem Programmierer Bescheid: Code 12345!", _
            vbCritical, p_cstrPrgTitel
    End Select
End Sub
```

Die weiteren Möglichkeiten der *Select Case*-Anweisung lassen sich nur mit Zahlen zeigen, daher bedarf es eines neuen Beispiels.

1. Erstellen Sie eine neue Prozedur *BeispielSelect* in einem beliebigen Modul mit dem folgenden Code:

```
Sub BeispielSelect()
    Select Case Val(InputBox("Ganze Zahl?"))
    Case 1, 3, 5: MsgBox "1, 3 oder 5"
    Case 10 To 20, 30 To 50: MsgBox "10-20 oder 30-50"
    Case Is < 60: MsgBox "Die Lücken bis 60"
    Case Else: MsgBox "...und der Rest"
    End Select
End Sub
```

2. Darin sind schon zwei praktische Funktionen in Verwendung, die Sie in Kapitel 38 ausführlich kennenlernen werden. Die *InputBox()*-Funktion ist sozusagen das Gegenstück zur *MsgBox*, denn sie liest eine Eingabe des Benutzers ein, anstatt ihm nur eine Information anzuzeigen. Die *Val()*-Funktion (von engl. *value*, Wert) wandelt die vom Benutzer erhaltene Zeichenkette in einen numerischen Wert um.

3. Anstatt jeden gesuchten Wert einzeln mit einem *ElseIf* (oder einem *Or*-Operator, wie Sie ihn weiter unten sehen werden) nennen zu müssen, können hinter der *Case*-Anweisung mehrere Werte durch Komma getrennt stehen.

4. Ganze Bereiche verbinden Sie durch das Schlüsselwort *To*, wobei die angegebenen Grenzen inklusive sind.

5. Für Größer/Kleiner-Vergleiche müssen Sie das Schlüsselwort *Is* verwenden, welches automatisch den Inhalt des hinter Select Case genannten Werts enthält.

6. Auch hier gibt es einen *Else*-Fall, der konsequenterweise mit Case Else bezeichnet ist.

Gerade die im *Select Case*-Beispiel gezeigte Nennung mehrerer (durch Komma getrennter) Werte ist bei einer *If*-Anweisung nur durch ein logisches Oder möglich. Wir müssen uns also mit den verschiedenen Operatoren in VBA beschäftigen, mit denen sich das lösen lässt.

Operatoren

Operatoren dienen dazu, zwei Werte rechnerisch oder logisch miteinander zu verbinden. Im Zusammenhang mit Entscheidungen muss ein Programm analysieren können, ob beispielsweise ein bestimmter Wert größer ist als ein anderer Wert.

Mathematische Operatoren

Sicherlich die bekanntesten Operatoren sind die mathematischen Vergleichsoperatoren, wie sie in Tabelle 36.1 aufgelistet sind. Das Ergebnis eines solchen Vergleichs ist immer True oder False (für die Ergebnisse wird hier angenommen, dass *intX* den Wert *42* hat).

Tabelle 36.1 Mathematische Vergleichsoperatoren

Operator	Beispiel	Bedeutung	Ergebnis
=	intX = 1	Gleich	False
<	intX < 99	Kleiner als	True
<=	intX <= 25	Kleiner als oder gleich	False
>	intX > 50	Größer als	False
>=	intX >= 42	Größer als oder gleich	True
<>	intX <> 0	Ungleich	True

Während die Vergleichsoperatoren vor allem in Verbindung mit der *If*-Anweisung eingesetzt werden, gelten die Rechenoperatoren wie in Tabelle 36.2 für die Berechnung von Variablen oder Eigenschaften.

Tabelle 36.2 Mathematische Rechenoperatoren

Operator	Beispiel	Bedeutung	Ergebnis
=	intX = 5	Zuweisung an die Variable links	5
+	17 + 4	Addition zweier Zahlen	21
-	21 - 4	Subtraktion zweier Zahlen	17
/	10 / 3	Division zweier Zahlen	3,333
*	5 * 7	Multiplikation zweier Zahlen	35
\	10 \ 3	Ganzzahliger Anteil nach Division zweier Zahlen	3
mod	10 mod 3	Ganzzahliger Rest nach Division zweier Zahlen	1
^	3 ^ 2	Potenz zweier Zahlen	9

Programmierung

> **HINWEIS** Falls Sie das Gegenstück zur Potenz, die Wurzel, vermisst haben: Das geht auch ohne einen eigenen Operator. Die Quadratwurzel aus *2* beispielsweise ist 2 ^ 0.5 oder 2 ^ (1 / 2). Der Exponent ist einfach ein Bruch.

Logische Operatoren

Die *Boolean*-Werte True und False können mit logischen Operatoren wie in Tabelle 36.3 verglichen werden.

Tabelle 36.3 Logische Vergleichsoperatoren

Operator	Beispiel	Bedeutung	Ergebnis
And	True And False	Beide *Boolean*-Werte müssen gleich sein	False
Or	True Or False	Wenigstens ein *Boolean*-Wert muss **True** sein	True
Not	Not False	Der *Boolean*-Wert wird in sein Gegenteil umgewandelt	True

Nicht nur bei mathematischen, sondern auch bei logischen Operatoren lässt sich ein Vorrang mit runden Klammern definieren. Während

```
Debug.Print Not False Or True
```

das Ergebnis True hat, wird mit den Klammern wie in

```
Debug.Print Not (False Or True)
```

als Ergebnis False ermittelt. Im Zweifelsfall schadet ein zusätzliches Klammerpaar nicht, wenn Sie dadurch sicher sind, in welcher Reihenfolge die Berechnung durchgeführt wird.

Sonstige Operatoren

Es gibt noch ein paar mehr Operatoren, die weder zu den logischen noch zu den mathematischen Operatoren gehören. Sie finden diese in Tabelle 36.4. Dort wird angenommen, dass in *strDatei* der Wert *K_und_L.accdb* steht und das Formular *frmTest* geöffnet ist.

Tabelle 36.4 Sonstige Operatoren

Operator	Beispiel	Bedeutung	Ergebnis
Like	strDatei Like "*.accdb"	vergleicht zwei Zeichenketten unter Berücksichtigung von Jokerzeichen	True
Is	frmTest Is Nothing	vergleicht, ob es sich um die gleichen Objekte handelt (hier im Beispiel, ob das Formular bereits der Variablen zugewiesen wurde)	False

Tabelle 36.4 Sonstige Operatoren *(Fortsetzung)*

Operator	Beispiel	Bedeutung	Ergebnis
&	"Test " & intX	verkettet mehrere Zeichenketten (andere Datentypen werden dabei automatisch in *String* umgewandelt)	"Test 42"

Schleifen

Computer sind optimal, um alle möglichen Arten von Aufgaben immer wieder durchzuführen und dem Benutzer somit bei monotonen oder fehleranfälligen Arbeiten zur Hand zu gehen. Natürlich wird die Anweisung im Code nicht 10 Mal geschrieben, wenn sie so oft wiederholt werden soll, denn genau dafür gibt es Schleifen. Es sind Programmstrukturen, welche bestimmte Codeteile beliebig oft ausführen. Grundsätzlich gibt es zwei Arten von Schleifen:

- Endliche Schleifen wie *For/Next* und *For Each/Next*, deren Ende schon zur Entwurfszeit bestimmt werden kann
- (Potenziell) unendliche Schleifen mit *Do/Loop*, deren Ende erst zur Laufzeit ermittelt wird

PROFITIPP Bei Schleifen ist die Gefahr relativ groß, dass sie endlos laufen. Daher sollten Sie immer vor dem Testen speichern. Wenn Sie Glück haben, können Sie innerhalb der Schleife (wie übrigens immer bei laufendem VBA-Code) mit dem Tastenkürzel Strg + Untbr abbrechen.

For/Next-Schleife

Die einfachste und nebenbei auch häufigste Schleife ist die *For/Next*-Schleife. Sie heißt so, weil die beiden Schlüsselwörter For und Next sind, wie Sie im folgenden Listing sehen, bei dem einfach fünf Zeilen im Direktfenster ausgegeben werden:

```
Sub FuenfZeilen()
    Dim intZaehler As Integer

    For intZaehler = 1 To 5
        Debug.Print "Dies ist Zeile " & intZaehler
    Next
End Sub
```

ACHTUNG Es wäre zu einfach, dass Schlüsselwörter in solchen Blöcken immer dem gleichen Schema folgten. Während Sub/End Sub, Function/End Function und If/End If recht einsichtig die gleiche Art der Benennung pflegen, heißt es hier For/Next.

Die *For/Next*-Schleife braucht immer eine Variable wie hier *intZaehler*, die einen Anfangswert zugewiesen bekommt. Hinter To folgt die Angabe, bis zu welchem Wert die Variable hochgezählt werden soll.

Rückwärts zählende Schleife

Es gibt noch eine optionale *Step*-Angabe, wenn die Schrittweite nicht dem Standardwert *1* entspricht, vor allem für rückwärts zählende Schleifen:

```
Sub FuenfZeilenRueckwaerts()
    Dim intZaehler As Integer

    For intZaehler = 5 To 1 Step -1
        Debug.Print "Dies ist Zeile " & intZaehler
    Next
End Sub
```

In allen Fällen müssen Sie darauf achten, dass Anfangs- und Endwert zusammenpassen. Ist bei der aufwärts zählenden Schleife der Anfangswert bereits größer als der Endwert, so wird die Schleife ohne Fehlermeldung kein einziges Mal ausgeführt.

Auflistungen bearbeiten

Nun waren das nur einfache Testprozeduren für die grundsätzliche Funktion. Interessant werden die *For/Next*-Schleifen, weil praktisch alle Objekte in Access-Datenbanken in sogenannten Auflistungen organisiert sind. Deren Bearbeitung erfolgt typischerweise mit *For/Next*-Schleifen, weswegen sie auch so häufig sind.

Beispielsweise sind alle Tabellen über die *TableDefs*-Auflistung erreichbar, die dem Objekt *CurrentDb* (*current database*, engl. aktuelle Datenbank) untergeordnet sind:

```
CurrentDb.TableDefs    'das sind alle Tabellen zusammen!
```

Eine Auflistung hat nur Methoden und Eigenschaften, die für die gesamte Gruppe gelten. Die wichtigste ist die *Count*-Eigenschaft, also die Anzahl der darin enthaltenen Elemente. Fast alle Auflistungen weisen mit *Add* eine Methode auf, um ein neues Element hinzuzufügen, oder mit *Remove* (manchmal auch *Delete*) das Gegenstück, also eine Methode zum Löschen von Elementen.

Ein einzelnes Objekt einer solchen Auflistung, hier also eine konkrete Tabelle, wird mit einer Zahl oder einem Text in Klammern dahinter angegeben:

```
CurrentDb.TableDefs(0)      'das ist die erste Tabelle
CurrentDb.TableDefs("tblFarben")    'das ist die Tabelle tblFarben
```

ACHTUNG Nahezu alle Auflistungen sind wie Datenfelder 0-basiert, daher hat das erste Element die Indexnummer *0*. Entsprechend darf die Schleife gleich auch nur bis zur vorletzten Nummer zählen, was durch `Count - 1` erreicht wird.

Solche Einzelelemente einer Auflistung können dann auch konkrete Methoden und Eigenschaften besitzen wie die *Name*-Eigenschaft. Alle Tabellennamen der aktuellen Datenbank lassen sich mit dem folgenden Listing in den Direktbereich hineinschreiben:

```
Sub AlleTabellenNamen()
    Dim intZaehler As Integer

    For intZaehler = 0 To CurrentDb.TableDefs.Count - 1
        Debug.Print CurrentDb.TableDefs(intZaehler).Name
    Next
End Sub
```

Abbildg. 36.1   Das Direktfenster zeigt einen Teil der gefundenen Tabellen an

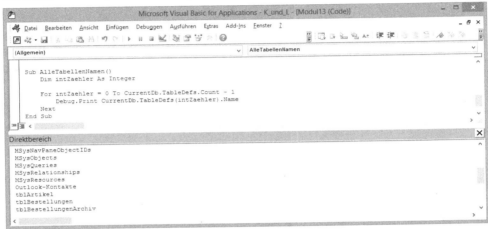

> **HINWEIS**   Sind Sie überrascht, wie viele Tabellen da auftauchen? Dies ist aber korrekt, denn der VBA-Code kümmert sich nicht darum, welche der Tabellen Sie in den Navigationsoptionen (siehe Kapitel 9) ausgeblendet haben. Daher finden Sie auch die Systemtabellen mit *MSys...* im Namen.

Alle Auflistungen funktionieren nach diesem gleichen Schema, daher bedarf es nur minimaler Änderungen, um die SQL-Codes aller Abfragen dieser Datenbank zu ermitteln:

```
Sub AlleAbfrageSQLCodes()
    Dim intZaehler As Integer

    For intZaehler = 0 To CurrentDb.QueryDefs.Count - 1
        Debug.Print CurrentDb.QueryDefs(intZaehler).SQL
    Next
End Sub
```

Wie Sie bei der Auswahl der Eigenschaft *SQL* bemerken, kennt der Editor die Eigenschaften für ein Element exakt dieser *QueryDefs*-Auflistung, denn die *SQL*-Eigenschaft wurde für eine Tabelle nicht angeboten.

> **PROFITIPP**   Es ist sehr mühsam, wenn Sie herausfinden wollen, in welchen Abfragen ein bestimmtes Feld benutzt wird. Mit ein paar Veränderungen an einer solchen Schleife lassen Sie sich sehr einfach die Namen der betroffenen Abfragen im Direktfenster ausgeben:

Programmierung

```
Sub AlleAbfragenMitDiesemFeld()
    Dim intZaehler As Integer

    Const cstrFeld = "mitID"

    For intZaehler = 0 To CurrentDb.QueryDefs.Count - 1
        If InStr(CurrentDb.QueryDefs(intZaehler).SQL, cstrFeld) > 0 Then
            Debug.Print CurrentDb.QueryDefs(intZaehler).Name
        End If
    Next
End Sub
```

Das Ergebnis ist eine ziemlich lange Liste von Abfragen wie in Abbildung 36.2, in denen das *mitID*-Feld eingesetzt wurde.

Abbildg. 36.2 Diese Abfragen beziehen sich auf das untersuchte Feld *mitID*

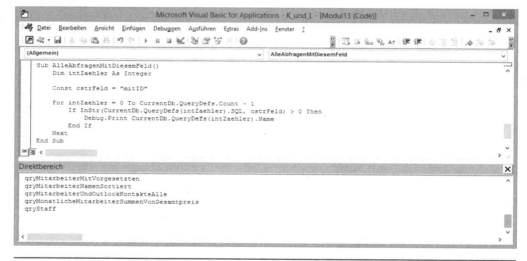

For Each/Next-Schleife

Die gleiche Aufgabe lässt sich oft eleganter formulieren, wenn die laufende Nummer der Variablen nicht benötigt wird. Die *For Each/Next*-Schleife zählt nicht Indexnummern hoch, anhand deren Wert Sie das soundsovielste Element auswählen müssen, sondern liefert Ihnen direkt das Element.

Die Schreibweise lautet allgemein For Each Element In Auflistung und verlangt, dass eine Objektvariable des richtigen Elementtyps deklariert ist. Dieser Typ ist leicht zu finden, denn es ist immer der Singular zum Auflistungsnamen (im Plural).

Um die obige Ermittlung aller Tabellennamen also mit einer *For Each/Next*-Schleife durchzuführen, bedarf es einer *TableDef*-Objektvariablen:

```
Sub AlleTabellenNamenEleganter()
    Dim tblDiese As TableDef

    For Each tblDiese In CurrentDb.TableDefs
        Debug.Print tblDiese.Name
    Next
End Sub
```

Die Unterschiede zum vorigen Code sind wieder fett markiert. Beachten Sie dabei vor allem, dass die *Count*-Eigenschaft nicht eingesetzt wird. Diese Schleife sorgt automatisch dafür, dass das jeweils nächste Objekt in *tblDiese* enthalten ist.

Natürlich lassen sich auch Schleifen schachteln, wenn Sie im folgenden Code zu jeder Tabelle deren Feldnamen benötigen:

```
Sub AlleTabellenNamenUndFelder()
    Dim tblDiese As TableDef
    Dim fldDieses As Field

    For Each tblDiese In CurrentDb.TableDefs
        Debug.Print tblDiese.Name
        For Each fldDieses In tblDiese.Fields
            Debug.Print fldDieses.Name
        Next
    Next
End Sub
```

Sie können (und müssen) sich mit tblDiese.Fields in der inneren Schleife auf das Element der äußeren Schleife beziehen, um die Felder genau dieser Tabelle zu finden.

PROFITIPP   Das geht noch ein wenig schöner, wenn Sie die Tabellennamen voneinander absetzen und hinter dem Feld seinen Felddatentyp nennen:

```
Sub AlleTabellenNamenUndFelder()
    Dim tblDiese As TableDef
    Dim fldDieses As Field

    For Each tblDiese In CurrentDb.TableDefs
        Debug.Print tblDiese.Name & String(50, "_")
        For Each fldDieses In tblDiese.Fields
            Debug.Print fldDieses.Name & " (" & FeldtypName(fldDieses.Type) & ")"
        Next
        Debug.Print " "
    Next
End Sub
```

Die *String()*-Funktion liefert die angegebene Anzahl des folgenden Zeichens zurück und dient hier nur dazu, einen Strich hinter dem Namen zu erzeugen. Entsprechend erzeugt die letzte *Debug.Print*-Anweisung nur eine Leerzeile für die optische Trennung.

Da die *Type*-Eigenschaft des Felds leider eine Zahl und keine echte Bezeichnung zurückgibt, muss diese mit einer selbst geschriebenen *FeldtypName()*-Funktion umgewandelt werden:

```
Function FeldtypName(intTypeNr As Integer) As String
    Select Case intTypeNr
    Case 1: FeldtypName = "Ja/Nein"
    Case 3: FeldtypName = "Integer"
    Case 4: FeldtypName = "Long"
    Case 5: FeldtypName = "Währung"
    Case 8: FeldtypName = "Datum/Uhrzeit"
    Case 10: FeldtypName = "Text"
    Case 11: FeldtypName = "OLE-Objekt"
    Case 12: FeldtypName = "Memo/Hyperlink"
    Case 101: FeldtypName = "Anlagen"
    Case 104: FeldtypName = "mehrwertiges Feld"
    Case Else: FeldtypName = intTypeNr & "?"
    End Select
End Function
```

Abbildg. 36.3 So sieht das Ergebnis der Tabellen/Feld-Analyse aus

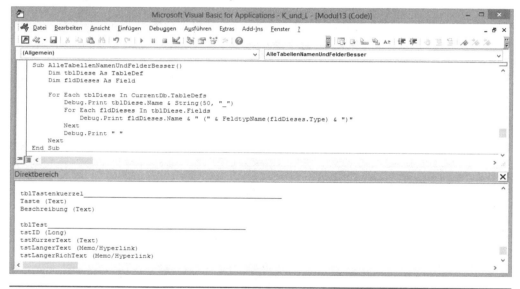

Do/Loop-Schleife

Die *Do/Loop*-Schleife ist immer dann gefragt, wenn das Ende der Schleifenabarbeitung erst zur Laufzeit ermittelt werden kann. Also kommt sie schon mal nicht infrage, sobald es um Auflistungs-objekte geht. Wo aber dann? Das Haupteinsatzgebiet werden die Gelegenheiten sein, bei denen »von außen« Elemente hinzugefügt werden könnten:

- Dateilisten, weil in einem netzwerkfähigen Betriebssystem sogar während der Laufzeit der Schleife noch neue Dateien hinzugefügt oder bestehende gelöscht werden können

- Vor allem aber der Zugriff auf Datensätze, weil auch diese sich in einem mehrplatzfähigen Datenbanksystem wie Access unangekündigt verändern können

Der Zugriff auf Datensätze ist so wichtig, dass ich ihm ein eigenes Kapitel (nämlich Kapitel 37) widmen werde, daher sehen wir uns die *Do/Loop*-Schleife am Beispiel einer Dateiliste an. Zuerst jedoch sollten wir einen Blick auf die Schleifenkonstruktion selbst werfen, denn es gibt sie in vier Varianten:

- Als (von mir so bezeichnete) »ablehnende« Schleife, bei der die Bedingung schon hinter der Do-Anweisung steht. Ist die Bedingung nicht erfüllt, wird der Code innerhalb der Schleife nie ausgeführt.

- Als »einladende« Schleife mit der Bedingung erst hinter Loop, sodass der Code in der Schleife immer wenigstens ein Mal ausgeführt wird.

Bei beiden Versionen kann die Bedingung positiv oder negativ formuliert werden, wobei es eher Geschmackssache ist, wie es sich leichter schreiben lässt.

- Mit einer *Until*-Bedingung, sodass die Schleife stoppt, sobald die Bedingung erfüllt ist

- Mit einer *While*-Bedingung, die erfüllt sein muss, damit die Schleife weiterläuft

Für die Ermittlung einer Dateiliste muss es eine abweisende Schleife mit der Bedingung hinter Do sein, weil möglicherweise gar keine Datei gefunden wird. Außerdem wähle ich eine *Until*-Bedingung, denn das Kriterium für das Schleifenende wird sein, dass kein Dateiname mehr geliefert wird.

1. Schreiben Sie eine neue Prozedur *DateienAuflisten* mit dem folgenden Code:

```
Sub DateienAuflisten()
    Dim strDateiname As String

    strDateiname = Dir("C:\Windows\*.*")
    Do Until strDateiname = ""
        Debug.Print strDateiname
        strDateiname = Dir()
    Loop
End Sub
```

2. Die *Dir()*-Funktion erhält beim ersten Aufruf als Argument einen Pfad mit einem Dateisuchmuster und liefert dann die erste Datei davon zurück. Beim nächsten Aufruf muss sie ohne Argument benutzt werden, damit automatisch immer der jeweils nächste Dateiname zurückgegeben wird.

3. Sobald der Dateiname leer ist (genauer gesagt, einen Leerstring wie "" enthält), waren alle vorhandenen Dateien genannt und die Schleife kann enden.

4. Falls schon der erste Dateiname leer ist, entsprach keine Datei im Verzeichnis diesem Suchmuster (statt *.* wäre ja auch *.acc?? möglich).

5. Alle gefundenen Dateinamen werden wieder im Direktfenster ausgegeben, weil es relativ viele sein können, die Sie bestimmt nicht einzeln per MsgBox bestätigen möchten.

PROFITIPP Sie erhalten mit der *Dir()*-Funktion wirklich nur einen Dateinamen als Text und nicht etwa ein Objekt, dessen Eigenschaften Sie abfragen können. Es gibt zwei Funktionen *FileDateTime()* und *FileLen()*, welche zwei wesentliche Informationen über die Datei liefern, nämlich Speicherdatum und Größe.

Beide benötigen zu dem Dateinamen immer den Pfad, der aber in strDateiname nicht enthalten ist. Daher wird der Pfad in eine Konstante ausgelagert. Der folgende Code liefert in einer Zeile und durch Tabulatorzeichen getrennt den Dateinamen, das Speicherdatum und die Größe:

```
Sub DateienAuflistenMehr()
    Dim strDateiname As String
    Const cstrPfad = "C:\Windows\"

    strDateiname = Dir(cstrPfad & "*.*")
    Do Until strDateiname = ""
        Debug.Print strDateiname & _
            vbTab & FileDateTime(cstrPfad & strDateiname) &
            vbTab & Format(FileLen(cstrPfad & strDateiname) / 1024, "#,##0.0") & " KB"
        strDateiname = Dir()
    Loop
End Sub
```

Da die Dateigröße in Byte angegeben wird, ist es lesefreundlicher, sie in KB (Kilobyte) umzurechnen, indem sie durch 1024 geteilt wird. Außerdem sorgt die *Format()*-Funktion dafür, dass das Ergebnis einen Tausenderpunkt und eine Nachkommastelle erhält. Alle diese Funktionen werden in Kapitel 38 ausführlich vorgestellt. In Abbildung 36.4 sehen Sie das Ergebnis der ausführlicheren Datei-Informationen.

Abbildg. 36.4 Zum Dateinamen wird hier auch Speicherdatum und Größe genannt

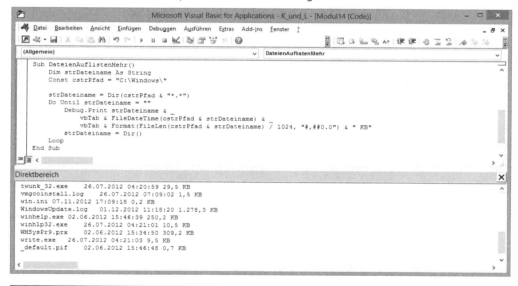

While/Wend-Schleife

Es gibt mit *While/Wend* noch eine weitere, allerdings veraltete Schleifenkonstruktion. Sie bietet allerdings gegenüber *Do/Loop* keinen Vorteil und ist nur noch enthalten, damit uralter Code funktioniert.

Fehlerbehandlung

Es lässt sich nicht vermeiden, dass in Programmen Fehler vorkommen. VBA-Editor und Compiler helfen Ihnen, bestimmte Fehler zu vermeiden:

- **Syntaxfehler**   Sind falsch geschriebene Befehle im weitesten Sinne. Ein Punkt ohne folgende Methode oder Eigenschaft wird direkt beim Verlassen der Zeile gemeldet, ein *Do* ohne *Loop* beim Kompilieren vor der Ausführung.

- **Laufzeitfehler**   Ihr Programmcode hat eine korrekte Syntax, aber die Voraussetzungen sind nicht immer erfüllt, beispielsweise wollen Sie eine Abfrage ausführen, die aber gar nicht vorhanden ist.

- **Logische Fehler**   Sind leider so nicht zu erkennen, denn es ist technisch alles in Ordnung. Sie hatten nur etwas anderes gemeint als geschrieben, vielleicht ein Größer/Kleiner-Zeichen verwechselt oder eine Aktionsabfrage mehrfach aufgerufen.

Syntaxfehler

Syntaxfehler können Sie praktisch ausschließen, denn diese lassen VBA-Editor und spätestens der Compiler Ihnen schon nicht durchgehen. Eine falsch geschriebene Variable wäre eigentlich ein logischer Fehler, Sie können diese aber mit `Option Explicit` zu einem Syntaxfehler machen und also auch erkennen.

PROFITIPP   VBA kompiliert nur die wirklich benötigten Prozeduren, wenn Code ausgeführt wird. Mit dem Befehl *Debuggen/Kompilieren von <NameDerDatenbank>* erzwingen Sie eine vollständige Kompilierung. Im Erfolgsfall gibt es übrigens keine Meldung, lediglich der Menübefehl ist beim nächsten Aufruf grau.

Logische Fehler

Logische Fehler lassen sich deutlich minimieren, wenn Sie die zwischendurch immer mal wieder genannten Regeln befolgen:

- Setzen Sie die Ungarische Notation für Variablen und Objekte ein, dann fallen sofort gleichnamige lokale und öffentliche Variablen auf

- Benutzen Sie möglichst nur lokale Variablen. Je öffentlicher eine Variable ist, desto mehr versehentliche Zugriffe sind möglich.

- Nutzen Sie keine Variablen doppelt, das ist eine der häufigsten Quellen logischer Fehler. Es »kostet nichts«, eine Extra-Variable zu deklarieren und nur für eine Schleife zu nutzen.

- Schreiben Sie immer die ausführliche Bezeichnung von Objekten, etwa mit `Me.lblTitel.Caption` als Beschriftung eines Bezeichnung-Steuerelements statt lediglich `Me.Titel` (ohne Ungarische Notation und *Caption*-Eigenschaft, das sieht aus wie eine *Titel*-Eigenschaft des Formulars) oder gar nur `Titel` (das sieht aus wie ein Variablenname)

- Bauen Sie in allen Entscheidungen mit *Select Case* oder *If* auch dann einen *Case Else* bzw. *Else*-Fall ein, wenn Sie der Ansicht sind, dass dieser eigentlich gar nicht auftreten kann. Der Code auf Seite 839 ist bereits so aufgebaut.

Programmierung

- Wählen Sie sprechende Variablennamen wie *intAnzahlZeilen* anstatt *intAnz* oder gar nur *i*. Entsprechendes gilt für Prozedurnamen: Wer soll eine Prozedur *MacheNamen* mit den Parametern *Wert1* und *Zahl1* verstehen?

- Anstatt unklare Argumente zu raten, lohnt sich der Einsatz von Enumerationen, die nur bestimmte sprechend benannte Werte zulassen

- Schreiben Sie Variablen nur ein Mal bei der Deklaration und selektieren Sie diese ansonsten immer aus der Dropdownliste. Das verhindert Schreibfehler und entkräftet das Argument, lange Namen seien so mühsam zu schreiben.

Gerade bei etwas größeren Projekten werden Sie feststellen, dass ein bisschen mehr Sorgfalt beim Codeschreiben mit den obigen Regeln viele, viele Stunden ärgerlicher Fehlersuche ersparen kann.

Laufzeitfehler

Die Laufzeitfehler sind leider nicht so einfach in den Griff zu kriegen, denn unter bestimmten Voraussetzungen läuft ja alles. Um einen Laufzeitfehler abzufangen, müssen wir mit einer Testprozedur zuerst dafür sorgen, dass ein solcher Fehler nicht nur auftreten kann, sondern sich auch sicher reproduzieren lässt:

1. Erstellen Sie eine neue Prozedur namens *ErzeugeLaufzeitFehler* mit dem folgenden Code:

```
Sub ErzeugeLaufzeitFehler()
    Dim intZaehler As Integer
    Dim intNenner As Integer

    intZaehler = InputBox("Bitte Zähler eingeben")
    intNenner = InputBox("Bitte Nenner eingeben")
    Debug.Print "Das Ergebnis ist:  " & intZaehler / intNenner
End Sub
```

2. Testen Sie, ob der Code einwandfrei funktioniert, indem Sie die Prozedur mit der ⌐F5⌐-Taste starten und im angezeigten *InputBox*-Dialogfeld als Zähler 12 und als Nenner 5 eingeben.

3. Als Ergebnis zeigt die Prozedur das Ergebnis im Direktfenster wie in Abbildung 36.5 an und alles scheint in Ordnung.

Abbildg. 36.5   Die Prozedur findet ein richtiges Ergebnis

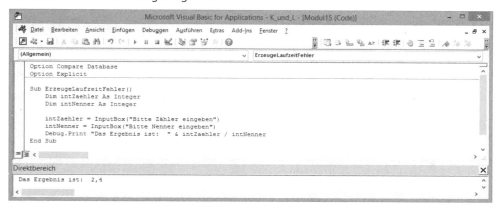

Fehler provozieren

Natürlich ahnen Sie schon, dass der Code so einwandfrei doch nicht ist. Es geht aber nicht darum, ihn besser zu schreiben (das geht nämlich oft nicht), sondern mit seinen Fehlern umzugehen.

1. Starten Sie die Prozedur erneut und geben Sie als Wert für den Zähler eine beliebige Zeichenfolge, also Buchstaben, ein.

2. Daraufhin sehen Sie eine Laufzeitfehlermeldung wie in Abbildung 36.6, dass die *Typen unverträglich* seien.

Abbildg. 36.6   Der Versuch der Texteingabe scheitert

3. Klicken Sie in der Laufzeitfehler-Meldung auf die Schaltfläche *Debuggen*, woraufhin der VBA-Editor Ihnen die problematische Zeile anzeigt (siehe Abbildung 36.7).

Abbildg. 36.7   Diese Zeile lässt sich nicht ausführen

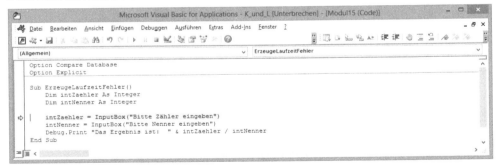

4. Die gelb markierte Zeile im Code lässt sich nicht ausführen, der Fehler steckt also darin. Für die Korrektur sollte die Ausführung des Codes mit dem Befehl *Ausführen/Zurücksetzen* gestoppt werden.

Inhaltlich ist der Fehler sicherlich klar: Sie versuchen nämlich gerade, eine Zeichenkette in einer *Integer*-Variablen zu speichern. Es bringt wenig, daraus eine *Variant*-Variable zu machen, denn das verschiebt das Problem lediglich um einige Zeilen, wenn Sie mit diesem Text dann zu rechnen versuchen.

> **PROFITIPP**   Es gibt drei mögliche Lösungen für solch ein Eingabeproblem:
>
> - Die Eingabe erfolgt nicht über eine *InputBox()*-Funktion, sondern über ein *Textfeld*-Steuerelement in einem Formular, welches über die *Eingabeformat*-Eigenschaft dafür sorgen kann, dass nur Ziffern möglich sind.
>
> - Sie speichern den Wert zwischendurch in einer *Variant*-Variablen. Die *IsNumeric()*-Funktion (siehe Kapitel 38) prüft vor der Weiterverarbeitung, ob darin eine Zahl enthalten ist.
>
> - Sie wandeln die Eingabe mit Val(InputBox("...")) immer in eine Zahl um, selbst Texte führen dann wenigstens zum Wert 0. Auch diese Funktion wird in Kapitel 38 erläutert.
>
> Ich werde hier keine davon einsetzen, weil es ja um den Umgang mit Laufzeitfehlern geht.

Auf Fehler reagieren

Während VBA insgesamt eine Hochsprache mit allen Fähigkeiten moderner Programmierung ist, gilt das für die Fehlerbehandlung leider überhaupt nicht. Sie müssen vor dem Auftreten eines Fehlers festlegen, an welcher Stelle der Code weiter ausgeführt wird. Das ist der Rückfall in die steinzeitlichen Sprünge per GoTo.

1. Fügen Sie vor der Zuweisung an die Variable *intZaehler* eine neue Zeile ein wie im folgenden Listing fett markiert:

```
Sub ErzeugeLaufzeitFehler()
    Dim intZaehler As Integer
    Dim intNenner As Integer

    On Error GoTo Mist1
    intZaehler = InputBox("Bitte Zähler eingeben")
    intNenner = InputBox("Bitte Nenner eingeben")
    Debug.Print "Das Ergebnis ist:  " & intZaehler / intNenner

Mist1:
    MsgBox "Hoppla, ein Fehler!", vbCritical
End Sub
```

2. Die Formulierung On Error GoTo Mist1 bedeutet, dass beim Auftreten eines Fehlers nach dieser Zeile der Code automatisch an der Stelle im Code weitergeführt wird, an der sich dieses Label Mist1 (mit anschließendem Doppelpunkt!) befindet.

3. Statt der VBA-eigenen Meldung können Sie nun mit eigener Programmierung reagieren, hier ist es erst einmal eine einfache Fehlermeldung wie in Abbildung 36.8.

Abbildg. 36.8   Wie geplant erscheint im Fehlerfall eine eigene Fehlermeldung

Fehlermeldungen verbessern

Das geht durchaus informativer als mit dem lapidaren Hinweis, dass ein Fehler aufgetreten ist. Ein *Err*-Objekt enthält diverse Informationen zum letzten Fehler, sodass Sie den Benutzer deutlich detaillierter informieren können.

HINWEIS Die Meldung aus Abbildung 36.8 ist geradezu der Paradefall einer schlechten Fehlermeldung, denn dass ein Fehler aufgetreten ist, hat der Benutzer ja selbst auch schon bemerkt. Gute Fehlermeldungen hingegen beschreiben, was (»falscher Datentyp *Text*«) wo (»in der *Integer*-Variablen«) schiefgegangen ist und am besten sogar noch, wie es zu verbessern ist (»Bitte nur ganze Zahlen bis maximal 32.767 eingeben«).

Zudem gilt ein Ausrufezeichen in Meldungstexten als das optische Äquivalent zum akustischen Schreien, ebenso wie fette oder unterstrichene Texte, eine ausschließliche Verwendung von Großbuchstaben und rote Markierungen. Warum sollten Sie Ihre Benutzer beschimpfen, wenn doch Ihr eigener Code das Problem verursacht hat?

Jeder Fehler hat eine sprachneutrale Nummer sowie einen landessprachlichen Beschreibungstext, was Sie für eine vernünftige Fehlermeldung einsetzen können:

1. Verbessern Sie die Fehlermeldung wie im folgenden Code:

```
Sub ErzeugeLaufzeitFehler()
' ...wie bisher
    Debug.Print "Das Ergebnis ist:  " & intZaehler / intNenner

Mist1:
    MsgBox "Fehler Nr. " & Err.Number & ": " & _
        Err.Description, vbCritical, p_cstrPrgTitel
End Sub
```

2. Dadurch wird die Meldung in jeder Hinsicht informativer, denn sowohl der Fehler als auch in der Titelzeile werden der eigentliche Verursacher genannt (siehe Abbildung 36.9).

Abbildg. 36.9 Die Fehlermeldung wird informativer

3. Bei einigen Fehlern lässt sich das Problem sogar beseitigen. Hier wäre der Benutzer zufrieden, wenn er den falschen Wert einfach erneut eingeben dürfte. Mit *Resume* und der Angabe eines weiteren Labels *Zahl1* (dessen Bezeichnung auch frei erfunden ist), springt der Code wieder zur ersten *InputBox* wie im folgenden Listing:

```
Sub ErzeugeLaufzeitFehler()
    Dim intZaehler As Integer
    Dim intNenner As Integer

    On Error GoTo Mist1
Zahl1:
    intZaehler = InputBox("Bitte Zähler eingeben")
    intNenner = InputBox("Bitte Nenner eingeben")
    Debug.Print "Das Ergebnis ist:  " & intZaehler / intNenner

Mist1:
    MsgBox "Fehler Nr. " & Err.Number & ": " & _
        Err.Description, vbCritical, p_cstrPrgTitel
    Resume Zahl1
End Sub
```

4. Sie können nun eine Zeichenkette als ersten Wert eingeben, erhalten die Fehlermeldung und sehen dann erneut die Eingabe für die *intZaehler*-Variable.

5. Geben Sie dann eine Zahl ein, läuft der Code fehlerfrei durch, schreibt das gewünschte Ergebnis in das Direktfenster und …

Abbildg. 36.10   Diese »Fehler«-Meldung sollte nicht erscheinen!

6. … meldet *nach* dem korrekten Ergebnis einen *Fehler Nr. 0:*! Und danach kommt noch der Hinweis, dass ein *Resume ohne Fehler* aufgetreten sei.

Endlosschleifen vermeiden

Sie hängen jetzt in einer Endlosschleife, die Sie nur noch durch `Strg`+`Untbr` unterbrechen können. Das Problem besteht darin, dass Labels (wie `Mist1:`, was ja eigentlich nur eine verkappte Zeilennummer früherer BASIC-Versionen darstellt) keine abweisende Wirkung haben. Kommt der Code in diese Zeile, macht er dort einfach weiter. Das soll er aber nicht, also müssen Sie ihn im Normalfall stoppen.

1. Ergänzen Sie vor der Fehlerbehandlung eine *Exit Sub*-Anweisung wie im folgenden Code:

```
Sub ErzeugeLaufzeitFehler()
' ... wie bisher
    Debug.Print "Das Ergebnis ist:  " & intZaehler / intNenner
    Exit Sub

Mist1:
```

```
    MsgBox "Fehler Nr. " & Err.Number & ": " & _
        Err.Description, vbCritical, p_cstrPrgTitel
    Resume Zahl1
End Sub
```

2. Der Codeablauf springt mit *Exit Sub* aus dieser Prozedur heraus und zurück zum aufrufenden Programmteil. Nur im Fehlerfall wird direkt `Mist1:` angesprungen und der dort folgende Code verarbeitet.

Jetzt haben wir gerade mal den ersten Fehler entdeckt, es gibt aber noch einen zweiten Laufzeitfehler. Wenn Sie für *intZaehler* einen gültigen Wert eingeben, nicht aber für *intNenner* (dort also einen Text, eine Zahl größer als 32.767 oder eine *0*), was passiert dann? Obwohl dieser Fehler für die zweite *InputBox* gilt, springt die Fehlerbehandlung immer noch zur ersten *InputBox*.

Damit auch der zweite Fehler korrekt verarbeitet wird, müssen Sie eine zweite Fehlerbehandlung einbauen. Dort ändern sich nach dem Kopieren des Codeteils im Wesentlichen die Nummern der Labels, wie das folgende Listing zeigt:

```
Sub ErzeugeLaufzeitFehler()
    Dim intZaehler As Integer
    Dim intNenner As Integer

    On Error GoTo Mist1
Zahl1:
    intZaehler = InputBox("Bitte Zähler eingeben")
    On Error GoTo Mist2
Zahl2:
    intNenner = InputBox("Bitte Nenner eingeben")
    Debug.Print "Das Ergebnis ist: " & intZaehler / intNenner
Exit Sub

Mist1:
    MsgBox "Fehler Nr. " & Err.Number & " im Zähler: " & _
        Err.Description, vbCritical, p_cstrPrgTitel
    Resume Zahl1

Mist2:
    MsgBox "Fehler Nr. " & Err.Number & " im Nenner: " & _
        Err.Description, vbCritical, p_cstrPrgTitel
    Resume Zahl2
End Sub
```

Haben Sie bemerkt, was unserem ursprünglichen Code passiert ist? Bescheidene drei Zeilen Code sind mal eben zu 15 Zeilen explodiert. Sie können sich vorstellen, wie sich das auf echte Prozeduren auswirkt, die ja schon ohne Fehlerbehandlung länger sind.

Außerdem ist hier ein sogenannter Spaghetticode entstanden, weil der Programmablauf zwischen den Zeilen kaum mehr nachvollziehbar hin- und herspringt und damit in etwa so verschlungen ist wie die Nudeln in einer Portion Spaghetti. Da man über die Abläufe oft keinen wirklichen Überblick mehr hat, ist der *GoTo*-Befehl geächtet und sollte unbedingt so weit wie möglich durch nachvollziehbare *If*- oder *Select Case*-Anweisungen oder Schleifen ersetzt werden.

ACHTUNG Mit einem `On Error GoTo LabelX` können Sie nur zu `LabelX` in der gleichen Prozedur springen, eine zentrale Fehlerbehandlung ist damit schon einmal ausgeschlossen.

Noch viel schlimmer: Schalten Sie die Fehlerbehandlung in einer Prozedur *ProzA* ein und tritt ein Fehler in einer darin aufgerufenen Unterprozedur *ProzB* ohne eigene Fehlerbehandlung auf, springt der Code zum aufrufenden Programmteil *ProzA* hoch. Es ist ja aber unmöglich, in *ProzA* einen Fehler von *ProzB* nachzubessern.

Fehler besser verarbeiten

Diese Fehlerbehandlung widerspricht moderner strukturierter Programmierung, daher habe ich sie hier nur der Vollständigkeit halber aufgenommen. Wenn Sie überhaupt Fehler abfangen, dann gibt es den folgenden Kompromiss, der eine minimale Fehlerbehandlung mit strukturierter Programmierung verbindet:

1. Mit der Anweisung `On Error Resume Next` schalten Sie einfach jegliche Fehlermeldungen aus und veranlassen den Computer, mit der nächsten Anweisung fortzufahren.

2. Dort können Sie dann mit einer *If*-Anweisung (hier zur Platzersparnis ausnahmsweise einmal in der einzeiligen Variante ohne *End If!*) untersuchen, ob und welcher Fehler aufgetreten ist, wie im folgenden Listing:

```
Sub VerarbeiteLaufzeitFehlerBesser()
    Dim intZaehler As Integer
    Dim intNenner As Integer

    On Error Resume Next
    intZaehler = InputBox("Bitte Zähler eingeben")
    If Err.Number <> 0 Then MeldeFehler
    intNenner = InputBox("Bitte Nenner eingeben")
    If Err.Number <> 0 Then MeldeFehler
    On Error GoTo 0
    Debug.Print "Das Ergebnis ist: " & intZaehler / intNenner
End Sub
```

3. Die Anweisung `On Error GoTo 0` (die Null zeigt noch deutlich die Herkunft aus Zeilennummern) sorgt dafür, dass Sie im weiteren Verlauf auf eine eigene Fehlerbehandlung verzichten und wieder die Originalmeldungen erscheinen.

4. Die noch zu erstellende Prozedur *MeldeFehler* wie im folgenden Listing bietet neben einer einheitlichen Fehlermeldung nur die Möglichkeit, das Programm mittels `End` komplett abzubrechen.

```
Sub MeldeFehler()
    If MsgBox("Fehler Nr. " & Err.Number & ": " & vbCrLf & _
        Err.Description & vbCrLf & vbCrLf & _
        "Trotzdem weitermachen?", vbCritical + vbOKCancel, _
        p_cstrPrgTitel) = vbCancel Then

        End
    End If
End Sub
```

5. Diese zentrale Fehlermeldung kann nun von allen Prozeduren genutzt werden, die in irgendeiner Form eine Fehlerbehandlung durchführen sollen.

Abbildg. 36.11   Die zentrale Fehlermeldung sieht so aus

Diese zentrale Prozedur kann nur einen Komplettabbruch aller Prozeduren (auch der aufrufenden!) anbieten, weil ein Rücksprung in die fehlerauslösende Zeile technisch nicht möglich ist.

Auch dieses Manko ist noch zu beseitigen, obwohl dadurch der Aufwand in der ursprünglichen Prozedur wieder steigt.

1. Zuerst muss die zentrale Fehlermeldung verbessert werden, indem Sie aus einer *Sub*-Prozedur ohne brauchbare Chance auf Rückgabewerte eine *Function* mit Rückgabewert zur Entscheidung machen.

2. Außerdem soll die darin enthaltene *MsgBox*-Meldung drei Entscheidungen (Abbrechen, Wiederholen, Ignorieren) ermöglichen, deren Ergebnisse dann zurückgegeben werden. Daher können Sie den Datentyp der Funktion schon mal auf *VbMsgBoxResult* stellen, was vor allem eine interne Enumeration nutzt, anstatt alle *Integer*-Werte zu erlauben.

3. Weil diese zentrale Funktion ansonsten eher unspezifische Meldungen erzeugen würde, die auch die Fehlersuche nicht gerade vereinfachen, übergeben Sie an diese einen beliebigen Text, der konkret einen Auslöser benennen kann:

```
Function MeldeFehler(strDetail As String) As VbMsgBoxResult
    MeldeFehler = MsgBox(strDetail & ", Fehler Nr. " & Err.Number & ": " & vbCrLf & _
        Err.Description & vbCrLf & vbCrLf & _
        "Was möchten Sie tun?", vbCritical + vbAbortRetryIgnore, p_cstrPrgTitel)

    Err.Clear
End Function
```

4. Damit nach dem Auftauchen eines Fehlers dessen Fehlercode nicht ewig in *Err.Number* erhalten bleibt, wird dieser in der zentralen Funktion bereits mit *Err.Clear* wieder auf 0 zurückgesetzt.

5. In der aufrufenden Prozedur ersetzen Sie nun die bisherige Zeile If Err.Number <> 0 Then MeldeFehler durch eine Prüfung, ob überhaupt ein Fehler aufgetreten ist, sowie eine Select Case-Anweisung, die auf den Fehler reagiert, wie es im folgenden Code bereits fett markiert ist:

```
Sub VerarbeiteLaufzeitFehlerBesser()
    Dim intZaehler As Integer
    Dim intNenner As Integer

    On Error Resume Next
```

```
FehlerZaehler:
    intZaehler = InputBox("Bitte Zähler eingeben")
    If Err.Number <> 0 Then
        Select Case MeldeFehler("Zähler falsch")
        Case vbAbort: End
        Case vbRetry: GoTo FehlerZaehler
        Case vbIgnore: 'nix tun
        End Select
    End If


FehlerNenner:
    intNenner = InputBox("Bitte Nenner eingeben")
    If Err.Number <> 0 Then
        Select Case MeldeFehler("Nenner falsch")
        Case vbAbort: End
        Case vbRetry: GoTo FehlerNenner
        Case vbIgnore: 'nix tun
        End Select
    End If

    On Error GoTo 0
    Debug.Print "Das Ergebnis ist:  " & intZaehler / intNenner
End Sub
```

Derzeit bleibt Ihnen nichts anderes übrig, als ein GoTo zu nutzen, um im Wiederholungsfall zu einem Label in der Prozedur springen zu können.

ACHTUNG   Sie mögen sich wundern, warum ich hier das furchtbare GoTo benutze und nicht das (nur geringfügig bessere) Resume. Letzteres springt zwar auch zu einem Label und setzt dabei sogar die Fehlernummer zurück, ist aber leider nur innerhalb einer Fehlerbehandlung zulässig.

Tatsächlich haben wir hier die Fehlerbehandlung jedoch ausgeschaltet und rufen stattdessen eine andere Prozedur auf. Daher würde das dauernd Fehlermeldungen auslösen, dass ein *Resume ohne Fehler aufgerufen* worden sei.

Wenn Sie den Code jedoch genauer betrachten, werden Sie feststellen, dass eigentlich nur ein einziger Fall wichtig ist: Wohin soll der Code springen, wenn der Benutzer wiederholen möchte? Im Falle eines Abbruchs bricht ohnehin der komplette Code ab (was auch in der *MeldeFehler()*-Funktion zentralisiert werden kann) und wenn der Benutzer den Fehler ignorieren möchte, geht es einfach in der nächsten Zeile normal weiter.

1. Alles, was die eigentliche Fehlerbehandlung betrifft, wird in der Funktion *MeldeFehler()* zentralisiert, also auch die Prüfung, ob überhaupt ein Fehler aufgetreten ist, sowie der komplette Abbruch:

```
Function MeldeFehler(strDetail As String) As VbMsgBoxResult
    If Err.Number <> 0 Then
        MeldeFehler = MsgBox(strDetail & ", Fehler Nr. " & Err.Number & ": " & _
            vbCrLf & Err.Description & vbCrLf & vbCrLf & _
            "Was möchten Sie tun?", vbCritical + vbAbortRetryIgnore, p_cstrPrgTitel)

        If MeldeFehler = vbAbort Then
            End 'Komplettabbruch
```

```
    End If

        Err.Clear
    End If
End Function
```

2. Dadurch reduziert sich der Aufwand in der aufrufenden Prozedur wieder drastisch. Da solche Fehlerbehandlungen sehr häufig auftauchen könnten, werde ich sie ausnahmsweise mit dem einzeiligen *If* schreiben:

```
Sub VerarbeiteLaufzeitFehlerBesser()
    Dim intZaehler As Integer
    Dim intNenner As Integer

    On Error Resume Next
FehlerZaehler:
    intZaehler = InputBox("Bitte Zähler eingeben")
    If MeldeFehler("Zähler falsch") = vbRetry Then GoTo FehlerZaehler

FehlerNenner:
    intNenner = InputBox("Bitte Nenner eingeben")
    If MeldeFehler("Nenner falsch") = vbRetry Then GoTo FehlerNenner

    On Error GoTo 0
    Debug.Print "Das Ergebnis ist:  " & intZaehler / intNenner
End Sub
```

Denken Sie bitte daran, dass der letzte Fehler (eine unerlaubte Division durch 0 in der Ergebniszeile) noch nicht abgefangen ist, weil ich Ihnen hier nur das Konzept einer Fehlerbehandlung zeigen wollte.

Mit diesen Methoden ist es aber wieder möglich, trotz der eigentlich eher rückständigen Technik der On Error-Fehlerbehandlung in VBA, doch wieder einigermaßen brauchbaren Code zu schreiben.

Zusammenfassung

In diesem Kapitel haben Sie die verschiedenen Möglichkeiten strukturierter Programmierung kennengelernt.

- Als eine der wesentlichen Anweisungen in Programmen wird die If-Anweisung eingesetzt, mit der *Entscheidungen* (Seite 836) im Code abgebildet werden

- Bei komplexeren Bedingungen ist es oft übersichtlicher, die *If*-Anweisung durch eine *Select Case*-Struktur (Seite 839) zu ersetzen

- Verschiedene *Operatoren* (Seite 841) erweitern die Angabe von Bedingungen und berechnen eventuell neue Werte

- Mehrfach ausgeführter Code wird in *Schleifen* (Seite 843) programmiert. Dabei stehen Ihnen endliche wie *For/Next* oder *For Each/Next* und (potenziell) unendliche Schleifen wie *Do/Loop* zur Verfügung

- Die *Fehlerbehandlung* (Seite 851) in VBA widerspricht strukturierter Programmierung und ist höchstens in seltenen Fällen zu empfehlen

Programmierung

Kapitel 37

Datenzugriff per VBA

In diesem Kapitel:

Es brauchte erst einige Grundlagen der VBA-Programmierung, bevor wir uns nun mit dem Zugriff auf die Daten beschäftigen können. In Formularen oder Berichten lassen sich Daten ja ohne Einsatz von VBA anzeigen, aber für besondere Fälle ist ein Datenzugriff im Code schon recht praktisch.

HINWEIS   Sie sollten aber immer darüber nachdenken, ob sich ein Datenzugriff nicht einfach per Abfrage lösen lässt, bevor Sie auch nur eine Zeile VBA programmieren. Abfragen sind auf jeden Fall schneller und vor allem leichter zu pflegen! Programmierung ist erst dann sinnvoll, wenn es nicht mehr anders geht.

CD-ROM   Um Ihnen das Nachvollziehen der Schritte in diesem Kapitel zu erleichtern, finden Sie innerhalb der Beispieldateien zu diesem Buch im Ordner *Kap36* eine Datenbank, die bereits die Änderungen aus Kapitel 36 enthält. Laden Sie einfach die betreffende Datenbank, um mit der Arbeit in diesem Kapitel zu beginnen.

Sie können also jederzeit ein Kapitel überspringen und trotzdem auf den aktuellen Stand der Datenbank zugreifen.

Das Recordset-Objekt

Die Welt der Access-Programmierung teilt sich in zwei Bereiche auf, die einem Benutzer normalerweise gar nicht so getrennt auffallen, weil sie unter einer gemeinsamen Oberfläche versteckt werden:

- **Daten**, welche in Tabellen oder Abfragen enthalten sind. Nur mit diesen beschäftigt sich der Datenzugriff per VBA.

- **Oberfläche** und deren Programmierung, die in Formularen, Berichten, Makros oder Modulen enthalten ist. Deren Programmierung wird in Kapitel 39 beleuchtet.

Für den Datenzugriff spielt es übrigens keine Rolle, ob die Daten in Tabellen wirklich physisch gespeichert oder in Abfragen lediglich zusammengesucht und berechnet werden. Das Ergebnis ist in beiden Fällen ein Datenfeld mit Inhalt und wird allgemein als *Recordset* (engl. für Datensatz) bezeichnet.

Die erste Überraschung beim VBA-Datenzugriff besteht darin, dass Sie nichts sehen. Es öffnet sich keine Tabelle oder Abfrage und die gefundenen Daten erscheinen ohne weitere Mitwirkung Ihrerseits nicht auf dem Bildschirm, sondern stehen zu Ihrer internen Verwendung zur Verfügung. Das ist beabsichtigt, denn einerseits beunruhigen Sie den Benutzer nicht durch Bildschirmflackern, während Sie im Hintergrund Daten bearbeiten, und andererseits geht es ohne Bildschirmaktualisierung bedeutend schneller.

Die nächste Überraschung kommt gleich beim Öffnen der ersten Datenquelle, denn es wird zwar eine ganze Tabelle/Abfrage geöffnet, aber im tatsächlichen Zugriff haben Sie nur genau eine Zeile, eben einen *Recordset*/Datensatz. Es bedarf also bald Befehle zum Bewegen innerhalb der Datensätze.

Daten lesen

Bevor wir unfreiwillig Schaden anrichten, werden wir zuerst nur Daten lesen. Zum Suchen und Schreiben wird sich nur wenig ändern, aber wenn es schiefgeht, sind wenigstens die Datensätze noch in Ordnung.

Datenquelle öffnen

Beginnen wir mit der grundsätzlichen Herangehensweise an das Auslesen von Datensätzen. Sie müssen immer irgendeine Datenquelle öffnen, die entweder eine Tabelle oder eine Abfrage ist.

1. Erstellen Sie eine neue Prozedur *LiesHotel* mit dem folgenden Code:

```
Sub LiesHotel()
    Dim rcsHotel As Recordset

    Set rcsHotel = CurrentDb.OpenRecordset("tblHotels")
    Debug.Print rcsHotel.RecordCount & " Datensätze"
End Sub
```

2. Eine Objektvariable *rcsHotel* mit dem speziellen Datentyp *Recordset* dient als Zwischenspeicherung für die geöffneten Daten.

> **ACHTUNG** Weil es eine Objektvariable ist, müssen Sie dieser ja mit der *Set*-Anweisung einen neuen Inhalt zuweisen. Nur *Variant*-Unterdatentypen (wie *String* oder *Double*) können auf das *Let*, dem Gegenstück zu *Set*, verzichten.

3. Die *OpenRecordset*-Methode des *CurrentDb*-Objekts gibt einen Verweis auf die dadurch geöffnete Tabelle *tblHotels* zurück, mit dem VBA später so arbeiten kann, als handele es sich um die Tabelle selbst.

4. Die *RecordCount*-Eigenschaft (nicht *Count*!) gibt die Anzahl der in der Tabelle enthaltenen Datensätze zurück und dient hier vor allem als Nachweis, dass Sie tatsächlich Zugriff auf die Daten haben.

> **ACHTUNG** Die *RecordCount*-Eigenschaft ist etwas hinterhältig, denn sie ist nur bei Tabellen auf Anhieb korrekt. Dort steht intern gespeichert tatsächlich die jeweilige Anzahl der Datensätze und VBA kann sofort darauf zugreifen.
>
> Bei Abfragen hingegen ist deren Datensatzanzahl erst nach ihrer vollständigen Ausführung bekannt. Auch beim manuellen Aufruf dauert es gelegentlich ein wenig, bis zwischen den Navigationsschaltflächen die Gesamtanzahl erscheint. Das lässt sich beschleunigen, indem Sie dort mit ⌈Strg⌉ + ⌈Ende⌉ direkt zum letzten Datensatz springen. Genau das müssen Sie vor der Abfrage der *RecordCount*-Eigenschaft per VBA auch machen, wie Sie auf Seite 869 sehen werden.

Abbildg. 37.1   Die Anzahl der Datensätze wurde mit VBA ermittelt

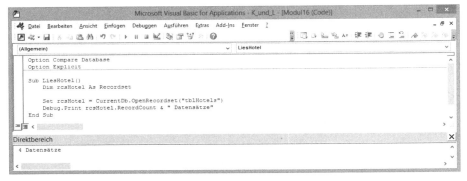

5. Wenn Sie diese Prozedur nun mit der ⌈F5⌉-Taste ausführen, erscheint das Ergebnis im Direkt-fenster wie in Abbildung 37.1.

TIPP   In Anlehnung an die in Kapitel 22 bereits gezeigten Domänenfunktionen für SQL können Sie solche Domänenfunktionen auch in VBA aufrufen. Der folgende Code

```
Sub LiesHotelDomaene()
    Debug.Print DCount("*", "tblHotels") & " Datensätze"
End Sub
```

führt mit weniger Zeilen zum gleichen Ergebnis. Allerdings kann jede der Domänenfunktionen nur genau ein Ergebnis ermitteln, während der Zugriff per *Recordset* beliebig viele Daten findet, ohne die Datenquelle immer wieder (sehr zeitaufwendig!) öffnen und schließen zu müssen.

Datenquelle in anderer Datenbank öffnen

Nicht immer stehen die gesuchten Daten in der aktuellen Datenbank, daher können Sie mit VBA auch die Tabellen/Abfragen anderer Datenbanken benutzen. Es gibt dazu zwei Lösungen:

- Sie verknüpfen die Tabelle mit dem Befehl *EXTERNE DATEN/Importieren und Verknüpfen/ Access* und können diese dann genauso wie eigene Tabellen behandeln. Das ist zu bevorzugen, denn es funktioniert mit dem gleichen Code wie auf Seite 865. Allerdings lassen sich so keine externen Access-Abfragen verknüpfen, sondern nur Tabellen.

- Sie beziehen sich im Code nicht mit *CurrentDb* auf die aktuelle Datenbank, sondern öffnen explizit eine andere.

Diese zweite Möglichkeit finden Sie im folgenden Code, den Sie natürlich an Ihre tatsächlichen Pfade und Datei-/Tabellennamen anpassen müssen.

```
Sub LiesAndereDatenbank()
    Dim dbsAndereDB As Database
    Dim rcsHotel As Recordset

    Set dbsAndereDB = OpenDatabase("L:\Beispiel.accdb")
    Set rcsHotel = dbsAndereDB.OpenRecordset("tblHotels")
    Debug.Print rcsHotel.RecordCount & " Datensätze"
End Sub
```

Die *OpenDatabase*-Methode liefert dabei an eine Variable vom Datentyp *Database* die geöffnete Datenbank zurück, die dann statt *CurrentDb* den Recordset öffnet.

HINWEIS   Sie können mit dieser Technik selbstverständlich keine Sicherheitseinstellungen umgehen. Hat die andere Datenbank Kennwörter, so werden diese automatisch abgefragt.

Feldinhalte ermitteln

Das eigentliche Ziel der ganzen Programmierung ist natürlich der Inhalt der Datensätze. Nachdem also nun die Datenquelle geöffnet ist, greifen Sie auf ein Element von deren *Fields*-Auflistung zu.

Daher steht dort wieder die Schreibweise *Fields(1)* oder *Fields("Feldname")*, mit der ein konkretes Element angegeben wird.

Meistens ist die Indexnummer eines Felds nur für *For/Next*-Schleifen von Interesse, daher geben Sie auch hier direkt den Feldnamen an wie im folgenden Listing:

```
Sub LiesHotelnamen()
    Dim rcsHotel As Recordset

    Set rcsHotel = CurrentDb.OpenRecordset("tblHotels")
    Debug.Print rcsHotel.Fields("htlName").Value
End Sub
```

> **HINWEIS**   Der Feldname wird ebenso wie Tabellen- oder Datenbanknamen in einer Zeichenkette, also in Gänsefüßchen, angegeben. Sie müssen ihn daher jeweils wissen (oder im Tabellenentwurf nachsehen), er kann nicht in einer der praktischen Dropdownlisten angeboten werden, weil der VBA-Editor nichts von ihm »weiß«. Die Groß-/Kleinschreibung spielt dabei übrigens keine Rolle.

Wenn Sie diese Prozedur *LiesHotelnamen* ausführen, sehen Sie das Ergebnis im Direktfenster wie in Abbildung 37.2.

Abbildg. 37.2   Der Hotelname wird korrekt angezeigt

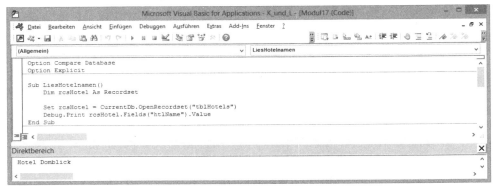

Hätten Sie mehr erwartet? Immerhin stehen in der Tabelle doch 4 Datensätze! Das ist die zweite Überraschung für die meisten, die ich vorhin bereits erwähnt hatte, denn Sie erhalten die Information von genau einem Datensatz. Nach dem Öffnen einer Tabelle/Abfrage ist das immer der erste (wenn denn überhaupt einer enthalten ist …). Darum werden wir uns gleich kümmern.

Bis dahin können aber wenigstens von diesem einen Datensatz ein paar mehr Details ausgelesen werden, wie die folgenden Codeänderungen zeigen:

```
Sub LiesHotelnamenKomplett()
    Dim rcsHotel As Recordset

    Set rcsHotel = CurrentDb.OpenRecordset("tblHotels")
```

```
        Debug.Print rcsHotel.Fields("htlName").Value & vbCrLf & _
            rcsHotel.Fields("htlPLZ").Value & " " & _
            rcsHotel.Fields("htlOrt").Value & vbCrLf & _
            rcsHotel.Fields("htlStrasse").Value
End Sub
```

Der Unterschied zu den Domänenfunktionen (deren Gegenstück hier übrigens *DLookup()* hieße, um einzelne Werte nachzuschlagen) war ja genau der, dass nach dem Öffnen der Datenquelle direkt mehrere Werte auf einen Schlag nachgesehen werden können. Abbildung 37.3 zeigt, dass das klappt.

Abbildg. 37.3 Mehrere Informationen der Datenquelle lassen sich gemeinsam auslesen

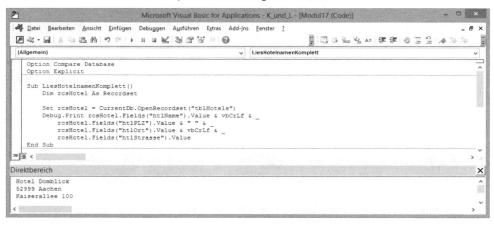

Datensatznavigation

Das Problem besteht nun darin, die Daten des nächsten Datensatzes zu ermitteln. Ein *Recordset*-Objekt heißt deswegen so, weil wirklich nur ein Datensatz (engl. *recordset*) im Zugriff ist. Sie haben zwar vorher eine ganze Tabelle/Abfrage geöffnet, aber Ihr Code »sieht« nur eine Zeile davon.

Datensatzzeiger bewegen

Das *Recordset*-Objekt kennt fünf Methoden, um den sogenannten Datensatzzeiger zu verschieben, sodass ein anderer Datensatz aktiv wird. Sie finden diese in Tabelle 37.1, wobei die *Move*-Methode vernachlässigt werden kann, denn je nach Sortierung und Filterung können Sie nicht ernsthaft wissen, wie viele Zeilen der gesuchte Datensatz entfernt ist.

Tabelle 37.1 *Recordset*-Methoden zum Verschieben des Datensatzzeigers

Methode	Beschreibung
MoveFirst	Zum ersten Datensatz
MovePrevious	Zum vorherigen Datensatz

Tabelle 37.1
Recordset-Methoden zum Verschieben des Datensatzzeigers *(Fortsetzung)*

Methode	Beschreibung
MoveNext	Zum nächsten Datensatz
MoveLast	Zum letzten Datensatz
Move *n*	Datensatz um *n* Zeilen verschieben

Der eigentliche Zugriffscode ändert sich nicht, wie Sie im folgenden Listing sehen. Vielmehr wird zwischen den beiden Meldungen nur der Datensatzzeiger auf den nächsten Datensatz verschoben:

```
Sub LiesErstenUndZweitenHotelnamen()
    Dim rcsHotel As Recordset

    Set rcsHotel = CurrentDb.OpenRecordset("tblHotels")
    Debug.Print rcsHotel.Fields("htlName").Value
    rcsHotel.MoveNext
    Debug.Print rcsHotel.Fields("htlName").Value     'Kopie der oberen Zeile
End Sub
```

Sie erhalten zwei Zeilen im Direktfenster, wobei die zweite dann auch den Inhalt des zweiten Datensatzes enthält. Entsprechend rufen Sie nur rcsHotel.MoveLast auf, um dann den Inhalt des letzten Datensatzes zu ermitteln.

Abbildg. 37.4   So ermitteln Sie die Inhalte von mehreren Datensätzen

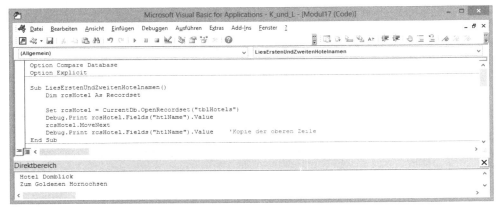

TIPP   Auf Seite 865 hatte ich bereits darauf hingewiesen, dass die *RecordCount*-Eigenschaft in Abfragen erst dann einen korrekten Inhalt aufweist, wenn diese bis zum letzten Datensatz ausgeführt wurden. Genau dafür brauchen Sie die *MoveLast*-Methode, wie das folgende Listing zeigt:

```
Sub LiesHotelAbfrage()
    Dim rcsHotel As Recordset

    Set rcsHotel = CurrentDb.OpenRecordset("qryHotelsMitAnzahlMitarbeiter")
```

Programmierung

```
    rcsHotel.MoveLast
    Debug.Print rcsHotel.RecordCount & " Datensätze"
End Sub
```

Ohne die Zeile `rcsHotel.MoveLast` meldet die *Debug.Print*-Zeile nur einen einzigen Datensatz, erst mit der Zeile findet sie alle vier tatsächlich vorhandenen.

Datensatz auf Vorhandensein prüfen

Es kann Ihnen allerdings jederzeit passieren, dass es keinen Datensatz mehr hinter dem aktuellen gibt oder sogar überhaupt keinen Datensatz in einer leeren Tabelle/Abfrage. Dann weist Ihr Datensatzzeiger ins Nichts und der Code läuft auf einen Fehler (siehe Abbildung 37.5).

Abbildg. 37.5 Diese Fehlermeldung erscheint, wenn der Datensatzzeiger vor oder hinter Datenzeilen steht

Je nachdem, in welcher Richtung Sie sich innerhalb der Datenquelle bewegen, gibt es zwei Möglichkeiten des Scheiterns:

- Wenn die Eigenschaft *BOF* (*beginning of file*, engl. Dateianfang) auf `True` wechselt, steht Ihr Datensatzzeiger bereits vor gültigen Datensätzen. Das passiert typischerweise, wenn Sie vom Ende der Datenquelle her rückwärts navigieren.

- Mit der Eigenschaft *EOF* (*end of file*, engl. Dateiende) auf dem Wert `True` wissen Sie, dass Ihr Datensatzzeiger nun hinter gültigen Datensätzen gelandet ist.

Sobald also eine der beiden Eigenschaften `True` ist, dürfen Sie keine Inhalte mehr abfragen. In einer leeren Datenquelle ist das sogar sofort nach dem Öffnen der Fall. Der Code zum Auslesen der beiden ersten Datensätze der Tabelle *tblHotels* hätte also besser so gelautet:

```
Sub LiesErstenUndZweitenHotelnamenSicher()
    Dim rcsHotel As Recordset

    Set rcsHotel = CurrentDb.OpenRecordset("tblHotels")
    If Not rcsHotel.EOF Then
        Debug.Print rcsHotel.Fields("htlName").Value
        rcsHotel.MoveNext
        If Not rcsHotel.EOF Then
```

```
            Debug.Print rcsHotel.Fields("htlName").Value
        End If
    End If
End Sub
```

Das mag jetzt ein bisschen übertrieben scheinen, weil wir ja immerhin wissen, wie viele Datensätze dort enthalten sind, aber das wird sich gleich ändern.

Durch alle Datensätze navigieren

Oftmals wollen Sie alle Datensätze einer Tabelle/Abfrage bearbeiten, daher müssen Sie diese in einer Schleife verarbeiten. Mit der *MoveNext*-Methode wechseln Sie dabei so lange zum nächsten Datensatz, bis Sie anhand der *EOF*-Eigenschaft bemerken, dass nun keiner mehr da ist.

1. Erstellen Sie eine neue Prozedur *LiesAlleHotelDatensaetze* wie im folgenden Listing:

```
Sub LiesAlleHotelDatensaetze()
    Dim rcsHotel As Recordset

    Set rcsHotel = CurrentDb.OpenRecordset("tblHotels")
    Do Until rcsHotel.EOF
        Debug.Print rcsHotel.Fields("htlName").Value
        rcsHotel.MoveNext
    Loop
End Sub
```

2. In einer abweisenden *Do/Loop*-Schleife prüfen Sie hier mit `rcsHotel.EOF` zuerst, ob es überhaupt einen gültigen Datensatz gibt.

PROFITIPP   Statt `Do Until rcsHotel.EOF = True` finden Sie im Code nur die kurze Fassung, die scheinbar keinen Vergleich enthält. Tatsächlich aber wird der Ausdruck `rcsHotel.EOF = True` insgesamt `True`, sobald die *EOF*-Eigenschaft `True` ist, und insgesamt `False`, wenn es die *EOF*-Eigenschaft auch ist. Bei einem solchen Vergleich können Sie den Ausdruck `= True` immer weglassen.

3. Dann verarbeitet der Code diesen Datensatz und wechselt mit der *MoveNext*-Methode zum nächsten Datensatz.

ACHTUNG   Auch wenn Sie scheinbar mit der *RecordCount*-Eigenschaft die Anzahl der Datensätze ermitteln und also eine *For/Next*-Schleife einsetzen können, ist das ein unnötiges Risiko. Während Ihre Schleife läuft, könnten nämlich von anderen Benutzern Datensätze hinzugefügt oder gelöscht werden und die Anzahl stimmt nicht mehr. Selbst wenn dies nur für große Datenmengen wahrscheinlich ist, sollten Sie sich diese riskante Schleifenversion gar nicht erst angewöhnen.

Natürlich könnten Sie in der Programmierung der Versuchung erliegen, mit einer *If*-Anweisung bestimmte Datensätze zu selektieren, etwa nur die nördlichen Hotels mit einer PLZ unter *60000*. Das kann SQL aber besser, denn Sie dürfen statt eines Tabellen- oder Abfragenamens beim Öffnen des Recordsets auch ein SQL-Statement angeben:

```
Set rcsHotel = CurrentDb.OpenRecordset("SELECT * FROM tblHotels WHERE htlPLZ<'60000'")
```

Abbildg. 37.6 Alle Daten der Tabelle schreibt die Prozedur in den Direktbereich

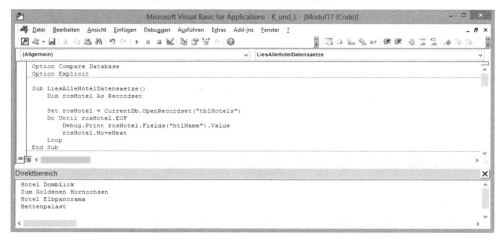

ACHTUNG Weil das Feld *htlPLZ* ein Textfeld ist, muss auch das Kriterium als Text gekennzeich-net werden. Normalerweise wären das Anführungszeichen, die aber innerhalb einer Zeichenkette als "… WHERE htlPLZ<""60000""") verdoppelt werden müssten, damit sie nicht versehentlich als Textbegrenzer missverstanden werden. SQL erlaubt aber auch das einfache Hochkomma als Text-begrenzer, was hier viel lesefreundlicher ist.

Wenn Sie direkt die Datenquelle mit SQL-Filtern auf die gewünschten Datensätze beschränken, ist das viel schneller und effektiver als nachträgliche Programmierung.

Daten suchen

Auch beim Suchen bestimmter Datensätze möchte ich zuerst deutlich darauf hinweisen, dass die Suche per VBA-Code überflüssig ist, wenn Sie schon bei der *OpenRecordset*-Methode über eine *SELECT*-Anweisung einen Filter angeben.

Allerdings kann es Ihnen passieren, dass Sie aus einer Datenquelle (beispielsweise je nach Auswahl des Benutzers in einem Listenfeld) immer wieder verschiedene Datensätze heraussuchen müssen. Wenn Sie dann jedes Mal die Datenquelle schließen, um sie erneut mit einem anderen Filter zu öff-nen, wäre das unerträglich langsam.

HINWEIS Möglicherweise haben Sie schon die *Filter*-Eigenschaft des *Recordset*-Objekts ent-deckt, die eine Lösung dafür verspricht. Damit könnten Sie ja laufend den Filter ändern (mit der Syntax rcsHotel.Filter = "htlPLZ<'60000'"), ohne den Recordset erneut öffnen zu müssen. Es lohnt sich aber nicht, das ist genauso langsam.

Daher stellt VBA Methoden und Eigenschaften bereit, mit denen Sie bestimmte Datensätze suchen können. Sie sind wie die Methoden zur Navigation organisiert, wie Tabelle 37.2 zeigt.

Tabelle 37.2   *Recordset*-Methoden zum Suchen

Methode	Beschreibung
FindFirst	Suche erstes Vorkommen
FindPrevious	Suche voriges Vorkommen
FindNext	Suche nächstes Vorkommen
FindLast	Suche letztes Vorkommen
NoMatch	War Suche erfolglos?

Bevor Sie diese Suchmethoden einsetzen, müssen Sie jedoch den Modus ändern, wie die Datenquelle geöffnet wird. Es gibt verschiedene Modi und da wir den zweiten Parameter bisher nicht angegeben haben, wurde sie in der Art einer Tabelle (entspricht der Konstanten dbOpenTable) geöffnet. In diesem Modus jedoch ist die Suche nicht erlaubt, sie muss in der Art einer Abfrage (dbOpenDynaset) geöffnet sein.

HINWEIS   Diese Modi beim Öffnen haben überhaupt nichts mit der Datenquelle zu tun, wie Sie vielleicht vermuten könnten. Sie können eine Tabelle mit dbOpenDynaset im Abfragemodus öffnen und eine Abfrage mit dbOpenTable im Tabellenmodus. Es gibt nur an, welche Fähigkeiten das *Recordset*-Objekt dann hat.

Bei der Gelegenheit legen Sie auch den Speicherverbrauch fest, aber das wird erst für riesige Datenquellen interessant. Es gibt noch zwei weitere Modi, nämlich dbOpenSnapshot (Datenquellenänderungen nach dem Öffnen werden in dem Recordset nicht aktualisiert) und dbOpenForwardOnly (Speicher sparend, weil nur vorwärts zu durchlaufen und bereits gesehene Datensätze aus dem Speicher entfernt werden). Mit dbOpenDynaset als präferiertem Modus sind Sie aber auf der sicheren Seite, der Rest ist eher für die Performanceoptimierung gut.

Damit Sie sehen, wie es funktioniert, suchen wir in der Tabelle *tblHotels* ein bestimmtes Hotel heraus, auch wenn das natürlich mit einem SQL-Filter einfacher wäre:

```
Sub FindeAachenerHotel()
    Dim rcsHotel As Recordset

    Set rcsHotel = CurrentDb.OpenRecordset("tblHotels", dbOpenDynaset)
    rcsHotel.FindFirst "htlOrt='Aachen'"
    If rcsHotel.NoMatch Then    'keins gefunden
        Debug.Print "Leider nicht gefunden..."
    Else
        Debug.Print "Treffer: " & rcsHotel.Fields("htlName").Value
    End If
End Sub
```

Wenig intuitiv ist die *NoMatch*-Eigenschaft: Sie ist entsprechend ihrem Namen True, wenn gerade *kein* Treffer gefunden wurde. Notfalls müssen Sie mit If Not rcsHotel.NoMatch Then die positive Bedingung formulieren.

Abbildg. 37.7   In den Datensätzen war ein Aachener Hotel enthalten

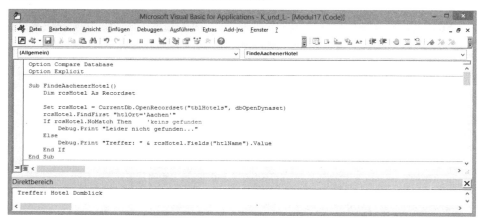

Es wird ein klein wenig aufwendiger, wenn Sie nicht nur den ersten Treffer, sondern alle möglichen bearbeiten wollen. Das folgende Listing zeigt, wie Sie alle Hotels anzeigen, in deren Namen auch das Wort *Hotel* vorkommt:

```
Sub FindeAlleHotelnamen()
    Dim rcsHotel As Recordset
    Const cstrKriterium = "htlName Like '*hotel*'"

    Set rcsHotel = CurrentDb.OpenRecordset("tblHotels", dbOpenDynaset)
    rcsHotel.FindFirst cstrKriterium
    Do Until rcsHotel.NoMatch       'keins mehr gefunden
        Debug.Print "Treffer: " & rcsHotel.Fields("htlName").Value
        rcsHotel.FindNext cstrKriterium
    Loop
End Sub
```

Abbildg. 37.8   Alle Treffer erscheinen im Direktbereich

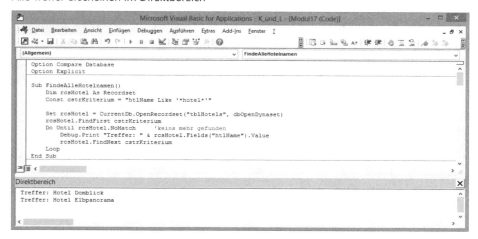

Auch hier ist es wieder eine abweisende Schleife, weil schon die erste Suche erfolglos bleiben könnte. In der *Do/Loop*-Schleife muss nach `rcsHotel.FindNext` ohnehin die gleiche Bedingung genannt werden, daher ist hier eine lokale Konstante sinnvoll.

Daten schreiben

Jetzt haben wir das Lesen im Griff, da können wir uns auch daran wagen, Datensätze zu schreiben. Dabei können Sie sowohl bestehende Datensätze ändern als auch neue erzeugen.

> **TIPP** Da hier mehrfach auf dasselbe Objekt zugegriffen wird, werde ich wieder die *With*-Schreibweise nutzen, die ich in Kapitel 35 bereits als Tipp vorgestellt hatte.

Neuen Datensatz hinzufügen

Bevor Sie einen neuen Datensatz schreiben dürfen, müssen Sie das mit der *AddNew*-Methode ankündigen, wie der folgende Code zeigt, damit intern ein entsprechender Speicherbereich zur Verfügung gestellt wird:

```
Sub FuegeNeuesKoelnerHotelHinzu()
    Dim rcsHotel As Recordset

    Set rcsHotel = CurrentDb.OpenRecordset("tblHotels", dbOpenDynaset)
    With rcsHotel
        .AddNew
        .Fields("htlName").Value = "Fünf Jahreszeiten"
        .Fields("htlOrt").Value = "Köln"
        .Fields("htlPLZ").Value = "50001"
        .Fields("htlStrasse").Value = "An den Veedelszöch 11"
        .Update
    End With
End Sub
```

Anschließend muss dieser Zwischenspeicher explizit in die Tabelle gesichert werden, was mit der *Update*-Methode geschieht. In der Zwischenzeit können Sie jedem Feld einen Wert mit passendem Datentyp zuweisen, müssen das aber nicht (es sei denn, die Feldeigenschaften erfordern eine Werteingabe).

Abbildg. 37.9 Der neue Datensatz ist in der Tabelle *tblHotels* zu sehen

Wenn Sie die Tabelle *tblHotels* parallel zum Code bereits geöffnet haben, sind Änderungen oder neue Datensätze nicht immer gleich zu sehen. Am sichersten ist es, die Tabelle zu schließen und danach wieder zu öffnen oder den Befehl *START/Datensätze/Alle aktualisieren* aufzurufen.

Bestehenden Datensatz ändern

Die Änderung eines bestehenden Datensatzes funktioniert sehr ähnlich, hier ist es aber wichtig, dass Sie vorher auch den richtigen finden. Sie müssen diesen Vorgang also entweder mit einer Suche oder besser mit einem Filter kombinieren.

Der folgende Code korrigiert den Straßennamen des eben geschriebenen neuen Hotels in Köln:

```
Sub KorrigiereKoelnerHotel()
    Dim rcsHotel As Recordset

    Set rcsHotel = CurrentDb.OpenRecordset( _
        "SELECT * FROM tblHotels WHERE htlName='Fünf Jahreszeiten'", dbOpenDynaset)
    With rcsHotel
        If .EOF Then
            Debug.Print "Hotel nicht gefunden!"
        Else
            .Edit
            .Fields("htlStrasse").Value = "An den Schull- und Veedelszöch 11"
            .Update
        End If
    End With
End Sub
```

Die Unterschiede zum vorherigen Schreiben eines neuen Datensatzes sind fett markiert. Abgesehen vom Filter und der Prüfung mittels *EOF*-Eigenschaft, ob es überhaupt einen solchen Datensatz gibt, wechselt vor allem die Methode von *AddNew* auf *Edit*. Abschließend muss ebenfalls mit *Update* die Änderung in die Tabelle geschrieben werden.

Datensatz löschen

Das Löschen eines Datensatzes entspricht weitgehend dem Aktualisieren, weil Sie auch hier sicherstellen müssen, dass der richtige Datensatz aktiv ist. Sie können daher eine Kopie der Prozedur *KorrigiereKoelnerHotel* machen und an den fett markierten Stellen verändern:

```
Sub LoescheKoelnerHotel()
    Dim rcsHotel As Recordset

    Set rcsHotel = CurrentDb.OpenRecordset( _
        "SELECT * FROM tblHotels WHERE htlName='Fünf Jahreszeiten'", dbOpenDynaset)
    With rcsHotel
        If .EOF Then
            Debug.Print "Hotel nicht gefunden!"
        Else
```

```
        .Delete
      End If
    End With
End Sub
```

Statt der Kombination von *AddNew*- und *Update*-Methode ist hier nur die *Delete*-Methode erforderlich.

> **HINWEIS** Auch wenn ich es bereits einmal erwähnt habe, möchte ich nochmals deutlich darauf hinweisen, dass Aktionsabfragen (hier also Anfüge-, Aktualisierungs- oder Löschabfragen) die erste Wahl für Datenänderungen sind. Erst wenn diese nicht infrage kommen, da etwa die Daten aus einer speziellen Textdatei oder aus E-Mails ausgelesen werden sollen, sollten Sie über Programmierung nachdenken.

Abfragen starten

Wenn ich schon dauernd anmerke, dass Abfragen alleine besser als Programmierung sind, kann durchaus einmal der Fall eintreten, dass Sie von VBA aus Abfragen aufrufen müssen. Wie machen Sie das dann?

Auswahlabfragen anzeigen

Am einfachsten ist das Aufrufen einer Auswahlabfrage ohne Parameter, wie das folgende Listing zeigt:

```
Sub MitarbeiterNamenZeigen()
    DoCmd.OpenQuery "qryMitarbeiterSortiert"
End Sub
```

Dabei wird die Auswahlabfrage *qryMitarbeiterSortiert* so geöffnet, als hätten Sie diese im Navigationsbereich per Doppelklick gestartet.

> **HINWEIS** Alle Makroaktionen können Sie über das *DoCmd*-Objekt (sprich *DoCommand*) aufrufen, indem Sie nach dem Punkt aus der Dropdownliste deren englische Bezeichnung auswählen.

Das ist schön, aber normalerweise völlig überflüssig. Wenn Sie Ihrem Benutzer so Daten präsentieren wollen, wäre ein Formular geeigneter, weil dort nachträglich mehr Möglichkeiten zu Gestaltung und Programmierung zur Verfügung stehen.

Aktionsabfragen ausführen

Wirklich spannend sind nur die Aktionsabfragen, weil diese Daten verändern. Bereiten Sie dazu eine Löschabfrage vor, die alle Inhalte des Archivs löscht und dazu folgendes SQL-Statement einsetzt:

```
DELETE * FROM [tblBestellungenArchiv];
```

> **HINWEIS** Damit jetzt nicht beim Testen sofort alle Daten aus dieser Tabelle wirklich komplett
> gelöscht sind, können Sie einen Filter einbauen, der in Wirklichkeit dafür sorgt, dass gar keine
> Daten gelöscht werden, indem Sie das SQL-Statement ergänzen:
>
> ```
> DELETE * FROM [tblBestellungenArchiv] WHERE [bstID]<0;
> ```
>
> Dadurch bleiben noch Datensätze für die weiteren Beispiele übrig, aber die Aktionsabfrage funk-
> tioniert technisch wie eine »echte«.

Sehr beliebt ist der Aufruf einer solchen Aktionsabfrage nach dem sonst für Auswahlabfragen
üblichen Muster:

```
Sub LoescheBestellungenArchiv()
    DoCmd.OpenQuery "qryBestellungenArchiv"
End Sub
```

Das ist ebenso einfach wie grundfalsch! Wenn Aktionsabfragen so gestartet werden, meldet sich
sofort die Access-Oberfläche mit den üblichen Warnungen wie in Abbildung 37.10.

Abbildg. 37.10 Auch beim Start via Programmierung warnt Access vor Aktionsabfragen

Der Fehler besteht darin, dass die Aktionsabfrage wie eine Auswahlabfrage geöffnet wurde. Sie soll
aber gar nicht auf der Oberfläche agieren, sondern lediglich im Hintergrund ausgeführt werden.
Dann nämlich löst Access auch keine Meldung aus, wie der folgende Code beim Testen zeigt:

```
Sub LoescheBestellungenArchivBesser()
    CurrentDb.Execute "qryBestellungenArchivAllesWeg"
End Sub
```

> **ACHTUNG** Mal ehrlich, wenn ein fremdes Makro Sie zwischendurch darauf hinweist, dass Sie
> dabei sind, Daten in einer Ihnen nicht genannten Tabelle zu ändern, würden Sie das gerne bestä-
> tigen? Um diese Meldung also zu unterdrücken, vergrößern viele Programmierer die Katastrophe
> noch, indem sie die Anzeige von Meldungen generell ausschalten:

```
Sub LoescheBestellungenArchivNochSchlechter()
    DoCmd.SetWarnings False
    DoCmd.OpenQuery "qryBestellungenArchivAllesWeg"
    DoCmd.SetWarnings True
End Sub
```

Die *DoCmd.SetWarnings*-Methode schaltet aber die Meldungsanzeige grundsätzlich aus. Tritt also ein Fehler auf (Sie können das durch einen ungültigen Abfragenamen simulieren) und der Code wird nicht bis zu Ende ausgeführt, bleibt das dauerhaft ausgeschaltet. Die Konsequenz davon ist, dass ab diesem Zeitpunkt beispielsweise Entwurfsänderungen in Access beim Schließen des Fensters ohne Warnung oder Rückfrage gespeichert werden.

Die *CurrentDb.Execute*-Methode führt die Aktionsabfrage ohne Beteiligung der Access-Oberfläche aus, daher gibt es auch keine Rückmeldungen an den Benutzer. Die Methode akzeptiert als Argument nicht nur den Namen einer Aktionsabfrage, sondern auch direkt SQL-Code. Anstatt nur für die Programmierung eine Aktionsabfrage zu speichern, können Sie deren SQL-Statement direkt im Code nennen:

```
Sub LoescheBestellungenArchivAuchBesser()
    CurrentDb.Execute "DELETE * FROM [tblBestellungenArchiv];"
End Sub
```

Parameterabfragen ausführen

Ein wenig komplizierter gestaltet sich das Ausführen von Abfragen mit Parametern. Damit kein problematischer Datenverlust in der Datenbank die Folge ist, bereiten Sie am besten eine Abfrage vor, die lediglich jeweils einen Datensatz mit der anzugebenden ID in der Tabelle *tblBestellungenArchiv* löscht.

1. Erstellen Sie mit dem Access-Befehl *ERSTELLEN/Abfragen/Abfrageentwurf* eine neue Abfrage mit der Tabelle *tblBestellungenArchiv* als Datenquelle.

2. Ziehen Sie das Feld *bstID* in den Zielbereich und tragen Sie dort als Kriterium *[welche ID?]* ein.

3. Wandeln Sie mit dem Befehl *ABFRAGETOOLS/ENTWURF/Abfragetyp/Löschen* die Auswahlabfrage in eine Löschabfrage um und speichern sie unter dem Namen *qryBestellungenArchivID-Loeschen*.

4. Wenn Sie diese Abfrage nun mit *ABFRAGETOOLS/ENTWURF/Ergebnisse/Ausführen* starten, werden Sie wie in Abbildung 37.11 das Dialogfeld zur Parametereingabe sehen.

Abbildg. 37.11 Die Löschabfrage benötigt einen Parameter

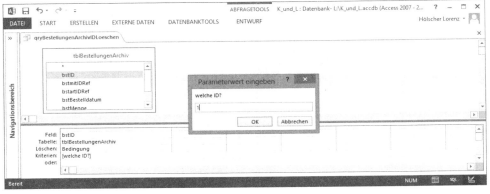

Programmierung

879

Damit ist alles vorbereitet, diese Löschabfrage mit Parameter soll jetzt per Programmierung ausgeführt werden. Dazu muss sie einem *QueryDef*-Objekt zugewiesen werden, welches eine *Parameters*-Auflistung besitzt:

```
Sub AbfrageMitParameterStarten()
    Dim qdfLoeschen As QueryDef

    Set qdfLoeschen = CurrentDb.QueryDefs("qryBestellungenArchivIDLoeschen")
    qdfLoeschen.Parameters("welche ID?").Value = 5
    qdfLoeschen.Execute
    Debug.Print qdfLoeschen.RecordsAffected & " Datensätze gelöscht."
End Sub
```

Bevor die Abfrage mit der *Execute*-Methode ausgeführt wird, müssen alle namentlich genannten Parameter (hier nur einer) mit passenden Werten versorgt werden.

ACHTUNG Achten Sie bei diesem Parameternamen auf das Leerzeichen zwischen `welche` und `ID`, sonst meldet Access *Element in dieser Auflistung nicht gefunden*.

Sehr praktisch ist die *RecordsAffected*-Eigenschaft, die anschließend die Angabe enthält, wie viele Datensätze betroffen waren. Auch wenn in diesem Fall maximal ein Datensatz gelöscht wird, ist die nachträgliche Bestätigung wie in Abbildung 37.12 doch recht hilfreich.

Abbildg. 37.12 Die nachträgliche Meldung der betroffenen Datensätze im Direktfenster ist hilfreich

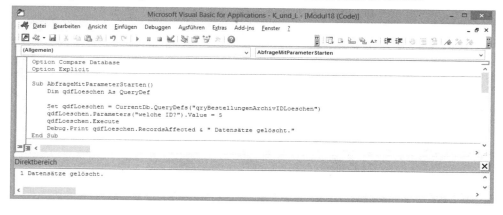

Zusammenfassung

In diesem Kapitel haben wir uns mit dem Lesen und Schreiben von Datensätzen per VBA beschäftigt.

■ Das *Recordset-Objekt* (Seite 864) dient generell dem Zugriff auf Daten sowohl von Tabellen als auch Auswahlabfragen

■ Um Daten zu lesen, wird die Datenquelle mit der *OpenRecordset*-Methode (Seite 864) geöffnet. Der Datensatzzeiger steht dann auf dem ersten Datensatz, falls es einen gibt.

- Die eigentlichen Inhalte des Datensatzes finden sich in den Elementen seiner *Fields*-Auflistung (Seite 866), deren *Value*-Eigenschaft dafür ausgelesen wird

- Um verschiedene Datensätze zu lesen, wird der Datensatzzeiger mit Methoden wie *MoveNext* oder *MovePrevious* bewegt (Seite 868)

- Dabei müssen Sie durch Überprüfung der *EOF*- oder *BOF*-Eigenschaft (Seite 870) sicherstellen, dass sich an dieser neuen Position wirklich noch ein Datensatz befindet

- Mittels einer *Do/Loop*-Schleife (Seite 871) lassen sich alle Datensätze einer Tabelle oder Abfrage einzeln untersuchen und bearbeiten

- Bestimmte Datensätze in einem Recordset können mit den *Find...*-Methoden gesucht werden (Seite 872), die *NoMatch*-Eigenschaft gibt an, ob der Datensatz auch gefunden wurde

- Um einen neuen Datensatz hinzuzufügen, muss dieser erst mit der *AddNew*-Methode in einen Zwischenspeicher kopiert werden, bevor er anschließend mit der *Update*-Methode wirklich in die Tabelle geschrieben wird (Seite 875)

- Einen bestehenden Datensatz ändern Sie mit der *Edit*-Methode (Seite 876), die ebenfalls mit *Update* abgeschlossen werden muss

- Mit der *Delete*-Methode (Seite 876) lässt sich ein Datensatz löschen

- Da es viel einfacher ist, fertige Aktionsabfragen zu nutzen, können diese mit `CurrentDb.Execute` ohne Bestätigung seitens des Benutzers ausgeführt werden (Seite 877)

- Um Parameterabfragen zu starten, müssen diese zuerst einem *QueryDef*-Objekt zugewiesen werden, damit die *Parameters*-Auflistung vor der Ausführung befüllt werden kann (Seite 879)

Programmierung

Wichtige Funktionen

In diesem Kapitel:

Es gibt so viele integrierte Funktionen in Access-VBA, dass es schwer ist, den Überblick zu behalten oder wenigstens die wichtigsten herauszufinden. Daher möchte ich Ihnen in diesem Kapitel knapp 30 Funktionen vorstellen, mit denen sich tatsächlich über 95 % Ihres Codes schreiben lassen.

Einige der Funktionen sind zwangsläufig in diversen Beispielen bereits benutzt worden, sollen hier aber vollständig und im Zusammenhang beschrieben werden.

> **TIPP** Zum Testen dieser Funktionen genügt meistens eine einzige Zeile Code. Damit es nicht so aufwendig wird, können Sie dies im Direktbereich eingeben. Dieser wird mit *Ansicht/ Direktfenster* oder dem Tastenkürzel `Strg`+`G` angezeigt.

> **CD-ROM** Um Ihnen das Nachvollziehen der Schritte in diesem Kapitel zu erleichtern, finden Sie innerhalb der Beispieldateien zu diesem Buch im Ordner *Kap37* eine Datenbank, die bereits die Änderungen aus Kapitel 37 enthält. Laden Sie einfach die betreffende Datenbank, um mit der Arbeit in diesem Kapitel zu beginnen.

Sie können also jederzeit ein Kapitel überspringen und trotzdem auf den aktuellen Stand der Datenbank zugreifen.

Textfunktionen

Sie haben es in der Programmierung immer wieder mit Zeichenketten zu tun, die entweder aus Datenfeldern, aus importierten Dateien oder aus Benutzereingaben via Formular oder *InputBox()*-Funktion stammen. Diese müssen weiterverarbeitet, gekürzt oder verändert werden.

Teile von Texten

Ein Trio beliebter Funktionen gibt von einem vorgegebenen Text einen bestimmten Teil zurück:

- **Left()**   Liefert die angegebene Anzahl der ersten Zeichen
- **Right()**   Liefert die angegebene Anzahl der letzten Zeichen
- **Mid()**   Liefert eine Teilzeichenkette, die an der angegebenen Stelle beginnt und die angegebene Anzahl an Zeichen umfasst. Es wird gewissermaßen aus der Mitte heraus kopiert, daher die Bezeichnung.

Die *Left()*- und die *Right()*-Funktion arbeiten sehr ähnlich, der Unterschied liegt lediglich darin, ob vom Anfang oder vom Ende der Zeichenkette kopiert wird. Die Anzahl der Zeichen wird entsprechend von links oder von rechts gezählt. In Abbildung 38.1 sehen Sie den Beispielaufruf für die *Left()*-Funktion, deren zweiter Parameter die Anzahl der gewünschten Zeichen bezogen auf den Anfang der Zeichenkette angibt.

Abbildg. 38.1   Die *Left()*-Funktion gibt so die ersten sechs Zeichen zurück

Bei der *Right()*-Funktion werden die gewünschten Zeichen vom Ende der Zeichenkette aus gezählt, wie das Beispiel zur Ermittlung der Dateiendung in Abbildung 38.2 zeigt.

Abbildg. 38.2 Die *Right()*-Funktion ermittelt hier die Dateiendung

Das funktioniert natürlich immer auch mit Variablen und Objekteigenschaften anstatt wie bisher gezeigt mit festen Zeichenketten. In Abbildung 38.3 findet die Funktion daher die Dateiendung der aktuellen Datei.

Abbildg. 38.3 Die Dateiendung lässt sich auch aus dem aktuellen Dateinamen ermitteln

Die *Mid()*-Funktion kennt ein optionales Argument mehr, dadurch lässt sich nicht nur die Startposition der Rückgabezeichenkette, sondern auch deren Länge vorgeben (siehe Abbildung 38.4).

Abbildg. 38.4 Die *Mid()*-Funktion gibt einen Textteil innerhalb der Zeichenkette zurück

Wenn Sie dieses dritte Argument weglassen, wird einfach der restliche Text zurückgegeben. Das ist vor allem sinnvoll, wenn Sie nicht erst ermitteln möchten, wie lang der Rest ist. In Abbildung 38.5 sehen Sie, dass dort ab dem elften Zeichen die Dateiendung beginnt.

Abbildg. 38.5 Die *Mid()*-Funktion ist ohne drittes Argument sehr flexibel

```
? Mid("Bilddatei.jpg", 11, 3)
jpg

? Mid("Bilddatei.jpeg", 11)
jpeg

? Mid(CurrentProject.Name, 9)
accdb
```

Da es aber schon lange nicht mehr die 8+3-Regel (acht Zeichen Dateiname plus drei Zeichen Endung) gibt, kann die Endung mehr als drei Zeichen lang sein. Das lösen Sie, indem Sie wie in den unteren beiden Beispielen von Abbildung 38.5 den kompletten Resttext nach dem letzten Punkt zurückgeben.

Programmierung

Textteile in anderen Texten finden

Aber woher wissen Sie im vorigen Beispiel, dass der Punkt als Trennzeichen zwischen Dateinamen und -endung an der elften Position steht? Ganz einfach: Die *InStr()*-Funktion (lies *InString*) verrät es Ihnen.

Sie übergeben der *InStr()*-Funktion im ersten Argument den Text, in dem gesucht werden soll, und im zweiten den gewünschten Suchbegriff. Das muss nicht wie in Abbildung 38.6 ein einzelnes Zeichen, sondern kann auch eine längere Zeichenkette sein.

Abbildg. 38.6 Die *InStr()*-Funktion liefert die Position des gesuchten Punkts

Wenn der Suchbegriff im Text gefunden wird, gibt die *InStr()*-Funktion die erste gefundene Anfangsposition im Text zurück. Das erste Zeichen hat die Position *1*, daher steht der Punkt auf Position *10*. Wird der Teiltext nicht gefunden, ist der Rückgabewert *0*.

ACHTUNG Die *InStr()*-Funktion gibt immer nur die erste Position des Teiltextes zurück. Wollen Sie bei einem etwaigen mehrfachen Vorkommen alle Stellen ermitteln, bedarf es einer Schleife wie im folgenden Listing:

```
Sub MehrfacheTreffer()
    Dim intLetztePosition As Integer
    Const cstrDateiname = "Bilddatei vom 24.12.2013.jpeg"

    intLetztePosition = InStr(cstrDateiname, ".")
    Do Until intLetztePosition = 0
        Debug.Print intLetztePosition
        intLetztePosition = InStr(intLetztePosition + 1, cstrDateiname, ".")
    Loop
End Sub
```

Die *InStr()*-Funktion kennt ein optionales Argument (welches völlig ungewöhnlich an erster Stelle steht!), mit dem Sie angeben können, ab welcher Position die Suche beginnt. Der Code setzt den Anfang der nächsten Suche daher immer auf die Position, die sich ein Zeichen hinter dem vorigen Treffer befindet.

Abbildg. 38.7   Diese Funktion liefert die Positionen aller gesuchten Punkte

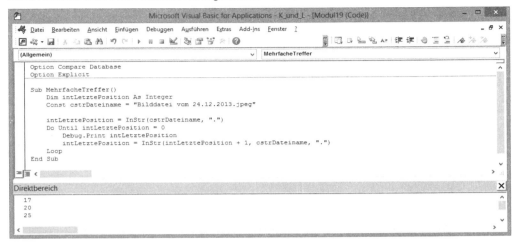

Das erste Auftreten eines Punkts ist allerdings für Dateinamen überhaupt nicht maßgeblich, denn erst der letzte Punkt trennt die Endung. Glücklicherweise gibt es dafür die *InStrRev()*-Funktion (lies *InStringReverse*), welche die letzte Position zurückgibt.

Abbildg. 38.8   Die *InStrRev()*-Funktion findet das letzte Vorkommen des Textes

```
                          Direktbereich
? InStrRev("Bilddatei vom 24.12.2013.jpeg", ".")
 25
```

Kombinierter Aufruf

Typischerweise werden diese Funktionen zur Textanalyse nicht einzeln aufgerufen, sondern unterstützen sich gegenseitig, wie das folgende Listing zeigt:

```
Sub DateiendungFinden()
    Debug.Print DateiEndung("Bilddatei vom 24.12.2013.jpeg")
End Sub

Function DateiEndung(strDateiname As String) As String
    Dim intPositionPunkt As Integer

    intPositionPunkt = InStrRev(strDateiname, ".")
    If intPositionPunkt = 0 Then
        DateiEndung = ""
    Else
        DateiEndung = Mid(strDateiname, intPositionPunkt + 1)
    End If
End Function
```

Programmierung

Die *InStrRev()*-Funktion findet das letzte Auftreten des Punkts und die *Mid()*-Funktion liefert den dahinterstehenden Resttext wie in Abbildung 38.9 zurück.

Abbildg. 38.9 So lässt sich eine beliebige Dateiendung ermitteln

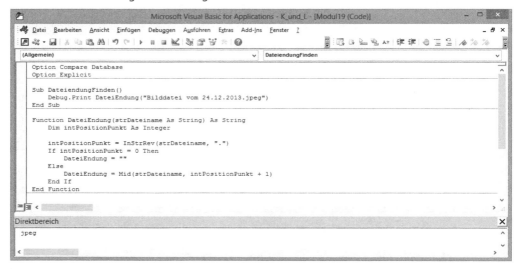

Leerzeichen entfernen

Beim Import von Texten aus anderen Datenquellen stehen gelegentlich überflüssige Leerzeichen vor oder hinter dem Text. Die *Trim()*-Funktion löscht solche (äußeren!) Leerzeichen, wie in Abbildung 38.10 zu sehen ist.

Abbildg. 38.10 Die *Trim()*-Funktion entfernt äußere Leerzeichen

Damit der Effekt am Anfang und Ende des Textes überhaupt zu erkennen ist, wurde der getrimmte Text in Größer-/Kleiner-Zeichen gesetzt.

TIPP Es gibt mit *LTrim()* und *RTrim()* noch zwei weitere Funktionen, die jeweils nur eine Seite von Leerzeichen befreien.

Länge von Zeichenketten bestimmen

Das beliebteste Missverständnis bei der *Len()*-Funktion (lies *Length*) besteht darin, dass damit die Länge einer Zeichenkette in Zentimetern, Punkten oder Pixel gemessen würde. In Wirklichkeit geht es um die Anzahl der Zeichen, wie es auch Abbildung 38.11 zeigt.

Abbildg. 38.11 Die *Len()*-Funktion zählt die Anzahl der enthaltenen Zeichen

```
? Len("Lorenz Hölscher")
  15
```

Zeichen ersetzen

Natürlich können Sie mit geschickter Kombination aus *InStr()*-Funktion und Verkettungsoperator »&« Texte neu zusammensetzen. Meistens ist es aber viel einfacher, dazu die *Replace()*-Funktion zu benutzen. In Abbildung 38.12 wird damit beispielsweise ein Dateiname mit anderer Endung erzeugt.

Abbildg. 38.12 Die *Replace()*-Funktion tauscht Teile des Textes aus

```
? Replace("Bilddatei vom 24.12.2013.jpeg", "Bild", "Foto")
Fotodatei vom 24.12.2013.jpeg
```

HINWEIS   Nur vorsichtshalber möchte ich bei diesem Beispiel darauf hinweisen, dass sich durch diese VBA-Zeile keineswegs der Name der gespeicherten Datei ändert. Es wird lediglich der Inhalt einer Zeichenkette manipuliert.

Groß-/Kleinschreibung ändern

Eine Änderung der Groß-/Kleinschreibung ist vor allem wichtig, wenn Sie Zeichenketten vergleichen wollen. Gibt Ihr Benutzer beispielsweise einen Dateinamen in Großbuchstaben an und Sie vergleichen diesen mit einem auch nur teilweise kleingeschriebenen Dateinamen, dann scheitert das eventuell.

Die Funktion *UCase()* (lies *UpperCase*, engl. Großbuchstaben) wandelt alle Zeichen des Arguments in Großbuchstaben um. Das Gegenstück ist die Funktion *LCase()* (lies *LowerCase*, engl. Kleinbuchstaben), die entsprechend alle Zeichen durch Kleinbuchstaben ersetzt.

Die folgende, selbst geschriebene Funktion *Vergleich()* soll einen als Argument übergebenen Dateinamen mit einem intern vorhandenen vergleichen und eine True/False-Antwort zurückgeben:

```
Function Vergleich(strDateiname As String) As Boolean
    If strDateiname = "K_und_L.accdb" Then
        Vergleich = True
    Else
        Vergleich = False
    End If
End Function
```

ACHTUNG Die Gefahr etwaiger falscher Ergebnisse besteht darin, dass die Funktion abhängig von der `Option`-Anweisung in diesem Modul ist. Solange ganz am Anfang noch `Option Compare Database` steht, kümmert sich diese Version nicht um die Groß-/Kleinschreibung. Erst wenn Sie dort `Option Compare Binary` schreiben oder `Option Compare…` ganz weglassen, kommt es dazu, dass verschiedene Ausprägungen von Groß- und Kleinschreibung nicht mehr als identisch angesehen werden. "K_und_L.accdb" und "K_UND_L.ACCDB" würden demzufolge nicht mehr als identische Dateinamen betrachtet werden.

Die folgende Testprozedur *TesteVergleich* ruft die Funktion mit einem Dateinamen in der genannten abweichenden Schreibweise auf:

```
Sub TesteVergleich()
    Debug.Print Vergleich("K_Und_L.ACCDB")
End Sub
```

Besser wäre es, beide Zeichenketten auf einheitliche (hier Klein-)Schreibung zu vereinheitlichen, dann sind Sie nämlich von dieser Option unabhängig. Wie im folgenden Code müssen Sie darauf achten, dass wirklich beide Seiten kleingeschrieben werden, die Vergleichszeichenkette wird dabei nämlich gerne mal vergessen.

```
Function Vergleich(strDateiname As String) As Boolean
    If LCase(strDateiname) = "k_und_l.accdb" Then
        Vergleich = True
    Else
        Vergleich = False
    End If
End Function
```

PROFITIPP Noch kürzer geht es übrigens, wenn Sie das Ergebnis des Vergleichs direkt als Rückgabewert der Funktion benutzen wie im folgenden Listing:

```
Function Vergleich(strDateiname As String) As Boolean
    Vergleich = (LCase(strDateiname) = "k_und_l.accdb")
End Function
```

Zahlenfunktionen

Die nächsten praktischen Funktionen betreffen den Umgang mit Zahlenwerten, vor allem deren Umwandlung.

Runden

Es gibt verschiedene Möglichkeiten, eine Zahl auf eine vorgegebene Anzahl von Nachkommastellen zu begrenzen. Die *Round()*-Funktion erlaubt mit dem zweiten Argument die Angabe, wie viele Stellen nach dem Komma es sein sollen.

Abbildg. 38.13   Die *Round()*-Funktion liefert unerwartete Ergebnisse

```
                              Direktbereich                              ☒
  ? Round(1.2345, 3)
   1,234

  ? Round(1.23451, 3)
   1,235

  ? Round(1.2346, 3)
   1,235
```

Wenn Sie sich das Beispiel in Abbildung 38.13 genau betrachten, werden Sie allerdings feststellen, dass nicht kaufmännisch gerundet wurde, wie es üblicherweise erwartet wird. Die *Round()*-Funktion setzt die mathematische Rundung ein.

ACHTUNG   Hier ist in der ersten Zeile der Sonderfall einer mathematischen Rundung zu sehen. Danach gilt, dass beim Wegfall einer *5* ohne weitere folgende Ziffern die letzte beizubehaltende Ziffer gerade wird, also bleibt hier eine *4*. In der zweiten Zeile folgt auf die *5* eine Ziffer, daher wird wie bei der kaufmännischen Rundung aufgerundet.

Formatieren

Nicht nur im Runden überzeugender, sondern vor allem deutlich vielseitiger ist die *Format()*-Funktion. Sie benötigt als zweites Argument eine Formatangabe als Zeichenkette, wie Sie diese eventuell schon von Excel kennen.

Abbildg. 38.14   Die *Format()*-Funktion ist sehr vielseitig

```
                              Direktbereich                              ☒
  ? Format(1.2345, "0.000")
   1,235

  ? Format(12345.6789, "#,##0.00 €")
   12.345,68 €
```

In Abbildung 38.14 sehen Sie oben die Beschränkung auf drei Nachkommastellen mit kaufmännisch korrekter Rundung. Die Zahlenformate müssen immer in amerikanischer Schreibweise angegeben werden, also mit Tausenderkomma und Dezimalpunkt. Trotzdem wird das Ergebnis mit den deutschen Trennzeichen zurückgegeben, übrigens im Gegensatz zur *Round()*-Funktion als Zeichenkette.

Sie können innerhalb einer Formatanweisung sogar manche Sonderzeichen berücksichtigen, dazu zählt beispielsweise das Euro-Zeichen wie in Abbildung 38.14.

PROFITIPP   Woran lässt sich erkennen, dass eine Funktion eine Zahl oder eine Zeichenkette zurückgibt? Im Direktbereich haben Zahlen immer ein führendes Leerzeichen, Texte jedoch nicht. Wenn Sie Abbildung 38.13 und Abbildung 38.14 miteinander vergleichen, können Sie das sehen.

Zahlen konvertieren

Einige spezielle Konvertierungsfunktionen wie *CInt()* (lies *ConvertToInteger*), *CDbl()* (lies *Convert-ToDouble*) und *CLng()* (lies *ConvertToLong*) dienen vor allem dazu, Datentypen korrekt zuweisen zu können.

Diese Konvertierungsfunktionen stehen zur Verfügung

Die *CInt()*- und die *CLng()*-Funktion sind geeignet, Gleitkommazahlen auf ganze Werte zu runden, wie Sie in Abbildung 38.15 sehen.

ACHTUNG Achten Sie unbedingt darauf, welchen Datentyp Sie an die Funktion übergeben. In Abbildung 38.16 ist das unterschiedliche Verhalten für die *CDbl()*-Funktion zu sehen.

Der Datentyp ist entscheidend für das Ergebnis

Ein Zahlendatentyp (wie für 1.234) benötigt die amerikanische Schreibweise, ein *String*-Datentyp (wie für "1,234") hingegen die lokale Schreibweise, wie sie in der Systemsteuerung eingestellt ist.

Text in Zahl umwandeln

Bereits in Kapitel 18 habe ich die *Val()*-Funktion erwähnt, die in der Lage ist, aus einer Zeichenkette bestmöglich eine Zahl zu machen. Dabei unterscheidet sie sich von den eben genannten Konvertierungsfunktionen, die nur »einwandfreie« Zeichenketten akzeptieren. Die *Val()*-Funktion nimmt alle Ziffern am Anfang des Textes, die sich irgendwie umwandeln lassen (siehe Abbildung 38.17).

Abbildg. 38.17 Die *Val()*-Funktion wandelt Texte bestmöglich um

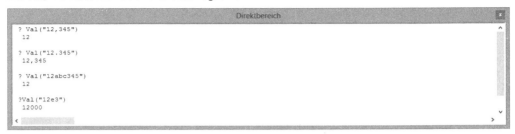

Allerdings ist die *Val()*-Funktion an die amerikanische Schreibweise gebunden und eignet sich nicht für deutsche Formatierungen mit Tausenderpunkt oder Nachkommaanteilen, wie das erste Beispiel in Abbildung 38.17 zeigt.

Sie kann zwar die ersten Ziffern interpretieren und nachfolgende Buchstaben ignorieren, was durchaus vorteilhaft sein kann, um Maßeinheiten abzuschneiden. Allerdings kennt die *Val()*-Funktion die mathematische Schreibweise für Potenzen, sodass ein »e« wie in der letzten Zeile von Abbildung 38.17 zu überraschenden Ergebnissen führen mag.

Datumsfunktionen

Der Umgang mit Datumswerten gilt vor allem deshalb immer als lästig und fehleranfällig, weil scheinbar landesspezifische Schreibweisen berücksichtigt werden müssten. Mit den geeigneten Funktionen ist das jedoch unproblematisch.

Aktuelle Datums- und Zeitwerte

Drei Funktionen liefern dabei die aktuellen Werte:

- Mit der *Now()*-Funktion erhalten Sie den aktuellen Tag einschließlich aktueller Uhrzeit
- Die *Time()*-Funktion nennt nur die aktuelle Uhrzeit ohne den Tag
- Entsprechend gibt die *Date()*-Funktion nur das Tagesdatum, aber keine Uhrzeit zurück

> **HINWEIS** Die *Date()*-Funktion ist hier mit Klammern notiert, obwohl der VBA-Editor die Klammern im Code entfernt (im Direktfenster bleiben die Klammern jedoch erhalten, wie Abbildung 38.18 zeigt). Es gibt nämlich einen gleichnamigen Datentyp *Date*, der für diesen Darstellungsfehler sorgt. Inhaltlich funktioniert es trotzdem.

Abbildg. 38.18 Diese Ergebnisse liefern die drei Funktionen zurück

Datum und Zeit zerlegen

Ein ganzes Bündel an Funktionen steht bereit, um ein Datum in seine Bestandteile zu zerlegen. Wenn es sich bei dem zerlegten Wert um einen echten *Date*-Datentypen handelt, spielt auch die landestypische Schreibweise keine Rolle, weil die intern gespeicherte serielle Datumszahl umgerechnet wird.

> **HINWEIS** Seriell bedeutet in diesem Zusammenhang, dass ein Datumswert intern einfach als Gleitkommawert gespeichert wird. Vor dem Komma stehen die Anzahl der Tage seit 01.01.1900, nach dem Komma der Tagesanteil der laufenden 24 Stunden. Die Angabe 24.12.2013 19:30 entspricht also dem in Abbildung 38.19 ermittelten Wert *41632,8125*. Das sind 41.632 Tage nach dem 01.01.1900 zuzüglich 0,8125 Tagesanteil für den laufenden Tag.

Abbildg. 38.19 Das ist der tatsächliche Wert hinter dem Datum

Die Funktionen *Day()*, *Month()*, *Year()* und *Hour()*, *Minute()*, *Second()* können wie in Abbildung 38.20 den jeweiligen Teil aus dem kompletten Datumswert herausrechnen und als Zahl zurückgeben.

Abbildg. 38.20 Mit diesen Funktionen lässt sich das Datum in seine Teile zerlegen

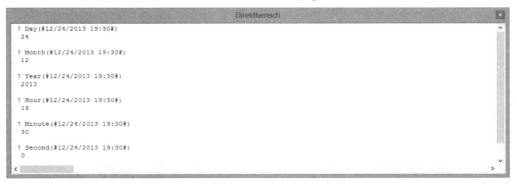

Die auf Seite 891 bereits vorgestellte *Format()*-Funktion kann all das ebenfalls ermitteln, auch wenn die Ergebnisse dann als Text statt als Zahlen zurückgegeben werden.

Abbildg. 38.21 Die *Format()*-Funktion kann das ebenfalls ermitteln

```
                              Direktbereich                               ▣
? Format(#12/24/2013 19:30#, "d")
24

? Format(#12/24/2013 19:30#, "m")
12

? Format(#12/24/2013 19:30#, "yyyy")
2013

? Format(#12/24/2013 19:30#, "h")
19

? Format(#12/24/2013 19:30#, "n")
30

? Format(#12/24/2013 19:30#, "s")
0
```

ACHTUNG   Es wäre zu einfach, wenn die gleiche Firma (Microsoft) beim gleichen Problem (Zahlenformate) auch die gleiche Lösung gewählt hätte wie beispielsweise in Excel-Zellen. Während dort Monate ("M") und Minuten ("m") sich nur in Groß- und Kleinschreibung unterscheiden, gilt hier "m" für Monate und "n" für Minuten.

Rechnen mit Datum und Zeit

Dank des seriellen Datums können Sie mit Datums- und Zeitwerten sehr schön einfach rechnen: Eine Woche später ist Date() + 7 und eine Stunde später errechnen Sie mit Time() + 1/24.

Um ein Datum zu errechnen, das einen Monat später liegt, stehen Sie vor dem Problem, dass die Monate bekanntlich unterschiedlich lang sind. Sie könnten zwar mit einer eigenen Formel herausfinden, ob 28, 29, 30 oder 31 Tage zu addieren sind, doch VBA nimmt Ihnen das ab. Denn für solche und ähnliche Berechnungen werden die beiden Funktionen *DateAdd()* und *DateDiff()* zur Verfügung gestellt.

In Abbildung 38.22 sehen Sie, wie Sie mit der *DateAdd()*-Funktion den gleichen Tag im Folgemonat berechnen. Das erste Argument gibt dabei das Intervall an, das zweite die Anzahl der Intervalle und das dritte das Ausgangsdatum.

Abbildg. 38.22 Die *DateAdd()*-Funktion findet ein Datum auch über Monats- und Jahresgrenzen hinweg

```
                              Direktbereich                               ▣
? DateAdd("m", 1, #12/24/2013#)
24.01.2014
```

Die *DateDiff()*-Funktion ermittelt umgekehrt das Differenzintervall zwischen zwei gegebenen Datumswerten (siehe Abbildung 38.23).

Abbildg. 38.23   Die *DateDiff()*-Funktion ermittelt die Differenz zwischen zwei Datumswerten

ACHTUNG   *DateDiff()* ist nicht besonders exakt, wie Sie am Beispiel von Abbildung 38.23 sehen können: Als Differenz zwischen Weihnachten 2013 und dem folgenden Neujahrstag errechnet die Funktion einen Monat, obwohl in Wirklichkeit nur eine gute Woche Abstand ist. Aber das jüngere Datum liegt halt im *darauffolgenden* Monat, daher die 1. Wenn Sie einen genaueren Wert benötigen, könnten Sie hier aber auch die Anzahl der Tage per "d" errechnen.

Schließlich gibt es noch eine recht häufig benutzte *DateValue()*-Funktion (siehe Abbildung 38.24), welche aus einer Zeichenkette einen echten *Date*-Wert macht.

Abbildg. 38.24   Die *DateValue()*-Funktion wandelt eine Zeichenkette in ein Datum um

```
                                      Direktbereich                                    ▣
? DateValue("24.12.2013")                                                              ^
24.12.2013

? DateValue("24. Dezember 2013")
24.12.2013

? DateValue("24. Dez. 2013")
24.12.2013                                                                             ⌄
<                                                                                    >
```

Wie Sie sehen, ist die Funktion recht flexibel und kann auch geschriebene Monatsnamen interpretieren. Je nach Regionseinstellungen in der Systemsteuerung wird aber nur entweder *Januar* (z.B. Deutschland) oder *Jänner* (z.B. Österreich) erkannt.

Prüffunktionen

Beim Umwandeln von verschiedenen Datentypen geht schnell etwas schief, vor allem bei Datumswerten. Mit DateValue("24.13.2013") erzeugen Sie wenig überraschend einen Laufzeitfehler, dass die *Typen unverträglich* seien. Bevor Sie also Daten umwandeln, müssen Sie erst einmal prüfen, ob sie geeignet sind.

Fangen wir direkt mit diesem Problem an: Wäre der Text in ein Datum umzuwandeln? Dafür gibt es die *IsDate()*-Funktion, die wie alle folgenden eine True/False-Entscheidung zurückgibt (siehe Abbildung 38.25). Sie ist ebenfalls recht flexibel und kann auch mit ausgeschriebenen Monatsnamen umgehen.

Da im Beispiel aus Abbildung 38.25 eine Regionseinstellung für Deutschland (und nicht für Österreich) aktiv ist, wird der *Jänner* nicht als Datum akzeptiert.

Abbildg. 38.25 Die *IsDate()*-Funktion prüft eine Zeichenkette auf Datumstauglichkeit

Die *IsNumeric()*-Funktion prüft, ob die Zeichenkette in eine Zahl umgewandelt werden könnte, wie Abbildung 38.26 zeigt.

Abbildg. 38.26 Die *IsNumeric()*-Funktion untersucht, ob die Zeichenkette als Zahl geeignet wäre

Wie Sie in der vorletzten Zeile von Abbildung 38.26 sehen, ist die *IsNumeric()*-Funktion pingeliger als die *Val()*-Funktion. Da die Zeichenkette nicht komplett in eine Zahl umwandelbar wäre, wird sie abgelehnt, obwohl die *Val()*-Funktion wenigstens die ersten Ziffern noch interpretieren könnte.

Weitere Funktionen

Weitere spezielle Funktionen sollen hier nur kurz erwähnt werden, weil sie eher selten eingesetzt werden:

- Mit *IsNull()* kann vor allem bei Feldinhalten getestet werden, ob dort ein Inhalt oder ein NULL-Wert drin steht

- Mit *IsEmpty()* lässt sich prüfen, ob eine *Variant*-Variable initialisiert wurde. Für andere Datentypen gibt die Funktion keine sinnvollen Ergebnisse zurück.

- In Kapitel 35 haben Sie bereits die *IsMissing()*-Funktion gesehen, die für ein optionales *Variant*-Argument prüfen kann, ob ein Wert übergeben wurde. Sie haben dort ebenfalls eine Lösung gefunden, wie es ohne diese Funktion viel einfacher geht.

Für die übrigen *IsError()*-, *IsObject()*- oder *IsArray()*-Funktionen verweise ich auf die Hilfe, weil sie im Programmieralltag eher ohne Belang sind.

Zusammenfassung

In diesem Kapitel ging es um die wichtigsten Funktionen innerhalb der riesigen Auswahl, die VBA bereitstellt:

- Die *Textfunktionen* (Seite 884) zerlegen Texte in bestimmte Teile oder finden bzw. ersetzen darin einzelne Bestandteile

- Die *Zahlenfunktionen* (Seite 890) dienen vor allem dem Runden oder Formatieren von Zahlenwerten

- Die *Datumsfunktionen* (Seite 893) vereinfachen das Umrechnen von Datumswerten oder die Ermittlung einzelner Bestandteile

- Die *Prüffunktionen* (Seite 896) untersuchen vor einer fehlerhaften Umwandlung, ob die Zeichenkette in einen bestimmten Datentyp umwandelbar wäre

Kapitel 39

Objekte programmieren

In diesem Kapitel:

Bisher scheinen die VBA-Programmierung in einem Modul und die Objekte in der Datenbank wenig miteinander zu tun zu haben. Der Code ist aber ja kein Selbstzweck, sondern verbessert die Datenbank. Dieses Kapitel beschäftigt sich daher speziell mit der Programmierung von Objekten in der Datenbank, insbesondere Formularen, Berichten und deren Steuerelementen.

CD-ROM   Um Ihnen das Nachvollziehen der Schritte in diesem Kapitel zu erleichtern, finden Sie innerhalb der Beispieldateien zu diesem Buch im Ordner *Kap38* eine Datenbank, die bereits die Änderungen aus Kapitel 38 enthält. Laden Sie einfach die betreffende Datenbank, um mit der Arbeit in diesem Kapitel zu beginnen.

Sie können also jederzeit ein Kapitel überspringen und trotzdem auf den aktuellen Stand der Datenbank zugreifen.

Formular-Ereignisse

Viele Benutzer glauben, ein Klick auf eine Schaltfläche wäre die wichtigste Aktion in einem Formular. Tatsächlich sind jedoch die unauffälligen, weil automatischen Aktionen viel wichtiger. Vieles in einem Formular muss zur Laufzeit und in Abhängigkeit von den aktuellen Daten noch angepasst oder deaktiviert werden, da können Sie nicht warten, dass ein freundlicher Benutzer irgendwo hinklickt.

Beim Anzeigen eines Datensatzes

Eines der wichtigsten Ereignisse für die Anpassung des Formulars an einen konkreten Datensatz ist *Form_Current*. Während der deutschsprachige Name des Ereignisses etwas irreführend *Beim Anzeigen* lautet, sagt die englische Bezeichnung der Prozedur deutlicher, dass es nicht einmalig beim Anzeigen des Formulars, sondern tatsächlich für jeden laufenden (engl. *current*) Datensatz aufgerufen wird.

Es ist also optimal, um das Formular für jeden Datensatz anzupassen. Das Ereignis wird automatisch aufgerufen, bevor ein neuer Datensatz auf den Bildschirm kommt, also auch beim ersten und ohnehin beim Wechsel zum jeweils nächsten Datensatz.

HINWEIS   Ereignisse, die den ganzen Datensatz betreffen, werden durch das *Form*-Objekt ausgelöst.

Damit können Sie dafür sorgen, dass beim Anzeigen eines Artikeldatensatzes das jeweils dazu passende Foto angezeigt wird, falls es eines gibt. Sie müssen nur dafür sorgen, dass irgendein Zusammenhang zwischen dem Dateinamen des Fotos und dem Inhalt des Datensatzes herzustellen ist, weil ja kein Bildname gespeichert wurde.

Hier sind alle Fotos einfach in einem Unterverzeichnis *Artikel* gespeichert und heißen alle *ID_<n>.jpg*, wobei *n* der *artID* entspricht. Zusätzlich gibt es ein Bild *Fehlt.jpg*, welches dann erscheint, wenn kein Artikelfoto vorhanden ist.

1. Wechseln Sie in die Entwurfsansicht des vorhandenen Formulars *frmArtikel*, wie es in Kapitel 25 fertiggestellt wurde.

2. Fügen Sie ohne den Steuerelement-Assistenten mit dem Befehl *ENTWURF/Steuerelemente/Bild* ein leeres Bild-Steuerelement in den leeren Bereich oben rechts ein. Benennen Sie dieses als *img-Bild* und stellen Sie dessen *Bildtyp* auf *Verknüpft* (siehe Abbildung 39.1).

Abbildg. 39.1   Das Formular erhält ein *Bild*-Steuerelement

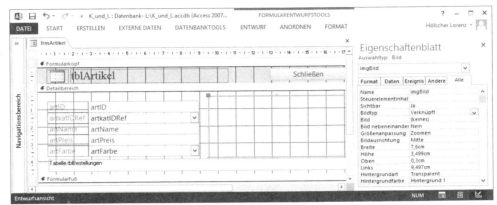

3. Markieren Sie oben links am Schnittpunkt der Lineale das ganze Formular und doppelklicken Sie im Eigenschaftenblatt auf dessen Ereignis *Beim Anzeigen*, sodass dort *[Ereignisprozedur]* angezeigt wird. Dann können Sie auf die Schaltfläche mit den drei Pünktchen klicken, um in die passende Ereignisprozedur des Formularmoduls zu gelangen.

4. Ergänzen Sie den leeren Prozedurrumpf mit folgendem Code:

```
Private Sub Form_Current()
    Dim strBilddatei As String
    Dim strPfad As String

    strPfad = CurrentProject.Path & "\Artikel\"
    strBilddatei = Dir(strPfad & "ID_" & Me.artID.Value & ".jpg")
    If strBilddatei = "" Then
        strBilddatei = "Fehlt.jpg"
    End If

    Me.imgBild.Picture = strPfad & strBilddatei
End Sub
```

5. In der *strPfad*-Variablen wird zusätzlich das Unterverzeichnis *Artikel* gespeichert, wobei der Pfad der aktuellen Datenbank ohnehin immer in `CurrentProject.Path` enthalten ist.

6. Die *Dir()*-Funktion liefert an *strBilddatei* nur den Namen der im Argument zusammengesetzten Bilddatei ohne Verzeichnis zurück, wenn sie existiert. Andernfalls enthält *strBilddatei* einen Leerstring, dann wird das vorbereitete Bild *Fehlt.jpg* benutzt. Daher muss in beiden Fällen der Pfad erneut vorangestellt werden.

7. Dann kann anschließend der *Picture*-Eigenschaft von *imgBild* dieser Pfad samt Dateinamen zugewiesen werden.

Wenn Sie nun Bilder im Artikelunterverzeichnis (wie in Abbildung 39.2) mit dem Namensmuster *ID_1.jpg* oder *ID_15.jpg* bereitstellen, werden diese beim Durchblättern in diesem Verzeichnis zum passenden Artikel angezeigt.

Abbildg. 39.2   Dieser Artikel hat ein passendes Bild

Fehlt ein Foto zum Artikel, wird stattdessen ein vorbereitetes Standardbild namens *Fehlt.jpg* eingeblendet, wie es in Abbildung 39.3 zu sehen ist.

Abbildg. 39.3   Dieser Artikel hat kein Bild und zeigt deshalb *Fehlt.jpg* an

Dank so weniger Zeilen VBA-Programmierung müssen Sie nun nicht mehr in jedem Datensatz ein Bild speichern und können einfach den Fall abfangen, dass auch einmal ein Foto fehlt.

Beim Bewegen der Maus

Das Bild ist ja nett, aber zu klein. Anstatt nun große Teile des Formulars unnötig zu belegen, würde es reichen, das Foto zu vergrößern, wenn der Mauszeiger darüber bewegt wird, wie es auch auf vielen Internetseiten üblich ist.

Das ist ein klein wenig aufwendiger, denn wenn das Bild beispielsweise doppelt so groß werden soll, müssen Sie sich die ursprünglichen Werte merken. Das *MouseMove*-Ereignis (entspricht der *Bei Mausbewegung*-Eigenschaft) tritt bei einer Mausbewegung mehrfach pro Sekunde auf, das Foto soll aber ja nur einmalig vergrößert werden.

Anstatt nun die ursprüngliche Größe des Bilds fest im Code zu notieren, ist es besser, diese auszulesen und in einer Variablen zu speichern. Das muss nur einmalig beim Öffnen des Formulars geschehen.

1. Deklarieren Sie am Anfang dieses Formularmoduls zwei Modul-öffentliche Variablen wie im folgenden Listing:

```
Dim m_lngBildBreite As Long
Dim m_lngBildHoehe As Long
```

2. Wechseln Sie nun wieder in die Entwurfsansicht und markieren das Formular als Ganzes. Wählen Sie in dessen *Bei Laden*-Eigenschaft wieder *[Ereignisprozedur]* aus und klicken Sie erneut auf die Schaltfläche mit den drei Pünktchen.

3. Im Prozedurrumpf *Form_Load* ergänzen Sie anschließend den folgenden Code, der sich die Anfangsgröße des *Bild*-Steuerelements merkt:

```
Private Sub Form_Load()
    m_lngBildBreite = Me.imgBild.Width
    m_lngBildHoehe = Me.imgBild.Height
End Sub
```

> **ACHTUNG** Sie wundern sich möglicherweise, dass es *Long*-Variablen sind, obwohl in den Eigenschaften *Breite* und *Höhe* doch Zentimeterangaben stehen? Solche Maße werden intern aber in der Einheit *Twips* gespeichert (1 cm = 567 Twips) und sind *Long*-Zahlen.

4. Dann können Sie in der Entwurfsansicht das Steuerelement *imgBild* markieren und in dessen *Bei Mausbewegung*-Eigenschaft zum zugehörigen Prozedurrumpf wechseln.

> **PROFITIPP** Anstatt jedes Mal zum Anlegen eines Ereignis-Prozedurrumpfs in die Entwurfsansicht wechseln zu müssen, geht es auch einfacher. Im Formularmodul gibt es oben links eine Dropdownliste aller Steuerelemente, dort wählen Sie *imgBild* aus. In der rechten Dropdownliste wird dann bereits das *Click*-Ereignis angezeigt, das Sie aber gar nicht benötigen. Leider wird in den Code überflüssigerweise auch der Prozedurrumpf für *imgBild_Click* eingefügt. Wählen Sie stattdessen oben rechts *MouseMove*, sodass dessen Prozedurrumpf erzeugt wird. Die *imgBild_Click*-»Leiche« können Sie dann löschen.

5. Ergänzen Sie den folgenden Code im Prozedurrumpf (wobei der Umbruch in den Argumenten nur hier im Buch aus Platzgründen notwendig ist):

```
Private Sub imgBild_MouseMove(Button As Integer, Shift As Integer, _
    X As Single, Y As Single)
    With Me.imgBild
        .Width = m_lngBildBreite * 2
        .Height = m_lngBildHoehe * 2
    End With
End Sub
```

Jetzt wird tatsächlich in der Formularansicht beim Bewegen des Mauszeigers über das Foto dieses doppelt so groß angezeigt. Allerdings gibt es noch ein paar Probleme:

- Es flackert sehr schlimm, weil das Bild mehrfach pro Sekunde auf die gleichen Maße »vergrößert« wird

- Beim Verlassen des Fotos mit der Maus wird es nicht wieder verkleinert

- Die eingebettete Tabelle verdeckt teilweise das Foto, diese lässt sich leider auch nicht hinter das *Bild*-Steuerelement legen

Fangen wir mit dem letzten Problem an, denn dazu braucht es eine neue Variable, welche sich die ursprüngliche Position der eingebetteten Tabelle merkt. Da diese (weil eingebettet) immer vor allen Steuerelementen liegt, müssen Sie diese nach unten schieben, sobald das Foto größer wird.

1. Fügen Sie eine dritte Modul-öffentliche Variable für die *Top*-Position der Tabelle am Anfang des Codes ein:

```
Dim m_lngTopTabelle As Long
```

2. Damit die eingebettete Tabelle per VBA vernünftig programmiert werden kann, sollten Sie diese umbenennen und den bisherigen Namen *Untergeordnet15* durch *sfmTabelle* (*sfm* für SubForm = Unterformular) entsprechend der Ungarischen Notation ersetzen.

3. Damit deren ursprüngliche Position ebenfalls gespeichert wird, wird die *Form_Load*-Prozedur um die fett markierte Zeile ergänzt:

```
Private Sub Form_Load()
    m_lngBildBreite = Me.imgBild.Width
    m_lngBildHoehe = Me.imgBild.Height
    m_lngTopTabelle = Me.sfmTabelle.Top
End Sub
```

4. Beim Vergrößern des Fotos muss die Tabelle um einen (einfach ausprobierten) Wert weiter nach unten verschoben werden, wie es im folgenden Listing fett markiert ist:

```
Private Sub imgBild_MouseMove(Button As Integer, Shift As Integer, _
    X As Single, Y As Single)
    With Me.imgBild
        .Width = m_lngBildBreite * 2
        .Height = m_lngBildHoehe * 2
        Me.sfmTabelle.Top = m_lngTopTabelle + 2000
    End With
End Sub
```

HINWEIS Sie haben recht, dass die neue Zeile mit der Änderung des *Top*-Werts gar nicht innerhalb des *With*-Blocks stehen müsste. Das ergibt sich erst aus dem folgenden *If*-Block, für den das notwendig wird.

5. Das Flackern lässt sich leicht beheben, indem Sie beim Vergrößern prüfen, ob das Foto bereits vergrößert ist. Ergänzen Sie dazu die *imgBild_MouseMove*-Prozedur um die fett markierten Zeilen:

```
Private Sub imgBild_MouseMove(Button As Integer, Shift As Integer, _
    X As Single, Y As Single)
    With Me.imgBild
        If .Width <> (m_lngBildBreite * 2) Then
            .Width = m_lngBildBreite * 2
            .Height = m_lngBildHoehe * 2
            Me.sfmTabelle.Top = m_lngTopTabelle + 2000
        End If
    End With
End Sub
```

6. Damit das Foto anschließend wieder verkleinert wird, benutzen Sie das *Bei Mausbewegung*-Ereignis der umgebenden Fläche, also des Detailbereichs. Dort stellen Sie einfach die ursprünglichen Werte wieder ein. Auch hier sollten Sie prüfen, ob das bereits passiert ist, um das Flackern zu verhindern:

```
Private Sub Detailbereich_MouseMove(Button As Integer, Shift As Integer, _
    X As Single, Y As Single)
    With Me.imgBild
        If .Width <> m_lngBildBreite Then
            .Width = m_lngBildBreite
            .Height = m_lngBildHoehe
            Me.sfmTabelle.Top = m_lngTopTabelle
        End If
    End With
End Sub
```

7. Jetzt können Sie testen, ob das Bild nur dann vergrößert wird, wenn sich der Mauszeiger darauf befindet (siehe Abbildung 39.4), und beim Verlassen wieder seine ursprüngliche Größe erhält.

Abbildg. 39.4   Solange die Maus über dem Bild liegt, wird es vergrößert

Wird der Mauszeiger wieder aus dem Bildbereich heraus bewegt, wird das Bild wieder verkleinert

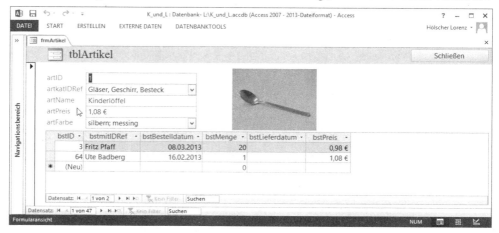

ACHTUNG Es gibt eine kleine Einschränkung der Funktionsfähigkeit: Wenn Sie mit dem Mauszeiger das Foto nicht über den Detailbereich, sondern ganz schnell über die eingebettete Tabelle verlassen, bleibt es groß. Das lässt sich auch nur über einen größeren Abstand beheben (damit dazwischen der Detailbereich aktiv ist), denn das *Unterformular*-Steuerelement hat keine *Bei Mausbewegung*-Eigenschaft.

Außerdem kollidiert diese programmierte Größenänderung mit dem Anker für das Unterformular. Wenn Sie es wirklich perfekt machen wollten, müssten Sie auch dessen Höhe mitberechnen. Ändern Sie die *Vertikaler Anker*-Eigenschaft von *sfmTabelle* auf *Oben* (und belassen *Horizontaler Anker* auf *Beide*) und ergänzen den Code wie folgt:

```
Private Sub imgBild_MouseMove(Button As Integer, Shift As Integer, X As Single, _
    Y As Single)
'...wie bisher, am Ende hinzu:
    TabelleKorrigieren
End Sub

Private Sub Form_Current()
'...wie bisher, am Ende hinzu:
    TabelleKorrigieren
End Sub

Private Sub Detailbereich_MouseMove(Button As Integer, Shift As Integer, _
    X As Single, Y As Single)
'...wie bisher, am Ende hinzu:
    TabelleKorrigieren
End Sub

Sub TabelleKorrigieren()
    With Me.sfmTabelle
        .Height = Me.InsideHeight - .Top - Me.Formularkopf.Height - 150
    End With
End Sub
```

Damit passt der Code nun bei jeder Verschiebung der Tabelle auch deren Höhe wieder korrekt an die Dimensionen des Formulars an. Der Wert *150* ist frei gewählt und gibt an, wie viel Platz noch unterhalb der Tabelle bleiben soll.

Beim Öffnen des Formulars

Auch Formulare, die gar keine Daten anzeigen, müssen möglicherweise bestimmte Werte beim Laden einstellen. Ein Beispiel dafür ist das Formular *frmZentral*, welches ja inzwischen beim Öffnen der Datenbank automatisch geladen wird. Darauf befindet sich ein Kombinationsfeld mit der Liste aller Mitarbeiter.

In Kapitel 29 haben Sie gesehen, dass Sie einfach die ID des ersten Hotels als *Standardwert*-Eigenschaft des Kombinationsfelds angeben können, damit es beim Öffnen diesen direkt anzeigt. Wenn die Listeneinträge allerdings wechseln, klappt das nicht mehr.

ACHTUNG   Bei den Kombinationsfeld-Steuerelementen (und Listenfeld-Steuerelementen, die sich identisch verhalten) der übrigen Microsoft Office-Produkte könnten Sie ganz bequem die *ListIndex*-Eigenschaft auf *0* setzen, um den ersten Eintrag auszuwählen. Das geht bei Access leider nicht.

1. Wechseln Sie in die Entwurfsansicht des Formulars *frmZentral* und markieren das Formular selbst.

2. Erzeugen Sie für dessen *Bei Laden*-Eigenschaft eine Ereignisprozedur und ergänzen deren Prozedurrumpf wie im folgenden Listing:

```
Private Sub Form_Load()
    With Me.cmbMitarbeiter
        .Value = .Column(0, 0)
    End With
End Sub
```

3. Die *Column()*-Eigenschaft des Kombinationsfelds hat zwei Parameter, um die Zeile und Spalte der Liste auszulesen. Mit der Angabe 0, 0 erhalten Sie immer die erste Spalte der ersten Zeile, unabhängig davon, welche Inhalte in der Liste stehen.

4. Da es sich hierbei auch um die gebundene Spalte handelt, können Sie diesen Wert direkt an die *Value*-Eigenschaft des Kombinationsfelds zurückgeben, um den ersten Eintrag zu aktivieren.

Damit wird beim Anzeigen des Formulars wie in Abbildung 39.6 immer der erste Eintrag der Liste angezeigt, auch wenn beispielsweise die Datenquelle der Liste anders sortiert war.

Abbildg. 39.6   Beim Öffnen wird automatisch der erste Listeneintrag ausgewählt

Beim Schließen des Formulars

Dieses Formular *frmZentral* soll zentrale Aufgaben in der Datenbank übernehmen, indem sich beispielsweise Parameterabfragen (siehe Kapitel 29) darauf beziehen. Da wäre es ärgerlich, wenn das Formular versehentlich schon geschlossen wäre. Sorgen Sie einfach dafür, dass sich das Formular entweder gar nicht schließen lässt oder dabei die Datenbank schließt.

1. Wechseln Sie in die Entwurfsansicht des Formulars *frmZentral* und fügen Sie dort ein *Kontrollkästchen*-Steuerelement ein.

2. Benennen Sie dieses als *chkDBSchliessen*, beschriften es mit *Datenbank mit Formular schließen* und setzen seine *Standardwert*-Eigenschaft auf *Falsch*, damit es normalerweise nicht angekreuzt ist. Das Formular sieht dann aus wie in Abbildung 39.7.

Abbildg. 39.7 Das Formular erhält ein Kontrollkästchen

3. Markieren Sie nun in der Entwurfsansicht das ganze Formular und erzeugen Sie die Ereignisprozedur für die *Bei Entladen*-Eigenschaft. Mit einem Klick auf die Schaltfläche mit den drei Pünktchen gelangen Sie in den zugehörigen Prozedurrumpf.

ACHTUNG Es gibt einen wichtigen Unterschied zwischen der *Beim Schließen*- und der *Bei Entladen*-Eigenschaft: Beim Entladen können Sie das Schließen noch verhindern, beim Schließen ist es zu spät.

4. Ergänzen Sie den *Form_Unload*-Prozedurrumpf wie im folgenden Listing:

```
Private Sub Form_Unload(Cancel As Integer)
    If Me.chkDBSchliessen.Value Then
        CloseCurrentDatabase
    Else
        Cancel = True
        MsgBox "Formular lässt sich nur schließen, " & _
            "wenn auch das Kontrollkästchen angekreuzt ist!", vbExclamation
    End If
End Sub
```

5. Der Code prüft zuerst, ob das Kontrollkästchen angeklickt ist, und führt nur dann die Anweisung *CloseCurrentDatabase* zum Schließen der aktuellen Datenbank aus.

6. Andernfalls wird der (Rückgabe-!)Parameter *Cancel* auf *True* gesetzt, sodass das aufrufende Ereignis gestoppt wird. In diesem Fall lässt sich also das Formular nicht schließen.

Sie können jetzt prüfen, ob sich das Formular nur noch schließen lässt, wenn dabei auch die Datenbank geschlossen werden darf.

ACHTUNG Auch der Wechsel von der Formularansicht in die Entwurfsansicht ist jetzt viel schwieriger geworden, weil dabei die Formularansicht geschlossen wird. Sie können das mit einem *On Error Resume Next* am Anfang der Prozedur auch noch verhindern.

Damit sperren Sie sich natürlich auch selbst aus. Schließen Sie die Datenbank und öffnen Sie sie beim nächsten Mal mit gedrückter ⌂-Taste, damit das Formular gar nicht erst geladen wird. Vom Navigationsbereich aus müssen Sie dann das Formular direkt in der Entwurfsansicht anzeigen.

PROFITIPP Eine weniger programmierlastige Alternative dazu wäre übrigens, das *X* oben rechts am Formular zum Schließen zu deaktivieren. Stellen Sie dazu die *Schließen Schaltfläche*-Eigenschaft des Formulars auf *Nein*. Je nach Betriebssystem bleibt übrigens das *X* weiterhin sichtbar, reagiert aber nicht mehr. Auch im Systemmenüfeld (oben links im Formular hinter dem Symbol versteckt) fehlt dann der *Schließen*-Eintrag und das Tastenkürzel Alt + F4 wird ebenfalls deaktiviert.

Beim Klicken im Listenfeld

Da es auf Dauer relativ viele Mitarbeiter werden können, die im Listenfeld auf diesem Formular *frmZentral* auswählbar sind, ist ein Filter immer sehr praktisch. Hier bietet es sich an, eine Vorauswahl des Hotels zu treffen und nur noch dessen Mitarbeiter anzuzeigen.

1. Wechseln Sie in die Entwurfsansicht des Formulars *frmZentral* und kopieren Sie die Mitarbeiterliste nochmals oberhalb der bisherigen Steuerelemente, die Sie dazu nach unten schieben müssen.

2. Benennen Sie das neue Kombinationsfeld *cmbHotels* und ändern seine *Datensatzherkunft*-Eigenschaft auf das folgende SQL-Statement:

```
SELECT htlID, [htlName] & " in " & [htlOrt] As NameKomplett
FROM tblHotels
ORDER BY htlName;
```

3. Beschriften Sie das zugehörige Bezeichnungsfeld mit *Hotel auswählen*, sodass der Entwurf wie in Abbildung 39.8 aussieht.

Abbildg. 39.8   Oberhalb der Mitarbeiter gibt es eine neue Hotel-Auswahl

4. Verändern Sie die bereits vorhandene *Form_Load*-Prozedur wie im folgenden Listing fett markiert, damit beim Öffnen des Formulars nicht der erste Mitarbeiter, sondern das erste Hotel ausgewählt ist:

```
Private Sub Form_Load()
    With Me.cmbHotels
        .Value = .Column(0, 0)
    End With

    cmbHotels_Click
End Sub
```

5. Erst die Auswahl eines Hotels soll die Mitarbeiterliste aktualisieren und dann den ersten Eintrag aktivieren. Die entsprechende Prozedur *cmbHotels_Click* ist hier schon aufgerufen worden, wird aber tatsächlich gleich erst erstellt.

6. Wählen Sie für das Kombinationsfeld *cmbHotels* in dessen *Beim Klicken*-Eigenschaft den Eintrag *[Ereignisprozedur]* und wechseln Sie in den Prozedurrumpf *cmbHotels_Click*. Ergänzen Sie diesen mit dem folgenden Code:

```
Private Sub cmbHotels_Click()
    With Me.cmbMitarbeiter
        .RowSource = "SELECT mitID, " & _
            "[mitNachname] & ', ' & [mitVorname] AS NameKomplett " & _
            "FROM tblMitarbeiter WHERE mithtlIDRef = " & Me.cmbHotels.Value & " " & _
            "ORDER BY mitNachname"
        If .ListCount > 0 Then
            .Value = .Column(0, 0)
            .Enabled = True
        Else
            .Enabled = False
        End If
    End With
End Sub
```

ACHTUNG Achten Sie beim obigen Listing vor allem auf die Leerzeichen am Zeilenende innerhalb der Zeichenkette, die der *RowSource*-Eigenschaft zugewiesen wird! Vor FROM und ORDER BY fehlen ansonsten im SQL-Statement die Leerzeichen und die Anweisung ließe sich nicht ausführen.

7. Die *RowSource* entspricht der deutschen *Datensatzherkunft*-Eigenschaft, daher wird auch im Code praktisch das gleiche SQL-Statement wie vorher erzeugt, allerdings mit einer zusätzlichen *WHERE*-Klausel. Dadurch werden nur die Mitarbeiter genau dieses Hotels angezeigt.

8. Bevor Sie mit `.Value = .Column(0, 0)` wieder den ersten Eintrag der Mitarbeiterliste aktivieren, sollten Sie sicherstellen, dass es überhaupt einen solchen gibt. Das ist beispielsweise für ein neues Hotel problematisch, zu dem bisher keine Mitarbeitereinträge angelegt wurden. Fragen Sie dazu einfach die *ListCount*-Eigenschaft des Kombinationsfelds ab.

ACHTUNG Die *ListCount*-Eigenschaft ist abhängig von der *ColumnHeads*-Eigenschaft (auf Deutsch *Spaltenüberschriften*), denn diese Überschrift wird als Zeile mitgezählt. Sie müssten hier dann `If .ListCount > IIf(.ColumnHeads, 1, 0) Then` schreiben, aber auch die *Form_Load*-Prozedur korrigieren:

```
Private Sub Form_Load()
    With Me.cmbHotels
        .Value = .Column(IIf(.ColumnHeads, 1, 0), 0)
    End With
End Sub
```

Das ist insgesamt so lästig, dass ich die Spaltenüberschriften nie anzeigen würde.

Geben Sie zu Testzwecken in der Tabelle *tblHotels* ein neues Hotel (beispielsweise »Iglu - Das Schneehotel« in Zwiesel«) ein, welches ja dann noch keine Mitarbeiter hat. Damit die Liste in *frm-Zentral* aktualisiert ist, schließen Sie am besten die Datenbank und öffnen sie erneut.

Wie Sie nun ausprobieren können, wird je nach Hotel entweder die Mitarbeiterliste deaktiviert (siehe Abbildung 39.9) oder auf die passenden Einträge beschränkt (siehe Abbildung 39.10).

Abbildg. 39.9 Dieses Hotel hat noch gar keine Mitarbeiter eingetragen

Abbildg. 39.10 Im ausgewählten Hotel gibt es genau diese Mitarbeiter

Damit haben Sie sich übrigens ganz unauffällig leider der Möglichkeit beraubt, alle Mitarbeiter in der Liste zu sehen, wenn Sie vielleicht gar nicht wissen, wo der Betreffende arbeitet. Das lässt sich selbstverständlich wieder einbauen:

1. Mit einer UNION-Abfrage (siehe Kapitel 23) wird vor der Liste der Hotels ein zusätzlicher Eintrag erzeugt, der als angebliche »ID« ein Sternchen und als Hotelnamen *<alle>* enthält. Dadurch ändert sich die *Datensatzherkunft*-Eigenschaft von *cmbHotels* wie im folgenden SQL-Statement:

Programmierung

```
SELECT "*" AS ID, "<alle>" AS Hotelname
FROM tblHotels
UNION
SELECT htlID, [htlName] & " in " & [htlOrt] As NameKomplett
FROM tblHotels
ORDER BY Hotelname;
```

ACHTUNG Beachten Sie bei UNION-Abfragen immer, dass nur die erste Abfrage die Feldnamen vorgibt, die auch für die Sortierung maßgeblich sind. Außerdem dürfen Sie hier kein UNION ALL einsetzen, weil dann das fiktive Hotel so oft auftauchen würde, wie es Einträge in der Tabelle *tblHotels* gibt. Die langsamere Ausführung (ohne ALL) ist aber bei diesen wenigen Einträgen ohnehin völlig zu vernachlässigen.

2. Sie können das im Abfrage-Generator (siehe Abbildung 39.11) überprüfen, wenn Sie sich die Datenblattansicht der UNION-Abfrage anzeigen lassen. Auch die Sortierung ist korrekt, weil das Kleiner-Zeichen (<) am Anfang des neuen »Hotelnamens« vor den übrigen Buchstaben einsortiert wird.

Abbildg. 39.11 Durch die UNION-Abfrage wird ein zusätzlicher Datensatz angezeigt

3. Die zweite Änderung betrifft die Tatsache, dass das Sternchen ja als Joker und nicht als Literal (also als Buchstabe »*«) ausgewertet werden muss. Daher ändert sich die *Datensatzherkunft* (*RowSource*) der Mitarbeiterliste im Code:

```
Private Sub cmbHotels_Click()
    With Me.cmbMitarbeiter
        If Me.cmbHotels.Value = "*" Then
            .RowSource = "SELECT mitID, " & _
                "[mitNachname] & ', ' & [mitVorname] AS NameKomplett " & _
                "FROM tblMitarbeiter " & _
                "ORDER BY mitNachname"
        Else
            .RowSource = "SELECT mitID, " & _
                "[mitNachname] & ', ' & [mitVorname] AS NameKomplett " & _
                "FROM tblMitarbeiter WHERE mithtlIDRef = " & _
                    Me.cmbHotels.Value & " " & _
                "ORDER BY mitNachname"
        End If
        If .ListCount > 0 Then
        ' ...wie bisher
End Sub
```

4. Sobald die ausgewählte »ID« des Hotels ein Sternchen ist, entfällt die WHERE-Klausel im SQL-Statement, ansonsten bleibt alles wie bisher.

Jetzt erst ist das Formular wieder benutzerfreundlich, indem wahlweise (siehe Abbildung 39.12) alle Mitarbeiter oder nur diejenigen eines einzigen Hotels auswählbar sind.

Abbildg. 39.12 Nun sind auch wieder alle Mitarbeiter auswählbar

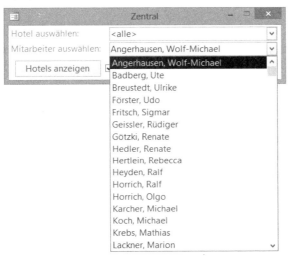

Bericht-Ereignisse

In Kapitel 31 haben Sie bereits ein Beispiel gesehen, wo sich die VBA-Programmierung in Berichten einsetzen lässt, denn nur so ließen sich die *von-bis*-Angaben im Bericht *rptTelefonverzeichnis* verwirklichen.

Insgesamt gibt es aber deutlich weniger Anlässe zur Programmierung in Berichten als in Formularen. Das hängt vor allem damit zusammen, dass auf dem Papier natürlich keine Interaktivität wie auf dem Bildschirm möglich ist. Dadurch fallen die ganzen *Beim Klicken-*, *Bei Änderung-*, *Bei Fokuserhalt-* oder *Vor Eingabe*-Ereignisse schon einmal weg.

ACHTUNG   Sie werden zu Recht einwenden, dass doch diese interaktiven Ereignisse auch im Bericht vorhanden seien. Das ist korrekt, aber sie funktionieren nur in der Berichtsansicht, die eigentlich eine verkappte Formularansicht ist. Beim »richtigen« Ausdruck oder der Seitenansicht fallen sie alle weg. Probieren Sie einmal im Vergleich die *Beim Formatieren*-Eigenschaft vom *Detailbereich* und die *Beim Klicken*-Eigenschaft vom ganzen Bericht aus:

```
Private Sub Detailbereich_Format(Cancel As Integer, FormatCount As Integer)
    MsgBox "Detailbereich_Format"
End Sub

Private Sub Report_Click()
    MsgBox "Report_Click"
End Sub
```

In der Berichtsansicht wird *Report_Click* nach einem Klick in die Ansicht ausgeführt und *Detailbereich_Format* nie. In der Seitenansicht hingegen wird nur *Detailbereich_Format* (eventuell müssen Sie weiterblättern, wenn auf der ersten Seite keine Daten stehen) ausgeführt, ein Klick bleibt jedoch wirkungslos. Sie sollten daher solche Prozeduren immer ausschließlich in der Seitenansicht testen, sonst kann es sehr frustrierend sein, keine Reaktion zu sehen.

Bei Ohne Daten

Ja, diese Eigenschaft heißt wirklich in so eigentümlichem Deutsch *Bei Ohne Daten*. Das Ereignis wird automatisch aufgerufen, sobald ein Bericht startet, der keine Daten enthält. Der in Kapitel 30 erstellte Bericht *rptMonatsrechnung* könnte beispielsweise leer sein, wenn in einem Monat einmal keine Bestellungen angefallen sind.

1. Wechseln Sie in die Entwurfsansicht des Berichts *rptMonatsrechnung* und markieren Sie dort den Bericht selbst.

2. Wählen Sie für dessen *Bei Ohne Daten*-Eigenschaft den Eintrag *[Ereignisprozedur]* und gehen dann über die Schaltfläche mit den drei Pünktchen zum *Report_NoData*-Prozedurrumpf.

3. Da diese Prozedur nur im Problemfall aufgerufen wird, reicht eine beliebige Reaktion ohne vorherige Prüfung der Datenquelle. Ergänzen Sie die Prozedur wie im folgenden Listing:

```
Private Sub Report_NoData(Cancel As Integer)
    MsgBox "Dieser Bericht zeigt keine Daten!", vbExclamation
    Cancel = True
End Sub
```

4. Wie schon beim Schließen des Formulars ist auch hier das *Cancel*-Argument ein Rückgabeparameter und die Zuweisung True sorgt dafür, dass der Bericht nicht angezeigt oder ausgedruckt wird.

So weit ist alles wunderbar programmiert, nur: Wie testen wir das? Schließlich hat der Bericht ja Daten und der Fehler wird nicht auftreten. Am besten rufen Sie den Bericht mit einem Filter auf:

1. Speichern und schließen Sie den Bericht (nicht sein Modul, sondern den Berichtsentwurf selbst!) und legen Sie im VBA-Editor ein neues (Standard-!)Modul an.

2. Schreiben Sie dort die neue Prozedur *TesteMonatsbericht* mit dem folgenden Code:

```
Sub TesteMonatsbericht()
    On Error Resume Next
    DoCmd.OpenReport "rptMonatsrechnung", acViewPreview, , _
        "bstBestelldatum = #12/24/2013#"
End Sub
```

3. Das Ignorieren aller Fehler ist notwendig, weil der Abbruch per *Report_NoData*-Prozedur hier im aufrufenden Code sonst als Fehler betrachtet würde.

4. Die *DoCmd.OpenReport*-Methode kennt als drittes Argument die Möglichkeit, einen gespeicherten Filter anzugeben. Wenn Sie stattdessen das vierte Argument benutzen wollen, bleibt das dritte Argument zwischen zwei Kommas leer.

Das zweite Argument mit der Konstanten `acViewPreview` ist sehr wichtig! Während nämlich bei Formularen mit `DoCmd.OpenForm` die normale Ansicht die Formularansicht ist, werden Berichte mit `DoCmd.OpenReport` standardmäßig ausgedruckt. Die Seitenansicht müssen Sie daher explizit als Argument nennen.

5. Im vierten Argument können Sie eine SQL-übliche *Where*-Klausel (allerdings ohne das `WHERE`) angeben, was per VBA meistens viel praktischer ist. Auch hier muss die amerikanische Datumsschreibweise beachtet werden.

6. Jetzt endlich lässt sich ein Bericht ohne Daten testen (siehe Abbildung 39.13), weil keine der Bestellungen an diesem Datum stattfand.

Abbildg. 39.13 Das *Report_NoData*-Ereignis wird korrekt aufgerufen

Beim Formatieren

Das *Beim Formatieren*-Ereignis wird recht häufig benötigt, wenn Elemente abhängig von Daten ein- oder ausgeblendet werden sollen. Das möchte ich Ihnen am Beispiel des Berichts *rptEinnahmen* zeigen, der beim Überschreiten des 200-Euro-Betrags in der *GesamtPreis*-Spalte einen Pfeil daneben zeigen soll.

Zuerst brauchen Sie natürlich einen kleinen Pfeil. Bereiten Sie eine kleine Grafik vor, die hier im *.gif*-Format eine Größe von 72′50 Pixeln hat. Sie finden diese Grafik als *PfeilMini.gif* im Unterordner *Bilder*.

1. Wechseln Sie in den Entwurf des Berichts *rptEinnahmen* und fügen Sie ein *Bild*-Steuerelement im Detailbereich ganz rechts ein.

2. Benennen Sie das Steuerelement als *imgPfeil* und rufen Sie in der *Bild*-Eigenschaft das vorbereitete Bild auf (siehe Abbildung 39.14).

Abbildg. 39.14 Der Pfeil ist im Detailbereich enthalten

3. Markieren Sie nun den *Detailbereich*, wählen in seiner *Beim Formatieren*-Eigenschaft den Eintrag *[Ereignisprozedur]* aus und gehen über die Schaltfläche mit den drei Pünktchen in dessen Ereignisprozedur.

4. Ergänzen Sie den Prozedurrumpf um die folgende Codezeile:

```
Private Sub Detailbereich_Format(Cancel As Integer, FormatCount As Integer)
    Me.imgPfeil.Visible = (Me.Gesamtpreis.Value > 200)
End Sub
```

PROFITIPP Sie sehen im vorigen Listing die optimal verkürzte Version einer *If*-Struktur, die immer dann möglich ist, wenn Sie einen *True/False*-Wert zuweisen wollen. Normalerweise stünde hier nämlich folgender Code:

```
Private Sub Detailbereich_Format(Cancel As Integer, FormatCount As Integer)
    If Me.Gesamtpreis.Value > 200 Then
        Me.imgPfeil.Visible = True
    Else
        Me.imgPfeil.Visible = False
    End If
End Sub
```

Da das Ergebnis der Bedingung aber ohnehin identisch ist mit dem zugewiesenen Wert, können Sie auch die Bedingung (sicherheitshalber in Klammern) selbst als Wert nehmen.

5. Wenn Sie anschließend in die Seitenansicht wechseln, sind wie in Abbildung 39.15 nur noch die Pfeile hinter den Zeilen mit mehr als 200 Euro Gesamtpreis zu sehen.

Abbildg. 39.15 Die Pfeile sind nur noch in den passenden Zeilen sichtbar

ACHTUNG Beachten Sie, dass die *Detailbereich_Format*-Prozedur nur ausgeführt wird, wenn Sie auch wirklich in der Seitenansicht sind. In der Berichtsansicht funktioniert das nicht!

Bei Laden

Ich habe schon in Kapitel 28 darauf hingewiesen, dass es nicht empfehlenswert ist, viele Bilder direkt in Formularen oder Berichten zu speichern. Das ist in Berichten noch besonders problematisch, weil es dort wegen der deutlich besseren Druckerauflösung auch noch hochauflösende Grafiken mit mehr Speicherverbrauch sein sollten.

Am Beispiel einer kleinen Grafik möchte ich Ihnen zeigen, wie sich das vermeiden lässt. Die Grafiken müssen dazu in einem Verzeichnis bereitliegen. Zusätzlich zu den Hotel-Logos im Unterordner *Bilder* benötigen Sie dort die gedrehte, nach unten zeigende Version des eben genutzten Pfeils als *PfeilMini_unten.gif*.

1. Erstellen Sie einen neuen leeren Bericht ohne Datensatzquelle und speichern Sie ihn unter dem Namen *rptGrafik*.

2. Fügen Sie ein sehr großes *Bild*-Steuerelement hinzu und benennen es mit *imgLogoGesamt*. Während des Entwurfs wird es durchaus sinnvoll sein, das *Kosten&Logistik*-Logo tatsächlich auch darin zu laden.

3. Darunter platzieren Sie vier *Bild*-Steuerelemente mit dem nach unten zeigenden Pfeil und benennen diese als *imgUnten1* bis *imgUnten4*.

4. Schließlich fügen Sie darunter ebenfalls vier *Bild*-Steuerelemente mit den vier vorhandenen Logos der Hotels ein, die Sie entsprechend *imgLogoAachen*, *imgLogoMuenchen*, *imgLogoHamburg* und *imgLogoBerlin* nennen.

Abbildg. 39.16   Der erste Entwurf enthält noch die Grafiken

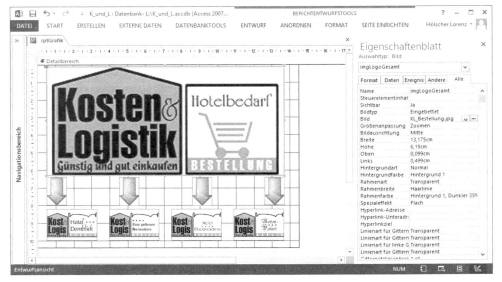

5. Nun markieren Sie alle Steuerelemente und stellen die *Bildtyp*-Eigenschaft auf *Verknüpft*. Daraufhin werden Sie gefragt, ob Sie dieses Bild aus dem Steuerelement entfernen wollen. Das müssen Sie mehrmals, nämlich für jedes Bild einzeln, bestätigen.

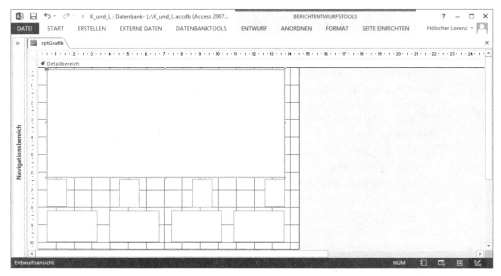

6. Jetzt sind alle Grafiken leer und Sie müssen mittels VBA-Code wieder die passenden Bilder nachladen. Das passiert im *Bei Laden*-Ereignis des Berichts, weil es ja nur einmalig nötig ist. Die einfachste Version wäre der folgende Code:

```
Private Sub Report_Load()
    Dim strPfad As String

    strPfad = CurrentProject.Path & "\Bilder\"

    Me.imgLogoGesamt.Picture = strPfad & "KL_Bestellung.jpg"
    Me.imgUnten1.Picture = strPfad & "PfeilMini_unten.gif"
    Me.imgUnten2.Picture = strPfad & "PfeilMini_unten.gif"
    Me.imgUnten3.Picture = strPfad & "PfeilMini_unten.gif"
    Me.imgUnten4.Picture = strPfad & "PfeilMini_unten.gif"
    Me.imgLogoAachen.Picture = strPfad & "KL_Aachen.jpg"
    Me.imgLogoMuenchen.Picture = strPfad & "KL_Muenchen.jpg"
    Me.imgLogoHamburg.Picture = strPfad & "KL_Hamburg.jpg"
    Me.imgLogoBerlin.Picture = strPfad & "KL_Berlin.jpg"
End Sub
```

7. Dabei speichern Sie den kompletten Pfad zunächst in der *strPfad*-Variablen und können diese dann zusammen mit dem konkreten Dateinamen der *Picture*-Eigenschaft des jeweiligen *Bild*-Steuerelements zuweisen.

Für diesen einen Bericht mag das so funktionieren. Wenn Sie jedoch in Ihrer Datenbank an vielen verschiedenen Stellen Grafiken nachladen müssen, wird das auf Dauer unpraktisch sein. Sie müssen nämlich immer wissen, wie denn nun die Grafikdatei genau heißt. Außerdem gibt es Laufzeitfehler, wenn die Dateien fehlen, weil jemand bei einer der Installationen vergessen hat, diese zu kopieren.

Nebenbei haben Sie wahrscheinlich auch schon beim Eingeben bemerkt, dass die Steuerelemente wie *imgLogo...* beim Tippen bereits eine Auswahl gültiger Namen anbieten. Das wäre für die Dateinamen doch auch praktisch und würde Ihnen viel Nachdenken und viele Fehler ersparen, oder?

1. Es ist daher sinnvoll, diese Zuweisung von Grafiken an ein Steuerelement zu zentralisieren. Beginnen Sie mit einem neuen Standardmodul, welches Sie schon einmal unter dem Namen *modGrafiken* speichern.

2. Die Auswahlliste für die Dateinamen wird über eine Enumeration erzeugt:

```
Enum enmGrafiken
    grfLogoGesamt
    grfLogoAachen
    grfLogoBerlin
    grfLogoHamburg
    grfLogoMuenchen
    grfPfeilLinks
    grfPfeilUnten
End Enum
```

3. Dazu wird eine Funktion benötigt, welche anhand dieser Auswahl den passenden Dateinamen findet. Gleichzeitig können Sie dort auch beim Fehlen der Datei notfalls eine Fehlerbehandlung einbauen, die hier allerdings wegen der Übersichtlichkeit nicht enthalten ist:

```
Function HoleBilddatei(grfWelche As enmGrafiken) As String
    Dim strPfad As String
    Dim strBild As String

    strPfad = CurrentProject.Path & "\Bilder\"

    Select Case grfWelche
    Case grfLogoGesamt: strBild = "KL_Bestellung.jpg"
    Case grfLogoAachen: strBild = "KL_Aachen.jpg"
    Case grfLogoMuenchen: strBild = "KL_Muenchen.jpg"
    Case grfLogoHamburg: strBild = "KL_Hamburg.jpg"
    Case grfLogoBerlin: strBild = "KL_Berlin.jpg"
    Case grfPfeilLinks: strBild = "PfeilMini.gif"
    Case grfPfeilUnten: strBild = "PfeilMini_unten.gif"
    Case Else: strBild = "Fehlt.jpg"
    End Select

    HoleBilddatei = strPfad & strBild
End Function
```

PROFITIPP Die Prüfung, ob es diese Datei überhaupt gibt, erfolgt am einfachsten mit der *Dir()*-Funktion. Diese liefert ja einen Leerstring zurück, wenn die Datei fehlt:

```
If Dir(strPfad & strBild) = "" Then
    MsgBox "Die Datei '" & strBild & "' fehlt im Verzeichnis '" & strPfad & _
        "'!", vbCritical, p_cstrPrgTitel
End If
```

4. Der Unterordner ist in dieser Funktion bereits enthalten, auch das kann also in der später aufzurufenden Prozedur entfallen. Damit es dort möglichst kurz wird, schreiben Sie am besten noch eine kleine Prozedur *SetzeBild*, welche die Zuweisung an die *Picture*-Eigenschaft kapselt:

```
Sub SetzeBild(imgWelches As Image, grfWelche As enmGrafiken)
    imgWelches.Picture = HoleBilddatei(grfWelche)
End Sub
```

5. Die Vereinfachung besteht in den Argumenten der Prozedur, denn das erste Argument erlaubt nur die Übergabe eines *Bild*-Steuerelements und das zweite bietet direkt die Enumeration als Auswahl an.

6. Wechseln Sie wieder in das Modul *rptGrafik* und entfernen Sie die bisherigen Inhalte der Prozedur *Report_Load*. Rufen Sie dort die neue Prozedur *SetzeBild* auf, so merken Sie beim zweiten Argument wie in Abbildung 39.18, dass nun die Grafiken automatisch angeboten werden.

Abbildg. 39.18 Die Prozedur bietet eine sinnvolle Auswahl der Bilder an

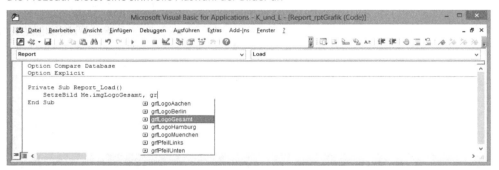

7. Es bedarf zwar weiterhin für jede Grafik einer Zeile Code, aber Sie müssen nun keine echten Dateinamen mehr wissen, sondern können bequem aus einer Liste auswählen.

```
Private Sub Report_Load()
    SetzeBild Me.imgLogoGesamt, grfLogoGesamt
    SetzeBild Me.imgUnten1, grfPfeilUnten
    SetzeBild Me.imgUnten2, grfPfeilUnten
    SetzeBild Me.imgUnten3, grfPfeilUnten
    SetzeBild Me.imgUnten4, grfPfeilUnten
    SetzeBild Me.imgLogoAachen, grfLogoAachen
    SetzeBild Me.imgLogoBerlin, grfLogoBerlin
    SetzeBild Me.imgLogoHamburg, grfLogoHamburg
    SetzeBild Me.imgLogoMuenchen, grfLogoMuenchen
End Sub
```

8. Wechseln Sie in die Seitenansicht des Berichts, um zu prüfen, ob auch diese Version der Bildzuweisung funktioniert (siehe Abbildung 39.19):

Abbildg. 39.19   Der Bericht zeigt die Grafiken wie gewünscht an

Sie mögen einwenden, dass für einen einzigen Bericht relativ viel Code notwendig ist. Bei einer größeren Datenbank mit vielen verknüpften Grafiken lohnt sich das aber nicht nur wegen der reduzierten Größe der Datenbank, sondern vor allem wegen der deutlich geringeren Fehleranfälligkeit.

Zusammenfassung

In diesem Kapitel ging es speziell um die Programmierung von Formularen und Berichten. Dort sind vor allem die automatisch ausgeführten Ereignisse wichtig.

- *Beim Anzeigen* eines Datensatzes (Seite 900) ist ein viel genutztes Ereignis, mit dem jeder Datensatz im Formular schnell noch passend zu seinen Daten Steuerelemente ein- oder ausblenden oder mit anderen Inhalten bestücken kann

- Beim Bewegen des Mauszeigers wird mehrfach pro Sekunde das Ereignis *Bei Mausbewegung* (Seite 903) ausgelöst. Sie können dieses nutzen, um beispielsweise beim Bewegen des Mauszeigers über ein Bild dieses zu vergrößern.

- Einmalig beim Start eines Formulars lässt sich über die *Bei Laden*-Eigenschaft (Seite 907) einstellen, welche Startwerte bestimmte Steuerelemente haben sollen

- Entsprechend kann beim Schließen eines Formulars über die *Beim Entladen*-Eigenschaft (Seite 908) sogar verhindert werden, dass es sich unter bestimmten Umständen schließen lässt

- Mit einem *Beim Klicken*-Ereignis (Seite 909) eines *Kombinationsfeld*-Steuerelements erstellen Sie einen intuitiven Filter für andere Steuerelemente des Formulars

- Wenn ein Bericht (meistens durch einen vorgeschalteten Filter) ohne Daten gestartet wird, bietet Ihnen das *Bei Ohne Daten*-Ereignis (Seite 914) die Chance, per VBA darauf zu reagieren

- In Berichten ist eines der am häufigsten genutzten Ereignisse *Beim Formatieren* (Seite 915) des Detailbereichs, mit dem Sie passend zu den Daten Steuerelemente verändern können

- Im *Bei Laden*-Ereignis eines Berichts lassen sich hochauflösende Grafiken nachladen (Seite 917), um weniger Speicher zu verbrauchen. Mit einer zentralen Prozedur verringern Sie zudem die Fehleranfälligkeit enorm.

Programmierung

Teil I

Oberfläche

Kapitel 40

Eigenständige Anwendungen

In diesem Kapitel:

Um eine Datenbank anwenderfreundlich zu gestalten, sind viele einzelne Handgriffe nötig. Es gibt aber einige Vorgehensweisen, die für alle Datenbanken gleichermaßen gelten, und die hier zusammenfassend genannt werden sollen, obwohl manche an verschiedenen Stellen im Buch bereits angesprochen wurden.

CD-ROM   Um Ihnen das Nachvollziehen der Schritte in diesem Kapitel zu erleichtern, finden Sie innerhalb der Beispieldateien zu diesem Buch eine Datenbank, die bereits die Änderungen aus Kapitel 39 enthält. Laden Sie einfach die betreffende Datenbank, um mit der Arbeit in diesem Kapitel zu beginnen.

Sie können also jederzeit ein Kapitel überspringen und trotzdem auf den aktuellen Stand der Datenbank zugreifen.

Startbild

Sehr beliebt und mit minimalem Aufwand zu erstellen ist ein Startbild, also eines, welches während der Ladephase der Datenbank kurz angezeigt wird.

1. Erstellen Sie mit einem beliebigen Grafikprogramm eine Bitmap in frei wählbarer Größe wie in Abbildung 40.1 (Sie finden die Grafik im *Bilder*-Verzeichnis als *K_und_L.bmp*).

Abbildg. 40.1   Ein Beispiel für ein Startbild

2. Speichern Sie diese im Dateiformat *.bmp* und mit dem Namen wie die Datenbank im gleichen Verzeichnis, hier also als *K_und_L.bmp*.
3. Wenn Sie die Datenbank per Doppelklick im Windows-Explorer starten, wird automatisch dieses Bild beim Laden angezeigt.

ACHTUNG   Das Startbild erscheint wirklich nur dann, wenn Sie die Datenbank per Doppelklick aus dem Windows-Explorer heraus starten. Ein *DATEI/Öffnen* aus dem bereits laufenden Access heraus reicht nicht.

Starteinstellungen

In Kapitel 29 habe ich Ihnen bereits gezeigt, wie sich über den Befehl *DATEI/Optionen* in der Kategorie *Aktuelle Datenbank* ein Startformular vorgeben lässt. In dieser Datenbank wird so bereits das Formular *frmZentral* geöffnet.

Dort findet sich ebenfalls die Möglichkeit, in der Gruppe *Anwendungsoptionen* mit den Kontrollkästchen *Statusleiste anzeigen* und *Access-Spezialtasten verwenden* weitere Starteinstellungen vorzunehmen. Insbesondere die deaktivierten Access-Spezialtasten verhindern, dass beispielsweise mit der F11 -Taste wieder in den Navigationsbereich gewechselt werden kann.

Passend dazu können Sie in der Gruppe *Navigation* mit dem Kontrollkästchen *Navigationsbereich anzeigen* dafür sorgen, dass der Navigationsbereich direkt ausgeblendet ist.

AutoExec-Makro

Auch das *AutoExec*-Makro, das beim Öffnen einer Datenbank automatisch ausgeführt wird, kam bereits in Kapitel 33 vor. Sowohl das Makro als auch das Startformular lassen sich allerdings, wie ebenfalls beschrieben, mittels gedrückter ⇧ -Taste beim Öffnen der Datenbank unterdrücken.

PROFITIPP Anstatt ein *AutoExec*-Makro und ein Startformular parallel einzusetzen, können Sie natürlich auf das Makro verzichten und im *Bei Laden*-Ereignis des Startformulars den gewünschten Code starten.

Dass sich *AutoExec* und Startformular so einfach verhindern lassen, hat sich natürlich auch schon bei vielen Benutzern herumgesprochen. Daher existiert in Access eine versteckte Eigenschaft *AllowBypassKey*, die nur per Programmierung verändert werden kann und dafür sorgt, dass die ⇧ -Taste beim Öffnen der Datenbank ignoriert wird.

Schreiben Sie dazu in einem beliebigen Standardmodul folgenden Code:

```
Sub UmschaltAbbruch(booErlaubt As Boolean)
    Dim dbsDatenbank As Database

    On Error GoTo PropFehlt
    Set dbsDatenbank = CurrentDb()
    dbsDatenbank.Properties("AllowBypassKey").Value = booErlaubt
    Exit Sub

PropFehlt:
    Select Case Err.Number
    Case 3270    'Property fehlt noch
        dbsDatenbank.Properties.Append dbsDatenbank.CreateProperty( _
            "AllowBypassKey", dbBoolean, booErlaubt)
    Case Else
        MsgBox "Fehler Nr. " & Err.Number & vbCrLf & Err.Description, _
            vbCritical, p_cstrPrgTitel
    End Select
End Sub
```

Wenn die Datenbankeigenschaft *AllowBypassKey* immer vorhanden wäre, könnten Sie einfach wie im ersten Teil des Listings den passenden Wert zuweisen. Fehlt sie allerdings und löst also den Fehler *3270* aus, muss sie mit der Properties.Append-Methode erst erzeugt werden.

Im gleichen Modul benötigen Sie dann noch zwei weitere Prozeduren wie im folgenden Listing, mit denen sich die ⬆-Taste als Abbruch beim Öffnen aktivieren oder deaktivieren lässt:

```
Sub AbbruchErlauben()
    UmschaltAbbruch True
End Sub

Sub AbbruchVerbieten()
    UmschaltAbbruch False
End Sub
```

Sobald Sie die Prozedur *AbbruchVerbieten* ausgeführt und die Datenbank geschlossen haben, werden Sie beim nächsten Öffnen feststellen, dass die gedrückte ⬆-Taste keine Auswirkung mehr hat und das Startformular trotzdem erscheint.

Wenn Sie nun den Code noch im VBA-Editor mit *Extras/Eigenschaften von K_und_L* auf der Registerkarte *Schutz* mit dem Kontrollkästchen *Projekt für die Anzeige sperren* und der Eingabe eines Kennworts schützen (siehe Abbildung 40.2), scheint alles in Ordnung.

Abbildg. 40.2 So lässt sich der VBA-Code gegen unbefugten Einblick schützen

Leider hilft das an dieser Stelle nicht wirklich, denn die ⬆-Taste lässt sich von außen wieder aktivieren. Schreiben Sie dazu den Code einfach in das Modul einer anderen Datenbank und ändern im Listing die Zeile, in welcher die Datenbank zugewiesen wird, wie folgt:

```
Set dbsDatenbank = OpenDatabase("L:\K_und_L.accdb")
```

Als Pfad geben Sie dabei die Datenbank an, in der Sie die ⎡⇧⎤-Taste wieder aktivieren möchten. Die Vorgehensweise ist zwar geringfügig aufwendiger und den meisten Benutzern sicher unbekannt, aber eben nicht unmöglich.

Mehrbenutzerbetrieb

Im Zusammenhang mit der Verknüpfung zu externen Datenquellen habe ich in Kapitel 16 erläutert, wie aus einer einzigen Datenbank ein Dateienpaar erstellt wird, bei dem das Backend nur die Tabellen und das Frontend alle übrigen Objekte enthält.

Da die Datenbank nun weitestgehend fertiggestellt ist, wäre das jetzt der richtige Moment, um diese Trennung vorzunehmen. Sie können das mit Klick auf den Befehl *DATENBANKTOOLS/Daten verschieben/Access-Datenbank* durch einen Assistenten erledigen lassen.

Passend dazu sollten Sie mit *DATEI/Optionen* in der Kategorie *Clienteinstellungen* in der Gruppe *Erweitert* bei Bedarf die Einstellungen für den *Standard bei Datensatzsperrung* anpassen.

> **PROFITIPP** Wenn Sie die Auswirkungen des Mehrbenutzerbetriebs testen wollen, müssen Sie keineswegs mehrere Computer im Netzwerk betreiben. Sie können Access mehrfach auf dem gleichen Computer starten und von beiden Instanzen des Programms aus die gleiche Datei öffnen.

Ändert sich der Pfad der Backend-Datei, können Sie mit dem Befehl *EXTERNE DATEN/Importieren und Verknüpfen/Tabellenverknüpfungs-Manager* die betroffenen Tabellen neu verknüpfen, wie es in Kapitel 16 erläutert wurde.

Komprimieren

In der Entwurfsphase müssen Sie immer mal wieder überflüssige Objekte oder Daten löschen, die Sie vielleicht nur als Sicherheitskopien in Reserve gehalten haben. Sobald die Datenbank jetzt fertig ist, haben Sie diese sicherlich bereits gelöscht.

Haben Sie aber auch daran gedacht, die Datenbank zu komprimieren? Mit *DATENBANKTOOLS/ Tools/Datenbank komprimieren und reparieren* oder dem alternativen Befehl *DATEI/Informationen/ Datenbank komprimieren und reparieren* können Sie das jederzeit ausführen. Da Sie dafür alleiniger Nutzer der Datenbank sein müssen, prüft Access das dabei automatisch und verhindert mit einer Warnmeldung, wenn schon ein paralleler Zugriff erfolgt.

> **ACHTUNG** Nach der Trennung in Backend und Frontend müssen Sie beide Dateien einzeln komprimieren: das Frontend nur einmalig vor der Verteilung an alle Arbeitsplätze und das Backend regelmäßig, wenn viele Daten gelöscht wurden.

Für eine Datenbank im Mehrbenutzerbetrieb wäre es sehr lästig, wenn Sie abends länger im Büro bleiben müssten, bis der letzte Anwender Ihre Datenbank geschlossen hat. Dann erst könnten Sie das Backend komprimieren.

Oberfläche

Bequemer ist es, mit *DATEI/Optionen* in der Kategorie *Aktuelle Datenbank* in der Gruppe *Anwendungsoptionen* das Kontrollkästchen *Beim Schließen komprimieren* anzukreuzen. Dann sorgt Access selbst für die Komprimierung, wenn der letzte Benutzer die Datenbank schließt.

PROFITIPP   Wenn Ihre Datenbank nicht dauernd wirklich viele Daten löscht, ist diese Option nicht so nützlich, wie es zunächst den Anschein hat. Die Datenbank wird nämlich dann ganz oft völlig unnötig komprimiert, was bei großen Datenbanken recht lange dauern kann.

Vertrauenswürdige Orte oder Dateien

Damit nicht alle Benutzer die deaktivierten Makros und VBA-Prozeduren immer wieder freischalten müssen, sollte der Speicherort vertrauenswürdig sein. In Kapitel 9 haben Sie erfahren, wie Sie solche vertrauenswürdigen Orte vereinbaren.

Eigene Benutzeroberfläche

Damit nicht alle Anwender suchen müssen, was in dieser Datenbank wie benutzt werden soll, empfiehlt es sich, eine eigene Benutzeroberfläche zusammenzustellen. Bereits gezeigt habe ich Ihnen dazu in Kapitel 9 auch die Möglichkeit, den Navigationsbereich mit eigenen Gruppen zu organisieren und so eine eigene Benutzerführung zu erstellen.

Für eine kleine Datenbank lässt sich das vielleicht auch noch mit dem Befehl *ERSTELLEN/Formulare/Navigation* in einem Formular zusammenfassen, wie es mit dem Formular *frmZentral* schon begonnen wurde. Darüber hinaus empfehle ich aber unbedingt die Nutzung eigener Register im Menüband. Das erlaubt so umfangreiche Möglichkeiten, dass ich diese in Kapitel 41 ausführlich bespreche.

Zusammenfassung

In diesem Kapitel ging es vor allem darum, wie aus den vielen Einzeleinstellungen in einer Datenbank am Ende »eine runde Sache« wird. Einige Aktionen wurden bereits in anderen Kapiteln erwähnt, andere sind erst jetzt sinnvoll einsetzbar.

- Ein *Startbild* (Seite 926) lässt sich mit einer *.bmp*-Datei gleichen Namens wie die Datenbank ohne viel Aufwand erstellen

- Mit den *Starteinstellungen* (Seite 927) in den Optionen können Sie den Navigationsbereich verstecken, Access-Spezialtasten deaktivieren und ein Startformular anzeigen

- Das *AutoExec*-Makro (Seite 927) wird beim Start der Datenbank automatisch ausgeführt, wenn nicht die ⟨⇧⟩-Taste gedrückt wurde. Dieses Verhalten lässt sich mit VBA-Programmierung verändern.

- Im *Mehrbenutzerbetrieb* (Seite 929) sollten Sie noch auf weitere Besonderheiten achten, vor allem auf die Trennung der Daten in Backend und Frontend

- Eine überzeugende *Benutzeroberfläche* (Seite 930) ist sehr wichtig für den Erfolg Ihrer Datenbank, damit sich Ihre Benutzer auch in komplexen Strukturen gut zurechtfinden

Kapitel 41

Das Menüband

In diesem Kapitel:

Oberfläche

Seit der Version 2007 sind die Microsoft Office-Programme und damit auch Access mit einem Menü-band (engl. als *Ribbon* bezeichnet) als Bedienoberfläche ausgestattet. Nach der ersten Aufregung über die scheinbar komplette Umgestaltung der Bedienung hat sich dieses Menüband jedoch als nicht nur optisch attraktiv, sondern vor allem auch als sehr flexibel in der Bedienung herausgestellt.

In Kapitel 9 haben Sie bereits das Menüband und dessen Möglichkeiten aus Sicht eines Benutzers kennengelernt. Hier in diesem Kapitel wird es darum gehen, wie Sie per Einstellung und Program-mierung darauf Einfluss nehmen können.

CD-ROM   Um Ihnen das Nachvollziehen der Schritte in diesem Kapitel zu erleichtern, finden Sie innerhalb der Beispieldateien zu diesem Buch im Ordner *Kap40* eine Datenbank, die bereits die Änderungen aus Kapitel 40 enthält. Laden Sie einfach die betreffende Datenbank, um mit der Arbeit in diesem Kapitel zu beginnen.

Sie können also jederzeit ein Kapitel überspringen und trotzdem auf den aktuellen Stand der Datenbank zugreifen.

Anpassungen per Dialogfeld

Microsoft bietet in Access 2013 ein Dialogfeld zur einfachen Anpassung des Menübands bzw. der Symbolleiste für den Schnellzugriff an.

ACHTUNG   Diese Änderungen am Menüband bzw. an der Symbolleiste für den Schnellzugriff sind nicht auf die aktuelle Datenbank beschränkt (obwohl Sie aufgefordert werden, diese zu schließen und erneut zu öffnen), sondern gelten für Access insgesamt.

Menüband anpassen

Mit dem Befehl *DATEI/Optionen* werden Ihnen in der Kategorie *Menüband anpassen* diverse Optio-nen angezeigt (siehe Abbildung 41.1).

Abbildg. 41.1   In den Optionen lässt sich das Menüband anpassen

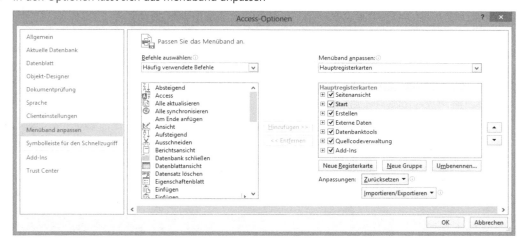

Dort lassen sich zwar nur bestehende Befehle neu in Registerkarten oder Befehlsgruppen zusammenfassen, aber das kann durchaus helfen, eine Datenbank übersichtlicher zu machen:

1. Klicken Sie im Dialogfeld zum Anpassen des Menübands auf die Schaltfläche *Neue Registerkarte*, woraufhin in der Liste *Hauptregisterkarten* eine *Neue Registerkarte (Benutzerdefiniert)* an der markierten Position eingefügt wird.

Abbildg. 41.2   Eine neue Registerkarte wurde eingefügt

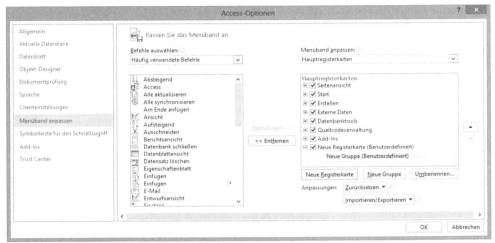

2. Markieren Sie diese neue Registerkarte (nicht die Gruppe!) in der Liste und klicken Sie auf die Schaltfläche *Umbenennen*. Geben Sie ihr den Namen *Beispiel* und bestätigen das mit *OK*.

3. Markieren Sie den Eintrag *Neue Gruppe* und benennen diesen in *Datenbank* um.

Abbildg. 41.3   Der neue Befehl wurde in die Gruppe integriert

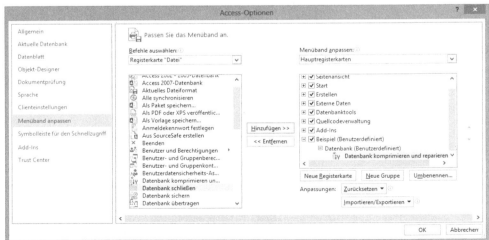

Oberfläche

933

4. In dieser Gruppe sollen häufig verwendete Befehle zusammengefasst werden. Wählen Sie in der linken Liste *Befehle auswählen* den Eintrag *Registerkarte "Datei"* aus. Jetzt können Sie darunter aus der Liste die Zeile *Datenbank komprimieren und reparieren* in die rechte Gruppe *Datenbank* ziehen (siehe Abbildung 41.3).

5. Ziehen Sie ebenfalls die Befehle *Datenbank schließen* und *Datenbank sichern* in diese Gruppe *Datenbank*.

6. Wechseln Sie in der linken Liste *Befehle auswählen* auf *Hauptregisterkarten*. Öffnen Sie dort *Start* durch einen Klick auf das Pluszeichen davor und ziehen die Befehlsgruppe *Zwischenablage* nach rechts in die Registerkarte *Beispiel* entsprechend der Abbildung 41.4.

Abbildg. 41.4 Die integrierte Befehlsgruppe *Zwischenablage* wurde ebenfalls aufgenommen

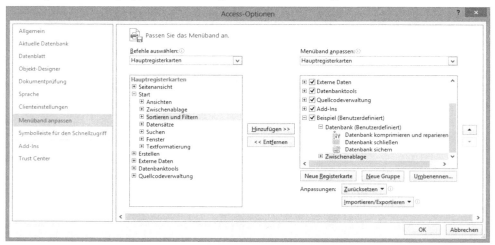

7. Danach bestätigen Sie das Dialogfeld mit *OK* und schließen die Datenbank, um die Änderungen zu übernehmen. Beim nächsten Öffnen sehen Sie an der geplanten Position im Menüband Ihre neue Registerkarte *Beispiel* wie in Abbildung 41.5.

Abbildg. 41.5 So sieht die neue Registerkarte aus

Da sich so ausschließlich integrierte Befehle und Befehlsgruppen auswählen lassen, verfügen diese über ihre üblichen Fähigkeiten und werden automatisch aktiviert oder deaktiviert. Eine Programmierung ist weder notwendig noch möglich.

Symbolleiste für den Schnellzugriff anpassen

Die Symbolleiste für den Schnellzugriff, also die kleinen Bedienungselemente oberhalb des Menübands, lassen sich für einige Befehle direkt verändern. Dazu klicken Sie auf den kleinen Pfeil rechts neben deren Befehlen. Dort klappt ein Menü wie in Abbildung 41.6 aus, mit dem sich einige Befehle direkt integrieren lassen.

Abbildg. 41.6   Hier integrieren Sie einige Befehle sofort in die Symbolleiste für den Schnellzugriff

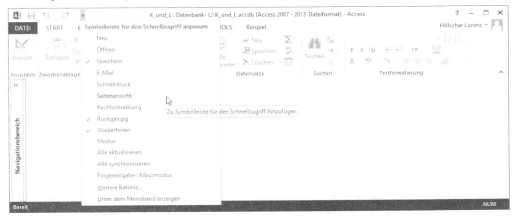

Mit dem Befehl *DATEI/Optionen* können Sie in der Kategorie *Symbolleiste für den Schnellzugriff* deren Möglichkeiten umfangreicher erweitern:

1. Markieren Sie in der linken Liste *Häufig verwendete Befehle* wie in Abbildung 41.7 den Befehl *Seitenansicht* und übernehmen ihn mit einem Klick auf die Schaltfläche *Hinzufügen* in die rechte Liste.

Abbildg. 41.7   Fügen Sie diesen Befehl der *Symbolleiste für den Schnellzugriff* hinzu

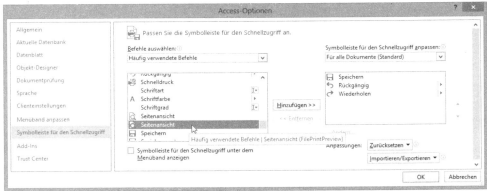

ACHTUNG   Es gibt zwei gleichnamige Befehle *Seitenansicht*. Der richtige ist der untere, dessen QuickInfo am Ende wie in Abbildung 41.7 die interne Bezeichnung *FilePrintPreview* anzeigt.

2. Nachdem Sie das Dialogfeld bestätigt, die Datenbank geschlossen und wieder geöffnet haben, sehen Sie wie in Abbildung 41.8 ganz oben ein neues Symbol für die Seitenansicht.

Abbildg. 41.8   Jetzt lässt sich die Seitenansicht schneller und bequemer aufrufen, per Klick auf das hinzugefügte Symbol

HINWEIS   Aus Platzgründen und zur besseren Übersicht wurden diese beiden Anpassungen in den folgenden Beispielen wieder rückgängig gemacht. Wollen Sie solche Änderungen archivieren, um sie auf dem eigenen Computer zu einem späteren Zeitpunkt wieder zu nutzen oder auf einen anderen Computer zu übertragen, gibt es in der Kategorie *Menüband anpassen* und *Symbolleiste für den Schnellzugriff* die Möglichkeit, die Änderungen in eine XML-Datei zu exportieren oder eine solche exportierte XML-Datei zu importieren, wie Abbildung 41.9 unten rechts zeigt. Importiert und exportiert werden dabei sowohl die Änderungen am Menüband als auch die Änderungen an der Symbolleiste für den Schnellzugriff, unabhängig davon, aus welcher der beiden Kategorien Sie den Befehl aufrufen.

Abbildg. 41.9   Hier können Sie die Änderungen exportieren

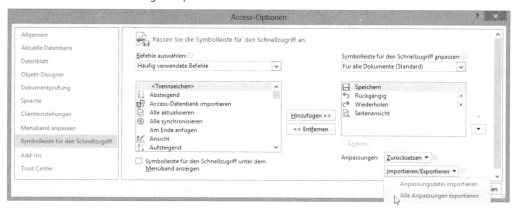

Ebenfalls dort lassen sich die Änderungen auch zurücksetzen, um die Standardeinstellungen wiederherzustellen. Konsequenterweise werden dabei das Menüband und die Symbolleiste für den Schnellzugriff gemeinsam zurückgesetzt.

Eigene Registerkarten

Viel spannender sind natürlich beliebige Änderungen am Menüband einschließlich eigener Programmierung. Dazu benötigen Sie nicht nur eine neue Sprache, nämlich nach SQL und VBA noch XML, sondern zusätzlich ein paar Vorbereitungen.

Vorbereitungen

Eigene Menübänder können VBA-Prozeduren aufrufen und sind damit potenziell gefährlich. Daher muss diese Datenbank zunächst als vertrauenswürdig eingestuft sein. Zudem wird selbst völlig fehlerhafter XML-Code für das neue Menüband erst gemeldet, wenn Sie mit *DATEI/Optionen* in der Kategorie *Clienteinstellungen* in der Gruppe *Allgemein* das Kontrollkästchen *Fehler des Benutzeroberflächen-Add-Ins anzeigen* aktivieren.

Auch wenn Sie den zukünftigen XML-Code möglicherweise (wegen der besseren Übersicht) in einer einfachen Textdatei erstellen und in Access erst per Zwischenablage importieren, wird er dort in einem Tabellenfeld enthalten sein. Sowohl der Name als auch die Datentypen der Tabelle sind vorgeschrieben:

1. Erstellen Sie eine neue Tabelle in der Tabellenentwurfsansicht und fügen Sie als Erstes ein *Auto-Wert*-Feld *lngID* hinzu.

2. Das zweite Feld heißt *RibbonName* und ist vom Datentyp *Kurzer Text* mit einer *Feldgröße* von *255* Zeichen. Das dritte Feld ist ein *Langer Text*-Feld namens *RibbonXml*.

3. Speichern Sie die Tabelle unter dem Namen *USysRibbons* und wechseln Sie in deren Datenblattansicht.

4. Tragen Sie darin für den ersten (und einzigen) Datensatz im Feld *RibbonName* den frei wählbaren Text *K_und_L_Ribbon* ein, wie es in Abbildung 41.10 zu sehen ist.

Abbildg. 41.10   Die Tabelle *USysRibbons* enthält nur einen Datensatz

5. Nachdem Sie diese Tabelle geschlossen haben, werden Sie sie vermutlich im Navigationsbereich vermissen. Sie zählt nämlich (wegen *USys...* im Namen) zu den Systemobjekten und wird meistens ausgeblendet sein. In den Navigationsoptionen müssen Sie das Kontrollkästchen *Systemobjekte anzeigen* aktivieren, damit diese angezeigt werden.

Oberfläche

HINWEIS   Access unterscheidet sich bei der Speicherung der XML-Daten fundamental von den übrigen Microsoft Office-Programmen. Während Access diese einfach in einer speziellen Tabelle speichert, bestehen die anderen Office-Dateitypen intern aus *ZIP*-Strukturen und müssen mit einem Spezialprogramm namens *Custom UI Editor* bearbeitet werden.

6. Damit das in der Tabelle noch zu beschreibende Menüband auch geladen wird, müssen Sie das einstellen. Allerdings liest Access die Inhalte der Tabelle *USysRibbons* nur beim Öffnen der Datenbank, diese muss also zwischenzeitlich ein Mal geschlossen und wieder geöffnet werden (eine Fehlermeldung wie in Abbildung 41.12 können Sie mit Klick auf *Alle OK* einfach ignorieren).

7. Mit dem Befehl *DATEI/Optionen* finden Sie in der Kategorie *Aktuelle Datenbank* in der Gruppe *Menüband- und Symbolleistenoptionen* eine Dropdownliste (siehe Abbildung 41.11), in welcher Sie als *Name des Menübands* den Eintrag *K_und_L_Ribbon* auswählen.

Abbildg. 41.11   Wählen Sie hier den Namen Ihres benutzerdefinierten Menübands

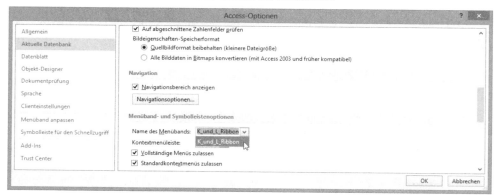

8. Nachdem Sie das Dialogfeld mit *OK* bestätigt haben, können Sie die Datenbank schließen. Der »Erfolg« ist beim Öffnen der Datenbank in einer Fehlermeldung (siehe Abbildung 41.12) zu sehen.

Abbildg. 41.12   Der noch fehlende XML-Code führt zu dieser Fehlermeldung

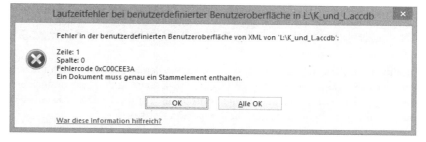

Access versucht also, die Menüband-Definition zu laden, und meldet – vorausgesetzt, Sie haben die Option *Fehler des Benutzeroberflächen-Add-Ins anzeigen* wie vorhin beschrieben aktiviert –, dass

darin ein Fehler enthalten ist. Das ist nicht überraschend, denn der Fehler besteht vor allem darin, dass noch überhaupt keine Definition enthalten ist. Wir werden uns also jetzt mit dem nötigen XML-Code beschäftigen müssen.

TIPP   Obwohl Microsoft kein Programm zur Bearbeitung eigener Menübänder zur Verfügung stellt, müssen Sie das trotzdem nicht alles »zu Fuß« erledigen.

Gunter Avenius bietet auf seiner Website (*http://www.ribboncreator2013.de/*) ein Programm namens *RibbonCreator 2013* an, welches sehr übersichtlich die Erstellung eines eigenen Menübands ermöglicht. Damit können Sie direkt den dabei erzeugten XML-Code in die Datenbank kopieren lassen, wobei die Tabelle *USysRibbons* bei Bedarf automatisch erzeugt wird.

Auch André Minhorst ermöglicht es Ihnen mit seinem *Ribbon-Admin* (*http://www.ribbon-admin.de/*), ebenfalls bequem eigene Menübänder vorzubereiten und mit allen benötigten Hilfsprozeduren direkt in die Zieldatenbank schreiben zu lassen.

XML

Sie haben es schon gelesen: Da kommt wieder eine neue Sprache auf Sie zu, dieses Mal heißt sie XML (*eXtensible Markup Language*, engl. erweiterbare Auszeichnungssprache). Sie ähnelt in Struktur und Aussehen dem im Internet verwendeten HTML.

Die Anforderungen an XML für ein Menüband sind jedoch nicht so hoch, am wichtigsten ist, dass Sie die Groß-/Kleinschreibung strikt beachten. Grundsätzlich können Sie davon ausgehen, dass in XML alle Schlüsselwörter komplett kleingeschrieben werden, nur bei zusammengesetzten Wörtern gibt es mal einen Großbuchstaben wie in toggleButton.

Die Syntax ist nicht nur einfach, sondern wiederholt sich recht schnell. Als Erstes soll überhaupt eine eigene Registerkarte mit dem Titel *Kosten & Logistik* erscheinen.

TIPP   Wenn Sie den XML-Code direkt in der Access-Tabelle schreiben oder korrigieren, müssen Sie für einen Zeilenwechsel das Tastenkürzel $\boxed{\text{Strg}}$+$\boxed{\leftarrow}$ drücken. Das Einrücken (mit Leerzeichen) ist technisch zwar überflüssig, aber optisch sehr hilfreich zum Erkennen von Fehlern.

1. Öffnen Sie die Datenblattansicht der Tabelle *USysRibbons* und geben den folgenden Code in das Feld *RibbonXml* des einzigen Datensatzes an:

```
<customUI xmlns="http://schemas.microsoft.com/office/2009/07/customui" >
  <ribbon startFromScratch="false">
    <tabs>
      <tab id="tabKL" label="Kosten &#38;&#38; Logistik" >
      </tab>
    </tabs>
  </ribbon>
</customUI>
```

2. Wie Sie sehen, gibt es zu jedem öffnenden Element wie <customUI> immer auch ein schließendes Element wie </customUI>, welches am führenden Schrägstrich zu erkennen ist.

3. Manche (aber nur öffnende!) Elemente besitzen Argumente, die in der Form Argumentname="Inhalt" notiert werden, wie es bei id="tabKL" zu sehen ist.

Oberfläche

> **TIPP** Eines der wichtigsten Argumente ist `startFromScratch="false"`, denn dieses erlaubt, dass die integrierten Menüband-Registerkarten sichtbar bleiben. Wollen Sie alle anderen Registerkarten deaktivieren, schreiben Sie einfach `startFromScratch="true"`.

4. Umlaute, das »ß« und andere Sonderzeichen sind in XML nicht zulässig. Sie müssen »maskiert«, also durch XML-Befehle ersetzt werden. Der Befehl `&#38;` beispielsweise erzeugt ein &-Zeichen, in dieser Schreibweise werden einfach die ANSI-Zeichensatznummern genannt.

> **HINWEIS** Nach der Umwandlung des für XML maskierten Zeichens steht dort wirklich *Kosten && Logistik* mit doppeltem &-Zeichen. Das ist Absicht, denn diese Schreibweise && maskiert das Zeichen wiederum für Windows, weil ein einzelnes verbleibendes &-Zeichen sonst als Kennzeichnung für ein Tastenkürzel verstanden wird und nur den folgenden Buchstaben unterstreicht.

5. Um zu sehen, was daraus wird, schließen Sie die Datenbank und öffnen sie erneut. Dann steht wie in Abbildung 41.13 eine neue Registerkarte im Menüband zur Verfügung mit Ihrem eingegebenen Titel.

Abbildg. 41.13   Die neue Registerkarte ist da!

Wenn Sie diese neue Registerkarte sehen, waren Sie erfolgreich und können prinzipiell ein eigenes Menüband programmieren. Der Rest ist nur technischer Kleinkram, denn bis hierhin war es der schwierigere Teil.

Integrierte Befehlsgruppen

Jetzt soll die Registerkarte natürlich auch irgendwie befüllt werden. Am einfachsten geht das mit integrierten Befehlsgruppen, weil Sie nur deren interne Kennung herausfinden müssen und nichts neu zu programmieren ist:

1. Öffnen Sie die Datenblattansicht der Tabelle *USysRibbons* und ergänzen Sie den fett markierten Teil des folgenden Listings:

```
<customUI xmlns="http://schemas.microsoft.com/office/2009/07/customui" >
  <ribbon startFromScratch="false">
    <tabs>
      <tab id="tabKL" label="Kosten &#38;&#38; Logistik" >
        <group idMso="GroupClipboard" />
      </tab>
```

```
        </tabs>
      </ribbon>
    </customUI>
```

2. Dieses *group*-Element hat im Gegensatz zu den anderen kein Anfangs- und Endeelement, sondern wird mit /> sofort geschlossen. Damit darf es keine untergeordneten Elemente enthalten, ist aber kürzer zu schreiben. Achten Sie dabei vor allem wieder auf die Groß-/Kleinschreibung.

3. Schließen Sie die Datenbank und öffnen Sie sie anschließend wieder.

4. Jetzt ist auf der eigenen Registerkarte *Kosten & Logistik* die interne Befehlsgruppe *Zwischenablage* funktionsfähig enthalten (siehe Abbildung 41.14).

Abbildg. 41.14   Die Befehlsgruppe *Zwischenablage* ist auf der eigenen Registerkarte enthalten

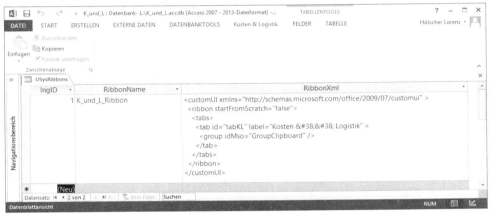

PROFITIPP   Die internen Kennungen für die Befehlsgruppen finden Sie in den Access-Optionen in der Kategorie *Symbolleiste für den Schnellzugriff*. Markieren Sie dort in *Befehle auswählen* die *Registerkarte Start*, sodass darunter alle darin enthaltenen Befehle und Befehlsgruppen angezeigt werden. Zum markierten Befehl steht am Ende der QuickInfo die *idMso*-Angabe (wie bereits in Abbildung 41.7 auf Seite 935 zu sehen war).

Integrierte Befehle

Sie müssen keineswegs eine ganze Befehlsgruppe übernehmen, Sie können ebenso auf einzelne Befehle zugreifen. Auch hier müssen Sie zuerst die passende *idMso*-Kennung finden.

Damit einzelne Befehle in die Registerkarte aufgenommen werden dürfen, müssen sie einer Befehlsgruppe zugeordnet werden. Da diese Befehlsgruppe jetzt Unterelemente aufnimmt, ist sie wieder mit Anfangs- und Endeelement geschrieben.

1. Erweitern Sie den XML-Code in der Tabelle *USysRibbons* wie folgt:

```
<customUI xmlns="http://schemas.microsoft.com/office/2009/07/customui" >
  <ribbon startFromScratch="false">
    <tabs>
      <tab id="tabKL" label="Kosten &#38;&#38; Logistik" >
        <group idMso="GroupClipboard" />
        <group id="grpSortieren" label="Sortieren">
          <toggleButton idMso="SortDown" />
          <toggleButton idMso="SortUp" />
        </group>
      </tab>
    </tabs>
  </ribbon>
</customUI>
```

2. Beachten Sie hier den Wechsel zwischen einem *id*-Attribut für die selbstdefinierte Befehlsgruppe *grpSortieren* und einem *idMso*-Attribut für integrierte Befehle (oder Befehlsgruppen) wie *Sort-Down*.

3. Die beiden funktionsfähigen Schaltflächen zum Sortieren sind nun in der eigenen Befehlsgruppe *Sortieren* enthalten, wie Abbildung 41.15 zeigt.

Abbildg. 41.15   Mit geöffneter Tabelle funktionieren die beiden Schaltflächen zum Sortieren

> **TIPP**   Es ist praktisch unmöglich herauszufinden, welchen Typ ein integriertes Steuerelement des Menübands hat. Schreiben Sie einfach immer <button …> und lassen es auf die Fehlermeldung beim nächsten Öffnen der Datenbank ankommen. Dort steht dann wie in Abbildung 41.16 der passende Typ.

Abbildg. 41.16   Die Fehlermeldung hilft, den richtigen Steuerelementtyp zu finden

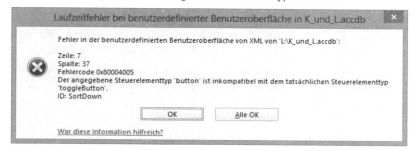

Wenn Sie viel Platz in Ihrer Registerkarte haben oder bestimmte Befehle hervorheben wollen, können Sie diese auch als große Schaltflächen darstellen lassen. Mit dem Attribut `size="large"` wie im folgenden Code-Ausschnitt werden die Steuerelemente in voller Höhe dargestellt:

```
<toggleButton idMso="SortDown" size="large" />
<toggleButton idMso="SortUp" size="large" />
```

Damit werden die Steuerelemente deutlich größer angezeigt (siehe Abbildung 41.17).

Abbildg. 41.17 Steuerelemente lassen sich auch groß darstellen

Benutzerdefinierte Befehle

Damit kommen wir zur Königsklasse der Anpassung des Menübands: den eigenen Befehlen. Natürlich wird auch dort VBA-Programmierung nötig sein, aber den Anfang können wir noch mit reinem XML-Code erledigen.

1. Erweitern Sie den vorhandenen XML-Code um eine neue Befehlsgruppe *Info* mit einer Bezeichnung (*labelControl*) und einer Schaltfläche (*button*) wie im folgenden Listing:

```
<customUI xmlns="http://schemas.microsoft.com/office/2009/07/customui" >
  <ribbon startFromScratch="false">
    <tabs>
      <tab id="tabKL" label="Kosten &#38;&#38; Logistik" >
        <group idMso="GroupClipboard" />
        <group id="grpSortieren" label="Sortieren">
          <toggleButton idMso="SortDown" size="large"/>
          <toggleButton idMso="SortUp" size="large"/>
        </group>
        <group id="grpInfo" label="Info" >
          <labelControl id="lblVersion" label="Version" />
          <button id="btnInfo" label="Info" imageMso="HappyFace"/>
        </group>
      </tab>
    </tabs>
  </ribbon>
</customUI>
```

Oberfläche

2. Die Schaltfläche erhält vorerst einen Smiley als (integriertes) Bild, der mit `imageMso="HappyFace"` ohne Aufwand erzeugt werden kann.

3. Wie Sie in Abbildung 41.18 sehen können, reagiert die Schaltfläche beim Darüberbewegen des Mauszeigers sowohl mit dem üblichen farbigen Hintergrund als auch mit der Anzeige der Zusatzinformation (die im Code *screentip* heißt, siehe dazu Seite 952).

Abbildg. 41.18   Diese Schaltfläche ist neu

Mehr passiert allerdings noch nicht, denn jetzt bedarf es der Programmierung, sowohl für eine flexible Anzeige der Versionsnummer als auch als Reaktion auf das Anklicken der *Info*-Schaltfläche.

Callback-Prozeduren

Die Zusammenarbeit zwischen dem XML-Code und der zukünftigen VBA-Programmierung erfolgt über sogenannte Callback-Prozeduren. Sie geben dabei zwar in XML den Namen der Prozedur an (die grundsätzlich beliebig benannt werden kann), diese erhält aber eine jeweils vorgegebene Anzahl an Argumenten. In den Argumenten wird das aufrufende Objekt selbst immer mit übergeben und von dort aus kann Ihr Code darauf zugreifen.

Das beginnt schon bei der eigentlichen Registerkarte. Beim Öffnen der Datenbank müssen Sie eine Prozedur aufrufen, welche die Registerkarte in einer (am besten Modul-öffentlichen) Variablen zwischenspeichert:

1. Ergänzen Sie in der Tabelle *USysRibbons* das im folgenden Code fett markierte Attribut:

```
<customUI xmlns="http://schemas.microsoft.com/office/2009/07/customui"
onLoad="OnRibbonLoad">
  <ribbon startFromScratch="false">
<!-- wie bisher -->
<!-- das ist ein Kommentar in XML -->
  </ribbon>
</customUI>
```

2. Der übrige Code bleibt unverändert, wie hier durch den XML-Kommentar deutlich gemacht wird.

HINWEIS   Damit Datentypen wie *IRibbonUI* bekannt sind, muss mit *Extras/Verweise* eine Referenz auf *Microsoft Office 15.0 Object Library* gesetzt sein.

3. Erstellen Sie im VBA-Editor ein neues Standardmodul *modRibbon* und fügen dort den folgenden Code mit Modul-öffentlicher Variable *m_ribKL* und passender Prozedur *OnRibbonLoad* ein:

```
Dim m_ribKL As IRibbonUI

Sub OnRibbonLoad(ribbon As IRibbonUI)
    Set m_ribKL = ribbon
    MsgBox "Das Register hat sich angemeldet!"
End Sub
```

4. Die Meldung dient nur dem sichtbaren Nachweis, dass die Verbindung zwischen XML-Code und VBA-Programmierung tatsächlich funktioniert hat. Ab jetzt steht in diesem Modul die eigene Registerkarte in dieser Variablen *m_ribKL* mit dem etwas ungewöhnlichen Datentyp *IRibbonUI* (*Interface for Ribbon UserInterface*, etwa: Schnittstelle für Menübandoberfläche).

5. Nachdem dies geklappt hat, können Sie die *MsgBox*-Anweisung auskommentieren oder ganz löschen. Das würde auf Dauer nur stören.

HINWEIS   Manchmal verschwindet das Register fälschlicherweise sofort wieder, wenn Sie die Datenbank öffnen. Dann hilft es, die Datenbank zu komprimieren, danach ist alles wieder sichtbar.

Dynamische Beschriftungen

Ebenso wie beim gesamten Menüband gibt es auch für die Steuerelemente vordefinierte Callback-Prozeduren. Sie sorgen dafür, dass sie dynamisch beschriftet, je nach Anlass deaktiviert oder sogar mit neuen Inhalten befüllt werden.

1. Schreiben Sie im Modul *modRibbon* eine neue Prozedur *GetLabel* zum Beschriften des Bezeichnungs-Steuerelements per VBA:

```
Sub GetLabel(control As IRibbonControl, ByRef label)
    Select Case control.Id
    Case "lblVersion": label = p_cstrPrgTitel
    Case "btnInfo":    label = "Info für '" & p_cstrPrgName & "'"
    Case Else:         MsgBox "Label-Fehler für " & control.Id
    End Select
End Sub
```

2. Diese Prozedur übergibt (wie fast alle Callback-Prozeduren) im ersten Argument das aufrufende Objekt und besitzt ein Rückgabe-Argument *label*, mit dem der neue Text zurückgereicht wird.

3. Da die gleiche Prozedur aber von mehreren Objekten aufgerufen werden wird, müssen Sie mit einer *Select Case*-Struktur den Namen (hier als *Id* bezeichnet) des Aufrufers ermitteln.

4. Hier kommen Schreibfehler sehr häufig vor, deswegen sollten Sie keinesfalls auf die *Case Else*-Meldung verzichten, die Ihnen dann direkt sagt, was falsch geschrieben ist.

5. Die Prozeduren werden im XML-Code durch die fett markierten Änderungen aufgerufen:

Oberfläche

```
<labelControl id="lblVersion" getLabel="GetLabel" />
<button id="btnInfo" getLabel="GetLabel" imageMso="HappyFace"/>
```

6. Wenn nach erneutem Öffnen der Datenbank alles geklappt hat, finden Sie wie in Abbildung 41.19 zu sehen ist die beiden Steuerelemente mit den Beschriftungen aus dem VBA-Code.

Abbildg. 41.19 Die eigenen Steuerelemente sind flexibel beschriftet

HINWEIS Wenn Sie genau hinsehen, werden Sie in beiden Beschriftungen entdecken, dass es wieder ein Maskierungsproblem gibt. Das im Label *Kosten & Logistik* enthaltene &-Zeichen missversteht Windows als Tastenkürzel zum Unterstreichen des folgenden Buchstabens, dasjenige in der Schaltfläche ist ganz verschwunden. Sie müssen es verdoppeln, damit es funktioniert:

```
Sub GetLabel(control As IRibbonControl, ByRef label)
    Select Case control.Id
    Case "lblVersion": label = Replace(p_cstrPrgTitel, "&", "&&")
    Case "btnInfo":    label = "Info für '" & Replace(p_cstrPrgName, "&", "&&") & "'"
    Case Else:         MsgBox "Label-Fehler für " & control.Id
    End Select
End Sub
```

Abbildg. 41.20 Jetzt ist immerhin das zweite &-Zeichen korrekt

Leider werden inzwischen (anders als noch bis Access 2010) Labels auch dann unterstrichen, wenn das &-Zeichen maskiert ist. Es gibt offenbar keine Möglichkeit mehr, das zu unterdrücken, aber wenigstens für Schaltflächen ist es so in Ordnung.

Auf Klick reagieren

Die nächste wichtige Callback-Prozedur wird beim Klick auf die Schaltfläche aufgerufen. Sie wird ebenfalls für alle möglichen Klicks auf Schaltflächen gemeinsam programmiert und unterscheidet dort mit *Select Case* den Aufrufer.

1. Schreiben Sie im Modul *modRibbon* die neue Prozedur *OnActionButton* wie im folgenden Listing:

```
Sub OnActionButton(control As IRibbonControl)
    Select Case control.Id
    Case "btnInfo"
        MsgBox "Version: " & p_cstrPrgVersion & vbCrLf & _
            "Stand: " & p_cdatPrgStand, vbInformation, p_cstrPrgTitel
    Case Else:      MsgBox "Klick-Fehler für " & control.Id
    End Select
End Sub
```

2. Wechseln Sie in die Datenblattansicht der Tabelle *USysRibbons* und ergänzen Sie den XML-Code mit dem fett markierten Attribut:

```
<button id="btnInfo" getLabel="GetLabel" onAction="OnActionButton" imageMso="HappyFace" />
```

3. Jetzt können Sie die Datenbank wieder schließen und erneut öffnen. Optisch unterscheidet sich die Schaltfläche nicht, aber wenn Sie darauf klicken, reagiert sie mit dem Aufruf der Prozedur, wie es in Abbildung 41.21 zu sehen ist.

Abbildg. 41.21   Die Meldung wird von der eigenen Schaltfläche erzeugt

Bilder einbinden

Das funktioniert jetzt, aber der Smiley war natürlich nicht als endgültige Lösung gedacht. Statt integrierter Symbole soll hier das Logo der *Kosten&Logistik*-Datenbank erscheinen. Abgesehen von einer geeigneten Bilddatei bedarf es hier auch einer Callback-Prozedur.

1. Erstellen Sie ein quadratisches Bild im *.gif*-Dateiformat in der Größe von 48*48 Pixel wie in Abbildung 41.22. Kopieren Sie die Datei in das Unterverzeichnis *Bilder* unterhalb des Datenbankpfads (sie liegt bereits bei den Beispielbildern vor).

Das Bild für die Schaltfläche

2. Öffnen Sie die Datenblattansicht der Tabelle *USysRibbons* und ergänzen Sie den XML-Code wie im folgenden Listing fett markiert:

```
<customUI xmlns="http://schemas.microsoft.com/office/2009/07/customui"
onLoad="OnRibbonLoad" >
<!-- wie bisher -->
        <button id="btnInfo" getLabel="GetLabel" onAction="OnActionButton"
getImage="GetImage" size="large"/>
<!-- wie bisher -->
</customUI>
```

3. Das bisherige Attribut imageMso="HappyFace" entfällt, da es durch das nachgeladene Bild ersetzt wird.

4. Wechseln Sie anschließend in das Modul *modRibbon* und fügen dort die benötigte Prozedur *GetImage* mit folgendem Code ein:

```
Sub GetImage(control As IRibbonControl, ByRef image)
    Select Case control.Id
    Case "btnInfo"
        Set image = LoadPicture(CurrentProject.Path & "\Bilder\Icon_Info.gif")
    Case Else:      MsgBox "Image-Fehler für " & control.Id
    End Select
End Sub
```

5. Nachdem Sie alles gespeichert haben, können Sie die Datenbank wie gewohnt wieder schließen und öffnen, woraufhin das eigene Bild in der Schaltfläche erscheint (siehe Abbildung 41.23).

Die Schaltfläche enthält nun ein selbstdefiniertes Bild

PROFITIPP   Obwohl das *.gif*-Dateiformat transparente Bereiche erlaubt, werden Sie leider feststellen müssen, dass auch Access 2013 diese Transparenz im Menüband immer noch nicht umsetzt. Das lässt sich nicht verbergen, weil die Schaltfläche beim Darüberbewegen des Mauszeigers in transparenten Bereichen rosa gefärbt wird.

Sowohl der *Ribbon-Admin* als auch der *RibbonCreator* fügen jedoch Prozeduren ein, welche durch Aufruf einer API-Funktion transparente Bereiche doch wieder korrekt darstellen.

Menüs erzeugen

Benötigen Sie viele Schaltflächen in einer Befehlsgruppe, die inhaltlich sinnvoll zusammengehören, dann sollten Sie auf ein Menü zurückgreifen. Es ist zwar ähnlich hierarchisch strukturiert wie die Menüs aus früheren Office-Versionen, bietet aber bedeutend mehr Möglichkeiten.

Damit der Navigationsbereich nicht sichtbar sein muss, sollen für diese Datenbank die wichtigsten Formulare direkt im Menüband auswählbar sein.

1. Erweitern Sie den XML-Code für das Menüband, wie er im folgenden Listing fett markiert ist:

```
<customUI xmlns="http://schemas.microsoft.com/office/2009/07/customui"
onLoad="OnRibbonLoad" >
<!-- wie bisher -->
        <button id="btnInfo" getLabel="GetLabel" onAction="OnActionButton"
getImage="GetImage"/ size="large">
        <menu id="mnuFormulare" label="Formular anzeigen" itemSize="large">
                <button id="btnHotels" label="Hotels" description="Hier finden Sie alle
Hotels"/>
                <button id="btnMitarbeiter" label="Mitarbeiter" description="Geben Sie
Details zu den Mitarbeitern ein"/>
                <button id="btnArtikel" label="Artikel" />
                <button id="btnBestellungen" label="Bestellungen" />
        </menu>
        </group>
<!-- wie bisher -->
</customUI>
```

2. Das *menu*-Element muss mit Anfang- und Endestruktur geschrieben werden, weil die eigentlichen Menüeinträge darin geschachtelt sind.

3. Bei den eigentlichen Menüeinträgen handelt es sich um *button*-Elemente, die zukünftig auch eine passende Callback-Prozedur für den Klick erhalten werden. Anders als frühere Menüs können diese jetzt nicht nur einen (fetten) *label*-Eintrag enthalten, sondern zusätzlich einen (mageren) *description*-Erläuterungstext.

4. Derzeit werden noch keine Callback-Prozeduren benötigt, Sie können das Menüband beim nächsten Öffnen der Datenbank also schon einmal testen (siehe Abbildung 41.24).

Abbildg. 41.24   Das Menü ist optisch noch nicht ganz perfekt, aber grundsätzlich einsatzbereit

5. Da sich die Menüeinträge wie Schaltflächen verhalten, können Sie auch deren Bilder mit der gleichen Technik einfügen:

Oberfläche

```
<customUI xmlns="http://schemas.microsoft.com/office/2009/07/customui"
onLoad="OnRibbonLoad" >
<!-- wie bisher -->
        <menu id="mnuFormulare" label="Formular anzeigen"  itemSize="large">
            <button id="btnHotels" label="Hotels" description="Hier finden Sie alle
Hotels" getImage="GetImage"/>
            <button id="btnMitarbeiter" label="Mitarbeiter" description="Geben Sie
Details zu den Mitarbeitern ein" getImage="GetImage"/>
            <button id="btnArtikel" label="Artikel" getImage="GetImage"/>
            <button id="btnBestellungen" label="Bestellungen" getImage="GetImage"/>
        </menu>
<!-- wie bisher -->
</customUI>
```

6. Entsprechend muss im Modul *modRibbon* die schon vorhandene *GetImage*-Prozedur erweitert werden:

```
Sub GetImage(control As IRibbonControl, ByRef image)
    Select Case control.Id
    Case "btnInfo"
        Set image = LoadPicture(CurrentProject.Path & "\Bilder\Icon_Info.gif")
    Case "btnHotels"
        Set image = LoadPicture(CurrentProject.Path & "\Bilder\Icon_Hotel.gif")
    Case "btnArtikel"
        Set image = LoadPicture(CurrentProject.Path & "\Bilder\Icon_Artikel.gif")
    Case "btnMitarbeiter"
        Set image = LoadPicture(CurrentProject.Path & "\Bilder\Icon_Mitarbeiter.gif")
    Case "btnBestellungen"
        Set image = LoadPicture(CurrentProject.Path & "\Bilder\Icon_Bestellungen.gif")
    Case Else
        MsgBox "Image-Fehler für " & control.Id
    End Select
End Sub
```

7. Damit sind auch im Menü die gewünschten Bilder (in gleicher Größe und Dateiformat) enthalten (siehe Abbildung 41.25).

Abbildg. 41.25 Auch das Menü lässt sich mit Bildern ausstatten

8. Damit der Klick auf einen Menüeintrag nun auch das zugehörige Formular anzeigt, müssen Sie wiederum die *OnActionButton*-Prozeduren aufrufen:

```
<customUI xmlns="http://schemas.microsoft.com/office/2009/07/customui"
onLoad="OnRibbonLoad" >
<!-- wie bisher -->
        <menu id="mnuFormulare" label="Formular anzeigen"  itemSize="large">
            <button id="btnHotels" label="Hotels" description="Hier finden Sie alle
Hotels" getImage="GetImage" onAction="OnActionButton"/>
            <button id="btnMitarbeiter" label="Mitarbeiter" description="Geben Sie
Details zu den Mitarbeitern ein" getImage="GetImage" onAction="OnActionButton"/>
            <button id="btnArtikel" label="Artikel" getImage="GetImage"
onAction="OnActionButton"/>
            <button id="btnBestellungen" label="Bestellungen" getImage="GetImage"
onAction="OnActionButton"/>
        </menu>
<!-- wie bisher -->
</customUI>
```

9. Sie können die bereits vorhandene *OnActionButton*-Prozedur nutzen, wenn Sie diese um die entsprechenden Zeilen erweitern:

```
Sub OnActionButton(control As IRibbonControl)
    Select Case control.Id
    Case "btnInfo"
        MsgBox "Version: " & p_cstrPrgVersion & vbCrLf & _
            "Stand: " & p_cdatPrgStand, vbInformation, p_cstrPrgTitel
    Case "btnHotels": DoCmd.OpenForm "frmHotels"
    Case "btnArtikel": DoCmd.OpenForm "frmArtikel"
    Case "btnMitarbeiter": DoCmd.OpenForm "frmMitarbeiter"
    Case "btnBestellungen": DoCmd.OpenForm "frmBestellungen"
    Case Else:      MsgBox "Klick-Fehler für " & control.Id
    End Select
End Sub
```

Jetzt ist das Menü komplett funktionsfähig und Sie haben damit wesentliche Teile der Menüband-Programmierung kennengelernt.

Startprogramm für ein Dialogfeld

In einigen Befehlsgruppen (etwa in *START/Zwischenablage*) finden Sie neben dem Namen unten rechts ein kleines Symbol, welches laut offizieller Notation *Startprogramm für ein Dialogfeld* heißt. Auch wenn dieses in den übrigen Microsoft Office-Programmen viel umfangreicher eingesetzt wird, ist es eine sehr praktische Schaltfläche, weil sie keinen zusätzlichen Platz verbraucht:

1. Ergänzen Sie den XML-Code in der Tabelle *USysRibbons* mit dem fett markierten Text wie im folgenden Listing:

```
<customUI xmlns="http://schemas.microsoft.com/office/2009/07/customui"
onLoad="OnRibbonLoad" >
<!-- wie bisher -->
        </menu>
        <dialogBoxLauncher>
          <button id="btnLaunchInfo" onAction="OnActionButton"/>
        </dialogBoxLauncher>
```

Oberfläche

```
            </group>
<!-- wie bisher -->
</customUI>
```

2. Das *dialogBoxLauncher*-Element muss als einziges an einer fest definierten Stelle stehen, nämlich als letztes innerhalb einer *group*-Struktur.

3. Dieser XML-Code erzeugt die kleine Schaltfläche ganz rechts neben dem Namen der Befehlsgruppe *Info*, wie Abbildung 41.26 zeigt.

Abbildg. 41.26   Das *Startprogramm für ein Dialogfeld* ist sichtbar

4. Auch die vorhandene *OnActionButton*-Prozedur muss wiederum nur minimal erweitert werden, wie der folgende VBA-Code zeigt:

```
Sub OnActionButton(control As IRibbonControl)
    Select Case control.Id
    Case "btnInfo"
        MsgBox "Version: " & p_cstrPrgVersion & vbCrLf & _
            "Stand: " & p_cdatPrgStand, vbInformation, p_cstrPrgTitel
    Case "btnHotels": DoCmd.OpenForm "frmHotels"
    Case "btnArtikel": DoCmd.OpenForm "frmArtikel"
    Case "btnMitarbeiter": DoCmd.OpenForm "frmMitarbeiter"
    Case "btnBestellungen": DoCmd.OpenForm "frmBestellungen"
    Case "btnLaunchInfo": MsgBox "Dies ist nur ein Beispiel.", vbInformation,
p_cstrPrgTitel
    Case Else:      MsgBox "Klick-Fehler für " & control.Id
    End Select
End Sub
```

5. Damit diese Schaltfläche überhaupt auffällt, sollte wenigstens die zugehörige QuickInfo ausführlich sein. Diese wird angezeigt, sobald der Mauszeiger darauf positioniert und kurz gewartet wird. Die QuickInfo besteht aus zwei Teilen, einem kurzen *screentip* und einem längeren *supertip*.

6. Erweitern Sie den XML-Code um diese fett markierten Callback-Prozedur-Aufrufe:

```
<customUI xmlns="http://schemas.microsoft.com/office/2009/07/customui"
onLoad="OnRibbonLoad" >
<!-- wie bisher -->
        </menu>
        <dialogBoxLauncher>
```

```
            <button id="btnLaunchInfo" onAction="OnActionButton"
getScreentip="GetScreentip" getSupertip="GetSupertip"/>
            </dialogBoxLauncher>
          </group>
<!-- wie bisher -->
</customUI>
```

7. Fügen Sie im Modul zwei neue Callback-Prozeduren hinzu wie im folgenden Listing:

```
Sub GetScreentip(control As IRibbonControl, ByRef screentip)
    Select Case control.Id
    Case "btnLaunchInfo":    screentip = "Dies ist nur ein Beispiel"
    Case Else
        MsgBox "Screentip-Fehler für " & control.Id
    End Select
End Sub

Sub GetSupertip(control As IRibbonControl, ByRef supertip)
    Select Case control.Id
    Case "btnLaunchInfo":    supertip = "Hier kann auch mal ein " & _
        "viel ausführlicherer Text stehen, der nur zeigen soll, wie viel Platz darin
ist."
    Case Else
        MsgBox "Supertip-Fehler für " & control.Id
    End Select
End Sub
```

HINWEIS   Es ist keineswegs notwendig, dass die Callback-Prozedur immer so heißt wie das Attribut. Sie können also in XML auch `getScreentip="Beispiel"` schreiben und im VBA-Modul die Prozedur entsprechend als `Sub Beispiel(....)` deklarieren. Das macht es aber nicht übersichtlicher...

8. Damit erzeugen Sie im Menüband eine ausführliche Info wie in Abbildung 41.27.

Abbildg. 41.27   Das *Startprogramm für ein Dialogfeld* ist nun besser erläutert

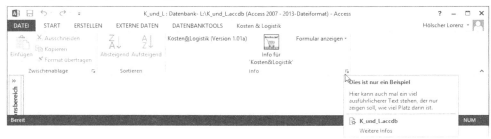

Oberfläche

Kontextabhängige Befehle

Wie Sie sicher bemerkt haben, ist die bisher erstellte Registerkarte immer sichtbar. Viele typische Steuerelemente sind aber vor allem in einem Formular sinnvoll. Dadurch lassen sich nämlich oftmals Schaltflächen aus dem Formular in ein Menüband verlagern. Das verbraucht nicht nur weniger Platz, sondern erspart Ihnen auch mehrfache Programmierung.

Im Folgenden möchte ich Ihnen kurz zeigen, wie Sie solche kontextabhängigen Befehle im Menüband integrieren. Grundsätzlich dürfte das auch im gleichen Datensatz integriert werden. Dabei wird aber nur dessen XML-Code immer länger, daher steht der XML-Code in einem zweiten Datensatz.

1. Legen Sie in der Tabelle einen zweiten Datensatz mit *K_und_L_Formulare* für das Feld *Ribbon-Name* und dem folgenden XML-Code in *RibbonXml* an:

```xml
<customUI xmlns="http://schemas.microsoft.com/office/2009/07/customui"
onLoad="OnRibbonLoad" >
  <ribbon startFromScratch="false">
    <contextualTabs>
      <tabSet idMso="TabSetFormReportExtensibility">
        <tab id="tabKLForm" label="K&#38;&#38;L-Formular">
          <group idMso="GroupViews" />
          <group idMso="GroupSortAndFilter" />
          <group id="grpSpezial" label="Spezial" >
            <button idMso="MasterViewClose" size="large" />
          </group>
        </tab>
      </tabSet>
    </contextualTabs>
  </ribbon>
</customUI>
```

2. Statt der *tabs*-Auflistung findet sich hier eine für *contextualTabs*, also die kontextabhängigen Registerkarten. Diese erkennen Sie daran, dass darüber eine farbige Überschrift eingeblendet wird.

3. Technisch ist ansonsten wenig Neues zu sehen, denn hier werden einfach die beiden integrierten Befehlsgruppen *Ansichten* und *Sortieren und Filtern* angezeigt. Eine neue Befehlsgruppe *Spezial* enthält eine einzige große Schaltfläche zum Schließen des Formulars.

HINWEIS Die Bezeichnung *MasterViewClose* für die Schaltfläche zum Schließen deutet darauf hin, dass sie wohl eher für die Masteransicht in PowerPoint gedacht war. Das macht aber nichts, funktionell ist sie auch zum Schließen eines Access-Formulars geeignet.

---

4. Nachdem Sie die Tabelle *USysRibbons* geschlossen haben, müssen Sie die Datenbank schließen und öffnen, damit Access den Namen des neuen Menübands kennt.

5. Wechseln Sie in die Entwurfsansicht des Formulars *frmArtikel*, wählen in der Formular-Eigenschaft *Name des Menübands* den Eintrag *K_und_L_Formulare* aus und speichern das Formular.

6. Jetzt ist es wieder einmal an der Zeit, die Datenbank zu schließen und erneut zu öffnen (Sie merken schon, das ist die häufigste Aktion beim Erstellen von eigenen Menübändern). Dafür sehen Sie beim Öffnen des Formulars *frmArtikel* dann eine spezielle Registerkarte wie in Abbildung 41.28.

Abbildg. 41.28   Dieses Formular zeigt eine eigene Registerkarte an

Mit dieser Technik können Sie wahlweise allen Formularen die gleiche Registerkarte zuweisen oder, wenn Sie entsprechend viele Datensätze in *USysRibbons* vorbereiten, für jedes Formular eine eigene Registerkarte.

TIPP   Wollen Sie im gleichen Datensatz normale und kontextabhängige Registerkarten speichern, befinden diese sich auf gleicher Ebene wie im folgenden Beispielcode:

```
<customUI xmlns="http://schemas.microsoft.com/office/2009/07/customui" >
  <ribbon startFromScratch="false">
    <tabs>

    </tabs>
    <contextualTabs>

    </contextualTabs>
  </ribbon>
</customUI>
```

Die kontextabhängigen Registerkarten werden trotzdem erst dann angezeigt, wenn auch ein Formular geöffnet ist, in dessen Eigenschaft *Name des Menübands* dieser Datensatz angegeben wurde.

Symbolleiste für den Schnellzugriff

Obwohl die Symbolleiste für den Schnellzugriff »gefühlt« nicht zum Menüband gehört, ist sie technisch sehr wohl ein Teil davon. Das Menüband mit seinen Registerkarten wird im *tabs*-Element angegeben, die Symbolleiste für den Schnellzugriff im *qat*-Element (*qat* ist die Abkürzung für *Quick Access Toolbar*, engl. für Schnellzugriffs-Symbolleiste).

Oberfläche

ACHTUNG Damit Sie per XML überhaupt Zugriff auf die Symbolleiste für den Schnellzugriff erhalten, muss die Einstellung `startFromScratch="true"` lauten, ansonsten gibt es eine Fehlermeldung. Allerdings sind dadurch zwingend alle Standardregisterkarten ausgeblendet, was nicht unbedingt gewollt ist.

Wir werden im Code also direkt dafür sorgen, dass diese wieder sichtbar werden. Ein Nebeneffekt davon ist, dass nun benutzerseitig gar kein manueller Eingriff in die Menübänder mehr möglich ist (jedenfalls, solange diese Datenbank geöffnet ist).

1. Erweitern Sie den Inhalt in der Tabelle *USysRibbons* im Datensatz *K_und_L_Ribbon*, wie es hier der fett markierte XML-Code vorgibt:

```
<customUI xmlns="http://schemas.microsoft.com/office/2009/07/customui"
onLoad="OnRibbonLoad" >
  <ribbon startFromScratch="true">
    <qat>
      <sharedControls>
        <button idMso="FileOpenDatabase" />
      </sharedControls>
      <documentControls>
        <button idMso="FileSave" />
        <control idMso="Undo" imageMso="Undo"/>
        <control idMso="Redo" imageMso="Redo"/>
        <button idMso="MasterViewClose" />
      </documentControls>
    </qat>
    <tabs>
      <tab idMso="TabHomeAccess" visible="true"/>
      <tab idMso="TabCreate" visible="true"/>
      <tab idMso="TabExternalData" visible="true"/>
      <tab idMso="TabDatabaseTools" visible="true"/>
      <tab id="tabKL" label="Kosten &#38;&#38; Logistik" >
<!-- wie bisher -->
      </tab>
    </tabs>
  </ribbon>
</customUI>
```

2. Das *qat*-Element enthält zwei Untergruppen *sharedControls* und *documentControls*, die für allgemeine und datenbankspezifische Schaltflächen gedacht sind (den Unterschied können Sie jedoch nur in Add-Ins nutzen).

3. Die meisten Schaltflächen dort haben den Steuerelementtyp *button*, nicht jedoch die beiden für *Rückgängig* und *Wiederholen*. Obwohl die Fehlermeldung den Typ *gallery* einfordert, führt das zu weiteren Fehlern. Hier muss stattdessen der allgemeine Typ *control* eingesetzt werden.

4. Um die ursprünglichen Registerkarten wieder anzuzeigen, werden diese als *tab*-Element mit der passenden *idMso* notiert. Sie müssen auch ausdrücklich das *visible*-Attribut auf *true* stellen, damit die Registerkarten sichtbar werden.

ACHTUNG Während es bei den übrigen Microsoft Office-Programmen als *idMso* nur *TabHome* heißt, müssen Sie bei Access *TabHomeAccess* schreiben.

Damit haben Sie sowohl die ursprünglichen Registerkarten als auch eine selbst definierte Registerkarte und eine per XML veränderte Symbolleiste für den Schnellzugriff erstellt (siehe Abbildung 41.29).

Abbildg. 41.29 Diese *Symbolleiste für den Schnellzugriff* wurde per XML angepasst

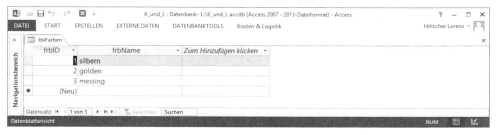

Commands

Mit einem *command*-Element (in einer *commands*-Auflistung) können Sie sogar einzelne integrierte Befehle einschließlich ihrer Tastenkürzel deaktivieren, beispielsweise den *Kursiv*-Befehl für markierte Texte. Theoretisch jedenfalls. Im Gegensatz zu den übrigen Microsoft Office-Programmen ist das in Access aber nur halbherzig umgesetzt:

1. Erweitern Sie in der Tabelle *USysRibbons* den Datensatz *K_und_L_Ribbon* um die fett markierten Zeilen wie im folgenden Listing:

```
<customUI xmlns="http://schemas.microsoft.com/office/2009/07/customui"
onLoad="OnRibbonLoad" >
  <commands>
    <command idMso="Italic" enabled="false" />
  </commands>
  <ribbon startFromScratch="true">
<!-- wie bisher -->
  </ribbon>
</customUI>
```

2. Dadurch wird der *Kursiv*-Befehl (engl. *italic*) deaktiviert, wie Sie in Abbildung 41.30 an der Mausposition sehen können.

Abbildg. 41.30 Der *Kursiv*-Befehl ist deaktiviert

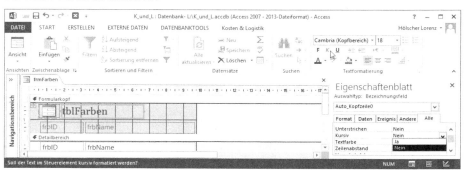

Oberfläche

Allerdings sehen Sie im Eigenschaftenblatt, dass die *Kursiv*-Eigenschaft des markierten Textes immer noch aktiv ist und sich auch ändern lässt. Auch das Tastenkürzel `Strg`+`⇧`+`I` funktioniert weiterhin. Diese Mängel sind aber sicherlich von geringerer Bedeutung, weil Endanwender, die mit der Datenbank arbeiten, nicht mit dem Formular-Entwurf und dessen Formatierung in Berührung kommen.

Damit ist Ihre Datenbank rundum fertig und Sie haben alles kennengelernt, was für die Arbeit mit Access 2013 wichtig und hilfreich ist.

Zusammenfassung

In diesem Kapitel habe ich Ihnen die Möglichkeiten gezeigt, wie das Menüband programmiert werden kann.

■ Seit Access 2010 sind Änderungen per Dialogfeld nicht nur an der Symbolleiste für den Schnellzugriff, sondern auch am *Menüband* möglich (Seite 932)

■ Mit einer XML-Definition in der Tabelle *USysRibbons* und der zugehörigen Callback-Programmierung in einem Modul lassen sich auch *eigene Registerkarten* (Seite 939) im Menüband erstellen

■ Anstatt alles neu zu programmieren, können Sie integrierte Befehlsgruppen oder *Befehle* (Seite 941) in Ihre Registerkarte voll funktionsfähig übernehmen

■ *Benutzerdefinierte Befehle* (Seite 943) erlauben die vollkommen freie Gestaltung eigener Registerkarten mit Befehlen, die Ihre VBA-Prozeduren aufrufen

■ Die Verbindung zwischen XML und VBA läuft über sogenannte *Callback-Prozeduren* (Seite 944), deren Namen im XML-Code notiert werden. Damit lassen sich dynamische Beschriftungen, flexible Bilder oder andere Funktionalitäten verwirklichen.

■ Damit eine eigene Registerkarte nur zusammen mit einem Formular angezeigt wird, definieren Sie *kontextabhängige Registerkarten* (Seite 954). Diese können Teil des sonstigen XML-Codes sein, müssen es aber nicht.

■ Mit einem *qat*-Element lässt sich die *Symbolleiste für den Schnellzugriff* (Seite 955) ebenfalls per XML verändern, allerdings werden dabei die ursprünglichen Registerkarten unsichtbar

■ Das *command*-Element soll eigentlich *integrierte Befehle und Tastenkürzel* (Seite 957) deaktivieren, was aber nur teilweise funktioniert

Teil J

Anhang

Anhang A

Operatoren und Funktionen

Anhang

Operatoren

Die folgenden Tabellen fassen die Operatoren zusammen, von denen fast alle sowohl in Berechnungen als auch in VBA eingesetzt werden können. Die meisten Operatoren lassen sich auch in SQL-Abfragen verwenden.

Tabelle A.1 Mathematische Vergleichsoperatoren

Operator	Bedeutung
=	Gleich
<	Kleiner als
<=	Kleiner als oder gleich
>	Größer als
>=	Größer als oder gleich
<>	Ungleich

Tabelle A.2 Mathematische Rechenoperatoren

Operator	Bedeutung
=	Zuweisung an die Variable links
+	Addition zweier Zahlen
-	Subtraktion zweier Zahlen
/	Division zweier Zahlen
*	Multiplikation zweier Zahlen
\	Ganzzahliger Anteil nach Division zweier Zahlen
mod	Ganzzahliger Rest nach Division zweier Zahlen
^	Potenz zweier Zahlen

Tabelle A.3 Logische Vergleichsoperatoren

Operator	Bedeutung
And	Beide *Boolean*-Werte müssen gleich sein
Or	Wenigstens ein *Boolean*-Wert muss **True** sein
Not	Der *Boolean*-Wert wird in sein Gegenteil umgewandelt

Tabelle A.4   Sonstige Operatoren

Operator	Bedeutung
Like	Vergleicht zwei Zeichenketten unter Berücksichtigung von Jokerzeichen
Is	Vergleicht, ob es sich um die gleichen Objekte handelt
&	Verkettet mehrere Zeichenketten (andere Datentypen werden dabei automatisch in *String* umgewandelt)

Funktionen

Die folgende Tabelle listet die wichtigsten Funktionen auf, die Sie in VBA, in berechneten Feldern und (teilweise) in Datenmakros benutzen können.

> **HINWEIS**   Denken Sie bitte daran, dass in VBA das Trennzeichen zwischen Argumenten ein Komma (und der Funktionsname englisch) ist, im Abfrageentwurf aber mit einem Semikolon getrennt wird.

Die Funktionen sind hier alle mit ihren deutschen (im Abfrageentwurf) und englischen Namen (in VBA) aufgeführt, allerdings ohne die umfangreichen Argumente, die Sie ausführlich in der Hilfe erläutert finden. Funktionsnamen ohne deutsche Bezeichnung sind nur in VBA einzusetzen.

Tabelle A.5   Häufig benutzte Funktionen

Funktion englisch	Funktion deutsch	Bedeutung
Array()		Gibt ein komplettes Datenfeld zurück
Asc()	Asc()	Gibt die ANSI-Nummer des ersten Zeichens zurück
CDbl()	ZDouble()	Wandelt einen Ausdruck in eine *Double*-Zahl um
Chr()	Zchn()	Gibt ein Zeichen anhand der ANSI-Nummer zurück
CInt()	ZInteger()	Wandelt einen Ausdruck in eine *Integer*-Zahl um
CLng()	ZLong()	Wandelt einen Ausdruck in eine *Long*-Zahl um
CurDir()	AktVerz()	Gibt das aktuelle Verzeichnis zurück
Date()*	Datum()	Gibt das aktuelle Systemdatum zurück
DateAdd()	DatAdd()	Addiert auf ein Datum ein angegebenes Intervall
DateDiff()	DatDiff()	Ermittelt die Anzahl Intervalle zwischen zwei Datumswerten
DateValue()	DatWert()	Wandelt eine Zeichenkette in ein Datum um
Day()	Tag()	Gibt aus einem Datum/Uhrzeit-Wert den Tag zurück
Dir()	Verz()	Gibt einen Dateinamen des angegebenen Verzeichnisses zurück
FileDateTime()		Ermittelt das Speicherdatum der angegebenen Datei
FileLen()		Ermittelt die Größe der angegebenen Datei

* VBA entfernt im Code-Editor (nicht im Direktfenster) die Klammern bei Date().

Tabelle A.5 Häufig benutzte Funktionen *(Fortsetzung)*

Funktion englisch	Funktion deutsch	Bedeutung
Format()	Format()	Formatiert eine Zahl anhand des Zahlenformats
Hour()	Stunde()	Gibt aus einem Datum/Uhrzeit-Wert die Stunde zurück
InputBox()	Eingabefeld()	Erzeugt ein Eingabefenster
InStr()	InStr()	Ermittelt die erste Position des gesuchten Textes innerhalb der Zeichenkette
InStrRev()	InStrRev()	Ermittelt die letzte Position des gesuchten Textes innerhalb der Zeichenkette
IsArray()	IsArray()	Gibt *True* zurück, wenn die Variable ein Datenfeld enthält
IsDate()	IstDatum()	Gibt *True* zurück, wenn das Argument in ein gültiges Datum umzuwandeln wäre
IsEmpty()	IstLeer()	Gibt *True* zurück, wenn die Variable einen NULL-Wert enthält
IsMissing()	IsMissing()	Gibt *True* zurück, wenn die Variable ein nicht übergebenes Argument enthält
IsNull()	IstNull()	Gibt *True* zurück, wenn die Variable einen NULL-Wert enthält
IsNumeric()	IstNumerisch()	Gibt *True* zurück, wenn das Argument in eine Zahl umgewandelt werden kann
IsObject()	IsObject()	Gibt *True* zurück, wenn die Variable ein Objekt enthält
LBound()	LBound()	Ermittelt die untere Grenze eines Datenfelds
LCase()	Kleinbst()	Wandelt alle Buchstaben der Zeichenkette in Kleinschreibung um
Left()	Links()	Gibt die Anzahl Zeichen vom Anfang der Zeichenkette zurück
Len()	Länge()	Ermittelt die Anzahl Zeichen in der Zeichenkette
LTrim()	LGlätten()	Entfernt führende Leerzeichen aus der Zeichenkette
Mid()	Teil()	Gibt die Anzahl Zeichen ab der genannten Position in der Zeichenkette zurück
Minute()	Minute()	Gibt aus einem Datum/Uhrzeit-Wert die Minute zurück
Month()	Monat()	Gibt aus einem Datum/Uhrzeit-Wert den Monat zurück
MsgBox()	Meldung()	Erzeugt ein Meldungsfenster am Bildschirm
Now()	Jetzt()	Gibt das aktuelle Systemdatum einschließlich Uhrzeit zurück
Replace()	Ersetzen()	Ersetzt einen Text durch einen anderen innerhalb der Zeichenkette
Right()	Rechts()	Gibt die Anzahl Zeichen vom Ende der Zeichenkette zurück
Round()	Runden()	Rundet eine Zahl auf die angegebene Anzahl Nachkommastellen
RTrim()	RGlätten()	Entfernt abschließende Leerzeichen aus der Zeichenkette
Second()	Sekunde()	Gibt aus einem Datum/Uhrzeit-Wert die Sekunde zurück

Tabelle A.5 Häufig benutzte Funktionen *(Fortsetzung)*

Funktion englisch	Funktion deutsch	Bedeutung
Space()	Leerzchn()	Gibt eine Zeichenkette mit der angegebenen Anzahl an Leerzeichen zurück
Time()	Zeit()	Gibt die aktuelle Systemzeit zurück
Trim()	Glätten()	Entfernt führende und abschließende Leerzeichen aus der Zeichenkette
UBound()	UBound()	Ermittelt die obere Grenze eines Datenfelds
UCase()	Großbst()	Wandelt alle Buchstaben der Zeichenkette in Großschreibung um
Val()	Wert()	Wandelt eine Zeichenfolge in eine Zahl um
Year()	Jahr()	Gibt aus einem Datum/Uhrzeit-Wert das Jahr zurück

Die Funktionsnamen sind nach ihren englischen Bezeichnungen sortiert.

Anhang B

Spezifikationen

Anhang

Allgemein

Dateigröße einer Access-Datenbank, abzüglich des erforderlichen Speicherplatzes für Systemobjekte	2 GB
Anzahl von Objekten in einer Datenbank	32.768
Anzahl von Modulen (einschließlich Formulare und Berichte, deren *Enthält Modul*-Eigenschaft auf *Wahr* festgelegt ist)	1.000
Anzahl von Zeichen in einem Objektnamen	64
Anzahl von Zeichen in einem Kennwort	20
Anzahl von Zeichen in einem Benutzer- oder Gruppennamen	20
Anzahl von gleichzeitigen Benutzern	255

Tabelle

Anzahl von Zeichen in einem Tabellennamen	64
Anzahl von Zeichen in einem Feldnamen	64
Anzahl von Feldern in einer Tabelle	255
Anzahl von geöffneten Tabellen (die tatsächliche Anzahl kann aufgrund von Tabellen, die Access intern öffnet, kleiner sein)	2.048
Tabellengröße (abzüglich des erforderlichen Speicherplatzes für die Systemobjekte)	2 GB
Anzahl von Zeichen in einem Text-Feld	255
Anzahl von Zeichen in einem Memo-Feld (wenn die Daten über die Benutzeroberfläche eingegeben werden)	65.535
Zeichenspeicher (wenn die Daten programmgesteuert eingegeben werden)	2 GB
Größe eines OLE-Objekt-Felds	1 GB
Anzahl von Indizes in einer Tabelle	32
Anzahl von Feldern in einem Index	10
Anzahl von Zeichen in einer Gültigkeitsprüfungsmeldung	255
Anzahl von Zeichen in einer Gültigkeitsprüfungsregel	2.048
Anzahl von Zeichen in einer Tabellen- oder Feldbeschreibung	255
Anzahl der Zeichen in einem Datensatz (wobei Memo- und OLE-Objekt-Felder ausgeschlossen sind), wenn die *Unicode-Kompression*-Eigenschaft der Felder auf *Ja* festgelegt ist	4.000
Anzahl von Zeichen in der Eigenschafteneinstellung eines Felds	255

Abfrage

Anzahl von erzwungenen Beziehungen (pro Tabelle abzüglich der Anzahl von Indizes, die für nicht an Beziehungen beteiligte Felder oder Feldkombinationen bestehen*)	32
Anzahl von Tabellen in einer Abfrage	32*
Anzahl von Verknüpfungen in einer Abfrage	16*
Anzahl von Feldern in einem Recordset	255
Recordset-Größe	1 GB
Sortierbeschränkung (in einem oder mehreren Feldern)	255 Zeichen
Anzahl von Ebenen bei verschachtelten Abfragen	50*
Anzahl von Zeichen in einer Zelle des Abfrageentwurfsbereichs	1.024
Anzahl von Zeichen für einen Parameter in einer Parameterabfrage	255
Anzahl von AND-Operatoren in einer WHERE- oder HAVING-Klausel	99*
Anzahl von Zeichen in einer SQL-Anweisung	Ungefähr 64.000*

* Wenn die Abfrage mehrwertige Nachschlagefelder enthält, können die Höchstwerte niedriger sein.

Formular und Bericht

Anzahl von Zeichen in einem Bezeichnungsfeld	2.048
Anzahl von Zeichen in einem Textfeld	65.535
Breite eines Formulars oder Berichts	55,88 cm
Höhe eines Bereichs	55,88 cm
Höhe aller Bereiche zuzüglich der Bereichsköpfe (in der Entwurfsansicht)	508,00 cm
Anzahl von Ebenen bei verschachtelten Formularen oder Berichten	7
Anzahl von Feldern oder Ausdrücken, die in einem Bericht sortiert oder gruppiert werden können	10
Anzahl von Kopf- und Fußzeilen in einem Bericht	1 Berichtskopf-/-fußzeile, 1 Seitenkopf-/-fußzeile, 10 Gruppenkopf-/-fußzeilen
Anzahl von gedruckten Seiten in einem Bericht	65.536
Anzahl von Steuerelementen und Bereichen, die während der Lebensdauer eines Formulars bzw. Berichts insgesamt hinzugefügt werden können	754
Anzahl von Zeichen in einer SQL-Anweisung, die als *Datensatzquelle*- oder *Datensatzherkunft*-Eigenschaft eines Formulars, Berichts oder Steuerelements dient	32.750

Makro

Anzahl von Aktionen in einem Makro	999
Anzahl von Zeichen in einer Bedingung	255
Anzahl von Zeichen in einem Kommentar	255
Anzahl von Zeichen in einem Aktionsargument	255

Entfallene Funktionen

Die folgende Tabelle zeigt, welche Funktionalitäten in Access 2013 gegenüber den Vorversionen weggefallen sind.

Funktion	Erläuterung
Access Data Projects (ADP)	SQL-basierte Datenbanken ersetzen weitgehend die ADPs
Unterstützung des Jet 3.x-ISAM-Treibers	Der Treiber ist nicht mehr verfügbar. Access 2013 kann keine Access 97-Datenbanken mehr öffnen, diese müssen mit Access 2010 zuerst konvertiert werden. Das betrifft auch Verknüpfungen zu Access 97-Datenbanken.
Pivot-Charts und -Tabellen	Die Pivot-Funktionalität wird nun ausschließlich von Excel Pivot-Charts und -Tabellen übernommen
dBase-Unterstützung	Ein Zugriff auf externe dBase-Datenbanken ist nicht mehr möglich
Datensammlungen	Datensammlungen aus Access 2010 werden noch verarbeitet, neue lassen sich nicht mehr erstellen
Menüs und Symbolleisten	Menüs und Symbolleisten aus früheren Versionen vor Access 2007 werden nicht mehr dargestellt
Replikation	Wird nicht mehr unterstützt
Source Code Control	Das Developer Source Code Control ist für Access 2013 nicht mehr verfügbar
Workflow	In UI-Makros sind die Workflow-Aktionen nicht mehr verfügbar. Beim Öffnen älterer Datenbanken mit diesen Aktionen erscheint eine Warnung.
Upsizing Wizard	Der Assistent zum Skalieren auf eine SQL-Server-Datenbank ist nicht mehr verfügbar

Anhang C

Präfixe

Anhang

Präfixe für Access-Objekte

In Tabelle C.1 finden Sie alle Access-Objekte mit ihrem zugehörigen Präfix. Es gibt keinen einheitlichen Standard für Präfixe, entsprechend finden Sie in anderen Übersichten manche Abweichungen zu der hier vorgestellten Notation. Wichtig ist vor allem, dass Sie überhaupt Präfixe einsetzen.

Tabelle C.1   Präfixe für Access-Objekte

Access-Objekt	Präfix
Tabelle	*tbl* (engl. *table*)
Abfrage	*qry* (engl. *query*)
Formular	*frm* (engl. *form*), manchmal auch *dlg* (engl. *dialog*) wegen der Verwechslungsgefahr mit *frame*
Bericht	*rpt* (engl. *report*)
Makro	*mac* (engl. *macro*), manchmal auch *mcr*
Modul	*mod* (engl. *module*)

Es ist in Access nicht erlaubt, Tabellen und Abfragen gleich zu benennen. Wenn Sie mit Präfixen arbeiten, kann eine solche Namensüberschneidung erst gar nicht auftreten.

Präfixe für Felder

Abweichend von der ursprünglichen Ungarischen Notation empfehle ich, Feldnamen nicht mit dem Präfix *fld* zu kennzeichnen. Die Tatsache, dass es sich um ein Feld handelt, ist praktisch in jedem Zusammenhang eindeutig (und wird oft durch eckige Klammern noch verdeutlicht).

Wichtiger finde ich dabei die Angabe, aus welcher Tabelle das Feld stammt. Dadurch ergibt sich nebenbei eine datenbankweit eindeutige Benennung der Felder, indem aus dem Namen der jeweiligen Tabelle ein Präfix gebildet und vorangestellt wird, z.B. *xtrMoebel* für ein Feld in der Tabelle *tblExtras*. Dies erlaubt kürzeren SQL-Code, weil nicht immer der Tabellenname hinzugefügt werden muss.

Für kleinere Datenbanken reichen Präfixe aus drei Buchstaben als Tabellenkennung, bei größeren Datenbanken ab etwa 30 Tabellen sind Präfixe aus fünf Buchstaben praktischer.

Präfixe für Steuerelemente

Wann immer ein konkreter Name für ein Formular-Steuerelement festgelegt werden musste, sind Ihnen die Regeln der Ungarischen Notation begegnet.

Tabelle C.2   Präfixe für Steuerelemente

Steuerelement	Präfix
Textfeld	*edt* (engl. *edit control*), manchmal auch *txt* (engl. *text box*)

Tabelle C.2 Präfixe für Steuerelemente *(Fortsetzung)*

Steuerelement	Präfix
Bezeichnung	*lbl* (engl. *label*)
Schaltfläche	*btn* (engl. *button*), manchmal auch *cmd* (engl. *command button*), aber Verwechslungsgefahr mit Kombinationsfeld
Registersteuerelement	*mpg* (engl. *multi page*)
Seite (auf Registerkarte)	*pag* (engl. *page*)
Link (Hyperlink)	*lbl* (weil identisch mit *Bezeichnung*-Steuerelement)
Webbrowsersteuerelement	*web* (engl. *web*)
Navigationssteuerelement	*nav* (engl. *navigation control*)
Optionsgruppe	*grp* (engl. *option group*), manchmal auch *frm* (engl. *frame*), aber dann Verwechslungsgefahr mit Formular
Seitenumbruch	*brk* (engl. *page break*)
Kombinationsfeld	*cmb* (engl. *combo box*), manchmal auch *cbo*
Diagramm	*cht* (engl. *chart*), manchmal auch *dgr* (engl. *diagram*)
Linie	*lin* (engl. *line*)
Umschaltfläche	*tgl* (engl. *toggle button*) in einzelner Verwendung, *opt* (weil funktionsgleich mit *Optionsfeld*) bei Verwendung innerhalb einer Optionsgruppe
Listenfeld	*lst* (engl. *list box*)
Rechteck	*rct* (engl. *rectangle*)
Kontrollkästchen	*chk* (engl. *check box*)
(Un-)gebundenes Objektfeld	*ole* (engl. *OLE object*)
Anlage	*att* (engl. *attachment*)
Optionsfeld	*opt* (engl. *option button*)
Unterformular/-bericht	*sfm* (engl. *subform*) oder *srp* (engl. *subreport*)
Bild	*img* (engl. *image*)

Für die VBA-Programmierung von Ereignissen muss das Steuerelement umbenannt sein, *bevor* die Ereignisprozedur erzeugt wird. Eine nachträgliche Änderung des Namens wird im Prozedurnamen nicht dynamisch nachgeführt, es ist aber möglich, das manuell zu korrigieren.

Präfixe für Datentypen

Variablen und Konstanten in der VBA-Programmierung sollten nicht nur überhaupt deklariert sein, sondern ihren Datentyp im Namen als Präfix enthalten.

Tabelle C.3   Präfixe für Datentypen

VBA-Datentyp	Präfix
Boolean	*boo*
Byte	*byt*
Integer	*int*
Long	*lng*
Currency	*cur*
Date	*dat*
Single	*sng*
Double	*dbl*
Decimal	*dec*
String	*str*
Variant	*var*

Praxisindex

Die Einträge in diesem Praxisindex verweisen auf Schritt-für-Schritt-Anleitungen zu spezifischen Arbeitsgängen.

Stichwortverzeichnis

Der Autor

Lorenz Hölscher hat nach seinem Architekturstudium als Geschäftsführer in einem Ingenieurbüro gearbeitet und dort neben der Planung für Kompostierungsanlagen auch die Hard- und Software betreut. Dort konnte er zwar so richtig große Radlader fahren, wollte aber nach ein paar Jahren gerne auch mal wieder etwas anders machen.

Nach dem Wechsel in die Selbstständigkeit als Softwaredozent hat er sich für Schulungszwecke mit Access beschäftigt und dabei entdeckt, dass sogar eine Datenbank Spaß machen kann. Wer hätte das gedacht! So ist aus einem anfangs eher unwilligen Herantasten eine freundschaftliche Beziehung zu einem Programm geworden, welches in seinen Fähigkeiten mühelos mit dem Benutzer wächst.

Dank der Makro- und vor allem VBA-Programmierung in Access gibt es zu allen Problemen eine Lösung, die für Lorenz Hölscher nicht nur funktionsfähig, sondern auch schön sein muss. Da schlägt offensichtlich noch das Architekten- und Grafiker-Herz in ihm.

Außerdem schreibt er sehr gerne, sonst hätte er sich so ein umfangreiches Buch wie dieses nicht angetan. Nach vielen Artikeln in »Inside Word« und »Inside Access« hat er bei Microsoft Press in der *Richtig einsteigen*-Reihe bereits mehrere Bücher zu Access und Word veröffentlicht.